高等院校教育学类专业课程教材

中国教育史

（第2版）

主　编　　张传燧
副主编　　黄明喜
　　　　　穆　岚
　　　　　王凌皓
　　　　　施克灿

中国教育出版传媒集团
高等教育出版社·北京

内容提要

"中国教育史"是高等院校教育学类专业的基础性课程。本教材是作者们在长期从事中国教育史研究和教学的基础上,对中国教育史进行重新梳理并有所创新的成果,具有较强的教学适用性。本书共设五篇十八章,从教育制度、教育事件、教育实践、教育人物、教育论著、教育理论、教育思潮等方面,分别叙述了中国传统教育的缘起与奠基、建立与拓展、完善与式微以及中国现代教育的萌生与探索、改革与发展。

本书用二维码关联了知识点讲解微视频、拓展阅读资料等数字化资源,可作为高等院校教育学类专业本科生、研究生教材和中小学在职教师继续教育用书,也可供教育工作者、研究人员和教育爱好者参考阅读。

图书在版编目(CIP)数据

中国教育史 / 张传燧主编. -- 2 版. -- 北京:高等教育出版社,2024.12

ISBN 978 - 7 - 04 - 051935 - 8

Ⅰ. ①中… Ⅱ. ①张… Ⅲ. ①教育史-中国-高等学校-教材 Ⅳ. ①G529

中国版本图书馆 CIP 数据核字(2019)第 083336 号

策划编辑	魏延娜	责任编辑	魏延娜	封面设计	张志奇	版式设计	杜微言
插图绘制	于 博	责任校对	王 雨	责任印制	赵 佳		

Zhongguo Jiaoyushi

出版发行	高等教育出版社	网　　址	http://www.hep.edu.cn
社　　址	北京市西城区德外大街 4 号		http://www.hep.com.cn
邮政编码	100120	网上订购	http://www.hepmall.com.cn
印　　刷	人卫印务(北京)有限公司		http://www.hepmall.com
开　　本	787 mm×1092 mm　1/16		http://www.hepmall.cn
印　　张	27.25	版　　次	2010 年 1 月第 1 版
字　　数	680 千字		2024 年 12 月第 2 版
购书热线	010-58581118	印　　次	2024 年 12 月第 1 次印刷
咨询电话	400-810-0598	定　　价	55.00 元

第2版前言

习近平总书记在党的二十大报告中指出,坚持为党育人、为国育才,培养什么人、怎样培养人、为谁培养人是教育的根本问题。育人的根本在于立德。中国教育史作为高等院校教育学专业开设的一门反映中华民族五千年教育发展史的课程,对培养学生教育自信、弘扬教育优良传统、培育教育家精神、建设中国式现代化具有非常重要的价值。教材是教学内容的主要载体、育人的重要依托和教学的基本依据。因此,编写质量优、水平高、显特色的教材十分重要。

本教材系高等院校教育学类专业基础课"中国教育史"的适用教材,是在2010年出版的《中国教育史》教材基础上修订而成的。《中国教育史》教材自2010年出版以来,无论在实践应用方面还是在学术反响方面都取得了很好的成绩:很多高校将其选为教育学类专业本科生或研究生相关课程的教材;2012年荣获湖南省第十一届哲学社会科学优秀成果二等奖;2014年入选"十二五"普通高等教育本科国家级规划教材。

在长期的使用过程中,《中国教育史》作者团队陆续收到使用者对教材提出的一些修改意见,编写组和高等教育出版社高度重视教材修订问题,先后在开封和太原召开了两次专门会议讨论教材修订事宜,编写者们在讨论过程中对教材修订的原则、内容、方法、技术等达成了一致意见。

在本次修订过程中,我们对第1版教材存在的问题逐一进行了处理。首先,将第1版教材中合在一起写的"孟子、荀子的教育思想""陆九渊、王守仁的教育思想"分开来写,使线索更加清晰,内容更加具体,更便于学生尤其是本科生学习和掌握;对第1版教材中比较薄弱的"王夫之的教育思想"一节增加了"二、对明代教育的批判和新式教育的构想"部分,"蔡元培的教育思想"一节增加了"'尚自然、展个性'的个性教育思想"部分,"黄炎培的教育思想"一节增加了"二、职业教育的制度体系——大职业教育"部分,使这几节的内容更加丰满充实;将第1版教材第五篇"中国现代教育的改革与发展"由一章扩展为三章,即第十六章"中华人民共和国的教育方针政策",第十七章"中华人民共和国的教育制度",第十八章"中华人民共和国各级各类教育的发展"。这是因为中华人民共和国成立已经70多年,中国教育已经发生了翻天覆地的变化,取得了举世瞩目的成就。中国教育史的教学应当让学生了解这段教育发展史,并为其所取得的成就而感到自豪。另外,教材修订时对每部分内容都进行了重新梳理,如"孔子的教育思想"部分的一些调整,对部分节以下的标题也做了重新提炼。其次,对第1版教材中个别有欠客观公允的观点进行了处理,使之变得更加客观、公允、可信。最后,对教材文本所引用的资料来源及其注释一一进行了查对核实,同时对如语言表达欠精练、文字谬误、标点符号欠规范等问题也一一进行了梳理、矫正、规范。此外,为适应教材数字化、信息化的趋势,修订后的教材用二维码关联了相应的数字资源。一类是拓展阅读资源,这些资源有史料方面的,也有本书作者及相关学者的研究成果,便于学生学习时进行拓展阅读和自学研究;另一类是重要知识点的讲解视频,可供使用本教材的师生参考。

本书编写、修订分工如下:主编,张传燧(湖南师范大学教育科学学院),负责全书及中华人民共和国篇的统稿;副主编,黄明喜(华南师范大学教育科学学院),负责宋元明清篇的统稿,并对本书的编写修订贡献了很多好的建议；穆岚（河南师范大学教育学部），负责汉唐篇的统稿；王凌皓（东北师范大学教育学部），负责清末民国篇的统稿；施克灿（北京师范大学教育学部），负责先秦篇的统稿。具体执笔情况如下：

绪论：张传燧。

先秦篇：第一、二章，彭泽平（西南大学教育学部）；第三章，施克灿。

汉唐篇：第四、五章，穆岚；第六章，张传燧。

宋元明清篇：第七、八章，郭芬云（山西大学教育科学学院）；第九章，田景正（湖南师范大学教育科学学院）；第十章，黄明喜。

清末民国篇：第十一、十二章，杨洁（陕西师范大学教育学部）；第十三章，姚少怀（湖南师范大学教育科学学院）；第十四章第一节，张传燧，第二、三、四节，王凌皓；第十五章第一、二、三、四节，王凌皓，第五节，张传燧，第六节，田景正。

中华人民共和国篇：第十六、十七、十八章，张传燧、田景正。

这次修订，主编在第 1 版教材原作者认真、细致、具体修改的基础上，逐字逐句地做了审核，对全书的观点、引文、注释、标点符号、文字都捉笔操刀。尽管如此，由于编写组理论学术水平有限，对中国教育史的史料爬梳、理性认识和理论分析有待进一步深入，因此本教材存在一些瑕疵在所难免，恳请教育界同行以及使用本教材的各高校师生不吝赐正。

张传燧

2024 年 8 月

目　　录

宋元明清篇——中国传统教育的完善与式微

清末民国篇——中国现代教育的萌生与探索

中华人民共和国篇——中国现代教育的改革与发展

绪　　论

一、教育史的性质与研究对象

（一）教育史的性质

1. 教育史是教育的发展历程

如同其他任何事物一样，教育也有自己产生、发展、演变的过程，教育史就是这个客观存在的过程。迄今为止，中国教育的发展经历了五千多年的漫长历程，是世界上教育历史最长的国家之一。详尽记载这段历史，对于传承中华优秀传统文化和优良教育传统、推进我国教育发展具有非常重要的意义。

[教学视频]
绪论

2. 教育史是研究教育发展历程的学科

教育史是用教育学和历史学的原理和方法研究教育演变过程中的状况和问题，总结其经验教训，揭示教育规律的一门交叉学科，既是教育学也是历史学的重要分支学科。教育史不仅要记载教育发展的过程及其事实，还要总结其经验教训，发现和揭示其规律，为当今教育理论的发展提供历史的素材，为教育实践发展提供有益的借鉴。

3. 教育史是一门课程

教育史既是教育专业学生必修的一门专业基础课程，为他们学习其他专业课程打下坚实的教育史学基础，又是提高师范生教育素养的课程。人类对教育的认识经历了漫长的历程，因此教育思想理论的发展也有着漫长的历史。因此，学好教育史，对于学习和掌握教育学其他学科的理论具有非常重要的价值。同时，学习教育史上教育家们的教育理念、教育精神、教师风范和高尚人格，对于培养当代教师的教育素质具有非常重要的意义。对于教育学类专业大学生来说，学习教育史还具有提高认识和训练思维的价值。学习一门学科的知识，研究一种社会现象，必须具有理论、实践、历史和比较等方面的知识和思维。教育史除了给学生提供教育历史方面的知识外，还能够训练学生的教育史学思维，增强他们学习和思考教育问题的历史感。

（二）教育史的研究对象

抽象地说，教育史就是用教育学和历史学的理论和方法，研究教育现象在历史中的产生、发展、演变的过程及其状况（实事），揭示教育发展的特点和规律、经验和教训（求是），为当代教育理论和实践的发展提供历史的借鉴，为教师专业化、提高教师综合素养提供历史楷模，对未来教育的发展做出某种预测。教育史研究，应当做到既如汉代历史学家司马迁所说"究天人之际，通古今之变，成一家之言"（《汉书·司马迁传》），又如宋代思想家张载所说"推先王之遗法，明当今之可行"（《张载集·附录·吕大临〈横渠先生行状〉》）。

作为高等院校教育学类专业学生必修的一门基础课程和教育学学科中以教育发展史为研究

对象的分支学科,教育史的知识体系,从内容角度来说,和其他课程(学科)一样包括概念、事实(事件、现象)、原理;从范围角度来说,包括中国教育史和外国教育史两部分。在不同的教育阶段开设的教育史课程名称及内容也不同。中国教育史部分,高校在本科阶段多开设"中国教育史""中国教育论著选读",在研究生阶段多开设"中国教学论史"(博、硕),"中国教育思想史"(博、硕),"中国教育制度史"(博、硕),"中国高等教育史"(博、硕)。具体到中国教育史,整体包括教育制度和教育思想两大部分,分为教育制度、教育事件、教育实践、教育人物、教育论著、教育理论、教育思潮等内容。

二、教育史的功能和价值

教育史无论是作为一个学科还是作为一门课程,都具有非常重要的功能和价值,主要表现为察往、鉴今、知来、通变、悦情、怀古等六个方面。[①] 这些功能和价值的实现,要求教育史的学习者和研究者必须具备从感性到理性再到实践最后到人的内在精神世界的能力和综合素养。

(一)察往——展现性功能

教育史通过"探幽索隐"式的研究,重在描述和再现教育发展演变的历史过程及其状况,回答历史"是什么"(what)的问题,将教育史活生生地展现在人们面前,追求教育史学科研究的史实性价值,其形式是"实证的"或"记述的"教育史。[②] 这种教育史的学习与研究方法是实证式的,主要采用考据、注疏、训诂、校勘、考古等研究方法,目的在于还原漫长的教育发展历史,使人们了解和把握教育历史的本然面貌。这是教育史学的基础价值。

[拓展阅读]
张传燧:《教育史学研究的多元价值取向》

(二)鉴今——应用性功能

教育史研究重在发挥对当代教育实践的借鉴与指导作用,追求学科的实践性价值,其形式是"实践的"或"实用的"。这种教育史的学习与研究方法是实用式的,主要采用古为今用、洋为中用、教育史学研究与当代教育改革发展实际相联系等研究方法,目的在于为建设中国特色的现代教育体系服务。建设中国特色的现代教育体系,要求改革现有的教育体系。因此教育史学必须为当前教育改革服务,为教育改革提供历史的借鉴及其成败经验。事实上,教育史学不仅是基础理论学科,也是应用学科,不仅应该而且完全可以为当今教育改革实践提供所需要借鉴的东西。这应当成为教育史学的应然价值。

(三)知来——预测性功能

当代历史学家陈旭麓提倡"智以藏往,神以知来",他认为,没有"智"(史学)不能"藏往",没有"神"(史识)不能知来。这里所强调的是历史学研究的"预测未来"价值。历史学研究看起来是探索过去,实际上是为了现在与未来。教育史并不局限于记载昨天,它的深入研究将引导我们预见今天和明天。正如德国思想家、史学家、教育家雅斯贝尔斯所说:"从历史中我们可以看见自己就好像站在时间中的一点,惊奇地注视着过去和未来,对过去我们看得愈清晰,未来发展的可能性

---

① 参见:张传燧.教育史学研究的多元价值取向[J].河北师范大学学报(教育科学版),2015(1):11-14.张传燧.《教育史学》的反思与重构[J].华东师范大学学报(教育科学版),2001(1):81-86.

② 杜成宪.对"中国教育史"的几层含义及其相互关系的辨析[J].教育史研究,1996(2):22-30.

就愈多。"①教育史研究不仅能反转向后看并正视史实,而且能向前展望并预见未来,是"演绎的"或"推测的",这是教育史研究的潜在功能或隐喻价值。

(四)通变——思辨性功能

教育史研究就是"通古今之变","成一家之言"。重在论述和寻求教育历史的本质及其发展规律,追求学科的学理性价值,其形式是"主观的""思辨的"或"反思的"。这种教育史的学习与研究方法是逻辑式的或理性式的,主要有分析、归纳、综合、演绎、论理等,目的在于发现教育历史现象、事实之间的内在联系,使人们对教育发展历史的把握由感性认识上升到理性认识的水平。前面所说的"鉴今""知来"功能都是建立在"通变"功能之上的。教育史研究如果不能做到"通变",则"鉴今""知来"都无从谈起。只有做到"通变"才能使教育史研究具有现实价值;只有做到"通变"才能使教育史研究从"史实"爬梳走向"史论"提升;只有做到"通变"才能"成一家之言";也只有做到"通变"才能使教育史研究者从教育史学工作者走向有学术水平、有理论个性和有时代特色的教育史学家。

不仅如此,通过"通变"把握教育演变的本质、特点和规律,将教育史学对教育事物发展规律的认识和揭示上升到理论乃至原理的高度,不仅使教育史学研究成为教育学各分支学科的历史基础和理论来源,而且架起了教育史学和教育学其他分支学科之间对话的桥梁,进而使教育史研究者既是一个教育史学家,同时也成为一个名副其实的教育理论家。

"通变——思辨性功能"因而可视为教育史学的本体性功能和价值。

(五)悦情——人文性功能

这里说的是教育史研究的品鉴历史、陶冶情操、怡情养性、修炼身心价值。这种教育史研究重在发挥教育史学蕴含的育人作用,追求学科的个体性价值,其形式便是"心灵的"或"精神的"教育史。这种教育史的学习和研究方法是体验感悟式的,主要有情感陶冶、道德熏染、心灵净化、理念升华等途径,目的在于为培养新一代的理想教师服务。教育史在其漫长的发展历程中,涌现出许许多多杰出的教育家,他们的教育理念、教育精神、教师风范和高尚人格,经过历代教师的传承发展,已经积淀成为一种优秀的教育传统和稳定的教育品质,这种传统和品质应该在现代教师身上得到弘扬和升华。总之,教育史不仅具有很强的科学性,而且具有浓厚的人文性。因此,教育史学研究应当为培养教师、提高教师的教育素质服务,使优秀教育传统和历代教师的优良品质在新一代教师身上得到充分体现和发扬光大。同时,教育史还使其研究者忘情于历史的研究、陶醉于历史故事中,从而使自我的情操受到陶冶、心灵得到净化、个性得到修炼、境界得到提升。因此,应当使教育史研究为激发研究者对教育史的兴趣和陶冶其历史情感服务。悦情——人文性功能应当成为教育史学研究的内在个体精神价值。

(六)怀古——悲情性价值

"怀古的"教育史研究发"怀古"之幽情,常常留念、忘怀于过去的教育,把过去的教育描述得十分完美,把现今的教育说得十分糟糕。这种教育史研究为历史而历史,发思古之幽情,把历史抽象化,表达的是远离现实、回归过去的虚幻的情怀和追求超越现实的精神渴求。这种教育史研究的历史观是倒退的,追求的是虚幻的价值,总体上不可取。

---

① 雅斯贝尔斯.什么是教育[M].邹进,译.北京:生活·读书·新知三联书店,1991:58.

三、教育史的教学方法和学习方法

（一）教育史的教学方法

教育史课程的教学过程应当突破那种史料引证式、知识讲授式、记忆理解式等传统课堂教学的模式和方法，运用理论思辨式、交互讨论式、考察体验式、探索发现式等教学方式，活化教学过程。

在课堂教学中，应当充分发挥教师和学生两个教学主体的积极性，注重学生学习动机的激发和学习兴趣的培养，启发学生围绕某些主题，展开积极、主动、热烈而自由的讨论，重在提升他们的思维能力和创新意识。还应当充分发挥学生作为教学主体的作用，让他们承担部分课程内容的主讲任务。还可以采用以学生的"学"为主的、围绕"问题"展开的开放式教学方式。

教育史的教学应当做到理论与实践相结合。每个地区都有丰富的教育史资源，要充分发挥其作用，使学生通过实地参观、考察、调查、访问等自主参与的实践方式进行学习，提高学生学习教育史的兴趣和积极性，增强教育史学习的凝重历史感和强烈现实感，提升教育史教学的价值品位和人文关怀，从而增强教育史教学的实际效果和整体效应。

教育史的教学应当做到传统教学方法与现代技术手段相结合。除了传统的纸质教材、黑板、粉笔外，还应当充分利用各种媒体的课程资源，如录音录像资料、多媒体光盘、网络资源等，进行多媒体融合教学。

教育史的教学必须改革传统单一期末纸质闭卷考试的教学评价方式，充分体现课程作业和平时检测相结合，使课程学业测评做到过程与目的的统一。课程作业可采用小论文的形式进行，平时检测则结合学生平常课堂的学习表现如出勤率、主动性、参与度等来进行，以淡化教学评价的终结性，重视教学评价的形成性。

教育史的教学还与教学内容的载体即适合的教材分不开。尽管这些年来，教育史学工作者在教材建设上做了很大的努力，但不可否认的是，现行教材大多面面俱到、内容繁多、史料缺乏、观点陈旧、思辨贫困，不适合于教学。教育史的教学，除了讲清教育发展的史实、脉络及规律外，还应当突出优秀教育传统、教育文化及教育人物执着的教育精神、科学的教育思想和高尚的教育品质，力图通过教育史的教学，使这些传统、文化、精神、思想、品质在新一代群体身上得到体现、弘扬和升华。因此，编写适合教育史课堂教学和学生学习的教材就显得非常重要。

教育史课程具体的教学方法主要有：讲解法、阅读法、笔记法、考察法、讨论法、思辨法等。讲解法是教育史课程教师课堂教学的常用方法。下面简要介绍其他几种方法。

阅读法。教育史的教学，教师除了要求学生仔细阅读教材外，还要引导学生广泛阅读各种相关参考资料，拓宽教育史学习的范围，扩大学生的视野。

笔记法。教师应当引导学生做好学习笔记，以备复习和检查，并作为计算平时成绩的依据。学生的学习笔记有两种：课堂笔记和读书笔记。

考察法。教育史的教学应当充分利用当地丰富的教育历史文化资源，有目的、有计划地组织学生进行实地考察、参观当地教育名胜古迹，以激发学生学习教育史的兴趣，提高其学习积极性。

讨论法。教育史的教学应当充分发挥学生主体的作用，组织学生围绕课程的内容和当今教育的一些重、难点问题开展课堂讨论，引导他们积极思考，大胆发言，主动参与。

思辨法。教育史教学切忌死记硬背，应重视学生思维能力培养，引导他们进行批判性反思、亲历性体验。同时要求学生打好教育史学习的理论基础,教育学、历史学、心理学、哲学、文化学、伦理学、社会学等学科的原理和方法都是教育史学习所必须具备的。

（二）教育史的学习方法

学习和研究教育史,既要坚持正确的方法论原则,又必须运用科学的手段和方法。概括起来,教育史的学习和研究应当坚持马克思主义方法论、"6K-w"学习法、"六结合"等,同时也要掌握新思维方法、新技术手段以及一些常用的具体方法。

1. 坚持马克思主义方法论

马克思主义的辩证唯物主义和历史唯物主义是教育史学工作者必须坚持的科学方法论。遗憾的是,长期以来辩证唯物主义和历史唯物主义被庸俗化、教条化和实用化,许多研究者并未真正把握其根本和精髓。现在有些人似乎又认为辩证唯物主义和历史唯物主义已经过时,从而弃之不用,转而寻求其他所谓新的研究方法。实际上,辩证唯物主义和历史唯物主义所坚持的唯物、科学、客观、发展、辩证的原则完全适用于教育史学的学习。

2. "6K-w"学习法

从学习和研究教育史本身来说,建议采用"6K-w"学习法。所谓"6K-w",即 Know-what, Know-why, Know-who, Know-how, Know-when, Know-where。"Know-what"就是要求学习者知道学习和掌握教育史哪些内容;"Know-why"就是要求学习者知道教育发生、发展、演变的目的、原因和规律;"Know-who"就是要求学习者知道重要人物在教育发展过程中居于什么样的地位,起着什么样的作用;"Know-how"就是要求学习者知道教育事件的状况、效果和价值如何;"Know-when"就是要求学习者知道教育事件发生的年代和时间;"Know-where"就是要求学习者知道教育事件发生的国别和地点。

3. "六结合"学习法

从学习和研究教育史的目的和价值来说,需要做到以下几点。第一,古今结合,即历史与现实相联系。就是说,教育史的学习与研究应当思考今天的教育现象和问题能否从教育历史中找到某种萌芽或渊源,教育史学研究能否为今天的教育改革发展提供某种历史的经验、借鉴或说明。第二,史论结合,即历史与逻辑相结合,考证与思辨相结合的方法。就是要求教育史的学习与研究应与教育学理论及其他学科理论如哲学、心理学、文化学、社会学等的学习相结合,一方面可以提高教育史学研究的理论水平,另一方面可以丰富和充实教育理论,拓展和深化教育理论的研究领域。第三,中外结合。教育史的学习与研究,要求做到中外异同比较,包括同时代与跨时代的比较。通过比较,发现中外同时代或不同时代的教育制度、教育实践及教育思想的相同或不同之处,以期发现中外教育发展的共同规律和不同特色。第四,史实联系,即历史与实践相联系。就是要求教育史的学习与研究不仅应与当时的(即历史的)教育实践相联系,而且应与当今的教育改革发展现实需要相结合。第五,继承与创新相结合。教育史的学习与研究,要继承教育优良传统,对优秀教育传统进行选择、吸收、利用。同时要超越,即创造、发展、更新,唯有超越,一个民族的文化教育才能发展,永葆生命活力,这是教育改革创新的最终目的。继承是创新的基础,没有继承就难以创新;创新是继承的目的,没有创新的继承,继承就会变为因循守旧,停滞不前。因此,要以继承为基础,大力推进教育创新。第六,上天入地相结合。即要求学习者和研究者提升自身理论素养,具备较高的理论思维水平,进行理性思辨,以把握历史发展的本质和规律;同时还要求学习者和研究者深入实际进行考证、辨析、爬梳,以掌握历史的真实现象。

4.掌握新方法、新技术

所谓新方法主要是一些现代思维方法,如系统思维、结构思维、发散思维、创造思维等,这些方法的掌握和运用,能够帮助教育史学工作者拓展研究视野,开辟新的研究领域,获得新的突破性成就。

所谓新技术就是如计算机、互联网、大数据等现代化的信息技术手段。现代科技的发展,极大地改变了人们的生活方式。人们可以把汗牛充栋的史料装进磁盘,输入网络,存入云端,通过便携式的电子设备随身携带,随时索取和搜索,实现"不出户,知天下;不窥牖,见天道"(《老子》)的理想境界。同时,还要学会运用统计等技术,对历史进行计量研究,以数据展现历史的发展进程及其研究状况。

只有运用这些最新的研究技术手段,才能了解最新的教育史学习和研究资讯,才能符合新时代教育史学研究的要求。

四、本书的编写思想与内容简介

本书为普通高等院校教育学类专业基础课程教材。与其他同类教材相比,本书做了以下新的尝试。

[拓展阅读]
李丽丽:《〈中国教育史〉教材的特色及使用简论》

第一,依据其性质,将中国教育从古至今的发展划分为传统教育和现代教育两个阶段,这样可以使学生通过本教材的学习,把握中国教育的发展阶段及其性质的演变,以及各阶段教育发展的状况、内容及其特点。

第二,本书不仅着眼于教更着眼于学,突出"学材"的特点。从体例设计、内容安排、学习使用等多方面考虑,力求做到观点鲜明、史料清晰,有利于学生掌握中国教育史的发展脉络和规律特点。

第三,根据现代教学理论强调学生自主学习的特点,为适应学生自主学习的需要,本书分别在各章正文前设置学习目标、知识列表、导言,便于学生了解本章的内容概要;每章后设置不同的思考练习和拓展训练,便于学生进行自主深度探究。

根据以上思路,本书在体例安排上,采用绪论和篇、章、节、目的结构。绪论主要介绍教育史的性质、功能、研究对象、教育史的教学方法和学习方法、编写思路与内容安排等;其余五篇中,前三篇分别叙述中国传统教育的缘起与奠基、建立与拓展、完善与式微,后两篇分别叙述中国现代教育的萌生与探索、改革与发展,这样有利于学生通过本书的学习,能够清晰地把握中国教育从古至今发展演变的线索和脉络。

先秦篇——中国传统教育的缘起与奠基

【**本篇导言**】 任何国家的教育史皆有其源头。源远流长的中国传统教育起源于先秦时期,主要包括三个方面:一是教育实践的传统。可以说,随着早期人类的出现,就有了如何教育下一代的问题,同时伴随着大量的教育实践活动,人类积累了丰富的教育经验,因此,原始教育为我国教育实践的发展奠定了基础。二是学校制度的传统。自原始社会末期学校萌芽之后,便经历了一个从"王官之学"到"诸子之学"的过程,"学在官府"是西周教育制度的主要特征,在这个体制下,形成了从中央到地方较为完善的学校教育体制以及以"六艺"为主体的教育内容。春秋战国是中国社会大动荡、大变革的时期,文化教育也随之发生了剧烈的变化,其主要标志之一便是私人讲学的兴起,使学校从王宫、官府中解放出来,教育从政治活动中分离出来,教师不再由官府的官吏兼任,开始走向平民化,于是形成了"诸子蜂起,百家争鸣"的局面。这使得中国古代的教育真正完成了独立化和专门化,中国的学校教育史揭开了新的一页。三是教育观念与思想的传统。先秦是中国传统教育思想的产生和发展高峰的时期,对后世的文化和教育都产生了深刻影响。这一阶段,涌现出了许多中国重要的教育家和教育思潮,儒家、道家、墨家、法家等诸子百家相互争鸣,他们各自独特的教育思想共同构成了传统教育思想的基础。

第一章　中国教育的缘起

【学习目标】

1. 了解中国原始社会时期教育的起源。
2. 了解中国原始社会时期教育的内容。
3. 掌握我国原始学校的类型。

【知识列表】

中国教育的缘起	原始时期的教育活动	中国早期的人类及其教育活动
		教育活动的起源
	中国原始教育的内容	生产劳动教育
		社会生活教育
		原始宗教教育
		军事技术教育
	中国学校教育的萌芽	学校萌芽的土壤与前提
		学校的萌芽

【导言】 最初的教育伴随着人类社会的存在而出现。中国是世界上历史悠久的文明古国,在原始社会中,中华民族的祖先就在辽阔的中华大地上劳动、生息、繁衍。原始先民们为了能够在严酷的自然环境中生存下去,不得不结成群体,共同生活,并将生产、生活的经验传授给下一代,这便是人类社会最初的教育活动。在原始社会的末期——父系氏族公社时期,随着生产的发展,私有制出现,阶级逐渐分化,原始社会的教育也开始分化,在中华大地上开始出现了学校的萌芽。原始社会时期先民的教育活动,尽管教育内容、方式、方法等都非常原始,没有从生产生活中独立出来,但这是中国教育史的起源和发端。

［教学视频］
中国教育的缘起

第一节　原始时期的教育活动

一、中国早期的人类及其教育活动

教育是作为人类社会的一种自然特征出现的,教育是人类起源的有机组成部分,欲研究教育活动的源头,必先了解人类的起源。

中国是世界上历史最悠久的文明古国之一,早在远古时代,中华民族的祖先就在辽阔的中华大地上劳动、生息、繁衍。20世纪20年代,我国著名的古人类学家裴文中最早在北京周口店发现了距今约70万~23万年的"北京猿人"遗骸化石,这一重大发现使曾在亚洲最早被发现的爪哇直立人的存在痕迹得以证实。其后,陕西"蓝田人"的头骨化石(1963—1964年被发现,距今约115万~65万年),云南"元谋人"的牙齿化石(1965年被发现,距今约170万年)也相继被发现。云南"元谋人"曾一度被认为是我国境内发现得最早的人类。但是,1985年,在重庆市巫山县庙宇镇龙坪村龙骨坡,考古工作者发掘出附有2颗臼齿的残破直立人左侧下颌骨化石,1986年又发掘出3枚门齿和一段带有2个牙齿的下牙床化石,经科学测定这些化石距今约200万年。这是中国境内迄今为止发现得最早的直立人化石。这一考古发现不仅动摇了国外考古界坚持认为直立人起源于非洲的说法,也证实了中国最早的人类至少生活在200万年前。

自从有了人类,也就有了教育,教育始终与人类社会相伴随。即便从"巫山人"生活的年代算起,中国的教育也已有约200万年的历史了。当然,随着新的考古发现,或许还有比"巫山人"更早的原始人化石出土,如果是这样的话,那么中国教育史的开端又要往前推移。

二、教育活动的起源

我国教育理论家杨贤江在《新教育大纲》中指出:"教育的发生就只限于当时当地的人民实际生活的需要,它是帮助人营社会生活的一种手段⋯⋯自有人生,便有教育。因为自有人生,便有实际生活的需要。"[①]教育是一种社会现象,它伴随着人类社会而产生,起源于人类生存和参与社会生活的需要。

在原始社会,由于生产力低下,人们为了生存,不得不结成群体生活;为了满足最低限度的物

---

① 杨贤江.新教育大纲[M].北京:人民教育出版社,1961:6-7.

质生活,原始先民不得不把主要精力用在生产劳动上,因此生产劳动成为原始社会最重要的活动。为了延续种族,原始人类必须将劳动工具制造、使用的经验和方法传递给年轻一代,使他们将来能够适应生产活动的需要。同时,为了使年轻一代能够适应群体社会的生活,遵守群体生活的规范,原始人类也必须将群体社会的生活要求和规范传递给年轻一代,使他们成长为合格的部落成员。怎样制造和使用工具,怎样捕食野兽与采摘野果,怎样参与集体生活和社会事务,都需要通过语言、模仿、身体力行等方式推广开来,特别是要教授给年轻一代,以变成家庭或族群的共同经验。这时,教育便孕育其中。

一方面,这一时期的教育,没有专门的场所和专职人员,而是在生产和生活过程中进行的,直接为生产和生活服务。原始人类处于什么样的生存环境,怎样进行生产劳动,怎样过集体生活,都决定了他们需要什么样的教育。生产和社会生活的需要便是教育的内容,如石器和木器等生产工具的制造和使用,取火的技术,渔猎和采集的技术,种植的技术,家庭和氏族的传统,等等。所有生产和生活经验的传授,以及生活习俗的培养,都是口耳相传,并结合实际动作的示范和模仿,言传与身教相辅而行的。另一方面,教育也是原始人类自身开展生产和生活的需要。人的生存和发展不仅有物质方面的需要,还有精神方面的需求。在原始社会,年长一代不仅要向年轻一代传授生产劳动方面的知识,还要传授宗教、艺术、政事等方面的知识,这也是他们参加家庭或氏族生活所不可缺少的。因此,原始社会的教育不仅没有从生产劳动中分化出来,而且同社会生活和活动结合在一起。

第二节　中国原始教育的内容

原始社会的生产力水平低下,生产和生活活动极其简单,教育还处于一种萌芽状态。从发展的特点来看,原始时期的教育主要经历了原始人群时期、氏族公社时期和氏族公社末期三个阶段。原始人群时期,教育刚刚产生,处于雏形阶段,不够成熟;氏族公社时期,教育较前一阶段有了很大的发展,内容更为丰富,形式也更加多样化;氏族公社末期,教育开始出现阶级差别,并向阶级社会的教育过渡。下面以氏族公社时期的教育为代表,分析原始教育的内容,主要包括生产劳动教育、社会生活教育、原始宗教教育和军事技术教育。

一、生产劳动教育

饥而欲食,寒而欲衣,这是人们最基本的生存需求。与较为低下的生产发展水平相适应,原始社会最基本的教育便是生存教育,即在采集、狩猎和种植等最基本的生产劳动中获得最基本的生活资料的教育。

(一)生产工具的制造和使用教育

原始社会初期,人类过着采集和狩猎的生活,生产工具主要采用简单的打制石器;新石器时代,人类开始过上定居的生活,从事原始的农业和畜牧业生产,能够使用经过磨光或钻孔加工的工具,如石斧、石刀、石犁等;新石器时代末期,人类学会了用铜矿石冶炼出红铜。在不同的阶段,上一辈人要将发明、制作和使用生产工具的方法以及劳动经验传递给年轻的一代,年轻人要在劳动中进行模仿和学习,以便使自己最终成为独立的劳动者。所以,教育便在与生产工具制造和使用相关的活动中发生。

（二）生产技术教育

人工取火是原始人类在生产技术方面的伟大进步。原始社会氏族公社时期，氏族部落会根据各自的生存环境支配自然，因此在生产技术方面形成不同的特色。如果氏族成员个人在生产技术方面有了重要的发明，他就会把这项成果尽快地传授给氏族的成员，使其成为氏族共同的专长。《韩非子·五蠹》中记载："有圣人作，钻燧取火以化腥臊，而民说之，使王天下，号之曰燧人氏。"燧人氏就如同有巢氏、神农氏等一样，均是标明某种技术专长的称谓。因此，取火的技术便在教育活动中得以积累、传授和推广。不但如此，重要的生产技术可能会在教育活动中向外族传递，如"伏羲禅于伯牛，钻木作火"。

（三）渔猎技术教育

采集狩猎是原始人类的重要生产活动，是人类最古老的谋生方式之一。《尸子》载："宓羲（即伏羲）氏之世，天下多兽，故教民以猎。""燧人之世，天下多水，故教民以渔。"我国曾经在山顶洞遗址出土了一条青鱼上眶化石，据考证，鱼长 0.8 米，显示了当时在捕鱼方面已具备相当高的技术水平。狩猎需要掌握较高的技术，因而这方面的教育活动十分活跃，狩猎技术的教育从儿童很小的时候就已经开始。经过严格的教育和训练，新生一代的猎手一般都能熟悉野兽的习性和生活规律，有的人还能掌握风向知识，利用其作掩护去逼近捕捉野兽。人们在渔猎中可能会捕获到活的动物，如果具备了条件可以将其饲养下来，这些经验会用教育的方式传承下去。

（四）农业生产技术教育

中国是世界上农作物起源的中心地区之一，相应地，农业生产技术教育也是原始社会重要的教育内容。《周易·系辞》记载，神农氏制作耒耜，教民劳作。不过，农业生产技术的教育，不仅仅局限在农耕工具的制作和操作方面，有关农业种植的气候、季节及植物方面的知识，也日益成为人们传授和教育的内容。《新语·道基》称："至于神农，以为行虫走兽，难以养民，乃求可食之物，尝百草之实，察酸苦之味，教民食五谷。"至五帝时，人们已经懂得"观象"以定农时，因为如果不懂得这些就不能合理安排农作，也不利于储藏食物过冬，所以与原始农业相关的天文知识的传授和教育也相对较为普遍。

二、社会生活教育

原始人出生后首先接触的是家庭或氏族的生活环境，家庭或氏族的生活环境和传统都是儿童必须了解和掌握的，因此传授基本的生活经验也成为原始社会教育的重要内容。

（一）生活习惯与能力教育

衣、食、住、行是人类生活最基本的物质需求，这些生活习惯和能力的教育与培养在原始社会具有重要的意义。原始人从衣不蔽体到穿上衣服，从穴居、巢居到居住人工营造的房子，从学会直立行走到发明运载工具，他们的生存方式发生了很大的变化，而每一种行为方式的变化都需要必要的教育与培养。以吃为例，人类学家曾对"北京人"的头骨进行研究，得出"北京人"有吃人的生活习俗。但随着取火技术的掌握和运用，人们开始尝试食用熟食，"教民熟食，养人利性"（《汉书》）。随着生产的发展，食品种类的增多，烹饪方法越来越繁杂，人们对吃饭的方式也越来越讲究，因此，对人们进行饮食方面的教育，培养他们生活的技能与文明习惯就成了必须要做的事情。

（二）社会常识的教育

在原始社会，社会常识方面的教育主要是关于婚姻和家庭生活方面的教育。原始人生活在复杂的血缘关系和氏族部落中,为了融入和适应家庭和氏族的生活,儿童要了解并熟悉自己的亲属及血缘关系,了解家庭和氏族的传统,了解自己应尽的义务,以便遵守礼法,以及家庭和氏族的传统。对于这些社会常识,儿童从襁褓之中就开始观摩学习,直到长大成人,始终不会间断。在原始氏族公社中,乱伦禁忌的教育十分普遍。这是因为在原始群婚、族内婚的形态下,近亲的男女关系导致了人种的退化和大量残疾现象的发生,这引起了人们的恐惧,并将之视为神的惩罚。因此,在婚姻关系上,原始人类禁止族内群婚,必须同别的氏族公社实行族外群婚,要求部落内的儿童少年从小学习并恪守这种惯例和传统。

(三) 民俗教育

原始社会的民俗活动主要是指乐舞,乐舞内容丰富,涉及社会生活的各个领域。《吕氏春秋·仲夏纪·古乐》称:"昔葛天氏之乐,三人操牛尾,投足以歌八阕:一曰《载民》,二曰《玄鸟》,三曰《遂草木》,四曰《奋五谷》,五曰《敬天常》,六曰《达帝功》,七曰《依地德》,八曰《总万物之极》。"古乐教育不仅传授农业、畜牧、图腾、祭祀、伦理及自然万物等各方面知识,还能给人以启迪,特别是其中颂扬英雄功绩的篇章,更能给人以鼓舞。《尚书·舜典》记载舜命夔典乐,教导胄子,"直而温,宽而栗,刚而无虐,简而无傲。诗言志,歌永言,声依永,律和声。八音克谐,无相夺伦,神人以和"。另外,乐舞教育也是训练健康体质和原始军事教育的重要内容。《吕氏春秋·仲夏纪·古乐》载:"昔陶唐氏之始,阴多滞伏而湛积,水道壅塞,不行其原,民气郁阏而滞著,筋骨瑟缩不达,故作为舞以宣导之。"

三、原始宗教教育

原始人通过宗教活动祈祷福佑,它凝聚着原始人对自然现象的无奈,对厄运、饥馑、灾荒的醒悟,对祖先的怀念,以及对死亡的恐惧。原始社会的宗教活动主要有自然崇拜、图腾崇拜和祖先崇拜等,这些活动都不同程度地蕴含着教育的因素。

(一) 自然崇拜中的教育

自然崇拜源于原始人对自然现象所产生的神秘感。由于生产力水平低下,人类没有能力征服自然,对于一些自然现象感到十分困惑,从而认为日、月、雷、电、风、雨、霜、水、火及某些动植物都具有灵性,因此把它们当作神灵崇拜,祈求消灾得福。例如,在仰韶文化的晚期遗址中,发现了绘有太阳图像的陶器。据考释,它们可能是祭日性质的礼器。其中有的图案将太阳与禾苗绘在一起,歌颂太阳促成万物生长的功德;有的图案绘了旭日东升,歌颂太阳给人们带来了白昼与生机。这类祭日活动,无形中把太阳与庄稼生长的关系、靠太阳确定时间和方向等知识,传授给下一代。对星辰的崇拜也含有自然知识的教育,《尚书·洪范》中有"庶民惟星,星有好风,星有好雨"之语,说明原始人对日月星辰等天象活动的关注。在我国原始社会,以农业为主的地区产生过对龙、土地神或农作物的崇拜;以渔猎为主的地区产生过对山神和动物的崇拜。这些崇拜都包含一定的祭祀活动,所以自然崇拜中往往很明显地包含气象、动植物、生态等方面的知识传授。

(二) 图腾崇拜中的教育

中国的原始居民在自然崇拜的基础上还产生了图腾崇拜,他们相信每个氏族都源于某种物,该物就是氏族的祖先或保护神。所以图腾崇拜既包括原始人类对于日、月、山、川、天、地、鬼、神的自然崇拜,也包括他们对于图腾化动植物的崇拜和禁忌。每一个氏族都有一个图腾,如西安半坡文化遗址出土的人鱼组合图腾、辽宁省建平县牛河梁出土的猪龙形玉佩饰等,并且每一种原始图腾都会包含一套崇拜的仪式和禁忌,其中包含了早期的自然知识,所以,年轻人在学习和遵守图腾禁律的同时,也就接受了关于自然知识的教育,同时也自觉或不自觉地学习本氏族的传统。

(三) 祖先崇拜中的教育

祖先崇拜是指原始居民把自己的祖先神化,以祖先的"灵魂"为崇拜对象,举行各种形式的灵祭,并祈求得到祖先的庇佑。进行这种活动,主要是教育氏族成员要满怀对氏族先祖的缅怀之情,同时也教育家庭或氏族成员要尊敬长辈,团结一致,谋求共同生存。随着父系氏族公社的建立和发展,祖先崇拜和血统观念相结合,这种祭祀活动更是教育年轻一代明确上下辈分、追忆共同祖先的有效方法。这种祭祀活动对加强血缘亲属关系,增强氏族(民族)凝聚力,唤起氏族内部团结,具有重要的作用。

四、军事技术教育

原始社会后期,由于狩猎和游牧经济的发展,部落之间的战争日益增多。为适应这种形势的需要,氏族部落成员就要学会使用武器,就得接受一定的军事教育与训练。《史记·五帝本纪》介绍说,黄帝对各部落进行军事方面的训练与教育,以期与炎帝决战,"轩辕乃修德振兵,治五气,艺五种,抚万民,度四方,教熊罴貔貅䝙虎,以与炎帝战于阪泉之野"。据《尚书·大禹谟》记载,舜帝命禹征伐三苗,禹战三旬未能取胜,于是接受了伯益的建议收兵回朝,舜帝一方面表示敬敷文德,另一方面令将士手持盾牌和雉尾在朝内加紧操练演习。70 天后,三苗被慑服。所以军事技术教育也成为战争状态下,原始人类的重要教育内容之一。这时的军事技术教育不仅包括作战的训练,还包括武器制作的内容。

原始社会的教育没有专门的教师、机构、文字和书本,而是与简单的生产和生活密切联系在一起,表现出了原始性的特点。这一时期的教育活动及其内容,主要包括社会生活、生产劳动、宗教文化等多个方面。在原始社会的解体时期,又产生了文化教育的萌芽,还增加了军事技术训练。这种教育虽然还十分简陋,但它适应当时社会的需要,包含多方面的内容。

第三节　中国学校教育的萌芽

我国原始社会进入父系氏族公社以后,在生产发展的基础上,农业与手工业分离,农业成为主要的经济部门,手工业取得了长足的进展。到了五帝时期,私有制进一步发展,阶级分化日益严重。社会经济、政治的变革,促使存在于社会生产和生活中的原始教育逐渐从母体中分离开来,出现了学校的萌芽。

一、学校萌芽的土壤与前提

(一) 部落显贵对教育的垄断

随着原始社会的发展,氏族部落的民主推选制度被世袭制度所代替,世袭者力图把权力和财富集中到自己手中,对内他们管理生产、主持宗教仪式,对外他们协调关系、指挥战争,这样就形成了最初的部落显贵。部落显贵的特权,反映在教育上就是对教育的垄断。如,舜的先祖幕有候风知识和预报气象的本领,舜的父亲瞽和他继承了这一家学传统,也都成为首领。这种世袭家学是我国最早的私学的一种特殊形式,它的产生与贵族对文化的垄断不无关系。

（二）教育的分化与等级差别

随着生产的发展和社会分工的扩大,社会上已经出现了相当数量的剩余产品,此时的物质生产逐渐达到了供养一批脑力劳动者的水平。为了适应这种社会分工和社会需求的变化,教育逐渐分化为培养劳心者的专门教育和培养劳力者的社会教育两种类型。自舜为首领时便设有专门的文职人员对贵胄的后裔进行教育。《尚书·虞书·舜典》中说:"夔,命汝典乐,教胄子。"与对显贵后裔进行的典乐教育不同,五帝时期对寻常百姓主要进行"父义、母慈、兄友、弟恭、子孝"的五教。这种教育的分化与等级差别也导致了教育设施的差别。"有虞氏养国老于上庠,养庶老于下庠。"国老与庶老是身份地位不同的人,上庠与下庠自然成了安置不同社会地位人的机构。由于这种机构有教育的特征,但同时兼行养老的职能,所以它只能是学校的萌芽。

（三）教育内容和教育手段的变化

与渔猎和游牧的生产和生活方式不同,原始社会后期出现了相对集中的定居形式,其教育内容和教育手段也随之发生了很大的变化,为学校的创办提供了可能。与早期的生产和生活实践教育不同的是,原始社会后期的教育更主要地体现为强制性的军事技术教育和道德教育。一方面,与频繁征战的社会现实相适应,军事技术教育成为显著的教育内容:在部落族长和酋长的选拔中,作战技能成为重要的考核目标;在生产劳动之外,发展起了专为氏族显贵训练新生一代的军事教育;专为贵族训练武士的学校——校与序也建立了起来。另一方面,随着生产力的发展和男子社会地位的提高,孝的教育和夫权教育成为道德教育中的重要内容。到了舜为首领的时期,道德教育又增加了礼乐之教。舜曾任命了3名主管教育的公职人员,一名为司徒,负责五教;一名为秩宗,负责三礼;一名为典乐,主管乐教,负责"教胄子"。乐教当时的一项重要任务就是培养贵胄的德行,教他们"直而温,宽而栗,刚而无虐,简而无傲"(《史记·五帝本纪》)。由于教育性质的变化,军事技术教育和服从贵族统治的道德教育成为必然要进行的内容,强制手段在教育中颇被重视,当时的教官也兼有了执法的作用。《尚书·虞书·舜典》中有"扑作教刑"的说法,当然这种教刑也仅仅是较轻的一种刑罚。

（四）知识的积累和文字的出现

在人类社会的最初阶段,知识是以直接经验为基础的,原始性的、感性的知识存在于生产和社会生活实践中。到了原始社会后期,随着生产力发展,大量生产方面、科学方面和医学方面的知识已呈现出一定的综合性和系统性的特点。这就要求有专门的人员对受教育者进行专门的施教,同时也要求教育形式发生改变。早在黄帝时期,便有了仓颉造字的传说,而文字正是积累和传播知识的载体。考古人员在西安半坡遗址的彩陶上发现了17种形迹不同的刻画符号,郭沫若考证那就是中国文字的起源,或中国原始文字的孑遗。我国原始社会具有知识记载和传授作用的文字形态除去物件外,便是符号文字和图画文字。实物的作用在于直接记录数字或表达感情;符号的作用是表达思想和记录事情;图画的作用是描绘事物的形象来记录事情和表达感情。这些原始的记载方法经过漫长的实践,最终形成了原始的、正在形成中的文字。这种萌芽状态的文字,对于学校的产生起到了重要的作用。生产、生活、宗教、艺术等知识和经验必须做成记录才能传之于后世,所以学校的建立主要归功于文字的发明。

二、学校的萌芽

脑力劳动和体力劳动的分工,使一部分人可以脱离生产专门从事教育。随着教育内容的丰富,其中的一部分内容已经无法在生产和生活实践中完成传递。文字的产生促进了知识和经验的积累,也改变了原始的教学形式,所以学校的产生成为历史的必然。

我国古代文献中所记载的最早的学校类型有"成均之学"和"虞庠之学"。《周礼》和《礼记》提到了"成均""成均之法"。《礼记·文王世子》记载:"三而有一焉,乃进其等,以其序,谓之郊人,远之。于成均以及取爵于上尊也。"郑玄注引董仲舒曰:"五帝名大学曰成均。"《周礼·春官宗伯》也有记载:"大司乐掌成均之法,以治建国之学政,而合国之子弟焉。""成均"的本义是指经过人工整修的平坦、宽阔的场地。考古发现,原始氏族公社后期的遗址中往往有一大片空地,有点像现在的广场,这显然是氏族部落成员集会的地方。遇上举行各种典礼仪式、召开会议,宣讲告示、规定、要求,举行规模较大的宗教祭祀活动,以及采取某项行动前的动员、誓师等活动,都在这里举行集会。原始氏族公社后期,氏族的规模逐渐扩大,并组成了部落联盟。社会生活趋于复杂化,除家族生活、生产劳动和军事行动外,还有各种祭祀、庆典等集体性的礼仪活动,逐渐地演变成为对全体氏族成员特别是年轻一代进行教育的场所。"成均之法"也就是氏族部落首领在"成均"对氏族成员进行教育的一种较为固定的模式。由于其不是劳动场所,所以教育内容以礼乐为主。"礼"是这些活动的形式(仪式),"乐"则是这些活动的内容。乐教不同于原始的、存在于生产和生活过程中的教育,而是一种游离于生产和生活过程的教育,而且受教的学生也基本为脱离生产的贵胄子弟。也就是说,"成均"有了专门的执教(大司乐等)和学习(国之子弟)人员,可视为我国古代学校的萌芽。

"庠"被认为是虞舜时代的学校。按《礼记·明堂位》载:"米廪,有虞氏之庠也。"意指周代鲁国的学校起始于虞舜时代。《礼记》对"庠"的注解为存谷物之处,《孟子》认为"庠"是养老之处。随着社会上有了剩余产品,氏族将富有生产经验和社会生活知识的老人集中起来,由集体供养,所以"庠"既可储备剩余产品,又有养老之用。这些被供养的老人并非闲人,而是承担着将自己丰富的阅历、经验和技能传授给下一代的任务,所以,供养老人的庠便成为教育的重要场所。庠有"上庠"和"下庠"之别,据《礼记·王制》:"有虞氏养国老于上庠,养庶老于下庠。"这反映出当时的教育具有了等级性。综上所述,"虞庠"具有了专门的人员和教育内容,也可视为中国古代学校的萌芽。

思考练习

1. 试析原始社会时期教育的特点。
2. 我国古代文献中所记载的最早的学校类型有哪些?

拓展训练

1. 为什么说自从有了人类社会就有了教育存在?
2. 试析教育起源与人类生活的关系。
3. 试析宗教和艺术的教育功能。

第二章　六艺教育与诸子私学

【学习目标】

1. 了解六艺教育的具体内容。
2. 了解诸子私学的特点。
3. 理解稷下学宫的办学经验及其现实意义。

【知识列表】

六艺教育与诸子私学	六艺教育	礼乐之教
		射御之教
		书数之教
	私学兴起	官学衰微
		私学遽兴
		诸子私学
	稷下学宫	稷下学宫的产生、发展
		稷下学宫的社会功能
		稷下学宫的办学特点

【导言】　夏朝（前21世纪—前16世纪）是我国历史上第一个奴隶制王朝。由于社会生产的发展、文化的积累和文字的形成，萌芽于五帝时期的学校教育在夏代渐趋专业和规范，学校教育将社会生产、生活和军事训练活动中的优秀经验作为重要内容传授给奴隶主贵族子弟。经过夏、商、西周三代的发展，形成了体系完备的、为奴隶主贵族统治服务的六艺教育。春秋战国时期，天子失权，诸侯争霸，官学衰微，私学遂兴，百家争鸣，教育与文化获得了一次自由的大发展。齐桓公当政时期创办的稷下学宫，具有高等教育、学术研究和政策咨询的多重功能，是战国时代百家争鸣的文化中心，也是中国文化教育史上的一座丰碑。

[教学视频]

六艺教育与诸子私学

第一节　六艺教育

《孟子·滕文公上》中说："夏曰校，殷曰序，周曰庠，学则三代以共之，皆所以明人伦也。"朱熹注解"校、序、庠皆是乡学"。而乡学的课程为"乡三物"，如《周礼·地官司徒·大司徒》中就有大司徒"以乡三物教万民"之说，"乡三物"即为"六德"、"六行"和"六艺"。《周礼》大司徒之职：以乡三物教万民而宾兴之。一曰六德：知、仁、圣、义、忠、和。二曰六行：孝、友、睦、姻、任、恤。三曰六艺：礼、乐、射、御、书、数。""六艺"的起源可追溯至原始社会时期，其基本形成经历了夏、商、周三代，是三代乡学共有的主要教学内容。由于各个朝代社会发展水平各有差异，因此在实施"六艺"教育时也各有侧重。元代马端临在《文献通考·学校》中称夏"以射造士"，商"以乐造士"，周"以礼以造士"。《周礼·地官·保氏》记载："保氏掌谏王恶，而养国子以道。乃教之六艺：一曰五礼，二曰六乐，三曰五射，四曰五御，五曰六书，六曰九数。"可见，"六艺"教育早在周之前就已出现，"六艺"之名实始于周，周代把礼乐之教置于六艺教育之首，这与六艺教育的发展以及西周统治集团的选择有关。

一、礼乐之教

"礼"究竟起源于何时，无从考察。但可以想见的是，在人猿分离后，早期人类依然过着与禽兽无异的生活。在古人眼里，所谓"禽兽"，指的是父母辈与子女辈的交媾。据《礼记·曲礼上》记载："夫唯禽兽无礼，故父子聚麀。是故圣人作，为礼以教人，使人以有礼，知自别于禽兽。"这说明"礼"的出现是以"人自别于兽"为标志的。随后，"礼"得以缓慢发展，渐渐形成一套众人遵循并代代相传的礼仪制度。如《左传》《尚书》《史记》等书都记载了尧命舜推行"五典之教"，即主要倡导父权与孝的史实。其时舜主管教育的官职有三，其一为司徒，负责"敬敷五教"；其二为秩宗，负责"典朕三礼"；其三为典乐，负责"教胄子"。"五教"即五常之教，指父义、母慈、兄友、弟恭、子孝。所谓"三礼"，即天神、地祇、人鬼之礼。"礼"在这里已经发展成为与祭祀有关的宗教礼仪，故《说文解字》中说："礼，履也，所以事神致福也。"学术界大多认为"礼"起源于祭祀，这种祭祀的"礼"与原始社会中的宗教礼仪有关，主要包括自然崇拜、图腾崇拜、鬼神崇拜、祖先崇拜和巫术等活动中的礼仪。

夏代继承了原始氏族社会的礼，使其发展为奴隶社会教育的主要内容。考古发现今偃师二里头原是夏都所在地（夏启之子太康、后羿与夏桀都曾定都于此），并发掘出夏代王都的宫殿、宗庙遗址，包括由殿堂、宗庙、廊庑、庭院、大门等构成的、布局完整的大型建筑群。这既是夏王室宫殿，也包括当时传授礼教的宫廷学校。据《礼记·王制》记载："凡养老，有虞氏以燕礼，夏后氏以飨礼。"孔颖达注曰:"燕,安也。其礼最轻,升堂行一献礼毕,而脱履升堂,坐饮以致醉也。"夏代则不同,其养老礼为飨礼,要求"体荐而不食,爵盈而不饮,依尊卑而为献,取数毕而已"。显然,夏代养老之礼已经表现为具有尊卑等级的伦理观念。

在商代,礼是大学教育的重要内容,其礼比夏代更为丰富。甲骨文卜辞把大学与宗庙神坛相提并论,说明商代的大学是施礼观化的场所,"殷人尊神,率民以事神,先鬼而后礼"(《礼记·表记》)。"鬼"即祖先的灵魂,"先鬼"是说殷人认为祭祖之礼最为重要。甲骨文卜辞记载殷人在大学举行祭祖献俘的盛典,说明殷人之礼已经突破了夏代的养老之礼。

周代以礼、乐并称,又列礼于前,这与西周统治者"移风易俗,莫善于乐;安土治民,莫善于礼"的统治理念有关。"礼"发展到西周,内容更加丰富繁杂,有六行、六德、六仪、五礼等名目。例如,"六仪"是指祭祀之容、宾客之容、朝廷之容、丧纪之容、军旅之容和车马之容;[①]"五礼"同时也是学校教育的主要内容之一,即吉礼、凶礼、宾礼、军礼、嘉礼。[②] 这说明西周的礼教已经渗透在政治制度、军事组织、社会经济及日常生活等所有生产与生活方面的法令、风俗习惯和道德规范之中了。在西周的官学教育中,"礼"已成为最重要的教育内容,是"六艺"之首。

"乐"在我国有着和"礼"一样悠久的历史,甚至要早于礼出现。因为乐产生的最初表现为口头韵语,舞的萌芽是体势语言,这些显然都要早于礼仪。乐教先于礼教,史籍也多记载。《周礼·大司乐》:"大司乐掌成均之法……以乐舞教国子,舞《云门》《大卷》《大咸》《大磬》《大夏》《大濩》《大武》。"郑玄注:"此周所存六代之乐……"[③]

乐舞教育已是夏代教育的重要内容。《大夏》就是歌颂禹德的乐舞,当时的吴国公子季札赞叹说:"美哉!勤而不德,非禹其谁能修之?"(《左传·襄公·二十九年》)可见这种乐舞已经具有说教意味,它通过对大禹勤劳的歌颂,使人们的思想感情受到深刻的感染。《吕氏春秋·先己篇》记载:"处不重席,食不贰味,琴瑟不张,钟鼓不修。"夏启把停止乐舞作为修德厉政的措施,可见乐舞在夏代王室生活中占有很大的比重。至夏代末君夏桀时,据文献记载已是:"女乐三万人,晨噪于端门,乐闻于三衢"。(《管子·轻重甲》)"夏桀、殷纣作为侈乐,大鼓、钟、磬、管箫之音,以巨为美,以众为观。"(《吕氏春秋·侈乐篇》)以上古籍中的说法或许有夸张之处,但也能部分地反映出夏代乐舞文化的繁盛局面。奴隶主贵族子弟的教育中必然会有相当部分的乐舞内容,为未来的政治生活做准备。

"殷人以乐造士,其学为瞽宗",商代的"乐"继承夏代的"乐舞"并向"乐教"发展。所谓"殷学瞽宗",最初的重要职能是作为乐师的宗庙和祭祀的场所。因为祭祀中礼乐相辅,"瞽宗"便逐步变为对贵族子弟进行音乐教育的机构。"春诵夏弦,大师诏之。"(《礼记·文王世子》)取瞽以诵诗,诗以入乐之义。商代无论是祭祀、占卜、祈祝祷告、祈风求雨,均要伴之以乐舞。殷人音乐教育的一个重要特征是宗教性质浓厚,音乐多半是在举行宗教仪式时用的,因此学习音乐与学习宗教仪式紧密联系在一起,这与殷商"先鬼而后礼"的尊神生活习俗相一致。

---

① 《周礼·地官·保氏》:养国子以道……乃教之六仪:一曰祭祀之容,二曰宾客之容,三曰朝廷之容,四曰丧纪之容,五曰军旅之容,六曰车马之容。

② 《周礼·春官》:以吉礼事邦国之鬼神示,以凶礼哀邦国之忧,以宾礼亲邦国,以军礼同邦国,以嘉礼亲万民。

③ 《周礼·春官·宗伯下》引出《云门》《大卷》《大咸》《大磬》《大夏》《大濩》《大武》之后,分乐无提《云门》《大咸》《大磬》《大夏》《大濩》《大武》,原因是《云门》与《大卷》是同一乐舞,同为黄帝之乐,后世并称为《云门大卷》。六代乐舞正好分别对应黄帝、尧、舜、夏、商、周。

周承殷制,继续重视音乐教育,仍以瞽宗教乐并祀神乐祖。但西周逐渐改变了音乐完全依附于宗教的局面,而是将乐作为独立的政治道德及艺能教育,使"乐"与"礼"相互配合起来。《礼记·乐记》有言:"乐者,通伦理者也。"也就是说,要通过"乐"来实施伦理道德教育。西周特设大司乐一职,《周礼·春官·宗伯下》载:"大司乐掌成均之法,以治建国之学政,而合国之子弟焉。""均"可通"韵",成均所习应当以乐为主。大司乐掌管着西周的音乐事务及音乐人才的培养,以乐德①、乐语②、乐舞③教育国子。三者组成了西周的乐教,其中寓有多种教育价值和教育内容,包含了德、智、体、美、劳全面教育的要求,具有实施不同教育的作用。

二、射御之教

射之教,指射箭技术的训练;御之教,指驾驭马拉战车技术的训练。射之教应该比御之教更早出现,它们既是军事教育又是体育训练。

考古学的研究证明,大概在 3 万年前的旧石器时代,弓箭已经被制造出来,如 1963 年,考古学家在山西省朔州市峙峪村旧石器时代后期遗址里发现了打制石镞(石箭头)。在原始社会,人们最初将弓箭用于抗击和猎杀野兽,以求自我生存,后来用于氏族之间的征战。随着社会的发展,后者的需要越来越重于前者。1980 年,在河南淮阳平粮台伏羲都城遗址出土了石斧、石锛、石镰和石箭头等石制工具,说明在伏羲之世,河南已有箭,有箭即有射。这与古籍《尸子》中的内容相印证:"伏羲之世,天下多兽,故教民以猎。"说明在以狩猎经济为主的氏族社会,狩猎经验丰富的人能传授人们狩猎技术,射技是其主要教育内容。

进入新石器时代,原始先民制作出形式更加多样的箭镞,有石制的,有玉制的,也有骨制的。这个时期,氏族与氏族之间、部落与部落之间的兼并战争相当频繁,弓箭是战争中使用的重要武器。如古籍所载"黄帝作弩"(《太平御览·卷三百四十八兵部七十九》),"牟夷作矢,挥作弓"(《世本·作篇》)。因此,在部落之间相互掠夺和攻伐的原始社会晚期,氏族首领及部落酋长的选拔都非常重视对其作战技能的考核。在这种社会背景下,对年轻一代进行军事训练已经为那个时代所必需,军事教育随之逐渐发展起来。

公元前 21 世纪,启建立了中国历史上第一个奴隶制王朝——夏。"今大道既隐,天下为家,各亲其亲,各子其子,货力为己……"(《礼记·礼运》)这是原始部落转化为奴隶制国家之后社会变迁的真实写照。为了维护和巩固奴隶制政权,夏朝统治者既要依靠武力掠夺战俘充当奴隶,又要镇压奴隶和不甘沦为附属者的其他氏族部落的反抗,因此,他们必然非常重视军事训练和培养武士,故夏代有"以射造士"之称,重射御、尚武是夏代教育的主要特点。

---

①　所谓乐德,其目为:中(言出于心,皆有忠实),和(刚柔相济),祗(见神示则敬),庸(接事有礼而有常),孝(善于父母),友(善于兄弟)。

②　所谓乐语,其目为:兴(以善物喻善事,以恶物喻恶事),道(引古以刺今),讽(熟背文辞),诵(吟诵有节韵),言(直叙己意),语(答人论难)。

③　所谓乐舞,其目为:云门(黄帝乐),大咸(尧乐),大磬(舜乐),大夏(禹乐),大濩(汤乐),大武(武王乐),此六代乐舞又称为大舞。乐师还教国子小舞,其目为:帗舞(手持五彩缯为舞具),羽舞(手持鸟羽而舞),皇舞(手持五彩羽而舞),旄舞(持牦牛尾以舞),干舞(持盾以舞),人舞(徒手、凭手袖来表演)。

关于夏代学校的设置,据古籍记载是"序"(《礼记·明堂位》:序,夏后氏之序也)。"序"是一种什么类型的学校呢?据《孟子·滕文公上》所言:"序者,射也。""序"最初是教射技的场所,后来发展成为以军事技术教育为主,兼有议政、祭礼、养老的功能的地方,"夏后氏养国老于东序,养庶老于西序"(《礼记·王制》)。其东序为大学,西序为小学(《古文图书集成·学校部》:夏后氏设东序为大学,西序为小学)。夏代的军事教育除以习射为主外,也可能含有"御",即驾驭战车的训练。启在征讨有扈氏时,战前誓兵曰:"左不攻于左,汝不恭命;右不攻于右,汝不恭命;御非其马之正,汝不恭命。"(《尚书·甘誓》)可见到启时已经是使用御车兵作战。当时"车战之法"是车上甲士三人,左人持弓箭,右人持矛,中人御马。三人各司其职,分工合作,协同作战,因此夏朝有可能存在御的教学活动。

殷商的射御之教不仅有文献记载,而且有文物佐证。殷墟出土的甲骨文卜辞中记载有武将在庠教三百射手的情况,殷墟小屯也发现了骑射的遗址以及大量的青铜箭镞,表明殷商时期弓箭已经发展到铜制阶段。2005 年 5 月 8 日,考古学家在殷墟发现大型车马坑,7 辆殷商时期的马车重见天日,这表明车战在商代后期已经比较普遍。铜是该时期武器的主要制作材料,战争规模和杀伤性更大。因此,殷商统治者必然会加强以射御为主的军事教育。

到了西周,射御之教更为成熟。古籍称西周武王克商后,就"偃武修文""车甲入库,马散南山"(《伪古文尚书·武成》),这种说法在历史事实面前并不具有说服力。西周以"蕞尔小邦"夺取殷商天下,立国之初,便面临着以人数较少的周部落去统治人数庞大的殷部落和附属国的形势。为了巩固政权,镇压新征服奴隶的反抗和叛乱的其他氏族,西周急需扩充军队,加强军事教育,所以统治阶层希望贵族子弟成为"执干戈以卫社稷"的武士。同时,为了强化统治的合法性,西周统治者创立了一个以"敬德"为核心的将道德、宗教和政治融为一体的"天命—敬德—保民"的思想体系,宣称西周取代殷商是商纣失德、文王得天命的结果:"天乃大命文王。殪戎殷,诞受厥命越厥邦厥民。"(《尚书·康诰》)因此,西周创造出以"孝"为主的宗法道德规范,要求家族和诸侯国在周天子面前都要恪守忠孝之道,逐渐形成了一套宗法、伦理、道德严密的"周礼"。尽管西周统治者通过"制礼作乐"以粉饰太平,但这并未改变他们主要依靠军事治理国家这一事实。西周初年,贵族如果生了男孩,就在门左悬挂一张弓,表示贵族子弟将来的职责就是用武力保卫国家,故而称"射者,男子之事"(《礼记·射义》)。

培养英勇善战的军事人才依然是西周学校教育的基本任务,而且学校教师也由前代的"国老""庶老"发展为更加专业化的"师"。西周施行政教不分政治体制下的官师合一制,即行政长官有任教于学校的职责。"师"最初指的就是军官,郑玄注引《大戴礼》的《武王践阼》篇,说周军统帅吕尚与武王对话时,"(武王)东面而立,师尚父西面道书之言"。吕尚被称为"师尚父",是周军作战的统帅,他的正式官职是"大师"。"大师"掌管大学,相当于掌管成均的大司乐。小学教师称为"师氏""保氏",他们都是担任王宫警卫的高级军官。《周礼·春官宗伯·大司乐》孔颖达疏:"师氏守王门,保氏守王闱,皆宿卫之事。"周王派他们任小学教师,目的就是要对年幼的贵族子弟进行初步的武士培训,同时将礼渗入射御训练之中,培养他们良好的军事道德规范,这是西周军事教育的创新之处。

西周小学的射御之教重在体格和军事的基本训练,系统的军事教育和高强度的实战演练则在大学中完成。设于城郊的大学,起初就是军事学校。周王设立的大学为辟雍,诸侯设立的大学为泮宫。① 辟雍和泮宫都是四面敞开、没有围墙的建筑,是室内习武的地方。西周作战,战士主要为车兵,习武也以弓射为主,所以这种厅堂式建筑物又名"射宫"(《白虎通义卷二·"辟雍"条》大学者辟雍,乡射之宫)。建筑物三面有水泽环绕,一面通向陆地②,因此又称"泽宫"。水泽周围有大片的森林,是室外习武的地方。贵族子弟在水泽中射鱼猎鸟,在森林中驱车围攻猛兽。大学的环境,好像一个大猎场,但在这里打猎,不是为了生产生活,而是一种实战训练。

在西周的军事教育中,"射"与"御"是基本的军事训练。"射"有五种不同的级别要求:一为"白矢",要求射透箭靶,露出箭头,重臂力;二为"参连",要求一箭射出,跟着连发三箭,重速度;三为"剡注",要求矢入箭靶,羽颈高,箭头低,重技巧;四为"襄尺",上下级同射,下级退后一尺,以别尊卑,重礼仪;五为"井仪",四箭中靶,成"井"字形,重精确。"御"也有五种不同的级别要求:一为"鸣和鸾"("鸣"与"鸾"都是车上装饰的铃铛),要求行车时铃声共鸣并有节奏;二为"逐水曲",要求驾车依曲折水道疾驰而不颠坠;三为"过君表",要求驾车穿过辕门之间设置的障碍物时准确无碍;四为"舞交衢",要求驾车在交叉道上往来驰骋时像舞蹈一般轻盈适度;五为"逐禽左",要求驾车向左边围追野兽,以供君王射猎。这说明西周的射御之教已有严格的考核标准,并形成相应的教育方法,是学校教育走向成熟的标志。

三、书数之教

"书"指文字教育,"数"指算法教育。《易经·系辞》中记载:"上古结绳而治,后世圣人易之以书契。"这表明在文字发明以前,人们通过"结绳"来记事,楔形文字的发明才使原始人类进入文字时代。书数之教就是在文字发明之后产生的,并随着专门学校教育的发展而发展。

夏代的书数之教尚无迹可考。

考古证实商代已进行读、写、算的教学。从已出土的商代甲骨中发现了不少练字的骨片。在一片甲骨上有五行字,重复地刻着从"甲子"到"癸酉"的十个干支表,其中只有一行刻得精美整齐,另外四行字迹歪斜不整,中间夹有两三个刻得齐整的字。据郭沫若推断,那一行精美齐整的字是教师刻的范本,其他四行歪斜的字则是学生的习作,其中夹杂的几个齐整的字则可能是教师手把手的教刻。这是商代书教的实际物证。商代在天文历法方面的进步对数学的发展提出了需求。当时数学上已采用十进位法,在发现的甲骨文里,已有一到十和百、千、万等数字,最大的数字已达到 3 万。③ 出土文物还表明,商代已有人能进行一般的算术运算,并能绘制较复杂的几何图形。所以算学必然成为商代学校教学的内容。

据《周礼·地官·司徒》记载:保氏教国子以"六书""九数"。在周代,"书数"之教在六艺教育中属"小艺","礼乐射御"之教为"大艺"。小学学小艺,履小节,以书、数为重点;大学习大艺,履大节,以礼、乐、射、御为重点。这说明"六艺"教育是由书数之教开始的。

据传西周时已出现专门用于文字教学的字书,即《史籀篇》。《汉书·艺文志》载:"《史籀》十

---

① 《诗经·鲁颂·泮水》:"明明鲁侯,克明其德。既作泮宫,淮夷攸服。"《礼记·王制》:"天子命之教,然后为学。小学在公宫南之左,大学在郊,天子曰辟雍,诸侯曰泮宫。"与鲁国"泮宫"相似,南方楚国也有"渚宫",《左传·文公十年》:"(商公子西)沿汉溯江,将入郢。王在渚宫,下见之。"
② 卢植《礼记注》:"圆之水似璧,故谓之辟雍。"辟雍四面环水,前门留有便桥。泮宫的建筑说法不一,有说西南两面有水,有说西北两面有水,有说东西南三面有水。闻一多根据文字训诂认为辟雍和泮宫异名同实,皆三面环水。
③ 张瑞璠.中国教育史研究:先秦分卷[M].上海:华东师范大学出版社,1991:17.

五篇。"注曰:"周宣王时太史籀作大篆十五篇。"又注:"《史籀篇》者,周时史官教学童书也。"这是中国教育史上所记载的最早的儿童识字课本,但今已失传。文字教学的认读和书写,都要经历由易到难的过程。《礼记·内则》称:"六年教之数与方名……九年教之数日,十年出就外傅,居宿于外,学书计。"就是指儿童的书数之教会按照一定的顺序进行,6岁时教以数数和如何识别方位、地名;9岁时教以背诵由天干和地支组成的六十甲子;10岁时教以六书和九数。

汉代学者对《周礼》中所言及的"六书"做了论证。班固在《汉书·艺文志》中谓:"象形、象事、象意、象声、转注、假借。"郑玄在《周礼·保氏注》中称:"象形、会意、转注、处事、假借、谐声。"许慎在《说文解字·序》中则言:"指事、象形、形声、会意、转注、假借。"其中以许慎的观点最有代表性,后世对其所言"六书"内容最为认可。可以看出,西周可能采取了按认识汉字结构和造字原则的方法来进行文字教学,以六书分类施教,使受教者知字音、字形、字义。九数的具体内容,依汉代学者的分析包括:方田(田亩面积的计算等),粟米(按比例交换),衰分(按比例分配),少广(体积计算中运用开平方和开立方的方法),商功(工程的计算),均输(按人口、路途等条件合理安排运输赋粟和分配徭役),盈不足(运用假设的方法解决难题),方程(联立一次方程及正负数),勾股(勾股定理)。关于"九数",历代学者也有不同的看法。如唐代贾公彦疏郑玄注,认为"方田以下,皆以《九章算术》而言"。后世遂以为"九数"就是指《九章算术》,其不是周代所著。但西周已有与田亩、赋税、财务等相关的会计事务,因此在实际生活需要的基础上产生了多种计算法,这些方法逐渐成为教育内容传承下来,经过后人的补充、整理后,才编成《九章算术》。可以说,西周的"九数"为其后问世的《九章算术》奠定了基础,也表明当时的数学教育所涉及的范围相当广泛。

第二节 私学兴起

春秋时期(前770—前476),随着社会的发展,经济和政治都发生了很大变化。经济上,生产工具和耕作方式的改进使得土地国有制逐渐被私有制所取代;政治上,奴隶主贵族统治逐渐衰落,新兴的地主阶级为了获得政治上的权力来维护经济利益,日益增强对政权的争夺,社会形态渐渐发生嬗变。经济上和政治上广泛而深刻的变革也使文化教育发生了很大的变化,"学术官守"开始走向"文化下移"。教育不再为贵族所垄断,出现了"学散四方,私学遂兴"的局面。

一、官学衰微

西周末年,政治上仍然延续贵族阶级的世卿世禄制度,以保证他们世代都享有富贵的特权。贵族子弟生来即为统治者,学习文化知识与其今后的权贵地位并无直接联系,因此他们便失去了学习的动力和积极性。在这种不思学习之风的侵蚀之下,贵族的官学教育日趋衰败。有古诗为证:"青青子衿,悠悠我心。纵我不往,子宁不嗣音?青青子佩,悠悠我思。纵我不往,子宁不来?挑兮达兮,在城阙兮。一日不见,如三月兮!"(《诗经·郑风·子衿》)这首诗所描述的是西周末年的官学场景:昔日官学中春诵夏弦、御马射弓的景象全然不见,听到的只是教师的衰叹之声,见到的只是学生在外游荡的身影。

周代官学衰微的直接原因是周王室王权的衰弱。周平王被迫迁都洛邑后,周王室逐渐失去了往昔的尊荣,王权也不再具有对诸侯国的控制力,虽然表面上各诸侯国还维持着天下共主的局面,但实际上他们并不顺从。为了维持摇摇欲坠的统治地位,周天子还要将日益减少的土地、奴隶和财富赏赐给诸侯或王族,以笼络人心,但是这样进一步导致了王室的衰弱,以至于"陪臣执国命","礼乐征伐自诸侯出"(《论语·季氏》)。诸侯国向周天子表示效忠的"朝聘"礼节逐渐废弛,周王室的收入来源日渐枯竭,国库匮乏,再也无力支撑庞大的政府机构和养活为数众多的官员。因此,一些文职人员或丧失官职,或主动离开周王宫而流散到诸侯国,这就是所谓的"天子失官,学在四夷"(《左传·昭公十七年》)。

春秋时期,官学衰微已是不争的现实。在之后很长的一段历史时期内,关于官学的记载寥若晨星。当前学术界所了解的仅有两条:一条是"鲁僖公能修泮宫"(《诗经·鲁颂·泮水》);另一条是"郑子产不毁乡校"(《左传·襄公三十一年》)。前者是歌颂鲁僖公的威仪武功,实际并无涉及教学;而郑国子产所说的"乡校"并不处在"乡野",而是设在国都之内或近郊的官学,是人们议论政治或者闲谈的地方,也无教学之实。可以看出,春秋时期,"三代"时的"泮宫""乡校",已是徒具学校之名,而无教学之实,官学教育并无新的发展。

诸侯国之间的兼并战争是学校教育停滞的现实因素。《春秋》所记载的 242 年中,诸侯列国之间的军事行动达 483 次,也就是说,平均每年有 2 次战争。频繁的战争使统治者无力办学,国人也无心向学,教育活动无以为继。《毛诗序》有言"乱世则学校不修焉",郑玄注曰:"国乱,人废学业。"以"以礼造士"为核心的西周"六艺教育",在春秋时期已无法适应当时经济发展的要求。用来维护中央权力和贵族统治的"礼教"日益陈旧,在战争面前显得苍白无力。"《春秋》之中,弑君三十六,亡国五十二。"(《史记·太史公自序》)这些变化在孔子看来是"天下无道",面对"礼崩乐坏"的社会现实,他希望能够通过办教育来恢复周礼。

二、私学遽兴

春秋时期,社会生产力的发展促进了生产方式和生产关系的变革。铁制生产工具与牛耕在社会生产中的普遍推广,贵族统治者对奴隶劳动生产力的疯狂榨取,使得耕地面积急剧增加,私田大量出现。作为周代主要的土地所有制形式,井田制逐渐废弛。土地私有制的产生,标志着新的生产关系萌芽和新兴社会阶层的出现。新贵族在土地私有制的基础上开始壮大,经济上优势地位的确立使得他们增加了在政治和文化教育方面的要求,开始延聘知识分子充当家庭教师,这就是春秋战国时代盛行的"养士之风"。春秋时期的私有化经济为私学的兴起奠定了基础,以经济下移为先导,随之而来的就是政治和文化的下移。

"文化下移"是相对"学术官守"而言的。春秋以前,图书典籍为王室所垄断,掌管典籍的官吏父子相传,学业世守以备王公之用。"文化下移"源于"天子失官"。"天子失官"的原因是,在经济上王室无力奉养众多官吏,内部多次发生王位争夺战,引发大量文职人员外流,专为王室服务的司礼、司乐专家和其他方面的知识分子从周王宫流落到诸侯国和民间。他们依靠自己的文化知识和技能,发挥专业特长,在社会中谋生,多以授徒讲学为业。这就是"天子失官,学在四夷"的历史现实,它打破了"学在官府"的局面,使原来被王室、贵族垄断的文化学术向社会下层扩散,逐渐下移于民间,这种历史现象就是"文化下移"。

私学出现的直接原因是社会上出现了众多专门靠出卖知识维持生计的知识分子。在春秋初期和中期,他们大都是受过"六艺"教育的奴隶主贵族没落知识分子,人们称之为"士"。"士"不是一个稳定的社会阶层,他们是自由民,一方面处在贵族中的底层,另一方面又位于四民之首,因此既可上升做官食禄,又可下降自谋生计。第一批出现的"士"应该是"天子失官"时流入民间的宫廷文职人员。在社会激烈的变革时期,阶级关系的变动使更多的没落贵族加入到"士"的队伍中来,除了为统治者谋划献策之外,他们也把自己的知识传授他人以换取生活费用,这就使相当一部分士具有了教师的职能。士在政治、军事斗争以及文化传播上发挥的强大作用,引起了统治者的重视,于是公室私门纷纷兴起了"养士"之风。战国时,"养士"之风达到高潮。在"养士"之风的强烈刺激下,既有统治者之间为养士而竞争,也有自由民为争取成为士而竞争,这在客观上成为推动教育发展的强大动力。士阶层的产生、发展过程同时也就是私学形成的过程。

春秋战国时期的私学,是在私人讲学的基础上产生的,后来逐渐发展、分化,形成了众多的私家学派。私学是相对于官学而言的,它起始于何时,目前无确凿的史料加以考证。据《吕氏春秋·离谓》记载,郑国的邓析写了一本《竹刑》的法律书,专门教人"学讼"。他颇负盛名,跟随他学习的人很多,但他常"以非为是,以是为非",因与统治者作对而遭杀害。另一位与孔子同时代的私学创办者是鲁国的少正卯。王充在《论衡·讲瑞》中称:"少正卯在鲁,与孔子并。孔子之门,三盈三虚,唯颜渊不去。"可见,通常所说孔子是中国私学的首创者,并不是指他第一个开办私学,而是指他开创了儒家学派,且其"弟子三千,贤人七十二",这些弟子又分往卫、陈、楚、魏、齐等国创办私学,可谓规模最大,影响最为深远。墨翟早年曾"学儒者之业,受孔子之术",后因不赞同儒家的某些主张,自创墨家私学,成为当时与儒家学派齐名的显学。战国时期,随着封建化在各诸侯国的逐步完成,对人才的选拔和争夺也日趋激烈,客观上提升了知识分子的地位。他们所创办的私学教育,使得文化和思想得到较为自由的发展,迎来"诸子鹊起""百家争鸣"的繁荣景象。

私学的创立和出现,是中国古代教育史上划时代的革命,预示着中国教育重心的一次大转移,是官学教育向私学教育的新发展,开创了中国古代教育的新模式、新阶段。首先,私学突破了官学中"天子命之教,然后为学"的藩篱,使学校教育从官府机构中解放出来,可以独立、自由地发展,有利于学派的并立和学术的繁荣。其次,私学打破了"学在官府""礼不下庶人"的局面,推动了学术文化向民间的转移,将教育对象扩大到社会平民,促进了我国古代教育的普及与文化的传播和发展。最后,私学促进了传统教育理论的发展,如《论语》《孟子》《墨子》《老子》《庄子》《管子》等古代典籍中都蕴含丰富的教育思想和教学经验,还出现了《大学》《中庸》《学记》等教育专著,这些都是先秦私学的经验总结,为我国传统教育理论的发展奠定了基础。

三、诸子私学

"私学"在春秋时期主要有两种形式:一种是私人教育团体,另一种是私家教育学派。战国时期,私学实现了自由的大发展,很多获得社会认可的私人教育团体逐渐形成了各自的学术观点和专业领域,完成了从私人教育团体向私家教育学派的转变,以至于各种学派并起林立,号称有"百家"之众,"百家"是虚指,实乃说明学派之多。据汉初司马谈总括,当时较有影响的学派有六家:阴阳、儒、墨、法、名、道。(《史记·太史公自序》)西汉末年刘歆总括为十家:儒、道、阴阳、法、名、墨、纵横、杂、农、小说,并认为"其可观者九家而已",即除去小说家。(《汉书·艺文志·诸子略》)当然汉代学者的这种划分也只是概略性的,因为当时比较著名的学派还有兵家和医家等。在诸多学派中,学术思想地位最为重要的是儒、墨、道、法、名、阴阳诸家,在教育领域影响最大的是儒、墨、道、法四家。儒、墨两家从战国初期就并称为"世之显学"(《韩非子·显学》)。有记载说孔子、墨子之弟子"充满天下"(《吕氏春秋·有度》),虽有夸张之嫌,但在一定程度上反映出儒、墨两家私学的兴盛。

（一）儒家私学

孔子是儒家学派的创立者。在孔子少年时，私学即已存在，他曾以多人为师。尽管当时这种私人教育还很不规范，也不成规模，但孔子已经看到在"养士"之风高炽的社会中，教育占据了非常重要的地位。具有强烈入世愿望的孔子萌发了通过教育培养救世卫道的人才，以实现自己捍卫礼乐道统的政治抱负的想法。因此，相比其他私学，孔门私学一开始就具有明确的政治目标、较为固定的组织、较完整的教材、独特的教学方法，超过了前人和同时代人的私学。孔子的私学并不是连续不断的，他在鲁国先后有过三次较长时段的办学。第一次聚徒讲学，是在他 30 岁的时候，这些学生与孔子年龄差距不大，多是孔子亲自动员后来跟随他学习的，这一批学生中有颜路、冉伯牛、子路等人；第二次办学是在前 515 年，孔子从齐国回到鲁国，这次办学长达 15 年之久，其间孔子整理了《诗》《书》《礼》《乐》等古籍作为教材，这批学生大多是慕名而来的，且多为青年学子，如颜回、仲弓、子贡等人；第三次办学时，孔子已 68 岁，这次办学孔子已经从关心弟子的仕途转到建立和传播自己的学说上来，培养出了得意门生子夏等人。孔子的教育效果是非常显著的，很多古籍均有记载，如《史记·孔子世家》："孔子以诗、书、礼、乐教，弟子盖三千焉，身通六艺者七十有二人。"大者为师、傅、卿、相，小者为教士、大夫，或隐而不见。

孔子去世后，儒学在多年的发展中形成了八个支派，"有子张之儒，有子思之儒，有颜氏之儒，有孟氏之儒，有漆雕氏之儒，有仲良氏之儒，有孙氏之儒，有乐正氏之儒"（《韩非子·显学》），其中以孟子为代表的"孟氏之儒"和以荀子为代表的"孙氏之儒"的教育影响最为显著。

据《史记》记载，孟子是"受业于子思之门人"（《史记·孟子荀卿列传》）。子思是孔子之孙、孔鲤之子，子思的重要著作《中庸》，在继承孔子"智仁勇"的君子人格和"学行结合"的思想基础上，讲求"率性修道""中庸至诚""尽性成物"，提出了"性—道—教"的生命教育哲学思想，在中国教育理论发展史上产生了深远影响。孟子在子思的思想基础上进一步发挥，形成了以"性善论"为基础的教育思想体系。有学者考证称"子思之儒""孟氏之儒""乐正氏之儒"三派实为一派，即"思孟学派"。① 除了《中庸》，还有《大学》《学记》等著名先秦教育论著都与"思孟学派"有关，该学派在中国教育史上有着重要的地位。

荀子是儒家学者子弓的私淑弟子。荀子 15 岁到齐国的都城临淄游学，当时临淄已经成为东方的经济文化中心，齐国统治者"喜文学游说之士"的思想和稷下学宫自由讲学的学风使四方学者云集于此，这里为百家争鸣提供了最好的讲坛。荀子就是在这样的学术氛围中博采众家之长，成为战国后期诸子百家的集大成者。荀子求学于稷下学宫，后又长期在这里执教，并"三为祭酒"，成为名望最高的"老师"。与孟子不同的是，荀子以"性恶论"为基础构建起庞大的教育思想体系，他的教育理论著作《劝学》同样也代表了一个时代的教育思想理论成就。作为一位儒家大师，荀子私学却培养出了韩非和李斯两位著名的法家学者和政治家，他们促成了秦国统一大业的实现。另外，荀子私学极为注重儒家经典的传授，对保存古代文献作出了很大贡献。

（二）墨家私学

墨子早年曾受学于儒家学派，后因不满儒家重礼厚葬的繁文缛节，认为其"靡财而贫民"，"伤

---

① 　郭沫若.十批判书·儒家八派的批判[M].北京:人民出版社,1954:128.

生而害事"，转而批判儒家，自创墨家学派。① 墨子出身贫贱，但精于手工机械，因而墨家学派也是代表手工业小生产者的学派。据传，墨子有弟子"百八十人，皆可使赴火蹈刃，死不旋踵"（《淮南子·泰族训》）。墨子死后，墨家学派分离为三派，即相里氏、相夫氏、邓陵氏之墨，后期墨学在自然科学知识方面有更大发展。墨学作为一个代表小生产者的学派，之所以能够和儒家并称为"显学"，是因为墨家私学有诸多独特的方面。

首先，墨家私学主要传授生产和科学知识。出于"兼相爱，交相利"的政治理想和重经验的认识论，墨家私学的教学内容是农业、手工业生产、军事器械制造等实用性知识与技能，同时还讲授力学和光学等自然知识，表现出了与儒家私学迥异的特点。其教学多在生产实践中进行，而非坐而论道。

其次，墨家私学既是教学团体，也是带有宗教色彩的政治团体。出于培养"兼士"的需要，加之其保留着手工行业的某些行规，墨家私学有着严密的组织、严肃的纪律和严格的教育与训练。墨家团体有首领，称为"巨子"，墨家以巨子为圣人，要求门徒绝对服从，并成为其忠实信徒。

（三）道家私学

道家思想和道家私学产生在春秋末期，发展兴盛则在战国时期。老子和庄子是道家著名的代表人物。

老子的教育活动是在春秋末期，他曾做过"周守藏室之史"（《史记·老子韩非列传》），是掌管周王朝图书典籍的史官。在周王室衰微、文化下移的潮流中老子从朝廷流落到民间，携周之典籍到楚，并逗留于鲁、秦、沛等国。他熟谙典籍，十分博学，著有《老子》一书，又名《道德经》。《庄子》提到老子有学生柏矩、庚桑楚、阳子居等人，传说还有数人曾问学于他，其中就有孔子。可见，老子有私家的知识传授是可以相信的。

庄周生活在战国中期，与孟子同时或稍晚。正是他使道家真正成为一个学派而能够与儒、墨两家抗衡。庄子早年可能曾学过儒家知识，与颜渊一派有些关系，后来成为隐士。未发现庄子办过声名显赫的私学，但他有门徒，这在其著作《庄子》中有一定记载。而且，《庄子》一书分为内篇、外篇、杂篇，通常认为内篇为庄子自撰，而外篇、杂篇出自多人手笔，可能掺杂了其门徒或后学的作品。

战国时期，稷下学宫成为各家学派云集的中心，道家也因此获得空前的发展。在稷下的学术发展中，前期道家居于优势地位。随着战国政治形势的发展和齐国现实斗争的需要，稷下道家由于融合了各家学派思想而发生了分化。一是与法家思想融合，把法家学说纳入自己的体系，并融合儒、刑名、阴阳家等思想，创造出以"因道全法"为基本特点的新道家——稷下黄老学派；二是以宋钘、尹文为代表，从道家的立场出发，兼采儒、墨两家之长，形成宋、尹派道家。

（四）法家私学

早期法家以李悝、吴起、商鞅、慎到、申不害等人为代表，其私学活动集中在被称作"三晋"的韩魏赵地区，早期法家可以说是从儒家分化出来的。孔子死后，其得意弟子子夏来到魏国，在西河讲学，有弟子数百，这就是著名的"西河学派"。在子夏的弟子中，就有被人称为法家真正肇始人的李悝和吴起等人。战国初期魏国集中了一批受儒家思想熏陶的法家人才，魏国因之而强。

---

① 《淮南子·要略》：墨子学儒者之业，受孔子之术，以为其礼烦扰而不悦，厚葬靡财而贫民，服伤生而害事。故背周道而用夏政。

由于子夏与法家的关系，所以《韩非子·显学》没有将他列入儒家诸派之中。

商鞅的出现，意味着法家走向成熟。商鞅是李悝的学生，可以称之为儒家的徒孙，但是后来却走向其对立面。其重"耕战"和"燔诗书而明法令"的主张指导秦国变法取得了很大成效，并开启了韩非思想的先河。

后期法家以韩非与李斯为代表。韩非是先秦法家思想的集大成者，而李斯则是将法家理论引向实践道路的人。从商鞅到韩非再到李斯，完成了法家理论由形成到付诸实践的过程。

第三节 稷下学宫

稷下学宫是战国时期田齐政权所创建的一所著名高等学府，因建于齐国都城临淄城西的稷门附近而得名，具有政治、学术和教育的多重社会功能。稷下学宫是战国时期文化、教育发展的结果，同时又对中国古代学术、文化和教育的发展产生了深远影响。

一、稷下学宫的产生、发展

自从齐桓公任管仲为相，借"养士用士"成就霸业以来，齐国就一直延续着招揽人才、尊重人才的传统。前 386 年，田氏取代姜氏成为齐国国君，为了适应对内政治、经济的变革，同时巩固和扩大统治，齐国对人才的需求更加迫切。在继承尊贤纳士优良传统的基础上，其人才政策更加开放，希望广揽天下贤士为己所用。稷下学宫就是在这样的背景下出现的。

稷下，因齐国都城临淄（今山东淄博市）的稷门而得名。田齐政权第三代国君田午于稷门外设置学馆，设"大夫"之号，招揽天下贤士来此讲学，遂名为"稷下之学"，讲学之馆即名为"稷下学宫"。在此讲学的学者，被称为"稷下先生"。稷下学宫的创建与兴衰历史，基本上与田齐政权共始终，随着田齐政权的强弱而盛衰，直到秦灭齐国而消亡，存在约 150 年。

稷下学宫创始于何年已无确切记载，东汉徐干认为是齐桓公当政时期（前 374—前 357），历经桓公、威王、宣王、愍王、襄王、齐王建六代。在其发展历程中，学宫几经盛衰。齐桓公当政时，励精图治，礼遇人才，使稷下学宫一举成为闻名于各国的文化、教育和学术中心。齐威王即位后，为革新政治，选贤任能，广开言路，进一步扩大了稷下学宫的影响。齐宣王时期，为了增强与秦争霸的实力，采取了更加开明的人才政策，"趋士""贵士""好士"，扩建稷下学宫，开府第以居学士，兼容各家，鼓励争鸣，稷下学宫的规模和成就达到顶峰，四方游士、各国学者络绎不绝。"邹衍、淳于髡、田骈、接予、慎到、环渊之徒七十六人，皆赐列第，为上大夫，不治而议论。"（《史记·田敬仲完世家》）在自由的学术氛围和宽松的政治环境下，稷下学宫很快成为诸多学派思想交锋的园地，同时促进新学派的生成。齐愍王后期，独断专行，不听谏言，邹衍等一批"稷下先生"离齐去燕，随后，齐国几乎被燕将乐毅攻灭，稷下学宫遭到严重破坏，停顿达五六年之久。齐襄王复国当政时，努力恢复稷下之学，使其重新焕发出学术争鸣的气象，荀子就是在此时期"三为祭酒""最为老师"的。但齐国国力已今非昔比，稷下学宫盛况不再。到齐王建时，齐国的状况相比秦国已经是江河日下，面对咄咄逼人的秦国，齐国采取保守避让的国策，稷下学宫最终随着齐国的灭亡而终止。

二、稷下学宫的社会功能

稷下学宫作为一所由齐国君主开办的用来"招致贤人"的官立学校，具有雄厚的经费来源和优良的办学条件,决定了参与其间的各家各派多以现实的社会、政治问题为要务;但同时其又采用私家主持的方式,使其教学和学术活动并未完全受到齐国官方的干预,因而教育具有公私兼备的性质。这种特殊性使得稷下学宫在当时的社会环境中具有多方面的功能。

(一) 政治功能

稷下学宫在战国纷争不断的诸侯争霸时代能够产生并辉煌了百余年,其强大的政治功能在一定程度上起到了将各方参与者汇聚在一起的纽带作用。"没有正义,只有政治。"在"无义战"的动乱年代,"士"作为一个有才能却无政治话语权的群体,为了实现政治抱负,在齐王赐予其"上大夫"的功名诱惑之下,趋稷下学宫若鹜。稷下学宫虽有研讨、争辩、讲学、集会等多种活动,但稷下先生更热衷于对政事的参与——"喜议政事"(《新序·杂事》),"自邹衍与齐之稷下先生……各著书言治乱之事,以干世主,岂可胜道哉!"(《史记·孟子荀卿列传》)。可以窥见稷下先生既是学者,也具有强烈的政治责任感,常常直接或间接地参议政事。除了充当齐王的谋臣和谏官,还有些稷下先生肩负外交重任,如邹衍曾出使赵国(《史记·平原君虞卿列传》),淳于髡也曾"为齐使于荆"(《战国策·齐策三》),还在齐威王八年"楚大发兵加齐"时,受齐王之命"之赵请救"(《史记·滑稽列传》)。

然而,要想获得稷下先生们的政治资源,齐王必须给予充分的经济资助和政治礼遇。《战国策·齐策四》记载一齐人讥讽田骈的话:"今先生设为不宦,訾养千钟,徒百人。不宦则然矣,而富过毕也。""不宦"的田骈居然都有千钟的俸禄、数百的门徒,从中可以看出稷下先生经济待遇之优厚和政治地位之高。例如,齐愍王时,国君"矜功不休,百姓不堪,诸儒谏不从,各分散"(《盐铁论·论儒》)。这里可以更明显地看出稷下学者把君王是否尊重自己的政见作为留别稷下的标准,一旦意识到劝谏无效时,他们就会毫不犹豫地离开,如在齐宣王时备受礼遇的邹衍就是在愍王专政时离齐去燕的。

因此,在群雄蜂起、列国纷争的战国时代,稷下学宫所吸引过来的学者大都怀着走上仕途的政治抱负而来,他们并不甘于在动乱的年代潜隐于世,而更相信时势造英雄,冀图凭借自身的学识和才能在稷下或是齐国博得一点政治资本。从这个意义上说,稷下学宫实际上就是一批热衷于仕途政治的人物集合体,也是一个政治性很强的政府咨询、参议机构。

(二) 学术功能

稷下学宫虽具有较强的政治功能,稷下先生也大都关心国事,参政议政,但他们的身份首先是有知识和眼光的学者,而非靠诸侯豢养的政客。稷下学宫的重要功能之一就是它的学术功能。一方面表现为诸子百家思想的交锋和争鸣促进了学术的繁荣与更新。春秋战国时期,由于政治没有统一,思想文化领域不可能有定于一尊的权威,因此思想界出现了空前自由与解放。怀有不同学术思想和立场的知识分子集聚在稷下学宫,阐述自家的学说,如宋钘、尹文"率其群徒,辩其谈说"(《荀子·正论》)。这样的学术氛围促进了稷下百花齐放、百家争鸣局面的形成,使之成为学术中心。另一方面表现为稷下先生在这个优越的环境中能潜心学术、著书立说,为中国古代文化的传承与发展作出了重大贡献。例如荀子,"序列著数万言"(《史记·孟子荀卿列传》),讲"正名",述"王制",论"解蔽",明"天论",倡"性恶",以至激烈地"非十二子",这显然远非一般的政客所能达到的水准,已经带有较强的学术成分了。据《汉书·艺文志》记载,与稷下先生有关的书和学派就有:《孙卿子》《蜎(环)子》《田子》《捷(接)子》《邹子》《邹子终始》《邹奭子》《慎子》《尹文子》《宋子》。就思想流派而言,班固将《孙卿子》归为儒家;《蜎(环)子》《田子》《捷(接)子》归为道家;

《邹子》《邹子终始》《邹奭子》归为阴阳家;《慎子》归为法家;《尹文子》归为名家;《宋子》归为小说家。除了学术风格鲜明的各家子书外,稷下学宫还留下了一些稷下先生集体创造的学术成果。如《管子》托名管仲著作,实乃是一部以法家为主的稷下先生的论著汇集,故人称为"稷下丛书";《晏子春秋》《司马兵法》《考工记》《周礼》也可能是稷下学者集体所作。

由此可见,稷下学宫作为诸子百家学术争鸣和著书立说的园地,其学术功能是显而易见的,对于战国时期学术思想的发展起到的推动作用是毋庸置疑的。

(三)教育功能

尽管稷下学宫的政治色彩浓厚、学术氛围活跃,但实质上它是作为一所有实体意义的教育机构而出现的。首先,学宫具有固定的、优良的校舍建筑。"开第康庄之衢,高门大屋,尊宠之"(《史记·孟子荀卿列传》),说明学宫交通便利、规模宏伟。其次,稷下学宫有雄厚的师资和充足的生源。《孟子》记载孟子为稷下先生时"后车数十乘,从者数百人";《战国策》说田骈有"徒百人";淳于髡死时,"诸弟子三千人为缞绖";《史记·田敬仲完世家》称齐宣王时,整个稷下的师生数曾多达成百上千人。如此庞大的师生队伍保证了稷下学宫办学的延续性,并保证其实施讲学、演讲、辩论、著述等多种教学形式的可能性。最后,稷下学宫具有系统的教育管理制度。据郭沫若考证,《管子·弟子职》就是稷下学宫为管理需要而制订的学生守则,在饮食起居、衣着服饰、课堂纪律、课后温习、尊敬师长、道德修养等众多方面对学生应当遵循的基本要求和常规准则作了规定。例如,"先生施教,弟子是则。温恭自虚,所受是极";"先生有命,弟子乃食";"朝益暮习,小心翼翼,一此不懈";"若有所疑,奉手问之";"各就其友,相切相磋,各长其仪"(《管子·弟子职》)。这是中国教育史上第一个比较完备的教育规章制度,成为后世官学、私学、书院制订学则、学规的范本,也表明了稷下学宫已是一所有实体意义和健全规章制度的高等学府。

在特殊的历史环境和文化氛围中,稷下学宫的多重社会功能是有机地结合在一起的。它的政治功能虽是各方参与者最想要实现的,但又必须以学术活动和教育活动为前提和基础;在实现政治功能的过程中,其学术功能和教育功能获得了超越性的发展,同时二者也带有很强的政治色彩,如果丧失了政治功能,它们也无法生存与发展。

三、稷下学宫的办学特点

稷下学宫作为一所集人才教育、学术研究和政府咨询多种功能为一体的高等学府,能在风云变幻的战国时代保持百余年的文化中心地位,成为百家争鸣的中心和思想解放的策源地,和它与众不同的办学特色密不可分。

(一)"不治而议论"的办学方针

齐桓公田午创办稷下学宫的目的是"招致贤人",为齐国的强盛服务。在稷下先生如何为政治服务的问题上,齐国统治者采取了两种方式:一种是把一部分稷下先生直接纳入统治集团,分别授以官职以从事实际的政务管理;另一种就是让稷下先生"不治而议论"(《史记·田敬仲完世家》),即不让他们担任实际的行政职务,不参与处理具体的国家行政事务,只是议论政治和从事学术研究。"不治而议论"就成了稷下学宫的办学方针,其实质是利用稷下先生充满智慧的"议论"来为齐国现实的政务管理服务。这样使得稷下先生有生活保障却无烦琐事务缠身,可以专心著书讲学,阐述

[拓展阅读]
张传燧、谢秀美:《稷下学宫及其办学理念述析》

自己的政治观点、学术思想,从而保证学术研究和思想争鸣的高度活力。齐国统治者也不用行政权力过问或干涉学者的研究,官府对于稷下先生的"议论",也都抱以开放和宽容的态度,合则接受,不合则听之任之,不予以追究。因此,稷下先生大都敢于直谏,对政事能够进行大胆的批判,这对于齐国政治的发展和官员行政效能的提高有巨大的促进作用,使得齐国与秦国并为"东西二帝"。尽管稷下学者议论政治的角度各异、深浅有别,但在"不治而议论"办学方针的指引下,各家都保持其独立的思想体系,学者们在稷下学宫专心致志地从事著书立说、教授生徒等学术教育活动。"不治而议论"的办学方针真正体现了稷下学宫学术自由、办学自主、管理民主的办学特色。

(二)"游学"与"期会"的教学组织形式

徐干曾说:"齐桓公立稷下之宫,设大夫之号,招致贤人而尊宠之。自孟轲之徒皆游于齐。"(《中论·亡国篇》)《史记》亦载:"(齐)宣王喜文学游说之士……是以齐稷下学士复盛,且数百千人。"可见,游学是当时稷下之学中的一种教学组织形式。从古籍中可以发现,游学的形式也是多种多样的,有如荀子"十有五即游学于临淄"式的个人游学,也有如孟子"后车数十乘,从者数百人"的集体游学。但不论是哪种形式,稷下都抱以欢迎态度。想离开的也不加以阻挠,离后复回的,照样热情接待。如孟子曾两次进出稷下学宫,都受到齐国统治者的礼遇。荀子三进三出,仍然可以"三为祭酒"。"游学"在这里同时含有学和教两个方面,也就是说,学无常师、师无常学。这种学生和教师都可以来去自由的教学组织形式,决定了稷下先生可以自由地安排教学,学生也可以自由地选择教师。这样有利于打破各家私学的门户之见和学术藩篱,开阔学生的知识视野,培养出像荀子这样的各家学说的集大成者。

"期会"是稷下学宫另外一种自由灵活的教学组织形式。据刘向《别录》所称:"齐有稷门,城门也,谈说之士期会于稷下也。"这种"期会",可能就是指定期举行的讲演会或辩论会。稷下学宫的"期会",是一种常规性的教学和学术活动,全校师生与四方游士都可以自由参加。通过演讲,演说者获得向社会公开自己学说的机会,借以提高自己的知名度与影响力。通过辩论,参与者之间相互设疑问难,争鸣交流,活跃了学术气氛,提高了教学质量和学术研究水平。"期会"实现了稷下之学中日常教学与学术研究的相互促进。

"游学"与"期会"两种教学方式,以其特有的组织形式,吸引着各家学派云集稷下,使其长期保持着百家争鸣的传统与活力,创造了中国古代高等学府教学与学术活动的光辉典范,被后来的私学和书院所继承。

(三)地位尊崇的教师政策

为了吸引学者前来稷下聚会、讲学、议政,齐国国君给稷下学者以尊宠的地位、优厚的待遇。首先,稷下先生享有尊崇的政治荣誉和礼遇。齐王为每一位稷下先生"皆赐列第为上大夫",最高的还有"卿"的头衔。孟子在齐宣王时,就曾位至齐卿,"孟子为卿于齐,出吊于滕"(《孟子·公孙丑下》)。齐宣王为了留住孟子,曾言:"我欲中国而授孟子室,养弟子以万钟,使诸大夫国人皆有所矜式。"(《孟子·公孙丑下》)齐威王十三年,诸侯伐齐,"于是王乃立淳于髡为上卿,赐之千金,革车百乘,与平诸侯之事"(《说苑·尊贤》)。尽管"大夫"与"卿"只是一个头衔,并不是真正地主持国政,但体现了齐国君王对稷下先生的重视,势必受到齐国全社会的尊重。《战国策·齐策四》记载了稷下先生王斗要求齐宣王亲自出来迎接,齐宣王欣然"趋而迎之于门"的故事。再如齐宣王与颜斶相见时,让颜斶走上前来,而颜斶执意要齐王走向他,由此引发了一场"士贵耳,王者不贵"的争辩,齐王最终承认"士贵",并"愿请受为弟子"。其次,稷下先生享有优越的生活条件。被赐为"上大夫"的稷下先生,虽然不用担任实际的官职,但都能享受"上大夫"的待遇,不仅有"高门大屋"的住房条件,还有千钟甚至万钟的俸禄。

（四）平等开放的学术氛围

稷下学宫中学派平等、数家并存、来去自由,学者人数多至数百千人,儒、法、道、名、阴阳等学派都在稷下学宫得到发展,主要有赖于稷下学宫平等开放的学术氛围。各家学派只有政治主张和思想学说的不同,不存在地位上的差别。齐国统治者也不对各家学派加以褒贬,只为他们的争鸣创造条件,使得各家学派获得发展。纵观稷下的发展历史,儒家、道家、法家、阴阳家都曾于不同时期在稷下取得相对优势,但并未占据绝对优势。正是在这种平等开放、此消彼长的学术氛围中,各家学派打破了门户之见,兼容并包,也因此吸引了天下游士前来学习或讲学。同时,齐国统治者又实行来则欢迎、去则不留的人才政策,极大地促进了各家学术的交流。这些特殊的人才政策是稷下能长期兴盛、学者云集、百家争鸣的重要原因。

总之,稷下学宫作为一所高等学府,以其独特的社会功能、教学组织形式和教师政策吸引了各家各派学者云集稷下,成为中国学校发展史上的一个光辉典范,对当代的高等教育发展仍有启发意义。

思考练习

1. 试析六艺教育的特点。
2. 论述私学兴起的原因及其意义。
3. 试析稷下学宫的社会功能与办学特色。

拓展训练

1. 从政治、经济、文化等方面,讨论西周官学与春秋战国时期私学的社会基础有何不同。
2. 讨论稷下学宫的办学经验对当代高等教育改革的启发意义。

第三章　先秦时期的教育思想

【学习目标】

1. 比较孔子、荀子与《学记》中关于教师思想的异同。
2. 理解孔子、孟子与《学记》中的启发式教学思想。
3. 分析比较孟子、荀子关于教育功能思想的异同。
4. 掌握孔子、孟子、荀子关于"学""思"关系的观点。
5. 掌握《大学》"三纲领""八条目"的具体内容。
6. 试述《学记》中关于教育教学原则的内容及意义。
7. 理解《中庸》中关于教育本质的思想。
8. 简述墨家关于教育内容的主张。
9. 把握孔子"有教无类"思想提出的背景。
10. 把握孔子、孟子、荀子关于教育对象思想的异同。

【知识列表】

先秦时期的教育思想	孔子的教育思想	"有教无类"的教育对象观
		"君子"与"成人"的教育目标观
		"习相远"与"庶富教"的教育作用观
		"文行忠信"与"诗书礼乐"的课程内容观
		"因材施教"与"启发诱导"的教学原则观
		"行有余力,则以学文"与"志仁礼文"的道德教育思想观
		"学而不厌"与"诲人不倦"的教师风范及教师思想观
	孟子的教育思想	教育对象与教育目的思想
		教育作用观
		"明人伦"的教育内容观
		"内求"的教育教学原则与方法
		"乐教英才"的教师思想

先秦时期的教育思想	荀子的教育思想	教育对象与教育目的观
		教育作用观
		"诵经读礼"的教育内容观
		"外铄"的教学思想
		教师思想
	《礼记》的教育思想	《大学》的教育思想
		《学记》的教育思想
		《中庸》的教育思想
	墨子的教育思想	教育的功能
		教育目标及其培养对象
		教育内容
		教育教学原则
	道家的教育思想	教育理想:"道法自然"
		教育培养目标:多元的理想人格
		教育方法:"不言之教"
		教学要求:贵师善教
	法家的教育思想	"人性利己说"与教育作用
		燔诗书与"以法为教"
		禁私学与"以吏为师"

［拓展阅读］
张传燧：《先秦教学思
想的理论体系及其
特色》

［教学视频］
先秦时期的教育思想

【导言】 春秋战国时期的社会变革，促使思想领域空前活跃。私学的兴起和养士之风的盛行，又直接推动了各家学派的发展，儒、墨、道、法等诸子百家互相争鸣，促进了教育理论的发展，丰富了教育经验。各个学派的代表人物都是著名的教育家：儒家的孔子、孟子、荀子，墨家的墨子，道家的老子、庄子，法家的商鞅、韩非和李斯，都有教育论著面世。战国末期出现了一批集中论述教育问题的理论著作，主要有《礼记》中的《大学》《学记》《中庸》以及《荀子》中的《劝学》等。这些论著对中国封建教育的发展影响深远，形成了中国古代教育理论发展的一个高峰。这表明，先秦教育思想对我国古代学术思想的繁荣有重要作用，它是中国教育思想史上第一个也是最重要的发展阶段。本章按儒、墨、道、法四家的顺序，以《论语》《孟子》《荀子》《礼记》《墨子》《老子》《庄子》《韩非子》等论著为主要材料，对先秦教育思想的主要内容进行系统介绍。

第一节　孔子的教育思想

孔子（前551—前479），名丘，字仲尼，出身于没落的奴隶主贵族家庭，先祖为宋国大夫，由于贵族内部的纷争，逃到鲁国，到他的父亲孔纥时家族已经没落。孔子3岁丧父，家境贫寒，故他自称"吾少也贱"。孔子很小就开始习"六艺"，长大后曾做过管仓库的"委吏"和管牛羊的"乘田"等小官。30岁左右开始私人讲学，起初只有两三名学生，如颜回之父颜路、曾参之父曾皙等，后来向他请教的人逐渐增多，孔子在鲁国的影响也越来越大。50岁左右，孔子当上了鲁国的"中都（今山东汶上县西）宰"，不久又升为"大司寇"（朝廷中主管刑事的最高长官）。但由于与鲁国国君政见不和，他被迫离开鲁国，带着他的学生周游列国，度过了14年的流亡生活。晚年时，孔子重返鲁国，专门从事讲学和整理古代文献等工作，直至去世。其弟子及再传弟子辑录了孔子与其弟子平时的言行，编成了《论语》，成为后人研究孔子教育思想的主要依据。

孔子的教育贡献主要有两个方面。一是在教育制度上，他是中国古代私学的创立者之一，提倡"有教无类"的教学，打破了西周以来贵族对文化教育事业的垄断，扩大了教育对象的范围。同时，他还整理了春秋以前的一些文献，奠定了后世儒家经学教育教材体系的基础。二是在教育思想上，他确立了儒家教育理论的基本框架，对后世教育思想的发展产生了无可替代的影响。

孔子的教育思想体系主要包括："有教无类"的教育对象观；"君子成人"的教育目标观；"习相远"与"庶富教"的教育作用观；"文行忠信"与"诗书礼乐"的课程内容观；"因材施教"与"启发诱导"的教学原则观；"行有余力，则以学文"与"志仁礼文"的道德教育观；"学而不厌"与"诲人不倦"的教师风范及教师思想。

一、"有教无类"的教育对象观

教育对象即什么人可以和应该接受教育，是教育家共同关注的问题，也是教育实践和教育思想的重要组成部分。西周时期，只有奴隶主贵族子弟才能进入官学，接受系统的"六艺"教育，农工商家庭的子弟没有资格接受教育，因而教育对象的范围极其狭窄。春秋末期，随着官学衰微和私学兴起,"学在官府"变为"学在四夷",教育对象的范围有所扩大,面对这样的社会现实,孔子从"性相近,习相远"的理论前提出发,极力主张扩大教育对象的范围,明确提出了"有教无类"(《论语·卫灵公》)的主张,成为其举办私学、招收生徒的指导方针。

"有教无类"的意思就是,不要区分受教育者的贵贱、贫富和种族,只要他们有意求学,都可以入学受教。"有教无类"是针对当时奴隶主贵族教育的"有类"提出来的,意在打破少数奴隶主贵族对文化教育的垄断,顺应当时"学术下移""学在四夷"的发展趋势,具有很强的历史进步性。

［拓展阅读］
张传燧、袁浪华:《孔子"有教无类"思想的内涵及其现实基础与理论依据》

在孔子的教育实践中,这一思想体现在两个方面。其一,播学于平民,即不分贵贱、贫富、等级招收学生。据《史记·仲尼弟子列传》和清代学者朱彝尊的《孔子弟子考》统计,孔门弟子之中,有贵族家庭出身的,如孟懿子、南宫敬叔、司马牛等;有贫贱家庭出身的,如原宪、颜路、颜渊、曾皙、曾参、闵子骞、子张、仲弓等;有商人出身的,如子贡等;甚至还有的学生曾经做过"大盗"或犯人,如颜涿聚、公冶长等。由此可见,孔子的学生中贫贱者居多。其二,播学于四夷,即不分地域、种族招收学生。据《史记·仲尼弟子列传》所记载,孔门的学生除来自鲁国以外,还有的来自卫、齐、晋、蔡、陈、宋、吴、楚、秦等国。从种族看,属于华夏族的鲁、卫、齐、陈、晋、宋等国的学生占多数;属于"蛮夷"族,来自楚吴两国的学生,有公孙龙、任不齐、秦商、言偃等;属于"戎狄"族,来自秦国的学生,有秦祖、壤驷赤等。从考古文物中得以证实,当时各国大多有自己的文字。孔子不分国别和种族招收学生,对传播华夏族的先进文化,促进多民族文化的融合和交流,起到了积极作用。

可见,孔门弟子的身份是很"杂"的,所以南郭惠子曾问子贡:"夫子之门,何其杂也?"子贡回答说:"君子正身以俟,欲来者不拒,欲去者不止,且夫良医之门多病人,隐括之侧多枉木,是以杂也。"(《荀子·法行》)"来者不拒、去者不止"是广开学路、"有教无类"思想的具体体现,成为孔子私学的招生原则。

当然,孔子招收学生也不是无条件的,相反,条件还很多。第一,要分贤愚。孔子曾说:"唯上智与下愚不移。"(《论语·阳货》)"中人以上,可以语上也,中人以下,不可以语上也。"(《论语·雍也》)因此,"有教无类"的招生原则只是针对"中人"而言的。第二,要有人介绍。子路虽是孔子自择的对象,但也是"因门人请为弟子"(《史记·仲尼弟子列传》)才得以成为孔子的学生;孺悲虽是鲁哀公派去做孔子学生的,但因无人介绍而被拒之门外。第三,"洁己以进"(《论语·述而》),即要有上进之心。第四,要行"执见礼"以示对师的尊敬。"自行束脩以上,吾未尝无诲焉。"(《论语·述而》)"脩"的本义是"干牛肉","束"即一捆,"束脩"就是一捆(即十条)干牛肉。整句话的意思是:只要主动地携带十条干牛肉作为见面礼,就没有不教他的。一束干牛肉,卑贱贫穷人家是交不出的,因此只有中等以上人家之子弟才有入学的可能。此外,"唯女子与小人难养也"(《论语·阳货》)表明妇女也被排斥在外。从这些角度来看,孔子招收学生并非真的做到了"无类",在孔子的时代也不可能达到"普及教育"的程度。尽管如此,相比于之前贵族垄断教育、"学在官府"的状况,孔子"有教无类"的思想,已经大大地前进了一步,它冲破了奴隶主贵族垄断文化教育的局面,扩大了受教育对象的范围,顺应了社会历史的进步潮流,符合教育事业的发展趋势。

孔子提出"有教无类"的办学方针不是偶然的,而是有着深厚坚实的理论与实践基础。第一,孔子认识到人的先天之"性"是很接近的,"性相近"思想就成为"有教无类"的生理学和心理学基础;第二,孔子认识到教育和学习在人的成长发展中起着非常重要的作用,接不接受教育、接受什么样的教育对个体后天的发展有着决定性的影响,"习相远"思想就是"有教无类"的教育学基础;第三,孔子看到了当时政治衰落、政权下移导致"天子失官,学在四夷"的社会现实,这是其提出"有教无类"的社会学、政治学基础;第四,孔子看到了周王室典籍流落民间,使平民有书可读,从而使教育成为可能,"文化下移"是其广开学路,实行"有教无类"的文化学基础;第五,孔子也看到了春秋战国时期拥有知识的"士"阶层的兴起及其在社会变革中所起的积极作用,"士"使人们看到了读书学习、接受教育的重要性,因而民心开始向学,"士"阶层的兴起就是"有教无类"提出并实施的社会学基础。

二、"君子"与"成人"的教育目标观

[拓展阅读]
张传燧、康再兴:《孔子"君子""成人"核心素养观的现代转化及其实践策略》

教育中有一个非常重要的问题即教育的目标是什么,也就是教育到底应该培养什么样的人的问题。孔子主张"学而优则仕"(《论语·子张》),强调教育应当通过培养贤能之士来为社会政治服务,以实现其"德治仁政"的伟大社会理想。他把贤能之士称作"君子""成人",认为教育就是应当培养德行优异的"君子""成人",使他们成为符合统治阶级需要的治术人才,因此"君子""成人"就成为其教育培养目标。

"君子"是孔子最一般的教育培养目标,即合格标准。他认为,教育的作用在于将自然人、生物人(野人)培养成为有文化、有教养的社会人、文化人。所谓"君子",就是把学生先天质朴的素质与后天的教育结合起来,"文质彬彬,然后君子"(《论语·雍也》)。在他看来,"君子"应当具有仁、智、勇三种品德,即仁德、智慧、勇敢。"君子道者三,我无能焉:仁者不忧,知者不惑,勇者不惧。"(《论语·宪问》)智、仁、勇是有机联系的统一体,缺一不可。仁、智、勇都是要依靠教育和学习来培养的。"好仁不好学,其蔽也愚;好知不好学,其蔽也荡⋯⋯好勇不好学,其蔽也乱。"(《论语·阳货》)由此可见,仁、智、勇是理想人才培养目标的具体化,是孔子对教育人才所设计的培养规格。当然,"君子"也是施行道义于天下、重义轻利、不计个人利益得失之人。他说:"君子喻于义,小人喻于利。"(《论语·里仁》)在义与利面前,君子并非绝对不言利,而是倾向于重义甚重利。孔子在肯定了人欲合乎情理的前提下,要求区分合义之利与不义之利,提出:"富与贵是人之所欲也,不以其道得之,不处也;贫与贱是人之所恶也,不以其道得之,不去也。"(《论语·里仁》)当面临义与利的抉择时,应"见利思义"(《论语·宪问》),毫不犹豫地选择义,以天下百姓利益为重的人当为君子。在利益面前,君子能坚持道义标准,保持行为的合适性,哪怕是极大地牺牲个人利益甚至是基本生活条件也在所不惜。君子虽然生活贫困,但精神富有。这就是君子的高大形象。

"成人"(即全面和谐发展的人)则是孔子提出的最高理想的人才培养目标。他说:"若臧武仲之知,公绰之不欲,卞庄子之勇,冉求之艺,文之以礼乐,亦可以为成人矣。"(《论语·宪问》)即是说,除应具备"君子"必备的仁、智、勇三种品格素养之外,"成人"还应具备较强的动手操作技能、应用一定的社会礼仪规范和乐舞审美文化来修饰完善自身,即具备"六材",这样才能真正成为一个身心和谐、德智体美劳全面发展的人。

孔子不仅是中国而且也是世界上第一个明确提出人才培养规格的教育家。他认为,教育应当使受教育者在仁(德行)、智(智识)、勇(体魄)、艺(技能)、礼(礼仪、文雅)、乐(审美)六个方面得

到全面和谐发展。他认为,只有在这些方面具备综合素养的人,才能实现"修己以敬""修己以安人""修己以安百姓"的社会政治目的。应该说,在人类文化教育的早期,孔子的教育目的观是比较全面的,实现了社会目的与个体目的的统一。

孔子的教育目标观如图 3-1 所示。

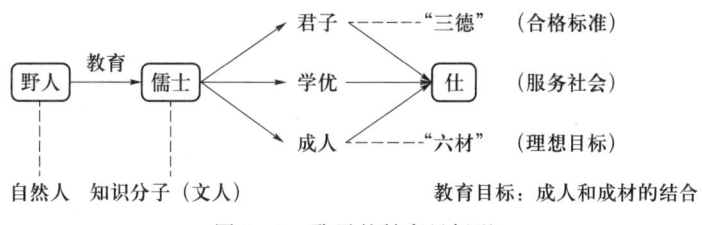

图 3-1　孔子的教育目标观

三、"习相远"与"庶富教"的教育作用观

(一)"习相远"的教育作用观

1."性相近"——教育个体作用的人性论基础

古代教育家在论述教育的个体功能时往往是以人性论为依据的,这一思想渊源是从孔子开始的。《论语·阳货》中说:"性相近也,习相远也。"这里的"性"近似于今天所说的遗传素质,是个体先天的、与生俱来的气质;"近",意即接近,差别不大;"习"既指在后天社会中的习染和教育学习,亦指由于习染而形成的习惯;"远",意即距离远、差别大。这句话说明孔子初步认识到,个体的成长过程受到生理遗传、社会环境和教育学习等多种因素的复杂影响。

"性相近"是孔子人性论的重要组成部分。关于人性问题,孔子实际上有过先天之性和后天之性的论述,这两种"性"是有区别的。个体的先天之性似无多大区别(当然,并不等于说完全相同,因为实际上还是存在一定差异的。孔子看到了这一点,所以他说性相"近");而后天之性则存在明显的甚至是巨大的差别。关于人后天之性的异同问题,孔子提出了以下观点:"生而知之者,上也;学而知之者,次也;困而学之,又其次也;困而不学,民斯为下矣。"(《论语·季氏》)"唯上智与下愚不移。"(《论语·阳货》)"中人以上,可以语上也;中人以下,不可以语上也。"(《论语·雍也》)"中人"包括"学而知之"和"困而学之"两种人,"性相近"主要是针对这两种人,亦即大多数正常人而言的。现代心理学研究表明,对大多数人而言,无论生理构造还是心理发展水平都是非常接近的。孔子把"性"分为三等以及"中人"性相"近"的观点,与现代心理智力测量学对个体智力的看法十分相近,因而具有一定的科学性。现代心理智力测量学运用科学的实验手段得出结论,只有各占 2%~3% 的个体属于智力超常者和智力低愚者,这两类人实际上是不可以用常规的方法进行教育的,其余 95% 左右的个体的智力基本相近,他们是否接受教育和接受什么样的教育将对他们今后的发展有决定性的影响。孔子注意到了人的心理发展有着大致相近的自然基础,既然"性相近",人的先天素质并无根本差别,那么不论贫富贵贱,人生来应该是平等的,每个人都可能达到教育培养的理想境界。这就为其实施"有教无类"的教学方法提供了心理学和生理学的依据。

2."习相远"——教育的个体作用思想

从教育学的角度看,孔子强调了教育和环境对个体身心发展的决定作用。虽然他说过"生而知之者上也"的话,但他并不认为真有"生知"和"上智"之人,更不存在不教而能的人。既然人与人之间的差别主要是由于环境习染而各不相同,是后天作用于先天的结果导致了"习相远",这并非先天命定的,那么不论何等人都有接受教育的必要和可能。这就是著名的"习相远"思想。孔子认为,"好学"可以影响人的性格品质。他说:"好仁不好学,其蔽也愚;好知不好学,其蔽也荡;好信不好学,其蔽也贼;好直不好学,其蔽也绞;好勇不好学,其蔽也乱;好刚不好学,其蔽也狂。"(《论语·阳货》)人如果不"好学",就不能形成仁、知、信、直、勇、刚等良好道德品质。即使有这种愿望,如果不"好学",也会产生愚、荡、贼、绞、乱、狂等不良后果。孔子强调"学知",认为对大多数的民众来说,他们是可以"困而学""学而知"的,这就充分肯定了教育在个体成长中所起的重要作用。这一理论具有一定的科学性,它指出了人的天赋素质是相近的,因而打破了奴隶主贵族天赋比平民高贵、优越的思想,在人类认识自身史上是一个重大突破。

"性相近,习相远"说明,个体先天的生理和心理素质尽管相近但并不完全相同,说明个体差异是客观存在的,所以教育必须从个体差异出发,实行"因材施教"。孔子对学生之间的个性差异有着深刻的观察和分析,他将之归结为智力、能力、性格、志向、学习态度和学习专长等方面,并据此实行了分科教学,培养了 14 名四科(德行、言语、政事、文学)的尖子,这种教育活动遵循和适应了个体身心发展的规律。个体差异,一方面是与生俱来的(性相近),这是因材施教的依据;另一方面是在后天的社会环境和教育学习双重作用下形成的(习相远),这是因材施教的结果。"性相近,习相远"还表明,个体(性相近)接不接受教育和接受何种程度、何种状况的教育,决定着其后天发展的水平和状况存在很大的差异(习相远)。"性相近,习相远"的教育思想指出了个体先天禀赋的平等性、遗传素质的可塑性和教育学习的必要性,具有重要的理论和实践意义。

(二)"庶富教"的教育作用观

关于社会理想,儒家在《礼记·礼运》中有过全面系统的表达:"大道之行也,天下为公。选贤与能,讲信修睦。故人不独亲其亲,不独子其子。使老有所终,壮有所用,幼有所长,矜寡孤独废疾者皆有所养。男有分,女有归。货恶其弃于地也,不必藏于己;力恶其不出于身也,不必为己。是故谋闭而不兴,盗窃乱贼而不作,故外户而不闭,是谓大同。"孔子将其简略概括为:"老者安之,朋友信之,少者怀之。"(《论语·公冶长》)这是其教育的社会作用思想立论的出发点和基础。

关于如何实现这种社会理想,孔子有过一段专门论述。《论语·子路》载:"子适卫,冉有仆。子曰:'庶矣哉!'冉有曰:'既庶矣,又何加焉?'曰:'富之'。曰:'既富矣,又何加焉?'曰:'教之。'"这段话说明孔子把众多的人口、富足的财富、发达的教育当作立国的三个要素,一定数量的人口是最基本的,其次是要发展经济使人民富裕起来,最后是要对人民进行教育,只有这样,国家才算真正治理好了。这就是孔子著名的"庶富教"思想。

在社会治理上,孔子主张"为政以德",倡导忠孝仁义,推行仁政德治,反对苛政暴政。《论语·为政》记载:"为政以德,譬如北辰,居其所而众星共之。"孔子周游列国,其目的之一在于宣传、推行他的政治思想。在他看来,治国安民,经济、军事、行政、法律都是不可缺少的,但最根本的还是教育。他首先认为,教育工作本身就是一种政治工作。《论语·为政》载:"或谓孔子曰:'子奚不为政?'子曰:书云:'孝乎惟孝,友于兄弟,施于有政。'是亦为政,奚其为为政?"就是说,传播孝顺父母、友爱兄弟等思想规范的教育活动本身就是一种政治活动。他更进一步认为,教育还可以把伦理、法律等思想传播到民众之中,从而对政治发生重大影响。"道之以政,齐之以刑,民免而无耻;道之以德,齐之以礼,有耻且格。"(《论语·为政》)就是说,用行政的手段要求老百姓,用法治的手段约束老百姓,虽然可以使百姓由于害怕触犯行政和刑律而不去为非作歹,但并不能启发百姓的自觉心;如果用道德教育的手段引导老百姓,用礼治的手段教育老百姓,就能够产生强大的道德力量,既可以使百姓耻于为非,还能收到行政与法律手段难以取得的效果。因此,教育比政令、刑律更加重要和有效。当子贡问政时,子曰:"足食,足兵,民信之矣。"子贡曰:"必不得已而去,于斯三者何先?"曰:"去兵。"子贡曰:"必不得已而去,于斯二者何先?"曰:"去食。自古皆有死,民无信不立"(《论语·颜渊》)。在这里,孔子把"足食、足兵、民信"作为立国的基本要素,甚至认为在不得已时,食、兵都可去,唯独民信不可失,从而强调了通过道德教育达到民信的重要性,这种思想具有一定的道理,但却夸大了教育的作用。春秋末期,统治者的横征暴敛、苛政酷刑和武力征讨行为,造成学校不修、文教不振、道德沦丧的局面。在此背景下,孔子强调教育的社会作用,抬高教育的地位,有很强的现实针对性。

四、"文行忠信"与"诗书礼乐"的课程内容观

(一)关于教学内容

孔子说:"子以四教:文,行,忠,信。"(《论语·述而》)这句话基本表达了孔子的教学内容观。所谓"文行忠信",包括了文化知识教育和伦理道德教育两个方面的内容。关于两者之间的关系,在孔子看来,从轻重来讲,伦理道德教育重于文化知识教育;从过程来讲,伦理道德教育渗透在文化知识教育之中进行;从先后来讲,一方面道德行为实践训练先于文化知识教育学习,"行有余力,则以学文"(《论语·学而》);另一方面道德行为实践训练基于文化知识教育学习,孔子说:"未知,焉得仁?"(《论语·公冶长》)"有德者必有言,有言者不必有德。"(《论语·宪问》)由此可以看出,孔子持"知识即美德"的道德教育内容观。

(二)关于课程设置

关于课程设置,孔子在世界上开分科教学之先河。据《论语·先进》记载:"德行:颜渊,闵子骞,冉伯牛,仲弓。言语:宰我,子贡。政事:冉有,季路。文学:子游,子夏。"朱熹注曰:孔子"目其所长,分为四科"。虽说德行、言语、政事、文学四个方面并不能直接说是四个专业,但孔子实行分科教学,对学生进行因材施教的做法非常明显,并且卓有成效。具体来说,孔子的课程有"礼、乐、射、御、书、数"即"六艺"科目。"六艺"与下面所说的"六经"的不同之处在于,"六艺"偏重技能行为的训练,属于"艺"的方面。"六经"偏重文化知识的学习,属于"文"的范围。其中,"礼、乐"是关于礼节、音乐、歌舞方面的技能训练;"射、御"是射箭、驾车的技能训练;"书、数"是书写、计算的技能训练。"六艺"都是用来培养未来官吏从政治世能力所必需开设的科目。

(三)关于教材

在文化知识教育方面,孔子所使用的教材就是经他编纂整理的《诗》《书》《礼》《乐》《易》《春秋》六部西周遗存下来的儒家经典(后世尊称为"六经"①)。他通过"删订序修"②使西周流传下来的典籍更加适合教学的需要,为古代学校的教材建设作出了巨大贡献。孔子说:"兴于诗,立于礼,成于乐。"(《论语·泰伯》)《诗》《礼》《乐》无疑是孔子教学所使用的主要教材。除此之外,孔子还整理了《书》《春秋》《易》三部古代文献作为教材。

---

① 汉以后,一般只提《五经》。一说《乐》本来就不存在,一说其失传。
② 即删诗书、订周礼、序周易、修春秋。

（四）教学内容与课程思想的特点

第一，偏重社会人事，具有强烈的入世性。孔子对上古三代时期盛行的怪、力、乱、神持敬而远之的态度，教学时"不语怪、力、乱、神"（《论语·述而》）。他重视人的价值，坚持"未能事人，焉能事鬼？""未知生，焉知死？"（《论语·先进》）的理性态度。"六经"所探究的都是社会政治伦理道德，强调的是"尽人事"，谋世事。这种不宣传鬼神，不把宗教神学列为教学科目的做法是中国古代教育非宗教性传统的开端。

第二，重人文，轻自然。出于对当时社会"天下无道"的强烈忧患，孔子的教育强调"授之以政""使于四方"的经世致用、治国平天下目的，它影响到古代政治、文化的发展，对中华民族性格，如守规矩、懂礼节、乐观主义、积极进取、关心政治，酷爱历史、追求哲理等的形成都产生了深刻影响。

第三，轻视劳动教育，排斥手工业技术和农业技术。孔子的培养目标是"不器"的从政君子，反映到教学内容上，就是重视人伦社会知识，排斥生产劳动知识和技能。这为生产劳动教育无缘于中国古代官学课程开了先河。

五、"因材施教"与"启发诱导"的教学原则观

（一）因材施教

所谓因材施教，是指教师从学生的实际情况和个别差异出发，有的放矢地进行差异化教学，使每个学生都能扬长避短、获得最佳发展。孔子本人并没有提出"因材施教"这个命题，但他针对不同学生的特点，从实际出发进行教育教学的实践却充分体现了这一原则。南宋著名教育家朱熹在总结孔子的教学经验时将其概括为"夫子教人，各因其材"，这便是"因材施教"的由来。

"因材施教"的关键是对学生要有深入、全面的了解，准确地把握各个学生的特点。孔子十分注意观察、了解学生，非常熟悉他们各自的特点，能够用精练的语言相当准确地概括出每位学生的特征，如"柴也愚，参也鲁，师也辟，由也喭"（《论语·先进》），"由也果""赐也达""求也艺"（《论语·雍也》）。有时孔子会对不同的学生进行比较，子贡问："师与商也孰贤？"子曰："师也过，商也不及。"曰："然则师愈与？"子曰："过犹不及。"（《论语·先进》）

由于孔子注意从具体实际出发进行教学，所以他对于学生所问的同一问题，常因发问者的个性、需要而给予不同的回答。《论语·先进》中记载了孔子实施因材施教的一个典型案例："子路问：'闻斯行诸？'子曰：'有父兄在，如之何其闻斯行之？'冉有问：'闻斯行诸？'子曰：'闻斯行之。'公西华曰：'……赤也惑，敢问。'子曰：'求也退，故进之；由也兼人，故退之。'"子路和冉有都问"闻斯行诸？"他的答复截然相反，依据便是两个人特点不一。

孔子弟子三千，贤人七十二，同样学习文行忠信，但因能力各异，因此学习的程度不同。有的"千乘之国，可使治其赋"，有的"千室之邑，百乘之家，可使为之宰"，有的"束带立于朝，可使与宾客言"（《论语·公冶长》）；同样身通六艺者，也各有特长，"德行：颜渊，闵子骞，冉伯牛，仲弓。言语：宰我，子贡。政事：冉有，季路。文学：子游，子夏"（《论语·先进》）。许多学者据此认为孔门实行的是"分科教学"的方法，称为"孔门四科"，其实不过是孔子因材施教的结果而已。孔子还注意针对学生们不同的年龄特点对其进行教育："少之时，血气未定，戒之在色；及其壮也，血气方刚，戒之在斗；及其老也，血气既衰，戒之在得。"（《论语·季氏》）

孔子的因材施教思想对当下的教育有很大的启示：一是要深入了解学生，细心观察他们，教

育教学才能做到有的放矢,符合学生实际;二是对待学生既要有共同的要求,又要善于发现和注意培养他们的某些专长,适应个体差异,使其各尽其才。

（二）启发诱导

孔子说:"不愤不启,不悱不发,举一隅不以三隅反,则不复也。"(《论语·述而》)朱熹注解曰:"愤者,心求通而未得之意。悱者,口欲言而未能之貌。启,谓开其意。发,谓达其辞。"(朱熹《四书集注·论语·述而》)这便是"启发诱导"的教育方法,就是说,只有当学生进入积极思维的状态后,教师才能适时地对其进行诱导、引发,帮助学生打开心扉,激活思维,即"开其意",使学生能够产生联想,触类旁通,即"答其辞"。孔子的启发诱导教育有两个特点。

1. 强调启发时机

在孔子看来,启发诱导的核心就是最大限度地激发学生的主动性。根据孔子的经验,要调动学生的积极性,首先要了解其认识规律,掌握其心理状态,适时施教。"可与言而不与之言,失人;不可与言而与之言,失言。知者不失人,亦不失言。"(《论语·卫灵公》)"言未及之而言谓之躁,言及之而不言谓之隐;未见颜色而言谓之瞽。"(《论语·季氏》)教师要做不失言的智者,不能成为躁者、隐者和瞽者,要切实把握教学的最佳时机。

2. 注重"原型启发"

孔子采用的主要是类比与比喻的教学方法,从学生比较熟悉的浅近事物入手,进而阐发比较深刻的道理,"能近取譬"(《论语·雍也》),从多方面激发学生的学习兴趣,使其"好学""乐学",始终感到"学如不及,犹恐失之"(《论语·泰伯》),处于"欲罢不能"(《论语·子罕》)的状态,对待学习如饥似渴。这样才能使学生"闻一以知二""闻一以知十"(《论语·公冶长》),"告诸往而知来者"(《论语·学而》),既能主动地获得更多的知识又能发展思维能力。如当子夏问孔子《诗经》的"巧笑倩兮,美目盼兮,素以为绚兮"是什么意思时,孔子启发他说:"绘事后素。"子夏领会到其中的意思是说"礼"须建立在"仁"的基础上,但还是不确定,就再进一步问:"礼后乎?"孔子很高兴,说:"起予者商也,始可与言《诗》已矣。"(《论语·八佾》)用类比的方法从"绘事后素"导出"仁先礼后"的道理。

（三）学思并重

孔子说:"学而不思则罔,思而不学则殆。"(《论语·为政》)这里的"学"指读书,"思"指思考。意思是说,只读书而不深入思考就会陷入迷茫而无所获,只思考而不认真读书就会陷入空虚而有害。

一方面,孔子强调学的重要性,反对思而不学。他说:"吾尝终日不食,终夜不寝,以思,无益,不如学也。"(《论语·卫灵公》)《韩诗外传六》引孔子的话说:"不学而好思,虽知不广矣。"另一方面,孔子又强调思考的重要性,反对学而不思。"饱食终日,无所用心,难矣哉!"(《论语·阳货》)并提出"九思":"视思明,听思聪,色思温,貌思恭,言思忠,事思敬,疑思问,忿思难,见得思义。"(《论语·季氏》)

这种学思结合的见解初步揭示了学和思的辩证关系。只"学"不"思",就会偏于教条,脱离实际;只"思"不"学",就会主观臆想,片面武断。"学"与"思"不可偏废,"学"是基础,"思"是深化。学思结合,并重不偏,是孔子教学思想的一个重要特点。

（四）学行结合

所谓学行结合,就是要求将理论学习与实践训练相结合,使学生既要掌握比较系统的文化知识,又要培养和训练运用知识于实际的能力。孔子不仅强调学思并重,而且要求学行结合。他认为,完整意义上的学习,是一个学思习行相统一的过程。孔子的学行结合思想在教学中表现在以下几方面。

1. 行在学先

孔子把"行"提到比"学"还要重要的位置,要求弟子做到先行后学。他说:"弟子入则孝,出则弟,谨而信,泛爱众而亲仁。行有余力,则以学文。"(《论语·学而》)这就是说,学习主要是"行"的过程,必须坚持实践第一的原则。

2. 行即是学

孔子说:"贤贤易色,事父母能竭其力,事君能致其身,与朋友交言而有信。虽曰未学,吾必谓之学矣。"(《论语·学而》)即是说,"贤贤""事父""事君""交友"等家庭、国家、社会活动都是学习。的确,学与行是统一的过程,学则行也,行则学也,实践的过程也是学习的过程。理论知识学习不是"学"的全部,只是其中的一部分(当然是最重要的部分);实践生活锻炼("行")也是"学"的重要组成部分(在古代更是如此),行不是在学之外,而是在学之中。不能把行排斥在学之外,而应当把二者很好地结合起来。

3. 行即是用

孔子说:"诵诗三百,授之以政,不达;使于四方,不能专对,虽多,亦奚以为?"(《论语·子路》)学习和掌握知识的目的,在于将其运用于实践之中,以解决实际社会生活中的政治、道德等问题,如果做不到这一点,学再多的知识都是没有用的。

4. 行是标准

孔子认为,要检验学生的知识掌握情况,不要看他说得如何,关键要看他做得如何。这样,"行"就成为检验教学效果的标准。他说:"始吾于人也,听其言而信其行;今吾于人也,听其言而观其行。"(《论语·公冶长》)

(五)温故知新

孔子说:"温故而知新,可以为师矣。"(《论语·为政》)据《十三经注疏》解释:"温,寻也,言旧所学得者。温寻使不忘,是温故也;素所未知,学使知之,是知新也。"意思是说,温习旧的知识以达到熟练与巩固,同时又不断学习获得新的知识,这样的人才可以做老师。"故"是"新"的基础,"新"是"故"的提高。"温故知新"虽然是孔子对教师讲的,但也是一条普遍使用的重要教学原则。

"温故知新"的基础是"温故",即复习巩固。"温故"的方法是"时习",其目的是"勿忘其所能"。孔子说:"学而时习之,不亦说乎?"(《论语·学而》)意思是说,学习做到了及时温习和巩固,内心就会感到快乐与满足。"学而时习之"就是要做到孔子的学生子夏所说的"月无忘其所能"(《论语·子张》)。有的学者将此处的"时"解释为"恰时、适时",其意为:孔子要求弟子适时地温习所学知识,并以此为快乐。也是解释得通的。

"温故知新"的目的是"知新",即了解新知,以收到"以旧知新""闻一知十"的效果,亦即子夏所说"日知其所亡"(《论语·子张》)。"知新"的方法是"好学",学习本身是循序渐进、不断提升的过程,学习者应当在巩固已知的基础上不断获取新知,这样才能获得前进和提高。熟练掌握已学的知识,并且做到融会贯通和举一反三,同时又不断去追求、了解、获取新的知识,做到告诸往而知来,由已知探求未知,学习就能达到新的境界。"学而时习之""温故知新"很好地处理了新旧知识和学习的关系。

（六）德智统一

所谓"德智统一"，就是把修炼德性与启迪智慧结合起来，做到德智并进。孔子在教育教学过程中，要求学生做到修德讲学的统一。他说："德之不修，学之不讲，闻义不能徙，不善不能改，是吾忧也。"（《论语·述而》）

孔子首先认为，"有德者必有言"（《论语·宪问》），即有良好道德品行的人一定要具有文化知识，这实际上是人类最早的"知识即美德"观念。可见，知识学习是道德修炼的基础，"未知，焉得仁？"（《论语·公冶长》）。因此，他把"好学"作为道德养成的前提条件。如果只是强调道德修养的重要性却不喜欢学习，就会出现愚、荡、贼、绞、乱、狂六种不良道德行为。孔子说："好仁不好学，其蔽也愚；好知不好学，其蔽也荡；好信不好学，其蔽也贼；好直不好学，其蔽也绞；好勇不好学，其蔽也乱；好刚不好学，其蔽也狂。"（《论语·阳货》）

其次，孔子明白，道德教育如果只是停留于知识说教的层面，那是达不成目的的。因为，知识教育与道德教育不能直接画等号，有文化知识的人不一定具有良好的道德行为。"有言者不必有德。"（《论语·宪问》）而且如果离开了道德价值的引导和统领，人生就会偏离正确的方向，甚至出现"巧言乱德"（《论语·卫灵公》）之类的不良行为。所以，"德为智之帅"。他说："知及之，仁不能守之，虽得之，必失之。知及之，仁能守之。"（《论语·卫灵公》）

总之，孔子主张修德与讲学相统一。他既突出了文化知识教育在道德品行教育中的基础地位，又强调道德教育对知识学习乃至整个教育学习的价值引领作用。他主张把道德知识教育与道德行为养成结合起来，知为基础和前提，德为根本和统帅，二者相辅相成。

（七）教学相长

"教学相长"一词出现较晚，但其相关思想以及实践却早已有之。孔子是最早实行"教学相长"和具有其思想萌芽的人。具体来说，表现在以下几个方面。

1. 善于发现学生的优点和长处

如"子夏问于孔子曰：'颜回之为人奚若？'子曰：'回之信，贤于丘。'曰：'子贡之为人奚若？'子曰：'赐之敏，贤于丘。'曰：'子路之为人奚若？'子曰：'由之勇，贤于丘。'曰：'子张之为人奚若？'子曰：'师之庄，贤于丘。'子夏避席而问曰：'然则四子何为事先生？'曰：'居，吾语汝：夫回能信，而不能反；赐能敏，而不能诎；由能勇，而不能怯；师能庄，而不能同。兼四子者之有以易，吾弗与也，此其所以事吾而弗贰也。'"（《孔子家语·六本第十五》）孔子在为弟子答疑解惑的过程中，经常从他们身上发现其优点，从而受到启发和学习，做到了教学相长。

2. 承认学生的话语对自己有启发

孔子在教学中坚持做到了这一点。例一，子贡曰："贫而无谄，富而无骄，何如？"子曰："可也。未若贫而乐，富而好礼者也。"子贡曰："诗云：'如切如磋，如琢如磨。'其斯之谓与？"子曰："赐也！始可与言《诗》已矣，告诸往而知来者。"（《论语·学而》）例二，子夏问曰："'巧笑倩兮，美目盼兮，素以为绚兮。'何谓也？"子曰："绘事后素。"曰："礼后乎？"子曰："起予者商也！始可与言《诗》已矣。"（《论语·八佾》）这两个例子表明孔子承认子贡和子夏对"礼"的理解对自己很有启发，师生可以共同讨论《诗经》这样高深的学问了，表明他在教学中善于启发学生思考，大胆想象，敢于提出自己独到新颖的观点。

3. 营造平等、民主、宽松、自由的教学氛围

首先，师生要平等相处，这是实现教学民主的前提。譬如，据《论语·阳货》记载"子游为武城

宰",孔子因"闻弦歌之声"而笑他说"割鸡焉用牛刀?"子游不服,反驳说,他的为政之道是"昔也闻诸夫子"的,孔子只得改口说:"前言戏之耳,偃之言是也。"这就是师生关系平等的具体表现。其次,用发展的眼光看待学生。孔子说"后生可畏,焉知来者之不如今也?"(《论语·子罕》),就是认为要看到学生巨大的发展潜力。再次,坚持民主自由的教学。孔子主张"当仁不让于师"(《论语·卫灵公》),坚持"各言其志"的自由宽松教学,鼓励学生大胆想象、积极思考、敢于争辩,积极活跃教学气氛。

六、"行有余力,则以学文"与"志仁礼文"的道德教育思想观

(一)"行有余力,则以学文"——道德教育地位观

孔子从培养目标出发,把"仁"放在"君子成人"必备素质的首位,认为具有良好的道德品质是成为"君子""成人"的首要条件,所以他非常重视道德教育。

从孔子的教育内容及其教育活动也能看出他对道德教育的重视程度。《论语·述而》说:"子以四教:文,行,忠,信。""四教"中"文"只居其一,"行、忠、信"都是道德教育的内容要求,可见德育内容占了很大比重。另据《论语·学而》记载,他在教育中要求弟子做到"入则孝,出则弟,谨而信,泛爱众而亲仁,行有余力,则以学文",把道德教育活动置于文化教育活动之前,足见孔子对其重视的程度。他要求学生首先进行道德行为训练,以成为品行符合一定社会道德标准的社会成员,然后才开始文化知识的学习。正是受孔子这种思想的影响,中国古代形成了以德育为核心的教育体系,这是中国传统教育有别于西方教育的重要特点。

(二)志仁礼文——道德教育内容观

孔子道德教育的内容是以"志"为统帅,以"仁"和"礼"为两翼,以"文"为基础。如图 3-2 所示。

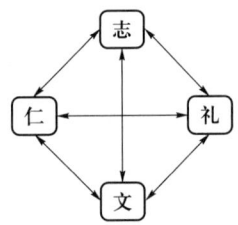

图 3-2　孔子道德教育内容结构图

1. 志

志,即志向、理想,解决的是人生观问题。从道德角度来看,"志"属于个体内在的精神道德,对人的成长发展起着根本的引领作用。孔子非常重视"志"的教育。他说:"三军可夺帅也,匹夫不可夺志也。"(《论语·子罕》)

以什么为"志"是进行"志"教育的关键问题。孔子主张"志于学""志于仁""志于道"。他说:"吾十有五而志于学"(《论语·为政》);"苟志于仁矣 无恶也"(《论语·里仁》);"志于道,据于德,依于仁,游于艺"(《论语·述而》)。"志于学""志于仁""志于道"三者是逐步递进和提升的关系,"志于学"是基础,"志于仁"是根本,"志于道"是目标,也就是说,"志"的教育首先要打好扎实的文化基础,其次要修养良好的德性,最后要以"弘道"为终身奋斗的目标。所以孔子说:"朝闻道,夕死可矣。"(《论语·里仁》)

孔子非常重视"言志"教育。据《论语·公冶长》和《论语·先进》记载,孔子在与颜渊、子路、曾皙、冉有、公西华讨论学问、人生、社会等主题时,鼓励弟子"各言其志",去思考和畅谈各自的人生理想和奋斗目标,并且要以身作则,用自己"天下大同"和"老安友信少怀"的社会理想和境界来激励弟子。

2. 仁

"仁"是在原始氏族的血缘关系基础上发展起来的,属于融合个体和其他成员关系的、内外相结合的家庭血缘道德。"仁",原本指人与人之间的友爱、互助、同情等道德情感。孔子把"仁"改造成为道德规范的总称和最高标准,并且非常重视对学生进行"仁"的教育。

因为孔子以"仁"为核心的道德体系以家族血缘为基础,所以"仁"的基础是"孝悌","仁"的社会表现是"爱","仁"的政治表现是"忠"。譬如,《论语·学而》记载孔子的弟子有子说"孝悌"是"仁"的根本和基础,颇得孔子心意。又如,"爱"是一种对他人施以同情、怜悯、关心和帮助的情感。"仁"的本质是关爱,所以孔子认为"仁"的社会表现是"博施于民而能济众"之"爱"。樊迟问仁。子曰:"爱人。"(《论语·颜渊》)据《论语·雍也》记载,当子贡说"如有博施于民而能济众,何如? 可谓仁乎?"时,孔子说:"何事于仁,必也圣乎! 尧、舜其犹病诸! 夫仁者,己欲立而立人,己欲达而达人。能近取譬,可谓仁之方也已。""忠"的广泛意义就是"己欲立而立人,己欲达而达人"(《论语·雍也》),其特质就是由子事父衍生而来的臣对君的一种道德。《论语·子路》记载孔子回答樊迟问仁时说"与人忠",《论语·为政》记载孔子回答季康子问政时说"孝慈则忠",《论语·颜渊》记载孔子回答子张问政时说"居之无倦,行之以忠",《论语·八佾》记载孔子回答定公问时说"臣事君以忠"。由"孝悌"到"爱"再到"忠",表现了家—友—国之间不断纵向递进和上升的道德关系,以此表达传统中国人的家国道德情怀。因此,孔子教育学生们要有为实现"仁"的道德理想而勇于献身的精神,即"杀身以成仁"(《论语·卫灵公》),对后世产生了深远的影响。

3. 礼

"礼"是人类在社会生活中应氏族道德观念和风俗习惯特别是统治集团整体利益的需要而逐步形成的全体成员必须遵行的外在社会公共道德,对个体的言行起着规范和约束的作用,也是评判个体言行的准绳。"礼"既指处理和维系社会关系的基本准则、规范和仪节,亦指全社会的等级制度和伦理秩序。孔子认为,周礼是因循夏商之礼而来,较前代最为完备。春秋时代,王室衰微,礼制被毁,礼崩乐坏。孔子主张恢复周代的礼法制度和社会秩序,特别推崇周礼,"周监于二代,郁郁乎文哉! 吾从周"(《论语·八佾》)。

孔子特别重视对学生进行"礼"的教育。他反复告诫学生"立于礼"(《论语·泰伯》)——"不学礼,无以立"(《论语·季氏》),"不知礼,无以立"(《论语·尧曰》)。无论立德立言还是做人做事,都需依照一定的规矩,否则将一事无成。在孔子看来,"礼"对于君子在社会中立足十分重要。当然,孔子强调"礼"只是社会的外在规范,"仁"才是渗透于其中的内在精神,如果"礼"失却了"仁"就会适得其反。"人而不仁,如礼何?"(《论语·八佾》)

人生活在一定的社会中,不可能天马行空独往独来,必然受到各种社会关系的制约,"学礼""知礼""立礼"的目的,是要学会用"礼"来约束自己的言行,做到"非礼勿视,非礼勿听,非礼勿言,非礼勿动"(《论语·颜渊》)。所以孔子的学生说他经常用"礼"教育和约束他们,使他们不至于偏离方向而正确地发展。他告诫学生:"君子博学于文,约之以礼,亦可以弗畔矣夫!"(《论语·雍也》)颜回说,正是孔子用丰富的知识武装他的头脑,用规范的礼节约束他的言行,才使他得以卓

然独立:"夫子循循然善诱人,博我以文,约我以礼。欲罢不能,既竭吾才,如有所立卓尔。"(《论语·子罕》)

4. 文

文,当然是文化知识。从道德角度,这里的"文"即是理性认知道德。与道家老子实行"不言之教"不同,孔子是主张广泛学习各种文化知识的。他认为,要想做一个君子,只有广泛地学习各种典籍文献,充实和丰富自己的文化知识,再用完备规范的礼节来约束自己的言行,才可以不至于离经叛道。博文始能会通,然后知其真义;约礼方有执守,然后行义达道。博约并进,文礼兼修,自然不可能背离正道。正如颜渊所言,孔子就是循循善诱,博之以文,约之以礼,使学生在博文约礼中沿着正确的道路逐步向前。关于"文"的教育,前面已详述,兹不赘述。

孔子道德教育的内容是以"礼"和"仁"为核心,以"孝"为基础。"礼"是社会关系的基本准则、规范和仪节,"仁"是其中所包含的基本精神,按孔子的说法是"爱人"或"忠恕"。把"礼"和"仁"推及社会关系的各个方面,那就是以父子之间的"孝"为基础,君臣之间要"忠",兄弟之间要"悌",朋友之间要"信"。人与人之间要各有其礼,各遵其德,这就是道德教育所要达到的目标。

(三)德育过程论

现代德育论认为,德育过程是培养学生知、情、意、行的过程,因此,道德教育总体上包括道德认知培养、道德情感陶冶、道德意志磨炼和道德行为训练等环节。两千多年前的孔子尽管没有明确认识到这个完整的过程,但他的论述中已经涉及这些因素。

1. 道德认知培养是起点

孔子强调道德认知在德育过程中的基础作用,他所说的"知德""知礼""知仁""知道",就是要把通过道德知识学习,形成一定道德认知作为道德教育的基础和起点。《论语·宪问》中说:"有德者必有言,有言者不必有德。"意即有良好道德的人一定要有文化知识,有文化知识的人不一定会有良好的道德。所以,他把"好学"作为道德教育的前提,认为"不好学"就会出现六种不良的道德弊端:"好仁不好学,其蔽也愚;好知不好学,其蔽也荡;好信不好学,其蔽也贼;好直不好学,其蔽也绞;好勇不好学,其蔽也乱;好刚不好学,其蔽也狂。"(《论语·阳货》)孔子认为,德育要靠智育来进行,知识教育对学生道德品行的形成具有重要作用,两者是相辅相成的关系。

2. 道德情感陶冶是动力

孔子认识到,道德情感陶冶在道德教育过程中的作用非常重要,他说:"唯仁者能好人,能恶人。"(《论语·里仁》)由此可见仁德是有爱憎两种情感的。孔子认为"吾未见好德如好色者也"(《论语·子罕》),"君子忧道不忧贫"(《论语·卫灵公》)。"好德"与"忧道"是积极情感,而"好色"与"忧贫"是消极情感,道德教育应当促使后者向前者转化。"知之者不如好之者,好之者不如乐之者。"(《论语·雍也》)"好之"是一种低层次的情感,而"乐之"则是一种高层次的情感。德育教育应当提升个体道德情感的层次和水平。他还主张"内省反思":"见贤思齐焉,见不贤而内自省也。"(《论语·里仁》)

3. 道德意志磨炼是坚守

孔子认识到,道德品质的形成不是一蹴而就的事情,而是一个长期的过程,必须持之以恒,这就离不开坚忍不拔的意志的调控作用。所以他的学生曾子说:"士不可以不弘毅,任重而道远。仁以为己任,不亦重乎? 死而后已,不亦远乎?"(《论语·泰伯》)

因此道德意志的磨炼(即"弘毅")就显得十分重要。孔子强调要"志于仁""志于道",要有坚定的意志，"知及之，仁不能守之，虽得之，必失之"（《论语·卫灵公》）。就是说，道德如果停留在认识阶段或只凭一腔热血而没有坚强的意志来把持坚守，即使得到了也会失去。

4. 道德行为训练是目的

道德教育的目的是要形成个体的道德行为习惯，落实到道德实践中去。孔子意识到，衡量一个人道德品行的好坏高低，不能只看他说得如何，关键要看他的行动。《论语·宪问》说："君子耻其言而过其行。"孔子提倡"力行"，要求少说话多做事，"敏行讷言"、言行一致，做到"言必信，行必果"（《论语·子路》）。他从长期的教育实践中体会到对人不能"听其言而信其行"，要"听其言而观其行"（《论语·公冶长》），从实际行动中观察人的道德水平。

（四）道德教育原则

1. 达观乐道

道德教育首先必须解决的就是如何面对贫富、名利、升降等现实问题，达观地面对相互之间的关系和变化。关于富贵贫贱，孔子认为："富与贵，是人之所欲也，不以其道得之，不处也。贫与贱，是人之所恶也，不以其道得①之，不去也。"（《论语·里仁》）就是说，富贵是人人都想要拥有的，如果不用符合"仁"的原则精神（"道义"）的手段获得，君子就不应接受；贫贱是人人都厌恶的，如果不通过符合"仁"的原则精神（"道义"）的手段除去它，君子就不能摆脱。关于名利，一般说来，孔子是重名轻利的。《论语·学而》就说："人不知而不愠，不亦君子乎？"意思是说，君子不是为了名而存在。如果要追逐名，那也是仁德之名。如果离开了仁，名也就不存在了。"君子去仁，恶乎成名？"（《论语·里仁》）孔子更主张重义轻利。一方面，他主张有才德、想干一番事业的人应当执着于"义"，认为只有胸无大志、没有事业心的平凡人才会执着于"利"："君子喻于义，小人喻于利。"（《论语·里仁》）另一方面，他认为一定要"见利思义"（《论语·宪问》），看"利"是否合乎"道义"原则，如果不是的话，就应视其为过眼浮云："不义而富且贵，于我如浮云。"（《论语·述而》）同时，孔子主张眼前的物质小利必须服从成就大事的远大理想，为了后者应当牺牲前者。他说："无欲速，无见小利。欲速，则不达；见小利，则大事不成。"（《论语·子路》）一个有远大理想的人，不应迷恋于物质享受，更不能为了它而毁弃道义。关于升降，孔子主张淡然对待，他曾对颜渊说"用之则行，舍之则藏"（《论语·述而》）。意思是说，如果有哪个君王任用我，那么我就兢兢业业地为国家效力；反之就隐居起来潜心修炼自己的德行。

道德教育是一个艰苦并漫长的过程。孔门师徒追求践行"仁道"，所以无论什么时候、做什么事，都心态平和，宠辱不惊，在穷困潦倒、处于窘境时，更加能够做到泰然自若，坦荡达观，这都源于"安贫乐道"的内在精神。孔子"发愤忘食，乐以忘忧"（《论语·述而》），自嘲道："饭疏食饮水，曲肱而枕之，乐亦在其中矣。不义而富且贵，于我如浮云。"（《论语·述而》）他极力称赞颜渊："一箪食，一瓢饮，在陋巷。人不堪其忧，回也不改其乐。贤哉，回也！"（《论语·雍也》）后世称其为"孔颜乐处"精神，并将之奉为道德修养的至高境界。

2. 改过迁善

孔子认为人无完人，每个人都有自己的缺点或错误，君子亦然。但君子与小人的区别在于对待缺点、错误的态度不同，"小人之过也必文"（《论语·子张》）。小人有了缺点或错误会竭力掩饰，文过饰非；而"君子之过也，如日月之食焉：过也，人皆见之；更也，人皆仰之"（《论语·子张》）。

---

① 有学者认为应为"去"。见：杨伯峻，杨逢彬.《论语》译注[M].长沙：岳麓书社，2009：37.

就是说,君子出现缺点或错误时,也会光明正大,不怕他人知道,如果能够加以改正,别人更会感觉到他的伟大崇高。孔子以自己为例说:"丘也幸,苟有过,人必知之。"(《论语·述而》)意思是说:我非常幸运,哪怕有一点小错,别人也会知道,并给我指出来,使我能够及时改正。人们对待错误的正确态度应该是"过则勿惮改"(《论语·学而》),要做到"不贰过"(《论语·雍也》),不要再次犯错。

3. 力行实践

道德教育本质上是一个实践的过程。孔子认为,只要努力实践道德教育,就可以实现修炼"仁人"的目的:"力行近乎仁。"(《礼记·中庸》)"知、仁、勇三者,天下之达德也,所以行之者一也。"(《礼记·中庸》)他认为君子成人所应具备的智仁勇"三达德"本质上是"行",因此,他把"行"放在整个教育的首位:"行有余力,则以学文。"他所谈论的"入孝""出悌""爱众""亲仁""贤贤""事父""事君""交友""授政""使外"等,都属于"行",即广义的道德实践范畴及其内容,伦理道德实践=家庭生活实践+政治生活实践+社会生活实践。道德教育的目的,关键在于形成个体的道德行为并付诸实践,因此它离不开广泛的道德教育实践。

4. 主体自觉

孔子既主张外在的道德实践锻炼,也强调道德教育的主体自觉原则。孔子说:"人能弘道,非道弘人。"(《论语·卫灵公》)即是说,是人需要而且也能够实现"仁道",而不是"仁道"需要人,因此个体必须主动积极、自觉自愿地去追求和实现它。孔子认为,"仁"是可亲可近的,并不远离人。只要我们每个人不仅有为"仁"的愿望,而且诚心诚意地追求,那么就会得到它。"仁远乎哉?我欲仁,斯仁至矣。"(《论语·述而》)达到"仁"的境界在于自己如何去做,而不是由他人来推动,强调主体自觉:"为仁由己,而由人乎哉?"(《论语·颜渊》)孔子认识到,在某种程度上,"为仁"的过程是主体内在行为,任何人都无法替代,只有自己端正态度,积极主动,才能够达到"仁"的最高道德境界。

总之,如果一个人能够确立起远大的理想和宏伟的目标,有为实现政治抱负和信念而献身的精神,善于自省自克,严于律己,宽以待人,坚持身体力行,言行一致,又能改过迁善,其道德修养一定会不断进步,逐步提高。

七、"学而不厌"与"诲人不倦"的教师风范及教师思想观

在长达四十多年的教育生涯中,孔子不仅是一位风范超然、为人景仰的教师,而且根据自己丰富的实践经验,提出了许多教育思想,为后人留下了弥足珍贵的精神财富。

(一) 热爱学生

热爱学生,是教师工作的第一前提。教师对待学生,要做到具有父母般的慈爱,视生如子,坦诚相待。孔子热爱学生的表现,可用以下几例来证明。例一,视生如子。如孔子对颜回说:"回也视予犹父也,予不得视犹子也。"(《论语·先进》)例二,学生生病,他亲自前往探视。《论语·雍也》记载:"伯牛有疾。子问之,自牖执其手,曰:'亡之,命矣夫!斯人也而有斯疾也!斯人也而有斯疾也!'"例三,学生病故,他悲痛欲绝。"颜渊死,子哭之恸。从者曰:'子恸矣!'曰:'有恸乎?非夫人之为恸而谁为!'"(《论语·先进》)正是因为热爱学生,所以孔子才能做到任劳任怨、无私奉献。他说:"爱之,能勿劳乎?"(《论语·宪问》)据《论语·述而》记载,有的学生曾怀疑孔子教学有所保留("隐其学"),他解释说:"二三子以我为隐乎?吾无隐尔。吾无行而不与二三子者,是丘

也。"表明他是尽其知而教,没有任何隐瞒保留,可以看出,孔子对待学生,至情至性,平易近人,坦诚相待。

(二) 学而不厌

"学而不厌"是"诲人不倦"的基础和条件,体现了教师的知识观和学习观。孔子说过,只有"学而不厌""温故知新",才"可以为师"。(《论语·为政》)孔子认为自己并非"生而知之"的人,只是"好学"而已:"我非生而知之者,好古,敏以求之者也。"(《论语·述而》)"十室之邑,必有忠信如丘者焉,不如丘之好学也。"(《论语·公冶长》)

什么叫"好学"? 孔子的标准是:"君子食无求饱,居无求安,敏于事而慎于言,就有道而正焉。可谓'好学'也已。"(《论语·学而》)子夏的标准是:"日知其所亡,月无忘其所能,可谓好学也已矣。"(《论语·子张》)纵观孔子为师的一生,从未停止学习。他走到哪儿学到哪儿,"每事问",随处拜师,"不耻下问"(《论语·公冶长》),"学无常师"(《论语·八佾》)。直至晚年,仍在勤奋学习,甚至达到"发愤忘食,乐以忘忧,不知老之将至"(《论语·述而》)的程度。他为学生树立了好学敏求、学而不厌、温故知新的典范。

(三) 诲人不倦

"诲人不倦"既是教师职业的道德要求,也是他们热爱学生的职业表现。孔子说:"忠焉,能勿诲乎?"(《论语·宪问》)他的意思是忠诚教育职业,怎么可以做不到诲人不倦呢? "若圣与仁,则吾岂敢? 抑为(学)之不厌,诲人不倦,则可谓云尔已矣。"子贡称赞孔子"圣且仁",孔子谦虚地说自己不敢当,但是人们所说的他"诲人不倦"却是事实。他甚至说:"学而不厌,诲人不倦,何有于我哉?"(《论语·述而》)就是说,诲人不倦,对孔子自己来说没有什么做不到的。"诲人不倦"可以说是教师最宝贵的职业品格,是他们最崇高的职业精神境界,所以子贡说:"教不倦,仁也!"(《孟子·公孙丑上》)。孔子的确是"诲人不倦"的典范,无论什么人,只要向他请教,他都毫无保留地对其进行教诲。

(四) 以身作则

教师以身作则是一种巨大的教育力量,孔子特别强调教师要以身作则,以自己的模范行动做学生的表率。他说:"其身正,不令而行;其身不正,虽令不从。"(《论语·子路》)"不能正其身,如正人何?"(《论语·子路》)从这个意义上说,身教比言教更为重要,更为有效。在教学实践中,孔子强调"有言之教"与"无言之教"的结合,十分相信后者的威力。他对学生说:"'予欲无言'。子贡曰:'子如不言,则小子何述焉?'子曰:'天何言哉? 四时行焉,百物生焉,天何言哉?'"(《论语·阳货》)在孔子看来,大自然沉默寡言,而四季照样运行,万物照常生长,说明教师可通过暗示或榜样的作用去教育学生。如果教师只重言教,而不注意身教,即使讲的都是正确的,也会变成空洞的说教,失掉教育的力量,甚至会使学生感到教师口是心非,讲得越多,效果越差,以至于适得其反。

(五) 严格要求

孔子在教学中,要求学生对待学习要持之以恒,不能半途而废。冉求曾对孔子说:"非不说子之道,力不足也。"子曰:"力不足者,中道而废。今女画。"(《论语·雍也》)意思是说,能力不足的人,会在学习的中途休息一些时候再前进,至于你(指冉求)现在则是画地为牢,固步不前。孔子特别反对学生在学习上的懒惰行为,《论语·阳货》记载孔子的话:"饱食终日,无所用心,难矣哉! 不有博弈者乎? 为之犹贤乎已。"以致发现"宰予昼寝"时,骂他"朽木不可雕也,粪土之墙不可杇也,于予与何诛?"(《论语·公冶长》)孔子曾向季康子推荐冉求,但当他发现冉求替季氏聚敛,违背了自己"仁"的主张时,便对其进行了严厉的批评,甚至似乎有脱离师徒关系之意:"非吾徒也。小子鸣鼓而攻之,可也。"(《论语·先进》)由上可见,孔子对学生的要求还是非常严格的。正因为如此,"严师出高徒",孔门才会涌现出七十二位优秀人才。

孔子是我国古代杰出的、影响巨大的思想家和教育家,他毕生从事教育事业,建立了丰功伟绩,留下了许多对后世产生巨大影响的重要教育思想和经验。他的贡献有:第一,他首倡"有教无类"的教育方针,扩大了教育对象的范围,促进了文化学术的下移;第二,他指出教育在社会和个体发展中的重要作用,强调要重视教育,确立了古代教育在政治和人生中的崇高地位;第三,他提出"学而优则仕"的观点,主张通过教育培养从政人才,奠定了后代封建官僚体系的基础;第四,他重视古代文化典籍的继承和整理,奠定了后世儒家经学教育体系和学校课程设置的基础;第五,他总结了教育实践经验,提出了启发诱导、因材施教、学思并重等重要的教学原则,至今仍然具有重大的现实意义;第六,他倡导尊师爱生,树立了一个理想教师的典型形象,是历代教师学习的榜样。总之,孔子的教育思想为中国古代的教育发展奠定了理论基础,是中华民族珍贵的教育遗产。

孔子作为伟大的思想家和教育家,其思想学说的影响不仅对中国,而且对世界文化和思想的发展,都产生了深刻的影响。从某种意义上说,孔子是属于全人类的,他是具有世界影响力的精神导师,是世界公认的伟大思想家,曾被联合国教科文组织列为"世界十大文化名人"①之首。新加坡、马来西亚、印度尼西亚等国把孔子的生日或定为教师节,或定为庆祝日。联合国教科文组织设立了"孔子教育奖",以奖励在世界范围内对文化教育事业做出杰出贡献的人士。早在16世纪,基督教传教士曾将孔子的学说包括教育思想传入欧洲,引起了巨大震动。欧洲启蒙主义思想家、"百科全书派"的领袖伏尔泰,曾盛赞孔子为"真理的解释者"和道德的化身;德国哲学家雅斯贝尔斯把孔子、释迦牟尼、耶稣和苏格拉底并称为"世界四大圣哲"。西方学者常把中国、孔子、政治道德这三个名词联系在一起,孔子的思想,特别是他的道德教育思想由此成为中国文化的象征,给当时西方的进步人士以很大影响,他们常把孔子作为欧洲启蒙运动的"守护尊者"。可见,孔子不仅是中国教师的鼻祖,也是世界教师的荣耀。

第二节 孟子的教育思想

战国时期,儒家内部分化而形成了八个学派,它们之间的观点很不相同,但都自认为代表了孔子的儒学思想。儒家"八派"之说,始见于《韩非子》的《显学》篇:"自孔子之死也,有子张之儒,有子思之儒,有颜氏之儒,有孟氏之儒,有漆雕氏之儒,有仲良氏之儒,有孙氏之儒,有乐正氏之儒。"从历史发展来看,主要是孟子一派和荀子一派影响最大。可以说,由孔子开创的儒家教育传统,在孟子、荀子两位儒学大师那里得到了系统的推动和发展。本节介绍孟子的教育思想。

孟子(约前372—约前289)名轲,战国中叶鲁国邹(今山东邹县)人,鲁国贵族孟孙氏的后代。孟子幼年丧父,孟母非常注重对他的教育,《三字经》中有"昔孟母,择邻处,子不学,断机杼"的记

---

① 世界十大文化名人:中国的孔子,古希腊的柏拉图、亚里士多德,意大利的阿奎那,波兰的哥白尼,英国的培根、牛顿、达尔文,法国的伏尔泰,德国的康德。

载,为了使孟子有个好的学习环境,孟母三迁其家,才定居下来。一次孟子逃学,孟母就割断织机的布来教子,这就是历史上有名的"孟母三迁"与"断织劝学"的故事。孟子稍长后受业于孔子之孙子思(孔伋)的门徒。孟子一生推崇孔子,说:"乃所愿,则学孔子也。"(《孟子·公孙丑上》)。子思、孟子之学,后世称为思孟学派,被认为是孔子思想的嫡传,后世统治者尊子思为"述圣",尊孟子为"亚圣"。

孟子周游列国 20 多年,推行其政治主张,据说孟子在游说诸侯时,很有傲气,讲排场,往往"后车数十乘,从者数百人,以传食于诸侯"(《孟子·滕文公下》),"说大人,则藐之,勿视其巍巍然"(《孟子·尽心下》)。"彼以其富,我以吾仁;彼以其爵,我以吾义,吾何慊乎哉?"(《孟子·公孙丑下》)表现了其胆识、历史责任感和使命感。

他一生大部分时间从事教育事业,是继孔子之后又一位伟大的教育家,他认为人生有三大乐趣:"君子有三乐,而王天下不与存焉。父母俱存,兄弟无故,一乐也;仰不愧于天,俯不怍于人,二乐也;得天下英才而教育之,三乐也。"(《孟子·尽心上》)他把教育看作人生的三大乐趣之一,这是中国教育史上第一次把"教育"二字连用。在长期的教育实践过程中,孟子积累了丰富的教学经验,形成了系统的教育思想。现存《孟子》7 篇是研究其教育思想的主要资料。

一、教育对象与教育目的思想

(一)"人皆可以为尧舜"的教育对象观

孟子说,"人皆可以为尧舜"(《孟子·告子下》),并进一步说"舜,人也;我亦人也"(《孟子·离娄下》),"圣人与我同类"(《孟子·告子上》)。他认为,无论圣人、凡人,口对于美味,耳对于妙音,目对于美色,都有共同的爱好。至于心,对于"理义"也有共同的是非标准。圣人之所以为圣人,不过是由于圣人把人所固有的善端加以扩充完善了而已。如果凡人能将固有的善端加以扩充使之达到完美的境地,也是可以成为圣人的。这是一种人人皆可接受教育的原始平等教育对象观。

他说,舜所处的环境与深山野人几乎没有什么不同,他之所以能成为圣人,就取决于他有如决江河,"沛然莫之能御"的积极向善的主观愿望。这种主观愿望,只有通过作为思维器官的"心"的思考,才是可靠而起作用的。经过思考、反省,人才能找到自己内心固有的善性,不用心思考就得不到,这就是"思则得之,不思则不得也"(《孟子·告子上》)。但是,事实上并非人人都能成为尧舜或为善的。这是由于客观环境的不良影响和自己主观努力不够。这就是说,能否成为尧舜,取决于客观环境和后天主观努力程度。从根本上说,起决定作用的仍是个体的主观努力程度和后天外在客观条件。

如果说,"人皆可以为尧舜"是在抽象地谈教育对象的话,那么"英才"才是孟子要说的具体教育对象。所谓"英才",即才能出众的人才。作为教育对象的英才,则是各方面优秀的学生。孟子以这种人才作为培养目标是由他所处的时代决定的。战国末年,社会即将由乱而治,迫切需要具有"浩然之气""兼善天下""能当大任"的具有"舍我其谁"精神的人才。孟子即把培养这种人才作为自己应当担负的强烈使命,并且以"乐育英才"为其人生的一大快乐和精神追求。

如果说,孔子的教育对象观还存在等差的话,孟子的教育对象观就更加下移了。在他的认识中,等差已经基本消失。

(二)"尧舜、士大夫"的教育目的观

与教育目的有关,孟子也重视"君子"、"圣人"或"成人"等儒家理想人格培养,但他更进一步

提出了"尧舜""大丈夫"的理想人格目标。但对于一般人来说,"尧舜"的目标太高不可及了。于是,孟子提出了培养"大丈夫"的一般教育目标及其规格观。他说:"富贵不能淫,贫贱不能移,威武不能屈,此之谓大丈夫。"(《孟子·滕文公下》)在这里,孟子指出了"大丈夫"的三大标准:富贵不能扰乱我之心,贫贱不能改变我之志,威武不能屈服我之节。这就是说,一个道德人格完善的人,要经得起富贵、贫贱、暴力的考验,进而形成坚定的道德信念。

他认为,"大丈夫"应当具备以下人格特征:一是"浩然正气""舍生取义"的捍卫真理、正义的献身精神;二是"去利怀义"的义利观和价值观;三是"富贵不能淫,贫贱不能移,威武不能屈"(《孟子·滕文公下》)的自由人格;四是"得志与民由之,不得志独行其道"(《孟子·滕文公下》),"士穷不失义,达不离道……得志,泽加于民;不得志,修身见于世。穷则独善其身,达则兼善天下"(《孟子·尽心上》)的博爱救世精神;五是具有"恒存乎疢疾""生于忧患,死于安乐"(《孟子·尽心上》)的忧患意识;六是具有"德慧术知"(《孟子·尽心上》,即道德、智慧、技能、知识等)等综合素质。孟子还进一步把个体人格具体划分为善、信、美、大、圣、神六个水平。他说:"可欲之谓善,有诸己之谓信,充实之谓美,充实而有光辉之谓大,大而化之之谓圣,圣而不可知之之谓神。"(《孟子·尽心下》)这表明教育可以使个体达到不同的发展境界,也是对不同个体的不同发展要求。孟子崇尚大丈夫人格,强调人格的主体性,他不仅提出了"民贵君轻"的民本思想,而且还主张君臣关系对等,在孟子身上确有一种"大丈夫"气概。

但在把什么人培养成为"尧舜""大丈夫"即教育对象问题上,孟子提出了培养"英才"的与孔子"有教无类"完全不同的见解。表面看来这是一种倒退的教育对象观,实际上这是由于孟子与孔子所面临的社会政治环境不同,所要解决的社会问题也不同。孔子是处于奴隶社会解体、西周政体崩溃的情形,所要解决的是打破"学在官府"的贵族垄断教育局面、把教育下嫁到民间即"学在四夷"、使更多的人能够享有教育权的问题;孟子是处于封建社会行将确立、由分而合的新型统一政体即将建立的情形,所要解决的是如何培养实现社会政治统一的人才即能够担当完成统一大业的天降大任人才的问题。因此,在当时情形下,提出培养"英才"的教育目标观,比一般地提"有教无类"更有现实价值,更具可行性和进步性。

如何实现教学目标,进行理想人格培养?

第一,"持志养气"。所谓"持"即坚持、保持、维持之意。所谓"志"即理想、信念之意。所谓"养"即修养、培养、培植之意。所谓"气"即心理状态、精神境界之意。"持志养气"的意思是要具有坚定不移、持之以恒的社会理想并为之奋斗终身。孟子的社会理想既具体又抽象。从具体来说,是"老吾老以及人之老,幼吾幼以及人之幼",是"老者衣帛食肉,黎民不饥不寒""仰,足以事父母;俯,足以畜妻子。乐岁终身饱,凶年免于死亡"(《孟子·梁惠王上》),是"人伦明于上,小民亲于下"(《孟子·滕文公上》);从抽象来说,是"志于仁(人世伦理、道德),志于道(社会规范、法则),志于义(人类正义、真理)",是"舍生取义"。如果说"善性"在先天就呈现出某些内在属性(即"善端"),那么"气"(人格自由、独立境界)则完全是后天养成的。孟子首次提出"养气"说。他说:"我善养吾浩然之气。"(《孟子·告子上》)他指出,"气"生于"义",即"气"是心中之"义"日积月累而产生的,而不是偶然从心外取得的。"义"又与"仁"有关,二者与"仁"是统一的:"义"生于"仁"而高于"仁","仁"是"义"的基础;"仁"是内在的,"义"是外在的;"仁"是情感的,"义"是理智的。他说:"仁也者,人也;合而言之,道也。"(《孟子·尽心下》)"仁,人心也;义,人路也。"(《孟子·告子上》)又说:"人皆有所不为,达之于其所为,义也。"(《孟子·尽心下》)意思是说,人都有不应当干的事,知道了这一点,就要去做应当做的事,这就是"义"。"义"也要求对自己和别人的不当行为报以羞耻和憎恶的态度。可见,"义"的一般含义,就是要求区别行为之当与不当、善与恶,从而去做应当做之事和善事,羞恶不当和不善的行为。这样,孟子就将"气""义""仁"即人格、理智、道德三者有机统一起来,使人格具有了鲜明的理智性和伦理性。这样一来,"气"就成为在充分扩充仁义本性基础上所产生的一种强大精神力量,相当于"勇气""正气""气节",它宏大刚强,不可战胜,具有气壮山河的伟力。"养气",就是要求通过教育修养和道德践履来养成这种所谓"至大至刚""充塞于天地之间""富贵不能淫,贫贱不能移,威武不能屈"的个体独立自由人格。要求无论在什么情况下,都毫不动摇对仁义信念的追求,甚至在必须做出牺牲时能自觉自愿地以身殉道,舍生取义。因此,"浩然之气"作为一种矢志不渝、执着追求的人格精神境界,是以道德的理性自觉为基础的。孟子"持志养气"思想,对中华民族自由独立人格的形成、对培养民族气节、伸张民族正气产生了积极的影响。

第二,"苦其心志"。人生不是一帆风顺的,必然会遇到这样那样的困难挫折。因此在追逐理想、陶冶人格过程中,必须具有坚强的意志品质。而坚强的意志品质需要经过艰苦的身心磨炼才能形成。他不像孔子那样重视兴趣、爱好等情感态度的陶冶,却特别注重意志的锻炼。他认为,一个人的良好道德和聪明才智,都是从艰苦患难中磨炼出来的。这样,他就不自觉地摆脱了"善端""良知良能"等先验"性善论"的束缚,认识到后天环境影响对促进人的良好道德和聪明才智的形成的重要性。他进一步认为,身体、物质和精神上经受艰苦磨炼,是培养坚强意志的重要因素。劳顿筋骨、乏资缺粮对身体的艰苦折磨会使人的意志更加坚强;一个人如果总感觉自己的行为来得如意,而有意识使自己在思想上保持警惕,可以使人思想受到震动,坚忍人的情性。孟子关于"苦其心志"即在困苦灾患中磨炼意志的思想是极其深刻的,对今天人才成长和培养仍有着重要的现实意义。

第三,"养心寡欲"。所谓"养心"即竭力呵护"四心"努力减少私欲之意,亦即保持养护纯粹之善心,淡泊物欲享受,不受外在物质利益引诱的意思。孟子认为,要将善端变为实在的善行善性全靠存养和扩充,而存养扩充的主要障碍来自于人的耳目口鼻这些被他称为"小体"的感官的欲望,因为这些"小体"不具备理性,极易受到外物引诱而致人走入歧途。所以修身的首要任务就是摒弃一切外来诱惑、干扰,在处理如何排除这些不利因素时,必须做到"寡欲","养心莫善于寡欲"(《孟子·尽心下》)。他认为一个人欲望很少,那么其善性同样就会很少丧失,即无欲则刚;反之,如果一个人欲望很多,那善性就会很少,甚至全部丧失。所以要做到寡欲,必须发挥人的"大体"——心即理性思维的作用。他认为,只有做到"寡欲",才能真正做到"养心"。以何为标准?"义"也,"道"也!他主张如果不合于"义"和"道",纵使以天下的财富作为俸禄都不置一顾,所谓"非其义也,非其道也,禄之以天下,弗顾也"(《孟子·万章上》)。这种思想对后世董仲舒、朱熹都产生了深远影响。孟子要求"大丈夫"要坚定不移地执守着自己的理想信仰,不为衣食、富贵、权势所引诱和动摇。他说:"饮食之人,则人贱之矣,为其养小(指口腹)以失大(指心志)也。"(《孟子·告子上》)应该说,这种为了实现崇高理想践履良好道德而不计私利不逐物欲的思想,在一定条件下对于人才培养和成长是有其积极意义的。

第四,"反求诸己"。孟子继承了孔子"君子求诸己"的主张,提出了"君子必自反"的口号,他说:"行有不得者,皆反求诸己。"(《孟子·离娄上》)行动达不到预期的效果,先要反过来从自己身上寻找原因。他以学射为例说:"射者,正己而后发;发而不中,不怨胜己者,反求诸己而已矣。"

（《孟子·公孙丑上》）如果自己没有射中，不应抱怨胜过自己的人，而应该反过来问问自己的姿势是不是正确？"反求诸己"的另一面是要求"乐取于人"，即在自我反省的同时，还应"舍己从人，乐取于人以为善"。就是说，要勇于抛弃自己不正确的东西，学习别人正确的东西，乐于吸取别人的长处。他举子路闻过则喜、夏禹听到善言拜谢、虞舜虚心学习别人的长处等例子，激励人们善于学习别人的长处来完善自我道德人格修养。

二、教育作用观

（一）教育的社会功能

孟子强调仁，在政治上主张"施仁政"，其中心是"民本"思想，认为民心向背是政治上成功与否的决定因素。他曾说："桀纣之失天下也，失其民也；失其民者，失其心也。得天下有道，得其民，斯得天下也。得其民有道，得其心，斯得民矣。"（《孟子·离娄上》）而教育的社会功能就在于"得民心"，他认为好的政治不如好的教育："善政不如善教之得民也。善政民畏之，善教民爱之，善政得民财，善教得民心。"（《孟子·尽心上》）仁政必须辅以善教，这是因为"以力服人者，非心服也，力不赡也；以德服人者，中心悦而诚服也，如七十子之服孔子也"（《孟子·公孙丑上》）。他还说："上无礼，下无学，贼民兴，丧无日矣。"（《孟子·离娄上》）足见教育对维护社会安定、巩固政权的重大作用。

孟子以仁政思想标新，极具人情味与理想性，但面对礼崩乐坏的社会现实，它就显得可望不可即。而荀子以礼治思想立异，同时根据时代需要丰富了礼的内容，而且这些内容都带有一定的强制性，从而表现出强烈的现实性和实践性。

（二）教育的个体功能

[拓展阅读]
张传燧、陈艳君：《孟子"学问之道无他，求其放心"新解》

在哲学上，孟子提出"性善论"，认为人性本善，主要论点有：其一，孟子认为人性是人所独具的特性，生物之间，犬性与牛性尚且不同，何况人性？肯定人有不同于禽兽之性。这种本质区别，在孟子看来就是人有"心"，可以懂得理义。其二，孟子认为人性是先天固有的，人有不学而能的"良能"和不虑而知的"良知"（《孟子·尽心上》），这是"根于心"的道德。人之所以高于禽兽，就因为人有善、有道德。其三，孟子所说人性善，并不是说人性中具有纯粹的完全的道德，只是说人性中具有"善端"，即善的因素或萌芽。他说："恻隐之心，仁之端也；羞恶之心，义之端也；辞让之心，礼之端也；是非之心，智之端也。人之有是四端也，犹其有四体也。"（《孟子·公孙丑上》）同时，又用"仁义礼智非由外铄我也，我固有之也"（《孟子·告子上》）说明人之善性是天所赐予的，仁义礼智也是先天就具有的，但这只是一种善端，而非现实的善性。

既然人性本善，社会上的恶人、小人从何而来？教育的作用何在？孟子认为：人之贤愚，决定于对先天的善性能否存而养之，扩而充之。如果自暴自弃，就会失掉或摒弃这种善端。因此教育的作用就在于找回散失的本性，保存和发扬天赋的善端，他说："学问之道无他，求其放心而已矣。"（《孟子·告子上》）在这个意义上说，任何人只要接受教育，肯于学习都可以成为圣人，"人皆可以为尧舜"（《孟子·告子下》）。相反，如果不受教育，不肯学习就会成为与禽兽差不多的小人。由此可见，孟子确实非常看重教育在人的发展中的作用。

孟子的"性善说"与荀子的"性恶说"侧重点不同，塑造人性的方法也不一样。孟子认为道德是先验的、绝对的;荀子则认为道德是社会需要的产物,一切道德标准都是人制定的,其目的都是为了抑制人性的"恶",要人通过后天的"学"与"伪"达到"知明而行无过"的品性,彻底克服人类与生俱来的本性之恶。孟子的"性善说"与荀子的"性恶说"殊途同归,目的都是教人从善,使人达到理想的道德境界。究其根本,都是儒家精神的传承。孟子认为:人具有良知良能,只要充分发挥之,"人皆可以为尧舜",因此它是从正面激励人奋发向上的。只要人将这些善端发扬光大,平民百姓也可以成为圣人。而荀子的"性恶说",认为只有矫正其自然倾向,才能形成社会生活所必需的道德品质,在此基础上,"涂之人可以为禹",因此,它是从反面激励人进取的。清代学者钱大昕说:"孟荀一也。"康有为也认为,无论孟子的主性善、重尽性还是荀子的主性恶、重化性,其目的都是教人自觉地遵从社会的道德规范,自觉为善。

三、"明人伦"的教育内容观

孟子明确提出学校教育的目的是"明人伦"。他说:"设为庠序学校以教之。庠者,养也;校者,教也;序者,射也。夏曰校,殷曰序,周曰庠,学则三代共之,皆所以明人伦也。"(《孟子·滕文公上》)人伦的具体内容是什么呢? 孟子提出了著名的"五伦":"父子有亲、君臣有义、夫妇有别、长幼有序、朋友有信。"(《孟子·滕文公上》)"五伦"就是维护上下尊卑的社会秩序和道德观念。他认为只要使这类做人的道理深入人心,必然可以取得长治久安的统治效果。

关于教育内容,孟子进一步说:"居仁由义,大人之事备矣。"(《孟子·尽心上》)意思是说,要掌握仁义道德,好像居住在"仁"里,行走在"义"的路上,应具有较完备的道德。他又说:"仁,人心也;义,人路也。舍其路而弗由,放其心而不知求,哀哉!"(《孟子·告子上》)在他看来,仁是人本然的善心,也是人的本性;义是人自身修养的必由之路。

如何在社会行为中去实践仁义之道? 孟子继承孔子"孝悌为仁之本"的思想,主张以孝悌为基础进行。他说:"仁之实,事亲是也;义之实,从兄是也;智之实,知斯二者弗去是也;礼之实,节文斯二者是也;乐之实,乐斯二者,乐则生矣,生则恶可已也,恶可已,则不知足之蹈之手之舞之。"(《孟子·离娄上》)意思是说:仁的主要内容是侍奉父母;义的主要内容是顺从兄长;智的主要内容,是明白仁义二者的道理并坚持下去;礼的主要内容,是对仁义二者既能合宜地加以调节,又能适当地加以修饰;乐的主要内容是从仁义二者中得到快乐,快乐一旦发生就无法休止,无法休止就会不知不觉在手舞足蹈起来。

以伦理道德为基本内容,以孝悌为基础的教育,是整个中国传统教育的重要特点,对后世的影响深远,历代王朝都提倡以孝治天下,其实质不外乎是更好地维系氏族血亲的关系,以求得社会的稳定太平,由此也可看出孟子所倡孝悌教育的重要社会价值和历史意义。

四、"内求"的教育教学原则与方法

孟子继承发展了孔子所提倡的"自省""克己"等思想,提出了一系列偏重"内求"的教育教学原则与方法。

(一)持志养气

孟子十分重视立志,认为道德修养首先要注意"尚志""持志"。与孔子一样,孟子也要求学生追求高尚的精神生活,不要贪图物质生活的享受,他认为志士仁人应该把道德理想放在首位,进而树立"舍生取义"的观念:"生,亦我所欲也;义,亦我所欲也。二者不可得兼,舍生而取义者也。"

《孟子·告子上》）他要让人们都把"仁义"变成自己的崇高理想和信仰,并且能坚定不移地守着这些信仰。为了正义的事业,必要时甚至不惜牺牲最可宝贵的生命。与孔子不同的是,孟子提出了立志与养气的关系,他认为:一个人有了志向与追求,他就会有相应的"气"——精神状态。志与气是密切相连、互为因果的,"志"应统率"气","志,气之帅也"(《孟子·公孙丑上》)。但"气"也影响"志",所谓"志一则动气,气一则动志"(《孟子·公孙丑上》)。所以既要"持志",又要"养气"。孟子讲的养气是"吾善养吾浩然之气"(《孟子·公孙丑上》),什么是"浩然之气"?孟子解释道:"其为气也,至大至刚,以直养而无害,则塞于天地之间。其为气也,配义与道,无是,馁也。是集义所生者,非义袭而取之也。行有不慊于心,则馁矣!"(《孟子·公孙丑上》)显然,这种以正义培养起来而一点也没受到损害的至大至刚之气,完全是一种精神上的东西。

(二)动心忍性

动心忍性也就是意志锻炼,尤其是要在逆境中得到磨砺。孟子认为人的道德和才智都是在艰苦条件下锻炼出来的,要经过多次严峻的考验,才能获得进步与提高。他认为:"人之有德慧术知者,恒存乎疢疾。独孤臣孽子,其操心也危,其虑患也深,故达。"(《孟子·尽心上》)有的人之所以有很高的德行、智慧、本领、知识等,乃是因为他经常有灾患的伴随,身处艰苦和患难中,那些远臣庶子,他们时常提高警惕,考虑患害也深,所以往往通达事理。孟子还认为,一个能担当伟大事业的人,必须经过意志的一系列的艰苦锻炼过程,尤其是要在逆境中得到磨砺,并能从挫折和失败中获取教训,鼓动其心,坚忍其性,增长才干。环境越是恶劣,对人的造就就可能越大。他说:"故天将降大任于是人也,必先苦其心志,劳其筋骨,饿其体肤,空乏其身,行拂乱其所为,所以动心忍性,曾益其所不能。"(《孟子·告子下》)他还提出了"生于忧患,死于安乐"(《孟子·告子下》)的著名思想。这些思想对后世的仁人志士有极大的激励作用。

(三)反求诸己

孟子从性善论出发,特别重视道德教育中的自我修养。他认为道德教育的重要原则是"反求诸己"。他说:"爱人不亲,反其仁,治人不治,反其智;礼人不答,反其敬。行有不得者皆反求诸己。"(《孟子·离娄上》)当行动未得到对方相应的反应时,就应当首先反躬自问,从自己身上找原因,对自己提出更高的要求。作为"仁者",更应如此,所以他认为"仁者如射,射者正己而后发;发而不中,不怨胜己者,反求诸己而已矣",并且要"善于人同,舍己从人,乐取于人以为善"(《孟子·公孙丑上》)。总之,凡事须严于律己,时时反思。孟子特别提出自我反省、自我监督、自我评价的重要性,这不仅是一种重要的修养方法,而且是道德修养的最高境界。道德修养贵在自觉,能自觉为善,自觉拒恶,才算达到了道德教育的理想效果。

(四)深造自得

孟子强调在教学中发挥学生的主动精神,依靠深造自得。《孟子·离娄下》说:"君子深造之以道,欲其自得之也。自得之,则居之安;居之安,则资之深;资之深,则取之左右逢其源。"据此,孟子主张,深入的学习,必须要有自己的收获和见解。"求则得之,舍则失之,是求有益于得也,求在我者也。"(《孟子·尽心上》)学生学习求知,总希望学有所得,有明确的主观愿望和动机,因此,学习的主动权完全在学生自己手里,这就是"求在我者也"。学生只有充分认识自我,认识自我在学习中的主体地位,自己的主观能动作用才能得以全面的发挥,学习知识也才能既广博而又精深,很快就可能达到融会贯通而左右逢源的境地。

（五）盈科而进

这是指学习和教学过程中要循序渐进。孟子认为求学和对知识的接受，应该有步骤地逐渐积累，是一个渐进的过程，因此，不能急于求成。他以流水来比喻，必须积渐而进，当到一定程度，方能激流勇进，归之大海。他说："源泉混混，不舍昼夜，盈科而后进，放乎四海。"（《孟子·离娄下》）"流水之为物也，不盈科不行；君子之志于道也，不成章不达。"（《孟子·尽心上》）"成章"可引申为事物达到一定阶段或具有一定规模。孟子的意思是，君子有志于道，没有一定的成就，也就不能通达。学习知识也是这样，必须一点一滴地积累，一定要盈科而进，急于求成反而会弄巧反拙，欲速则不达，甚至还可能出现倒退。他说："于不可已而已者，无所不已；于所厚者薄，无所不薄也。其进锐者，其退速。"（《孟子·尽心上》）对于不应该停止的却停止了，那就没有什么不可以停止了。对于应该厚待的却薄待了，那就没有什么不可以薄待了。前进太迅速的人，后退也会快，肯定达不到预期的效果，而且还可能走向反面。孟子对此又举了一个通俗易懂、举世皆知而又富于哲理的例子，就是"揠苗助长"的故事，来说明违背客观规律办事，必然事与愿违，造成与预期目的适得其反的结果。"非徒无益，而又害之。"（《孟子·公孙丑上》）学习知识如同植物生长一样，是一个自然有序的过程，有自己的规律，人们应当关注并促进教学过程的实现，但决不能用"揠苗"的方法去助长，急于求成。

（六）专心有恒

孟子认为，学习必须专心致志，不能三心二意，他在《孟子·告子上》一文中举例说："今夫弈之为数，小数也，不专心致志，则不得也。弈秋，通国之善弈者也。使弈秋诲二人弈：其一人专心致志，惟弈秋之为听。一人虽听之，一心以为有鸿鹄将至，思援弓缴而射之，虽与之俱学，弗若之矣。为是其智弗若与？曰：非然也。"两个人同时跟一个围棋国手学习下棋，但结果大不相同，这绝非由于其智力差异，而是专心与不专心的缘故。因此，孟子认为，学习必须专心致志，集中注意力，这是孟子在教学实践中总结出来的一条科学原则。孟子主张专心致志的同时，还提出了持之以恒的思想。他告诫学生："山径之蹊间，介然用之而成路；为间不用，则茅塞之矣。"（《孟子·尽心下》）山坡的小路很窄，经常去走就变成了一条路，而不经常走，便会被茅草所堵塞。学习亦然。如果停下一个时期不用心学习，学到的知识也会遗忘。他以非常直观的植物的生长现象来说明，如果"一曝十寒"，就绝不能萌芽、生长、开花、结实。他说："虽有天下易生之物也，一日曝之，未有能生者也。"（《孟子·告子上》）因此，学习要有不达目的誓不罢休的精神，他说："有为者辟若掘井，掘井九仞而不及泉，犹为弃井也。"（《孟子·尽心上》）学习必须跟掘井一样坚持到底，绝不能间断停顿，中道而废，要抱定决心，一鼓作气，自强不息，永远奋进，不达目的誓不罢休。

五、"乐教英才"的教师思想

（一）乐教英才

孟子在其中年和晚年讲学授徒，从事教学活动，其规模达到"后车数十乘，从者数百人"（《孟子·滕文公下》）。孟子把从事教育、培养人才作为人生三大乐趣之一，他说："父母俱存，兄弟无故，一乐也；仰不愧于天，俯不怍于人，二乐也；得天下英才而教育之，三乐也。"（《孟子·尽心上》）这种积极、乐观的职业态度是教师诲人不倦的永不枯竭的力量源泉。

（二）"教必正己"

孟子特别强调教师应当"以身作则"，为人师表，用正道教育学生，主张教师必须首先端正自己,才能教育好学生。他说,"教者必以正"(《孟子·离娄上》),"有大人者,正己而物正者也"(《孟子·尽心上》);"君仁,莫不仁;君义,莫不义;君正,莫不正"(《孟子·离娄上》)。所谓"正己",就是要求教师以仁义之道约束自己,才能以其教育学生。孟子强调,教师必须首先端正自己,以身作则;要求学生践履的道义,首先要自己身体力行。否则,"身不行道,不行于妻子;使人不以道,不能行于妻子"(《孟子·尽心下》),遑论教育他人。

(三) 学识渊博

孟子说:"贤者以其昭昭使人昭昭,今以其昏昏使人昭昭。"(《孟子·尽心下》)要让别人明白,自己先得彻底明白。自己还模模糊糊,怎么能让人明白呢? 因此,教师一定要通晓专业知识。对所传授的知识,不仅要知其然,而且要知其所以然。孟子批评当时的一些教师:"行之而不著焉,习矣而不察焉,终身由之而不知其道者,众也。"(《孟子·尽心上》)对知识,教师千万不能不懂装懂,不要浅尝辄止。否则,把模棱两可、似是而非的东西教给别人,结果必将是误人子弟,害了学生。同时,仅精通一门知识还不够,还得具备广泛的基础知识。

(四) 方法娴熟

一是"善言",即善于讲解。教师的语言不仅要生动、形象、准确,而且要富有启发性。他说:"言近而指远者,善言也。"(《孟子·尽心下》)就是说教师要能以浅近生动的语言,启发开导学生从中去理解深刻的道理。所言极其浅近而寓意极为深远,可谓言简意赅。二是"教亦多术"。就是要熟练掌握和运用多种教学方法,教学才会收到良好的效果。他说:"君子之所以教者五:有如时雨化之者,有成德者,有达财(材)者,有答问者,有私淑艾者,此五者,君子之所以教也。"(《孟子·尽心上》)三是不教之教。"教亦多术矣,予不屑之教诲也者,是亦教诲之而已矣。"(《孟子·告子下》)教育方法是多种多样的,对学生而言,教师不愿意教诲对他也是一种教诲,因为对他也是一种警策,使其受到一定的"刺激",促使其反思自省。

第三节　荀子的教育思想

荀子(约前313—前238),名况,又称孙卿。战国末年赵国人,先秦思想的集大成者。荀子时代,百家争鸣已接近尾声,趋于互相吸收和融合,儒家私学教育影响渐次式微。荀子在年轻时就很崇拜孔子,是子弓的私淑弟子,但不同于正统儒家之处,在于他曾多年游于稷下学宫,先后接受墨、道、兵、名、农诸家的影响,取百家之长。齐襄王时,在稷下学宫最为老师,曾三为祭酒,被封为卿。他的教学活动主要是在稷下学宫,当时,齐国是东方大国,荀子对其寄予厚望。在齐湣王时,荀子曾进言要求"处胜人之势,行胜人之道"(《荀子·强国》),推行儒家的仁义王道。他希望齐王选贤任能,重用儒家,但未被齐王采纳。荀子便只得离开齐国去楚国,投靠春申君,被任为兰陵县令,不久被罢官。遂隐居兰陵,专门从事教学、著述,直到老死。

荀子的学生很多,著名的有毛亨、浮丘伯、张苍、韩非、李斯等。因为后二人是法家,帮助秦王统一天下,并主张"焚诗书""禁私学",深为儒者所恶,所以荀子虽对儒家贡献很大,但不被后世儒者称誉,其著作始终处于"子"的地位。现存《荀子》共32篇,是研究荀子教育思想的主要资料,其中《劝学》《性恶》《解蔽》《礼论》《修身》《儒效》《乐论》等篇都是儒家教育理论的经典之作。

一、教育对象与教育目的观

（一）"涂之人可以为禹"的教育对象观

荀子的教育对象观，在其一般性上，与孟子的观点是一致的。儒家历来把尧舜禹视作"圣人"，但"圣人"不是天生的，而是后天"积成"的，"圣人也者，人之所积也"（《荀子·儒效》）。"积善成德而神明自得，圣心备焉。"（《荀子·劝学》）由此他进一步认为，只要肯下长期修为积渐的功夫，即使是像路上行走的普通老百姓，都可以成为夏禹那样的"圣人"。他说："涂之人可以为禹。"（《荀子·性恶》）"涂之人百姓，积善而全尽，谓之圣人。"（《荀子·儒效》）

如果说，孔子的教育对象观还存在等差的话，荀子与孟子一样，其教育对象观就更加下移了。在他们的认识中，等差已经消失。

（二）"士、君子、圣人"的教育目的观

荀子对教育培养目标有多种说法，第一种说法是培养"士、君子、圣人"，第二种说法是培养俗人、俗儒、雅儒、大儒，第三种说法是培养国宝、国器、国勇、国妖。荀子在人格特征方面与孟子有很大不同，突出了人格与社会的协调性。荀子执着的是政治家的机智与圆通，而不是孟子的"至大至刚"的英气。在荀子的理想人格身上更具有思想家的严谨精神和政治家的务实品格。

1. "士、君子、圣人"

荀子认为，教育的目的是"始乎为士，终乎为圣人"（《荀子·劝学》），具体说来，就是培养"士、君子、圣人"。在荀子看来，教育目的是培养由士到圣人的各种治术人才，他说："我欲贱而贵，愚而智，贫而富，可乎？曰：其唯学乎。彼学者，行之，曰士也；敦慕焉，君子也；知之，圣人也。上为圣人，下为士君子，孰禁我哉！"（《荀子·儒效》）

"士"是什么人？按荀子的说法，就是"行之为士"，即从事实践事务的人，亦即"向是而务，士也"（《荀子·解蔽》）。他把"士"分成通士、公士、直士、悫士几类："通士"是"上则能尊君，下则能爱民，物至而应，事起而辨"之人；"公士"是"不下比以暗上，不上同以疾下，分争于中，不以私害之"之人；"直士"是"身之所长，上虽不知，不以悖君，身之所短，上虽不知，不以取赏，长短不饰，以情自竭"之人；"悫士"是"庸言必信之，庸行必慎之，畏法流俗而不敢以其所独甚"的人。（《荀子·不苟》）总之，他要求教育培养能推行礼法的"贤能之士"或曰"通士"，即具有儒家学者身份且长于治国理政的各级官僚，这是对孔子"学而优则仕"思想的继承。

"君子"的标准是"笃志笃行""类是而几"。《荀子·修身》提到："笃志而体，君子也。"《荀子·解蔽》提到："类是而几，君子也。"所谓"敦慕笃志"，就是"大心则敬天而道，小心则畏义而节"；所谓"类是而几"，就是"知则明通而类，愚则端悫而法；见由则恭而止，见闭则敬而齐；喜则和而理，忧则静而理；通则文而明，穷则约而详"（《荀子·不苟》）。《荀子性恶》提到："今之人，化师法，积文学，道礼义者，为君子。"就是说，现在的人，只要接受师法的教化，积累文化学识，遵循礼义的正确道路行动，就能成为君子。

"圣人"是教育学习的终极目标，"圣人者，道之极也。故学者，固学为圣人也"（《荀子·礼论》）。"圣人"的本质特征是"知"，"知之，圣人也"（《荀子·儒效》），其表现是："修百王之法，若辨白黑；应当时之变，若数一二；行礼要节而安之，若生四枝；要时立功之巧，若诏四时；平正和民之善，亿万之众而博若一人。"做到了这些，就可以算"圣人"。

2. 俗人、俗儒、雅儒、大儒

荀子还按学问的高低把人划分为俗人、俗儒、雅儒、大儒几个层次。俗人"不学问，无正义，以富利为隆。"俗儒是最低一等的儒，"逢衣浅带，解果其冠，略法先王而足乱世；术，缪学杂举，不知法后王而一制度，不知隆礼义而杀诗书"。这类人徒然学得儒者的外表，宽衣博带，但对"先王"之道仅作教条诵读而已，全然不知其用。雅儒"法后王，一制度，隆礼义而杀诗书，其言行已有大法矣，然而明不能齐法教之所不及、闻见之所未至，则知不能类也。知之曰知之，不知曰不知"。这类人不懂得法"先王"，却懂得取法"后王"，他们虽也在"法典"所未载和自己所未见的问题面前拙于对策，却能承认无知，显得光明而坦荡。大儒是最理想的一类人才，他们不仅知识广博，而且能"法后王，统礼义，一制度，以浅持博，以古持今，以一持万"。以已知推知未知，自如地应对新事物新问题，治理好国家。荀子进而指出，若以俗人治国，则"万乘之国亡"；用俗儒，则"万乘之国存"；用雅儒，则"千乘之国安"；若用大儒治国，即使只凭借"百里之地久，而后三年，天下为一，诸侯为臣。用万乘之国，则举错而定，一朝而伯"（《荀子·儒效》）。这才是教育所要培养的理想人格目标。这种理想人格目标，包含了儒法两家的要求。

3. 国宝、国器、国勇、国妖

荀子还以言行是否相符为标准把人才分为国宝、国器、国勇、国妖四种："口能言之，身能行之，国宝也；口不能言，身能行之，国器也；口能言之，身不能行，国用也；口言善，身行恶，国妖也。治国者敬其宝，爱其器，任其用，除其妖。"（《荀子·大略》）言行一致的为"国宝"，最为上等，而言行不一的为"国妖"，最为下等，须予以铲除。

为了养成通士、大儒这种国宝、圣人型理想人格目标，荀子主张从以下几个方面进行。

第一，积善成德。荀子认为，"圣人"不是天生的，而是后天"积"成的，"圣人也者，人之所积也"（《荀子·儒效》）；"积善成德而神明自得，圣心备焉"（《荀子·劝学》）。由此他进一步认为，只要肯下长期修为积渐的功夫，人人都可以成为夏禹那样的"圣人"。他说："涂之人可以为禹。"（《荀子·性恶》）"涂之人百姓，积善而全尽，谓之圣人。"（《荀子·儒效》）"积礼义而为君子。"（《荀子·儒效》）怎么"积"呢？一是"注错习俗"。他说："故人知谨注错，慎习俗，大积靡，则为君子矣。"（《荀子·儒效》）二是事无巨细，点滴做起。他说："尽小者大，积微者著。"（《荀子·大略》）又说："道虽迩，不行不至；事虽小，不为不成。"（《荀子·修身》）的确，大事是一件件小事累积而成的，没有小事哪来大事？小事做不来，何以成大事？所以《中庸》说："君子之道，譬如行远必自迩，譬如登高必自卑。"

第二，师友讲求。荀子从"性恶论"出发认为，人先天性恶，善是后天变化而成的，若要改变恶性养成善性，非事贤师交良友不可。他说："今人之性恶，必将待师法然后正。"（《荀子·性恶》）他认为，现实社会的人们若想成为"圣人""君子"，必须依靠师法来化之，用文学来积之，以道义来引导："今之人，化师法，积文学，道礼义者为君子。"（《荀子·性恶》）如果能够得到贤师的教导，能够教导好的朋友，就能接收到尧舜禹汤"圣人之道"，能够看到忠信敬让之行为而效仿。"夫人虽有性质美而心辩知，必将求贤师而事之，择良友而友之。得贤师而事之，则所闻者尧、舜、禹、汤之道也；得良友而友之，则所见者忠信敬让之行也。"（《荀子·性恶》）

第三，节制欲望。荀子首先承认先天欲望具有一定现实性与正当性，是不可能也不应当去除掉的，"人生而有欲，欲不可去，欲不可尽"（《荀子·正名》）。但是也不能任其发展，否则就会产生争夺祸乱而出现恶的行为。因此，一方面应当以礼义为标准分清欲求是否中理、是否正当、是否合乎礼义，"制礼义以分之"（《荀子·礼论》）；另一方面用礼义来对欲望加以节制。"欲虽不可尽，可以近尽也；欲虽不可去，求可节也。……道者，进则进尽，退则节求，天下莫之若也。"（《荀子·正名》）所谓"进则近尽"，是从积极方面根据"道"的要求把"欲求"降到最低限度；所谓"退则节求"，是从消极方面用礼义法度来控制欲望的过度膨胀。荀子这种"节制欲望"的思想很有现实意义。

第四，躬身践行。荀子认为，"圣人"之所以为圣人，根本在于他能做到表里如一，言行一致，躬行实践。他说："圣人也者，本仁义，当是非，齐言行，不失毫厘，无它道焉，已乎行之矣。"（《荀子·儒效》）他把"行"即能否实践、落实到行动上作为区分"君子"与"小人"的区别："君子之学也：入乎耳，著乎心，布乎四体，形乎动静。……小人之学也：入乎耳，出乎口……"（《荀子·劝学》）只有实际地参与社会实践活动，把所认识到的伦理道德规范付诸行动，才能真正成为圣人。

二、教育作用观

（一）教育的社会功能

荀子强调礼，"礼论"是其政治思想的中心，也是荀子教育思想的出发点。荀子之礼与孔子相比，有所发展，主要是礼中有法，法在礼中。他说："礼者，法之大分、类之纲纪也。"（《荀子·劝学》）大意是：礼是法的基础和指导原则，体现了法的精神。荀子对于礼的解释，适应了中央集权制的形势。

荀子认为，礼是一种实践可行的东西，人之所以有别于动物者，是因为群、分、义。"人之生不能无群，群而无分则争，争则乱，乱则穷矣。故无分者，人之大害也；有分者，天下之本利也。"（《荀子·富国》）"先王案为之制礼义以分之，使有贵贱之等、长幼之差，知愚、能不能之分，皆使人载其事而各得其宜"（《荀子·荣辱》），说明礼是一种社会政治的实践，是对贵贱、长幼、智愚、君臣、上下的一种严格的等级划分。因此，荀子认为人贵于有"辨"，而"辨莫大于分，分莫大于礼"（《荀子·非相》），辨于分与礼，就是要学习礼义法规，这是做人所必需的，可见教育的社会作用在于明礼法。他主张以礼教为主，以法治为辅："治之经，礼与刑，君子以修百姓宁；明德慎罚，国家既治四海平。"（《荀子·成相》）事实上，荀子主张对上层阶级以礼义节之，对下层百姓则以法治之。"由士以上则必以礼乐节之，众庶百姓则必以法数制之。"（《荀子·富国》）

（二）教育的个体功能

荀子论人性与孟子有别，大致包含三个观点：第一，荀子所说的性，指先天遗传的自然本性。从根源来说，性是不学而能的。"生之所以然者谓之性。"（《荀子·正名》）"性者，本始材朴也。"（《荀子·礼论》）从范围来说，性既含生理器官的反映机能，也包括情与欲。他在《性恶》一文中说道："今人之性，目可以见，耳可以听。"这是从生理器官的反映机能来说的。"性之好、恶、喜、怒、哀、乐谓之情。"（《荀子·正名》）这是指与生俱来的自然情绪。"饥而欲食，寒而欲暖，劳而欲息，好利而恶害，是人之所生而有也。"（《荀子·非相》）"目好色、耳好声、口好味、心好利，骨体肤理好愉佚。"（《荀子·性恶》）这是从人的自然欲望来讲的。第二，人性本恶。他在《性恶》一文中说道："今人之性，生而有好利焉，顺是，故争夺生而辞让亡焉；生而有疾恶焉，顺是，故残贼生而忠信亡焉；生而有耳目之欲，有好声色焉，顺是，故淫乱生而礼义文理亡焉。"说明人的本能中并不存在仁义礼智等道德品质，在他看来，人性主要是人的生理本能与对物质生活的需要，如任其发展而不加节制，必然使社会产生混乱。第三，其善者伪。既然人性本恶，那么，人之善从何而来？荀子认为：人之所以能为善，全靠后天的努力，故"人之性恶，其善者伪也"（《荀子·性恶》）。"伪"是指人为，泛指一切通过人为的努力而使之发生的变化。

从性恶论出发，荀子提出了教育作用论，即"化性起伪"。荀子说："凡所贵尧、禹君子者，能化性，能起伪，伪起而生礼义，然则圣人之于礼义积伪也。"（《荀子·性恶》）任何人的道德观念，皆非本性固有，而是"积伪"的结果，也就是由"性"向"伪"转化的结果。"今人之性恶，必将待师法然后正，得礼义然后治。"（《荀子·性恶》）在这个意义上，荀子强调了教育的重要意义，他说："我欲贱而贵，愚而智，贫而富，可乎？曰：其唯学乎！彼学者，行之，曰士也；敦慕焉，君子也；知之，圣人也。上为圣人，下为士君子，孰禁我哉！"（《荀子·儒效》）只要肯学习，接受教育，还有什么能够阻止人改变自己呢？可见，教育对人的成长起着"化性起伪"的作用，任何人只要肯努力，经过长期的教育，就可以改变人的本性。

三、"诵经读礼"的教育内容观

荀子从大儒的培养目标出发，在《劝学》篇中明确地提出了"诵经""读礼"的教育内容观："学恶乎始，恶乎终？曰：其数则始乎诵经，终乎读礼；其义则始乎为士，终乎为圣人。真积力久则入，学至乎没（殁）而后止也。故学数有终，若其义则不可须臾舍也。为之，人也；舍之，禽兽也。"

具体说，应当重视《诗》《书》《礼》《乐》《春秋》等儒家经籍的学习。他对每经的教育作用都作了分析："故《书》者，政事之纪也；《诗》者，中声之所止（存）也；《礼》者，法之大分、类之纲纪也。故学至乎《礼》而止矣。""《乐》者，乐也，人情之所必不免也，故人不能无乐。"（《荀子·乐论》）而诸经之中，荀子尤重《礼》《乐》，他认为礼是自然与社会的最高法则，所以说："学至乎《礼》而止矣。"《乐》则是表现情感的重要方式，其教育作用很大，"声乐之入人也深，其化人也速"。他认为礼使上下有别，乐使上下和谐，礼乐并施就能"移风易俗，天下皆宁，美善相乐。"

荀子重视以儒家经籍为内容的文化知识传授，对经学的发展有很大贡献。秦汉儒生所习《五经》及其解说，大多源自荀子，这一结论，几为学界公认。由于荀子的传经，使先秦儒家经籍得以保存，这就使后世教育有了经典教科书，为文化、思想的发展提供了物质基础。

四、"外铄"的教学思想

[拓展阅读]
曾强、张传燧：《"入乎耳，著乎心，布乎四体，形乎动静"：〈荀子·劝学篇〉解读——兼论研究生的研究性学习》

荀子与孟子"内求"的路径相反，他更强调"外铄"。在学与思关系上，更侧重于"学"。在《劝学》篇中，他说："吾尝终日而思矣，不如须臾之所学也；吾尝跂而望矣，不如登高之博见也。登高而招，臂非加长也，而见者远；顺风而呼，声非加疾也，而闻者彰。假舆马者，非利足也，而致千里；假舟楫者，非能水也，而绝江河。君子生非异也，善假于物也。"充分说明荀子的教学思想更具外显性。其教学思想主要包括以下几方面：

（一）闻见知行的教学过程观

荀子对教学过程作了相当完整而系统的论述。《荀子·儒效》说："不闻不若闻之，闻之不若见之，见之不若知之，知之不若行之，学至于行而止矣。……故闻之而不见，虽博必谬；见之而不知，虽识必妄；知之而不行，虽敦（多而厚）必困。"《荀子·劝学》又说："君子之学也，入乎耳，著乎心，布乎四体，形乎动静。"这两段话表达了教学过程中的认识规律：教学认识总是由感性认识到理性认识、再由理性认识到感性实践的交替上升过程,也是低级阶段必然向高级阶段发展、高级阶段必须以初级阶段为基础的过程。同时还指出,教学是在理性思维("知")的参与下,认识主体向外界求知("闻见"),在实际行动中求知("行")并付诸实践的过程。从这两段话可以看出,荀子把教学过程分为四个阶段。

第一阶段是"闻见",即"入乎耳"阶段。在此阶段,外界客观事物和信息必须经过耳、目、口、鼻、肤等感觉器官才能使人得到感性经验。闻见是知识的来源,也是学习的起点和基础。人的学习开始于耳、目、鼻、口、形等感官对外物的接触,形成不同的感觉即感性认识或曰直接经验,故云:"闻见之所未至,则知不能类也。"(《荀子·儒效》)

第二阶段是"知"即"著乎心"阶段。这是教学的第二阶段。闻见只能分别反映事物的表面或某个方面,无法把握事物的整体与规律。就是说,通过耳目等感觉器官获得的感性知识并不完全可靠也不全面不系统,必经过心(大脑)的深入思考加工,分析综合,才能获得比较正确的概念和判断从而获得新的概括化系统化的理性知识。因此,在闻见基础上必须朝更高阶段即"知之"阶段发展。荀子说:"知通统类,如是则可谓大儒矣。"(《荀子·儒效》)学习而善于运用思维的功能去把握事物的规律,就能自如地应对各种新事物。这实际上是一个由感性认识到理性认识的过程。

第三阶段是"布乎四体"阶段。"布乎四体"相当于孔子所说的"学而时习之"的"习",即现在所说的练习、实习。即通过不断反复的练习、实习,逐渐形成了外显的口头表达能力、动手操作能力,形成了一定的动作技能(技术)。这个阶段是介于"知"与"行"之间,离"行"仅有一步之遥,但还不是真实的"行"。

第四阶段是"行"即"形诸动静"阶段。仅有内在的理性认识"知"和外显的能力技术仍然不是教学过程的终结,只有付诸实践并经过实践的检验即"行"才是一个教学过程的终结。所以荀子说"学至于行而止矣"。行是教学必不可少的也是最高的阶段,在他看来,由学、思获得的知识还带有假设的成分,是否切实可靠,唯有通过"行"才能得到验证,同时也只有付诸实践才实现了教学的价值和目的。

必须指出,荀子对教学过程的认识是符合人类教育教学活动特点的。与人类认识过程从实践即"行"开始不同,学校教学认识过程是从间接知识的传授和学习开始的,传授式的教和接受性的学是师生的主要活动方式。因此,"讲说""闻见"是教学的起点。

(二)"譬称喻之,分别明之"的教学方法

荀子主张教法应做到"譬称以喻之,分别以明之"(《荀子·非相》),重视启发教学。他说:"谈说之术:矜庄以莅之,端诚以处之,坚强以持之,譬称以喻之,分别以明之。"又说:"无欲无恶,无始无终,无近无远,无博无浅,无古无今,兼陈万物而中悬衡焉。"(《荀子·解蔽》)教师在教学中,应借助"喻""譬""别""中"等方法手段,即采取比喻、举例、分析、综合等来具体、形象、生动、辩证地分析事物,循序渐进("诵说而不陵不犯"),启发思维,引导和启发学生主动探索,重视学生学习的主动性和思维能力培养,增长学生独立解决问题的才干,激发学生学习的内驱力,让学生独立思考和分析解决问题。荀子还主张运用辩论的教学方式,鼓励学生针对问题进行讨论。荀子认为:"辩说足以解烦""辩则尽故",意思是说,辩论可以启发学生思维,不仅有利于学生分清是非,而且有利于疑难问题的解决和是非问题的辨明。

荀子还主张适时施教、适度施教、因材施教。具体做法,教师应在学生"礼恭""辞顺""色从"时进行教学,消除"不问而告(未可与言而言)、问一而告二、可与言而不言、不观气色而言"等"傲"

"嚍""隐""瞽"的急于求成、繁琐杂糅、隐藏滞后、盲目施教不良做法。[1] 要求教学做到"不傲不嚍不隐不瞽,谨顺其身",也就是根据学生的学习能力、态度进行教学。

(三)"虚一而静"与"积渐持恒"的学习方法

所谓"虚静"就是要做到态度专注。他说:"心何以知?曰:虚壹而静。心未尝不臧(同"藏",装满)也,然而有所谓虚;心未尝不满("两"误)也,然而有所谓一;心未尝不动也,然而有所谓静。……未得道而求道者,谓之虚一而静。"(《荀子·解蔽》)所谓"虚",就是指"虚心",即不要先入为主,"不以所已藏害所将受",不以已有的知识或见解阻碍认识新事物,接受新知识、新观点。所谓"壹",就是专心致志,集中注意力,是指"不以夫一害此一",就是不以一种知识或见解排斥另一种知识或见解,专一研究某一问题,就全力以赴,不一心二用,心猿意马;转而研究另一问题,又能迅速集中精力,两者绝不相乱或互相干扰,这就是心理学上所讲的注意力的集中和转移规律。所谓"静",不是不动,而是指"不以梦剧乱知",梦是毫无根据的梦想,剧是感情冲动,不能用毫无根据的梦想和感情冲动扰乱人的理智和正常的思维活动,虚怀若谷、精神专注、头脑清醒,学习才能取得成效。

所谓"积渐"就是要做到日积月累,循序渐进,不断提高。他说:"积水成渊,蛟龙生焉……故不积跬步,无以至千里;不积小流,无以成江海。"(《荀子·劝学》)"尽小者大,积微者著。"(《荀子·大略》)生动形象地说明了"积"的重要意义。渊博的学识就同江海的形成一样是由点点滴滴的知识日积月累而成的。微小积累到一定的量就会发生质变,成为宏大而显著的东西。他要求学者要下真功夫、苦功夫,他说:"真积力久则入,学至乎没而后止也。"(《荀子·劝学》)他又说:"积微,月不胜日,时(季)不胜月,岁不胜时。"(《荀子·强国》)劝勉学生一定要抓紧时间,"积微成著"。

所谓"持恒"就是要做到持之以恒、锲而不舍、坚持不懈。荀子用骐骥和跛鳖竞走千里的生动事例说明事在人为、功在不舍的道理,劝诫学生学习贵在坚持,锲而不舍,决不能半途而废。他说:"骐骥一跃,不能十步,驽马十驾,功在不舍。"(《荀子·劝学》)"彼人之才性之相县(悬)也,岂若跛鳖之与六骥足哉?然而跛鳖致之,六骥不致,是无他故焉,或为之,或不为尔!"(《荀子·修身》)学习应该日积月累,持之以恒,才能达成目标。

五、教师思想

(一)"师所以正礼"的教师地位与作用观

荀子特别重视教师的地位和作用,竭力倡导尊师。在教师地位方面,荀子把教师提高到与天、地、君、亲的同等地位,《荀子·礼论》称:"天地者,生之本也;先祖者,类之本也;君师者,治之本也。"将教师与君主并列,作为治理国家的根本,从而提高了教师的社会政治地位。

教师地位之所以如此崇高,是由教师的作用决定的,荀子认为:"礼者,所以正身也;师者,所以正礼也。无礼,何以正身?无师,吾安知礼之为是也?"(《荀子·修身》)在他看来,"礼"是最高的社会规范,而教师又是传授"礼"、实行"礼"的榜样,是"礼"的化身,因此学生必须无条件地服从教师。为学必须接近贤师,仰承师训。故荀子又说:"故人无师无法而知,则必为盗;

---

[1] 《荀子·劝学》:"礼恭而后可与言道之方,辞顺而后可与言道之理,色从而后可与言道之致。故未可与言而言谓之傲,可与言而不言谓之隐,不观气色而言谓之瞽。故君子不傲不隐不瞽,谨顺其身。"

勇，则必为贼；云能，则必为乱；察，则必为怪；辩，则必为诞。人有师有法而知，则速通；勇，则速威；云能，则速成；察，则速尽；辩，则速论。故有师法者，人之大宝也；无师法者，人之大殃也。人无师法，则隆性矣；有师法，则隆积矣。"（《荀子·儒效》）一个人如果没有老师没有法度，则有智慧者将成为盗贼，勇敢者将成为贼寇，有才者将为非作乱，明察者将兴风作怪，能言善辩者会荒诞不经、言论怪僻。如果有师长有法度，则有智慧者会迅速地通达，勇敢者能迅速地树立权威，有才者必然能迅速地获得成功，明察者必然能迅速地穷尽事理，能言善辩者就能迅速地陈述观点。所以有师长有法度，是人的最大财富，没有师长没有法度，是人的最大祸殃。人如果没有师长没有法度，就会崇尚自然本性，人性恶的本质就会暴露；有师长有法度，就会崇尚后天的积累，形成"善性"。

因此，荀子倡导国家与社会必须尊师重教。教师的职责是与国家的前途命运相连的："国将兴，必贵师而重傅；贵师而重傅，则法度存。国将衰，必贱师而轻傅；贱师而轻傅，则人有快，人有快则法度坏。"（《荀子·大略》）教师关系到国家之兴衰，法度之存亡。"言而不称师，谓之畔；教而不称师，谓之倍。倍畔之人，明君不内，朝士大夫遇诸途不与言。"（《荀子·大略》）一个人，如果平时说话不遵奉老师的观点就是叛逆，教人的时候不依据老师的旨意就是违背教师的教诲。这样的人，明智的国君不会纳用他，士、大夫在路上遇到他也不会与他交谈。这就强调了尊师重教的重要性。

（二）"师术有四"的教师素质观

教师的地位既然如此之高，自然不是人人可以做教师的，荀子接着便对教师提出了很严格的要求。他说："师术有四，而博习不与焉。尊严而惮，可以为师；耆艾而信，可以为师；诵说而不陵不犯，可以为师；知微而论，可以为师。"（《荀子·致士》）教师除了拥有渊博学问之外，还应具备四个基本条件：一要有崇高的威信足以使人敬畏；二要有丰富的经验足以使人信服；三要有讲授儒家经典能够根据教材的内在逻辑，有条不紊，循序渐进的能力；四要有理解并阐发儒家经典微言大义的思维能力。这些思想后为《学记》所继承。

荀子抬高教师的地位和强调教师的作用，既与其"性恶论"有关，也反映了战国末期要求集权统一的趋势，从教育发展本身来说，也是十分必要的。

第四节　《礼记》的教育思想

战国末期，出现了一批集中论述教育问题的理论著作，这些论著对先秦的儒家教育思想进行了系统总结，实际上形成了中国古代教育理论发展的一个高峰。其代表作是《礼记》，该书有许多篇目都涉及教育问题，其中《大学》《学记》以及《中庸》等篇的教育思想系统全面，影响也很大。

一、《大学》的教育思想

（一）"三纲领"——大学的教育目标

《大学》仅有两千余字，作者不可考，相传是孔子的弟子曾参所作。《大学》着重阐述了大学的教育目的、任务和步骤，提出了一个完整而概括的政治与道德教育的纲领和程序。

关于大学教育的目标，《大学》提出："大学之道，在明明德，在亲民，在止于至善。"亦被称为"三纲领"。所谓"明德"，就是孔子所说的"仁道"、孟子所说的"人伦"，亦即后文所谓的"至善"。

"明明德",就是阐明、弘扬光明正大的(或曰优良的)"善性""德行"于天下,即孟子所说的"明人伦",这是大学教育的内容目标;所谓"亲民",朱熹解释为"新民",就是培养具有"明德"、能适应新时代需要的、能推行德治与仁政于天下的新型人才,这是大学教育的个体目标;所谓"止于至善",表达的是大学教育的社会目标,就是通过培养"亲民"来推行德治仁政于天下,实现社会的稳定和谐和长治久安,即"至善"的社会。引导个体通过大学教育达到人格修养的最高境界,具体标准是:"为人君止于仁,为人臣止于敬,为人子止于孝,为人父止于慈,与国人交止于信。"(《礼记·大学》)明明德、亲民、止于至善是三位一体的、统一的,同时也是逐步递进的,这是对先秦儒家教育思想最明确的概述和最集中的表达,影响了其后两千多年中国传统教育的发展。

(二)"八条目"——大学的教育过程

为了实现大学教育的三大纲领性目标,《大学》提出了格物、致知、诚意、正心、修身、齐家、治国、平天下八个为学步骤,亦称"八条目"。《大学》中说:"古之欲明明德于天下者,先治其国;欲治其国者,先齐其家;欲齐其家者,先修其身;欲修其身者,先正其心;欲正其心者,先诚其意;欲诚其意者,先致其知;致知在格物。物格而后知至,知至而后意诚,意诚而后心正,心正而后身修,身修而后家齐,家齐而后国治,国治而后天下平。"这是一个由认知到情意、由目的到过程、由个体到社会、由外在到内在再到外在的整体、连贯的教育过程。

格物、致知的意思是"为学入手"或"大学始教",实际上就是学习、领会儒家德艺方面的知识,并加以综合、融会贯通。诚意、正心、修身则是一种综合修养过程,着眼于个人道德的完善以及协调与他人的关系。齐家是指施教过程,即通过个人的修身来完善家族内部的关系。齐家也是"成教于国"的基础,《大学》中说:"其家不可教,而能教人者,无之"。"一家仁,一国兴仁;一家让,一国兴让。"如果家家都做到了孝、悌、慈,也就达到了"治国、平天下"的目标,因此,治国是齐家的扩大和深化,而平天下又是治国的延伸,其基本精神是一贯的。

《大学》将个人的学习、教人、政治等几个过程非常自然地联系起来,以格物、致知为起点,培养道德认知;以正心、诚意为中心,建立道德信念;以修身为根本要求,培养道德自觉;以齐家、治国、平天下为目标,实现儒家的社会政治理想,这就使得"八条目"实际上成了一个系统连贯的整体过程,并构成了儒家以"内圣外王"、家国天下为指向的大教育体系。

二、《学记》的教育思想

《学记》也是《礼记》中的一篇,是中国古代最早集中论述教育问题的一篇论著,对先秦时期的教育实践及孔子、孟子、荀子的教育思想进行了全面系统的总结。《学记》的教育思想主要有以下几个方面。

(一)教育作用

《学记》开宗明义地说:"发虑宪,求善良,足以谀闻,不足以动众;就贤体远,足以动众,未足以化民。君子如欲化民成俗,其必由学乎。""玉不琢,不成器,人不学,不知道。是故古之王者,建国君民,教学为先。"大意是说:发布施政意图和宪章,寻求品德善良的人士,可以得到小的声誉,却不能够感动群众;接近贤明的人,亲近和自己疏远的人,可以感动群众,却不足以教化人民。君子如果要教化人民,培养良好的风俗习惯,那么一定要从教育入手。即使是质地美好的玉,如果不经过琢磨,也不能成为有用的器皿;人们如果不肯学习,也不会明白做人处世的道理。所以古代君主如果想要建设国家、统治人民,就必须把教育放在优先地位。

《学记》本着儒家的德治精神,认为教育的主要作用在于服务政治、教化万民,简要地阐明了教育的社会作用和个体作用。它所提出的"化民成俗,其必由学""建国君民,教学为先"的理论,成为后世论述教育作用时的经典表述方式。

(二) 学制理想与教育阶段

《学记》以托古的方式提出了从中央到地方的学制系统:"古之教者,家有塾,党有庠,术有序,国有学。"这种按行政建制设学的思想,表面上看是对西周学校教育系统的描述,实际上体现了《学记》对普及学校教育的设想,对后世兴办学校的教育制度有很大影响。

对大学的教育阶段,《学记》提出了一个完整的教育进程和考核标准:"比年入学,中年考校。一年视离经辨志,三年视敬业乐群,五年视博习亲师,七年视论学取友,谓之小成。九年知类通达,强立而不返,谓之大成。夫然后足以化民易俗,近者悦服而远者怀之,此大学之道也。"在这个教育进程设想中,《学记》明确规定了每个阶段的具体标准和要求,而且逐步进行深化提高;每个阶段所要达到的标准中都有对学业知识和思想品德两方面的要求,离经、敬业、博习、论学、知类通达等都是属于学业方面的标准;而辨志、乐群、亲师、取友、强立不返属于与品性方面相关的标准,体现了《学记》中的教育具有循序渐进、德智并重的特点。

(三) 教育教学原则

1. 教学相长

《学记》论"学",总是与"教"结合在一起,其实际含义是教学,体现了教与学的统一。《学记》云:"虽有嘉肴,弗食,不知其旨也;虽有至道,弗学,不知其善也。是故学然后知不足,教然后知困。知不足,然后能自反也;知困,然后能自强也。故曰:教学相长也。"这段话体现了教师边教边学、教学互促的特点,说明教师本身的学习及其教学是教师活动的两种不同形式,它们相互作用,推动教师不断进步。后来被引申为教师的教与学生的学之间的相互促进关系。"教学相长"深刻揭示了教与学之间的辩证关系,两者相互依存,相互促进,"学"因"教"而日进,"教"因"学"而益深,这是《学记》对教育理论的一大贡献。

2. 尊师重道

《学记》高度评价了教师的作用,在继承荀子"严师"思想的基础上,明确提出了"师严而道尊"的思想,认为:"凡学之道,严师为难。师严然后道尊,道尊然后民知敬学。"主张君主对于教师也不要求行为臣之礼:"当其为师,则弗臣也。大学之礼,虽诏于天子,无北面,所以尊师也。"以此表示对教师的尊重。

《学记》也对教师提出了严格的要求,希望他们既要有渊博的知识和崇高的道德修养,又要熟练掌握教育、教学理论和技能技巧,反复强调教师应当具备"知至学之难易,而知其美恶,然后能博喻""既知教之所由兴,又知教之所由废""学者有四失,教者必知之"等条件,并认为:"记问之学,不足以为人师。"

3. 藏息相辅

《学记》认为正课学习与课外练习必须互相兼顾,相互补充:"大学之教也,时。教必有正业,退息必有居学……故君子之于学也,藏焉修焉,息焉游焉。夫然,故安其学而亲其师,乐其友而信其道,是以虽离师辅而不反也。"课外练习是正课学习的继续和补充,可以深化课内学习的内容,又能使学习有张有弛,让学生既感受到学习的乐趣,又可以亲近教师与同学。

[拓展阅读]
"豫时孙摩"的含义

4. 豫时孙摩

《学记》总结了长期教育、教学中成功和失败的经验教训,概括出"教之所由兴"和"教之所由废"的重要规律。"大学之法,禁于未发之谓豫,当其可之谓时,不陵节而施之谓孙,相观而善之谓摩。此四者,教之所由兴也。发然后禁,则扞格而不胜;时过然后学,则勤苦而难成;杂施而不孙,则坏乱而不脩;独学而无友,则孤陋而寡闻。燕朋逆其师,燕辟废其学。此六者,教之所由废也。"这里包括了预防性("豫")、及时性("时")、渐进性("孙")和观摩性("摩")四项具体原则,从正反两面进行分析,指出了成功的经验与失败的教训。

5. 启发诱导

《学记》对启发诱导原则作了较全面的阐述:"君子之教,喻也:道而弗牵,强而弗抑,开而弗达。道而弗牵则和,强而弗抑则易,开而弗达则思。和、易、以思,可谓善喻矣。"就是说,君子的教育,靠的是引导而不是强迫服从,是勉励而不是压制,是启发而不是全部讲解。只有这样,才会使师生关系趋于和谐,学习轻松愉快,学生才会主动思考。只有这样,才能调动学生学习的积极性、主动性,使他们的思维能力得到锻炼和发展。《学记》进一步叙述了实施的具体方法:"善歌者,使人继其声;善教者,使人继其志,其言也,约而达,微而臧,罕譬而喻,可谓继志矣。"善于歌唱的人,能使听众自然而然地跟着他唱,善于教学的人,能使学生自觉自愿地继承他的志向,他们一般都具备高超的语言能力,简练而又分析透彻,细微而又能讲明道理,譬喻虽少而能使人理解。

6. 长善救失

《学记》认为:"学者有四失,教者必知之。人之学也,或失则多,或失则寡,或失则易,或失则止。此四者,心之莫同也。知其心,然后能救其失也。教也者,长善而救其失者也。"这指出了学生学习中存在的四种缺点,即贪多务得、片面狭窄、自满轻敌、浅尝辄止。这些缺点的出现,是不同的心理原因造成的,有的是学习能力的问题,有的是情感态度的问题,有的属于意志品质的问题。教师要学会具体问题具体分析,然后采取适当的教法,帮助学生克服和消除其缺点。教师应当强化学生的优点,弥补学生的不足。清代王夫之说:"多、寡、易、止,虽各有失,而多者便于博,寡者易于专,易者勇于行,止者安其序,亦各有善焉。救其失,则善长矣"。这就要求教师懂得并掌握教育的辩证法,坚持正面教育,善于因势利导,利用积极因素,克服消极因素,做到"长善救失",促进学生的发展。

综上所述,《学记》的教育思想丰富全面,论述相当深刻,它所提出的一系列教育教学原则和方法,至今仍有重要的借鉴意义。《学记》为中国古代教育理论的发展树立了典范,它的出现意味着中国古代教育思想专门化的形成,是中国"教育学的雏形"[①]。

三、《中庸》的教育思想

《中庸》是《礼记》中哲理性较强的名篇,实际上是指儒家认识事物和处理问题的一种哲学观点和方法,其中包含着一些对于教育基本问题的深刻论述,可说是中国最早的教育哲学专著。主要涉及以下几方面。

---

① 毛礼锐.中国教育史简编[M].北京:教育科学出版社,1985:247.

（一）关于教育的本质与作用

《中庸》开头便说："天命之谓性,率性之谓道,修道之谓教。"何谓"性"？"天命"即天赋,亦即指人的自然禀赋。何谓"道"？顺从和发扬本性（"率性"）就是道。何谓"教育","修道"即为教育,这是中国教育史上首次对"教"进行概念界定。朱熹解释说："天以阴阳五行化生万物,气以成形,而理亦赋焉,犹命令也。"（朱熹《四书集注》）意思是说,上天所赐予的称作"性",顺从和发扬"本性"称作"道",把"道"加以修明和推广称作"教"。也就是说,"修道"即为教育,其作用则在于"率性",即顺着天性发展,尽量把先天赋予的"善性"即"明德"（良好道德观念）体现出来。这明显是受思孟学派"性善论"思想的影响。

［拓展阅读］
李卯、张传燧:《"天命之谓性":中庸的生命思想及其教育哲学意蕴》

（二）关于教育目的

《中庸》说："故君子尊德性而道问学,致广大而尽精微,极高明而道中庸,温故而知新,敦厚以崇礼。"意思是说,君子恭敬并奉持德性,同时好问勤学以致知,使德行和学问达到广大精微的境界,虽然极其高明,但是依然能够不偏不倚地遵循中庸之道,温习已知以增进新知,操存敦厚以尊崇礼节。"尊德性而道问学"表达的是发展人的智慧与德性的教育目的观。

（三）关于教育教学的过程和步骤

《中庸》将教学过程概括为"博学之,审问之,慎思之,明辨之,笃行之"五个阶段。"博学"就是广泛学习;"审问"即详细地追问博学中的内容的真伪性;"慎思"即对审问的内容进行分析和思考;"明辨"即明确分辨存在的问题,明确努力的方向;"笃行"即切实地实行,使观念和行为得到统一。这是一套完整的为学过程及方法,包括"学—思—行"等教学过程中不可缺少的步骤和环节。

（四）关于教育途径

《中庸》说："自诚明,谓之性。自明诚,谓之教。诚则明矣,明则诚矣。"这里有三组概念,即"诚"与"明""诚明"与"明诚""性"与"教"。什么是"诚"？《中庸》认为："诚者,天之道也。"这里的"诚"指的就是天道本然的状态,"明"即彰明、显明,它是"诚"这个本体所自然生发的东西,从本质上说"诚"和"明"是一致的,故说："诚则明矣,明则诚矣。""诚明"与"明诚"指的是人的修养可以从两条途径得到完善,即"性"与"教"：一是发掘人的内在天性,达到对外部世界的体认,所以说"自诚明,谓之性",因其是在本心本性范围内所做的修养工夫,也称"尊德性"。二是通过对外部世界的求知,以达到内在本性的发扬,即"自明诚"。可以解释为:明白了事物"所以然之理"与"所当然之则",就可以达到"诚"的境界,所以说"自明诚,谓之教",因其首先需要学习、教化的功夫,因此也称"道问学"。《中庸》认为这两条途径是相依并进,相辅相成的。

（五）重视主观能动性的作用

《中庸》认为:虽然个体的智力和能力存在差异,但通过个人努力后,可达到相同的效果。它说："或生而知之,或学而知之,或困而知之,及其知之,一也。或安而行之,或利而行之,或勉强而行之,及其成功,一也。"因此要鼓励个体充分发挥主观能动性,"人一能之,己百之;人十能之,己千之。果能此道矣,虽愚必明,虽柔必强。"《中庸》明确指出,一个人的聪明才智与坚强意志,与个体主观努力程度密切相关,而并不完全取决于天赋。这一思想与当代美国布卢姆掌握学习理论的观点极为相似,有积极作用。

《中庸》一文,对后世儒学,尤其是宋明理学思想的影响深远。宋代以后,理学家把《中庸》和

《大学》从《礼记》中抽出来,再加上《论语》《孟子》,合为《四书》,成为封建社会晚期学校教育的主要教材。

第五节　墨子的教育思想

墨子(约前468—前376),名翟,鲁(今山东)人,因其曾为宋国大夫,或曰宋(河南)人。他是墨家学派的创始人,先秦时期具有巨大影响的思想家、科学家、教育家。

据《淮南子·要略》记载,墨子早年曾"学儒者之业,受孔子之术,以为其礼烦扰而不悦,厚葬靡财而贫民,(久)服伤生而害事,故背周道而用夏政"。事实上,墨子确也"通六艺之论",与孔子有着共同关心的问题,也算是孔子的一个后学。他所创立的墨家学派,独树一帜,与儒家相抗衡,两家相互驳难,揭开了先秦"百家争鸣"的序幕。整个战国时期,儒墨两家一直处于"显学"地位。《孟子·滕文公下》称:"杨朱、墨翟之言盈天下,天下之言,不归杨则归墨。"《韩非子·显学》载:"世之显学,儒墨也。"

墨子出身微贱,自称"贱人"(《墨子·贵义》)或"北方之鄙人"(《吕氏春秋·爱类》)。他长于工艺,当过车工,又研究过筑城,善造兵器和其他器械,会做"任五十石之重"的大车。以此推之,墨子本人可能是刚刚由摆脱宗法羁绊的小手工业者上升为"士"阶层的知识分子,他的思想基本上代表了当时的"农与工肆之人"的立场。

墨家学派既是一个学术团体,也是一个纪律严明的政治集团,还是一个带有宗教色彩的、具有侠义作风和牺牲精神的团体。《淮南子·泰族训》称:"墨子服役百八十人,皆可使赴火蹈刃,死不旋踵。"(《淮南子·泰族训》)就是说,墨家学派的弟子都具有一种舍命行道的献身精神。孟子说:"墨子兼爱,摩顶放踵,利天下为之。"(《孟子·尽心上》)这是说墨子即使磨秃了头顶,走破了脚跟,但只要是对天下有利的事,他都会努力去做。

墨子作为墨家学派的创始人,是继孔子之后第二个带领弟子游说列国的人。"上说下教,天下不取。上下见厌,强聒不舍。"(《庄子·天下篇》)可见他虽然到处碰壁,但仍坚持不懈,具有坚忍执着、积极主动的献身精神。他与孔子一样"徒属弥众,弟子弥丰,充满天下"(《吕氏春秋·尊师》)。墨家也是一个学术团体,墨家实行禅让制,其首领为巨子,墨者须竭诚拥戴,奉若圣人,并成为其信徒。墨家组织严密,弟子须招之即来,令行禁止,赴汤蹈火,死不旋踵;墨家纪律严明,无论何时何地,何种身份,必须遵循墨子的学说,服从团体的法规命令。

相传墨子著有《墨子》一书,汉时有71篇,宋时存63篇,现仅有53篇。既有对古代文化典籍的旁征博引,又记载了许多科学技术知识,是研究墨子及墨家教育思想和实践的重要资料。《墨子》的教育思想,远不及《论语》丰富,其中与教育关系较密切的有《修身》《所染》《尚贤》《尚同》《兼爱》《经》《经说》《公孟》和《小取》等篇。墨子的教育思想虽不如孔子那样系统完整,但他所提出的许多主张相当深刻,是中国古代教育史上的宝贵遗产。

一、教育的功能

(一)教育的社会功能

面对战乱不断的社会状况,墨子最高的政治理想就是要"兴天下之利,除去天下之害"(《墨子·兼爱中》)。他认为"天下之害"的根源在于"不相爱交利",如果能"兼相爱,交相利""天下祸篡怨恨可使毋起"，就可以达到"刑政治，万民和，国家富，财用足，百姓皆得暖衣饱食"（《墨子·天志中》）的目的。

要实现这一社会理想，墨子认为第一要义是抓教育，希望通过"上说下教"的方法来实现自己的政治主张，能够掌握政治权力和发展社会生产，所以他不辞艰辛，积极倡导，把"有道者劝以教人"作为实现"饥者得食，寒者得衣，乱者得治"理想的根本措施之一，在他看来，"天下匹夫徒步之士少知义"，因此"教天下以义者，功亦多"（《墨子·鲁问》），从而建设一个民众平等、互助的"兼爱"社会。

（二）教育的个体功能

古代教育家但凡论述教育对个体发展的作用都是以人性论为其理论依据的。墨子也不例外，但他反对"人性命定论"。墨子首先以染丝为例来说明环境和教育对个体发展的重要作用。他说："染于苍则苍，染于黄则黄，所入者变，其色亦变……故染不可不慎也。非独染丝然也，国亦有染……非独国有染也，士亦有染。"（《墨子·所染》）这就是著名的"染丝说"。在他看来，人性既不是命定的也不是固定不变的，而是如同待染的素丝一样，其发展状况是后天环境习染和教育学习的结果。

这种思想与孔子及其后儒不同。墨子认为重视教育与承认天命是相矛盾的："教人学而执有命，是犹命人葆而去其冠也。"（《墨子·公孟》）他特别强调发挥个体的主动精神，认为决定人生富贵贫贱的不是命，而是"力"之强与不强。"夫岂可以为其命哉？固以为其力也。"（《墨子·非命》）墨子从"染丝说"出发，认为每个人的天生素质完全一样，所以都有平等受教育的权利，也应该给予同样的教育，真正做到"有教无类"，这就有可能使教育真正从奴隶主贵族手中完全解放出来。这种思想在中国古代教育史上，仅此一家，在世界教育思想史上也不多见。正因为墨子特别重视教育对个体发展极其重要的作用，所以他还主张实施"不叩必鸣""强说强为"的主动施教，充分发挥教育的积极作用。

二、教育目标及其培养对象

（一）"兼士"的教育目标

墨子根据其社会政治理想，主张教育应当培养能实现其"兼相爱，交相利"社会理想的"兼士"或"贤士"。

墨子认为"兼士"的标准有三条：一是"厚乎德行"，二是"辩乎言谈"，三是"博乎道术"。具体说来，"兼士"应当具有投入社会实践、兴利除害的道德品质、知识智慧和实际能力，具有"上说下教""强力说人"、向社会推行"兼爱交利"主张的能力，具有"兴天下之利、除天下之害"的责任感，还需要具有"为身之所恶以成人之所急"的献身精神，以实现"饥则食之，寒则衣之，疾病侍养之，死丧葬埋之"（《墨子·兼爱》）的伟大社会理想。

墨子也提出"贤士"的培养目标，本质上是要培养适应当时社会需要的德才兼备的人才。墨子认为，"贤士"应具备前述"兼士"的伦理道德、思维论辩和知识技能等三种素质，强调其实用技能性。

（二）教育培养对象

墨子的教育"周行天下，上说下教"（《庄子·天下》），其教育对象非常广泛，上至王宫大人，下及"农与工肆"之人、匹夫徒步之士，并力图将他们培养成为"兼爱交利""尚贤尚同"的"兼士"，以实现"兴天下之利,除天下之害"的终极目的。墨子主张培养"兼士""贤士",实行"尚贤尚同"的思想,明确要求冲破"王公大人骨肉之亲无故富贵"的世袭制度,提出了"官无常贵,民无终贱"思想,有力地冲击了西周以来的宗法礼治传统,反映了他"兼爱""尚同"的社会理想,是最原始的、真正意义上的教育权利平等、教育机会均等思想,但是不仅在当时即使是在现在条件下也是难以实现的,因而只能是一种不切实际的空想。然而,其中所闪烁的平等、博爱精神却是一笔珍贵的教育遗产。

三、教育内容

为了培养"兼士",在教育内容上,墨子除了以"兼爱"为核心的道德教育外,同时重视文史知识的学习及逻辑思维能力的培养,还注重实用科学技术的传习和武艺的学习。

(一)"厚乎德行"的政治与道德教育

墨子针对当时社会存在的"三患"("饥者不得食""寒者不得衣""劳者不得息")和"三务"("国家之富""人民之众""刑政之治")提出了七大主张:"兼爱"、"非攻"、"尚贤"、"尚同"、"节用"(包括"节葬""非乐")、"非命"、"天志"(包括"明鬼")。这七大主张可概括为三个主要思想:兼爱、节用与神教。墨子很重视道德观念的教育。他将"兼爱"与"正义"作为最高的道德理想和教育的根本内容,谆谆教导弟子要"视人之国若视其国,视人之家若视其家,视人之身若视其身",实施无差别、无等级的"兼爱"。墨子以这些内容来培养"兼士"高尚的思想品质和坚定的政治信念。

(二)"辩乎言谈"的文史知识教育

墨子曾"诵先王之道,通圣人之言,习六艺之论,学百国春秋",精通"名辩之学"(逻辑学),他将儒家的《诗》《书》和《百国春秋》作为其教学内容的一部分,同时又明确提出"非乐"。他认为,嗜爱声色伎乐,不仅浪费人力物力,还消磨人的意志,使统治者怠于政事,人民怠于耕织,终将会招致饥寒交迫而败亡的结局。

为了形成"兼士"的思维能力和论辩才能,墨子重视认识、思想方法以及形式逻辑的教育。一方面,他提出了建立一种学说或判断一种理论的客观标准"三表法"。一表为"有本之者""上本之于古者圣王之事。"即以历史经验为准;二表为"有原之者""下原察百姓耳目之实。"即考察民众的经历以作为参照;三表为"有用之者""发以为刑政,观其中国家人民百姓之利。"在社会实践中检验思想与学说的正确与否,即看应用效果。"三表法"中,墨子把"国家百姓之利"摆在首位;其次是"古者圣王之事";再次是"众人耳目之情"。"三表法"体现了尊重实践、感性经验、民众意愿的进步性。另一方面,他认为,"兼士"还必须掌握思维和论辩准则,"辩乎言谈"是墨子心目中贤良之士的必备条件。他在中国逻辑史上首先提出"类""故"的概念,要求"兼士"学会"察类明故",能够"以类取,以类予"(《墨子·小取》)。在他看来,事物的同类与否是由它们背后的原因决定的。墨子"名辩"教育中的"辩学"是一门重要课程,相当于今天学校开设的"逻辑学"(或"形式逻辑")。可以说,墨子是我国古代教育史上进行逻辑学系统教育的第一人。

(三)"博乎道术"的生产技能与科技知识教育

在墨子的教学内容中,生产劳动知识及其技能的教育占有很大比重,他不仅教育弟子要努力掌握一定的生产技术和技能技巧,而且他本人就能直接从事生产劳动,并有高超技艺。墨子进行科学技术教育的范围很广,除了数学、光学、力学、几何学(形学)、机械制造等自然科学外,还包括与其关系密切的心理学,这些在当时都处于世界先进水平,在当时的中国也无人与之伦比。

墨家学派主要是以农民、手工匠人、小商人和社会闲散流浪人员为主体的阶层,他们"各从事其所能",并在长期的生产实践和社会生活中积累了丰富的经验,发现了许多生产劳动和自然科技的知识。因此,墨家广博的科技教育内容,是对社会生产生活经验的总结,突破了儒家六艺教育内容的范畴。

此外,墨家教育内容中还有军事知识的内容。墨子很重视军事方面的教育,以培养一批懂军事的人才。今存《墨子》中《备城门》等11篇,堪称比较全面的军事防御学说。从"助宋御楚"的历史事实看,墨子及其弟子确实具备军事防御的知识和能力。

四、教育教学原则

(一)合其志功

墨子认为,评价人不光要看其做事的动机,更要看其效果,他强调二者必须辩证统一。墨子教育弟子不论做什么事,必须"合其志功而观"(《墨子·鲁问》)。"志"是动机,"功"即效果。更重要的是,不论其"志"还是"功",均须以"利人"为标准,"利人乎即为,不利人乎即止。"(《墨子·非乐上》)"利人多,功故又大,是以天赏之。"(《墨子·非攻下》)这些都说明,墨子教人,是从"功利"角度出发的,"功,利名也"(《墨子·经上》)。不论是道德、科学教育还是生产劳动的实践教育,乃至其他方面的教育,都必须符合"农与工肆之人"的实际利益。

[拓展阅读]
张传燧、王素月:《墨子"利本"道德教育思想的实质、结构及其现代价值》

墨子提出以功利主义作为评判教育效果好坏尺度的教育教学原则,在古代教育史上是第一次,为后世事功学派教育思想的发展,奠定了坚实的基础。

(二)主动施教

墨子施教,一贯坚持积极主动的原则。墨子提倡送教上门,"强说强为""不叩必鸣"(《墨子·公孟》)。他说:"不强说人,人莫之知。"(《墨子·公孟》)"夫义,天下之大器也,何以视人?必强为之。"(《墨子·公孟》)墨子认为,正义、真理("义")是靠推广和灌输才能够深入人心,不必待问而发。作为掌握知识、拥有真理、坚持正义的人,应当积极主动地向广大民众宣讲、传播知识、真理("义"),即"劝以教人""上说下教",即使"天下不取,上下见厌",也"强聒不舍",持之以恒。

(三)实践为本

墨子在教育中特别强调坚持实践第一的原则。他说:"士虽有学,而行为本焉。"(《墨子·修身》)要求学生树立"强力而行"的刻苦磨炼信念,旨在培养他们的吃苦耐劳和自我牺牲精神。牺牲自己去做利于天下的事,承担别人所不愿经受的痛苦,这是墨家的风格,也说明了意志不仅是重要的道德品质,也直接影响着智力的形成和发展。

墨子强调,一切理论,都必须见诸实践应用。他在教导弟子从政之道时,再三强调:"口言之,身必行之。"(《墨子·公孟》)"信身而从事。"他反对只说空话而不务实事、言行不一。墨子说:"务言而缓行,虽辩必不听;多力而伐功,虽劳必不图。"(《墨子·修身》)这就是说,那些只说空话而不务实际的人,哪怕说得天花乱坠,别人也不会信服他。即使他用最大的力气夸耀自己的功绩,最后还是一事无成。墨家教育的实践,除了应用于道德、政治等人文、社会范围外,还包括生产、军事和科技等领域,远远超出了先秦其他各家教育实践的范围。墨子坚持"行为本"的原则,重视指导学生进行实际操作和科学实验,要求从实践中获取真知,有利于培养和锻炼学生的实际工作及创造发明能力,却有忽视系统理论知识学习的一面。

(四)量力施教

墨子在教育中提出了"学必量力"的重要原则。当弟子请求学射时,墨子从他们的实际情况出发,提出:"知者必量其力所能至而从事焉。"(《墨子·公孟》)这就要求教师施教时,必须从学生的具体实际出发,根据他们不同的能力、基础、才智等多方面的因素,进行教育,还要正确估量学生通过努力能够接受教师所教而获得收益的可能性。如果教师不从学生的实际出发,无的放矢,那么就永远也不能获得成效,而且学生还会产生厌学的情绪,进而造成师生的对立。

此外,墨子还强调:"深其深,浅其浅,益其益,尊其尊。"(《墨子·大取》)就是说要视学生学习程度的深浅,能力的强弱,因材施教,能够让学生的积极性得到不同程度的调动。

(五)述作结合

墨子主张"述作结合"。他说:"古之善者则述之,今之善者则作之,欲善之益多也。"(《墨子·耕柱》)"述"是对古代文化而言,"作"则是对当代文化而言的。意思是说,古代优秀的东西应当传承下来,当今优秀的东西应当努力创作发明,这样一来优秀的东西就越来越多。这既反映了墨子对待传统文化遗产的正确态度,也体现了他重创造的教育方法论。

墨子的教育思想中包含着许多合理主张,尤其是其重视科学技术知识的教育,是中国教育史上一份不可多得的宝贵遗产。但是长期以来未受到应有的重视。清末民初,墨学重新引起人们的关注,成为近代"西学中源"说的主要依据之一。梁启超说:"在吾国古籍中欲求与今世所谓科学精神相悬契者,《墨经》而已。"[①]孙中山、蔡元培、李大钊等人,也都从不同角度利用墨子的思想来为传播革命思想、推行新兴教育服务。正如陈景磐先生所说:"墨学的复兴,意味着代表封建传统思想的儒家学说在文化教育上的绝对统治地位的动摇。"[②]

第六节　道家的教育思想

老子(约前 571—前 471),姓李,名耳,谥曰聃,字伯阳,楚国苦县(今河南省鹿邑县)人,曾做过周朝的守藏史,他的生平及经历大多存在于一些民间传说之中,并无确切证据。老子是道家学派的创始人,他所撰述的《老子》(《道德经》)一书共 81 章(《道经》37 章,《德经》44 章),基本反映了他的思想,为后世的研究提供了珍贵的资料。

庄子(约前 369—前 286),名周,字子休(一作子沐),蒙(今安徽蒙城,又说河南商丘、山东东明)人。庄子是道家学派的重要代表人物,其代表作为《庄子》,他主张"天人合一"和"清静无为"。现今流传的《庄子》一书分内、外、杂三篇,有较高的学术价值,为研究庄子的教育思想提供了珍贵资料。

道家的兴盛是在战国时期,主要有两派:一是稷下黄老学派,这一派是以道家思想为主,兼采各家之长,有选择地吸收法、儒、墨、阴阳、名家的一些思想因素,在道家学派中独树一帜,后来成为汉初的治国指导思想。另一派则以庄子为代表,承袭了老子的哲学思想,并将其演变为一种消极遁世和相对主义的思想。庄子崇尚自然,追求个人精神的解脱,他的思想代表了一种自由主义

① 梁启超.梁启超全集:第 6 卷[M].北京:北京出版社,1999:3195.
② 陈景磐.中国近代教育史[M].2 版.北京:人民教育出版社,1983:184.

的倾向,对后世知识分子产生了广泛而深远的影响。

道家学派对我国古代思想文化教育的发展产生了深远的影响,与儒家学派一起构成了中国古代传统文化的主体。儒道互补成为中国传统文化的显著特征。

一、教育理想:"道法自然"

老子思想的核心范畴是"道",它被看作最高的实体范畴。

"道"的具体含义主要有:第一,"道"是原始的客观实在。"道"不依赖于人们的主观意识,是原始的、无名无状的客观实在(类似于现代哲学的"物质"概念),有其自然无为的规律可循。第二,"道"是自然万物的总根源,"道生一,一生二,二生三,三生万物"(《老子·第四十二章》)。它没有目的、没有意志、自然而然地产生万物,没有它就没有宇宙。这种神奇微妙的"道",先于天地万物而存在,并按自身运动的规律发展变化。第三,"道"亦指自然之道。"天道自然",是对西周以来"天道有知"神学迷信的公开挑战和反动。它包括了客观自然世界、人世社会以及个体身心变化发展的规律和法则(类似于现代哲学的"本质""理"的概念)。它永远不变地存在着,不停地在天地万物中间运行。人只有顺应和遵循自然无为这一根本法则,才能真正为"道"。作为人类社会生活必须遵循的总规律、总法则,道家所论的"道",涵盖了世界观、人生观和方法论等内容,所有的人生目的、理想、价值等,均可以由"道"的整体意义变通衍生出来。由此形成了道家以"道"为中心的教育理想。

老子要求人们把"道"当作认识、追求和实现的总目标,一切教育思想和活动都要围绕着"道"展开,要教育人们悟道、认道、体道、崇道。老子明确指出:"人法地,地法天,天法道,道法自然。"(《老子·第二十五章》)人类在社会和自然之中,一切活动最终都必须取法于"道",教育也不例外,要不折不扣地遵循自然规律,"惟道是从"(《老子·第二十一章》)。从教育的具体要求来说还要"知常","常"就是"常道"。老子说:"知常曰明,不知常,妄作,凶。"(《老子·第十六章》)

庄子继承老子的思想,一心一意追求"道",强调"道"的巨大自然与社会功能。他说:"夫道,覆载万物者也,洋洋乎大哉!"(《庄子·天地》)又说:"夫道,于大不终,于小不遗,故万物备,广广乎其无不容也。"(《庄子·天道》)他将"道"视为人生必然追求的最高理想目标,因而也成为其最高教育目标,庄子认为,传"道"学"道"的根本目的是教育人们认识和把握个体身心自然的规律并加以顺应和遵循,从而达到治身、完身、养生的目的。

道家认为,自然是完善美好的,处于原始状态的人类社会才是最理想的境界,社会演化使人们逐渐脱离这种状态,遂有所谓的"文明"产生,这在一般人看来是文化进步,但实质上是人类堕落的表现,并且带来了无尽的痛苦。所有社会发展的成果,都是对原始自然的反动。社会越文明、越进步,距离道家的理想状态就越遥远。故老子说:"大道废,有仁义。智慧出,有大伪。六亲不和,有孝慈。国家昏乱,有贞臣。"(《老子·第十八章》)老子主张"复归于朴""复归于婴儿",每个人都要返回到婴儿状态,不要用人为的教育去改变自然的本性。庄子认为:"绝圣弃智,大盗乃止。"(《庄子·胠箧》)他主张"无以人灭天"(《庄子·秋水》),即不要用人力去改变自然。人们应该把一切人为的知识忘掉,把一切人为的道德抛弃。

当然,道家并不完全否定文化、教育的作用,他们反对的只是违背"自然"的教育。道家提倡"自然之教",把一切自然之道当作教育内容,要求人们完全顺应自然。道家主张"处无为之事,行不言之教",也就是"为道"。"道常无为"不是无所作为,而是要教人"为道",而不加以任何强制。

老子说："道常无为而无不为,侯王若能守之,万物将自化。化而欲作,吾将镇之以无名之朴。无名之朴,夫亦将无欲。不欲以静,天下将自定。"(《老子·第三十七章》)只要能遵循"道"的自然无为法则和规律,"无不为"的功能才能得到充分发挥,天下就会"自正",这样才能收到良好的教育效果。

二、教育培养目标:多元的理想人格

道家多元理想人格的教育培养目标,讲的是教育对个体的作用,以其对人性的看法为依据,主张自然人性论。老子主张"归根""复命",庄子主张"睹无为之妙理,见自然之正性",肯定人的自然之性,即与生俱来的各种欲求。他们认为,后天人为施加的教育都是违反自然人性的,是对其的压抑、扭曲和戕害,主张教育要为张扬人的个性服务。

从这种思想出发,道家主张教育应当尊重个体个性自然自由地发展,反对儒家以培养"君子"为目标的单一理想人格。老子希望培养的是那种能够把"道"努力付诸实践的"上士"("上士问道,勤而行之"),以及自然无为、自知知人的"圣人"。如果说老子的理想人格还比较单一,庄子则在继承老子思想的基础上进一步提出了多元化的理想人格标准及其具体修养要求。

庄子的理想人格观,具体说来就是培养"至人""神人""圣人""真人"。他在《逍遥游》中指出:"至人无己,神人无功,圣人无名。"要求超越名利现实的羁绊,追求个性解放,从而达到绝对灵魂自由的精神状态。"乘云气,骑日月,而游乎四海之外。"(《庄子·齐物论》)但他追求的是超乎这三种人格的"真人",还具体刻画和设计了超然洒脱飘逸的"真人"形象:"纯素之道,唯神是守,守而勿失,与神为一;一之精通,合于天伦。……能体纯素,谓之真人。"(《庄子·刻意》)又说:"不以心捐道,不以人助天,是之谓真人。"(《庄子·大宗师》)

何为"真人"? 概而言之,"真人"就是体"道"之人,与"道"合一之人,返璞归真之人。"道"是"真人"的起点,也是"真人"的终点。在庄子看来,只要悟解了"道",便可进入"真"的境界。这种人格不依赖任何外在的客体,一切都任性而发,率性而为,他们完全掌握了天地、自然、社会、人世的根本意义,是道家最高的理想人格。庄子认为,真人的修炼方法,首先要悟解真道,达到素朴境界,主要途径是:第一,平易恬淡;第二,虚静无为;第三,心斋坐忘;第四,缘督为经。

庄子塑造的这种理想人格目标,具有强烈的自我意识,它追求的是一种绝对的自由乃至人性的解放。这种理想人格观实质上是一种超脱现实的理想主义虚幻,具有浓厚的空想主义色彩。它揭示了个体现实与理想、自由之间的矛盾,表达的是人们面对不合理的现实社会和残酷的自然所做的无奈与无力的消极抗争,给后世特别是历代士大夫以深刻影响,甚至成为中国传统知识分子人格理想的重要组成部分。

三、教育方法:"不言之教"

老子认为,为了实现道家的理想教育目标,教育方法应为"处无为之事,行不言之教"。

所谓"不言之教",是指教育者要以身作则,用自己良好的行为为人们树立典范,通过身教来体现教育要求,使被教育者在潜移默化中受到感化和教育。用"无为"去处世,用"不言"去教导,任凭万物生长而不会人为地确定它们的起始点,这就是老子教育教学活动的理想境界。只要能遵循"道"的自然法则和规律,"无不为"的根本功能就能得到充分发挥,于是万物便可自化,天下就会自正,"不言之教"就收到良好的社会效果。正如他所说:"为无为,则无不治。"

"不言之教"要求教育者要能够把握和遵循自然之道,老子明确指出:"人法地,地法天,天法道,道法自然。"在社会和自然之中,人类一切活动最终都必须取法于"道",教育是特有的社会现象,也应当遵循自然规律,"唯道是从。"只有认识和把握自然的法则与规律,行"不言之教",这样才能成功;反之,教育便会彻底失败,甚至惨遭凶险。按照这一指导思想,老子要求教育者能够"希言自然"。就是说不要过多地强力施以行政教令,要顺应自然规律去从事教育,通过"不言""希言"达到"有言""善言",通过"无为"而达到"无不为",真正收到"不言之教,无为之益,天下希及之"的积极有益的教学效果。

"不言之教"尊重受教育者的自然本性,重视其自我思悟,达到自我完善。老子说:"知人者智,自知者明。"强调受教育者要充分发挥自我主观内在的潜能,进行自我提高。作为教育者来说,就要尽量少地发号施令,尊重他人的自主意识。当然,"行不言之教"并不是真的"不言"。老子认为,"言"应合乎自然和"无为"的原则,要"言"得少而精。如果教育能够达到这样的境界,那么就没有什么人是不可以教育好的。对于教导者来说,取得成功是那么轻松愉快、悠然自得。受教育者则愉快地接受教育。这样的教学,双方皆大欢喜。

老子所主张的"为学"是指进行减损私欲、邪念、妄见,返璞归真、复归于自然的学习。道家强调应该尊重人的自然本性,彻底摆脱各种政治伦理的束缚,让人的精神境界超越现实,得到升华与充实,最终成为一种神秘而玄妙的理想人格。所以他说:"为学日益,为道日损。""损之又损,以至于无为。"(《老子·第四十八章》)这里的"为学"只在于学习仁义、圣智、礼法,否则人的情欲文饰便会日益增强。所以必须加强"为道",这样便能自然无为,复归真朴。由此可知老子虽不废"为学",但必以"为道"为主体,这就是他绝学无忧的真谛。

老子的"不言之教"观完全为庄子所继承。庄子认为,"不言之教"是在一种超然的、无拘无束的、绝对自由的境界中进行的,大家都因此感到轻松愉悦,最终达到一种"无我"的境界,似乎一切都是"无",而实则天地万物皆得"有"。只有在这种充分自由和谐的教育之中,个体才能真正"睹无为之妙理,见自然之正性"。庄子将老子主张的"不言之教"进行了具体化,他认为,"无为自然""行不言之教",从个体认识的角度来说,完全是一种内心的自觉、自化、自生,绝不能受外界客观行政教令的干预或教育者的强制灌输。人要"知道""安道""得道",只能依靠自然无为、自我意识、静心领悟。庄子认为,"行不言之教"既能充分发挥学者的主体作用,充分调动其主观能动性,也能使教者站在更高的层次,从容地进入施教的自由王国。

四、教学要求:贵师善教

老子主张行"不言之教",并不是说不要教师,他不仅主张有师,而且提倡"贵师"。老子简明扼要地论述了道家对于教师的条件和教学的要求。

第一,他强调为师的条件,认为只有尊崇自然无为的"道"、按自然规律法则行事的贤者和有道之士方能为师,他说:"善行无辙迹,善言无瑕谪,善计不用筹策,善闭无关楗而不可开,善结无绳约而不可解。是以圣人常善救人,故无弃人。常善救物,故无弃物。是谓袭明。"(《老子·第二十七章》)意思是说,善于行走而不留辙迹,善于言谈而不露破绽,善于计算而不用筹码,善于关闭而不用锁匙则不能开启,善于束缚而无须绳索却使人不能松懈。这样的人,是取法自然,按自然规律办事的人,他们内在充满着睿智,能施行"不言之教",起到神秘的教化作用,达到"无为"的教育效果,做到"无弃人""无弃物",只有这种人才可以称教师。

第二，善教之师，必须深入了解教育对象，从受教育者的实际出发，与之建立共同的感情。"圣人常无心，以百姓心为心。善者，吾善之；不善者，吾亦善之，德善。信者，吾信之；不信者，吾亦信之，德信。"(《老子·第四十九章》)有道的人常常是没有私心的，把百姓的心愿作为自己的心愿。不管受教者善与不善，信与不信，施教者都要给予其充分的信任尊重，无所偏心，一视同仁，从而不善者获得善，不信者也会从心底信服。只有做到这些，才会使受教育者从心底里受到感化、教育。

第三，贵师爱资。老子说："故善人者，不善人之师；不善人者，善人之资。不贵其师，不爱其资，虽智大迷，是谓要妙。"(《老子·第二十七章》)意思是说，善人应该是不善人学习效法的榜样，不善人也可以为善人避免犯同样的错误提供有益的借鉴。如果不这样做，虽然看起来聪明，实则是最大程度的糊涂和迷惑自己。这种辩证的教师思想，为老子首创，后来被法家的韩非进行吸取，给后世以深刻启示。

庄子主张"师于无师"，直接以"道"为师。他认为"道"存于万事万物之中，是一切事物的规律和法则，即"无为而无不为"，只要以此为师，便能无所不通，无所不往，便可逍遥自在，游于无穷。这是一种全新的见解，是对老子教师论的发展。

第七节　法家的教育思想

法家在学术渊源上与儒家关系十分密切。"法"与"礼"有关，儒家学说(如孔子的"仁""礼"并称、荀子的"隆礼亲法"等思想)中蕴含着"法"的因素，孕育着"法"的萌芽。法家与儒家还有直接的师承关系。如早期法家的代表人物李悝、吴起就是孔子弟子子夏的学生，后期法家的杰出代表李斯、韩非都是荀子的学生。

李悝(前455—前395)著有中国第一部刑法法典《法经》，但他的思想仍有浓厚的儒家气息。到商鞅(约前390—前338)时，才真正使法家与儒家趋于对立。商鞅在秦执政20年，辅佐秦孝公实施变法，使秦国迅速强大起来，其指导思想就是法家理论。商鞅有《商君书》存世。战国时期法家的重要思想家还有申不害(约前385—前337)，著有《申子》一书，以"术"著称。"法"与"术"有别，"法"有成文的规定，是国家统治百姓的条规。"术"是统治手段，是人君驾驭臣民的权术。韩非(约前280—前233)堪称战国法家的集大成者。申不害言"术"，商鞅为"法"，韩非则兼而有之。韩非著有《孤愤》《五蠹》《内外储》《说难》《显学》等文，完成了法家理论的系统化工作，为秦始皇的统一大业作了思想上的准备，后人将其思想辑为《韩非子》一书，现存55篇。

法家虽出自儒家，但反儒又最坚决、彻底，称儒为"五蠹"之首。法家代表人物都是知识分子，却主张愚民政策，不许以知识开发民智。法家在私学中成长，却又提出"壹教"的思想，欲剥夺私学的存在权利。待秦统一后，法家终于铲除了私学，结束了"百家争鸣"的局面。因此法家的教育思想表现出鲜明的个性和特色。

一、"人性利己说"与教育作用

法家认为人性是自私的，趋利避害是人的本性。商鞅曾说："民之性，饥而求食，劳而求佚，苦则索乐，辱则求荣，此民之情也。"(《商君书·算地》)又说："故民生则计利，死则虑名。"(《商君书·算地》)"人情好爵禄而恶刑罚。"(《商君书·错法》)韩非认为人的行为总是从私心私利出发的，因此提出："好利恶害，夫人之所有也。"(《韩非子·难二》)意思就是好利恶害是每个人都具有的自然本性。他还说"夫安利者就之，危害者去之，此人之情也"(《韩非子·奸劫弑臣》)，认为人可以拼命地努力去满足自己的欲望，甚至不惜损害他人的利益。法家认为人与人之间只有利益关系，表现在社会生活的各个方面，就是父母与子女之间，也是充满着自私自利的打算，如"产男则相贺，产女则杀之……虑其后便，计之长利也"(《韩非子·六反》)。君臣之间亦然，"臣尽死力以与君市，君垂爵禄以与臣市"(《韩非子·难一》)。

法家讲人性自私是为了强调只有严刑峻法，才能使恶人就范。韩非认为："严家无悍虏，而慈母有败子，吾以此知威势之可以禁暴，而德厚之不足以止乱也。"(《韩非子·显学》)意思是一味用感化教育，只是一种姑息，不能解决任何问题。韩非曾举例说明："今有不才之子，父母怒之弗为改，乡人谯之弗为动，师长教之弗为变，……州部之吏，操官兵，推公法而求索奸人，然后恐惧，变其节，易其行矣。故父母之爱不足以教子，必待州部之严刑者，民固骄于爱，听于威矣。"(《韩非子·五蠹》)父母溺爱子女，往往产生反教育的作用，而刑法却有极大的约束力，可以使民畏惧，不敢作恶，这是不可否认的事实。法家强调法制对改造人自私品质的作用，主张严格要求，有一定的道理，但是他们忽视了自我道德教育的必要性，其结果必然走向惩罚主义。

二、燔诗书与"以法为教"

为了推行"法治"，法家从历史进化的思想出发，提出"废先王之教"(《韩非子·问田》)的主张，要求废除旧的教育内容，尤其是儒家的仁义之教。韩非继承发展了商鞅反对"法古"、提倡"壹教"的思想，公开向传统教育挑战。他认为，随着时代的变化，社会的政治、经济、文化、教育都应适应社会的需要，进行彻底的变革，否则就如同"守株待兔"："以先王之政，治当世之民，皆守株之类也。"(《韩非子·五蠹》)

从教育方面说，韩非所谓的"先王之教"，基本上就是儒家的传统教育。他说"是以天下之众，其谈言者务为辩而不周于用。故举先王、言仁义者盈廷，而政不免于乱"(《韩非子·五蠹》)，因为"言先王之仁义，无益于治。……故明主急其助而缓其颂，故不道仁义"(《韩非子·显学》)。他认为儒家教育都是谈论先王的历史经验，不教授对现实社会有利的实用知识，故必须废止。他强调："今世儒者之说人主，不善今之所以为治，而语已治之功；不审官法之事，不察奸邪之情，而皆道上古之传，誉先王之成功。……故明主举实事，去无用，不道仁义者故，不听学者之言。"(《韩非子·显学》)

法家的教育内容突出"法"的重要性，提出了"燔诗书而明法令""以法为教"的主张，要求进行法治教育。这里所说的"法"包括由朝廷统一制定的一切政治、经济、法律条文，经由官府公之于众，必须坚决执行。韩非说："法者，编著之图籍，设之于官府，而布之于百姓者也。……是以明主言法，则境内卑贱莫不闻之也。"(《韩非子·难三》)这种认为教育必须为现实政治服务的思想有其合理之处，但将普通文化教育混同于法治教育，并"以法代教"，从而取消普通文化教育的思想和实践则是错误的，历史教训也是深刻的。

三、禁私学与"以吏为师"

法家不仅反对儒家教育，对诸子私学也持完全否定的态度。法家认为私学传播了各家不同的思想，不利于法家主张的统一和法制教育的实行，故明确提出"禁私学"的教育主张。

韩非说："夫立法令者,以废私也,法令行而私道废矣。私者,所以乱法也。……凡乱上反世者,常士有二心私学者也。"(《韩非子·诡使》)他又说:"有二心务私学,反逆世者也,而不禁其行,不破其群以散其党,又从而尊之,用事者过矣。"(《韩非子·诡使》)他主张打击讲习诗书礼乐的知识分子,并斥责儒者"以文乱法"。在此基础上,韩非明确提出了"无先王之语,以吏为师"的主张。

法家的这个主张是针对儒家"以儒为师"提出的,主张由封建国家派出的官吏来掌管教育。"以法为教""以吏为师",实际上取消了学校教育制度,贬低了文化教育及其专职教师的作用,因为官吏毕竟不同于教师,"以吏为师"的结果必然导致"以吏代师"。

尽管法家的不少主张适应了专制统治的需要,但法家对传统教育持否定态度,所采取的教育措施否定了人类的文化知识成果,进而否定了学校教育和教师的作用,所产生的消极影响是深刻的。法家教育思想应用于实践,不仅会摧残教育本身,还会导致文化上的专制主义,对国家的统治与社会的稳定也有极大害处,这已为后来的秦朝历史所证明。

思考练习

1. 试比较孔子、荀子与《学记》关于教师的思想的异同。
2. 试比较孔子、孟子与《学记》关于启发式教学思想的异同。
3. 试分析比较孟子、荀子关于教育功能思想的异同。
4. 在"学"与"思"的关系上,孔子、孟子、荀子各自的观点是什么?
5. 《大学》的"三纲领""八条目"分别指什么?
6. 试述《学记》关于教育教学原则的内容及意义。
7. 《中庸》关于教育本质的论述是什么?
8. 简述墨家关于教育内容的主张。
9. 简述道、法两家对儒家教育的批判分别是什么。

拓展训练

1. 有人说道家、法家都是否定教育作用的,也有人说道家、法家同样重视教育的功能,只不过与儒家教育思想的侧重点不同。试讨论这两种观点合理与否。
2. 试分析儒家教育思想的伦理性特点。
3. 讨论分析儒、墨、道、法四家对待传统文化的不同之处。

汉唐篇——中国传统教育的建立与拓展

【本篇导言】 从秦汉到魏晋南北朝直至隋唐是我国传统教育制度逐步建立、发展和完备的时期,历朝历代的统治者都重视文教政策的制定及其作用:秦朝推行"以法为教、以吏为师";汉代先后实行"无为而治""独尊儒术";随着佛教的传入和道教的产生,魏晋南北朝及至隋、唐两代在"尊孔崇儒"的同时,还提倡佛道。这些文教政策对各朝教育的发展都产生了直接影响。

选士制度与教育制度有着密切的关系,教育制度的目的是为国家培养人才,而选士制度是为国家选拔人才。两汉魏晋南北朝隋唐时期,选士制度在继承先秦选贤任能政策的基础上,先后实行察举制(两汉)、九品中正制(魏晋南北朝)和科举制(隋唐),直接或间接地影响着各朝代教育的发展状况。

两汉魏晋南北朝隋唐时期,是我国教育思想发展的承前启后时期,在继承先秦教育思想的基础上有了新的发展,初步形成了以儒家为主流的封建教育思想体系,先后出现了如贾谊的"全人生"教育思想、董仲舒的"独尊儒术"教育思想、王充的批判教育思想、颜之推的幼儿家庭教育思想和韩愈的师道教育思想等思想和理论。

第四章　文教政策与选士制度

【学习目标】

1. 了解从秦汉到隋唐时期各朝文教政策的内容及变化情况。
2. 把握汉代"独尊儒术"文教政策的内容、措施及其历史影响。
3. 比较汉代察举制、魏晋南北朝九品中正制、隋唐科举制的异同。
4. 理解隋唐科举制的内容、措施及其深远的历史意义。

【知识列表】

文教政策与选士制度	文教政策	秦代"以法为教、以吏为师"的文教政策
		汉代"独尊儒术"文教政策的确立
		魏晋南北朝时期的文教政策
		隋唐时期的文教政策
	选士制度	汉代的察举制
		魏晋南北朝时期的九品中正制
		隋唐时期的科举制度

【导言】　秦汉魏晋南北朝隋唐时期,各个朝代的统治者都十分重视文教政策的制定及其作用:秦代的文教政策是"以法为教、以吏为师";汉代文教政策经历了从"无为而治"到"独尊儒术"的变化;随着佛教的传入和道教的产生,魏晋南北朝隋唐各朝则实行"尊孔崇儒"、兼重佛道的文教政策。各朝的文教政策对各朝教育的发展都产生了直接影响。选士制度是国家根据一定的标准,通过一定的形式和程序选拔人才用以补充官吏队伍的制度,是国家政治制度的一部分。中国古代的选士制度萌芽于西周时期的选

[教学视频]
文教政策与选士制度

贤任能传统,其后经历了两汉察举制和魏晋南北朝九品中正制的探索,至隋唐时创立了科举制度。选士制度的演变过程,是一个选士权逐步集中、考试因素不断加强、选士标准日趋客观、入仕机会走向均等的过程。科举制的创立,标志着选士制度的完善。中国古代的选士制度与教育制度有着密切的关系,对教育的发展有着导向和制约作用。教育制度的目的是为国家培养人才,而选士制度是为国家选拔人才。选士制度直接或间接地影响着各朝教育的发展。

第一节　文教政策

一、秦代"以法为教、以吏为师"的文教政策

公元前221年,秦吞并六国,建立了中国历史上第一个统一的中央集权王朝。为了巩固新建立政权,秦始皇采取了一系列的措施。政治上,废除分封制,实行郡县制;经济上,正式承认土地私有;思想上,推崇法家思想,推行法治政策。在文化教育方面,秦朝以法家思想为基础,采取了一些有利于巩固统一的措施,主要包括"书同文、行同伦","禁私学、以吏为师","设三老,以掌教化",等等。

(一)"书同文、行同伦"

所谓"书同文",就是进行文字的改革和统一工作。战国时期,各国所用文字不同,即使在同一个国家内,也往往是几种文字杂相使用。据文献记载,秦朝统一六国后,李斯对当时流行的大篆(籀文)和古文(蝌蚪文)加以改造,减省笔画,所形成的字体被称为"小篆"或"秦篆"。他用小篆字体编写了《仓颉篇》,之后,赵高编写了《爱历篇》,胡毋敬编写了《博学篇》,在当时,这些字书都被作为标准文字的范本和推广识字的课本。但是小篆的书写比较困难,后来在实践中进一步演化为便于书写的隶书。隶书结构简单,笔画更为简省,书写和识读比较容易,所以很快得到推广,汉代以后逐渐成为社会上日常通用的文字。"书同文"的措施,使字体经历了从繁到简、由难趋易、由杂到齐的过程,文字变得易写易认。这为秦国政策的推行扫除了障碍,用简便文字书写的法令,便于识认,使得下级官吏和平民百姓能够及时了解和执行,有利于推行统一的政令,实现思想的统一。

所谓"行同伦",目的是融汇各民族和各地的风俗习惯,规定道德行为的标准。原六国地区的习俗风情、价值取向和善恶判断有所不同,为了消除和纠正陋风异俗,顺应中央集权、统一思想的需要,秦始皇在位期间,曾五次出巡,每次目的地都以东方六国旧地为主,一方面是向天下显示皇帝的权威,震慑吏民;另一方面就是要宣扬法度,匡正异俗,树立规范,垂范后世。秦始皇五次出巡的目的,就是对六国及其人民显示自己的权威,使其在政治上和思想上服从中央的统治,从而达到统一法度、思想和道德标准的目的,以巩固中央集权的统治。

(二)"禁私学、以吏为师"

秦统一后,围绕中央集权和诸侯分封的问题,儒法两家展开了激烈的论战,以李斯为代表的法家思想占据上风。秦始皇三十四年(前213),李斯提议禁止私学。他认为,每当朝廷令下,诸子百家各以其学说妄加议论,如果不加以制止,必然会削弱君主的权威,给结党乱政创造条件,因此私学必须予以取缔。关于禁私学的具体措施,李斯提出"焚书"的主张:除博士官的藏书及秦国的历史、医药、卜筮、种树之书外,其他文史书籍一律烧毁,有私下议论《诗》《书》的要被斩首,"以古非今"的要满门抄斩。秦始皇采纳了李斯的建议,颁布了"挟书令"。由于书籍被焚,言论被禁,私学失去了存在的基础。士人如欲学习,就要"以法为教,以吏为师",把法令作为教育的全部内容,制定和解释法令的官员成为教师,其他私学一律取消。

秦始皇实施"焚书坑儒",目的是统一思想,以巩固中央集权。但是以这种极端的手段来解决学术上、思想上的纷争,不仅破坏了文化典籍、禁锢了人们的思想,而且加剧了社会矛盾,削弱了秦王朝的统治基础,加速了秦王朝的灭亡。

(三)"设三老,以掌教化"

为了推行"书同文、行同伦"和"以法为教""以吏为师"的政策,秦朝在各乡设置了"三老"。"三老"是秦王朝中央集权组织机构中最基层的一种乡官,专门负责掌管地方教化工作,其主要任务是对百姓进行耕战、法令政策、伦理道德方面的教育。"三老掌教化"的政策是贯彻"书同文、行同伦"和"以法为教""以吏为师"的组织保证,对于巩固秦王朝的统一具有重要意义。

二、汉代"独尊儒术"文教政策的确立

两汉(前202—220)是继秦朝后出现的统一王朝,包括西汉和东汉,分别建都于长安和洛阳。它既因袭了秦朝的部分旧制,又接受了其灭亡的教训,因此在各方面都有所改革和发展。

(一)汉初的政论总结

秦朝的覆灭对新建立的汉王朝来说是前车之鉴,引起了汉统治者和思想家的高度重视和深刻反省。汉初著名的政论家如陆贾、叔孙通、贾谊等,就开始研究和总结秦灭亡的原因以及汉王朝长治久安的策略。他们总结了秦国由弱到强,又由强到亡的经验,得出了一致的结论,即"取天下"与"守天下"所面临的形势和任务不同,所以统治者的治国策略必须要有相应的改变。这些政论家们认为法家思想的特点是"可与进取,难以守成"。陆贾曾向汉高祖刘邦建议重视儒学的作用,只有"行仁义、法先圣""文武并用",才能保证政权的长治久安。在汉高祖的命令下,陆贾作《新语》12篇,立足于儒家的思想,强调儒学在巩固政权中的作用。

贾谊从秦王朝灭亡的事实中,看到了人民的力量和作用,明确指出国家的安危、君主的荣辱、官吏的尊卑全在于统治者能否正确处理与人民之间的矛盾,能否与民众相安无事。在民本思想的基础上,贾谊进而强调礼治和教化。他并不否认刑罚的必要性,但认为严刑峻法容易造成人民与统治者对立的局面。要使政权稳固,就要以礼义伦理教训人民。汉初正是通过这些政论总结和宣传儒家在"守天下"中的作用,才为儒家登上政治舞台奠定了舆论基础。

(二)汉代"独尊儒术"文教政策的建立

汉武帝执政时,社会经济有了很大发展,国库充实,诸侯王割据的局面也已基本结束,西汉王朝达到了鼎盛时期。但是繁荣景象的背后,却潜伏着深刻的社会危机。赋税徭役日益加重,土地兼并加速,农民和地主阶级的矛盾日益尖锐。汉初采用的黄老无为而治的治国思想,以及对社会

矛盾采取的回避忍让态度,已不能适应当时的政治需要,汉武帝渴求一种新的政治指导思想。因为强调积极有为的儒家学说和汉武帝的政治愿望相契合,于是登上了历史的舞台。

董仲舒在元光元年(前134)提出了"罢黜百家,独尊儒术"等三大思想,汉武帝十分欣赏并全部采纳,儒家思想遂成为西汉文教政策的主要内容。

[拓展阅读]
张传燧:《汉代"独尊儒术"文教政策的文化学审视——中国文化的过去、现在与未来》

1."罢黜百家,独尊儒术"以统一思想

董仲舒利用并发挥了《春秋》中的"大一统"思想,指出要保证政治法纪的大一统,就必须统一人们的思想。汉武帝接受了董仲舒的建议,在朝廷只设五经博士,自此国家政策和文化教育皆以儒术为本,儒学成为西汉统一的指导思想和官学的主要内容。

董仲舒的出发点和目的是巩固封建大一统的政治局面。他的提议从统一思想出发,可以说是根本性的治国大计。这对当时汉王朝的政治和文化教育来说,有着进步意义。

2."兴太学"以养士

为了改变统治人才短缺的局面,董仲舒提出由国家设立学校,培养贤士。这个建议是在统一思想的大前提下,养士储材的具体措施,关系到修明政治、发展文化教育诸方面。兴办太学非常重要,因为它既是养士求贤的根本途径,又是普及和提高教化的渊源。而且通过兴办太学,国家直接操纵教育大权,决定人才的培养目标,也是整齐学术,促进儒学独尊的重要手段之一。[①]

3."建立选士制度"以选贤任能

董仲舒主张,统治者应以德教为主,刑法为辅,只有对人民进行教化,加强思想统治,才能使政权得到稳固。他认为,推行教化的关键在于各级官吏,因此必须改革吏治。他否定当时普遍存在的"任子"和"纳赀"的授官办法,主张"量材而授官,录德而定位"。任命官吏应以是否称职为标准,不能以任官时间的长短为标准。同时还规定对贡举贤能之士的地方长官给予奖励,反之则加以处罚,这样诸侯和郡守就会千方百计地挖掘和荐举人才,天下的贤士也不会被埋没。由此可以看出,建立选士制度从任官唯贤的政治措施着眼,以达到"德治"的理想。

为了推行"罢黜百家,独尊儒术"的文教政策,汉代的统治者采取了一系列的措施。

专置五经博士。博士官的设置始于战国时期,其职责是议论政事、备咨询、掌管古代经籍。秦朝沿袭了这一制度,在朝廷中设置博士官70余人,由精通各家学说的人士充任。汉朝初期,也曾设立各家博士,汉武帝建元五年(前136)专置五经博士,把原先的诸子百家几十个博士全部罢免,由此确立了儒经在官方学术中的主导地位。儒家的经籍受到极大尊崇,并得到广泛传播。汉代经学可分为今文经学派和古文经学派。两派的区别表现为:首先在文字上,今文经是由今文即小篆文字书写而成的;古文经用的是六国文字,即古籀文,相传是当时修孔子旧宅时,从墙壁中发现的经书。其次在治学上,今文经学派认为孔子是政治家,"六经"为他本人创作,目的是宣传其政治学说,因此这一派别的治学倾向是在阐发微言大义的名义下,依据政治的需要来解释经学,迎合统治者的意志;古文经学派认为孔子是史学家,他"述而不作""六经皆史","六经"是孔子整理和编辑后的古代史料,所以这个派别在研究中偏重"章句训诂"。

---

①　孙培青.中国教育管理史[M].2版.北京:人民教育出版社,2013:51.

开设太学。为了培养治术人才,西汉元朔五年(前124)创建太学,汉武帝命宰相公孙弘"为博士官置弟子五十人",专职研究儒家经学。从此,太学正式设立,儒家经籍成为汉朝官学教育的正宗教材。太学的设立,是中国封建教育史上的标志性事件,其后的历代王朝都依例设立。

统一经学。儒学烦琐化、宗派化、谶纬迷信化的结果是导致了各家学派的经师对儒家经典解释的多样化。为达到统一思想的目的,两汉统治者召集学者讨论经学,希望能对其做出统一解释,其中有两次重要的会议。第一次是汉宣帝甘露元年(前53)的石渠阁会议,第二次是汉章帝建初四年(79)的白虎观会议。白虎观会议的讨论结果编成了《白虎通义》(也称《白虎通》或《白虎道德论》),其中综合了今文经学各家的主张,制定了有关经学的标准答案。儒学的宗派化还表现在对本经文字的争议上。为了统一经学教材,东汉熹平四年(175),在蔡邕等人的倡议下,汉灵帝命人镌刻石经,立于太学门外,包括《尚书》《周易》《春秋公羊传》《礼记》《论语》等经的本文,共46枚,将其作为规范的经学教科书。

选拔人才以儒学为本。汉代选拔人才实行"察举制",它起源于汉高祖十一年(前196)的"求贤诏",但这一政令在当时并不定期举行,尚未形成制度。元光元年(前134),汉武帝接受董仲舒的建议,令每个郡国各举"孝廉"一人,才使这一选材形式制度化。察举的科目主要有贤良方正、孝廉、秀才、明经,被举荐的人员除了要有地方长官的推荐外,还要参加考试。考试的内容以儒家经典为主,因此开创了以儒术取士的新局面,同时也加强和提高了儒学的影响和地位。

尊孔。崇儒必然尊孔,通过尊孔又可以达到"独尊儒术"的目的,因此两汉统治者对孔子倍加推崇。汉高祖十二年(前195)在平定淮南王反叛回师过鲁时,他曾"以太牢祠孔子",明确表示了对这位儒家始祖的态度,这也成为其后历代皇帝崇儒的一项重要措施。汉平帝元始元年(1),追谥孔子为"褒成宣尼公",这是封建统治者追封孔子爵位的开始。汉明帝永平二年(59)又开始在太学及郡国学校举行祭孔仪式。

汉代"独尊儒术"政策的实施,加强了封建教育的统一性,促进了其发展。

三、魏晋南北朝时期的文教政策

魏晋南北朝(220—589)是我国由统一转为分裂和长期战乱的时期,中央集权制分崩离析,北方少数民族纷纷入主中原,玄学、佛教和道教思想泛滥,儒学失去了独尊的地位,各割据势力都根据自己的实际情况选择了不同的治国方针和政策。在政权更迭、战争频起的时代背景下,教育的发展举步维艰。

(一)魏晋时期的文教政策

1. 三国时期崇儒文教政策的恢复

随着东汉政权的垮台,独尊儒学的思想文化结构也随之解体,各种社会思潮并存,尤以法家盛行。三国早期的当权者崇尚法术,依靠法治手段来稳定社会秩序。但是为了政权的稳固,他们及其后继者的思想也逐渐发生了转变。儒学的核心是维护封建等级制度及皇权的至高无上地位,它的崩溃,也就意味着等级制的瓦解。为了自己的既得利益,皇位的继承者也逐渐转变了对儒学的态度,转而开始提倡儒学。崇儒文教政策开始恢复。

魏政权建立初期,开始重视文教事业,统治者多次颁布崇儒兴学的文教政策。魏文帝黄初二年(221)下诏封孔子后人孔羡为宗圣侯,邑百户,奉孔子祀;令鲁郡修起旧庙,置百户隶卒以守卫之,又于其外"广为屋室以居学者",表明了魏文帝崇儒兴学的决心,另外还规定选士要依汉之甲乙考课,以通经为录取标准。魏明帝即位后,再次下诏强调尊儒贵学,并重申郡县贡士以经学为先的原则。齐王芳在位时,也极力推行这一政策。很明显,魏的几任统治者在政策上都是极力尊孔崇儒的。不独魏国如此,据《三国志·三嗣主传》记载,吴景帝孙休即位后,也强调崇儒兴学。三国时期,尊儒贵学是历届统治者的基本国策,他们虽欲推崇儒学为其政治服务,但是依然无法改变儒学的颓势。

2. 两晋崇儒文教政策的失控

司马氏集团在与曹氏集团的权力倾轧中,正是借助儒家这面旗帜,才有效地保护和发展了自己,所以他们上台后也希望将国家的秩序控制在儒家的名教法网之下,以此来排斥政敌,消除异己。因此,两晋的统治者比较重视和提倡儒学,多次下诏并前去太学释典,以此达到尊崇儒术的目的。如泰始六年(270)"幸辟雍,行乡饮酒之礼,赐太常博士、学生帛牛酒各有差"[①];元康元年(291),"上以皇太子富于春秋,而人道之始莫先于孝悌,初命讲《孝经》于崇正殿。……越二十四日丙申,侍祠者既齐,舆驾次于太学。"[②]加上张华、裴颜等一批儒者的通力合作,使西晋的儒学教育出现了高潮。但是这种辉煌并没有维持多久,到晋惠帝以后,朝昏政弛,丧乱弘多,衣冠礼乐,扫地俱尽。

317 年,东晋建立,政权的稳固靠王、谢、庾、桓四大家族的共同维持才得以实现,所以国家权力为几大家族所共同掌握,因而有"晋自中兴以来,号令威权多出强臣"[③]的说法。讲究皇权至高无上以及等级名分的儒家学说遭到了具有特权的门阀士族的冷落,他们热衷于玄学。当时统治集团内部相互残杀、权力得失骤变、生命无常,使得门阀士族阶层感到前途渺茫,只好竟日谈玄、纵情享乐、放浪形骸,将玄学的虚无与玄妙作为自己的精神寄托。在这种情况下,皇帝的崇儒政策根本无法贯彻。

在玄风大盛之时,佛、道两教在东晋也得到了广泛的传播和发展。佛教自西汉末年传入中国后,为了能够立足,便不断地向中国化和世俗化的方向发展。东晋时,佛教开始与玄学结合。它所宣扬的"一切众生,皆有佛性"和众人都可成佛的观点以及它所提供的玄远、精妙、虚幻的精神世界极大地吸引了当时的许多玄学家和豪门士族,并在其中获得了广泛的传播基础。另外,一度沉寂的道教在东晋再度盛行。道教源自中国,东汉时开始在民间流行,时称"五斗米道"或"太平道",它的原始经典《太平经》反映了农民朴素的均平思想。经东晋和南北朝的葛洪、寇谦之、陶弘景等人的改造,民间道教被改造为迎合统治阶级的贵族道教,宣传长生不死、羽化升仙、永享幸福等教义和思想。道教与玄学共同崇奉老子,有某些共通之处,因而得到了门阀士族的欢心。玄学、佛教、道教等多种思潮的冲击使东晋统治者想要树立尊崇儒学文教政策的愿望落空。

3. 北方十六国极力推行崇儒的文教政策

316 年,晋室东迁后,江淮以北先后由多个民族建立了近 20 个政权,史称"五胡十六国"。在这些政权中,除北凉、前凉、北燕属于汉族政权外,其他分别为匈奴、鲜卑、羯氐、羌等少数民族政权。这些少数民族以游牧为生,在进入中原之前尚处于原始部落时期,其文明程度大大低于汉族的封建文化,当他们以武力征服中原后,为了站稳脚跟就必须努力学习汉族文化,加速本民族的

① 房玄龄.晋书[M].北京:中华书局,2003:57,60.

② 房玄龄.晋书[M].北京:中华书局,2003:1510.

③ 房玄龄.晋书[M].北京:中华书局,2003:2365.

封建化进程,所以十六国大都采用"汉化"的治国政策,其教育政策也采取"崇儒兴学"的方针。如后赵的石勒并不识字,然而他"雅好文学,虽在军旅,常令儒生读史书而听之"①;前秦的苻坚"自永嘉之乱,庠序无闻。及坚之僭,颇留心儒学"②;前燕的慕容廆"平原刘赞儒学该通,引为东庠祭酒,其世子皝率国胄束修受业焉。廆览政之暇,亲临听之,于是路有颂声,礼让兴矣"③。统治者自身对儒学有着极大的兴趣,加之统治的需要,使他们极力地推行崇儒的文教政策。虽然十六国政权动荡不安,国运短暂,但教育办得远比东晋要有声有色,一些创新性的做法也为后代提供了有益的借鉴。

(二)南北朝时期的文教政策

1. 南朝崇儒重学的文教政策

东晋衰亡后,中国南部先后出现了宋、齐、梁、陈四个政权,史称南朝。南朝的四个政权统治时间都不长,王朝不断更替,君主易位频繁,社会动乱不安,政权极不稳固。

因为儒家礼学强调尊卑贵贱、中央集权、上下一统的等级秩序,这正是加强皇权的理论与政治基础,为了强化皇权,遏制门阀士族的特权,南朝统治者都非常重视儒家礼学。他们从礼学中进一步认识到儒学的重要性,因而朝廷所颁布的文教政策都明显地突出了儒学的地位。永初三年(422)宋武帝颁布兴学诏书:"古之建国,教学为先,弘风训世,莫尚于此,发蒙启滞,咸必由之。故爰自盛王,迄于近代,莫不敦崇学艺,修建庠序。……今王略远届,华域载清,仰风之士,日月以冀。便宜博延胄子,陶奖童蒙,选备儒官,弘振国学。主者考详旧典,以时施行。"④虽然这一兴学诏令由于武帝去世而没有得到落实,但它奠定了刘宋王朝文教政策的基调。继位的宋文帝继承了这一政策,元嘉十九年(442)下诏达启庠序,广训胄子;同年12月再次下诏要求在鲁郡修建学舍。元嘉二十二年(445)皇太子到国学释典。南齐的统治者也曾三次下诏兴办国学。梁武帝也屡屡发布兴学诏,通过各项措施推行重儒兴学的文教政策。陈的统治者也极为推崇儒学,并想以此振兴教育。由此可见,南朝历代的统治者确实认识到了儒学的重要作用,也希望能够切实推行崇儒重学的文教政策,但由于各朝国运短暂,因此教育成效寡然。

2. 北朝"汉化"的文教政策

从398年北魏道武帝拓跋珪迁都平城,统一北方后,又经历了东魏、西魏、北齐、北周,这一时期称为北朝。

北朝的教育政策是儒、道、佛、法杂用,以儒学为主。儒学在北朝一直居于很高的地位,成为少数民族统治者走向"汉化"的一个重要精神力量。北魏是由鲜卑拓跋部所建立的国家,要统治中原,迅速完成由原始部落联盟制向封建制度的飞跃,就必须不断地吸收中原先进的政治、经济、文化制度,因此,可以说鲜卑拓跋部的汉化就是不断封建化的过程。出于政治文化的双重需要,被汉族视为"非我族类"的鲜卑拓跋部要想统治中原,笼络汉族士人,就必须标榜自己"尊孔崇儒",以抬高自己在中原的形象,这就决定了北魏统治者要举起儒学的旗帜,作为自己治国的方针。如北魏道武帝"初定中原,虽目不暇给,始建都邑,便以经术为先"⑤。孝文帝时尊孔活动更

---

① 房玄龄.晋书[M].北京:中华书局,2003:2741.
② 房玄龄.晋书[M].北京:中华书局,2003:2895.
③ 房玄龄.晋书[M].北京:中华书局,2003:2806.
④ 沈约.宋书[M].北京:中华书局,1974:58.
⑤ 李延寿.北史[M].北京:中华书局,2000:1791.

甚。他重视教育,仰慕汉族文化,兴办儒经官学,大力推行汉化教育。为了更易于吸收汉族文化,太和十七年(493),孝文帝下令迁都洛阳,并采取了禁鲜卑语、定姓族门第、禁胡服、改官制、改定律令、改丧葬习俗等措施。这些做法大大加速了鲜卑族的汉化和封建化进程,促进了民族大融合。北齐文宣帝天保元年(550),曾下令全国各地郡学立孔子庙,并定期举行祭祀,开了全国各郡学祀孔的先河。北周的武帝、宣帝亦十分重视儒学,"集群官及沙门道士等……辨释三教先后。以儒教为先,道教次之,佛教为后"①。总之,在北朝的教育政策中,儒学始终占据统治地位。

四、隋唐时期的文教政策

589 年隋灭陈,结束了魏晋南北朝 370 年的分裂割据局面,中国再次统一。隋朝国运短暂,仅存在 30 余年,但在治国方略上颇有建树,在教育方面建立了国子监并实行科举制,都为唐代所继承和发展。618 年,李渊在长安称帝,建立唐朝。唐朝在封建政治、经济、文化教育等方面都实现了空前的繁荣和发展。隋唐文教政策的基本精神是重振儒术,兼用佛道。

(一)重振儒术

魏晋南北朝时,由于玄学、佛教和道教的兴盛,儒学失去了独尊地位。隋统一后,其统治者认识到了儒学在巩固统治中的作用,开始重视儒学,大力发展教育事业,儒学出现了复兴的趋势。诏令自京都至州县均设学校,皇帝还亲自到国子监参加典礼,拜祭周公和孔子,并用高官厚禄礼聘天下儒士任职国学,讲授经学,还努力调和南北经学的斗争。② 为倡导经学,隋文帝和隋炀帝曾多次颁旨天下,从民间广泛收集各种书籍,隋炀帝命人将这些图书加以整理、分类,分为甲、乙、丙、丁四目,分统于经、史、子、集四类,并成为中国古代图书分类的正统方法。

唐高祖李渊在开国之初,就"颇好儒臣"。为了提高儒学的地位,他在国子学立周公、孔子庙各一所,命有司四时致祭,更于武德七年(624)亲自到国子监参加"释奠"礼,颁《兴学敕》,要求"敦本息末,崇尚儒宗"。唐太宗李世民更是崇儒,登基前就在秦王府内设立文学馆,网罗了房玄龄、杜如晦等 18 位著名学士,为他出谋划策;即位之后,又设立弘文馆,选拔虞世南、褚亮等儒家学者以本官兼学士,同他讲论经文,商讨政事。他总结历史上各王朝的政治教训后,认识到只有儒学才是治国之策和根本大法。贞观二年(628)唐太宗下令以孔子为先圣,确立了孔子圣人的崇高地位,贞观四年(630)他诏令各州县学皆立孔子庙,贞观十三年(639)他下诏设立崇贤馆,召集儒生研究经术。贞观十四年(640),为解决儒学师说多门、章句复杂、释义多歧的问题,他诏令孔颖达会同诸儒撰写《五经正义》,颁行天下,作为官学的统一教材和科举考试的标准。这一措施统一了儒家学说,提高了儒家地位。贞观十五年(641)又大征天下儒生为学官。贞观二十一年(647),唐太宗下令将历史上著名的经学家(如左丘明、卜子夏、公羊高、谷梁赤、伏胜、高堂生、戴德、戴圣、毛苌、孔安国、刘向、郑众、杜子春、马融、卢植、郑玄、服虔、何休、王肃、王弼、杜预、范宁等)配享孔子庙廷。唐玄宗也推崇儒家,开元 27 年(739),他追封孔子为"文宣王",将孔子捧上了帝位。天宝二年(743),他亲自注《孝经》,颁行天下,令学生习读。为了进一步统一儒学、维护儒家经典的

---

① 李延寿.北史[M].北京:中华书局,2000:234.

② 南北朝时,南北方的经学家在治学上产生了很大的差异。南方经学由于受到玄学的影响,比较注重义理的阐释,哲学意义较重。北方经学受两汉古文经学的影响较深,较多地保存了传统儒学的内涵,在治学方式上偏重章句训诂。因而,《北史·儒林传序》评价说"南人约简,得其英华;北学深芜,穷其枝叶"。

权威性,唐文宗于开成二年(837)下令将儒家九经刻为石经,称为《开成石经》,加上《孝经》《论语》《尔雅》共 12 经,另附张参的《五经文字》和唐元度的《九经字样》。这部石经至今仍保存于西安碑林。唐朝再次统一经学的措施基本上结束了儒学内部的派别之争,维护了儒学的统治地位。

上述尊孔、提高儒士地位、整理和研究儒经等措施,确立了儒学的正统地位,保证了重振儒术文教政策的贯彻和实施。

(二)兼用佛道

隋唐尊崇儒学,但不"独尊儒术",在崇儒的同时,兼重佛教和道教。佛教和道教都主张与世无争,积德行善,其教义有利于统治秩序的稳定。佛教和道教关于生死观都有一整套完整的理论,如佛教宣传"生死轮回""因果报应",以求得死后超生。道教研究养生之道,修炼长生不老之术。这些对封建帝王直至平民百姓都有极大的诱惑力,任何人都可以从中找到自己所需的内容。因此,隋唐统治者根据自己的实际利益与需要,对佛教和道教时而抬此抑彼时而抬彼抑此,甚至毁佛灭道,以达到儒、佛、道在统治之术中的平衡。

佛教至隋唐时已极为兴盛并完成了本土化的过程,隋文帝和隋炀帝都提倡佛教。隋文帝于开皇元年(581)下诏重兴佛教,境内之民听任出家,按人口出钱营造经像;命天下诸州建佛塔、兴佛教,并支持僧徒修旧经、译新经,以致出现了"民间佛经,多于六经数十百倍"[①]的现象。

唐代统治者提倡三教并用。唐高祖在一份诏书中就宣称"三教虽异,善归一揆"。武德三年(620),他大建佛寺,营造经像。武德七年(624),他视察国学,排定了三教的次序:道先、次儒、末佛。唐太宗虽然宣称锐意儒术,"至于佛教,非意所遵"[②],却于贞观三年(629)开讲佛经。当玄奘取经归来时,他特敕亲迎并下令翻译玄奘所带回的梵文佛经,并为译成的新经作《大唐三藏圣教序》。唐高宗时派法师义净去印度取经,归国时武则天亲自迎接,并下令翻译带回的佛经,为佛造大像。这以后的几代皇帝都提倡佛教,至唐宪宗时信奉佛教为最,他曾派人到法门寺迎回佛骨,达官贵人争相施舍,普通百姓也废业破产供养佛骨,崇佛达到了高潮。唐武宗时天下财富十分之七八归于佛院,导致世俗地主和寺院地主之间出现矛盾,因此统治者不得不打击佛教,焚烧佛经,拆除寺庙,遣返僧尼,收回田地。之后佛教又再次复兴。

道教在唐代占据着极为重要的地位。唐代统治者借口老子姓李,是唐天子的祖宗,因而奉道教为至尊。唐高祖曾为老子立庙。唐高宗追封老子为太上玄元皇帝。唐玄宗时将老子画像颁行天下,并且亲自注解《道德经》,要求每家藏老子书一本,每年贡举考试时加试《老子》,科举考试还设有道举科。京都设立崇玄馆,设置博士、助教各一人,学生百人,专门研习《道德经》《庄子》《文子》《列子》,习成之后可参加道举科的考试。

隋唐时期三教并重政策的实施,促进了学术文化的发展。儒家也在与佛教和道教的斗争中,吸收了后者的哲学思想,因此促进了儒、佛、道三教的融合和进一步发展。佛学和道学对于文化学术的发展也起到了开阔眼界、活跃思想的作用,极大地影响了封建士大夫的人生哲学,为宋明理学的形成奠定了基础。

---

① 　魏徵.隋书[M].北京:中华书局,2000:732.

② 　刘昫,等.旧唐书[M].北京:中华书局,2000:1622.

第二节　选士制度

选士制度是国家选拔士人用以补充官员队伍的制度,一般情况下是从尚属于平民百姓的"士人"中按一定的标准和程序来选拔候补官员。中国古代教育的目标是使学生顺利通过选士而入仕为官,这样,选士制度就成为中国古代教育最主要的宏观调控手段。中国古代的选士制度最早源于西周,那时是通过乡里选士、诸侯贡士以及学校选士等途径为周天子选拔官吏,并呈现出了育士与选士相衔接的特征。其后在漫长的历史进程中,先后出现了两汉的察举制、魏晋南北朝的九品中正制和隋唐以降的科举制等选士制度。

一、汉代的察举制

察举制是我国汉代选拔官吏的制度,其过程是由地方官根据朝廷所定科目和选拔标准,向朝廷荐举合适的人才,经过考核后,任以官职。

(一)察举制的建立

汉代统治者在建国之初已经充分认识到人才对于国家统治的重要性,因而十分重视人才的选拔和任用。汉高祖十一年(前196)就曾下诏求贤:"盖闻王者莫高于周文,伯者莫高于齐桓,皆待贤人而成名。今天下贤者智能岂特古之人乎?患在人主不交故也。士奚由进?今吾以天之灵,贤士大夫定有天下,以为一家,欲其长久,世世奉宗庙亡绝也。贤人已与我共平之矣,而不与吾共安利之,可乎?贤士大夫有肯从我游者,吾能尊显之。布告天下,使明知朕意。御史大夫昌下相国,相国酂侯下诸侯王,御史中执法下郡守,其有意称明德者,必身劝,为之驾,遣诣相国府,署行、义、年。有而弗言,觉,免。年老癃病,勿遣。"[1]此诏令表达了他的求才愿望,他要求地方长官要亲自劝勉贤士应诏遣送,同时还应写明所举之人的品行、仪表、年龄,以待擢用;对于地方官有贤不举的要免官。这一举措初露了汉代察举制的端倪。汉文帝十五年(前165)以策问的形式诏举贤良能直言极谏者,百余人对策,"唯(晁)错为高第,繇是迁中大夫"[2]。此时举贤良对策尚未形成一定的制度,只是偶尔为之,但是它的基本程式,如官员举荐、皇帝策问、评定高下、量才授官的做法,为后代所继承。这可以看作是两汉察举制的开始。

汉代察举制的真正确立是在汉武帝时期。据《汉书·武帝纪》载:"建元元年(前140),冬十月诏丞相、御史、列侯、中二千石、二千石、诸侯相举贤良方正直言极谏之士。"[3]董仲舒即是在这次对策中被汉武帝所赏识,他在对贤良策中批评"任子"和"纳赀"的选官办法造成了"廉耻贸乱,贤不肖混淆,未得其真"的弊病,主张"使诸列侯、郡守、二千石各择其吏民之贤者,岁贡各二人以给宿卫,……毋以日月为功,实试贤能为上,量材而授官,录德而定位,则廉耻殊路,贤不肖异处矣"[4],不仅否决了凭门第、资历任官的做法,更重要的是他提出了定期、定额举士的建议,被汉武帝所采纳。元光元年(前134),汉武帝下诏"令郡国举孝廉各一人"[5],标志着汉代察举制的真正

①　班固.汉书[M].北京:中华书局,2000:52.
②　班固.汉书[M].北京:中华书局,2000:1762.
③　班固.汉书[M].北京:中华书局,2000:111.
④　班固.汉书[M].北京:中华书局,2000:1911.
⑤　班固.汉书[M].北京:中华书局,2000:114.

确立。

（二）察举的科目

汉代察举的科目是随着这一制度的实施而逐步增多并逐渐固定下来的,科目可分为两大类:一类为常科,也称为岁举,一般是每年由州郡长官按规定的名额、标准向朝廷推荐人才,如孝廉、秀才(西汉时称为秀才,为特举,东汉时称作茂才,为岁举);另一类为特科,是皇帝根据需要临时指定选士标准和名目的科目,如贤良方正、贤良文学、明经、明法、尤异、治剧、兵法、阴阳灾异及其他临时规定的特殊科目。

孝廉科就是察举孝子廉吏。自汉武帝确立了"独尊儒术"的文教政策后,选拔人才就特别重视品德。因为儒家强调孝为人立身之本,廉为官吏从政之基,因此,孝廉就被确定为统治者选拔人才最为重要的科目。孝廉,顾名思义就是以"孝行廉洁"为被举的基本条件,所以汉代所举孝廉一般为孝子廉吏或经明行修的儒生。他们被举荐后,没有官职的授以官职,原为小官的可以获得高升。可见,孝廉科目主要选拔德行优良之士,这也是儒家道德核心价值的体现,借此希望社会上形成"在家为孝子,出仕做廉吏"的风尚。汉代举孝廉为岁举,即各郡每年按规定人数举荐人才,送至朝廷。最初每郡每年为1～2人,但由于各郡大小不等,人口不同,为避免各地选举多寡不均,东汉时实行按籍岁举及分配名额的制度,平均20万人口荐举1名,不足20万人口的郡隔年或隔两年荐举1名,并对少数民族杂居的边郡地区另定优惠之策,这样就使得各籍士人有了平等的参政机会。

茂才也是汉代察举的一个重要科目。西汉时称作秀才,东汉时为避光武帝刘秀的讳改为茂才。茂才科主要是选拔奇才异能之士,所以也称作"茂才异等"或"茂才特立之士"。察举茂才的制度始于汉武帝元封五年(前106),诏曰"其令州郡察吏民有茂才异等可为将相及使绝国者"[①]。西汉时,秀才为察举特科。东汉光武帝建武十二年(36)诏"三公举茂才各一人,廉吏各二人,光禄岁举茂才四行各一人,察廉吏三人……监察御史、司隶、州牧岁举茂才各一人。"[②]从此以后,茂才和孝廉都是岁举,往往并称。但是孝廉为郡举,茂才则为州举。茂才多是选拔现任官吏中有非常之功的奇才异能之士,所举茂才多授以县令或相当于县令的官衔,而孝廉一般为郎官,已经是孝廉的可以再举为茂才,显然,茂才的起家官品要比孝廉高。

贤良方正(贤良文学)虽是特科,但却是经常举行并受到重视的科目。一般在遇到"灾异"或国家有重大问题需要探讨时,皇帝就会下诏让各地荐举贤良方正,再由公卿、诸侯王、郡守等高官进行举荐,送至朝廷。皇帝亲自策问,让他们进行分析,发表对策,然后分别高下,授以官职。在汉代所有的察举科目中皇帝最重视这一科目。

明经科是察举通晓经学的人才。汉武帝"独尊儒术"政令施行后,汉代察举的各科都非常重视对经学的考查。独立设置明经科表明了汉代统治者对于儒家经典的高度重视和大力提倡。东汉章帝元和二年(85)规定郡国要依人口的多寡举明经的员额,"令郡国上明经者,口十万以上五人,不满十万三人。"[③]所举人数比孝廉要多。统治者的提倡及明经科的设立,使汉代讲习儒经蔚然成风,以致出现了"遗子黄金满籝,不如教子一经"的谚语。

---

① 班固.汉书[M].北京:中华书局,2000:140.

② 范晔.后汉书[M].北京:中华书局,2000:2428.

③ 范晔.后汉书[M].北京:中华书局,2000:104.

另外,还有选拔 12—17 岁"博通经典"者的童子科,可见当时统治者已经开始重视对有特殊才能儿童的培养和任用。

(三)察举制对教育的影响

汉代的察举制推行了近四百年之久,可以说在一定程度上体现了孔子"举贤才"与"学而优则仕"的主张。察举各科设置之初,颇能体现选贤任能的原则,也的确选拔出不少济世之才。至少从察举的原则上看,任何人(除道德缺失者、犯罪者等人员外)无论贫富贵贱,也不管其在官学、私学还是自学成才,都可以通过察举而获得官禄,这样就激发了人们接受教育的积极性。班固就曾一针见血地指出汉代察举制对经学及其教育发展的巨大促进作用:"自武帝立五经博士,开弟子员,设科射策,劝以官禄,迄于元始,百有余年。传业者浸盛,支叶蕃滋。一经说至百余万言,大师众至千余人,盖禄利之路然也。"①太学生通过考试可以做官,而没有进入太学的人可以通过察举步入仕途,这样就促进了地方官学和私学的发展。汉代各类学校的兴盛,正是因为都能与察举制相衔接,从而保证了学生的前途和出路。

(四)察举制的弊端

察举制设置之初,确实能够按照选拔的原则进行人才的推荐和选拔,不仅为国家输送了一批合格的官吏,也极大地促进了讲习儒经社会风气的形成和教育的发展。但是察举制是以主管官员(地方长官和中央各部门长官)的推荐为前提的。要引起主要官员的注意,"声望"是很重要的。为此,士人便沽名钓誉,弄虚作假,正如史书所言:"盖当时荐举、征辟,必采名誉。故凡可以得名者,必全力赴之,好为苟难,遂成风俗。"②除此之外,世家权门把持选举,也造成选非其人的现象,察举演化成为世家权门结党营私的工具。由于荐举的权力集中在地方官(或豪门权贵)的手中,他们或被私情所左右不能秉公选人,或借举荐的权力网络党羽,培植私人势力。察举的不公正和不公平,导致了徇私舞弊、沽名钓誉和投机取巧等种种弊端的滋生,严重地败坏了社会风气和学风。

东汉顺帝阳嘉元年(132),尚书令左雄从察举最滥的孝廉科着手进行改革,规定孝廉所举之人,年龄必须在 40 岁以上,对岁举的孝廉由朝廷进行考试。儒生考以儒家经典,文吏试以奏章律令,然后在端门进行复试。自此,察举制由推荐发展为荐举与考试相结合,为选士制度的进一步完善探索了新路。

二、魏晋南北朝时期的九品中正制

东汉末年,汉代的察举制度已走到了穷途末路。选举大权为士族大姓所掌握,他们朋党勾结,相互招举,已经无法为封建国家选拔出治国安邦的可靠人才。另外,由于魏晋南北朝时期战争频繁,原有的乡里地方组织遭到了严重破坏,许多士人为躲避战乱流散到各地,对士人的德才行状都很难进行考查。因此,两汉时期所奉行的察举制已难以维持,这样便有了产生新的取士或选士制度的需要。九品中正制即是在这种背景下产生的。

(一)九品中正制的建立

九品中正,又称九品官人法,是魏晋南北朝时期重要的选官制度。它上承两汉的察举制,

---

① 班固.汉书[M].北京:中华书局,2000:2684.
② 赵翼,王树民.廿二史劄记校证[M].北京:中华书局,2013:102.

下启隋唐的科举制,在中国古代政治制度史上占有十分重要的地位,从曹魏始直至隋唐科举制的确立而消亡,存在了约 400 年之久。

东汉末年,军阀拥兵自重。曹操割据北方,为了壮大势力而广招天下之士,从建安十五年(210)至建安二十二年(217)连续三次下"求贤令",提出了"唯才是举"的选人政策。他打破两汉以来重德轻才的旧框框,不拘一格,注重提拔怀有"治国用兵之术"①却不齿于名教的干才。但是曹操的"唯才是举"是在特定时期提出来的一时救急之法,并非长远之计,因此,若想统治天下,必须建立一种规范的选士制度,于是"九品中正制"应运而生。《宋书·恩倖列传序》说:"汉末丧乱,魏武始基,军中仓卒,权立九品,盖以论人才优劣,非为世族高卑。因此相沿,遂为成法。自魏至晋,莫之能改,州都郡正,以才品人。②"《通典·选举典》也记载:"按九品之制,初因后汉建安中,天下兵兴,衣冠士族,多离本土,欲征源流,虑难委悉。魏氏革命,州郡县俱置大小中正,各以本处人任,诸府公卿及台省郎吏有德充才盛者为之,区别所管人物,定为九等。"黄初元年(220)吏部尚书陈群又重申和修订了九品中正之法,将其系统化、制度化,并经执政当国的曹丕同意,开始在魏地推广。

(二)九品中正制的内容

九品中正制的基本内容是:各州和各郡依据所管辖区域内人物的品行,进行评价后分为九个等级:上上、上中、上下、中上、中中、中下、下上、下中、下下。史曹按择"上品"录用的原则,从中选择官吏。具体办法如下。

设置中正。在州郡两级设立"中正"之职,中正官由"德充才盛者"和"贤有识鉴者"担任,由他们议定人才。正始年间,又进一步规定州设大中正,郡设小中正。州中正官以本地大士族在朝的现任官吏来兼任,其品第应在二品。因为他们生长在原籍,了解情况,又身居要职,评说有分量。郡中正官皆由当地的"著姓士族"来担任。

品第人物。中正官负责察访本地士人的家世,了解其牒谱,对其父祖资历、做官情况、爵位高低等进行登记造册;还要调查士人的言行表现及道德才能的情况,最后做出行状评语。中正官品第人物,要顾及本人德才及家世资历两方面的条件,注明"品"和"状",而后定出品级。将品第士人的资料逐级上报,由大中正交予司徒,司徒核实后,再呈吏部待用,吏部将根据中正官所定的品第授官。吏部在甄选官吏时,必须征求中正官的意见,中正官的品评直接决定着士人官职的大小和官位的高低。

品级升降。中正官所定的品级并非一成不变,一般每三年一清定。在清定中,中正官有权对所评定的人物,依其言行给予升降。中正官将清定后的品级,重新申报给司徒,更改原来呈报资料中的品级。

(三)九品中正制的影响

曹魏时期,根据"唯才是举"的政策,取士"盖以论人才优劣,非为士族高卑"③,改变了东汉以来世家大族结成朋党操纵选士的局面,确实起过选贤任能的积极作用。在史籍中也有中正对士人的品第认真负责或针对士人失德的情况在品评时给予降品的记载。如《晋书·张辅传》记载:

① 陈寿.三国志[M].北京:中华书局,1982:49.
② 沈约.宋书[M].北京:中华书局,1974:2301.
③ 沈约.宋书[M].北京:中华书局,1974:2301.

"张辅，南阳西鄂人，不为豪强所屈。……梁州刺史杨欣有姐丧，未经旬，车骑长史韩预，强聘其女为妻。"中正官张辅因此将韩预的品级由二品降为四品，并申报吏部予以更改。

但九品中正制在实行过程中也存在不少问题，曹魏后期的夏侯玄就指出过这一点："自州郡中正品度官才以来，有年载矣，缅缅纷纷，未闻整齐，岂非分叙参错，各失其要之所由哉！"司马氏掌权后，九品中正制的弊端丛生，中央用人的大权逐渐下落，中正官总揽了品第士人及铨叙的双重责任，"九品中正者，寄雌黄于一人之口"①，吏部任命官吏的权力已经旁落，其铨叙人选"必下中正"②，吏部空有虚名，中正官握有用人实权。两晋时，门阀士族制度已发展到高峰，他们掌握了中正大权，垄断了仕途，"遂计资定品，使天下观望，惟以居位为贵"③，以致出现了"唯能知其阀阅，非复辨其贤愚"④的现象，即品第士人的标准完全抛弃了本人的才德，专重家世门第。如《晋书·段灼传》载："今台阁选举，涂塞耳目，九品访人，唯问中正。故据上品者，非公侯之子孙，则当涂之昆弟也。二者苟然，则筚门蓬户之后，安得不有陆沉者哉。"甚至"崔、卢、王、谢子弟，生发未燥，已拜列侯，身未离襁褓，业被冠戴"。⑤ 九品中正制业已成为扩大士族势力、巩固豪强门阀的手段。

九品中正制的变质走样，在两晋时就一再遭到民间舆论和官员的批评。西晋尚书左仆射刘毅曾上书极谏，力陈九品中正制的"三难""八损"，切中了九品中正制的要害。所谓"三难"，指在选士任官上有"三难"，即"人物难知""爱憎难防""情伪难明"。⑥ 所谓"八损"，指对封建政治的八种损害。刘毅指出："虽职名中正，实为奸府；事名九品，而有八损。"所以必须"罢九品，除中正，弃魏氏之弊法，立一代之美制"⑦。

纵观史籍，魏晋南北朝的中正官全部是由世家大族所把持，形成了"上品无寒门，下品无士族"的局面，这样就堵塞了一般中小地主士人的入仕之路。士族世代为官，寒门入仕的则比较少。这种取士不重德才专重门第的做法，伤害了读书士子的学习积极性，因为即使读书也无由出身；而那些门阀士族子弟有世袭做官的特权，也就不屑去学校读书学习。这种局势严重影响了学校教育的正常发展。

三、隋唐时期的科举制度

所谓科举制度，是指采取分科考试、择优录用的办法选拔官吏的制度。它既不同于两汉以德取人的察举制，又不同于魏晋南北朝以门第取人的九品中正制。这是中国古代选士制度的一大分界，隋唐以前选士以举荐为主，隋唐以后以考试为主。科举制产生于隋朝，完善于唐朝，在一定程度上限制了门阀世族把持选士的局面，为庶族地主参与政权开辟了道路，扩大了统治阶级的基础。

隋朝建立后，中央集权加强，以门第取人的"九品中正制"已不适应社

[拓展阅读]
张传燧、王素月：《高考的合理性辩护》

① 马端临.文献通考[M].北京:中华书局,2011:816.
② 杜佑.通典[M].杭州:浙江古籍出版社,2000:77.
③ 房玄龄.晋书[M].北京:中华书局,1974:1058.
④ 马端临.文献通考[M].北京:中华书局,2011:812.
⑤ 房玄龄.晋书[M].北京:中华书局,2003:1347.
⑥ 房玄龄.晋书[M].北京:中华书局,1974:1273.
⑦ 刘虹.中国选士制度史[M].长沙:湖南教育出版社,1992.101-103.

会的要求。隋文帝开皇年间废除了九品中正制,收回地方辟举权。开皇十八年(598),隋文帝设志行修谨、清平干济两科举人。隋炀帝大业二年(606),"始建进士科"。大业三年(607)诏令十科举人,包括孝悌有闻、德行敦厚、节义可称、操履清洁、刚毅正直、执宪不挠、学业优敏、文才秀美、才堪将略、膂力骁壮等。据《通典》考证,其中的"文才秀美"一科就是进士科,它的设置标志着科举制的正式产生。国运短暂的隋朝未能使新生的科举制发挥应有的作用,通过科举考试而录用的人才寥寥无几。唐朝建立后因袭隋制,经过一段时间的实践和发展,逐渐形成了一套较为完整的制度。从大业二年(606)创制到清光绪三十二年(1906)废止,科举制在我国实行了1300年之久,是我国封建社会中持续时间最长、影响范围最广的选士制度。

(一)考生来源和报考办法

1. 考生来源

唐代科举考试的考生主要有两个来源:一是"生徒",即官学的学生,他们修业期满、考试合格,可报送到尚书省参加举士考试;二是"乡贡",即各地在学校学习或自学的人,可向所在县提出申请,经本县考试、州重试后成绩合格的,由州送至尚书省参加举士考试。唐代对报考者的资格有着严格的要求,规定触犯过大唐律令的人、工商子弟及曾任州县小吏的人均不得参加科举考试。如果推举上述不符合条件的人参加考试,相应的官员要受到处罚。开成元年(836)规定,凡参加科举考试的人,须五人相保,如有缺孝悌之行、资朋党之势、行为不轨、言语多悖的人,一律不得就试。

2. 报考办法

每年仲冬(农历十一月),中央官学和地方官学通过校内考试挑选合格的"生徒"报送至尚书省。"乡贡"是个人自己怀牒向州县报考,参加考试合格的,长史以乡饮酒礼饯行送至尚书省。无论"生徒"还是"乡贡",送尚书省后皆须疏名列到,结款通保,填写三代履历,经户部审查后,将名册送至考功员外郎处方可参加考试。开元二十四年(736)开始,考试改由礼部侍郎主持。礼部考试的时间是每年的三、四月份,所以当时有"槐花黄,举子忙"的谚语。省试(礼部试)合格后再参加吏部复试,也称"释褐试",及格后才能授官。吏部选拔官吏的标准有"身、言、书、判"四个方面。"身"即要求考生身体健康、五官端正;"言"即要求考生言语流利,对答得体;"书"即书法,要求字体秀丽,"楷法遒美";"判"则要求考生根据诉讼案件写出判词,要求辞采优美,对仗工整。吏部复试合格者,就隶属吏部,候派官职。

(二)考试科目和方法

1. 考试科目

唐代科举考试的科目繁多,不同时期所设立的科目也不尽相同,有几十种之多。按科举考试的类型大体可分为两种,一种是制科,由皇帝根据需要下诏举行。制科招收非常之才,考试由皇帝亲自主持。另一种是常科,每年定期举行,科目有秀才、明经、进士、明法、明字、明算、一史、三史、开元礼、道学、童子等。但较常设的科目是秀才、进士、明经、明法、明字、明算六科。

秀才:注重选拔博识高才、出类拔萃的人物。考核方略策五道,依文理通顺程度分为上上、上中、上下、中上四等,但录取标准非常高。隋朝时录取人数不过十人,唐代每年及第者也仅一二人,秀才科录取后所授官职高。后由于考取难度太大,报考的人也很少,就逐渐停止了。

进士科:注重诗赋,最为时人看重,参加考试的人比较多,但每次录取少者几人,多者也不过三四十人。唐初进士科仅考时务策五道,后增加试帖经和杂文。天宝年间曾规定,凡帖经不合格的人，可以试诗取代帖经的成绩，由此可见考试中诗文的重要性，这也是唐诗兴盛的反映。

明经科：又可细分为五经、三经、二经、学究一经、三礼、三传等。明经科考查儒家经典，通常是先帖经、墨义，然后口试，问经义10道，答时务策三道。考试合格的分为上上、上中、上下、中上四等。明经科的考试比较容易，只要熟读经文注疏就行，每年录取人数也最多，大约每十名考生中就有一二名被录取，每年约百人。在唐代，进士科和明经科是最主要的选士科目。当时民谚曰"三十老明经，五十少进士"，就可见两科的难易差别。

明法科：主要考律令。考生主要来自学习律学的学生和州县的乡贡，录取人员较少。

明字科：主要考文字、训诂知识和书法，反映了唐代重视书法的风尚。

明算科：主要考算术和术理，包括《九章》《海岛》《五曹》《张丘建》《周髀》等。考生主要是来自学习算学的学生。

2. 考试方法

唐代科举考试的方式主要有口试、帖经、墨义、策问、诗赋五种。

口试就是让考生当场口头回答问题，主要是问以经义。

帖经是将经书任意翻开一页，把左右两边遮住，中间只开一行，再用纸帖盖住三字，令试者填出来。类似今天的填空题。

墨义是简单的问答题，不需要考生发挥自己的思想，只需熟记经文和注释就能答出。

策问要求考生针对政治、经济、教化等现实问题发表自己的看法或提出建议，类似于综合论述题。

诗赋要求考生现场作一诗一赋，主要考查考生的文学修养和文字能力。唐代所试诗体是五言六韵十二句的排体诗，而且韵脚由试官限定，要求考生用词典雅华美。赋乃诗的变体，是骈体文的诗化，同样限韵，讲究对偶、用典。类似于现代考试的作文题。

（三）主考官与主考机关

1. 主考官

科举考试初期常科的考试由吏部的考功员外郎（从六品上）主持，但是考功员外郎的品位太低，难以服众，不便主持以选拔优秀人才为主的全国性考试，于是唐开元二十四年（736）改为由礼部侍郎（正四品下）主持，从此常科考试由礼部掌管的模式就沿袭了下去，故省试就有了"礼部试""礼闱"的说法。科举考试主考官品位的提高，加强了科举考试的权威性和感召力。

2. 主考机关

科举考试的主考机关是礼部，具体由其下设的贡院主持进行。考试、阅卷及放榜均在贡院，主持省试的考官称作"知贡举"，也称为"主司""主考"等。

（四）科举及第之荣

科举（尤其是进士科）是统治者网罗人才的主要手段，也是士人改变社会身份的根本途径。一旦进士及第，通往官场的门就打开了。当时就有"登龙门"之誉，意指犹如鲤鱼过龙门而腾空为龙，转瞬间身价百倍。

放榜后的新科进士要拜谢宰相、主考官等人，然后参加各种名目的喜庆宴席。其中最盛大华美的要数曲江宴。曲江宴设于曲江岸边的杏园，所以亦称杏园宴。新进士们还要推两名最年少的进士为探花郎，骑马遍游长安名园，采摘各种早春鲜花，后代科举进士第三名为"探花"即源于此。宴会隆重异常，举城为之倾动，人们争相观望，王室公卿多有参加，以便在新科进士中选择乘龙快婿。宴毕后,新进士们纷纷前往位于现大雁塔下的慈恩寺题名,这是新科进士非常荣耀的事。白居易曾于 27 岁一举及第,因而得意地在慈恩塔题诗云:"慈恩塔下题名处,十七人中最少年。"题名之举,使得进士及第者光宗耀祖,流芳百世。

(五) 科举制建立的意义

隋唐科举考试制度的建立,开创了中国古代选士制度的新纪元。从此,科举取士成为封建王朝主要的选官途径,也成为支撑官僚政治的有力杠杆。它改变了隋以前门阀士族把持朝政的格局,对唐代及后世历代的文化教育及社会政治发展进程产生了深远的影响。[①]

1. 扩大了统治基础,有利于加强中央集权统治

科举考试的特点是"投牒自应",考生自由报考,没有门第的限制,也不需要各级官吏的举荐,选士的原则完全依据科举考试成绩的优劣。通过科举考试,平民及中小地主阶层的士子获得了参政的机会,打破了门阀士族地主垄断统治权力的局面,扩大了封建政治的统治基础。同时通过科举考试,朝廷将选士大权从地方官吏手中收归于中央政府,强化了中央集权。

2. 标准统一,制度健全,选拔人才较为客观公正

隋唐科举考试在发展的过程中,逐步建立了较为完备的考试制度,如考试内容较为确定,考试方法逐步固定、统一,实行分级考试,保证考试的客观公正;同时逐步建立了一系列的防范措施,加强了对考试的管理。这些制度的建立与措施的实施使得隋唐时期的科举考试比两汉的察举制及魏晋南北朝的九品中正制都更为客观、公正、科学。

3. 考教合一,促进了学校教育的发展

一方面,由于没有门第、阶层的限制,科举考试成为许多读书士子改变社会地位和经济地位的途径。它激发了广大学子的求学愿望,在社会上形成了"万般皆下品,唯有读书高"的风气,客观上有利于推动封建教育事业的发展。

另一方面,它又制约了学校教育的发展。科举考试及第后可以升迁,因而强化了学子们求学做官的心理,极大地限制了学校教育的宗旨及其内容,使学校教育完全屈从于科举,成为科举的预备机构或附庸。

思 考 练 习

1. 秦代在文教政策方面有哪些重要举措?
2. 试述汉代"独尊儒术"的政策以及对后世的影响。
3. 汉代察举制的主要科目有哪些? 分析两汉实施察举制的利弊。
4. 什么是"九品中正制"? 它对教育有什么影响?
5. 试述唐代实施科举制的具体措施。

拓 展 训 练

谈谈隋唐时期的科举制与汉代的选士制度有什么不同,它的建立对学校的发展产生了哪些影响。

---

① 李国均,王炳照.中国教育制度通史:第 2 卷[M].济南:山东教育出版社,2000:520-521.

第五章　学校教育制度的确立

【学习目标】

1. 了解汉代的学校教育制度及历史地位。
2. 了解汉代太学的教学情形。
3. 了解魏晋南北朝时期教育制度的创新之处。
4. 把握唐代教育制度的内容及特点。

【知识列表】

学校教育制度的确立	官学	汉代的学校教育制度
		魏晋南北朝学校教育制度的多元发展
		隋唐学校教育制度的完备
	私学	两汉时期的私学
		魏晋南北朝时期的私学
		隋唐时期的私学

【导言】 汉唐是中国传统教育制度的建立和完善时期。秦朝受"以法为教,以吏为师"政策的影响,先秦时期已经出现的学校教育不仅未得到很好发展反而受到严重摧残。汉代实行"独尊儒术"的文教政策后开始重视教育,建立了从中央到地方的官学教育制度。魏晋南北朝时期政权割据,战乱连年,社会动荡,官学虽"时兴时废,若有若无",但也有所创新。隋唐时期国家统一,政治安定,经济发展,科学文化繁荣,学校教育制度进一步发展并逐步完善。这一时期学校种类众多,管理相当严密,制度比较完备。同时私学相当兴盛,成为整个教育制度的组成部分,起着培养人才、传播教化、保存文化的重要作用。

第一节　官学

一、汉代的学校教育制度

在"独尊儒术"文教政策的指导下,汉代的官学和私学都得到空前的发展,学制系统已初具规模,学校教育也逐步正规化,为我国传统教育制度的发展奠定了基础。

汉代的官学分为中央官学和地方官学两种。中央官学最重要的是太学,由太常管理,还有专门为皇室贵戚子弟举办的宫邸学以及东汉时期兴办的专门学习书法、辞赋的鸿都门学。地方官学按地方行政建制——郡(国),县(道、邑、侯国)以及乡、聚设立,王莽执政时依次确立为学、校、庠、序四类,但是两汉的地方官学基本上是由地方官自行办理的,与地方社会教化紧密结合。

(一)太学

1. 太学的兴办与发展

太学之名始于西周,是周天子大学辟雍的别名。学术界一般都将汉武帝置博士弟子作为汉代兴办太学的开端。太学是学习儒家经典的最高学府,是汉武帝实施"独尊儒术"政策的产物。

武帝初立太学时,学生只有50人,以后规模不断扩大,至成帝时增至3000人。平帝时王莽大力兴学,博士增至每经5人。由于学生人数众多,"起明堂、辟雍、灵台,为学者构舍万区,作市、常满仓,制度甚盛。"①当时"五经博士领弟子员三百六十,六经三十博士,弟子万八百人"②。东汉光武帝刘秀于建武五年(29)在新都洛阳重建太学。东汉前期统治者比较重视太学,因此太学的教学一直能够正常开展,在太学建成时光武帝曾亲自视察,赏赐博士弟子。和帝、安帝以后,朝政渐渐废弛,太学也渐进荒芜。顺帝永建年间曾对太学进行重修和扩建,共建240房,1850室,历时八年才全部竣工。桓帝时太学生数量增加到三万多人,但学校已是名不副实,学生尚浮华,"不务经学,竞于人事,争于货赂。"③教学质量大大下降。东汉末年天下大乱,太学也遭到彻底的毁坏。

2. 太学的教师和学生

汉代太学的教师通称"博士",取其博学多识的意思。秦朝始设博士官,主要职责是典文书、备咨询。汉朝设立太学后,博士转化为太学的教官,主要从事教学工作,但也保留了原有的备咨

① 班固.汉书[M].北京:中华书局,2000:2989.
② 李昉.太平御览[M].北京:中华书局,1960:2425.
③ 严可均.全后汉文[M].北京:商务印书馆,1999:503.

询、参与政治等活动职能。太学的博士由皇帝征召或公卿荐举的社会学术名流充任。

太学学生被称为"博士弟子"或"太学生",他们入学没有严格的身份限制和年龄限制,他们的来源有两条途径:一是太常于京师地方挑选年18岁以上,仪状端正者;二是由地方郡国道邑选择"好文学,敬长上,肃政教,顺乡里,出入不悖者。"①

3. 太学的教学内容及教学组织形式

太学的教学内容是儒家经典,在两汉,太学设置博士的经学有14家,都是今文经学,分经讲授。汉代读经,注重考据,释经要严守师法家法,不可越雷池半步;如不遵守,学生考试就不合格,博士就会被撤去官职。这样做对统一教学内容和思想以及培养严谨学风,有一定的积极意义,但它也带来了钳制思想的消极后果。

太学的教学形式因时间和条件而有所不同。太学初创时,学生人数较少,因而采用的是分组教学或个别教学的形式。后来随着太学的发展,学生名额数以千、万计,而博士最多时只有15人,因而教学采取集体讲授的形式,另设有协助博士教学的"都讲",除此之外,也会采取高业弟子教授低业生的次第相传形式。但是太学生大多数时间用于自学和彼此之间的相互讨论。

4. 太学的考试和出路

汉代太学没有规定修业年限,由于学生只要通过考试就可以毕业授官,所以太学注重考试,基本采用"设科射策"的考试形式,题目根据难易分为甲乙两科或甲乙丙三科。学生可从中任意抽取试题进行解答,以他们所答试卷来评判优劣。对考试合格的学生,分别授予不同的官职。汉武帝时太学一年一考,及格的学生授予官职。东汉时期改为两年一考,皇帝为鼓励大家多研究经文,设科标准最后完全以通经多少为依据,学生通过考试,获得相应的官职后,仍可参加下届考试以获得更高的等级和官品,通经的数量越多,官位越高。不及格的学生可以在下次的考试中进行补考。

（二）宫邸学

汉代的中央官学,除太学外,还有宫邸学,可分为两种:贵胄学校和宫廷学校。

贵胄学校是汉朝专为皇室及贵族子弟所创办的学校。如东汉明帝永平九年(66)开设的"四姓小侯学",就是专为樊氏、郭氏、阴氏、马氏四家外戚子弟所开设的专门学习儒学的学校。它拥有比太学优越的学习设备和师资条件,反映了东汉外戚势力的强大以及他们在教育上享有的特权,其后招生对象有所扩大,不限于此四姓子弟。安帝时,主政的邓太后认识到温衣美食、饱食终日、无所用心的贵族子弟是祸败的根源,所以非常重视贵胄教育,于元初六年(119)办起了专门的宫邸贵戚学校。令皇帝的弟弟济北、河间王子男女年龄在5岁以上的四十余人以及邓氏的近亲子孙三十余人入学,教授经书并亲自监督,以保证教学的顺利开展。对于年幼的孩子还会配置师保,给予生活上的照顾和管理。

宫廷学校以宫人为教育对象。如邓太后入宫后就跟随曹大家学习经书、天文、算学等知识。邓太后临政后,"诏中官近臣于东观受读经传,以教授宫人,左右习诵,朝夕济济。"②对宫人进行教育,这一点对维护统治有着积极意义。

（三）鸿都门学

鸿都门学创办于东汉灵帝光和元年(178),因校址位于洛阳的鸿都门而得名,它是统治阶级

①　班固.汉书[M].北京:中华书局,2000:2666.
②　范晔.后汉书[M].北京:中华书局,2000:281.

内部的官僚集团与宦官集团相互斗争的产物。因太学生支持官僚集团,宦官集团便设立了鸿都门学,利用教育培养拥护自己的知识分子。学校专以尺牍、小说、辞赋、字画作为教学和研究的主要内容,是一所学习文学、艺术的专门学校。学生的待遇高于太学,出路也十分优厚,"或出为刺史、太守,入为尚书、侍中,乃有封侯赐爵者"①。鸿都门学在中国教育史上具有独特的意义,作为一种新的办学形式,它打破了儒学独尊的教育传统,为后代专门学校的发展提供了经验。同时,它也是中国乃至世界上最早的艺术专科学校。

(四) 郡国学校

汉代实行郡县制的同时又保留了西周分封制的残余,分封给皇子的郡就称为国,因此,地方官学又称为郡国学。据史书记载,汉代的地方官学始于景帝时的蜀郡太守文翁。据《汉书·循吏传》记载,文翁重视教化,为了改变当地落后的风俗,他选拔郡县小吏中优秀之士十余人进京师向博士学习儒家经典和汉代的律令,学成后回本地承以重任。同时他又立学官(颜师古注:学之官舍也)于成都,招下属各县子弟为学官学生,免除他们的徭役,学习优秀者可以补为郡县吏员,次等的可获得"孝悌力田"的称号。文翁还常选用学生参与处理官衙的具体事务,出巡时也会带上优秀学生,他这种提高学生的政治地位并使其享受优厚待遇的方式引起了社会对教育的重视。所以,蜀地吏民争相送子弟入学,全社会形成了重教劝学的良好风气。"武帝时,乃令天下郡国皆立学校官。"②平帝时下令郡国以下各级行政区域都要设立学校,郡国曰学,县邑设校,乡曰庠,聚曰序。在学和校分别置经师一人,在序和庠分别置孝经师一人,并在地方普遍设立学官。甚至边远地区也设有郡国学,如西北的武威、东北的辽东、西南的九真(今越南河内以南)等地都设有学校。这些事例说明汉朝统治者对教育是相当重视的。

二、魏晋南北朝学校教育制度的多元发展

(一) 太学管理制度的加强

曹魏一直较为重视教育,多次颁布崇儒兴学的文教政策。曹丕黄初五年(224)下令在洛阳正式设立太学,恢复"五经课试法",置《春秋谷梁》博士。太学在魏黄初年间得到了初步的恢复,至魏元帝景元三年(262),太学发展到数千人之多。如《晋书·嵇康传》记载嵇康"将刑东市,太学生三千人请以为师,弗许"。由此可知,此时太学的规模较文帝时已有了较大的发展,同时也可以看出魏统治者对太学教育的重视。

魏在太学推行"五经课试法"。初入学者称"门人"(即预备生),经过两年学习之后,考试能通一经者称为"弟子",成为正式的太学生,考试不及格者要革除学籍。此后每两年进行一次考试,直到学生能通五经为止,然后授予其一定的官职。《通志·选举略二》记载:"魏文帝黄初五年,立太学于洛阳,时慕学者始诣太学为门人。满二岁试通一经者称弟子,不通者罢遣。弟子满二岁试通二经者补文学掌故,不通者听随后辈试,试通二经亦得补掌故。掌故满二岁试通三经者,擢高第为太子舍人,不第者随后辈复试,试通亦为太子舍人。舍人满二岁试通四经者擢其高第为郎中,不通者随后辈复试,试通亦为郎中。郎中满二岁能通五经者擢高第,随才叙用,不通者随后辈复试,试通亦叙用。"这说明,魏国的太学以儒家经典为主要学习内容,其根本任务是为封建国家培养官吏,太学的

---

① 范晔.后汉书[M].北京:中华书局,2000:1350.

② 班固.汉书[M].北京:中华书局,2000:2689.

学习年限很长,要 8～10 年。这是将学校教育与文官考试任用结合起来的一种制度,大大提高了太学教育的管理和控制能力,对于提高和保证太学的质量、促进太学的稳定和发展起到了一定的积极作用。但实际上魏国的太学办得并不好,据史籍记载,太学的博士多由一些无真才实学的人员充数,而太学生也是为了逃避徭役,并不真心向学,所以太学的教学质量就可想而知了。

西晋太学是曹魏太学的延续与发展。泰始初年,晋承魏制,在太学设置博士 19 人,由太常统理,太学的规模也较魏大。晋武帝泰始八年(272),太学有学生 7000 余人,质量和规格参差不齐,因此武帝下令对太学进行整顿和淘汰,要求凡已试经并及格者留下,其余遣还郡国,并下令挑选大臣子弟中堪受教者入太学学习,这之后太学生剩下 3000 余人。太学除正式学生外,还有寄生、寄生陪住、散生等。据咸宁四年(278)所立《晋辟雍碑》载,当时来太学参加行礼的学生几乎遍及西晋初期所属各郡州,说明其来源十分广泛。

南朝刘宋元嘉十五年(438),下令在京师开设儒学、玄学、史学、文学四学馆,由雷次宗主持儒学馆。宋明帝在"四学"基础上将其合并为"总明观",其中的儒学馆相当于汉代讲授儒家经学的太学。梁天监四年(505),置五经博士各一人,每馆生员达数百人之多。"五馆"也明显具有太学的性质。

北方十六国和北朝各国也有举办太学的尝试。如前赵刘曜迁都长安后,于太兴三年(320)立太学于长乐宫东;后赵石勒即位后便在襄国(今河北邢台)设立太学,选将佐子弟 300 人受业;后秦姚苌即位后也诏立太学。鲜卑族人拓跋珪建立北魏后,便诏以经术为先,设立太学,置五经博士,生员多时达 3000 人。[①] 其他各国也时有兴办太学的举措。

(二)西晋创办国子学

国子学的名称是根据《周礼》中"国之贵游子弟,国子受教于师"的意义而定的。咸宁二年(276),晋武帝诏令国子学;其后二年确立了国子学的学官制度,规定"置国子祭酒、博士各一人,助教十五人,以教生徒"。选择博士的标准是"履行清淳,通明典义"[②],即要求在学识和品德两方面都合格的人方可担任。晋惠帝元康三年(293)规定了国子生入学资格,学官五品以上的子弟方可入国子学读书。"太学之与国学,斯是晋世殊其士庶,异其贵贱耳。"[③]国子学与太学的这种分设,是当时实行"九品中正制"选士制度以后特别重视门第阀阅的结果,使汉代单轨制的太学演变成为西晋时期太学与国子学并行的双轨制,这说明国子学的设立,是士族地主阶级在教育上享有特权的反映。这是我国古代在太学之外,另设立一所传授同样内容的中央官学的开始,也是西晋教育制度上的一个创举。

晋惠帝时国子学曾有过一番盛况,然而这种繁荣的局面只是昙花一现,永康二年(301),赵王伦僭即帝位后,为收买民心而滥施恩惠,令太学生年 16 岁以上者皆署吏,使太学大伤元气,学业渐次衰替。不久,八王之乱达于白热化,洛阳城惨遭涂炭。永嘉三年(309),北方少数民族的王弥、刘聪以万骑至京师,焚烧二学,于是国子学荡然无存,名实俱亡。

南朝时期,刘宋武帝曾诏办国学,以范泰领国子祭酒,然未果而终。文帝元嘉十九年,下诏兴复国子学,以何尚之为祭酒。齐国的开国皇帝萧道成亦重视教育,建元四年(482),他听从儒者的

① 魏收.魏书[M].北京:中华书局,1974.

② 房玄龄.晋书[M].北京:中华书局,2003:736.

③ 萧子显.南齐书[M].北京:中华书局,2003:145.

建议"诏立国学。以张诸为祭酒,置学生百五十人,取王公以下子孙年十五以上、二十以下,家去都二千里为限"[①]。但国学开办不到一年就因国哀停废了。齐武帝时又诏立国学,齐明帝死后,又因国哀废学。天监七年(508)梁武帝下诏为士族弟子设立国子学,九年两次临幸,可见武帝对于国子学是相当重视的。陈朝文帝时建立国子学,但"成业盖寡"。

北方十六国和北朝各国也有举办国学的尝试。如后赵石虎即位后,设国子博士、助教等教职。北魏明元帝时曾改国子学为中书学,孝文帝太和二十年(496)诏立国子学,以刘芳为国子祭酒。北齐在教育制度上的贡献是改国子学为国子寺,作为训教胄子、统理学官和生员的机构,使其具有了教学与教育行政的双重职能,为后世所因袭。

(三)专门学校的产生

文学。魏明帝青龙四年(236)在洛阳设崇文观,征召善文之士在其中任教,讲授文学知识。这既是一个研究性的文学机构,又是一所具有教学性质的专门学校,儒者王肃曾任崇文观祭酒。南朝刘宋诏立"四学",文学馆为其一,由文学家谢元主持。

律学。曹魏太和元年(227),尚书卫觊上书明帝:"百里长吏,皆宜知律。"[②]请求置律博士转而教授各官吏法律诉讼之学。依其所请,明帝于廷尉属下设律博士。这是中国设置律学的开端,是教育制度史上的创新之举。之后,后秦、梁、陈朝、北魏、北齐、北周都曾设置律学。

书学。据传,西晋曾立书学博士,置弟子教习,以钟繇、胡昭之书体为法式。北魏、北周也曾设有书学。

算学。北魏、北周曾设算学,其学生称为算法生。

医学。南朝宋文帝元嘉二十年(443)开设医学,这是中国古代医学专科学校的开端。

刘宋四学。南朝时教育复苏,各种思潮重新崛起,儒学、佛学、玄学、道学受到重视,礼学、文学、史学、律学、家谱学、武学也随之成为热门学科。在这种背景下,教育突破儒学独尊的局面,开始出现其他学科的学馆或学校。刘宋王朝比较重视教育,宋武帝戎马之中就曾下诏选儒官、兴学校。文帝即位后,又下诏兴学。元嘉十五年(438),他下令在京师开设儒学、玄学、史学、文学四学馆:雷次宗主持儒学馆,开馆于鸡笼山,聚徒教授,置生百余人;何尚之主持玄学馆,聚生徒,东海徐秀,庐江何晏、黄回,颍川荀子华,太原孙宗昌、王廷秀,鲁郡孔惠宜,并慕道来游,谓之南学[③];何承天主持史学馆,专门研究历史;谢元主持文学馆,专门研究词章。宋明帝办的总明观中设有道、儒、文、史、阴阳五科,因此它不仅仅是一个教学机构,同时还具有研究和藏书的功能。

多种专科学校的创设,打破了汉以来中央高等官学只有儒学的局面,扩大了中央高等官学设置的范围。尽管这些学校存在时间很短暂,且无定制,但它们是隋唐以降正式设置专科学校的初步尝试,是中国高等教育发展史上的一大进步。

(四)地方官学的完善

魏晋南北朝时期地方学校教育的发展当属北魏最为突出,最具特色,最有成就。北魏的地方官学不仅规模大、地域广,而且形成了一定的系统。这一点在魏晋南北朝教育的历史上也是非常突出的。

---

① 马端临.文献通考[M].北京:中华书局,2011:1203.

② 陈寿.三国志[M].北京:中华书局,1982:611.

③ 沈约.宋书[M].北京:中华书局,1974:1734.

北魏州郡设学的制度,始于献文帝当政时期。献文帝在位时,曾感叹"庠序不建,为日久矣。道肆凌迟,学业遂废"①,于是"欲置学官于郡国,使进修之业,有所津寄",同时博士李䜣也上疏请立学校。因此在天安元年(466),献文帝设立地方学制,"初立乡学,郡置博士二人,助教二人,学生六十人。"②这一举动可以看作北魏立地方官学的开始。其后大臣高允也奏请崇立学校,并制订了一个具体计划,建议按州郡大小具体规定博士、助教和学生的名额。大郡立博士 2 人,助教 4 人,学生 100 人;次郡立博士 2 人,助教 2 人,学生 80 人;中郡立博士 1 人,助教 2 人,学生 60 人;下郡立博士 1 人,助教 1 人,学生 40 人。这一建议被献文帝采纳,于是北魏的地方官学得到了发展。这一制度的建立标志着我国古代地方官学制度的完善。

(五)复杂多样的教育内容

魏晋南北朝官学的教育内容呈现出以下特点:一是南北分野,各有侧重;二是以经学为主,兼及各家。

魏晋时期,佛、道、玄流行,许多文人士子以清谈相互标榜,一时儒家经学衰落。但是在学校教育和取士授官中,依然以儒学为主,不过这时的内容已从汉代的注重章句训诂变为注重义理,并从两汉师法、家法的束缚下解放出来,成为儒、佛、道、玄混合的经学。东晋南迁后,这种经学也随之进入江南,北方这时却保持着两汉时的经学传统。因此,南北朝时,经学有了"南学""北学"之分,"南人约简,得其英华;北学深芜,穷其枝叶"③,点明了南北经学研究方法的不同。北方着重汉代经学的继承,研究以训诂、考据为主,恪守传统儒学的核心;南方偏重义理的阐述,以玄学精神研究儒家经典。汉代学者郑玄所注的《周易》《尚书》《毛诗》《周礼》《仪礼》《礼记》,服虔注的《左氏春秋》,为北方学子所研习;南方则以王弼所注的《周易》、孔安国所注的《尚书》、杜预所注的《左传》为宗。北方不流行玄学,学校也不学习玄学,如北魏的李业兴在与梁武帝讨论经传时,他答只学五经,"素不玄学。"④南朝教育除儒学外,还兼以佛、道、玄三家学说,因此,教育内容比北朝要丰富多样。

同时,受当时学术思潮和文化发展的影响,除儒家经学外,文学、律学、玄学、佛学、史学、数学、算学、医学都成为学校讲授的内容。尽管各类学校的教育内容仍是以儒家经学为主,但却极大地突破了汉代"独尊儒术"文教政策以来儒学垄断学校教育内容的状况。

三、隋唐学校教育制度的完备

隋朝国运短暂,但在教育上还是有所建树的,从中央到地方都设有官学。中央设立国子寺,作为专门的最高教育行政机构,置祭酒 1 人,为专门的最高教育行政长官,总管教育事业。国子寺后改名为国子监。国子寺下设国子学、太学、四门学、书学、算学。此外,大理寺还设有律学。地方设有州县学。史书上说:"州郡学则以春秋仲月释奠,州郡县亦每年于学行乡饮酒礼。"⑤说明隋朝是有地方学校建制的。这些制度的建立,使隋朝教育曾一度呈现昌盛景况:"京邑达乎四方,皆启黉校。齐鲁赵魏学者尤多,负笈追师,不远千里,讲诵之声,道路不绝。中州儒雅之盛,自

①　魏收.魏书[M].北京:中华书局,1974:1077.
②　魏收.魏书[M].北京:中华书局,1974:127.
③　皮锡瑞.经学历史[M].北京:中华书局,1959:176.
④　魏收.魏书[M].北京:中华书局,1974:1864.
⑤　魏徵.隋书[M].北京:中华书局,2000:124.

汉魏以来,一时而已。"①隋文帝晚年,不悦儒术,专尚刑名,于仁寿元年(601)以生徒学业不精为由,下诏废除太学、四门学及州县学,只留国子学并其学生 70 人。隋炀帝即位后,曾一度复兴学校教育,但由于他荒淫无度,穷兵黩武,社会动荡,学校"师徒怠散""空有建学之名,而无弘道之实"②。但隋朝所创立的学校教育制度对唐代有着非常重要的影响。

(一) 唐代的学校教育制度

唐代社会安定,经济发展,国力强盛,科学文化繁荣,在"尊孔崇儒"文教政策的指导下,经过唐初至唐玄宗开元、天宝年间共百余年的经营和发展,确立了相当完备的学校教育制度。

1. 中央官学

唐代中央官学的主干是国子监管辖的六学一馆。六学是:国子学、太学、四门学、书学、算学、律学。前三学主要学习儒经,学历层次也大致相同,只是学生的出身不同。后三学主要是专科教育。唐代对六学中教师和学生的数量、招收学生的标准以及教学内容都做了具体规定。一馆指广文馆,主要招收在京准备参加进士科考试者,具有应试教育性质。

唐代中央官学的旁支是中央各专职行政机构所属的学校。其中,最重要的是弘文馆和崇文馆。前者由门下省主办;后者由东宫主办,规定只有皇亲国戚子弟方能入学。此外,还有太医署的医学,太卜署的卜筮,太乐署的音乐、舞蹈、艺术,司天台的天文、历数、漏刻,太仆寺的兽医以及尚书省的崇玄等学校。这些学校专业门类齐整,有利于培养国家需要的各类专门技术人才。

[拓展阅读]
张传燧、赵巍娟:《中国古代高等学校教师管理及其启示》

2. 地方官学

唐代继承了北魏以来地方学校发展的成果并进一步加以完善,规定地方府有府学,州有州学,县有县学。依府、州、县的大小分为大、中、小三等,确定学校教师和学生的人数,定其规模。这些学校的生源以庶民子弟为多,学习内容以儒家经典为主,学生毕业后可升入中央官学——四门学继续学习,也可直接参加科举考试,还可由州县委派去做地方小官吏。

此外,在府、州两级还设有医学,其招收学生数略少于经学学生的数量。唐代尊崇道教,在中央和各州都设立了崇玄学,设博士 1 人,讲授《道德经》《庄子》《文子》《列子》等道教经典,学生毕业后可参加道举考试。州县学校统归地方长史管辖,毕业时也由其主持考试。可见唐代的地方官学已较为普遍,组织管理也趋于严密,如表 5-1 所示。

表 5-1　唐代官学体系表③

隶属部门		学校	教师名额		学生名额
			博士	助教	
中央官学	国子监	国子学	2	2	300
		太　学	3	3	500

---

①　魏徵.隋书[M].北京:中华书局,2000:1148.
②　魏徵.隋书[M].北京:中华书局,2000:1148.
③　孙培青.中国教育史[M].2 版.上海:华东师范大学出版社,2000:154-157.

续表

隶属部门		学校	教师名额		学生名额
			博士	助教	
中央官学	国子监	四门学	3	3	1300
		律　学	1	1	50
		书　学	2		30
		算　学	2		30
		广文馆	4	2	无定额
	太医署	医学	6	2	93
	太卜署	卜筮	2	2	45
	太乐署	音乐、舞蹈、艺术	3		曾达到2000
	司天台	天文、历数、漏刻	24		185
	太仆寺	兽医	4		100
	门下省	弘文馆			30
	东　宫	崇文馆	学士2		20
	尚书省祠部	崇玄学	1	1	两都各100
地方官学	地方长史	京都府学	1	2	80
		大都督府学	1	2	60
		中都督府学	1	2	60
		下都督府学	1	1	50
		上　州　学	1	1	60
		中　州　学	1	1	50
		下　州　学	1	1	40
		上　县　学	1	1	40
		中　县　学	1	1	35
		中　下　县　学	1	1	35
		下　县　学	1	1	25

(二) 唐代学校教育制度发展的特点

1. 分级办学及管理体制确立

唐代官学的行政管理体制,分中央和地方两级。中央举办的官学,分别由国子监和其他专门行政机构管理,地方官学则由地方长史管理。分级办学及管理的教育行政体制初步确立。

2. 学校各项管理制度日趋健全

唐代对学生从入学到毕业都有明确的规定。

(1)入学制度。学生入学之始要行"束脩礼",即初入学的学生要向博士和助教交纳束脩。据《文献通考·学校考》记载:"初入学,皆行束脩之礼礼于师。国子、太学各绢三匹,四门学绢二匹,俊士及律、书、算学,州县,各绢一匹,皆有酒脯。"即使皇子也要交纳。同时还要举行隆重的仪式,以表达尊师重道之意。

(2)考试制度。为了检查学生的学业,唐代的各类学校每年都要举行三种考试:一是"旬考",即每十天考试一次,主要考察十天内所学的内容;二是"岁考",即年终考试考察一年内所学的课程;三是"毕业考",即各学校的生徒修业完毕,由主管官员主持对其所规定的课程进行通考。毕业考及格者,四门学的学生可补太学生,太学生可补国子学生,也可以直接参加科举考试,或直接分派各种官职。

(3)休假制度。唐代对于官学的放假也有明文规定。各地官学的假期分为常假和制假两种。常假分为"旬假""田假"和"授衣假","旬假"即每十天放假一天,"田假"在五月,"授衣假"在九月,每次放假一个月,允许学生回家探亲,如路途较远或家里有事,可适当延长假期,逾期不归则令其退学。制假为传统节日、祝日,全国统一放假。如元日,即农历的正月初一,放假三天;上元节即农历的正月十五,放假三天;寒食、清明节、佛祖诞辰日及皇帝的生日等放假一天。

3. 教学计划制订较为完备

无论是儒学,还是专门学校,唐代都规定了详细的教学内容及各科目的修业年限等。儒家经典是各经学学校的主要学习内容,唐代将其分为大经、中经和小经。大经包括《礼记》和《左传》;中经包括《诗经》《周礼》《仪礼》;小经包括《易经》《尚书》《春秋公羊传》《春秋谷梁传》。此外还有《孝经》《论语》。其中大经和中经是必修课,小经为选修课,《孝经》和《论语》为公共必修课。不同学校的学习内容也不一样,国子学、太学、四门学等学校开设全部的儒家经典课程,学生可自己选择通经的门数。学习二经的,必选一大经和一小经或选二中经;学习三经的要求大中小各通一经;等等。

唐代对每一经的学习时间也做了规定,如《孝经》《论语》共学习1年,《尚书》《公羊传》和《谷梁传》各学习1年半,《易经》《诗经》《周礼》《仪礼》各学习2年,《礼记》《左传》各学习3年,等等。在学校学习的年限最长为9年,考试合格者,可参加科举考试或升入高一级学校。对书学规定的学习内容有:《石经》《说文》《字林》及其他字书。学习时间分别为:《石经》学习3年,《说文》学习2年,《字林》学习1年。对律学、算学、医学、崇玄学等其他专门学校的课程及学习内容、学习年限等也都做了明确的规定,从中可以看出唐代各类学校开设的课程繁多,教学内容丰富,扩大了专业范围。

4. 教育的等级性明显

唐朝明文规定了各级各类学校招生时的身份要求和标准,将教育的等级用法令形式加以制度化。如《新唐书·选举志》规定:国子学招收"文武三品以上子孙,若从二品以上曾孙及勋官二品、县公、京官四品带三品勋封之子为之";太学招收"文武五品以上子孙、职事官五品期亲、若三品曾孙及勋官三品以上有封之子为之";四门学共招收 1300 人,"其五百人以勋官三品以上无封、四品有封及文武七品以上子为之;八百人以庶人之俊异者";书学、算学、律学招收文武百官八品以下及庶人之子。

5. 学校类型多、分布范围广

唐代既有以儒经为主要内容的学校,如国子学、太学、四门学,又有以传授专业知识为主的专科学校,如律学、算学、书学、医学,等等。此外就教育普及程度而言,学校的覆盖面相当广泛,各府、州、县除有学习儒家经典的学校外,还有医学和玄学等专门学校,并根据各州县的面积大小、人口多少规定了学校的教师与学生人数。这是以前各代所难以比拟的。

6. 教育、研究和行政机构三者合为一体

唐代的学校将教育、研究、行政三者的功能合为一体。在行政部门附设训练机构或采用带徒的方式进行专业训练,使得其既是行政管理部门,又兼有研究机构和学校教育的职能,教育和研究的任务成为行政机关的有机组成部分,如太医署、司天台、太卜署、太乐署等既是行政机构,又是研究机构和教学机构。这些机构中都设有博士、助教,一方面进行专业研究,另一方面进行专业知识的传授。这是唐代教育的一大特色。

第二节　私学

私学发端于春秋末年,兴盛于战国,在历代封建王朝,私学与官学始终并行发展,成为古代教育体系的重要组成部分,对中国教育与文化的发展发挥了重要作用。

一、两汉时期的私学

(一)私学发展的概况

秦朝奉行"禁私学"的文教政策,但是私学教育并未中断。汉朝初建时统治者无暇顾及教育,此时的文化传播、学术发展、人才培养均依赖私学。由于废除了秦朝的挟书令,又奉行"无为"的治国之策,所以私学在此时得到了快速发展,黄老、儒、道、法、刑名等学说都有私人传授,杂家、卜筮、纵横术、律历及自然科学知识也有人学习。如文帝时贾谊曾受业于河南太守、上蔡吴公,18岁即已能诵《诗》《书》,属文著称于郡中,后被吴公推荐给文帝。晁错、韩安国以学刑名之学闻名于世,黄霸、路温舒、张汤等皆少学律令,这些人对汉代刑法律令的建设都曾做出过重大贡献。

汉武帝确立官学制度后,私人讲学并未衰落,反而有所发展,成为官学的补充。汉武帝实行"独尊儒术"的文教政策及察举制的选士制度后,读经就成为广大学子利禄之路,但官学名额有限,不能满足所有人的求学愿望,而读书必须求师,因此私学就比较发达。一些大师一面做官,一面收录弟子,或退隐居家教授生徒,终生以教授为业,他们有人招收学生的数量甚至达到数百、数千之多。东汉时期经学繁荣,今古文经学斗争日趋激烈,但终其汉世,在官学中占统治地位的学派主要是今文经学,因而未被立为博士的古文经学大师就坚持私人传授,从而促进了私学的发展和繁荣。当时私学已经是遍布各地,一些名师的私学规模也很大,求学的门徒有成千上万人之众。如马融教授诸生,常以千数。郑玄也常有数百学生跟随,晚年更是有远道来学的数千学生。

汉代私学的学生分为著录弟子和及门弟子两类。所谓"著录弟子"就是在名师门下著册其名,不必亲来受业,故著录弟子可有万数之多。所谓"及门弟子"又称为"受业弟子",就是直接来老师这里受教,往往有数百人,所以一些经学大师常采用高足弟子转相传授的方式,董仲舒、马融都是采用这种方式教授学生的。

(二) 私学教育的类型和内容

就其程度而言,汉代私学可以分为蒙学和专经两种。

第一类为蒙学教育,相当于小学程度,一般称为"书馆""学馆""书舍"等,负责对儿童进行启蒙教育。这类教育分为两个阶段:第一阶段进行识字教育,主要学习一些字书。汉代有比较稳定和通用的字书。《汉书·艺文志》曰:"汉兴,闾里书师合《仓颉》《爰历》《博学》三篇,断六十字以为一章,凡五十五章,并为《仓颉篇》。武帝时司马相如作《凡将篇》,无复字。元帝时黄门令史游作《急就篇》,成帝时将作大匠李长作《元尚篇》,皆《仓颉》中正字也。《凡将》则颇有出矣。"平帝时,扬雄改作《训纂篇》,并续《仓颉篇》,后来班固又续作十三章,无重复的字。东汉和帝永元年间,贾鲂又作《滂喜篇》。后人将之合称为"三苍",即《仓颉》为上卷,《训纂》为中卷,《滂喜》为下卷。从现存的《急就篇》来看,其内容主要包括姓名、衣着、饮食、器物、农艺、音乐、生理、兵器、飞禽、走兽、医药、人事等方面的常用字,全文押韵,无重复字,多为七字一句或三四字一句,便于记忆,又切合实用。《急就篇》流传较广,是自汉至唐的主要识字教材。第二阶段主要学习《论语》和《孝经》,但也不仅仅限于这两部书,在学习《孝经》和《论语》的基础上还学习《尚书》《尔雅》和《诗经》。这一阶段的教育是由识字到专经学习的过渡桥梁,既巩固了识字成果,又为专经学习奠定了基础。因为是诵读一般的经书,所以只要求粗知文义或略通大义即可,不要求有精深的理解。

第二类为专经教育,主要是由经学大师传授儒家经典,专学一经或数经。汉代私学大师都是精通经学的鸿儒,他们以自己的专长教授弟子。专经教学的场所常取名"精舍"或"精庐",或建于大师的家乡,或建于山水优胜之地,筹有大量的钱粮,供学生食宿。不少学生远道而来,住在精舍或附近,以便向经学大师请教。这一阶段的教学不同于蒙学阶段,而是着重于对儒家经典的深入钻研,因此,这些私学大都具有学术研究和教学的性质,程度相当于太学。

汉代私学还有一种特殊的形式——家学,即是对家庭或家族中的子弟进行教育,所传授的内容非常广泛。既有儒家经学,也有医学、天文、历法、律历等自然科学知识和专门技术。家学中不仅可以传授知识技能,而且对治学的态度与方法给予了研究和指导,家学也尤为重视伦理道德教育。

二、魏晋南北朝时期的私学

(一) 私学发展的概况

魏晋以来,连年动乱,官学时兴时废,但私人讲学之风并未减弱,许多大师或居家教授,为了躲避战乱而隐居山村,以读书教学为生。从史书中我们可以看到魏晋时期许多私学大师招生的人数成百上千,足见其盛况,如庾峻"少好学,有才思,尝游京师,闻魏散骑常侍苏林老疾在家,往候之……时重《庄》《老》而轻经史,峻惧雅道陵迟,乃潜心儒典。高贵乡公幸太学,问《尚书》义于峻,峻援引师说,发明经旨,申畅疑滞,对答详悉"①。

南朝统治者多无暇顾及教育事业,官学处于"时有时无,时断时续"的状态,许多士人无由出

---

① 房玄龄.晋书[M].北京:中华书局,2003:1392.

身,这为私学的生存储备了大量的生源,加之许多学者无意于仕途,因而避居山野,专心学术与收徒讲学,所以南朝的私学相对比较发达。儒家私学多由一些名儒所创办,这些学者绝意仕途,不求个人荣华富贵,热心于教育,为儒家思想的传播和私学的繁荣作出了极大贡献。如雷次宗"笃志好学,尤明三礼、毛诗,退隐不交世务。本州辟从事,员外散骑侍郎征,并不就"。宋元嘉十五年(438),"征次宗至京师,开馆于鸡笼山,聚徒教授,置生百余人"[①];刘瓛"博通五经。聚徒教授,常有数十人。……儒学冠于当时,京师士子贵游莫不下席受业"[②];顾欢"隐遁不仕。于剡天台山开馆聚徒,受业者常近百人"[③];沈驎士"隐居馀不吴差山,讲经教授,从学者数十百人"[④];郑灼"幼而聪敏,励志儒学,少受业于黄侃"[⑤];沈德威"梁太清末,遁于天目山,筑室以居,虽处乱离,而笃学无倦,遂治经业"。后授太学博士转国子助教,但他每次从官学回到家里还要讲学,"道俗受业者数十百人,率常如此。"[⑥]

　　北朝时,许多名德硕儒隐居在河西和中原的一些地区。他们为儒学的传播作出了杰出的贡献,同时也促进了私学的发展。虽然在北魏太平真君年间,统治者为了加强中央官学,曾下令禁止私学,但是,散布于民间的私学具有一定的生命力,再加之一般读书士子的求学愿望,所以私学屡禁不止。北魏都城由平城迁到洛阳后,私学教育更加兴盛,史称"时天下承平,学业大盛。故燕齐赵魏之间,横经著录,不可胜数。大者千余人,小者尤数百。州举茂异,郡贡孝廉,对扬王庭,每年逾众"[⑦],反映了在当时私学已成为官学教育的重要补充,承担着为国家培养人才以及恢复与振兴文化教育事业的重任。北朝私学分布于当时各地,其授业者又往往是一些硕士鸿儒,学术精湛,颇能吸引学生。其教育面之广,规模之大,丝毫不亚于官学教育。它对北朝的政治、经济和文化教育事业的发展作出了重要贡献,扩大了以儒家为主要内容的汉文化的传播范围。

（二）魏晋南北朝时期私学教育的特点

　　与汉朝相比,魏晋南北朝时期的私学有着自己的特色。

1. 家学教育进一步发展

　　家学是私学教育的一种特殊形式,它更为普遍。魏晋南北朝时期,由于门阀士族阶层的形成,汉时已经存在的家学得到了进一步的发展,这时的家学由一家扩展至一族而具有了家族教育的性质。门阀士族多是靠专经策试而走上仕途的,这样数代相因,积厚流光,便由累世经学而至公卿,儒学与高官相结合就成为豪门士族。为了能够保持门第的显赫,使其既能光宗耀祖又能流芳百世,门阀士族非常重视家族内部的教育,所以家学因此大盛。

　　家学最主要的特点就是家族性很强,当时很多不在官学中传授而又源远流长的学科,基本上都是在家学中传授的。这些以传授专门学科为内容的私学的出现,对我国专门学科的研究、自然科学知识等的传播,有着不可估量的作用。

①　沈约.宋书[M].北京:中华书局,1974:2293-2294.
②　萧子显.南齐书[M].北京:中华书局,1972:677,679.
③　萧子显.南齐书[M].北京:中华书局,1972:929.
④　萧子显.南齐书[M].北京:中华书局,1972:943.
⑤　姚思廉.陈书[M].北京:中华书局,1972:441.
⑥　姚思廉.陈书[M].北京:中华书局,1972:442.
⑦　魏收.魏书[M].北京:中华书局,1974:1842.

2. 私学教育内容的多样性

魏晋南北朝时期,各个朝代政权维持的时间都比较短暂,统治者无法进行思想的统一,因此各种学说蜂起。私学的教育内容虽然仍以儒学为主,但是已经出现了玄学、道学等。私学的教育内容出现了多元化的倾向,摆脱了汉代"独尊儒术"的模式。

另外,魏晋南北朝时期还出现了各家兼综、合流的私学。不少学者既是儒家,同时又是玄学家或道家、佛家,一身兼几家。他们所创办的私学也是既讲儒学,又讲玄学或道学、佛学,兼容并包,多角度多学科的私学开始涌现。有些私学是儒、佛、道三者并重的,有些私学设立天文、历法、占卜、书法等学科,也有私学设立了医学。

私学教育内容的多样性体现了当时的学术自由风气,道家思想、玄学思想以及佛家的理论在这段时期得到了传授并获得良好的发展,为唐宋以后儒、佛、道三教的合流及中国哲学和学术的发展奠定了良好的基础。

三、隋唐时期的私学

隋朝统一之后,实行崇儒的文教政策,对教育事业比较重视,但是私学仍是当时教育的主力,弥补着官学教育的不足。如隋朝末年大儒王通,于山西南部聚众讲学,门徒遍及天下,唐初的著名将相如房玄龄、杜如晦、李靖、魏徵等都是他的学生。另外,一些官学的教师在完成其正常的教学工作后,也会在家招收弟子,传授自己所专精的经学。如隋代著名的经学大师刘焯和刘炫担任国子寺的教师时,全国各地的学子或是学者都来京师向他们进行求教或质疑。

随着社会的盛衰变化,唐代私学也经历了由微弱到兴旺的转化。唐初由于统治者对官学的提倡和重视,读书士子皆以入官学为荣,那时私学尚处于从属的地位。"安史之乱"后,中央集权的统治削弱,社会发生了巨大变化,中央政府对于官学的控制也有所减弱,加之科举重进士而轻明经,唐代私学的学生大都要参加科举考试,入仕为官。官学注重经学、讲究师承的学风已经不适应社会上人们的追求,私学内容的多样活泼正切合了社会的时尚,满足了人们参加科举"以文学而进"的心理,这为私学的发展提供了机遇。就教学内容而言,开元以前以儒家经典为主,开元以后进士科为社会所重视,不再以儒学为主要内容,诗词文赋的比重逐渐加大,出现了文学化的倾向,同时还有其他方面的内容。就教育层次来讲,当时私学大致分为三个层次:初级教育,如各种形式的私塾、蒙学以及家学,专门对儿童实行启蒙教育,主要就是进行识字及基本伦理道德规范的教育;中级教育,是指由具有一定造诣的学者开办的私学或家学,聚众授徒;高级教育,主要是指由一些著名的学问大师、著名文人等开办的私学,他们或赋闲在家或隐居山林聚徒而教,或在做官的同时在家授徒或是有读书士子慕名而来求学质疑,这些私人讲学的程度大都较高,相当于国子学或太学教育程度。

在唐代,佛教寺庙所举办的寺学也属于私学的性质。僧人为教师,学生既有佛门弟子,也有俗家弟子。寺学所教授的内容既有佛家经典,也有儒经、史籍、文字书算和诗歌辞赋等其他门类。佛寺僧侣在对读书士子进行儒学教育的同时,也灌输给他们佛教的思想意识,他们在以后的社会活动中,"由于佛教思想的影响,在发展儒学的同时,也由潜意识的作用而弘扬了佛法,使佛教这一外来文化,通过寺学这一特殊教育形式,浸透到教育这块千年来儒家思想占绝对统治地位的世袭领地。这一变化的过程是缓慢的、渐进的,然而,它的影响却改变了人们的许多意识观念。佛教不再是外来的异端,它作为中国传统文化的一个重要组成部分,在唐和唐以后的中国封建社会里,在社会意识形态领域中,愈来愈多地产生着巨大而深远的影响。"①

思 考 练 习

1. 概述汉代的学校教育制度及其历史地位。
2. 简述汉代太学的学校教育制度。
3. 魏晋南北朝时期在学校教育制度上有哪些创新?
4. 唐代学校教育制度有哪些突出的特点?

拓 展 训 练

从私学发展的角度谈谈民办教育在文化传播和人才培养中的地位与作用。

---

①　李国均,王炳照.中国教育制度通史:第 2 卷[M].济南:山东教育出版社,2000:423－424.

第六章 汉唐时期的教育思想

【学习目标】

1. 理解贾谊"教为政本"的教育作用思想。
2. 把握贾谊"全人生"的教育思想。
3. 简述董仲舒"圣化"的教学思想。
4. 把握董仲舒"独尊儒术"的文教政策思想及其历史影响。
5. 试述王充的教学过程思想。
6. 了解颜之推的幼儿家庭教育思想。
7. 试述颜之推的成人教育思想。
8. 了解韩愈教师思想的主要内容。
9. 理解韩愈的师道思想及其现代价值。

【知识列表】

汉唐时期的教育思想	贾谊的教育思想	"教为政本"的教育社会作用思想
		全人生教育思想
		道德教育思想
		"圣人之化"的教学思想
	董仲舒的教育思想	对儒学的神学化改造
		三大文教政策的提出
		关于教育作用的思想
		关于教学的思想
		关于道德教育的思想
	王充的教育思想	教育作用思想
		教育培养目标思想
		教育内容思想
		教学思想

汉唐时期的教育思想	颜之推的教育思想	教育对象与教育目标思想
		教育作用思想
		教育内容
		学习的态度与方法
		儿童教育与成人教育思想
	韩愈的教育思想	"学道明教"与"就学愈明"的教育作用思想
		教学思想
		教师思想

【导言】　汉唐时期是继春秋战国百家争鸣之后中国教育思想的又一重要发展阶段。这一时期教育思想的特色是流派数量较先秦少,但对有关问题的论述更加深入具体。贾谊的教育思想可以看作从先秦"百家争鸣"经由秦"以法为教、以吏为师"后向汉代"独尊儒术"转化的产物;董仲舒的教育思想则标志着这种转化的完成和以儒学为主的封建教育思想体系的确立;王充的教育思想可看作汉代教育思想体系确立后,儒家教育思想的自我调整;颜之推则系统地建立了传统幼儿家庭教育思想体系;韩愈创造性地提出了系统的教师思想。通过本章内容的学习,我们将会了解到这一时期教育思想的全貌。

第一节　贾谊的教育思想

贾谊(前200—前168),河南洛阳(今河南省洛阳市)人,西汉初年杰出的政论家、文学家、教育家。贾谊生活在汉文帝时代,研习过道家学说,著有《道德说》《道术》等论文,18岁时贾谊以能诵《诗》《书》和善著文辞称名于郡中,受到河南太守吴公的赏识而被召为门客。吴公曾就学于荀子的弟子李斯,可见贾谊与吴公有着共同的学术渊源。汉文帝即位,吴公因政绩卓著被朝廷征为廷尉,贾谊也在吴公的推荐下被召为博士,以年少才高受到文帝的欣赏而被破格提拔为太中大夫,因受到朝臣的嫉妒和排挤,最终被调离中央,出任长沙王太傅。4年后,文帝把他召回中央,拜为梁怀王刘胜的太傅。后梁怀王坠马身亡,贾谊认为自己没能尽到责任而悲痛自责,郁积而死,年仅32岁。

两度近8年的王太傅生活,是贾谊教育思想的实践基础。今存有其著作《新书》,是研究他教育思想的重要依据。

一、"教为政本"的教育社会作用思想

贾谊关于教育的社会作用思想建立在他的社会政治思想基础之上。

贾谊建议统治者在政治上采取积极有为的政策,正视诸侯王日益膨胀的野心,主张"众建诸侯而少其力";对于匈奴贵族的侵扰,他主张不可持有退避忍让和听之任之的态度,而是要采取军事反击和德化并行的方法去分化瓦解匈奴单于的臣民,使其处于一种"无臣之使,无民之守"的境地。贾谊的社会政治思想具有超前性,实际上成为后来汉武帝由"无为"转向"有为"的政治思想先导。特别是他关于防范地方割据势力颠覆中央政权的具体建议,被汉统治者所采纳,在维护中央集权的斗争中起到了积极的作用。

贾谊通过对秦王朝的兴亡过程进行总结,认识到"取与守不同术","并兼者高诈力,安危者贵顺权"的历史教训。他认为秦之所以二世而亡,其根本原因就在于统一六国之后,一味"专威定功""其道不易,其政不改"。(《新书·过秦·中》)他建议汉统治者在取得政权之后,应当及时改变统治策略。贾谊继承了先秦儒家的民本和礼治思想,他说:"夫民者,万世之本也,不可欺。"(《新书·大政·上》)国家的安危和君主的荣辱,全在于统治者是否能够正确处理与人民之间的矛盾:"自古至于今,与民为仇者,有迟有速,而民必胜之。"(《新书·大政·上》)

贾谊在民本思想的基础之上论述了礼治和仁义教化的社会作用。他认为,仁义教化的实施要以礼法的统治为基础,只有在权势礼制已定之后,才能"以仁义恩厚因而泽之"(《新书·制不

定》)。他肯定了"礼"的重要作用:"道德仁义,非礼不成;教训正俗,非礼不备;分争辩讼,非礼不决;君臣上下父子兄弟,非礼不定;宦学事师,非礼不亲;班朝、治军、莅官、行法、非礼威严不行;祷祠祭祀、供给鬼神,非礼不诚不庄。是以君子恭敬撙节退让以明礼。礼者,所以固国家、定社稷,使君无失其民者也。"(《新书·礼》)贾谊生活在秦"以法为教"到汉初"无为而治"再到汉武帝时思想渐趋统一、儒学渐占上风的时代。关于"礼"与"法"的关系,他认为各有其功能。"夫礼者,禁于将然之前;而法者,禁于已然之后。是故,法之所用易见;而礼之所为生难知也。"(《汉书·贾谊传》)所以他主张教育要以预防和教化为主,反对严刑峻法。"绝恶于未萌,而起教于微妙,使民日迁善远罪而不自知也。"(《汉书·贾谊传》)他认为,"善""恶"都有一个发展的积渐过程:"人主之所积在其取舍,以礼义治之者积礼义,以刑罚治之者积刑罚。刑罚积而民怨背,礼义积而民和亲。"(《汉书·贾谊传》)因为教化不如刑罚那样能够起到立竿见影的教育效果,而被大多数君主所忽视。教化的作用在于"使民日迁善远罪而不自知"(《汉书·贾谊传》),"绝恶于未萌",因此会断绝人民犯上作乱的思想根源。所以他得出结论说:"教者,政之本也;道者,教之本也。有道,然后教也;有教,然后政治也。政治,然后民劝;民劝之,然后国丰富也。"(《新书·大政·下》)

二、全人生教育思想

关于教育在个体发展过程中的作用,贾谊是从全人生发展的角度来加以论述的,他将人生的教育分为胎儿期、幼儿期、少年期、成人期四个阶段,教育者应当根据儿童不同的年龄特征施以相应的教育内容和教育方法。

胎儿期的教育即胎教。贾谊认为,人"自为赤子,而教固以行矣"(《新书·保傅》)。他在总结前人经验和思想的基础上,主张人生的教育应从胎儿期开始,并对此作了专门论述。他认为胎儿是人生之本,是生命的起点,胎儿是否良好,素质如何,将决定他未来的发展前途。在贾谊看来,胎教并不是因怀孕而起,实际上它从婚配对象的选择中就已经开始。他觉得,先辈的遗传与品德可以对子女产生直接影响。"凤凰生而有仁义之意,虎狼生而有贪戾之心,两者不等,各以其母"(《新书·胎教》),所以子女的婚娶对象应选择"孝悌世世有行义者"(《新书·胎教》)。贾谊从经验中直观地认识到父母的心理特征和个性品格对后代发展的潜在影响。贾谊指出胎儿期的教育应当特别注意其生长发育的环境:一方面是母体的内在环境,一方面是母体周围的外界环境。他主张怀孕的妇女应当"立而不跛,坐而不差,独处不倨,虽怒不骂"(《新书·胎教》),努力保持自身心灵的静谧和自己身体的自然姿势;他主张应当给孕妇提供特殊的居室,使其与外界嘈杂的生活相隔绝,不听怪诞的音乐,不吃刺激的食物。这一切不仅要靠孕妇的主观自觉,而且要靠他人的积极配合。贾谊关于胎教的思想弥足珍贵,对后世产生了较大影响。

婴儿出生以后的教育分为三个阶段。幼儿阶段,需将教育与养护相结合,保教并重。贾谊认为,幼儿身体羸弱,不仅要"傅之德义""道之教训",更重要的是"保其身体"。少年阶段,儿童应当以学业为主,成人要严格地督促、要求他们。他说,对待少年,在学业和品德上不可有丝毫的迁就,对学业不良和品行不端者,应不惜"罚其不则而匡其不及"。成人阶段,应当实行自动自发的教育。贾谊认为,"既冠成人"之后,身心已经长大成熟,也已具备克制自己行为的能力,应当免去"保傅之严"而代之以善意的劝勉,有时只需要做适当的提示。贾谊还论述了根据人的不同的年龄阶段施以相应教育内容的问题。他说:"古者年九岁入就小学,蹍小节焉,业小道焉;束发就大学,蹍大节焉,业大道焉。"(《新书·容经》)又说:"弟子随师而问,博学以达其知,而明其辞以立其

诚。"(《新书·道德说》)

贾谊从培养君王的角度来论述全人生的教育思想,难免有其理想化的成分,一般平民百姓也难以做到。但这种强调根据儿童身心发展的不同阶段及其程度,来确定教育内容要求和采用相应教育方法的观点无疑是合理的。

三、道德教育思想

关于道德教育的内容,贾谊提出了"六德""六行"说。他认为,人应当具有道、德、性、神、明、命等"六德"(亦称"六法")和仁、义、礼、智、圣、乐等"六行",儒家"六艺"(即"六经")是培养人道德品行的最佳教育内容。他说:"先王为天下设教,因人所有,以之为训;道人之情,以之为真;是故,内本六法,外体六行,以与《诗》《书》《易》《春秋》《礼》《乐》六者之术以为大义,谓之'六艺',令人缘之以自修,修成则得六行矣。"(《新书·六术》)贾谊具体分析了"六经"(即"六艺")与各种道德品行形成之间的关系。譬如,《诗》是"志德之理而明其指,令人缘之以自成";《书》是"著德之理于竹帛,而陈之令人观焉,以著所从事";《礼》是"体德理而为之节文,以成人事";《易》是"察人之循德之理与弗循,而占其吉凶";《春秋》是"守往事之合德之理与不合,而纪其成败,以为来事师法";《乐》则是"《诗》《书》《礼》《易》《春秋》五者之道备,则合于德矣,合则欢然大乐矣。"(《新书·道德说》)贾谊围绕培养优良德行的目标,将"六经"的德育价值取向系统化,为后来"罢黜百家、独尊儒术"的政令奠定了思想基础。

贾谊还论述了道德行为规范,以作为道德教育的具体内容。他将其称为"善体",即指那些根本性的道德观念。主张要"品善之体"。他认为,要对人进行引导,就必须要有善恶的标准。如果不明白孰是孰非,行动就会无所适从,因此,他十分强调对道德观念的理解和把握。

关于道德修养的方法,贾谊提出应当做到积渐和习染。

积渐,即品行的发展要从萌芽状态开始,由小而大。"善不可谓小而无益,不善不可谓小而无伤""当夫轻始而傲微,则其流必至于大乱也。"(《新书·审微》)对于品德中极细微的闪光点,应及时地加以引导,并将其发扬光大,行为中的小瑕疵则应及时克服制止。对于品格中的不良现象,如果初露端倪的时候不予阻止,必然要发展到欲加制止而无能为力的地步,"焰焰弗灭,炎炎奈何;萌芽不伐,且折斧柯"(《新书·审微》)。

习染,即重视环境的影响。其中既有人的因素,也有物的因素。在谈到环境对人的教育影响时,贾谊继承墨子的"染丝说",认为:中人之性"似练丝,染之蓝则青,染之缁则黑"(《新书·连语》)。贾谊还认为环境的布置应富有教育意义,要在特定的场合构成相关的教育情境,让人在不知不觉中受到潜移默化的教育。

四、"圣人之化"的教学思想

关于教学,贾谊有一段非常精辟的论述:"故师傅之道:既美其施,又慎其齐;适疾徐,任多少;造而勿趣,稍(稽)而勿苦,省其所省,而堪其所堪,故力不劳而身大盛(成),此圣人之化也。"(《新书·容经》)

意思是说,优秀的教师,既要具备良好的道德和渊博的知识,又要身体力行,为人师表。教师的教育方法,既要做到具有优美的教学艺术,又要做到因材施教;教学进度的快慢要适合学生的发展水平,教学内容的多少要根据学生的接受能力而定;要引导学生而不要驱赶他前进;对学生应有严格的要求和适时的检查,但又不至于使其感到压力过重而苦不堪言;要充分发挥学生的学习主动性、自觉性,使其能够自主学习。只有做到这些,才能使学生得到最大限度的发展,达到其理想水平。这是一种最大限度地发掘和发挥学生智力潜能的教学。做到了这些,教师的教学艺术就达到了高超娴熟即所谓"圣化"的水平。在这里,贾谊实际上已经涉及了教师素质、教学目的、教学内容、教学原则、教学方法和教学艺术等问题,是对先秦儒家教学思想的总结、丰富和发展,后为西汉教育家董仲舒所继承。

第二节　董仲舒的教育思想

董仲舒(前179—前104),广川(今河北景县)人,汉代著名的经学大师、哲学家和教育家,有"汉代孔子"之称。自幼刻苦习儒,曾"三年不窥园"(《汉书·董仲舒传》),"乘马不知牝牡,志在经传"(《太平御览·卷八百四十引》),遍习《五经》,尤精《春秋公羊》学,还兼学黄老、阴阳五行学说及神仙方士之术,他的思想深受贾谊影响。

董仲舒在孝景帝时曾任博士官。武帝即位诏举"贤良文学之士",他在对策中提出"推明孔氏,抑黜百家;立学校之官;州郡举茂材孝廉"的三大主张,深得武帝赏识。先后被任命为江都王和胶西王的丞相。后告病归家,著书讲学,以老告终。董仲舒一生著述甚多,《汉书·艺文志》著录其作123篇,大部分已亡佚。今存由后人辑录的《春秋繁露》82篇,《汉书·董仲舒传》载有《对贤良文学三策》,其他散见于《史记·儒林传》《汉书》的《五行志》《艺文志》《食货志》《匈奴传》等篇目。这些都是研究其教育思想的基本材料。

董仲舒的教育思想及其实践活动分为两个阶段。孝景帝时,他虽为博士,却赋闲在家,从事私家讲学活动,当时很多人慕名求学,"皆师尊之。"(《史记·儒林列传》)中年被贬为中大夫后,仍然从事收徒授学的活动,讲授《公羊春秋》之学。他很讲究教学艺术,收到"圣化"之功效。他采用高材生带程度较低的学生或老学生带新学生学习老师教授知识内容的方式进行教学,因此有些学生跟随多年却"莫见其面"(《汉书·董仲舒传》),即未能当面聆听教师的教诲,这种方式就是后来的"导生制"即小先生制的萌芽。

一、对儒学的神学化改造

在先秦儒学向汉代儒学转化的发展过程中,董仲舒起了十分重要的作用。

首先是儒学的神学化。董仲舒的儒学与先秦原始儒学有所不同。为了适应汉武帝时代实现政治统一的需要,他以先秦儒家思想为基础,博采诸子百家之学,糅合阴阳五行学说,对儒学进行大胆改造,在《春秋公羊》学的名义下将它们融合起来,建构起以"天人感应"为核心的神学化的新儒学理论体系,以此作为维护封建中央集权统治的理论依据。其理论模式是:神学化经学=原始儒学+阴阳五行学说+法家专制学说。他将"天"神化,赋予其意志和目的,视其为万事万物的主宰。他说:"天者,万物之祖。万物非天不生。"(《春秋繁露·顺命》)万物秉承"天"的意志而生成,人也不例外,人与天地、阴阳、五行和而为十,但人是其中最为高贵者。"天地之精所以生物者,莫贵于人。人,受命乎天也,故超然有以倚(高于物)。"(《春秋繁露·人副天数》)天不仅创造了人,而且还监视着人的一举一动,因而人只能顺应"天意"而不能抗逆而行,否则必将遭到"天"的惩罚;统治者是秉承"天命"来管理社会的,但也要顺应而不能违逆"天意",才能维持自己的统治,否则也必然受到"天"的惩罚,统治政权必将灭亡;臣民服从君主的统治也是顺从"天意",违抗、弑君等行为都是违背"天命"的大逆不道的表现,这就是所谓"天人感应"论。他说:"受命之君,天意之所予也,故号为天子者,宜事天如父,事天以孝道也。"(《春秋繁露·深察名号》)又说:"以人随君,以君随天"。(《春秋繁露·玉杯》)这种观点其实是借"天意"来论证封建统治的合法性和永恒性,为其披上神圣的外衣,总体上有利于封建统治秩序的稳定和封建统治者的管理。但在一定程度上也对统治者起着约束作用,使其顾及"天意"而不致为所欲为,同时也给平民百姓留有一定的合法位置,并为他们因不堪统治阶级的沉重压迫和残暴专制而起义反抗提供了合理的理由。这一主张由于符合汉初统治者维持大一统国家,加强中央集权的需要而被吸纳为国策,在全国推行,它不仅对汉代而且对整个封建社会文化教育的发展都产生了深远影响。

其次是儒学的官学化、经学化、社会化。儒家在先秦本为百家之一,但是在秦朝的"焚书坑儒"中却遭到了极大摧残。汉初实行"无为而治"的宽松政策使儒家学说得到了恢复和发展的同时,也使其他各家大为流行。董仲舒认为这种状况不利于封建专制统治,他竭力推崇儒家在《春秋》中所宣扬的封建"大一统"思想,主张"独尊儒术",确立儒家思想作为官方学说的正统地位,并且将其作为判别是非、统一思想的唯一准绳,《汉书·董仲舒传》将这一做法概括为"推明孔氏,抑黜百家",这就是所谓"罢黜百家,独尊儒术"的由来。这一主张在实质上与秦代"以法为教,以吏为师"、焚书禁学的主张并无区别,都是一种文化专制主义的文教政策,但董仲舒的目的是要通过大力推崇儒学来达到统一思想的目的。这一思想实施的结果确立了儒学的学术正统和官学地位,从此儒家典籍便成为世人必读的材料,进而成为学校育人和政府选材的主要内容。一时间,社会上学习儒家经典成为时尚,促进了儒学的普及和流行,从而实现了它的经学化和社会化。

二、三大文教政策的提出

在汉武帝急于寻求统一治国策略的背景下,董仲舒提出"抑黜百家,独尊儒术""兴太学置名师,以养天下之士""推行选举以尽天下之才"的三大对策被采纳,三大文教政策不仅对两汉的学校教育及管理影响很大,而且对中国封建社会文化教育的影响也极为深刻,有效地发挥了维持和巩固封建统治的作用。

(一)抑黜百家,独尊儒术

董仲舒在《对贤良策三》中说:"《春秋》大一统者,天地之常经,古今之通谊(义)也。"什么是天地古今的"常经""通谊"呢?他在《对贤良策一》中说:"夫仁、义、礼、智、信五常之道,王者所当修饬也。五者修饬,固受天之祐而享鬼神之灵,德施于方外,延及群生也。"又在《春秋繁露·基义》中要求人们恪守君臣、父子、夫妇等"王道之三纲"。他强调:"循三纲五纪,通八端之理,忠信而博爱,敦厚而好礼,乃可谓善。"(《春秋繁露·深察名号》)董仲舒认为只有儒家所宣扬的伦理纲常才是人们应当谨守的,针对当时思想舆论混乱的情形,他强调不仅应当重视而且必须独尊儒术才能实现封建统治的长治久安。"今师异道,人异论,百家殊方,指意不同,是以上亡(无)以持一统;法制数变,下不知所守。臣愚以为诸不在六艺之科、孔子之术者,皆绝其道,勿使并进。邪辟之说灭息,然后统纪可一而法度可明,民知所从矣。""独尊儒术"主张不仅迎合了统治者的需求,也满足了人们的社会心理,因此很快在社会上流行开来,影响深远。

(二)"兴太学置明师,以养天下之士"

董仲舒在《对贤良策一》中提出:古之王者:莫不以教化为大务,立太学以教于国,设庠序以化于邑,渐民以仁,摩民以谊(义),节民以礼,故其刑罚甚轻而禁不犯者,教化行而习俗美也。"他强调了设学、立教、育才的重要性。《对贤良策二》进一步明确提出:"故养士之大者,莫大乎太学。太学者,贤士之所关也,教化之本原也。……臣愿陛下兴太学置明师,以养天下之士;数考问以尽其材,则英俊宜可得矣。"独尊儒术、推行德治的关键在于办学育才,因为养士是用贤的基础。他建议在中央设太学以培养贤士,以此造就符合国家需要的官吏,在地方设庠序以教化百姓子弟,授以儒家纲常伦理之道,达到"渐民以仁,摩民以谊(义),节民以礼"的目的。汉武帝采纳了这一建议,相继在京师和州郡设立了太学和庠序之学。董仲舒由德治教化提出兴办太学以培养忠君化民的官吏的想法,把春秋战国以来所形成的私家养士之风发展成为封建国家统一的教育养士制度,对中国封建教育制度的建立和完善作出了创造性贡献。此后,太学就成为中国封建社会的最高学府之一。

(三)"推行选举,以尽天下贤才"

《对贤良策二》提出:"臣愚以为使诸列侯郡守二千石,各择其吏民之贤者,岁贡各二人,以给宿卫。且以观大臣之能,所贡贤者有赏,所贡不肖者有罚。夫如是,诸侯、吏、二千石皆尽心于求贤,天下之士可得而官使也。遍得天下之贤人,则三王之盛易为,而尧舜之名可及也。毋以日月为功,实试贤能为上。量材(才)而授官,录德而定位。则廉耻殊路,贤不肖异处矣。"《对贤良策三》进一步提出:"举贤良方正之士,论谊考问,将欲兴仁谊之休德,明帝王之法制,建太平之道也。"董仲舒认为,兴学育才与广开仕路是相辅相成、不可分割的两个方面,因此主张将学校养士与察举选士结合起来,建立常规化的、以经学作为考试标准的选士制度,他的论述为汉代察举制度的创立奠定了理论基础。汉初,选士以德行为主,不进行经学考试;到汉末"诸生试家法,文吏课笺奏"(《后汉书·左雄传》),即孝廉试经术,秀才试策论。以经学取士的制度,刺激了世人学习经学的热情,促进了经学的社会化。

三、关于教育作用的思想

1. 德治论与教育的社会作用

董仲舒认为,德治与法治不同,前者重在引导,后者重在禁止。他鉴于秦王朝对人民实行"严刑峻法"而迅速灭亡的教训,主张"任德而不任刑"(《汉书·董仲舒传》)。他借用天道"阳尊阴卑"的思想,提出"阳德阴刑"说,认为"天数右(佑)阳而不右(佑)阴,务德而不务刑"(《春秋繁露·阳尊阴卑》),为推行儒家的"德治"找到了"天意"的根据,帝王也应当"承天意以从事,故任德教而不任刑"。他在《对贤良策一》中有一段著名的论述:"王者欲有所为,宜求其端于天。天道之大在阴阳,阳为德,阴为刑,刑主杀而德主生。是故阳常居大夏而以生育养长为事,阴常居大冬而积于空虚不用之处,以此见天之任德不任刑也。天使阳出布施于上而主岁功,使阴入伏于下而时出佐阳。阳不得阴之助亦不能独成岁终,阳以成岁为名,此天意也。王者承天意以从事,故任德教而不任刑,刑者不可任以治世,犹阴之不可任以成岁也,为政而任刑,不顺于天,故先王莫之肯为也。"

"任德教而不任刑",必然要求重视教化。在《对贤良策一》中,他重点论述了"教化"的基础地位与重要作用,主张君王应当把教育作为治理国家的根本和任务。"夫万民之从利也,如水之走下,不以教化堤防之,不能止也。是故教化利而奸邪皆止者,其堤防完也;教化废而奸邪并出,刑罚不能胜者,其堤防坏也。古之王者明于此,是故南面而治天下,莫不以教化为大务。"基于对教育作用的这种认识,他强调要把教育置于治理国家的根本地位,而刑罚不过是其末端:"教,政之本也;狱,政之末也。"(《春秋繁露·精华》)

董仲舒认为,教育的社会政治作用无外乎《学记》所说的"建国君民"和"化民成俗"两个方面的内容,即一方面表现为要培养治理国家、统治百姓的人才,另一方面要传播"三纲五常"等伦理道德规范来教化庶民。从第一方面来说,他主张从中央到地方普遍设置学校,即"立太学以教于国,设庠序以化于邑""以养天下之士"获得英才,这是维护和保障中央集权统治的人才及其智力支撑。从第二方面来说,就是要对广大百姓进行伦理道德教化,"渐民以仁,摩民以谊(义),节民以礼。"以达到"教化行而习俗美",养成良好社会风气的目的。"夫仁义礼智信五常之道,王者所当修饬也。五者修饬,故受天之佑而享鬼神之灵,德施于方外而延及群生也。"这也是维护和保障中央集权统治的社会文化基础。

2. 人性论与教育的个体作用

首先,董仲舒认为,人性只是"天"创造人类时赋予其的一种先验素质,因为天有阴阳,所以人性亦有善恶。"人受命于天,有善善恶恶之性。"(《春秋繁露·玉杯》)他把善性谓之"性",恶性谓之"情",持"性善情恶论",这是对先秦孟子、荀子两人关于人性善恶争论的调和。但这只是一种与生俱来的"自然之资"(《春秋繁露·深察名号》),即其都有发展成为善或恶的可能性,善为后天君王教化的结果,即"待外教然后能善"(《春秋繁露·深察名号》)。"性者,天质之朴也;善者,王教之化也。无其质,则王教不能化;无其王教,则质朴不能善。"(《春秋繁露·实性》)但性情有善恶,所以善端之性"非教化不成",引其天性之所;恶端之情"非度制不节",厌其情之憎。这样,教育对人性的作用就表现为"引性厌情"。模式如下:

善质——→待教而后善;恶情——→提防、阻止其发展,并教化使其善。

其次,董仲舒吸收了自孔子以来关于人性差异论的观点,明确提出了"性三品"说,他把人性划分为"圣人之性""中民之性""斗筲之性"三个不同的等级。他说:人"圣人之性,中民之性,斗筲之性","圣人之性不可以名性,斗筲之性又不可以名性。名性者,中民之性也。……性待渐于教训而后能为善"(《春秋繁露·实性》)。这种思想是对孔子"唯上知与下愚不移"(《论语·阳货》)和"中人以上可以语上,中人以下不可以语上"(《论语·雍也》)观点的继承。董仲舒认为,"圣人之性"是无需经过教育而成善的绝对善性,"斗筲之性"是虽教却难善的天生恶性。这两部分人在现实生活中都是比较罕见的,只有"中民之性"才是最普遍的,也是存在可塑性的。"今万民之性,有其质而未能觉,譬如瞑者待觉,教之然后善。当其未觉,可谓有质,而不可谓善。……性待教而为善。""天生民性有善质,而未能善,于是为之立王以善之。"(《春秋繁露·深察名号》)"万民"即大众,普通百姓生而有其可善之"资质",即善的可能性,但只有通过王者的教化才能真正成为善,即变成善的现实性。同时,"中民之性"也有成恶的可能性。要使"民性"成善,就必须节制其情欲,这全靠帝王对他们进行教化。君王通过教化,使人民"循三纲五纪,通八端之理,忠信而博爱,敦厚而好礼,乃可谓善"(《春秋繁露·实性》)。因此,教育对绝大多数人的发展来说具有重要的甚至决定性的作用。

四、关于教学的思想

(一)关于教学内容

董仲舒说:"君子不学,不成其德。"(《对贤良策二》)他从教学的主要作用在于培养人的德性和"独尊儒术"的主张出发,认为教学内容主要是儒家所宣扬的"三纲五常"等伦理道德和礼乐教化等。所谓"三纲"即"君为臣纲,父为子纲,夫为妻纲",最早出自《韩非子·忠孝》:"臣事君,子事父,妻事夫,三者顺则天下治,三者逆则天下乱,此天下之常道也。"《礼纬·含文嘉》也说,"三纲谓:君为臣纲,父为子纲,夫为妻纲"。董仲舒用"天人感应""阳尊阴卑"的理论对其进行了系统论证,使之在教育和伦理实践中产生了深远影响。与"三纲"相配合的"五常"是仁、义、礼、智、信,"五常"作为道德概念在先秦早已提出,但董仲舒把它提升为"常道",对其地位与作用做了新的阐发。"三纲"是由"天意"决定的封建伦理道德的基本准则,"五常"是从"三纲"中派生出来与个体的道德认知、情感、意志以及道德践履等心理、行为能力相关的道德观念,是"三纲"总则付诸个体并具体展开、广泛延伸于各种社会关系的个体品质的保证。"三纲五常"合称"八端",成为两千多年来中国封建社会道德教育的中心内容。董仲舒从天道到人性,从人性到道德的教化理论,目的是要统治者对人民灌输封建道德的思想,加强精神统治,因而从思想上消灭"犯上作乱"的根源。

董仲舒特别重视仁和义,尤其强调义的重要性,提出"以仁安人,以义正我"。他说:"仁之法在爱人,不在爱我;义之法在正我,不在正人。"(《春秋繁露·仁义法》)也就是说,君子"安人""爱人"必先"正我","正我"必须排除私利,因为"私利"是"公义"的大敌。因此,要"正我""为义",就要不为利欲所驱,做到"正其谊(义)不谋其利,明其道不计其功"。如果人人都明白这个道理,就能各安于自己所处的地位,不相互争利,国家也就可以安定。董仲舒也特别重视"乐教"的作用。他在《对贤良策一》中曾论述了这一问题:"乐者,所以变民风化民俗也;其变民也易,其化人也著。故声发于和而本于情,接于肌肤,臧于骨髓。"这段话讲述了"乐教"的起源、本质和作用,认为"乐"源自人的内在情感,本质在于要达到"和"的境界,它能够通过人的外在感官接触直达内在的心理精神层面。

从人才培养的角度看,董仲舒关于教学内容的论述涉及德、智、美等几方面。"纲常名教是为德,典章历史之教是为智,文之以礼、冶情于乐是为美。"①但总体说来,董仲舒的教学内容思想有一个非常突出的缺陷,就是他将教学内容严格地限制在人文社会的伦理范围内,反对学习自然科技方面的知识。他明确提出:"能说鸟兽之类者,非圣人所欲说也。圣人所欲说,在于说仁义而理之。"(《春秋繁露·重政》)这种教学内容思想非常狭窄,与孔子要求人们"多识于鸟兽草木之名"(《论语·阳货》)的教学内容观比起来是一种倒退。

(二)关于教材的思想

董仲舒从"独尊儒术"的思想出发,提倡以儒家"六经"作为教学的基本教材。他认为儒家经传乃人生修养、学校教学的根本,"夫义出于经。经,传大本也"(《春秋繁露·重政》)。他认为,"六经"的育人功能各有分工,概言之,"《诗》《书》序其志,《礼》《乐》纯其美,《易》《春秋》明其知"(《春秋繁露·玉杯》)。大抵上说,《诗》《书》相当于德育,《礼》《乐》相当于美育,《易》《春秋》相当于智育。具体说,"六经"各有其特点,因而教育效果各不相同,"六学皆大,而各有所长:《诗》道志,故长于质;《礼》制节,故长于文;《乐》咏德,故长于风;《书》著功,故长于事;《易》本天地,故长于数;《春秋》正是非,故长于治人"(《春秋繁露·玉杯》)。作为《公羊春秋》的大师,董仲舒特别强调《春秋》的价值。他认为《春秋》的根本特征是"奉天而法古",它既是一本"上探天端,正王公之位,万民之所欲"的政治教材,又是一本"道往而明来者"的历史教材,更是一本"为仁义法"的伦理

---

① 毛礼锐,沈灌群.中国教育通史:第 2 卷[M].济南:山东教育出版社,1986:178.

道德教材。董仲舒希望利用《春秋》所强调的大一统观念来为西汉的中央专制政治服务。

（三）关于教学艺术的思想

董仲舒不仅自己特别讲究教学艺术，还主张凡教师教学都应当讲究艺术，他认为只有教学艺术高超娴熟的人才能使教学达到出神入化的境界。

他强调教师不仅要重视教学原则方法，还要重视教学艺术及自身素养。他说："善为师者，既美其道有慎其行；齐时早晚；任多少适疾徐；造而勿趋，稽而勿苦；省其所为而成其所湛。故力不劳而身大成，此之谓圣化，吾取之。"（《春秋繁露·玉杯》）

在这里，他论述了教师的素质和教学原则、方法、目的及师生关系等问题。他认为，一个好的教师，既要具有良好的"道"和"行"，即思想、知识和道德行为素养，又必须遵循启发诱导、循序渐进、因材施教、量力而行等教学原则，注重施教的关键期，能够激发学生的学习兴趣，讲究娴熟多样的教学艺术。既要发挥教师的主导作用，又要充分调动学生的积极性。只有做到这些方面，教学才能取得良好的效果。这些见解是合乎教学规律的。

（四）关于学习的思想

董仲舒关于学习的思想论述了有关于学生学习过程中的强勉、虚心等情感态度和注意、思维等认知方法问题，归结起来，包括强勉学问、虚静专一、博节合宜、博连精思、积习渐致等主要内容。

1. 强勉学问

董仲舒认为学习贵在强勉努力，才能达到"博"与"明"的境地。他说："事在强勉而已矣！强勉学问，则闻见博而知益明；强勉行道，则德日起而大有功。"（《对贤良策一》）不论是治学还是修德，都需要发挥"强勉"精神，才能成功。"强勉"讲的是充分发挥学习者的积极主动性问题，属于心理学上的态度范畴，是学习取得成功的重要心理条件。

2. 虚静专一

所谓"虚静"，就是要求学习时要排除杂念，集中精力，保持头脑清静澄明，虚心以求。他说："形静而志虚者，精气之所趋也。"（《春秋繁露·通国身》）他认为学习必须专一，始终好善求义，才能知"天道"。他说："目不能二视，耳不能二听，一手不能二事，一手画方，一手画圆，莫能成。……是故君子贱二而贵一。人孰无善？善不一，故不足以立身。"（《春秋繁露·天道无二》）只有心志专一，注意力集中，才能保持高度的学习效率。

3. 博节合宜

董仲舒认为教学要注意处理好"博"与"节"即博览泛观与专一精深的关系。他认为，学习不能"大博"也不能"大节"，"大节则知暗，大博则业厌"（《春秋繁露·玉杯》）。意思是说，"大博"会使学习流于表面肤浅，浅尝辄止；"大节"会使知识面狭窄，见识片面，两者都会影响学习的效果。所以，应该做到博节合宜，博节结合。

4. 博连精思

董仲舒主张，读书既要做到深入思考、探赜索隐，又要做到举一反三、融会贯通。所谓"博连"，就是要求读书不仅要广泛涉猎而且应当把握各种事物之间的联系，做到"合而通之，缘而求之"（《春秋繁露·玉杯》）。譬如，他说："为《春秋》者，得一端而多连之，见一空（孔）而博贯之。"（《春秋繁露·精华》）所谓"精思"，就是要做到深入思考，把握要旨。他说：经传"辞不能及，皆在于指（旨）。非精心达思者，其孰能知之？……见其指者，不任其辞；不任其辞，然后可与适道矣。"

（《春秋繁露·竹林》）

5. 积习渐致

董仲舒认为，无论"学问""德行"还是功业，都应采取"众小成多，积小致巨""渐以致之""积善成德"的方法，日积月累，持之以恒，才能增进学识水平，陶铸崇高德性，成就丰功伟业。他在《对贤良策三》中以尧舜为例详细论述了这一点。"臣闻众小成多，积小致巨。故圣人莫不以晦致明，以微致显。是以尧发于诸侯，舜兴乎深山，非一日而显也，盖有渐以致之矣。……尧兢兢日行其道而舜业业日致其孝，善积而名显，德章而身尊，此其寝明寝昌之道也。"

五、关于道德教育的思想

在董仲舒的教育思想中，道德教育是其核心，因为它是董仲舒德治思想在教育上的自然延伸，是成就理想人格和统一大业的必由之路。道德教育的内容主要在于"三纲五常"、人伦社会政治方面，关于道德教育的原则方法，董仲舒提出了重义轻利、仁智统一、经权结合等主张。

（一）重义轻利

董仲舒认为，道德修养的焦点在于对利与义的态度上。义与利是中国传统道德教育中一对十分重要的范畴，有两重含义：一是指道德原则同个人利益的关系；一是指行为的动机与效果的关系。二者都是进行道德评价所依据的重要原则。关于第一方面，董仲舒认为道德原则与个人利益都是不可缺少的："天之生人也，使之生义与利。利以养其体，义以养其心。心不得义不能乐，体不得利不能安。"（《春秋繁露·身之养莫重于义》）这里的"义"是体现社会要求的价值和道德准则，"利"是指能满足个人生理需要的物质利益等，二者不可或缺。但是，对于人来说，义的意义和价值远大于利。董仲舒主张对价值道义的追求应高于对物质利益的追求，只有这样，人生才能获得高度的和谐和最终的满足。"体莫贵于心，故养莫重于义，义之养生人大于利。"（《春秋繁露·身之养莫重于义》）关于第二方面，董仲舒提出："正其谊（义）不谋其利，明其道不计其功。"（《汉书·董仲舒传》）这里，董仲舒又极端地化为只讲动机不讲效果、只讲道义不讲功利、只讲精神不讲物质的"动机论者"或精神论者，这种思想对后来的朱熹乃至整个中国传统的伦理道德教育都产生了消极的影响。

（二）仁智统一

董仲舒在道德教育的过程中还提出"必仁且智"（《春秋繁露·必仁且智》）的命题，主张道德教育必须做到"仁"与"智"的统一。他说："仁而不智，则爱而不别也；智而不仁，则知而不为也。故仁者所以爱人类也，智者所以除其害也。"（《春秋繁露·必仁且智》）意思是说，只有仁德而缺乏智慧的人，就会缺乏识别好坏的能力；光有智慧而缺乏仁德的人，即使认识到了事物的好恶也不会兼善天下，不会去做有益于人类的事情，甚至"不仁而有勇力材能，则狂而操利兵也"，"不智而辩慧狷给，则迷而乘良马也"（《春秋繁露·必仁且智》）。这两种状况都是十分危险的。因此，"仁者爱人"不能是一种盲目或无原则的泛爱，要靠"智"即道德认知来进行调节。道德认知也需要靠仁德等道德价值作为导航，才会造福于人类。只有认知统一，才能修成完美人格。"必仁且智"既强调了在道德教育中情感与认知的统一关系，也说明了德育与智育的统一关系，表明在道德教育中德智二者不可相互取代，而应当德智双修，德智统一。

（三）经权结合

"经"即常道，就是道德原则性；"权"即变化，就是道德灵活性。所谓"经权结合"，就是要求在道德教育过程中,应做到在坚持按道德原则行事的前提下适应已经变化的道德要求,将原则性和灵活性相结合。孟子曾说:"常之谓经,变之谓权。怀其常道,而挟其变权,乃得为贤。"(《韩诗外传卷二》)董仲舒以《春秋》说明这种道理,他首先强调"《春秋》大一统者,天地之常经,古今之通谊(义)也"(《对贤良策三》),进而指出"《春秋》之道,固有常有变"(《春秋繁露·竹林》)。他教育学生,无论在道德修养还是道德教育的实践中,必须"明乎经变之事",既要奉"经"又要"适权""知权""行权"。总体上要坚持原则,即"大德无逾闲",具体上应灵活处理,即"小德出入可也"(《春秋繁露·玉英》),以适应具体情况变化的要求。这种道德教育原则至今仍是可取的。

第三节　王充的教育思想

王充(27—约97),字仲任,东汉杰出的思想家、教育家。他出身寒门庶族,原籍魏郡元城(今河北大名),世居会稽上虞(今浙江省绍兴市上虞区),以农桑为业,自幼好学,3 岁受启蒙教育,8 岁入书馆,学习《论语》《尚书》。20 岁左右入京师太学,受业于博士班彪。他"好博览而不守章句",不守师法家法,常到洛阳书肆读书,"一见辄能诵忆,遂博通众流百家之言"(《后汉书·王充传》)。曾出任郡县小官,但因为人耿直,不愿趋炎附势、与世俗同流合污,不久即辞官,居家教授,致力著述。60 岁时曾被扬州刺史董勤辟为从事,后转治中,63 岁再次辞官归里,著书教授不辍。永元中(约 97)病逝于家中,享年 70 岁。

当时在方士仙术、阴阳五行、天人感应、灾异迷信等思想的影响下,书传记载夸张失实,经典注疏杂入谶纬;伪书充斥,学术驳杂,使儒学神学化、经学化,以致是非不清、黑白颠倒,王充提倡不盲目崇拜权威,不与时俗苟合,奋起冲破旧传统,怀疑宣传天人感应、谶纬迷信的神学化儒学,批判繁琐杂糅的经学化儒学,对世人所共同奉守不渝的儒家五经等内容都进行了一番虚实是非辨识,这对当时流行的包括儒家学说在内的各种观点狠下了一番"问""刺""讥""非"的功夫;[①]于是作《论衡》,"疾虚妄""考论虚实""辨其真伪""铨轻重之言,立真伪之平"(《论衡·对作》)。讲求真实客观,对虚妄浮夸不实之言加以抨击。王充以博通古今、广采众家、怀疑批判、严谨求实的治学精神,撰写了很多著作,有《讥俗》《政务》《论衡》《养性》等篇,保留下来的只有《论衡》一书,现存30 卷 84 篇(原 85 篇,缺《招致》篇)。《论衡》继承了前代思想家的唯物主义传统,吸收了儒家、法家、墨家、道家思想和自然科学成果,是一部涉及范围非常广泛,论述新颖独到的哲学政论名著。

一、教育作用思想

(一)"气禀人性论"与教育的个体作用

关于人性,王充在批判继承前人观点的基础上,提出了以下想法。首先,他持"元气禀赋论"。他认为,人性的善恶,并非受命于天,而是由自然的"气"构成的,即"人禀元气于天"(《论衡·无形》),"人之善恶共一元气"(《论衡·率性》)。其次,王充主张人性存在善恶等差异性。这是因为禀赋"元气"的多少及类型造成的,他说:"论人之性,定有善有恶。""禀气有厚泊,故性有善恶。""气有少多,故性有贤愚。"(《论衡·率性》)人性的差异并非天意,而是受自然物质因素的影响而形成的。再次,他持人性可变论。他说:"人之性,善可变为恶,恶可变为善。"(《论衡·率性》)最

---

① 《论衡》中有《问孔》《刺孟》《非韩》《讥俗》篇。

后,王充主张"性三品说"。与孔子、董仲舒一样,他把人性分为三种:有生来就善的,是中人以上的人;有生来就恶的人,是中人以下的人;有无善无恶或善恶混杂的人,是"中人"。他认为生来就善或恶的人很少,绝大多数是"中人"。因此"中人"就是其教育对象。

他的人性"元气禀赋论"是建立在"气本论"基础上的。王充认为,世界万事万物包括人性等都是由物质性的"元气"组成的。他坚决否定有意志的天:"夫天者体也,与地同。"(《论衡·祀义》)天和地都是物质性实体,二者无本质性区别。天不造万物,万物自生。"天覆于上,地偃于下,下气烝上,上气降下,万物自生其中间矣。"(《论衡·自然》)人也是禀赋"气"而生的,"人之所以生者,精气也"(《论衡·论死》)。恩格斯曾说过:"凡是断定精神对自然界说来是本原的,从而归根到底以某种方式承认创世说的人(在哲学家那里,例如在黑格尔那里,创世说往往采取了比在基督教那里还要混乱而荒唐的形式),组成唯心主义阵营。凡是认为自然界是本原的,则属于唯物主义的各种学派。"[①]王充明显属于后一种学派,但他并没有将这种唯物观贯彻到底。

王充认为,虽然人的"性"源于自然,但其发展和变化却更多依赖后天的习染,即教育学习。他从人性可变论和"中人"的教育对象出发,认为教育状况不同,人性的发展性状也大不一样。"夫中人之性,在所习焉。习善而为善,习恶而为恶也。"(《论衡·本性》)又说:"人之性犹蓬纱也,在所渐染而善恶变矣。"只要"教导以学,渐渍以德,亦将日有仁义之操"(《论衡·率性》)。所以,教育应当根据人的贤愚善恶差异,因材施教。"善则养育劝率,无令近恶;恶则辅保禁防,令渐于善。""其恶者,故可教告率勉,使为善也。"(《论衡·率性》)性生来就恶的人也可以通过教育使其转变为善,也就是说,无论人性善恶,都可经过适当的教育而为善,天下无不可教育的人。所以,王充特别强调统治者要重视教育,发挥教育在治国化民中的重要作用。良好的社会环境对人的影响也是相当大的。王充说:"蓬生麻间,不扶自直;白纱入缁,不染自黑。此言所习善恶,变易质性也。儒生之性,非能皆善也,被服圣教,日夜讽咏,得圣人之操矣。"(《论衡·程材》)社会环境的教育作用不可忽视。总之,教育的作用,可以"成人之操,益人之知"(《论衡·别通》),培养人的品德,提高人的智力。

(二)"德治教化"与教育的社会作用

王充认为,教育在发挥社会作用时具有隐效性和间接性。礼义教化不能直接为国家增添财富和实力,因此教育的社会效益是间接的,往往被一些缺乏远见的人所忽视,视教育事业为"无补而去之",这是极其错误的。统治者应当认识到,"事或无益而益者须之,无效而效者待之"(《论衡·非韩》)。礼义教化是直接产生效益的事业赖以存在和发展的基础。儒学以及儒生是封建统治者建国君民、化民成俗所必须依赖的。

王充指出,从社会和国家的角度来说,学校教育的作用在于维持纲纪伦常,激民向善,移风易俗,这本身就是最大的社会效益。教育对社会的作用在于经过"圣教"渐化熏陶而使受教育者"文才雕琢,知能十倍",可以为国家"任卿相之用",也可以借"仁义之力"来改造社会,所以他主张"不废学校之官""欲令凡众见礼义之教"(《论衡·率性》)。

二、教育培养目标思想

汉代人才总体上分为两大类:文吏和儒生。汉代也从这两个方面选拔人才,"儒者试经学,文

---

① 马克思,恩格斯.马克思恩格斯全集:第21卷[M].北京:人民出版社,1965:316.

吏课章奏。"精通经学,具有儒学理论造诣,能够参与国家大事决策工作的为儒生;具有一定文化知识,擅长文牍,具有从事政府日常实际事务技能的为文吏。王充认为,"文吏以事胜以忠负,儒生以节优以职劣。二者长短,各有所宜"(《论衡·程材》),但他从"道本事末"观出发,认为文吏不如儒生,文吏"幼则笔墨,手习而行,无篇章之诵,不问仁义之语。长大成吏,舞文巧法,徇私为己,勉赴权利。考事则受略,临民则采渔,处右则弄权,幸上则卖将。一旦在位,鲜冠利剑;一岁典职,田宅并兼"(《论衡·程材》)。文吏不仅缺乏仁义道德,而且易滋生官场腐败。这是他对当时只重文吏、轻视儒生的社会风气的批判,认为这是社会政治腐败的一个重要根源。因此,文吏不是王充所想要的,只有儒学渊博、道德高尚、能当大事的儒者才是他所期望的人才,认为"文吏瓦石,儒生珠玉"(《论衡·程材》)。

王充根据其所拥有的知识、能力和德行将儒者具体划分为儒生、通人、文人、鸿儒四个层次,系统提出了多层次的教育培养目标。他说:"能说一经者为儒生,博览古今者为通人,采掇传书以上书奏记者为文人,能精思著文连结篇章者为鸿儒。故儒生过俗人,通人胜儒生,文人逾通人,鸿儒超文人。"(《论衡·超奇》)

儒生托身儒门,治圣人之经,学圣人之道,远远胜过不学无术的俗人;但儒生仅能死守一经,知识面偏窄,不知世务,不通古今,"守信师法,虽辞说多,终不为博"(《论衡·效力》),故不及博览古今的通人。

通人能够解说两经以上,洽通古今、知识渊博,但思维偏窄、只"以教授为人师"。识古通今,只是一种知识的象征,只要"好学勤力,博闻强识"即可做到,能力如何不得而知。如果"览见广博,不能摄以论说,此为匮书主人",就好像藏书家有书不能读一样。他认为,知识贵能用之,如果学而不能用,"虽千篇以上,是鹦鹉能言之类也。"因此通人不如"博通能用"的文人。

文人不仅通古达今,熟悉经传,而且文才尚佳,善于用理论联系实际,拟写奏章文牍,草章属文,但独立思考能力略逊,不能"连结篇章",所以不及能写长文大著、自成一家之言的鸿儒。

鸿儒的特点就是能够"立义创意""眇思自出于胸中",不仅能够深入思考古今各种问题并做出系统概括,而且具有批判精神和独创精神。写成高水平著作,建立自己思想理论体系的儒者就是鸿儒,这是一种创造性人才。王充认为鸿儒最为珍贵,是"世之金玉"。毫无疑问,鸿儒就是王充心目中的理想培养目标,他认为,教育应当培养出道德高尚、知识渊博、创造力强的人才。

三、教育内容思想

(一) 重视百家之学

自汉武帝接受董仲舒的建议实施"独尊儒术"的文教政策后,儒家经典便成为学校的标准教科书,今文经学由于受到统治者的重视成为官方学术后,便逐渐走上了正统化、神学化、宗派化、烦琐化的道路,严重束缚了知识分子和读书人的头脑,大多数人就连儒经都是专治一经以致"一经说至数百万言",更不用说旁及其他学派的学问了,因此培养出来的人都是一些知识面狭窄、思想僵化、目光短浅的庸才俗人。王充对这种经学及其教育培养的人才的缺陷给予了深刻的揭露和批判,他主张打破这种封闭保守狭隘的状况,实行"博""通"教育,广泛学习经传诸子百家之学。

王充作为儒者,当然不会反对儒学的治国安民作用,他仍把儒家经典作为学校教育的基本内容。王充强调"文人宜遵五经六艺为文",但他反对墨守儒经章句,主张遍览群书,涉猎百家之言,认为诸子百家之学同样是"治国肥家之术,刺世讥俗之言"(《论衡·别通》),不仅能"使人通明博见",而且可以改良当时的政治。读书人不仅要学习经传诸子百家学术,而且应善于从现实社会中学习,以获得比书本知识更重要的知识。

(二)重视知识的作用

王充认为,世界上存在各种各样的力,对于人来说,有身体筋骨之力,有知识学问道德之力,王充最重视的是知识学问道德的力量。"筋骨之力,不如仁义之力荣也。"(《论衡·效力》)"人有知学,则有力矣。"(《论衡·效力》)道德、知识的力量比体力更强大。他认为,知识具有治理社会、充盈人生的作用。人学习并掌握了知识后,就会有更大的力量,能为社会做出更大的贡献。所以,"儒生以学问为力""论道议政,贤儒之力也"(《论衡·效力》)。掌握的知识越多力量越大,对社会的贡献也就越大。譬如,博览群书的"文儒"就比只治一经的"儒生"的力量大得多。"儒生博观览则为文儒,文儒者力多于儒生。"(《论衡·效力》)

王充认为,更重要的是,知识的力要在实践中才能显现出来。只知诵读而不知运用,哪怕学富五车也仅为鹦鹉学舌而已,是一些无用之徒。所以,他要求学生既要做到广采博览、融会贯通,又要能够联系实际,学以致用,即应做到"杼其义旨,损益其文句,而以上书奏记,或兴论立说,结连篇章"(《论衡·超奇》)。

四、教学思想

(一)关于教学作用思想

王充坚持唯物主义立场,反对"生知"主张"学知"。他认为天地之间没有生而知之的人,后天的教育学习是获得知识的唯一途径。他明确说:"天地之间,含血之类,无性(生)者。""圣人不能知。"(《论衡·实知》)一般人更是"不学自知,不问自晓,古今行事,未之有也""故智能之士,不学不成,不问不知"(《论衡·实知》)。虽然人与人的禀赋不同,但不学是不可能得知的。他指出:"人才有高下,知物由学,学之乃知,不问不识。"他反对那种认为圣人能前知千岁、后知万世的说法,人的天才条件虽有不同,但要知道事情、认识世界却是由于学习;只有学习了才能知道,不询问则不能明白。

他认为,凡具有五常之性的人,只要"教导以学、渐渍以德,亦将日有仁义之操"。人的成长"在化不在性""凡含血气者,教之所以异化",为"教训之功而渐渍之力也"(《论衡·率性》)。他强调了后天的教育学习在知识获得、智能发展和德性养成中的重要作用。

(二)关于教学过程思想

王充以为,教学过程包括"任耳目"的感性认识、"开心意"的理性认识以及"引效验"的实用知识三个阶段。这是符合认识和教学规律的。

首先,"任耳目"强调感性认识的重要性。王充说:"圣贤不能生知,须任耳目以定情实。其任耳目也,可知之事思之辄决,不可知之事待问乃解。"(《论衡·实知》)所谓"任耳目",就是说个体只有通过目见、耳闻、口问、手为等外在方式感知客观事物,才能积累经验,获得知识;感知是知识的来源和基础,是学习的第一阶段。即使是圣人,如果不通过感知,也难以获得对客观事物的真实认识。"任耳目"包括两个方面:一是留心周围事物,注意积累生活经验;二是广闻博览,通过书本或其他间接途径吸收他人的经验和思想,接受间接知识。这是对儒家传统"格物致知"思想的继承。

其次,"开心意"强调理性认识的重要作用。王充说:"夫论不留精澄意,苟以外效立事是非,信闻见于外,不诠订于内,是用耳目论,不以心意议也。夫以耳目论,则以虚象为言。虚象效,则以实事为非。是故是非者,不徒耳目,必开心意。"(《论衡·薄葬》)所谓"开心意",就是要求开动脑筋,进行理性思考。要想辨别是非,获得正确知识,光靠感知的经验性认识是不够的,还必须对其进行比较、综合、分析、归纳、判断、推理等思维加工,只有这样,才能分清是非,判定真假,才能使个体的认识由感性上升到理性的高度,达到理解和掌握以致长久保持的水平。

最后,"引效验"强调实效验证的必要性。王充说:"事莫明于有效,论莫定于有证。"(《论衡·薄葬》)又说:"凡论事者,违实不引效验,则虽甘义繁说,众不见信。"(《论衡·实知》)"有效"就是与事实相符合,"有证"就是要有确凿的证据。符合实施效果、有确凿证据的论点就是真实的、正确的,否则就是虚假的、错误的。违背事实效果的思想理论,即使说得再好听动人,也是不能令人信服的。在王充看来,通过种种途径获得的主观认识必须既与客观事实相符合,也要用实际效果来检验知识的真伪。只有经过"效验"的知识才是真实、正确、有用的知识。

(三)关于学习方法

1. 反对"信师",主张"距师"

王充针对荀子主张遵循"师法",特别是汉代教育盛行的"信师"即恪守师法家法的风气,大胆提出"距师"。"距师"就是与老师保持一定距离,不与老师的观点保持一致,不能完全附和苟同老师的观点,要有自己的独立思考和见解的意思。王充说:"凡学问之法,不为无才,难于距师,核道实义,证定是非也。"(《论衡·问孔》)他认为:"前儒不见本末,空生虚说;后儒信前师之言,随旧述故。"(《论衡·正说》)先贤未必正确,后儒传之更谬。读书做学问最难的是"距师",即敢于向先贤师长的思想观点发出挑战,提出不同见解。他主张破除对教师和古人的迷信盲从,包括孔孟言论。为此,他撰写了《问孔》《刺孟》《非韩》等篇目,对其言论观点提出质疑、批判。作为儒者,王充没有彻底否定孔子等圣贤的意思,而是提倡追求学术真谛的精神和勤于思索、实事求是的态度。这不仅在当时独尊儒术及师道尊严盛行的环境下是必要的,即使是在今天也是可取的。

2. 反对"是古",主张"问难"

王充对当时学者"是古"的盲从、迷信学风进行了尖锐的批评。他强调治学一定要有"问难"的怀疑、批判精神。他说:"世儒学者好信师而是古,以为贤圣所言皆无非,专精讲习,不知难问。"(《论衡·问孔》)"问难"不同于一般不理解时的提问,而是怀疑、质问、批判的精神和态度。他说:"圣人之言,不能尽解,说道陈义,不能辄形。不能辄形,宜发以问之;不能尽解,宜难以极之。"(《论衡·问孔》)"问难"的对象没有限制,甚至可以是圣贤。他认为:"苟有不晓解之问,追难孔子,何伤于义?诚有传圣业之知,伐孔子之说,何逆于理?"(《论衡·问孔》)他撰写的《问孔》《刺孟》等文章,列举了若干例证,说明圣贤不可能事事正确,也并非每句话都无懈可击。弟子当时不知"问难",后人又盲目附和,使义理不明,损害的正是圣贤之道。

3. 积渐琢磨

王充认为人的成长,一是靠是教师的教化,即"教训之功",他说,人的成长"在化不在性"(《论衡·率性》),"凡含血气者,教之所以异化"(《论衡·率性》)。二是靠师友之间的切磋讨论,"人之学问,知能成就,犹骨象玉石,切磋琢磨也"(《论衡·量知》)。三是靠自我的长期积累,即"渐渍之力"。知识、道德和能力的获得和形成,重要的是靠长期日积月累的功夫。他举例说:"河冰结合,非一日之寒;积土成山,非斯须之作。干将之剑,久在炉炭;锻锋利刃,百熟炼厉。"(《论衡·状留》)个体的学习不要期望一蹴而就,而必须长期坚持,勤学不舍,日渐日为,不断提高。

4. 专心致志

注意力集中是知识学习和技能训练过程中不可或缺的必要心理条件。王充说："志有所存，顾不见泰山；思有所至，有身不暇徇也。称干将之利，刺则不能击，击则不能刺，非刃不利，不能一且二也。蜥蜴雀则失鹞，射鹄则失雁，方圆画不俱成，左右视不并见，人材有两为，不能成一。"（《论衡·书解》）他举了很多历史人物的事例来说明这种道理。集中注意力，专心致志地做好某件事情，的确是取得成功的保证，否则，将一事无成。不过，王充在强调注意力集中的同时却忽视了在某种条件下分配注意力的问题。

第四节　颜之推的教育思想

颜之推（531—约595），字介，原籍琅琊临沂（今山东临沂市），世居建康（今南京市），生于士族官僚家庭，世传儒术，精于《周官》《左氏春秋》，笃信佛教，不喜老庄之学，深受儒家名教礼法思想和佛教信仰的影响，南北朝末期至隋初著名的文学家、思想家和教育家。他博览群书，为文辞情并茂，深得南朝梁湘东王赏识，19 岁就被任命为国左常侍。侯景之乱，梁元帝萧绎自立于江陵，颜之推被任为散骑侍郎。承圣三年（554），西魏破江陵，颜之推被俘西去。后逃至北齐，因南方陈取代了梁，南归受阻，即留北齐 20 余年，官至黄门侍郎。577 年，北齐为北周所灭，他被周征为御史上士。581 年，隋灭北周，又被隋文帝召为学士，最后以疾告终。他在六十多年的生命旅程里，一生仕四朝，"三为亡国之人"，行踪遍及江南、河北、关中，经验、阅历十分丰富，博识有才辩，处事勤敏，应对贤明，非一般高门士族所可比拟。

颜之推生活于南北对峙至隋朝一统天下的时代。当时，一方面由于受到门阀士族制度和连年战乱纷争、王朝更替频繁的影响，官学时兴时废；另一方面受士族大家庄园经济的影响，家学发达，形成了许多著名的家学传统，如王氏书学、谢氏文学、祖氏数学、颜氏儒学等。文化传统主要依靠私家教育得以延续，因此家庭教育相当发达，士大夫家族借助家学得以自保、传续。特别是到了颜之推生活的南北朝末年，士族门阀制度正处于由极盛向衰落过渡的时期。走南入北，历仕四朝皆被重用，这种复杂的经历使颜之推认识到，在政权迭变频繁、动荡不安的社会环境中，士大夫家族仅靠优越的家族荣耀已经不能完全在社会和政治上立稳脚跟，必须依靠家庭教育提升子女的素质，这也是当时很多士大夫家族都十分重视家庭教育的原因。颜之推正是在这种背景下开始关注和论述家庭教育问题的，这也使他对其产生新的深刻认识。

《颜氏家训》是颜之推晚年归隋后写成的。该书既是对当时的家庭教育经验和他一生关于士大夫立身、治家、教子、处世、为学的理论总结，也是他的家庭教育思想乃至整个教育思想的反映，是其家族渊源、社会背景和个人经历等多种因素影响的结果。《颜氏家训》在封建家庭教育发展史上有着重要的影响，后世称此书为"家教规范"。

颜之推少承家学，以儒学为宗。但当时一方面以老庄为宗的玄学盛行，另一方面佛教在中国已扎下根来并开始产生重大影响，这就动摇了儒学的一统地位。所以他亦受时代风气影响，熟悉老庄，研究佛理，晚年更笃信佛教，力主儒佛调和，认为"内外两教，本为一体"。这在《颜氏家训》中都有体现。《颜氏家训》题材之广泛，内容之丰富，体例之宏大严整，理论之系统深博，实为此类著作的典范。《颜氏家训》不仅在中国教育史上有着重要地位，而且在世界教育史上也引起了人们的注意。

一、教育对象与教育目标思想

关于教育对象,颜之推有两种说法。一是"自古明王圣帝,犹须勤学,况凡庶乎!"(《颜氏家训·勉学》),这似乎是一种"有教无类"的教育对象观。二是"中庸之人不教不知"。他说:"上智不教而成,下愚虽教无益,中庸之人不教不知也。"(《颜氏家训·教子》)这种观点虽然没有新意,但在当时的背景下不仅有实际价值,而且也符合教育对象的实际。的确,对于"上智"与"下愚"之人除非用特殊的办法,否则是不可能教的。

关于培养目标,颜之推突破了儒家培养君子、圣人、鸿儒的传统教育目标观,提出了培养"国之用材"的多元实用教育目标观。"国之用材,大较不过六事:一则朝廷之臣,取其鉴达治体,经纶博雅;二则文史之臣,取其著述宪章,不忘前古;三则军旅之臣,取其断决有谋,强干习事;四则藩屏之臣,取其明练风俗,清白爱民;五则使命之臣,取其识变从宜,不辱君命;六则兴造之臣,取其程功节费,开略有术。"(《颜氏家训·涉务》)"此则皆勤学守行者所能辨也。人性有长短,岂责具美于六涂哉?但当皆晓指趣,能守一职,便无愧耳。"(《颜氏家训·涉务》)从这种教育目的出发,颜之推批判当时士大夫教育的腐朽没落和严重脱离实际,这种教育培养出来的人,饱食醉酒,庸碌无为,"耻涉农商,羞务工伎。射既不能穿札,笔则才记姓名,"缺乏任事的实际能力。他认为必须改革传统的儒学教育,教育培养的既不是难以应世经务的清谈家,也不是空疏无用的章句博士,而应是于国家有实际效用的各方面的专门人才。颜之推这种教育目标观在当时是非常超前、新颖的。

二、教育作用思想

(一) 教育社会作用观

颜之推认为,教育的社会作用总体上来说是培养人才,具体来说就是培养能够"行道""利世""利行"的实用人才,用他的话说,就是"国之用材"。颜之推指出:"古之学者为人,行道以利世也;今之学者为己,修身以求进也。""夫所以读书学问,本欲开心明目,利于行耳。"(《颜氏家训·勉学》)所谓"行道"自然是行儒家之道,即宣传和推行儒家宣扬的那一套政治理想和道德修养的内容;所谓"利世",就是对国家、社会、民族有利,亦即《大学》所说的"治国平天下",也就是"博施济众""兼善天下";所谓"利行",就是"应世经务"。"利于行"之"行"是什么?按照颜之推在《颜氏家训·勉学》中的说法,就是日常生活中的各种具体活动如养亲、事君、恭俭、博施、修身,等等。"修身以求进"思想渊源于孔子的"修己以安人"的想法,善于"为己修身"(自身有良好的道德修养)才能更有效地"利世""利行"。颜之推除在《颜氏家训》的《勉学》《涉务》篇中论述教育与国家、社会的关系外,其余重点是在谈"家"而很少谈"治国""平天下",所以他的教育社会作用思想并不是很丰富。

(二) 教育个体作用观

和传统儒家一样,颜之推仍把人性论作为教育个体作用的理论基础。他继承儒家传统性"三品"说,把人性分为上智之人、下愚之人和中庸之人。他认为,上智之人是无需教育的,因为上智是天赋的英才,不学自知、不教自晓;下愚之人"虽教无益",即使教育他,也是无效果的,因为"下愚"是无法改变的;中庸之人必须受教育,因为不受教育就会无知识,陷于"不知"的愚昧状态。教育的作用就在于教育中庸之人,使之完善德性,增长知识。

教育的个体作用,具体说来,对自己表现为"开心明目""多智明达";对家庭表现为自保自资。颜之推说:"读书学问,本欲开心明目,利于行耳";"所以学者,欲其多智明达耳。"(《颜氏家训·勉学》)"夫明《六经》之指,涉百家之书,纵不能增益德行,敦厉风俗,犹为一艺,得以自资。"(《颜氏家训·勉学》)就是说,读书学习可以开启人的智慧,提高人的行事能力,使人成为"德艺周厚"的人才。同时,教育也是士大夫家族得以自保的重要手段。他说:"自荒乱以来,诸见俘虏,虽百世小人,知读《论语》《孝经》者,尚为人师;虽千载冠冕,不晓《(尚)书》《(礼)记》者,莫不耕田养马。"以此观之,"若能常保数十卷书,千载终不为小人也"(《颜氏家训·勉学》)。因此他认为,学习儒家经典和百家书籍,即使不能够增益德行,敦厉风俗,也可使家庭获得立足自保的资本。

三、教育内容

颜之推从培养"德艺周厚"的"行道利世"人才的目标要求出发,主张学习六经之旨,涉猎百家之书,研习佛家内书。就是说,颜之推主张的教育内容包括儒家、佛家学说和杂家技艺知识,非常广泛。他将这些内容概括为德、艺两个方面。

"德"包括传统儒家伦理学说和外来佛家宗教教义两方面的内容。首先,加强儒家传统忠孝仁义礼智信诚等教育。其次,重视佛家"五禁"等清规戒律教育。他认为,"内外两教,本为一体。"他以儒家提倡的"五常"(仁义礼智信)比附佛家规定的"五禁"(不杀、不盗、不邪、不淫、不妄)。"内典初门,设五种禁;外典仁义礼智信,皆与之符。"(《颜氏家训·归心》)这使他的道德教育内容蒙上了浓厚的宗教色彩。

"艺"的内容非常广泛,主要包括经史百家等书本知识,以及社会实际生活所需要的"杂艺",即各种实用知识和技艺。他认为在社会动荡的非常时期,学习"杂艺"可以使人在战乱"无人庇荫"的情况下"得以自资",保全个体的生存和士族的政治、经济地位。"杂艺"的内容相当广泛,包括文章、书法、弹琴、博弈、绘画、算术、卜筮、医学、习射、投壶等,这些技艺在生活中有实用意义,也有个人保健、娱乐的价值,但它们"可以兼明,不可以专业"。颜之推还要求士大夫子弟要"知稼穑之艰难",学习一些农业生产知识,这与孔子轻视农业生产的态度有所不同。

四、学习的态度与方法

(一)尚志勤勉虚心

他认为,个体在学习中,立志尤其重要。只有确立远大的学习志向和理想,才能经得起任何磨难,坚持不懈,成就学业。他说:"有志尚者,遂能磨砺,以就素业。"(《颜氏家训·勉学》)考察一个人的学习,必先"观其志尚"(《颜氏家训·勉学》)。只要笃志好学,必将有所成就。

颜之推强调学习要刻苦钻研,勤勉努力。他说:"古之明王圣帝,犹须勤学,况凡庶乎!"他罗列了古今许多动人事例,以此说明即使迟钝的人,只要勤学不倦,也可以达到精通和熟练的程度。"古人勤学,有握锥投斧,照雪聚萤,锄则带经,牧则编简,亦为勤笃。"(《颜氏家训·勉学》)那种"犹饱而懒营馔,欲暖而惰裁衣"的学习是达不成目的的。

同时学习也需虚心。一方面不要妄自尊大,骄傲浮夸。他说:"夫学者,所以求益耳。见人读数十卷书,便自高大,凌忽长者,轻慢同列,人疾之如仇敌,恶之如鸱枭。如此以学自损,不如无学也。"(《颜氏家训·勉学》)另一方面要求广泛拜有专长的人为师。他主张:"农商工贾,厮役奴隶,钓鱼屠肉,饭牛牧羊,皆有先达,可为师表,博学求之,无不利于事也。"(《颜氏家训·勉学》)

（二）切磋博涉

颜之推继承了《尚书》中"好问则裕"和《学记》中"独学而无友，则孤陋而寡闻"的思想，批评"闭门读书，师心自是"的独学，提倡师友之间应相互切磋启发，认为学习者只有在学习上好问求教与切磋交流，才能较快地增进知识而避免错误。譬如学习写作文章，"先谋亲友，得其评裁，知可施行，然后出手；慎勿师心自任，取笑旁人也"（《颜氏家训·文章》）。这种学习观是非常可贵的。

颜之推指出："夫学者，贵能博闻也。"（《颜氏家训·勉学》）他主张广泛阅读天下百家之书，"观天下书未遍，不得妄下雌黄"（《颜氏家训·勉学》），认为只有尽可能地扩大获取知识的范围，并对所学的知识进行比较、鉴别，才能接近客观的真理。他提倡既要博览群书，又要接触实务借以培养自己的独立思考能力，所谓"博学求之，无不利于事也"。但"博"须与"专"结合才最终有所得。

（三）眼学实学

"眼学"与"耳受"相对，颜之推说："谈说制文，援引古昔，必须眼学，勿信耳受。"提倡"眼学"是与当时崇尚清谈和耳闻的风气有关的。他指出："世人多蔽。贵耳贱目，重遥轻近。"（《颜氏家训·慕贤》）但实际上远者未必好，耳闻只是虚幻的，未经证实的。因此他强调"百闻不如一见，事实胜于雄辩"。而不能像"江南闾里"的士大夫那样"道听途说，强事饰辞"（《颜氏家训·勉学》）。这种眼学之法注重观察和实证，在今天仍有启发意义。

颜之推还认为，学习不仅要注重闻见，还应强调实践。一方面，读书是学习，实践也是学习。他举例说："为将则暗与孙武吴起同术，执政则悬得管仲子产之教。虽未读书，吾亦谓之学矣。"（《颜氏家训·勉学》）另一方面，学习的目的是应用。颜之推反复强调学习应当"利于行""利于事"，认为士大夫子弟学习的一个弊端就是不能付诸实践。"世人读书者，但能言之，不能行之。"《（颜氏家训·勉学》）

五、儿童教育与成人教育思想

（一）儿童早期教育

颜之推认为，幼儿教育应当及早进行。他主张有条件的家庭最好从胎儿时开始进行教育，即实行胎教。他说，"古者圣王有胎教之法：怀子三月，出居别宫，目不邪视，耳不妄听。声音滋味，以礼节之"（《颜氏家训·教子》），认为胎儿时期可以通过母亲的作用，使胎儿接受良好的影响。这种思想是对《大戴礼·保傅》、贾谊和刘向等其中胎教思想的继承和发展。

婴儿出生后，教育越早越好。"人生小幼，精神专利。长成已后，思虑散逸，固须早教，勿失机也"（《颜氏家训·勉学》），因此"当其婴稚，识人颜色，知人喜怒，便加教诲"（《颜氏家训·教子》）。其一，幼童时期学习效果较好，得益较大。颜之推根据幼童阶段与成年以后的不同心理特征，说明幼年时期受外界干扰少，精神专注，记忆力旺盛，能保持长久的记忆。而成年人思想复杂，精神不易集中，记忆力逐渐衰退。其二，人在年幼时期，心理纯净，各种思想观念和行为习惯尚未形成，可塑性很大。颜之推认为，婴幼儿时期受到好或坏的教育与环境影响，都会在儿童心灵上打上很深的烙印，长大以后也难以改变。"少成若天性，习惯如自然。"如果不及早施教，至于"骄慢已习，方复制之，捶挞至死而无威，忿怒日隆而增怨，逮于成长，终为败德"（《颜氏家训·教子》）。所以，婴幼儿时期是施教的最佳时期，"幼而学者，如日出之光。"这些思想，即使用现代心理学、教育学的理论去衡量也是很科学的。

颜之推提出，儿童教育应当做到威严与慈爱相结合。当时的家庭教育存在三种不当现象。第一种是"爱而不严"。"吾见世间，无教而有爱。"这是一种溺爱，实际上，让孩子任性放纵，未来必将铸成大错。第二种是"爱而不均"。"人之爱子，罕亦能均，自古及今，此弊多矣。贤俊者自可赏爱，顽鲁者亦当矜怜，有偏宠者，虽欲以厚之，更所以祸之。"这实际上是一种偏爱，会造成子女之间的矛盾，留下许多弊端。第三种是"严而无教"。"凡人不能教子女者，亦非欲陷其罪恶。但重于诃怒，伤其颜色，不忍楚挞惨其肌肤耳。"（《颜氏家训·教子》）严而无教，实际上也就是严而无爱，同样达不到教育的目的。只有父母做到严爱结合，才能收到良好的家庭教育效果。"父母威严而有慈，则子女畏慎而生孝矣。"（《颜氏家训·教子》）

（二）成人（终生）教育思想

颜之推认为人的一生都要读书学习，所以应珍惜时光。幼年是学习的最佳时期，"幼而学者，如日出之光"，前途无量。幼年"固须早教"，少年不可"失机"，但是如果年轻时因为遭受各种挫折而失去学习的机会或者不重视学习，晚年也应当认识到学习的重要性，抓紧时间弥补，不要轻易放弃学习。他说："人有坎壈，失于盛年，犹当晚学，不可自弃。"颜之推认为，学与不学，是大不一样的，"老而学者，如秉烛夜行，犹贤乎瞑目而无见者也。"（《颜氏家训·勉学》）到老年才开始学习的人，就如同手持蜡烛在夜间行走，比闭着眼睛什么也看不见的人要强得多。这种终身学习思想是超前的，难能可贵的。

第五节 韩愈的教育思想

韩愈（768—824），字退之，河南南阳（今河南孟州市）人，祖籍为河北昌黎，故后人称韩昌黎。唐代著名的文学家、思想家和教育家。韩愈出生在一个官僚地主和书香门第家庭。幼年父母早逝，兄嫂抚育其成人。韩愈自幼勤奋好学，七岁开始读书，广泛博览了儒家《五经》、先秦诸子百家著作及汉代史籍。他属文精湛，发起"古文运动"，提倡"文以载道""文起八代之衰"（苏轼语），明人推其为"唐宋八大家"之首，与柳宗元并称"韩柳"。韩愈25岁中进士，历任四门学博士、国子博士、国子祭酒、监察御史、太子右庶子、刑部侍郎、御史大夫、京兆尹、兵部侍郎、吏部侍郎等职。其间因多次力谏减免赋税、反对迎奉佛骨而被贬为连州阳山（今属广东）令、潮州刺史、袁州（今江西宜春市）牧。韩愈的教育思想非常丰富，主要见于他的《原道》《原性》《杂说》《师说》《进学解》等名篇，现收录于《韩昌黎全集》。

韩愈生活在"安史之乱"后的中唐时期，他从小诵读儒家经典和诸子百家之书，其世界观主要是在儒家学说的熏陶下形成的，因此他是孔孟之道的忠实信徒。他以复兴儒家"道统"为己任，"道济天下之溺"，反对当时盛行的佛老思想，以"文以明道"自称。韩愈的政治、哲学思想反映在他的《原道》《原性》《谈荀》《州孔子庙碑》等文章中，表达了忠君、清正、兼礼法、重传统的一整套新儒学思想。这是他教育思想的政治理论基础和具体内容。

韩愈提倡古文，主张"文以载道"，他以儒学作为新古文的思想内容，发起"文起八代之衰"的古文运动。古文运动在意识形态方面主张儒家思想，在文体上主张打破六朝以来盛行的淫靡空泛、华而不实的骈体文，提倡采用先秦时期接近口语化的散文体，从而能够自由地表达思想，因此给唐代文学树立了良好的学风。韩愈不仅是古文运动的倡导者，也是杰出的古文大师。他把新型古文体广泛地应用于政论、书信、赠序、杂说、祭文、墓志铭等各种体裁的文章中，在叙事、抒情、议论等表现手法方面取得了出色的艺术成就。韩愈运用语言的功底极深,在他的文章里,常常是警句不断,妙语横生。他创造的许多名言隽语,如"出类拔萃""闲居独处""虚张声势""业精于勤而荒于嬉,行成于思而毁于随"等等,已沿用至今。

韩愈也是我国历史上具有重要影响的教育家,他一生曾任四门学博士、国子博士、国子祭酒。唐宪宗元和十五年(820)韩愈被授为国子祭酒,主持京都最高学府——国子监,其下辖国子学、太学、四门学、书学、律学、算学和弘文馆。他学识渊博,教学认真,深入浅出,博古通今,深得学生们的欢迎和爱戴,吸引了不少士人投奔到他的门下,这些人被称作"韩门弟子"。除亲自讲学外,他还经常与六个学馆的博士教官接触,交流教学情况,提出教学要求。他抗颜为师,弘扬师道,传道授业。他批判科举制度和传统教育的弊端,提出了一些很有价值的教育主张。如他任四门学博士时,曾请求恢复国子监生徒,主张用学校来培养人才;做国子博士时,著《师说》《进学解》,倡导尊师重道,勤奋好学的风气;做国子祭酒时,主张严选学官,整顿国学。韩愈还非常重视地方教育,积极倡导恢复地方官学,曾作《子产不毁乡学颂》,批评了当时不重视地方教育的现象,歌颂郑子产的不毁乡学。任潮州刺史时,他曾经带头捐出自己的薪俸兴办州学,发展地方教育。

一、"学道明教"与"就学愈明"的教育作用思想

(一)"学道明教"的教育社会作用观

[拓展阅读]
申怡、张传燧:《韩愈的高等教育思想及其现代启示》

韩愈生活在中唐时代,面对当时佛教、道教盛行的形势,他极力主张复兴儒家道统,明确提出"学道明教"的教育主张。

"学所以为道"中的"道",既不是佛教"去君去父"的"道",也不是道家"去仁去义"之"道",而是儒家君臣父子、仁义礼智之"道"。它既包括了仁义等伦理道德规范,也包括了社会、政治、经济、文化、教育及生活日用等方面的内容。具体表现为:用儒家《诗》《书》《易》《春秋》等文化典籍来教化人民,作为建国君民、化民成俗的思想依据;用"礼"来规范人们的言行,用"乐"来调节和缓和封建社会的各种矛盾,用"刑"来镇压人民的反抗,用政令来治理国家、统治人民;用君臣、父子、兄弟、夫妇等人伦等级秩序来规定人们的社会地位。他教育人们要从事丝麻、宫室、粟米、果蔬、鱼肉等经济生产活动,以满足统治者和老百姓日常生活的物质要求。可见,韩愈所推崇的儒家之"道"追求的是通过个人的道德修养以达到"齐家治国平天下"的入世原则,建立一个积极有为的现实社会。

韩愈进而提出"明先王之教"。所谓"先王之教",简而言之,即"仁义道德"四个字。扩而言之,它包括儒家的经典及其所宣扬的伦理道德,包括封建社会的政治措施、物质文明和生活方式等。教育具有发扬"先王之教",促进文明进步,实现社会全面发展的重要作用。

(二)"就学愈明"的教育个体作用观

1. 教育个体作用的人性论基础——"性情三品"说

人是教育的对象,因此任何一个教育家都必然要涉及对人的看法。韩愈继承和发展了以往教育家的人性论思想,提出"性"是先天的,"情"是后天的。他说:"性也者,与生俱生也;情也者,接于物而生也。"(《韩愈集·原性》)韩愈的人性论可称为"性情三品说"(如图6-1所示),为其教育作用思想奠定了坚实的理论基础。

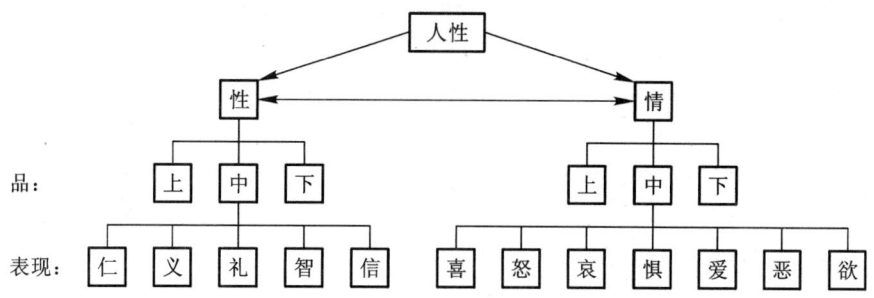

图 6-1　性情三品说

所谓"品"即等级。"性三品说"就是将人性分为三个等级:上品的人,其性是天生的善;下品的人,其性是天生的恶;中品的人,则可向上下两个方面变化。韩愈的人性论思想继承并发展了春秋末期孔子"中人以上可以语上,中人以下不可以语上"和"惟上智与下愚不移"的人性论思想,还融合了战国后期孟子的"性善论"和荀子的"性恶论",以及汉代董仲舒的"性情二元论"等思想。他认为,仁、义、礼、智、信乃是人生来所具有的善性。上品之人五种具备;中品之人只具备其中的某一种,其他四种或偏多偏少或杂而不纯;至于下品之人,五种中的某种偶尔得到一点,其他四种都悖逆了善性。在这里,他把孟子认为人生来具有的仁、义、礼、智、信五种"善端"发展为仁、礼、信、义、智五种"善性"。

此外,他继承汉代董仲舒的"性情二元论",认为"性"之外还有"情"。"性"是人们与生俱来、内在固有的,而"情"则是人们在与外界接触过程中产生的,是外在的。"情"也有上中下三品和喜、怒、哀、惧、爱、恶、欲七种表现。上品之人七种情感表现为动静适中,温文尔雅;中品之人七种情感表现为变化无常,但不失中庸;下品之人七种情感表现为任其发泄恣肆,无所持守。他说:"上焉者之于七也,动而处中;中焉者之于七也,有所甚,有所亡,然而求合其中者也;下焉者之于七也,亡与甚,直情而行者也。"(《韩愈集·原性》)韩愈把人之"性"与"情"联系起来:"性之于情,视其品。""情之于性,视其品。"(《韩愈集·原性》)就是说,"性"与"情"之品是互相联系的,两者的倾向是完全一致的。

韩愈对儒学发展最重大的贡献,是选择孟子而不是荀子作为儒学的正统。孟、荀虽然同为儒学大师,但其思想内核却截然不同:前者主性善,后者主性恶;前者崇尚仁义,后者崇尚礼法;前者主王道,后者主霸道;性善论指向民主,性恶论指向专制。韩愈在《送王秀才序》中明确宣称:"求观圣人之道必自孟子始。"将孔孟并称,应该说自韩愈始。这种学术取向,决定了宋以降学术的根本走向。

2."可教可制"与"就学愈明"的教育个体作用观

韩愈在"性情三品说"基础上提出"可教可制""就学愈明"的教育个体作用观。

韩愈认为,教育对个体成长所起的作用就在于改变和发展人性。人的性情可以分为上、中、下三个高低不同的等级,但并不是固定不变的,而是可以迁移变化的,从而他提出了"上教、中导、下制"的教育作用思想。他说:"上之性就学而愈明,中焉者可导而上下,下焉者畏威而寡罪。是故上者可学,而下者可制也。"就是说,无论人之性为上品还是下品,都是可以因外界的条件而起变化的,只是移易之道即移易的方法及其效果不同而已。由于人性的差别,教育对不同的人所起的作用也不同。上品的人,学习和教育是必需的,其善性可以通过其途径更加发扬光大,日臻完美。中品的人,有向上和向下发展的可能,关键取决于不同的教育环境和措施。良好的学习和教育条件及环境,可使他们朝上品方向发展;反之,则向下品方向发展。下品的人,虽然不能完全改变他们的恶性,但可以通过教育对其起到控制和改造作用,使其不至于向坏的方向发展。

教育对人的发展成长能起到作用,就在于人性是可教的,即"就学愈明"。这就是说,无论哪一类人,都具有可教育性以及接受教育的必要。教育对于上、中、下品三种不同的人,都能起到一定的积善成德或改恶向善的作用。因为学生的资质、性情千差万别,因此对待学生既要平等也要因材施教,使他们能获得适合自身特点和不同程度的发展。韩愈这种教育个体作用思想在今天仍具有启发借鉴意义。

二、教学思想

(一)以"道"为核心的教育内容

"学所以为道""就学而愈明"和"明先王之教"的教育作用思想决定韩愈将"道"作为教育的主要内容。那么韩愈的"道""教"包括哪些内容?

韩愈认为,"道""教"的内容从总体上讲是仁义道德,具体上讲则非常广泛,表现为文、法、民、位、居、食等方面。"夫所谓先王之教者,何也? 博爱之谓仁,行而宜之之谓义,由是而之焉之谓道,足乎己无待于外之谓德。其文《诗》《书》《易》《春秋》,其法礼乐刑政,其民士农工贾,其位君臣、父子、师友、宾主、昆弟、夫妇,其服麻丝,其居宫室,其食粟米蔬果鱼肉。"(《韩昌黎全集·原道》)

可见,他的教育内容包括儒家的经典"六经",以及其提倡和宣扬的伦理道德、社会政治措施、富庶的物质文明和生活方式,等等,包括了社会生活的各个方面,范围十分广泛,但他排斥佛、老的思想。他认为佛道学说皆偏移和背离了"先王之教"的本意,所以他说:"斯吾所谓道也,非向所谓老与佛之道也。"(《韩昌黎全集·原道》)就是说,他所主张的教育内容丰富多样而又具体实在,与佛家和道家是不同的。

(二)学习原则与方法

在教学方法方面,韩愈谈得更多的是学生的学习方法,归纳起来,大致包括勤学、博学、立新、要通等方面。

1. 业精于勤

韩愈强调"业精于勤,荒于嬉"(《韩昌黎全集·进学解》)。一个人的学习要做到学业精湛,首先必须"勤"。就是说,要想使学业精益求精,最根本的前提条件是勤奋刻苦;反之,如果终日嬉戏游乐,不勤奋用功,那么学业就会荒废。这些虽然都是平凡的道理,却是学习成败的规律。韩愈所说的"勤",表现为口勤(多吟诵),手勤(多翻阅),脑勤(多思考、多体会),夜以继日地学习。他说:"口不绝吟于六艺之文,手不停披于百家之编。""焚膏油以继晷,恒兀兀以穷年。"(《韩昌黎全集·进学解》)"《诗》《书》勤乃有,不勤腹空虚。"(《韩昌黎全集·符读书城南》)就是说,要长年累月、夜以继日地学习,读书学习唯有勤奋,方能有所得。这是他对前人治学经验的总结,也是他自己多年教学经验的结晶。

2. 学贵博精

所谓"博学",就是要做到"贪多务得,细大不捐""俱收并蓄,待用不遗"。意思是,学习一定要博览群书,务求有所得,知识不管大小,要兼收并蓄,因此他要求学生广泛读书,以求博学,扩大知识面。他向学生介绍自己的学习经验时说:"仆少好学问,自五经之外,百氏之书,未有闻而不求,得而不观者。"(《韩昌黎全集·答侯继书》)"遂得究穷于经传、史记、百家之说。"(《韩昌黎全集·上兵部李侍郎书》)他认为学业的精深要以广博地掌握和积累知识为基础,否则的话,就会造成知识面狭窄,孤陋寡闻的局面,要想达到精深的地步是很困难的。

所谓"专精",就是要做到深入思考,"提要钩玄"。他说:"记事者必提其要,纂言者必钩其玄。"意思是,读不同性质的书,要采取不同的方法。阅读史籍这类的书,一定要做出提要,提纲挈领,掌握要点。阅读辑录古人言论的书籍,要探索其精微之处,融会贯通,领会其精神要旨,以形成自己的知识体系。

"博"与"精"是学习上对立统一的两个方面。博学是专精的基础,专精是学习的深入;学不博就会陷于偏窄,学不专就会陷于零散。所以,学习必须博览群书,汲取广博的知识,打下宽厚的基础;同时又要深入研习,领会其实质,形成自我系统的知识体系,才能达到学有专长的目的。

3. 思义立新

韩愈认为,学习要取得成功,关键在于"思"和"立"。

一是要向古代圣贤学习,以古人为师。但这不是要使人成为谨守古人言语教条,拘泥于章句文辞,不敢越雷池半步的"章句小儒",而是应当学习古人言论和文章中所蕴含的思想及其思维方法,即"诵其文则思其义""师其意不师其辞"。必须将学习和思考结合起来,"手披目视,口咏其言,心惟其义。"即要深入研读古人文章著作,完全沉浸在其浓厚馥郁的气氛中,细细咀嚼、品味、体会其中的精华所在,领悟当中深刻的哲理。二是要提出自己独到的见解,若写文章应自成一家之言。他说:"抒意立言,自成一家新语。""能者非他,自树立,不因循者是也。"要求学生不因循守旧、墨守成规,而要直抒己意、标新立异,自成一家。

"思"是"立"的基础和前提,"立"是"思"的结果和目的,无"思",便无所谓"立";无"立","思"便失去了意义。这种由"思"而"立"、"思"与"立"紧密结合的学习方法是可取的。

4. 宏中肆外

所谓"宏中",即注意教学的系统性、概括性,要求做到"由统要中"。他反对"学虽勤而不繇(由)其统,言虽多而不要其中"的杂乱无章、浮光掠影似的学习。"不由其统",就是不从系统方面着手,不了解其始末,抓不住要领,只是掌握一些支离破碎的知识,但没有什么用处。"不要其中",就是指讲得虽多而不能把握问题的关键所在,没有切中要害,这样的教学对学生来说也是无益的。因此学习既要注意知识的系统性,又要掌握其重点和关键,这就要求"沉浸浓郁,含英咀华"。意思是说,读书要深入钻研并沉浸在典籍浓厚而馥郁的香气中,细微咀嚼与体味其中的精华,深入理解它的精神实质。因此对书中的重要内容要精读,融会贯通,对精华部分要仔细玩味,反复体会。他认为读圣贤书的目的在于领会书中的旨意,这样才能提高学习质量,取得良好的学习效果。

所谓"肆外",就是说写文章要有新颖见解,文意顺畅,舒展自如。韩愈从"文以载道"的观点出发,提倡"以道弘文"。他认为"道盛则气盛,气盛则文昌,文以贯道,文以明道,文以载道",这是写作的基本特点。他还强调写文章要奇雄简约,浩浩荡荡,势不可挡,希望恢复先秦、两汉时期散文的优良传统,摒弃当时盛行的骈体文。他主张写文章要"道""辞"(文)并重,把内容和形式统一起来;在内容上要"文道合一",就是说文章要有充实的思想内容,并言之有物;在形式上要"唯陈言之务去"和"文从字顺",即语言要新颖,文句要流畅。他反对"踔常途之役役,窥陈编以盗窃",

不能跟在习俗的东西后面,拼凑抄袭前人一些现成的东西。

三、教师思想

[拓展阅读]

张传燧、岳喜凤:《从〈师说〉的"传道"思想看大学教师的文化使命》

韩愈在教育史上突出的贡献是他关于"师道"的论述。唐德宗贞元年间,社会上存在着严重的"耻学于师"的风气,而且这种风气从魏晋始已流传几百年了,儒学的社会地位与影响受到削弱,因而其师道观念也被淡化。韩愈以儒家道统自居,以复兴儒学为己任。面对这种不良风气,为恢复师道,他不仅自己抗颜为师,而且创作《师说》,以宣扬儒家的师道观,提倡尊师重道。

韩愈的《师说》是中国古代第一篇集中论述教师问题的著作。他从复兴和维护儒家道统的立场出发,提倡尊师重道,以"道"为中心提出了系统的教师思想。他继承了我国古代尊师爱生的优良传统,并结合自己的教育实践经验,从教师的地位、作用、任务、择师标准和师生关系等方面,全面地论述了教师问题。"尊师重道"是《师说》全文的中心论点,也是韩愈写作《师说》的根本目的。《师说》这篇文章虽然只有456个字,但它精湛的思想却一直影响着历代教育工作者,是一份宝贵的教育思想遗产。

1. 尊师重道

《师说》开宗明义说:"古之学者必有师。"首先,有没有师、能不能从师,是决定一个人是否聪明与愚笨的关键因素。韩愈从历史的经验中得出一个结论,即自古以来任何一个人的知识学问,都是从老师那里学来的。他认为生而知之者是不存在的,因此"孰能无惑"。如果"惑而不从师,其为惑也,终不解矣"。跟随教师获取知识,探求学问,就能使"圣益圣",否则"愚益愚"。在这里,他充分肯定了教师的重要地位和作用。其次,他对当时社会上耻于从师的不良风气进行了尖锐批判。他指出:"古之圣人,其出人也远矣,犹且从师而问焉。今之众人,其下圣人也亦远矣,而耻学于师。是故圣益圣,愚益愚。"他认为超凡脱俗的圣人都"无常师",不断地"从师而问",以充实完善提高自己,与圣人相差很远的人更应该从师学习,才能变愚为明。圣人与一般人之所以有智愚之别,其根本原因在于圣人肯从师学习,而耻于从师学习是一种愚昧的表现。再次,他认为教育是一个先觉觉后觉、先知知后知的过程。教师接受儒家道德在先,并在教育活动中起着主导作用,因而学生要学习领悟仁义之道,就必须尊敬师长、重视师道。教师代表长辈和皇帝的旨意来教诲学生,师道体现着儒道、父道、君道。他说,巫、医、乐师、百工等各种技艺之人,都能做到"不耻相师",那么自称高贵聪明的士大夫之族就更应该扛起尊师重道、从师受教的大旗。因此,如果学生在学校能尊敬师长,掌握师道,那么到社会上就能孝敬父母,报效国家,效忠皇帝。韩愈这种思想对于扭转当时不重师道、耻学于师的不良风气起到了积极的作用,对于当今推行"科教兴国""教育优先发展"战略,实施素质教育具有重要借鉴作用。

2. 教师的标准——"道"

在韩愈看来,师和"道"是相辅相成,不可分离的。"道"借师以行,师借"道"以成。离开教师,儒家道德仁义就不可能得到传播推行;脱离了"道",教师也就不复存在。因此"道"成了择取和衡量教师的唯一标准。"道之所存,师之所存也。"

首先,在坚持儒家道统的择师标准前提下,不管出身贵贱、地位高低、年龄长少,只要学有所成,合乎儒道,就符合做教师的条件。他说:"生乎吾前,其闻道也,固先乎吾,吾从而师之;生乎吾后,其闻道也,亦先乎吾,吾从而师之。吾师道也,夫庸知其年之先后生于吾乎?是故无贵无贱,无长无少,道之所存,师之所存也。"他认为可以师者,非师其人也,乃师其"道"也。他坚决反对不以"道"而以地位高低、官职大小作为选择教师标准的世俗作风。"位卑则足羞,官盛则近谀。呜呼!师道之不复可知矣。"就是说,以地位低的人为师就感到羞耻低贱,以官职高的人为师则近乎阿谀奉承,这种不良的社会风气使传统的师道已丧失殆尽。韩愈强调"师道"正是对这种不良社会风气的批判,这在当时乃至今天都有着积极意义。

其次,他认为教师不仅要掌握儒道,而且要接受专门的训练。教师要在"道"与"业"两个方面加强自己的修养。"闻道有先后,术业有专攻,如是而已。"只有接受过系统的专业训练,才能使教师不仅具有崇高的理想信念、良好的道德品质,而且具有深厚渊博的知识、精湛的专门技能。教师并不是全才和完人,不一定处处比学生高明,但必须是受过专门训练、在某些知识技能方面拥有专长的人。只要闻道在先、术业有专长,就可以为师。这种思想不仅在当时,就是在今天也具有积极的意义。

3. 教师的任务和职责:传道、授业、解惑

"师者,所以传道受业解惑也。"韩愈在《师说》中明确提出了教师的任务和职责。这个论述从古至今一直启示着教师要忠实地履行自己的天职。

所谓"传道",当然指的是传承儒家仁义道德和修身齐家治国平天下之道。韩愈从振兴儒家道统、排斥佛老学说出发,把传授儒家之道放在教师任务的首位。这样做,既是对儒家重视道德教育传统的继承,也是针对当时儒教衰落、佛老兴盛而必须奋起抗争以振兴儒道的客观现实提出的。所谓"授业",就是要向学生讲解并传授古文典籍、儒家经典和"六艺"等方面的知识技能,使他们能够掌握一定的古籍文献知识,具有一定的读写技能。韩愈认为,"道"寓于一切具体事物中,体现在"五经"等典籍里,是具体的、实在的。因此,传道、学道都必须从具体实在的日常人世行为和儒家典籍着手。这是推行儒家政治理想、贯彻入世原则、献身社会和国家所必需的。所谓"解惑",指教师在教学过程中要能够解答学生在学习"道"与"业"过程中提出来的各种疑难问题,以启发和培养学生的思维。韩愈主张教师要开拓创新,培养学生独立思考、标新立异的意识和能力。因此,他主张教师在教学中的主要作用就在于"解惑"。

韩愈认为,教师的三项任务是紧密相连的,但"传道"是首要和根本的任务,也是教学的根本目的之一。为了使学生更好地体悟和把握"道",就需要进行授业和解惑,"传道"必须落实到具体的"授业"和"解惑"行为中,即具体的教学过程中,并通过"授业"来完成。"授业"是整个教学任务和过程的基础,"解惑"贯穿于整个过程中并为核心,重在学习方法指导和思维训练,"授业"和"解惑"都为"传道"服务。这三项任务,基本揭示了教学的目的、过程和方法。

4. 民主平等的师生关系

韩愈指出,师生关系是教学过程中的一对基本矛盾关系,但它不是绝对的,中间没有不可逾越的鸿沟,而是可以转化的,师生之间可以相互学习甚至相互为师,教学相长。这也是《师说》甚至韩愈教育思想的亮点之一。

首先,只要闻道在先,术业有专攻,能够胜任传道、授业、解惑的工作,就可以为人师。韩愈指出"圣人无常师""不耻相师",提倡人们要向德行高尚、学有专长的人学习,提倡互相为师。其次,"弟子不必不如师。"就是说,学生只是在某些方面暂时不如老师,在另外一些方面或从长远来说一定能超过老师。因此,做学生的不能自卑,要立志发奋,敢于超过老师。再次,"师不必贤于

弟子。"既然老师不一定处处、事事、时时都比学生高明，当然做学生的对老师就不能求全责备，要虚心向老师学习，学其所长。同时，做教师的也不应满足于自己已有的知识，要虚心向学生学习，在业务上要不断提高，精益求精，方能适应教学的需要。最后，"闻道有先后，术业有专攻。"既然人们闻"道"有早晚，在学业与技能上各有所长，那么闻道在先，学有专长，就可以为师。因此，在一定条件下，老师比学生懂得的道理要早一些、多一些，在某些方面是学有专长的，学生向老师学习是必然的。同时，学生在老师的启发教导下，也在不断地提高，在某方面会有独到之处，甚至有所专长。因此，教师向学生学习也是必要的、有益的。这就是说，师生之间的关系不是绝对的，而是相对的，可以相互为师。这种教师思想是对儒家所倡导的"师道尊严"，维护教师绝对权威思想的否定，含有教学辩证法与教学民主性的因素，难能可贵。

韩愈既肯定了教师在传道、授业、解惑方面的主导作用，要求教师勇敢担当起人类所赋予其的特殊历史使命，又强调了教师必须树立师生平等和教学民主的观念，尊重学生，向他们学习，他确立了比较合理的师生关系，这是对封建社会"师道尊严"传统的一大突破。在专业日益细化、知识量迅猛增加的今天，韩愈关于师生关系的观点更具有现实意义。

总之，韩愈在阐述教师的任务、标准及师生关系的问题中，看到了道与师、道与业、师与生之间的矛盾统一关系，包含了朴素教学辩证法的因素。他提出教师既应忠于理想、传播真理，又要学有专长、认真授业。他暗示了教师既要起主导作用，又要重视教学相长、能者为师。他还认为教师"以一身为教而为师，于百千万年间，其身亡而其教存"，因此必须为人师表，以身作则。这就要求教师具有高尚的思想道德品质、渊博扎实的知识基础，严谨求实的学风教风。这些卓越的见解，不但大大丰富了我国古代教师理论，而且对我们今天正确理解教师的职责，正确处理政治与业务、德育与智育、教书与育人、教师与学生之间的关系，具有一定的参考价值与启发意义。

思考练习

1. 简述贾谊的教育作用思想。
2. 试述贾谊的毕生教育思想。
3. 简述董仲舒"圣化"教学思想。
4. 试述王充的教学过程思想。
5. 简述颜之推的幼儿家庭教育思想及其价值。
6. 试述颜之推的成人教育思想。
7. 简述韩愈教师思想的主要内容。

拓展训练

1. 试分析并论述董仲舒的文教政策思想及其历史影响。
2. 试论韩愈师道思想的现代价值。

宋元明清篇——中国传统教育的完善与式微

【本篇导言】 宋元明清时期是封建统治阶级极力加强专制集权统治以维护封建制度的时期,也是中国封建社会逐渐由盛而衰的时期。这一时期,中国传统教育的发展在得到完善的同时也呈现出式微的倾向,其表征主要有三:一是官学经历了从完备到衰微的过程;二是书院走过了从勃兴、衰落到变革的历程;三是教学与科举紧密结合在一起,学校逐渐成为科举的附庸。蒙养教育和社会教化也是我国古代教育的特殊形式,蒙养教育的内容主要是进行初步的道德行为训练和基本文化知识的教学,教育方法以识字、写字、背书和严格的基本规训为主。社会教化是中国古代统治者对人民发布政令、宣传德教、改变风俗、建设文化的重要形式和途径。汉代以后逐渐呈现普遍化的趋势,出现了专门的蒙养教育机构和童蒙教材,教育形式也逐渐多样化。

宋元明清是中国教育思想发展的繁荣和转折时期。这个时期,在遵循儒家根本宗旨的前提下,理学教育思想居于主流地位,并呈现出不同的派别。如王安石强调经世致用的事功教育思想,程颐、朱熹主张读书明理的致知穷理教育思想,陆九渊、王守仁以发明本心为特色的致良知教育思想,王夫之坚持理欲统一的继善成性教育思想,颜元强调主动习行的实学功利教育思想。

第七章　官学的完备与衰微

【学习目标】
1. 了解北宋三次教育改革的基本内容。
2. 掌握元明两代国子监办学的举措及其意义。
3. 掌握元明清三代学校教育制度发展的意义。
4. 了解宋元明清四代学校与科举的关系及其意义。

【知识列表】

官学的完备与衰微	官学制度的改革	宋代官学制度的改革
		元代官学制度的改革
		明代官学制度的改革
		清代官学制度的改革
	官学体系的完备	宋代官学体系
		元代官学体系
		明代官学体系
		清代官学体系
	官学的教学与管理	宋代官学的教学与管理
		元代官学的教学与管理
		明代官学的教学与管理
		清代官学的教学与管理
	科举与学校	宋代学校取士替代科举取士的尝试
		元代科举的时兴时废
		明代学校的科举化
		清代学校与科举的一体化

【导言】　宋元明清时期,教育的发展与经济、政治、科学、技术、文化的发展有着密切的关系。官学是朝廷直接举办和管辖的,以及各级官府在各地举办的学校系统,包括中央官学和地方官学,它们共同构成了中国古代社会最主要的官学教育制度。官学在这一时期经历了从完备到衰微的过程。本章从以下四个方面揭示这一演变过程。第一,官学制度的改革,主要围绕如何解决培养人才与选拔人才的矛盾而进行。第二,官学体系的完备,建立了从中央到地方比较完善的官学制度。第三,官学的教学与管理的加强,中央官学的教学与管理以国子监为代表,地方官学建立了专门的行政机构,加强对师生的管理。第四,科举与学校联系紧密,使得学校逐渐成为科举的附庸。

[教学视频]
官学的完备与衰微

第一节　官学制度的改革

官学的改革历来都是围绕着培养人才和选拔人才两个最主要的元素而展开的。一般而言,学校教育培养人才,科举制度选拔人才,在一定条件下,二者可以相互促进,形成良性循环。但隋唐以来,二者开始殊途而行。执政者重视科举制度而忽视学校的发展,导致了前者固有的弊端充分暴露,并形成了恶性循环。早在唐朝就有人主张将科举考试与学校教育紧密联系起来,提倡兴学以育才,但这个建议并没有得到执政者的采纳。唐朝末年,政权更迭频繁,执政者也无心举办教育,导致了教育事业的荒废以及官学制度的没落。这为以后宋、元、明、清的官学制度改革埋下了伏笔。

一、宋代官学制度的改革

960年,宋太祖赵匡胤"黄袍加身",结束了唐末五代十国的分裂割据局面,重建了统一的封建国家。政治局势的日趋稳定,为国家兴办教育提供了客观的社会环境,但此时的教育显然已经是千疮百孔。隋唐实行科举制度后,科举逐渐处于优势地位,学校教育成为其附庸,科举考试与兴学育才的矛盾突出。在这种情况下,宋代开始了三次大规模的兴学运动,企图通过培育人才把科举与学校教育更好地结合起来。

(一)庆历兴学

宋代第一次兴学是范仲淹主持的"庆历兴学"。庆历三年(1043)七月,范仲淹任参知政事,他认为若想求得贤才必兴学校,假如只重科举考试而不兴办学校,等于不问耕种只求收获。他积极提倡改革政治、兴学育才的观点得到宋仁宗和欧阳修、蔡襄等大臣的支持。同年九月,范仲淹上奏改革方案,经过皇帝的批准,开始改革,史称"庆历兴学"。

"庆历兴学"的主要内容有:一是州县立学。宋仁宗下诏令诸路府州军都建立学校,应科举者须在学三百日,才准予参与考试。二是改革太学及国子学。主要是扩建校舍,扩充生员,聘请名师主教,推行先进教学法。三是改革科举考试。宋仁宗时规定科举考试应先策、次论、次诗赋,并通经术,罢帖经、墨义。

"庆历兴学"对完善中央官学和推进地方教育的发展具有一定的积极作用。但不久由于统治集团内部斗争加剧,范仲淹被排挤出朝廷,兴学之举遂宣告失败。州郡兴学之诏虽未撤销,但也只留空名。

（二）熙宁、元丰兴学

"庆历兴学"失败后,科举考试弊端丛生,学校教育有名无实。熙宁、元丰年间,王安石被两次被任命为相,他在神宗支持下推行新法,进行一系列改革,兴学是其中的重要内容,史称"熙宁—元丰兴学",主要内容包括五个方面:

1. 改革太学,创立"三舍法"

所谓三舍法,就是把太学分为外舍、内舍和上舍三个部分,依据学生的学业成绩高低依次升舍受业:初入太学者为外舍生;外舍生经过考试,成绩合格者升入内舍学习,为内舍生;内舍生再经考试,成绩优、平两等者,参酌平时行艺,升入上舍学习,为上舍生。上舍生中学行卓异者,由主判直讲推荐给中书,可以免去乡试或殿试而直接授官。这种把养士与取士职能统归于学校的做法,在我国古代教育发展史上是一项创举。

2. 恢复和创立专科学校

王安石在"求专门""尚实用""重文武"的教育思想指导下,在京师陆续恢复和新建了培养专门人才的武学、律学和医学。熙宁五年(1072)六月,重建武学于武成王庙,选文武官员知兵者为教授,讲习诸家兵法,学生100人。熙宁六年(1073)三月,在国子监内创立律学,聘教授四人,分断案和律令两科。熙宁九年(1076)五月,设提举判局,聘医学教授一人,对医学进行整顿,设置方脉科、针科和疡科。通过以上诸项措施,北宋熙宁期间的专科学校教育进入了一个新的发展阶段。

3. 恢复和发展地方教育

改善地方学校的领导管理,并发展州县学校。为与推行富国强兵的"新法"相适应,王安石十分重视地方学校教育的作用,提出各级学校都要培养学以致用的人才。熙宁四年(1071)三月,首先在京东、京西、河东、河北和陕西五路,扩充和兴建学校,并在其州府设置学官。挑选品学兼优之士,充实地方学校师资。此外,还选择一些学行尚可的州官兼任州学教授。为路州郡县学划拨学田以解决办学经费。各州拨给州学学田十顷,有条件的还可自行增加,作为学校祭祀和师生的俸廪。

4. 改革科举

熙宁四年(1071),罢明经科而置明法科,试以律令、刑统、大义、断案,中格即取;保留原有的进士科,但废除诗赋、帖经、墨义等科,而试以"经义"(对诗、书、易、周礼、礼记等儒家经典做出合理的阐释)和"策论"(对时势政局发表议论)。

5. 编写和颁定《三经新义》给各级学校作为必读教材

为了统一思想认识,网罗更多的拥护变法者入仕,王安石还主持训释《周官新义》《诗义》《书义》,合称《三经新义》,于熙宁八年(1075)修成奏御,镂版颁行,作为太学和诸州府学的教科书和科举考试的蓝本。

这些改革由于王安石在位时间比较长,成效较"庆历兴学"显著,促进了宋代学校教育的发展。但后来随着王安石的罢免,兴学措施最终也未能持续下去。

（三）崇宁兴学

崇宁兴学是宋徽宗崇宁年间由丞相蔡京领导的兴学运动。崇宁元年(1102)徽宗倾向新政,希望继承熙宁新法。蔡京秉承徽宗旨意,提出"以学校为今日先务",恢复和发展了王安石"熙宁兴学"的很多做法,史称"崇宁兴学"。

"崇宁兴学"的主要内容如下:第一,兴办地方学校,颁布《州县学敕令格式》,其规模空前扩大。第二,进一步完善学制,建立了县学、州学、太学三级相联系的学制系统。第三,另建辟雍,改善和扩充太学。辟雍又称"外学",专容外舍生,相当于大学的预科。同时增加太学生数量。第四,大力发展各类专门学校。恢复医学,创设算学、书学、画学等。第五,行"学选"而停"科举"。这项措施,既是对取士制度的改革,也使学校更紧密地与科举相联系。

此次兴学的声势、规模和持续时间远远超过前两次,对宋代教育事业的促进作用也更大。

三次兴学运动,是宋代文教政策的直接体现,其目的主要是想通过改革完善和发展官学来发展文化教育事业,培养符合封建统治需要的人才,调和培养人才与选拔人才的矛盾。三次兴学对宋代的官学教育乃至整个教育制度的发展与完善都产生了积极的影响。

二、元代官学制度的改革

元代存续时间较短,在官学的发展方面总体上不像宋代那样丰富,但为了巩固政权,维护统治,在"尊用汉法""尊孔崇理"的文教政策下,元代对官学进行了一些改革。

(一) 多元化学校的设立

元代是由蒙古族建立并掌握政权的国家,在学校的设置上,除了沿袭前朝设置的一般学校外,尚有特别为其本族子弟所设的学校。这种为少数民族子弟所设立的学校,无论在考试科目及出身待遇方面,都和当时的一般学校不同:学生人数方面,蒙古族所占比重较大(《新元史·选举志》)。在考试内容方面,汉人的考试内容较难,蒙古、色目人则较容易。

(二) 升斋等第法、积分法和贡生制的实施

元代国子监实行"升斋等第法"和"积分法"。

"升斋等第法"是指把国子学分为上、中、下三个等级六个斋舍,东西相向,学生按程度分别进入对应的斋舍学习不同的内容,依据其学业成绩和品德行为依次递升。

"积分法"与"升斋等第法"相联系,是累积计算学生全年学业成绩的方法,并且对汉人与蒙古人、色目人的要求不同。"汉人升日新、时习两斋(上两斋),蒙古、色目取志道、据德两斋(中两斋)。本学举实历坐斋二周岁以上充贡举。汉人私试:孟月试经义一道,仲月试经义一道,季月试策问表章诏诰科一道。蒙古、色目人:孟月、仲月各试明经一经,季月试策问一道。辞理俱优者为上等,准一分。理优辞平者为中等,准半分。每月通计其年积分,至八分以上者,补充高等生员,以四十名为额。蒙古、色目各十名,汉人二十名,岁终试贡,员不必备,惟取实才。有分同阙少者以坐斋月日先后多少为定。其未及等,并虽及等无阙未补者,其年积分,并不为用,下年再行积算。……应私试积分生员,其有不事课业及一切违戾规矩者,初犯罚一分,再犯罚二分,三犯除名。"(《新元史·选举志》)

"贡生制"是指国子监坐斋三年以上的生员可充贡举,获得与举人同等的资格,其中最优秀的六人可直接授予官职。

三、明代官学制度的改革

洪武元年(1368),朱元璋推翻了元朝的统治建立了明王朝。在恢复被破坏的社会经济和巩固新政权的同时,朱元璋认识到教育在国家建设中的重要作用,确立了"治国以教化为先,教化以学校为本"(《明史·选举志一》)的文教政策,对官学进行了一系列改革。

(一) 放松监生入学资格的限制

明代,国子监监生(国子监的学生)的入学资格有所放松,以下四类人具有入学资格:一是三

品官员以上的子弟以及勋戚子弟、土司子弟、外国留学生,称为恩监或荫监;二是由地方选送的成绩优异的学生,称为贡监;三是在京会试落榜而成绩又较好的举人,称为举监;四是向政府纳粟纳马的读书人,称为例监。

[拓展阅读]
王凌皓、刘淑兰:《明代国子监的坐监积分与实习历事制度》

（二）创立监生历事制度

监生历事制度是明代国子监监生的实习制度,创始于明洪武五年(1372)。据《古今图书集成·学校部》记载,国子监学生学习到一定年限,就分拨于在京各衙门,他们"昼则趣事于各司,夕则归宿于斋舍。……廪食学校,则俾其习经史;历事各司,则俾其习政法",称为"监生历事"。历事三个月后对其进行考核,勤谨者送吏部附选,仍令历事,遇有空缺,挨次取用;平常者再令历练;才力不及者,送还国子监读书;奸懒者发充下吏。除在京各衙门外,历事监生也被分派到州、县衙门,清理粮田,或督修水利等。

（三）实行积分法

明代国子监的六堂分为三级,其中正义、崇志、广业三堂为初级;修道、诚心二堂为中级;率性一堂为高级。监生按其程度入各堂肄业,然后逐级递升。凡仅通四书而未通经者,居初级;学习一年半以上,文理通畅者,升入中级;再学习一年半,经史兼通,文理俱优者,升入高级学习。升入高级后,便采用积分法。"其法,孟月试本经义一道,仲月试论一道,诏、诰、表、内科一道,季月试经史策一道,判语二条。每试,文理俱优者与一分,理优文劣者与半分,纰缪者无分。岁内积八分者为及格,与出身。不及者仍坐堂肄业。"(《明史·选举志一》)

四、清代官学制度的改革

清代的官学制度大体上承袭明制,但也有一些新的做法,如增设特殊性质的宗学、旗学、觉罗学及俄罗斯学馆,地方学校实行"六等黜陟法"等。

（一）设立旗学和俄文学校

为了加强对八旗子弟的教育,清朝政府广泛设立各种名目的旗学。这些旗学包括:宗学、觉罗学、八旗官学、景山官学、咸安宫官学、盛京官学、八旗蒙古官学、八旗义学、八旗教场官学、八旗学堂等。

俄罗斯学馆设立于乾隆二十二年(1757),是清政府为了培养俄语人才而设立的一所俄文学校。俄罗斯学馆原来是为了安置在京经商的俄国人,后来"专司翻译俄罗斯文字,选八旗官学生二十四人入馆肄业"。该馆属于外国语学校性质,培养俄语专门人才,于同治元年(1862)裁撤。(《清会典事例·卷十五》)

（二）创立"六等黜陟法"

清朝地方政府对于生员的管理,实行"六等黜陟法"①,把地方学校生员的等级与学业成绩紧密结合,对生员实施动态管理,这是清政府在地方官学管理上的一个创新之举,对于提高地方学

---

① "六等黜陟法"的具体内容为:"考列一等,增、附、青、社俱补廪。无廪缺,附、青、社补增。无增缺,青、社复附,各候廪。原廪、增停降者收复。二等,增补廪,附、青、社补增。无增缺,青、社复附。停廪降增者复廪。增降附者复增,不许补廪。三等,停廪者收复候廪。丁忧起复、病痊复复,缘事辨复,增降附者许收复,青衣发社者复附,廪降增者不许复。四等,廪免责停饩,不作缺,限读书六月送考。停降者不许限考。增、附、青、社俱扑责。五等,廪停作缺。原停廪者降增,增降附者,附青衣,青衣发社,原发社者黜为民。六等,廪膳十年以上发社,六年以上与增十年以上者,发本处充吏,余黜为民。入学未及六年者发社。"(《清史稿·选举志一》)

校生员的学习积极性和学校教育质量有一定意义。

（三）实行分斋教学制度

乾隆二年（1737）开始实施分斋教学制度。"明经者，或治一经，或兼他经，务取《御纂折中》《传说》诸书，探其原本，讲明人伦日用之理。治事者，如历代典礼、赋役、律令、边防、水利、天官、河渠、算法之类。或专治一事，或兼治数事，务穷究其源流利弊。考试时，必以经术湛深、通达事理、验稽古爱民之识。三年期满，分别等第，以示劝惩。"（《清史稿·选举志一》）除此之外，八股文的学习研究，也列入了国子监的分斋教学课程之中。实行"明经"与"治事"分斋教学，是国子监将传统学问知识与现实应用技术相结合，使其朝着实用方向发展的表现。

第二节　官学体系的完备

一、宋代官学体系

宋代的官学体系分为中央官学和地方官学。中央官学直属国子监管辖的有国子学、太学、辟雍、广文馆、四门学、武学、律学、小学等；直属朝廷管辖的有诸王宫学、宗学（包括内小学）、道学；直属朝廷各部管辖的有算学（太史局）、书学（书艺局）、画学（画图局）、医学（太医局）。地方官学有府学、州学、军学、监学及县学，属地方政府及诸路提举学事司管辖。这一官学体系，既有大学、小学，又有普通学校和专门学校，还有专设的贵胄学校。

（一）中央官学

1. 国子监（国子学）

宋代国子监（也称国子学）既是官学的最高管理机关，又是生徒就学的学府。除管理学校外，国子监是国家的最高学府，专收七品以上官员子弟入学，为国子生或监生。但当时的国子监更多具有象征意义，在其中旷课、逃学的现象非常普遍，因此徽宗时期国子监曾经一度停办。

2. 太学

宋代太学的地位比国子学低，但更有成效，它是中央官学的核心。太学初创于仁宗庆历四年（1044）。开始的时候仅有一百多人，规模较小。后来由于条件的放宽，人数不断增加。

3. 四门学和广文馆

四门学和广文馆是为士子准备参加科举考试而设立的预备学校。四门学建于仁宗庆历三年（1043），招收八品以下及庶人子弟。学生在学期间，"差学官锁宿，弥封校其艺，疏名上闻而后给牒，不中式者仍听读，若三试不中，则出之。"（《宋史·选举志三》）不久即停办。广文馆建于哲宗元祐七年（1092），专"以待四方游士试京师者""就试试已，则生徒散归"。学生曾达二千四百人，两年后停办。

4. 专科学校

宋代的专科学校有六种：武学、律学、医学、算学、书学、画学。

此外，中央官学中还有专门为皇族子孙设立的贵胄学校，包括资善堂、宗学、诸王宫学、内小学等，显示了皇族子孙的优惠特权。

（二）地方官学

宋代的地方行政分为三级：第一级为路，第二级为州、府、军、监（一般设州或府，特殊情形才设军、监),第三级为县。地方官学一般为两级:州、府、军、监为一级,县设一级,路不直接设学,仅置学官管辖所属各校。

宋代的地方官学设立较早。宋真宗乾兴元年(1022)在兖州立学后,各地相继立学。但正式诏令诸州县立学,大力兴办地方官学是在仁宗庆历四年(1044)。到神宗熙宁时,达到路置学官,州置学田。徽宗崇宁时,规定了州县学校的课试法和学生名额。地方官学的教师亦称教授,州学设二人,县学设一人。至此,地方官学大体具备了一定规模。

总体而言,宋代的官学体系形成了自己的特点。

第一,中央官学放宽甚至取消了入学的等级限制,等级限制的放宽是宋代官学制度发展的一大进步,意义重大。

第二,官学教育管理体制和系统进一步完备。宋代中央官学的教育行政由国子监掌管。地方官学的教育行政,则由诸路学官掌管。自神宗熙宁四年起,宋代地方政府陆续设置诸路学官,徽宗崇宁二年又设诸路提举学事司,掌一路州县学校,每年前往各州县巡视一次,对教师和学生进行考查(《文献通考·学校七》),不久即废止提举学事司。但它是我国在地方教育管理中设置专门的管理机构管理地方官学的初步尝试,具有创新意义。从此,宋代建立了从中央到地方的专门教育行政机构和系统,保证了官学教育的发展。

[拓展阅读]
施榆生:《程端礼〈读书分年日程〉初探》

第三,官学类型多元化。魏晋南北朝和隋唐时期,中央官学于儒学(包括国子学、太学、四门学等)之外增设律学、书学、算学、医学、玄学等,并正式列为官学系统,突破了儒学一统天下的格局。到了宋代,在此基础上,又增设了武学和画学。地方官学中,也在儒学之外,分别设置了武学、医学和道学。这些举措推进了中国古代学制的进一步完善。

第四,确立了学田制度,保证了官学办学经费。学田制度始于仁宗康定元年(1040),此后,神宗、高宗都曾陆续增加。学田由学校独立经营,以充学校经费。这一制度开拓了地方官学筹措办学经费的渠道,使学校办学有了稳定可靠的经济来源,为元、明、清地方官学所继承。

二、元代官学体系

元代从中央到地方都建立了较为完备的官学体系。

(一)中央官学

元代的中央官学分为三种:国子学、蒙古国子学、回回国子学。

1. 国子学

元代的国子学,指专门学习汉文化的学校。元代在太宗六年(1234)曾在燕京设国子学,令侍臣子弟十八人入学(《元史·选举志·新元史·太宗本纪》),这是有关元代国子学的最早记载。元世祖至元六年(1269)正式创立国子学,至元二十四年(1287)正式定制,初额80人,仁宗延祐二年(1315)增至400人,另设陪堂生(旁听)20人。汉人、蒙古人、色目人都可以入学,其中蒙古人所占比例最高。

2. 蒙古国子学

蒙古国子学创立于至元八年(1271),从蒙汉官员的子弟中选俊秀者入学。初无定额,仁宗元祐二年规定为150人,计蒙古学生70人,色目学生20人,汉学生60人,又选114人为陪堂生。

教学内容以蒙古文译写的《通鉴节要》为主,并兼习算学。学成后考试,精通者量才授官。

3. 回回国子学

回回国子学创立于至元二十六年(1289),专以培养诸官衙翻译人才。仁宗延祐元年(1314)复置回回国子监,管理回回国子学有关事务。(《元史纪事本末·科举学校之制》)

(二)地方官学

元代的地方官学比较发达。按路、府、州、县的行政区划,元代在地方建立了路学、府学、州学、县学以及小学、社学的儒学系统,同时还开设有蒙古字学、医学、阴阳学等专门学校。

1. 路学

元世祖中统二年(1261)创设路学,"世祖中统二年,始命置诸路学校官,凡诸生进修者,严加训诲,务使成材,以备选用"(《元史·选举志一》)。至元六年(1269)曾诏设诸路提举学校及教授官。至元十九年(1282)诏边远省份云南诸路皆设学。在"路学"中,设教授、学正、学录、直学等教官各一名。府学、州学设教授、学正。县学设教谕。教授受命于朝廷,其他学官则由礼部、各行省或宣慰司任命。至元二十八年(1291)命江南诸路学及各县学内附设小学,选老成之士为教师。

2. 社学

社学创办于世祖至元二十三年(1286),是元代在基层教育组织形式上的一种创造。它是设在农村地区以农民子弟为对象的、利用农闲时间进行教学的初等教育机构(《新元史·食货志》),主要是在农村地区普及文化知识及农桑耕种技术。元朝政府规定:"诸县所属村庄,五十家为一社,择高年晓农事者立为社长。……每社立学校一,择通晓经书者为学师,农隙使子弟入学。如学问有成者,申复官司照检。"(《新元史·食货志》)元代社学已达到相当规模,它不仅对加强农民的道德教化有积极意义,而且对后世乡村教育的发展产生了深远影响。

3. 蒙古字学

蒙古字学是元代地方官学中学习蒙古文字的学校,创设于至元六年(1269),目的在于普及蒙古文字,培养懂蒙古文的人才。招收诸路府州官员子弟及民间子弟。学成考试合格者,可充任学官、译史等官职。

4. 医学

诸路医学设立于中统三年(1262),专门培养医学人才,直属太医院。学官有教授、学正、学录等。学生主要招收在籍医户及开设药铺人家的子弟。普通人家子弟,如想就读而本人的资质条件亦可以学医的,经考选合格后可以入学肄业。医学学官及学生均免杂役。

5. 阴阳学

阴阳学创设于至元二十八年(1291),隶属司天台,是专门培养天文、算历人才的学校。招收"通晓阴阳之人"入学,教官为教授,学生学习天文、术数等科,学有所成者可在司天台就职。这一办学模式对明代教育产生了一定影响。

综上所述,元代的官学体系在其发展过程中不仅逐渐形成了从中央到地方完善的官学体系,而且在办学类型、教学内容、管理体制等方面显示了鲜明的民族特色。

三、明代官学体系

明代中央官学主要有国子监,此外还有武学、宗学、内书堂等;地方官学主要有府学、州学、县学,都司儒学、行都司儒学、卫儒学、都转运司儒学、宣慰司儒学、按抚司儒学等,以及武学、医学、阴阳学等专门学校和社学等。

（一）中央官学

1. 国子监

明代国子监既为教育的管理机关，又是培养官僚的最高学府。国子监先建立于南京，当时称为国子学，洪武十五年（1382）改称为国子监。永乐元年（1403），在北京永定门又设立一所国子监，永乐十八年（1420）迁都北京后，遂改北京国子监为京师国子监，从此明代的国子监有南北之分，俗称南监和北监。

南监规模恢宏，东至小教场，西到英灵坊，北至城坡上山，南至珍珠桥，左有龙舟山，右有鸡鸣山，北有玄武湖，南有珍珠河，建筑占地十余里长，夜晚灯火辉映，甚是壮观。校内建筑直接用于教学和管理活动的有五厅六堂，五厅指绳愆厅、博士厅、典籍厅、枲簿厅、掌馔厅，六堂指率性、修道、诚心、正义、崇志、广业。"每堂各十五间，中五间设师座，左右各五间，设大凳桌，为弟子肄业所。庭前各树以杉桧。"除此之外还有规模最为宏大的文庙，用以供奉孔子及七十二贤人。北监一直沿用旧有的建筑，没有进行增修扩建。直到正统年间，李贤奏请增修。增修后的北监规制与南京国子监相似，规模也很宏伟。

2. 其他中央官学

明代中央官学除国子监外，还包括武学、宗学、内书堂等。它们都是有专门意义的学校，地位不如国子监重要。

明代设有中央武学和地方武学。建文四年（1402）在南京设立了京卫武学，教导武官子弟。靖难之役后，明成祖废除了武学。正统六年（1441）成国公朱勇奏请重开武学于北京。于是"设京卫武学。除教授1员，训导6员，教习勋卫子弟。以兵部司官提调。七年，设南京武学"（《明会要·卷二十五·学校上》）。武学入学资格为提学官选送都司卫所应袭子弟年10岁以上者。武学内设六斋：居仁、由义、崇礼、宏智、惇信、劝忠。设教授1人，训导1人，负责教学和管理。教学内容分为两大块，《小学》《论语》《孟子》《大学》为一块，另一块是"武经""七书""百将传"。学生可以在两块中任选其一，通晓大义即可。学习期间的待遇与考试方式，与儒学生相同。万历年间，武库司专设主事1人，管理武学。

宗学校址设在各王府所在地，是专门为皇族宗室子弟创立的贵胄学校，招收世子、长子、众子、将军、中尉年未弱冠者入学，称宗生。从王府长史、纪善、伴读、教授中选取学行优长者担任宗学教师。同时在宗室中推举1人为宗正，2人为副宗正，管理学校行政。学习内容为《皇明祖训》《孝顺事实》《为善阴骘》等，兼读《四书》《五经》《通鉴》《性理》等。提学官每年组织宗生考试，后又参加科举。

内书堂是为教育幼年内侍于宣德元年（1426）所设立的特殊学校，为司礼监的下属机构，设于京师宫廷之中。

（二）地方官学

明代地方官学始于洪武二年（1369）。按其性质可划分为儒学、专门学校和社学三类。

儒学包括按地方行政区划设立的府学、州学、县学，按军队编制设立的都司儒学、行都司儒学、卫儒学、都转运司儒学，在土著民族聚居地区设立的宣慰司儒学和安抚司儒学等。

专门学校包括武学、医学和阴阳学。地方武学设置于崇祯十年（1637），此时明王朝已走向衰亡，未能普遍设立。医学和阴阳学皆设立于洪武十七年（1384），医学官学设正科1人，从九品，州设典科1人,县设训科1人。阴阳学官学设正术1人,从九品,州设典术1人,县设训术1人。

社学是在乡村地区建立的小学,可以说是府、州、县学的预备学校。洪武八年(1375),朱元璋诏天下立社学,曰:"乡社之民,未睹教化,有司其更置社学,延师儒以教民间子弟,导民善俗,称朕意焉。"于是全国各地纷纷设立社学。

(三)特点

明代的官学体系有了许多新的发展,显示了与元代不同的特点,主要表现在三个方面。

第一,国子监作为明代的最高学府具有一些新的特点。一是放松学生入学资格的限制,扩大了教育对象的范围,甚至用钱可以捐买国子监生的资格或身份。根据学生的来源不同,监生有举监、贡监、荫监、例监之分。"举人曰举监,生员曰贡监,品官子弟曰荫监,捐资曰例监。"(《明史·选举志》)还有土官生,即少数民族土司派送之监生。又有公侯子弟、外夷子弟、勋臣及武官子弟入监学习,分别称为官生、外夷生等。出自特恩者,不限官品,谓之恩生。二是创立监生历事制度,这可以说是中国古代大学的教学实习制度,对于学生今后从政能力的培养有积极意义。三是实施监生直接由皇帝擢用入仕制度。明代洪武年间,朱元璋常在国子监生中擢用有关方面的官员,这是明初学校教育史上的一种特例。

第二,地方官学大规模发展。在办学形式方面,明代地方官学既有按行政区域设立的学校,还有按军队编制设立的学校以及在全国谷物财货集散地和土著民族聚居地设立的学校。在生员名目方面,府州县生员名目有所增加,"生员专治一经,以礼、乐、射、御、书、数设科分教"。(《明史·选举志》)增设"增广生员"和"附学生员",如"宣德中,定增广之额:在京府学六十人,在外府学四十人,州、县以次减十""及其既久,人才愈多,又于额外增取,附于诸生之末,谓之附学生员"(《明史·选举志》)。"增广生员"和"附学生员"经过岁试和科试后,进行分别奖惩。成绩好的可以去参加科举中的乡试,谓之"科举生员"。

第三,社学在招生择师、教学内容、教学活动等方面都形成了较为完善的制度。社学的入学年龄,一般在八岁至十四岁之间,并带有一定的强制性。《香山县志》载:"年八岁至十有四者,皆入学。"《明史·杨继宗传》记载了杨在任嘉兴知府期间,"大兴社学,民间子弟八岁不就学者,罚其父兄……文教大兴"。英宗正统时(1436—1449)许补儒学生员(《大明会典·卷七十八》),将社学与府、州、县等儒学衔接起来。孝宗弘治十七年(1504)又令各府州县建立社学,选择名师,民间幼童十五岁以下者送入读书,讲习冠婚丧祭之礼(《钦定学政全书·卷六十四》)。神宗万历年间(1573—1620),吕坤著有《社学要略》,曰:"初入社学,八岁以下者,先读三字经,以习见闻;《百家姓》,以便日用;《千字文》,亦有义理。"然后学习经、史、历、算等知识,同时须兼读"御制大诰"及"本朝律令",以及讲习冠、婚、丧、祭之礼等。

四、清代官学体系

清代的官学制度分中央和地方两大体系。中央官学有国子监、八旗官学、宗学、觉罗学、景山官学、咸安宫官学、算学馆、俄罗斯学馆等。地方官学设立有府学、州学、县学和卫学,统称"儒学",此外还有社学、义学、井学等。

(一)中央官学

1. 国子监

国子监亦称太学,建于顺治元年(1644)。其中设率性、修道、诚心、正义、崇志、广业六堂为讲律之所。分内外两班,学生最多时曾达三百人。顺治九年(1652)清世祖福临曾亲自视察国子监,此后历代相沿,称为"临雍视学"。国子监在其发展过程中曾实施监生历事制度和积分法。国子监生坐监期满后被派往各部院衙门练习吏事,每隔三个月考核一次,一年期满考试合格后被授予官职,康熙初停止。积分法始于顺治三年(1646),由祭酒薛所蕴奏定。汉人监生于常课外,月试经义、策论各一道,合式者拔置一等,岁考一等十二次者为及格,免拔历,送廷试铨选。

2. 八旗官学、景山官学、咸安宫官学

八旗官学、景山官学和咸安宫官学均是专门为八旗子弟设立的学校。八旗官学设于顺治元年(1644),隶属国子监,设满、汉教习,学制与国子监相衔接。景山官学设于康熙二十五年(1686),在京师北上门两旁官房内,满、汉文各三房。每房教习,满文 3 人,汉文 4 人。咸安宫官学设于雍正七年(1729),是景山官学的延续。景山官学与咸安宫官学均隶属于内务府。

3. 宗学、觉罗学

宗学是专为皇族宗室子弟设立的学校,建于顺治十年(1653)。凡宗室子弟,年满 10 岁以上者,皆入学学习清(满)书,由满洲生员充当教师。觉罗学是专为觉罗氏子弟设立的学校,建于雍正七年(1729),属于宗学性质,但其学生来源扩展到了整个觉罗氏。有的地方,宗学与觉罗学合二为一。

4. 算学馆、俄罗斯学馆

康熙九年(1670),在八旗官学中挑选学生学习算学,雍正十二年(1734),又增设八旗官学算学教习 16 人,八旗官学生 30 余人学习算学。乾隆三年(1738),在钦天监附近专门设立算学。乾隆四年(1739)称"国子监算学",附带收天文生,其学生数为满 12 人,蒙、汉军各 6 人,汉人 12 人,钦天监附学生 24 人,共 60 人。凡满洲、蒙古、汉军算学生于八旗官学生中考取。汉人算学生由国子监会同算学馆考取。这是清代特设的一种算学研究方面的专科学校。俄罗斯学馆创立于乾隆二十二年(1757),专门培养俄语翻译和外交人才。

(二)地方官学

清代的地方官学,按府、州、县的行政区划设立有府学、州学、县学,在乡镇地区设立有社学和义学。清朝地方学校还有相当于府州县学的、为盐商子弟设立的商学、按军队编制设立的卫学以及在云南边疆地区设立的井学等。

社学是清代地方官学中设立比较普遍的一种农村学校。康熙九年(1670)规定,凡府、州、县每乡要设置一所社学,选择文艺通晓、行谊谨厚者,经过考核成为社学教师,免其徭役,给饩(指谷物)廪优膳。雍正元年(1723),再次规定申办社学的要求:"旧例各州、县于大乡巨镇各置社学,凡近乡子弟年十二以上二十以下有志学文者,令入学肄业。至是复经申定,将学生姓名造册申报。"(《清朝文献通考•学校考八》)凡在社学中肄业者,经考试后学业成绩优秀者可升入府、州、县学继续学习;成绩不佳者则被遣送回社学,这样就使社学与府、州、县学在学制上联系在一起。

义学一般是指设在边远地区和少数民族地区乡镇的学校。雍正元年(1723)诏令"各省改生祠书院为义学,延师授徒,以广文教"。与社学不同的是,义学一般设在边远地区和少数民族地区比乡镇更基层的乡村;招收贫孤生童或苗黎瑶等族子弟秀异者,大多为官办,即由库银开支,免收学杂费。如康熙四十一年规定:"凡义学、小学,每年廪饩,其三百两于府县按月支给。"(《清朝文献通考•卷六十九》)

地方官学学区的设置基本以省为单位。根据情况不同,有一省内设两个学区者,亦有两省区各取部分府州划为一学区的,还有两省区或更多的地区划为一学区的。分学区由中央直接管理。每一学区设一提督学政的官员,各学区名称不一。学政官的主要职责是掌管各学区的学校政令,定期巡视各府州县学,按时举行岁考和科考,考察学官和教官的优劣,决定其升黜和去留,考察生员的学习勤惰,斥革其中不可教者。

清代的官学制度在其发展过程中形成了自己的一些特点。

第一,官学系统单一而完整。所谓单一是指其官学体系的主体是儒学。虽然开设了宗学、觉罗学、旗学、算学馆、俄罗斯学馆等,但影响不大,国子监是其在中央的儒学,地方的府、州、县学都属儒学。所谓完整,是指其学校网络齐整。从学校层次来看,中央是国子监,地方是府、州、县、卫等学校,同时还有都司儒学、行都司儒学、安抚司儒学、诸土司儒学等。乡镇村庄有社学,贫孤生童或苗黎瑶族子弟秀异者可以入义学,云南边疆地区有井学。从学校类型来看,官学设置种类多,普及面广。既有普通学校,还有专门学校,后者如算学馆、俄罗斯学馆等;中央官学中,既有国子监,又有专为贵族制度设立的宗学和旗学;还有为其他阶层子弟设立的诸如卫学、商学、社学等。这样,学校的网点分布几乎遍及全国。这种单一而完整的学制,目的是明确而有效地推行当政者的文教政策,实现教育的中央集权制。

第二,国子监的教学和管理中加入了新的特色。一是实施分斋教学制度。国子监在乾隆时仿宋儒胡瑗的分斋教学制分设经义、治事两斋进行教学与管理。二是八股文的学习研究被列入国子监的分斋教学课程中。三是在国子监中施行走读制。住校学习者称为"北学",非住校学习者称为"南学",亦称内班、外班。距家近者不能入内班。

第三,少数民族教育受到重视。清代专为西藏人设立唐古特学(唐古特即古之党项,是清代对青藏地区及当地藏族的称谓);为回人及缅人设回缅官学,以内务府司员担任总管,分为回子官学及缅子官学,分别由有关回人及缅人充任教习;在少数民族地区乡村设置义学、井学;为琉球留学生设琉球学等。

第四,乡村教育更加广泛、普及。除沿袭元明学制在乡镇村庄设有社学外,清代发展乡村教育的一个创举就是大办义学。雍正元年(1723)诏令"各省改生祠书院为义学,延师授徒,以广文教"。因此义学非常普及。

第三节　官学的教学与管理

一、宋代官学的教学与管理

宋代官学的教学与管理,得益于三次兴学和学校管理的改革,因此无论是中央官学还是地方官学,在教学和管理方面都有发展。

(一)中央官学的教学与管理

1. 国子监(国子学)

国子监(国子学)的职能有二:一是官学的最高管理机关,二是学生就学的最高学府。教官初设判监事2人,直讲8人,丞簿、书库、监官各1人。神宗元丰以后,改设祭酒1人,总管国子监,统辖所属各官学,其下设司业、参丞、主簿各1人,分掌各项事务,使国子监发挥教育行政机关的职能。所属各学,设博士教授生徒。

国子监专收京朝七品以上子弟入学,称国子生或者监生。刚开始的时候生源不太稳定,也没有固定的招生名额,后来逐渐以 200 人为上限。总体而言,宋代的国子学虽然较之唐代放宽了许多限制,但入学者的资格仍然高于一般的官学。由于出身高贵,贵族学生无心研习学业,致使教育质量不高。

2. 太学

太学作为宋代中央官学的主体和核心,是其中办学质量最好的,也是兴学育人的重点。

太学的教官中,祭酒总掌政令;司业协助祭酒管理校务;下设学正、学录,负责学规的执行,凡违反学规者,处以五等之罚①;直学负责学生的簿籍,以及稽察出入。博士负责分经讲授,一般设博士 10 人或 12 人,二人共讲一经,比较优劣。每斋设斋长、学谕各 1 人,负责管理斋务,考核斋生的行艺。

太学的入学资格分为两种:第一种是"八品以下子弟",第二种是"庶人之俊异者"(《宋史·选举志三》)。徽宗崇宁年间将"三舍法"推行到了地方官学,规定太学生为州学升贡,每经三年选送一次。南宋时期,规定在州学修满一年,三试中选的,可以进入太学。后来又规定每三年的科举考试后,落第者经考试合格,可以补考进入太学,称为"混补"。后来因为人数过多,落第举人每一百个人里面选择六个人应试补考太学,称为"待补"。这些办法充分调动了庶民子弟进取的积极性。

太学的教学内容以儒经为主,但也有几次较大的变动。熙宁八年(1075)统习王安石的《三经新义》。徽宗时,蔡京当政,又把黄老学说列为太学的教学内容。南宋时期,取消《三经新义》,仍学习"五经"。孝宗淳熙时期,曾"命诸生暇日习射,以斗力为等差,比类公、私试,别理分数"(《宋史·选举志三》)。以应付外患侵逼的需要。南宋末,又将"四书"列入教材。

3. 专科学校

宋代专科学校有两种管理体制:一种由国子监统辖,如武学、律学;一种由各职能局统辖,如书、算、画、医学,分属于书艺局、太史局、画局和太医局。

(1) 武学

宋代设立最早的专科学校。仁宗庆历二年设置,由国子监统辖,不久即废除。熙宁时期重建,生源名额以 100 人为上限,以文武知兵者为教授。满三年考试及格者授官,不及格者留一年再试。在中国教育史上,培养军事人才的武学正式开始于宋代,由此可见宋代对武学相当重视,其举办武学、培养军事人才的经验,对元、明、清的教育产生了深刻影响。

(2) 律学

宋代对律学颇为重视,开国初即设律学博士,教授法律。熙宁六年(1073),设置律学,由国子监管辖。初入学听讲者,为预备生,考试合格后取为正式生。分别入断案、律令两专业学习。学习断案者,则试案一道,每道序列刑名五事或七事,学习律令者,则试大义五道。每月各以所习公试一次,私试三次。凡朝廷有新法令,由刑部颁发令学生研习。学习期满后从政,有犯降舍及考试不合格者,罚以薄金。律学的设置,满足了当时社会对法律人才的需要。

(3) 医学

医学在宋代设置较早。宋初医学隶属太常寺,神宗时改隶提举判局,后改隶为太医局。设博士 1 人,学生 300 人,分设方脉科、针科、疡科三科,学习内容各有侧重。

---

① 五等之罚:轻者关暇几月,不许出入;重则前廊关暇;再重则迁斋;再重则下自讼斋,自宿自处;又重则夏楚屏斥,终身不齿。

（4）算学

算学设于崇宁三年(1104)，大观四年(1110)归太史局管辖，命官及庶人子弟均可入学学习。学生定额为210人。学习内容为《九章》《周髀》《海岛》《孙子》《五曹》及张丘建、夏侯阳算法，以及历算、三式、天文等。此外，还学习一小经或大经。每月公试、私试及实施"三舍法"，与太学略同。上舍三等分别授以通仕、登仕、将仕郎。算学的设立，在一定程度上满足了当时太史局对算学人才的需求。

（5）书学

书学亦设于崇宁三年(1104)，由翰林院书艺局管辖。学生无定额，不受出生等级的限制。主要学习篆、隶、草三体，《说文》《字说》《尔雅》《博雅》《方言》也须明晓，兼通《论语》《孟子》或儒家大经。其升降也采用了"三舍法"。

（6）画学

与书学、算学同时创立，由翰林院画图局管辖。开设佛道、人物、山水、鸟兽、花竹、屋木等专业课程，还要学习《说文》《尔雅》《方言》《释名》等基础理论知识。学生分士流和杂流，分斋而居。

（二）地方官学的教学与管理

宋代地方官学在教学内容上仍沿袭汉唐以来的儒学传统，"以经术行义训导诸生，掌其课试之事，而纠正不如规者"（《宋史·职官志七》）。在教师和学生的管理上与唐代相比有所发展，主要表现为以下几个方面。

第一，设置主管地方教育的行政官职。崇宁二年(1103)在诸路设置提举学事司，"掌一路州县学政，岁巡所部以察师儒之优劣、生员之勤惰，而专举刺之事"（《宋史·职官志七》）。这是我国设置专门的地方教育行政机构的首次尝试，在中国教育史上占有重要地位。它与管理中央官学的国子监相呼应，形成了从中央到地方的教育管理机构。

第二，实行"三舍法"。县学生可以通过考核升入州学，州学生通过考核可升入太学。

第三，实行分斋教学法。分斋教学是当时的儒家学者胡瑗在苏州、湖州两地任教时为改变当时学校中崇尚辞赋的学风而创立的一种教学制度，其主要做法是在学校内分设经义斋和治事斋，学生可以根据自己的兴趣和专长主修一科，副修一科，分斋而教。经义斋主修儒家经义，以培养比较高级的统治人才为目标；治事斋分设治兵、治民、水利、算术等科，以培养具有某一方面专长的技术、管理人才。

第四，确立学田制度，保证教育经费。熙宁四年(1071)诏诸州给田四十顷以赡士。在办学经费的筹集上逐渐形成了以学田为主，政府资助、社会献田、捐款集资、学校刻书创收等多种途径相结合的办法。

二、元代官学的教学与管理

元代官学的教学与管理较之其他朝代也有所不同。

（一）中央官学的教学与管理

国子学隶属于国子监，国子监属集贤院管辖。至元六年(1269)，设提举学校及教授官（《新元史·选举志》）。至元二十四年(1287)，正式成立国子监（《元史·世祖本纪》），设祭酒、司业、监丞、典簿、令史、译史、知印、典吏等。

国子学的教官选取才德之士。元仁宗曾指出："国子监师儒之职，有才德者，不拘品级，虽布衣亦选用。"（《元史·仁宗本纪》）国子学设祭酒1人，司业2人，博士2人，助教4人，另有学正、学录、典给等。其中，博士负责教授生徒、考校儒人著述和教官所著文字；助教负责分教各斋生员；学正、学录负责教务管理；典给负责生员膳食。中央官学的教师，包括后期某些书院的山长，皆由当时著名的学者、进士以及在科举考试中落第但本身又是举人出身的人担任，这在一定程度上保证了元朝中央官学的教学质量和学校声望。

国子学的学生主要来自七品以上朝官子孙及卫士世家子弟、宿卫大臣子孙，平民中俊秀者需有朝廷三品以上官员保举才能成为陪堂生伴读。在有资格入学者当中，汉族官僚子弟的地位是偏低的，蒙古贵族的子弟在学校中享受着真正的特权。如元朝政府规定，国子学招收学生200人，其中一半是蒙古贵族子弟，一半是色目人和汉人贵族子弟。蒙古国子学起初"于随朝蒙古、汉人百官及怯薛歹官员，选子弟俊秀者入学"（《元史·选举志一》）。但主要招收的是蒙古贵族子弟。回回国子学学生则以"公卿大夫与夫富民之子"（《元史·选举志一》）为主。

国子学的学生要先学《孝经》《小学》《论语》《孟子》《大学》《中庸》，然后学习《诗》《书》《礼记》《周礼》《易》《春秋》。教学方式为讲说、属对、诗章、经解、史评等。讲说是由博士、助教亲授句读、音训，学正、学录、伴读依次传习，第二天让学生抽签复述的方法。属对、诗章、经解、史评，均由博士出题，学生进行书面解答，先呈助教批阅，最后由博士评定成绩，记录课簿，以示考核。国子学学生的教学管理，主要实施升斋等第法和积分法。

蒙古国子学隶属蒙古国子监。蒙古国子监创设于至元十四年（1277），归蒙古翰林院管辖。蒙古国子学的教官设有博士、助教、教授、学正、学录、典书、典给等，主要招收蒙古族学生，也招部分其他民族学生。学习内容主要是译成蒙古文的《通鉴节要》，学成精通者，量授官职。回回国子学归回回国子监管辖。回回国子监建于延祐元年（1314），归翰林兼国史院管辖。回回国子学的教官有博士、助教等，学生主要来源于公卿大夫和富民子弟，主要学习亦思替非文字（即波斯文字），培养这方面的专门人才。它是我国中央官学中最早设置的外国语学校。

（二）地方官学的教学与管理

元代地方官学中的路学、府学、州学、县学等儒学系统归儒学提举司管辖。《元史·百官志七》记载："儒学提举司，秩从五品。各处行省所署之地，皆置一司，统诸路、府、州、县学校祭祀教养钱粮之事，及考校呈进著述文字。"每司设提举、副提举、吏目、司吏等职。儒学提举司隶属中央大司农司。《元史·百官志三》记载："大司农司，秩正二品，凡农桑、水利、学校、饥荒之事悉掌之。"诸路蒙古字学归蒙古提举学校官管理（仅在江浙、湖广、江西三省设蒙古提举学校官）。蒙古提举学校官隶属蒙古中央翰林院。

地方官学的教官由有"志成"的儒生，包括蒙古族、汉族以及其他少数民族的知识分子担当。据《元史纪事·科举学校之制》记载，元世祖至元"二十八年，令江南诸路学及各县学内设立小学，选老成之士教之……其他先儒过化之地，名贤经行之所，与好事之家出钱粟赡学者，并立为书院。凡师儒之命于朝廷者曰教授，路府、上中州置之；命于礼部及行省及宣慰司者，曰学正、山长、学录、教谕，路、州、县及书院置之"（《元史·选举志一》）。至于什么样的人能当教师，元顺帝在元统二年的诏书中曾强调指出"学校官选有德行学问之人以充"（《元史·顺帝本纪》），明确提出了教师任用的基本标准，体现了元朝在教师任用上唯才是举、开明的态度。

在地方官学中，学生的来源首先是地方官的子弟。至元六年（1269），朝廷规定："诸路府官子弟入学，上路二人，下路二人，府一人，州一人。余民间子弟，上路三十人，下路二十五人。……大德五年冬十月，又定生员，散府二十人，上中州十五人，下州十人。"(《元史·选举志一》)诸路蒙古字学与府学相同，至于诸路医学和阴阳学，没有明确记载，只说以儒学之例。

地方官学的教学内容，除儒家经典外，还有一些具有专业特色的内容，如医学的学习内容除"四书"外，还要用大量时间学习《素问》《难经》《神农本草》等医学经典，同时还要研习十三科(即大方脉、杂医科、小方脉、风科、产科、眼科、口齿科、咽喉科、正骨科、金疮肿科、针灸科、祝由科、禁科)的疑难问题。

三、明代官学的教学与管理

(一) 国子监的教学与管理

明代国子监的教官设祭酒、司业、监丞、博士、典簿、掌馔、助教等。祭酒、司业隶属礼部，既是教育行政官员又是国子监正、副校长。监丞参领监务，掌管绳愆厅，"纠察"师生言行，"坚明其约束，诸师生有过及廪膳不洁，并纠惩之，而书之于集愆册。"监丞不但有审判权，而且还有执行刑罚的权利。博士负责分经讲授。助教、学正、学录共同负责"六堂之训诲"，对本堂学生讲说经义文字，并要导约之以规矩。典簿负责文书及经费，典籍负责管理书籍，掌馔负责伙食。

国子监肄业的学生通称监生，明代的监生分为荫监、恩监、贡监、举监、例监五种，其来源有二：一是官生(荫监、恩监)，二是民生(贡监、举监、例监)。主要由皇帝指派分发，出自恩荫，文官三品以上，荫一子入监，称为"荫监"；凡文武官员有功或死难者，及七品以上官员子弟中的"勤敏好学者"，可由皇帝特恩一子入监，称为"恩监"。民生的来源主要是：(1)地方府、州、县学生员被选送到国子监肄业，通称为"贡监"。洪武初年，规定府、州、县学每年贡举1人，嘉靖以后，改为府学每年举2人，州学两年举3人，县学一年举1人。(2)举人会试落第，由翰林院择其优者入监肄业，称为"举监"。(3)庶民通过纳粟纳马等捐资入监，称为"例监"或"捐监"。"例监始于景泰元年(1450)，以边事孔棘，令天下纳粟纳马者入监读书。……其后或遇岁荒，或因边警，或大兴工作，率援往例行之。"(《明史·选举志》)此外，在国子监肄业的还有来自高丽、暹罗、日本等相邻国家的留学生，称为"夷生"。监生的来源虽有差别，但在肄业期间均可享受到较为优厚的待遇。

国子监在教学内容的选择上，遵循"教本之德行，文以六艺"的根本政策。明确指出"以孔子所定经书诲诸生""教之以经书、史鉴、律令、兵法等事外"，再设其他课程。《明史·职官志二》记载说："入监者……造以明体达用之学，以孝弟、礼义、忠信、廉耻为之本，以六经、诸史为之业。""凡经，以《易》《诗》《书》《春秋》《礼记》，人专一经，《大学》《中庸》《论语》《孟子》兼习之。"洪武十四年(1381)，上谕祭酒李敬："士之为学，贵于知古今，穷物理。圣经贤传，学者所必习。……卿以朕命，导诸生读经史之暇，兼《说苑》，讲律令，必有所益。"(《南雍志·卷一·事纪》)

从上述材料可知，国子监的教学内容主要有《御制大诰》《大明律令》、四书五经、《说苑》等书。其中，《御制大诰》是明太祖所撰，主要内容是列举须杀之人的必死罪状，纳田租、出夫役、替朝廷当差的训话，警诫人们要安分守己。《大明律令》为监生必读之书，因为监生将来要入仕参政，需通晓本朝律令。四书五经是儒家经典，也是监生的必读之物。刘向的《说苑》，"多载前言往行，善善恶恶，昭然于方册之间，朕尝以暇时观之，深有劝诫。"(《钦定国子监则例·卷三十四·六堂训课》)学习《说苑》，自有教益。除上述内容外，监生每月朔望要习射，每日习字200，以二王、智永、欧、虞、颜、柳等著名书法家的字帖为法。

国子监的教学活动，从其性质来看，主要可分为坐监、历事两种。坐监即教官在监教书，学生在监读书。历事即监外的"历练政事",或称实习吏事。坐监的教学活动,主要是讲书、读书、背书、作课、写做等。讲书有两种形式,一种是教官个别施教,一种是把监生集中于厅堂进行"会讲",会讲的内容主要是四书五经,有时还让学生进行质问。

国子监设有五厅六堂,作为教学和管理的机构。五厅指绳愆厅、博士厅、典籍厅、典簿厅、掌馔厅;六堂从高到低分为率性堂、修道堂、诚心堂、正义堂、崇志堂、广业堂。监生根据其学业程度与进度分别在不同的堂学习。国子监考核学生升留的办法,主要有"坐堂""考课"和"积分"三种。"坐堂"是坐监读书,以坐满时日为限,一般得坐 700 天以上,才允许升率性堂。"考课"以考试成绩多少为升堂标准。无论坐堂或考课,升入率性堂后,便采用积分法。一般而言,监生在一年的考试中,所得分数积累到八分即可毕业,达不到八分,就得留级。但只积分至及格还不能出官,及格后还得送吏部实习吏事,实习满合格后才授以官职。

国子监学生,除了在监读书外,就是监外历练政事,称为"历事监生"(即实习生)。国子监的历事监生,名目繁多。以历练政事的性质分,有正历与杂历,以时间长短分,有长差与短差,历期有三个月、五个月和一年;亦有以事来分的,以事完毕为期。不管何种,只要期满经考核合格者,均可奏吏部附选,挨次取用为正式官员。这种历事制度,有利于培养监生理论联系实际的精神和能力,对培养合格的政治与管理人才有一定意义。

(二)地方官学的教学与管理

明代地方官学中最主要的是各府、州、县学。洪武二年(1369),明太祖认为:"治国以教化为先,教化以学校为本。京师虽有太学,而天下学校未兴。宜令郡县皆立学校,延师儒,授生徒,讲论圣道,使人日渐月化,以复先王之旧。"(《明史·卷六十九·选举志一》)之后,"大建学校,府设教授,州设学正,县设教谕,各一。俱设训导,府四、州三、县二。生员之数,府学四十人,州、县以次减十。师生月廪食米,人六斗,有司给以鱼肉。学官月俸有差。生员专治一经,以礼、乐、射、御、书、数设科分教。务求实才,顽不率者黜之"(《明史·卷六十九·选举志一》)。

由于明代朝廷的重视,各地纷纷设学。最盛时,全国合计有学校 1700 多所。按照规定,府设教授 1 人,从九品,训导 4 人。州设学正 1 人,训导 3 人。县设教谕 1 人,训导 2 人。教授、学正、教谕负责教诲所属生员,训导辅佐他们的工作。凡入府、州、县学肄业的学生,通称为生员(亦称诸生,俗称秀才)。学生数额,规定府学为 40 人,州、县学依次减 10 人。生员分为廪膳、增广、附学三种。明初设食廪者为廪膳生员,在学期间享受政府提供的伙食。随着要求入学者的人数增多,又设置增广生员和附学生员。

府、州、县学的教学内容,洪武初年规定为专习一经,以礼、乐、射、御、书、数等设科分教。洪武二年规定为设礼、射、书、数四科,要求生员熟读并精通经、史、律、诰、礼仪等书,朔望须学射于射圃,依临名人法帖,每日习书 500 字,通晓《九章》之法。科举盛行以后,官学更重视教习八股范文,以应对科考。

地方官学制定了严密的考试制度。生员初入学通过考试后,成为附学生员,入学后有月考、岁考、科考等。月考每月由教官举行一次,岁考、科考由提学官主持,其在任三年内,组织两次考试,第一次为岁考,把学生的考试成绩分为六等,凡府学生员考至一等前列可补廪膳生,其次补增广生。一、二等还有相应的奖励。四等以下分别给以惩责、降级、除名等处分。第二次为科考,对岁考为一、二等的生员进行考试,成绩上等者可获乡试资格,通过贡监进入国子监肄业。生员在学 10 年,若学无所成或犯有大过,则罚充吏役并追还廪米。

四、清代官学的教学与管理

（一）国子监的教学与管理

清代中央设立的官学主要为国子监，其学官主要有：（1）祭酒、司业，是国子监的正副长官。雍正三年（1725），为了加强中央集权的管理，又另设管理监事大臣 1 人，由皇帝任命，从满汉大学士、尚书、侍郎内特选，作为国子监的主管官。祭酒、司业"职在总理监务，严立规矩，表率属员，模范后进"（《清朝文献通考·学校考三》）。祭酒为从四品，满、汉各 1 人，司业为正六品，满 2 人，蒙、汉各 1 人。（2）监丞，负责绳愆厅，满汉各 1 人"凡教官怠于师训，监生有戾规矩，并课业不精，悉从纠举惩治"（《清朝文献通考·学校考三》）。（3）博士，满汉各 1 人；助教，满 16 人，蒙 8 人，汉 6 人；学正，汉 4 人；学录，汉 2 人，负责教学"务须严立课程，用心讲解，如或怠惰致监生有戾学规者，堂上官举觉罚治"（《清朝文献通考·学校考三》）。（4）典籍，汉 1 人，掌管图书。（5）典簿，满汉各 1 人，"职在明立文案，并支销钱粮，季报文册"（《清朝文献通考·学校考三》）。

国子监的学生来源不一，分为监生和贡生。监生一般由国子监直接收录，分为优监、荫监、恩监、例监四种。荫监是由皇帝指派分发的，出自恩荫；恩监多为八旗汉文官学生、算学满汉学生考取国子监者，以及圣贤后裔入监者；例监为庶民捐纳资财入监者。贡生分为岁、恩、拔、副、优、功"六贡"。岁贡是六贡中的正规生，岁贡有定额，每年各府、州、县学均根据定额选送"食廪年深者，挨次升贡"，入监肄业。其中又有正贡、陪贡、二陪贡之别，正贡不中取陪贡，陪贡不中取二陪。国家遇有典庆吉事时，会特别选送生员入监，以当年正贡为恩贡，陪贡为岁贡。拔贡是由地方官学选拔的，每隔十二年选拔一次。优贡与拔贡类似。副贡是乡贡副榜送入监的学生。功贡是廪生有军功二等准作监生，不久即废。除此之外，在国子监肄业的还有琉球、俄罗斯等的留学生。

国子监的学生学习期间，除由"户部岁发帑银，给膏火"外，还有免役的权利。外国留学生也是"月给银米器物"，学成后回国。

国子监的教学内容，几乎沿袭了明代的教学内容，主要是学习四书五经、《性理》《通鉴》等书，兼通十三经、二十一史，还要学习清朝有关的诏、诰、表、策论、判，每日需临摹晋、唐名帖。后又将《钦定四书文》颁布于六堂，作为"举业指南"，令诸生诵习。

国子监的教学方法，既有教师讲授，又有学生的自学和质疑问难。在《清史稿·选举志一》中有这样的记载："月朔、望释奠毕，博士厅集诸生，讲解经书。""祭酒、司业月望轮课《四书》文一、诗一，曰大课。祭酒季考，司业月考，皆用《四书》《五经》文，并诏、诰、表、策论、判。月朔，博士厅课经文、经解及策论。月三日，助教课，十八日，学正、学录课，各试《四书》文一，诗一，经文或策一。"《清朝文献通考·学校考三》记载：监生"听讲书后，习读讲章。未能通晓者，即赴讲官处讲解，或赴两厢质问"。由此看来，在国子监中教师讲授不多，主要还是学生的自主研习。

国子监生的肄业时间各不相同，一般来说，恩贡 6 个月，岁贡 8 个月，副贡原为廪膳生者 6 个月，原为增广、附学生者 8 个月，拔贡原为廪膳生者 14 个月，原为增广、附学生者 16 个月，庶民俊秀者 24 个月，例监从捐监之日计 36 个月。雍正五年（1727）规定各类监生肄业时间统一为三年。

（二）府、州、县学的教学与管理

府、州、县学统称为儒学，其教官由官府配置，府设教授、州设学正、县设教谕各 1 人，各学均设训导，员额不定，协助教授、学正、教谕等教官的工作。教官的任务不在于教学，而是"训迪学校生徒，课艺业勤惰，评品行优劣，以听于学政"。同时，各省都设有专职学官，称提学道、提学御史

或提学学正。清代对地方学校的管理制度体现了高度中央集权的强化。各学区的学政官均系中央派遣官,属京官系列,不列于外官系列。因此,颇受地方大吏总督、巡抚的礼遇。

儒学生员统称为生员,分为三等:附学生、增广生、廪膳生。初入学者称附学生,经岁、科两试,根据考试成绩递补廪膳生、增广生。附学生员无限额,另两者有名额的限制。对于生员的管理,清朝实施了"六等黜陟法",把生员的等级与学业紧密结合,根据生员的学习成绩上升或下降其等级。

儒学的主要任务不是以读书课业为主,而是以参加考试取得乡试资格为主,所以儒学的教学内容也是围绕科举考试的内容与要求进行。据《清朝文献通考·学校考七》记载,顺治九年(1652)规定:"嗣后直省学政将《四子书》《五经》《性理大全》《资治通鉴纲目》《大学衍义》《历代名臣奏议》《文章正宗》等书,责成提调教官课令生儒诵习讲解。"此外,还需学习《卧碑文》《圣谕十六条》《御制训饬士子文》《圣谕广训》《大清律》等。考试分月考、季考。生员除丁忧、患病、游学等原因之外,如果三次不参加月考戒饬,无故终年不应者黜革。试卷必须送学政查核。

第四节　科举与学校

一、宋代学校取士替代科举取士的尝试

隋唐兴科举之后,学校丧失了以往独立选士入官的职能,降为科举预选的一个途径。宋代的科举考试制度在沿用唐制的基础上,又有了一些新的变化和发展,主要表现为宋初对科举考试的加强和北宋以学校取士替代科举取士的尝试。

(一) 宋初科举考试制度的加强

宋初为了巩固中央集权统治,避免将帅拥兵自重、割据称雄局面的出现,一方面采用政治威慑和物质利诱的手段削弱将帅的兵权,一方面采取重文的政策,在官僚机构中重用和补充了大批文职官吏。文官的选拔主要依靠传统的科举考试进行。宋初对科举考试的重视主要体现在三个方面:

第一,增加科举取士的名额。宋初科举的科目基本沿袭唐制,分为常贡和制举,此外还有童子科。常贡是经常举行、取士较多的一种考试,分进士、九经、五经、开元礼、三史、三礼、三传、学究、明经等科,"皆秋取解,冬集礼部,春考试,合格及第者,列名放榜于尚书省"(《宋史·选举志二》)。制举是皇帝亲自进行策问的特种考试。童子科取士有限。

宋初主要增加了常贡取士的名额,尤以进士科为主,其次是明经等科。宋太祖开宝六年(973),李昉知贡举取 11 人,太祖复试,取诸科 96 人。宋太宗太平兴国二年(977),复试取进士190 人,诸科 270 人,15 举以上 184 人,共 500 余人(《宋史·选举志一》)。取士人数大幅增加。此外,对于屡试不中的士人,开有"特奏名"和"赐出身"的特例。

第二,提高科举及第者的待遇。宋代科举及第者即可授官,所授官职也有所提高,进士高第者可得高官。同时,确立殿试制度也是提高科举地位和得第者身价的重要举措。

第三,完善科举考试规程。为了体现科举考试的公平公正,为一般士庶子民提供更多的机会,防止试场作弊,保证科举考试的顺利进行,宋初进一步完善了科举考试的规程,如:不准朝廷官员推荐考生应试;限制知贡举(即主考官)的权力;限制大官僚及世家子弟的应试特权;严格考试纪律,在实行糊名弥封的基础上,专置誊录院,设专人照录试卷,以防阅卷者认识考生笔迹;确立殿试制度;等等。

（二）学校取士替代科举取士的尝试

北宋初年，因为朝廷重视科举选拔人才，相对忽视了学校培养人才。范仲淹、王安石等人先后指出这种只重取士而不重养士的做法，如同农夫只坐等收获而不从事耕耘一样，最终必将导致人才的枯竭。北宋的三次兴学，重点都是要兴学校、育人才，改革科举考试制度，妥善处理学校与科举的关系。"庆历兴学"的主要内容之一就是改革科举考试制度，要求学生需接受一定时间的学校教育，才可以参加科举考试。王安石的"熙宁变法"，曾"罢明经而仅存进士一科"。"崇宁兴学"，罢科举，改由学校取士，取士全由"三舍法"。诏"天下取士，悉由学校升贡，其州郡发解，凡试礼部法并罢"，并规定："每岁试上舍生，则差知举如礼部法云。"（《续资治通鉴·卷八九》）这种取士法使绝大多数学生可因此免除乡试、会试之苦，而且将科举考试与学校教育系统地结合起来，因此大大刺激了当时学校教育的发展。

（三）科举的内容与时间

宋初科举考试的内容是诗赋、帖经、墨义。熙宁变法时，取消诗赋，专用《三经新义》取士，王安石变法失败后，诗赋、经义并行。绍圣元年（1094）再罢诗赋，专用经义。南宋初又兼用诗赋、经义。

宋代科举的时间，开始时是每年一次，仁宗时改为两年一次，神宗时改为三年一次，后成为定制。科举考试的办法，一方面采用糊名誊录，一方面确立殿试制度，以求得取士的公平公正，同时也加强了中央集权的教育管理制度。

（四）科举对学校教育的影响

一般来说，学校取士既能发挥培养的作用，又能保证选拔的有效。但以何种标准取士，如何保证取士过程的公平公正，是学校教育一直探索的问题。宋代统治者重视科举取士，并对科举制的完善与学校教育发展之间的关系进行了积极探索，"三舍法"就是想通过逐级考试，并参考学生平时学业和品行表现，予以综合评价、选拔人才的一种尝试。但学校取士因对学生的评价容易掺杂教官个人的感情因素，所以评价结果不易做到客观、公允。同时，仅凭学校取士的做法也违背了广开仕途、公平竞争的社会追求。而相对而言科举考试能保证选士的客观公正性。不久，"三舍法"这种限制士人必须进入学校才能入仕，并把选拔人才与培养人才职能整合起来的做法，即因"得免试入学者多当官子弟"而告失败，科举取士制度逐渐恢复。虽然太学还在实施"三舍法"，但在整个选士制度中已没有多大作用了。

宋代统治者看到了科举取士对巩固中央集权统治的重要作用，非常重视科举制度的建设，使科举制更加完备并强化了它的公平竞争精神，诱发了人们强烈的求学热情，从而大大推动了学校教育的发展。可以说，科举制是宋代官学发展的强大动力。同时，由于通过科举可以入仕的巨大利益诱惑，人们读书的目的不是为了追求学术本身的真谛，也不是为了国家民族的振兴，而只是为了步入仕途，追逐名利，学校教育从目的、内容到方法都是围绕科举的要求而行事，学校教育逐渐成为科举的附庸。

二、元代科举的时兴时废

元代科举模仿宋代，未统一全国之前，太宗九年（1237）曾下诏设经义、辞赋、策论三科考试，凡专治一科不失文义者即视为通过，汉人中被俘为奴者亦可参加考试。通过考试共录取4030人左右。此后停止。

仁宗皇庆二年(1313)制定科举条例,正式开始科举。条例中对有关科举的内容做出规定,包括考试的日期、科目、内容、场次、要求以及科考及第后的待遇等。条例规定,每三年开科考试一次,第一场考试经问五条;第二场考试策一道,以时务出题;第三场试策一道,就经史事务内出题。经问从四书设问出题,须用朱熹的《章句集注》。关于其他经书,《诗经》亦以朱熹之说为主,《易经》以程朱为主。蒙古、色目人经两场考试即可中进士,汉人、南人要经过三场考试才能入选。考试中选者,蒙古、色目人作一榜,汉人、南人作一榜。考中进士者,授予官职,蒙古、色目人比汉人、南人优越。元仁宗皇庆年间所拟定的科举制度及其实施细则,可以说是异常具体、详细、周全,不仅是元代举行科举考试的指南,而且对明、清两代科举取士的办法产生了较大的影响。

至元元年(1335),科举再次中断,六年后又重新恢复。相对于唐宋而言,元代科举实行的时间短、规模小、录取人数少,且带有浓厚的民族歧视色彩。元代选官的主要标准是门荫特权和血统,科举不是元代选官取士的主要途径。

元代统治者对科举取士的相对轻视使科举的发展极不稳定,出现时兴时废的现象,再加上科举录取名额少、及第授官品次较低、元代科举对应考者没有明确的学历要求等因素的影响,使得学校与科举关系相对疏远,但科举对学校教育依然产生了较大影响。元代的中央官学、地方官学、书院及各种私学都受到科举制度的影响,甚至逐渐成为科举的附庸。元代的各级儒学、书院、庙学甚至私学,教学内容就以四书等儒家经典和程朱理学对儒家经典的注释为主。这使得科举考试在内容方面更加褊狭的同时,也导致了学校教学功能的相应缩小和学校教育的日渐僵化。

三、明代学校的科举化

(一) 科举制度的强化

明初选拔人才的制度有二:荐举和科举。荐举的科目主要有:聪明正直、贤良方正、孝弟力田、儒士、孝廉、秀才、人才、耆民等。通过荐举,明代朝廷网罗了大量人才,一时之间,"山林岩穴、草茅穷居,无不获自达于上,由布衣而登大僚者不可胜数"(《明史·选举志三》),甚至身居大学士、尚书、侍郎等高位。但是,自建文、永乐以后,荐举制度日益被轻视,直至名存实亡。科举制度渐渐受到重视,并成为明代最主要的选士制度。明初所谓的两途并进,至此只有科举一途独行。

洪武三年(1370),正式下诏开科举,要求"务取经明行修、博通古今、名实相称者。朕将亲策于廷,第其高下而任之以官。使中外文臣皆由科举而进,非科举者毋得与官"(《明史·选举志二》)。这些规定极大地强化了科举的取士职能。之后连续三年开科取士,举人免于会试即可直接赴京授官。但因所取少年后生很少有能以所学处理正事者,故于洪武六年(1373)起停止科举达十年之久。洪武十五年(1382)诏礼部重设科举。洪武十七年(1384)规定每三年举行一次科举考试,每逢子、卯、午、酉年的秋季举行乡试,称"秋闱";每逢丑、辰、未、戌年的春季举行会试,称"春闱",并规定了详细的科举程式。

明代科举考试科目只有进士一科,分乡试、会试、殿试三步进行。第一步,乡试在各省会举行,应试人员为府、州、县学生员中考试及格者、儒子之未仕者及官之未入流者,都可由有司选举其性资敦厚、文行可拘者充之。乡试中试者为举人。第二步,乡试考中的举人、历届会试未中的举人、国子监的监生赴京城参加由礼部主持的会试。第三步,会试中试者参加由皇帝亲自主持的殿试。殿试中第者称为进士,分一、二、三甲:第一甲 3 人即状元、榜眼、探花,赐进士及第;第二甲若干人,赐进士出身;第三甲若干人,赐同进士出身。

（二）科举考试的内容和形式

明代科举考试的内容包括经义、当朝诏诰、律令、经史和时务策等，以"四书""五经"为出题范围，"四书"以朱熹的《四书集注》为标准。永乐年间，《四书大全》《五经大全》颁布后，成为科举取士的唯一范本，以程朱理学为答卷标准。

明代科举分为三场：第一场试四书义三道，每道限 200 字以上；经义四道，每道限 300 字以上。第二场试论一道，限 300 字以上，诏诰表内科一道，判语五条。第三场试经史时务策五道，俱限 300 字以上，力有未足者可减少两道。考试所用体例也形成了定格，即八股文。所谓"八股"，首先规定必须采用固定格式的排偶文体，其次规定必须根据古人的思想（如朱熹的《四书集注》），不能自由地阐释自己的思想，即"其文略仿宋经义，然代古人语气为之，体用排偶，谓之八股，通谓之制义"（《明史·选举志二》）。明代科举考试由此日益走向了形式化。

（三）科举对学校教育的影响

明代的科举考试在一定程度上体现了选拔人才过程中的公平公正，为广大士子提供了一个平等竞争以获取功名的平台。由于取士功能的加强，科举便逐渐占据独尊地位，成为世人入仕的唯一途径。

这样一来，士子读书的唯一目的就是争取功名利禄，以求荣华富贵。作为科举附庸的各级官学，必须以科举之需作为自己的教育目的和内容。科举的重中之重是八股文考试，于是学校教育的重点也是学习八股文。学校对教师的考核，要根据学生中试的数量来衡量，教师只能教授学生如何写作八股文，以便在科举考试中取得好的成绩。学校所培养出来的"人才"，不可避免地成了只是熟读"程墨""房稿"等八股刻本，没有真才实学的科举迷，他们对经世治国之学，甚至"四书""五经"都无暇顾及。科举制度完全支配了当时的官学，使其有名而无实。

四、清代学校与科举的一体化

（一）科举考试的制度与办法

清代的科举大体沿袭明制，在正式科举考试之前有一连串的资格考试，统称童试，也是获取秀才资格的考试，通过后才能参加正式科举考试，包括乡试、会试、殿试。

乡试规定三年一次，在省举行，凡属本省的府、州、县学生员与贡监生等均可参加。考试分三场，每场三天，第一场试以《论语》《孟子》《中庸》各一文，五言八韵一文。第二场试以"五经"各一文。第三场试以策问五道。乡试取中者为举人，各省均有定额。乡试除文科外还设有武科。乡试文科举行之后，于同年十月开武科乡试。考试分内场、外场，内场默写经义，外场试马射、步射、技勇等。考试以外场为主。

举人于次年入京参加会试，会试前有复试，但无去取。会试取中者称为贡士，可以参加由皇帝亲自主持策问的殿试，这是科举考试的最后阶段。考试内容为时务策一道，经钦定御批，分为三甲，一甲三名赐进士及第，依次称为状元、榜眼、探花。二甲赐进士出身。三甲赐同进士出身。

会试和殿试亦有武科。武进士殿试后亦分为三甲，第一甲赐武进士及第，第一二三名依次称为武状元、武榜眼、武探花。第二甲赐武进士出身。第三甲赐同武进士出身。

殿试取中的进士，一甲三人可直接授翰林院官职。二、三甲可再考翰林院庶吉士，称为馆选，考中后入院读书，取得来年高爵资格，考不中者另授其他官职。

清代为了严格科举考试的纪律，不仅继续沿用锁院、糊名、誊录、磨勘等规制，而且对科场舞弊案的惩治也更加严厉。

清代科举考试文体仍采用八股文,且命题必须取之于"四书""五经"。为了避免与以前所出题目雷同,命题人只好绞尽脑汁出一些离奇古怪的、不尽合理的题目。为了适应科举考试的要求,各级官学只能以应付此等文章为主,"四书""五经"的经义及文史知识的学习只是为了应对科举考试,而无暇顾及其所包含的真谛,经世致用之学更是学校教育不可企及的目标。在这种科举体制下,学校教育成了以学求仕的必经途径,学校与科举走向一体化,但其重心不在学校而在科举。所以,当时虽然设有中央官学和地方官学,但也只是科举的预备场所,官学的任务就是为科举选送合格的考生。教育内容变得日益空疏腐朽,学风逐渐颓败,学校教育地位日下,成为科举的工具。随着西方资本主义的科学文化渐次东进,科举的弊病日益凸显,选拔人才制度的改革势在必行。

(二)清末学校取代科举

鸦片战争后,传统教育制度受到西方传教士在华创办的教会学校、洋务派官员举办的洋务学堂和派遣学子出洋留学的留学教育等的巨大冲击,面临着巨大的挑战,废除八股,改革科举,仿效西方建立近代学校教育制度培养新型人才已经成为当时迫在眉睫的事情。

清末学校取代科举的依据有二:一是现代国家的建立,使得政府的职能发生转变,这大大影响到官吏选拔的原则和方式。科举制度下选拔出来的官吏已经完全不能适应现代国家的要求,旧的科举制已经失去存在的必要性。二是现代学校教育与旧科举下学校教育的互不相容。旧科举下的学校教育只是精英教育,是培养官员后备队伍的教育,是培养科举中第者的教育;现代教育的培养目标是多方面的,既要培养政府官吏,也要培养应用型的专业技术人才,同时还要提高劳动者及社会全体成员的整体素质。现代学校教育体制的建立,必然要彻底冲破科举的制约。

于是,清政府开始逐步改革科举直至以学校取代科举。光绪十三年(1887),按江南道监察御史陈琇莹的奏请,乡试会试时酌取算学人才。1898年戊戌变法期间,清政府明令凡乡试、会试和童生岁科一律废八股、诗赋、小楷取士制度,改试策论。1901年以后,袁世凯等一些封疆大吏纷纷要求开办新学校,废除科举。1905年光绪帝下诏"著即自丙午科(1906)为始,所有乡会试一律停止,各省岁科考试亦即停止"。至此,从隋代起实行了1300年之久的科举考试制度寿终正寝。

思考练习

1. 宋代经历了哪三次兴学?主要内容有哪些?
2. 宋代官学体系的特点有哪些?
3. 明清两代的国子监与宋代国子监相比,教学内容和学校管理发生了哪些变化?
4. 元代的官学有哪些特点,它在学生、教师以及教育管理方面有哪些特殊的地方?
5. 了解科举与学校在宋元明清这一时期的关系演变。

拓展训练

1. 结合高等学校入学考试和公务员考试,试分析科举制度的利弊。
2. 结合现代学校教育制度,分析科举与学校的关系。

第八章　书院的兴起与衍变

【学习目标】

1. 了解北宋和南宋的著名书院。
2. 理解书院产生的背景及原因。
3. 掌握书院教学的形式、方法及特点。
4. 理解书院学规的内容及其教育价值。

【知识列表】

书院的兴起与衍变	书院的历史演变	书院的起源
		书院制度的确立
		书院的推广与官学化
		书院制度的勃兴与毁禁
		书院的普及与改制
	书院的教学与管理	书院的教学
		书院的管理

【导言】　书院一般为著名学者私人创建或主持,且大都选址于山清水秀之地,是中国封建社会特有的一种人才培养和学术研究机构。可以说,书院是我国文化遗产和自然遗产结合得最为完美的地方。从唐代出现民间书斋和官府书院开始,历经五代、宋、元、明、清的发展,到光绪二十七年(1901)诏令改书院为学堂,书院教育制度在中国大地上走过了 1000 余年的漫漫历程,是我国教育发展史上的一颗璀璨明珠。本章分为两个部分。第一部分描述了中国书院的发展演变,按照历史进程分为书院的起源、书院制度的形成与确立、书院的推广与官学化、书院制度的勃兴与毁禁、书院的普及与改制等五个阶段。第二部分介绍并分析了中国书院的教学与管理情况。

第一节　书院的历史演变

书院是盛行于我国封建社会中后期的主要教育组织形式之一,是传统教育的一个重要阶段和特殊组成部分。书院集教学、研究、藏书及祭祀于一身,是相对独立于官学和其他教育形式(如私学)之外的教育机构,其丰富的教学经验和灵活多变的办学方式,在中国传统教育发展的历史长河中有着十分重要的地位和影响。

一、书院的起源

书院的组织形式,最早可上溯到两汉时期的“精舍”和“精庐”,是汉代的经师大儒开门授徒的地方。学习内容为一经或数经,教学方法上主要采用师徒口耳相传的形式。它在选址办学、私人兴建、延师授徒等方面,与后世的书院极为相似。然而这种组织形式在当时并没有产生很大影响,也没有很好地传承下来。

与此同时,随着西汉末年佛教自西域传入中国,佛教的禅师们纷纷借用中国的原有名称,把自己传经授徒的地方称为“精舍”“精庐”。南北朝时期佛教大行其道,“精庐”与“精舍”大多已成为僧人传经讲道之所,以致它与书院教学相衔接的原有意义丧失殆尽,现当代许多研究者在追溯书院的起源时,只能到禅林中去发掘。同时由于称谓混用,使得人们在提及“精舍”“精庐”时僧俗不分,释儒难辨。这种现象令一些自命为正统的儒学先生们感到甚为难堪,他们不屑与僧侣们共用这一名称,便选择用书卷味更浓厚的“书院”二字来命名治学读书、讲学授徒的处所,于是,“书院”的称谓不胫而走,开始逐步取代先前“精舍”“精庐”的称呼。

唐代以后,书院多为儒士隐居读书之处。私人创建的书院渐多,唐诗或地方志中“书院”出现频率渐高,一些山林胜地、佛教寺院因为其清幽的环境、衣食的提供,往往能为学子们特别是贫寒之士提供读书的便利条件,更成为学子们读书讲习的理想场所。加之唐末五代十国征战不休,社会动荡,文教衰落,科举废弛,儒士多选择寓居乡野,潜心读书讲学,这些外在条件大大增强了书院的吸引力。

见于唐代史籍上的书院,主要是一种由中央政府设立,旨在编录国史、整理古籍与提供咨询、顾问、侍读、侍讲的机构,它还不具备聚徒讲学的教育组织性质,如“丽正书院”“集贤书院”等。但是在文化蓬勃发展的唐代,书院这一官方学术机构的出现,却对当时的官员和文士产生了巨大影响。在他们看来,书院不仅是皇家用来收集、贮藏书籍的宝库,推广和应用知识的场所,更是经常能够同皇帝交流的、无比荣耀的机构,因而是读书人无比羡慕和向往的所在,于是一些文人在退休返乡之后便也将自己藏书治学的书斋、书室等命名为书院。

安史之乱后,唐朝由盛转衰,形成藩镇割据的局面。各地节度使拥兵自重,相互征伐,战争不断,严重危害了当时的官学,造成官学日趋衰落的局面。于是许多好学之士便避居山林、建屋藏书、潜心学问,并沿用书院之名来命名其读书之所,此类书院或者直接用个人名字或职位来命名,或者以所在地命名,也有以用途来命名的。这些私人性质的书院,基本上系个人抚琴、品茗、会友、赋诗、读书、潜修之所。

据唐代地方史志记载,在当时一些私人设立的书院中,出现了授徒讲学的活动。如东佳书院,"唐义门陈兖即居左建立,聚书千卷,以资学者,子弟弱冠,皆令就学"①;又如松洲书院为"唐陈珦与处士讲学处"②;另据记载,皇寮书院乃"唐通判刘庆霖建以讲学"③。不过,这类书院在当时还不普遍,规模一般也不大,没有形成系统的规章制度,只能算是后来宋代书院的萌芽。

五代十国时期,政权林立,连年战乱,官学受到严重破坏,人们要读书求学,没有官学可入,便转而进入书院学习,这就为民间兴办书院创造了条件,像河南的太乙书院,江西的梧桐书院,匡山书院,广东的天衢书院,数量虽然还不是很多,规模也不算大,但是教学场所已逐渐完成了由官学向私立教育机构的转型,而且其中孕育着蓬勃生机,日益显示出书院在文化发展中的积极作用。

二、书院制度的确立

北宋是古代书院教育制度的正式确立和初步发展阶段。

(一)书院兴起的原因

朱熹在《衡州石鼓书院记》一文中谈到宋代书院兴盛的原因时指出,由于唐末五代官学衰落,学校不修,学者没有适当的求学之所,因而选择了创建书院精舍来满足世人读书求学的需要:"予惟前代庠序之教不修,士病无所于学,往往相与择胜地,立精舍,以为群居讲习之所,而为政者乃或就而褒表之,若此山,若岳麓,若白鹿洞之类是也。"吕祖谦在《白鹿洞书院记》中说:"窃尝闻之诸公长者,国初,斯民新脱五季锋镝之厄,学者尚寡,海内向平,文风日起,儒生往往依山林,即闲旷以讲授,大率多至数十百人。嵩阳、岳麓、睢阳及是洞为尤著,天下所谓四书院者也。"总的来说,造成北宋书院兴盛的原因是多方面的。但其中最主要的原因有以下几点:

第一,教育方面。北宋建国初期,中央政府仍忙于统一战争,无暇他顾,官学废弛,官方尚无余力广泛兴办教育,宋初官学长期处于低迷不振的状态,客观上令书院的兴起成为可能。与此同时,经济复苏,百废待兴,百姓亟待获取更多知识,士人求学的需求很大,却苦无其所,欲求学问道则只能求助于私人教育,教育事业多依赖私人讲学维持。在这种情况下,书院应运而生,起到了填补官学阙遗的作用,为广大士子提供了读书求学的场所。

第二,政治方面。宋王朝统治者认为,唐末军阀混战之乱,五代十国频繁更替,祸根在于武臣拥兵自重,互相征伐,故实行重文轻武政策,敦尚教

[拓展阅读]
张传燧、李卯:《晚清书院向近代学校转型的内外条件》

[拓展阅读]
张传燧、李卯:《晚清书院改制与近代学制建立的本土基础》

---

① 王炳照.中国古代书院[M].北京:商务印书馆,1998:22.
② 王炳照.中国古代书院[M].北京:商务印书馆,1998:22.
③ 王炳照.中国古代书院[M].北京:商务印书馆,1998:22.

化,崇儒兴学。政府极力裁抑武官,限制武者出仕,而相对地对文士"大开绿灯",连年开科取士,不断增加其科举录取名额;相应地,对于私人兴办教育,也乐见其成,采取放任、支持,甚至赞助的政策,赐书、赐匾、赐田、召见山长、赐予官职等不绝于史书,这些支持无疑是促进宋初书院兴盛的直接动因之一。

第三,文化方面。封建社会进入成熟期后,古文运动的深入发展和道学的兴起,都推动了宋朝书院的发展。与此同时,佛教的禅林制度对书院的发展也起到了刺激作用。佛教禅林是集藏经、讲经、研经于一体的组织形式,对书院的教学组织产生了明显的影响。如书院的讲会制度就是借鉴了佛教僧俗讲经的方式,书院教学的讲义和语录等形式也来源于佛教的禅林制度。

第四,技术方面。继唐朝雕版印刷术之后,宋人毕昇发明了活字印刷术,促使书籍更进一步的批量生产。印刷术的发展,使书籍的制作与普及变得更为方便,书籍不再是千金难求的珍藏品,这使得普通书院也能够拥有丰富的藏书,真正成为面向社会的教学研究场所。印刷术的进步是促进宋代书院兴旺发展的重要基础。

(二)宋代书院的兴起与发展

宋代书院的发展可分为北宋和南宋两大阶段,分别呈现出不同的特色。

1. 北宋书院的兴建与发展

在重文轻武教育政策的影响下,书院在北宋时期曾一度兴盛,分布较广。在众多的书院中,名声赫赫的有白鹿洞书院、岳麓书院、石鼓书院、应天府书院、嵩阳书院、茅山书院六大书院。

(1)白鹿洞书院

白鹿洞书院位于江西庐山五老峰下,唐贞元年间(785—805),洛阳人李渤和其兄李涉在此读书,曾养一白鹿自随。长庆(821—824)初,李渤任江州刺史,在其读书处建筑台榭,命名其地为白鹿洞。南唐升元年间(937—943)在此建庐山国学,亦称白鹿洞国学,命国子监九经教授李善道为洞主,教授生徒,并置田地以供养诸生,培养了一批人才。《白鹿洞志》记载:"四方之士受业而归,出为世用,名绩彰显者甚众。"太平兴国二年(977),知州周述以来白鹿洞的学者多达千人为由,请赐《九经》供生徒肄习,诏从其请,白鹿洞书院遂名闻天下。咸平五年(1002),白鹿洞重加修缮,并塑孔子及其十大弟子之像。淳熙六年(1179),朱熹为南康军太守,重新对白鹿洞书院加以修复,订立《白鹿洞书院教条》。八年(1181),朝廷又赐国子监经书,并邀请陆九渊到此讲学,白鹿洞书院再次名闻天下。

(2)岳麓书院

岳麓书院位于湖南善化县(今长沙市)西岳麓山抱黄洞下。宋开宝九年(976),潭州太守朱洞在此建讲堂5间,斋舍52间,创建岳麓书院。咸平二年(999),潭州太守李允又加以扩建,中开讲堂,揭以书楼,塑先师十哲像,画72贤,并请国子监颁赐经书,书院生徒达60余人。大中祥符五年(1012),湘阴人周式主持书院,为岳麓书院第一任山长。他请求太守刘师道扩建书院,于是书院规模再一次扩大,生徒增至数百人。大中祥符八年(1015),真宗接见周式,任命其为国子监主簿,仍归书院教授,并亲书"岳麓书院"匾额作为褒奖。

(3)石鼓书院

石鼓书院在湖南衡阳县(今衡阳市)北石鼓山上,原为寻真观。唐宪宗元和年间(806—820),衡阳士人李宽在此读书。宋太宗至道三年(997),李宽族人李士真,请求郡守在李宽读书原址上创建书院。景祐二年(1035),仁宗根据集贤校理刘沆的要求,赐书院匾额和学田。于是,石鼓书院与睢阳、白鹿、岳麓等书院齐名。

（4）应天府书院

应天府设于睢阳（今河南商丘），所以应天府书院又名睢阳书院，原为宋名儒戚同文的旧居。大中祥府二年（1009），应天府民曹诚在此建学舍 150 间，聚书 1500 余卷，授徒讲学。景祐二年（1035），书院改为应天府官学，给学田十顷。

（5）嵩阳书院

嵩阳书院建于河南登封市太室山（即嵩山）南麓。北魏为嵩阳寺，唐代为嵩阳观，五代后周改为太室书院。宋至道三年（997），赐"太室书院"匾额及印本《九经注疏》。景祐二年（1035），赐学田一顷，诏更名嵩阳书院。

（6）茅山书院

茅山书院建于江苏江宁府茅山（今江苏金坛县境内），宋仁宗时处士侯遗所建，教授生徒并供伙食达十余年。

北宋书院经过宋初的兴盛后，曾一度衰落。其主要原因是三次兴学运动后，中央和地方官学得到蓬勃发展；科举取士的大力开展，使读书士子看到非经科举难得入仕之途，胸怀抱负的学子自然不甘枯守山林，潜心为学。读书人对书院的兴趣逐渐减退，以至书院几乎尽废，连著名的六大书院也遭到停办或改为官学。

2. 南宋书院的复兴与规制化

南宋时期兴办书院之风再起，书院日益发达并超过北宋，几乎取代官学成为当时主要的教育机构。据统计，北宋和南宋的书院之比是 2∶8。南宋公认影响较大的四大书院有：白鹿洞书院、岳麓书院、丽泽书院和象山书院。

南宋书院的发达同理学的盛行息息相关。南宋的理学家往往以一所或几所书院作为讲学和学术活动的场所，一方面传播理学思想，另一方面培养理学人才。例如，朱熹主持白鹿洞书院，张栻主持岳麓书院，陆九渊主持象山书院，吕祖谦主持丽泽书院。其中，朱熹对书院在南宋的复兴起了非常重要的作用，并对后世书院的发展有着深刻的影响。淳熙六年（1179）三月，朱熹任南康军太守时，在庐山发现白鹿洞书院故址，于是呈报朝廷，申请兴复，于次年告成。书院修复后，朱熹自任洞主并亲自掌教，聘学录杨日新为书院堂长，并向各地发文征求图书，朱熹还亲自为书院制定了条规，对其宗旨、为学之序以及修身、处世、接物之要做了系统而详细的规定，名曰《白鹿洞书院揭示》（亦称《白鹿洞书院学规》《白鹿洞书院教条》），成为中国书院发展史上的一个纲领性文件，对于当时及后世的书院教育以及官学教育都产生了一定影响。南宋书院发展史上还流传下来很多教育学术佳话，如"朱张会讲""鹅湖之会""白鹿洞讲学"[①]等。

在《白鹿洞书院揭示》中，朱熹明确规定了教育的目的和过程，提出了修身、处世、接物等的基本要求。虽然《周易》《孟子》《论语》《礼记》等儒家经典中已经出现了上述思想，但是朱熹把这些教育思想提炼出来，形成了较为完整的书院教育理论体系，并以学规的形式固定下来，成为后世

---

① 1167 年仲秋至初冬，朱熹从福建崇安来到潭州（今湖南长沙），与张栻讲学于岳麓书院和城南书院，史称"朱张会讲"；1175 年，朱熹送吕祖谦还浙江金华路经江西上饶，吕遂邀陆九龄、陆九渊兄弟与朱熹在铅山鹅湖寺讲学论道，力图调和朱陆的学术分歧，史称"鹅湖之会"；1181 年，朱熹知南康军主持白鹿洞书院不久，邀请陆九渊到白鹿洞书院讲学并切磋学问，史称"白鹿洞讲学"。

学规的范本和书院的办学准则,使得书院的教育逐步走上制度化的发展轨道,对中国古代教育事业的发展产生了相当大的影响。

大体上说,宋朝的书院教育具有以下三个特点:

第一,书院教育体系逐步形成,书院教育制度已经确立。宋代的书院不仅遍及各地,而且逐渐形成了独立的教育体系。书院内部设山长、洞主、院长、堂长等职,负责书院的组织管理和教学工作。书院活动内容更加丰富、充实,不再是单纯的藏书或教学组织机构,它还从事学术研究以及祭祀、刻书、藏书活动。书院拥有学田,保证了稳定的办学经费。以《白鹿洞书院揭示》为代表的书院教育理论体系,完善了书院的教育目标、教学原则和基本教育过程,这标志着书院教育制度的正式形成。

第二,书院大力提倡兼容并蓄、百家争鸣的学术研究,注重性理教育,促进了南宋理学的发展和学术文化的繁荣。南宋的理学家们往往把书院作为讲学与传播个人学说思想的主要基地和与不同学派进行交流、讨论的重要场所。书院的蓬勃发展带动了理学的兴旺发达,推动了文化学术的繁荣。

第三,书院出现官学化倾向。在宋朝书院已出现受制于官府,被纳入官学体系的倾向,被称为"书院官学化"。具体表现为:一方面政府通过赎买或授官等方式,吸引私人将兴建的书院捐赠给政府,以谋得一定的官职,即所谓"以学舍入官";另一方面州郡主管也可以直接利用地方官府财力修复或兴建书院,并请朝廷拨款、赐书或赐学田等,使书院成为地方官学,如岳麓书院、石鼓书院、白鹿洞书院等。这表明官府加强了对书院的控制,将其逐步纳入官学体系;同时也因官府对这些书院的褒奖和提倡,使之名扬天下,从而刺激了其他书院的前进,客观上推动了书院制度的发展。

三、书院的推广与官学化

元朝统治者为了缓和蒙汉民族的矛盾,笼络汉族士人之心,对书院采取了保护和提倡的政策。元朝第一所书院——太极书院早在元太宗八年(1236)就已创立于当时的燕京(后来的元朝首都大都,今北京)。此后,由于战争频繁,兵连祸结,书院在战争中不断受到骚扰和毁害,元朝政府在政策上对书院强调以保护为主,尽量避免损毁。中统二年(1261),元世祖忽必烈下诏严禁侵犯书院。元世祖至元十六年(1279)灭南宋后,元朝政府对书院的政策由单纯保护改变为积极提倡。当时书院发展主要有书院重建和隐居自建书院二种动向,即许多路、府、州、县对战火中损毁的书院进行了修复和重建,还有部分南宋遗士拒侍新朝,纷纷避居山林,自建书院,专事知识传授和学术研究。

元朝政府在积极提倡兴办书院的同时,也加强了控制,特别是对书院办学管理者的控制,使得自宋朝以来书院的官学化倾向更为明显。元朝对书院的控制主要表现在三个方面。

1. 控制书院师资延聘权,由朝廷任命书院的教师

据《元史·选举志》记载:"书院设山长一员。"与地方官学的教官一样,"命于礼部及行省及宣慰司。"书院山长、洞主或由官员举荐充任,或由地方官学的下级官员经由考试升任,到元代中后期,又改为以下第举人担任。山长同地方官学的学正一样,经考核合格后,可以升为路学教授。总之,书院的管理者均由朝廷或地方政府委任,或派员出任,他们作为朝廷命官,纳入官制系统。除山长、洞主之外,路府州书院设置的掌管钱谷直学"从郡守及台府官试补",也属于国家官员。

很明显,元代书院的教授、直学等均须经礼部、行省或宣慰司延聘、审批或在朝廷备案。

2. 控制书院的招生、考试及毕业去向

《元史·选举志》云:"自京学及州县学以及书院,凡生徒之肄业于是者,守令举荐之,台宪考核之,或用为教官,或取为隶属。"书院生徒与官学生一样,统一受到官府严格的管理与控制,实际上与官学生已无本质区别。

3. 设置学田,控制书院经费使用权

元政府在鼓励民间士绅捐资创办书院的同时,还积极为书院设置了一定面积的学田或调拨钱物,但须遣员到书院监督使用,对经费进行控制。除此之外,元朝政府还设法保护书院学田,使之不受地方豪强和佛、道侵夺,这样一方面保证了书院的教学活动能够顺利进行,另一方面也控制了书院的经济命脉,从而从根本上控制了书院。

总之,由于元朝政府对书院采取保护和加强控制的政策,书院在数量上得到了长足的发展,遍及全国许多地区。同时,也由于元朝对书院采取了这些控制措施,书院逐渐失去了自由讲学的特质,缺乏论辩争鸣的气氛,书院官学化的倾向越来越严重,有的书院甚至被完全纳入地方官学系统,与路、府、州、县学一样沦为科举的附庸,与其淡泊名利、修身明志的初衷背道而驰,而它赖以生存、饮誉于世的学术特色也逐渐被淡化乃至消失。不过,元朝政府对书院改造所持的极为审慎的理性克制态度,使书院对于当时文化教育的普及、理学的传播以及人才的培养,仍发挥了积极作用。

元朝虽然为金戈铁马的蒙古贵族所统治,但对儒家文化有着应有的尊重。程朱理学和科举制度结合之后,被正式确立为官方正统。与理学一体化的书院被视为官学,受到重视,书院的建设者,既有汉人、南人,也有蒙古与色目人,因此有"书院之设,莫盛于元"的说法。据统计,元代创建书院296所,加上修复的唐宋旧院部分,书院总数达到408所。在书院的发展史上,元代的最大贡献是,将书院和理学一起推广到北方地区,缩短了南北文化教育的差距。

四、书院制度的勃兴与毁禁

明朝书院的发展经历了"沉寂—勃兴—禁毁"的曲折道路。

明朝建立后,统治者非常重视学校教育,大力发展官学,提倡科举取士,官学在社会上占据了主导地位。士人为了求取功名利禄,对官学趋之若鹜,使明初官学的普及出现了唐、宋所未有的盛况。同时,由于统治者对书院采取既不提倡也不修复的态度,有时甚至会发生官学侵占书院院址乃至直接吞并书院改为官学的现象,书院备受冷遇,逐渐走向衰落。从明朝立国至明孝宗弘治十八年(1505)的130余年,书院都处于沉寂状态,明孝宗甚至曾宣称:"本朝无书院之制。"

实际上,明初并非没有书院的设置。早在洪武元年(1368),明太祖因袭元朝旧制,设立了洙泗、尼山二书院,但只是为了祭祀孔子及其弟子,而不复有讲学之举。《续文献通考·学校考》中介绍:"其时各省皆有书院,弗禁也。"各地亦时有书院成立。又据《白鹿洞书院史略》考,自洪武元年至明孝宗弘治十八年(1505),江西新建的书院约有51所。同一时期广东新设书院约为17所。① 这些书院主要有象山书院、昌溪书院、养正书院、崇正书院、濂溪书院等。由此可知,明初的书院并未被统治者完全忽略,只是数量较少而已。

---

① 孙培青.中国教育史[M].4版.上海:华东师范大学出版社,2019:232.

明中叶以后，统治衰败，官学空疏，科举腐化，随着学校教育功能的减退、学术文化思想的活跃以及明朝内部政治矛盾的激化，从内阁大臣到皇帝本人，对"敦崇正学、风厉斯文"的书院，都开始采取明显的支持态度。因而，书院再度兴起，到明成化、弘治时期，明代的书院数量大幅增加，书院建设开始从以前的低谷走向复苏。随着湛若水和王守仁等著名学者的涌现以及他们对书院的大力倡导，从正德（1506—1521）时期开始，书院建设进入兴旺发达阶段。嘉靖以后，书院发展到极盛时期，并对明代的教育、学术文化及政治都产生了很大影响。

王守仁、湛若水和他们的弟子对明朝书院的发展有着重要的影响。王守仁讲学，"流风所被，倾动朝野，于是缙绅之士，遗佚之老，联讲会，立书院，相望于远近"（《明史·传赞》）。湛若水是著名学者陈献章（白沙）的学生，他在自己所到之处广建书院并讲学授徒达55年。这时的书院把学术研究和讲学活动更加紧密地结合起来，而且不同学派各标其宗旨，各讲其主张，超出书院讲坛的范围，发展成为规模相当大的地区性学术活动，形成独具特色的书院教学制度。

由于书院研究学术特质的复归，在野士大夫多在讲学之余，讽议朝政，书院讲学的政治色彩越来越浓。以王守仁、湛若水等众多学者和东林书院为代表的明末书院，最重要的特点之一即是积极参与当时的政治活动，但它也因此令统治者深有政权摇撼危机之感而再遭禁毁。

明代后期，当权者先后四次禁毁书院。第一次是嘉靖十六年（1537）。据《续文献通考》记载，御史游居敬上疏，指斥湛若水"倡其邪学，广收无赖，私创书院，乞戒谕以正人心。帝慰留若水，而令有司毁其书院"。第二次是嘉靖十七年（1538），发起全国范围的禁毁。据《皇明大政纪》记载，吏部尚书许赞以"官学不修，别起书院，耗财扰民"为借口，"申毁天下书院""诏从其言。"第三次是万历七年（1579），张居正为了整顿吏治、整顿教育，遂以书院多无实学为理由，申请封闭全国书院，结果是年正月，"诏毁天下书院。……尽改各省书院为公廨，凡先后毁应天等府书院六十四处。"（《明通鉴·卷六十七》）第四次是天启五年（1625），魏忠贤党人忌恨东林书院，遂矫旨"拆毁天下书院，首及东林"（《东林书院志》）。四毁书院的根本原因都是封建统治者为了加强专制统治，其直接后果是严重地戕害了学术思想的发展。

明末还曾实行过一种"洞学科举"，即在乡试的年份，每遇科考，便由书院的山长或洞主向官府提出申请，经省批准给予书院肄业童生若干入学名额，允许书院保送学生参加科举考试，这时的书院与州郡学校已几乎无异了。"洞学科举"的创设，推动了书院的官学化进程，使书院、官学、科举逐渐融为一体。

五、书院的普及与改制

清初统治者鉴于明末书院"群聚徒党""摇撼朝廷"的教训，为了压制舆论，消除南明的复国情绪，防止坚持民族气节的汉族知识分子利用书院宣传民族思想、组织抗清义士，在积极创办官学的同时，严禁创设书院。顺治九年（1652），下令"不许别创书院，群聚徒党及号召地方游食无行之徒，空谈废业"（《古今图书集成·选举典·学校部》）。但书院禁而不绝，地方上仍有一些书院经修复后恢复讲学，如江西白鹿洞、鹅湖、白鹭洲、友教等书院经过巡抚蔡士英的依次修复，聘师开讲。对于一些著名书院，如衡阳石鼓书院等，清政府也允许重新修建。总体来说，这个阶段的书院发展处于沉寂状态。

康熙至雍正初，书院得到了一定的复苏。此时，清政府在社会政治、经济等方面比较稳定，文教政策上开始使用一些怀柔政策，笼络汉族知识分子。对于书院则通过赐匾额、书籍等手段给予肯定与褒奖。于是各地缙绅之士便积极创办或修复书院,书院逐渐开始复苏。

雍正以后,清政府对书院的认识产生了重大变化,认为书院"于士习文风,有裨益而无实弊",一改对书院的限制态度,转而对书院采取扶持的政策,令在各省会选定一二所书院,给银千两作为办学经费,并给予生徒膏火银,面向全省招生,确立其在全省的最高学府地位。圣谕说:"近见各省大吏渐知崇尚实政,不事沽名邀誉之为,而读书应举者,亦颇能屏去浮嚣奔竞之习,则建立书院,择一省文行兼优之士读书其中,使之朝夕讲诵,整躬厉行,有所成就,俾远近士子观感奋发,亦兴贤育才之一道也。督抚驻扎之所为省会之地,着该督抚商酌奉行,各赐帑金一千两。将来士子群聚读书,须预为筹划,资其膏火,以垂永久。其不足者,在于存公银内支用。"(《清朝文献通考·学校考八》)各省督抚遵旨设立或确定省城书院,各府、州、县也纷纷效仿创建书院,各地陆续设立或确定的书院有:直隶保定莲池书院、江苏江宁钟山书院、山东济南泺源书院、山西太原晋阳书院、河南开封大梁书院等。自此各地书院建设纷纷兴起,乾嘉时形成又一高潮。及至清朝乾隆时期,书院发展到了顶峰,由省发展到府、州、县,大约有 4000 所。全国的官办书院系统也逐步形成,书院教育作为国家正统教育体系的组成部分,重新焕发了生机。

在积极提倡的同时,清政府也对书院加强了控制,主要表现为以下几个方面:(1)效仿元朝控制书院的设立与经费来源。省会的书院设立与确定由各省督抚负责,书院经费依赖"恩赐帑金""其不足者,在于存公银内支用"。各府、州、县的书院无论是缙绅人士设立的,还是地方官创立的,都由地方政府的相关部门管理,经费虽有一部分是由绅士捐资的,但大部分是地方政府拨款。这样,书院的创办权和经费就牢牢控制在清政府的手中。(2)书院师资的选聘由政府控制。书院山长、洞主、教授均由地方官员任命,并定期考核成绩。乾隆元年(1736)规定:"嗣后书院讲席,令督抚学臣悉心采访,不拘本省邻省,亦不论已仕未仕,但择品行方正,学问博通,素为士林所推重者,以礼相延,厚给廪饩,俾得安心训导。……如果六年著有成效,该督抚学臣,酌量提请议叙。"(《清会典事例·卷三九五》)督抚学正控制了书院师长的选聘,从而掌握了书院的领导权。(3)加强对书院的招生与考核、学生毕业去向等的控制。招生名额均由朝廷核定,有的书院还派地方官员担任监院,直接监督书院行政事务。甚至学生的选拔也要首先通过各州县,再经过省道员和布政司的考察,生源都是已进官学的生员和尚未进官学的童生。这样,书院的官学化倾向更甚。

鸦片战争后,闭关锁国百余年的"天朝大国"大门终于被西方列强的坚船利炮所打破。鸦片战争的失败,暴露了清廷政治的腐败和教育的落后。随着"师夷制夷"的洋务运动的开展,洋务学堂如雨后春笋般兴起,改革旧式书院就成为大势所趋。光绪二十二年(1896)以后,山西、江西一些书院开始裁减诗文教学,增加近代科学文化课程,礼部要求各省效仿。光绪二十七年(1901)下诏将各省城书院改为大学堂,各府书院改为中学堂,各州县书院改为小学堂,并多设蒙养学堂。至此,书院为官办学堂所取代标志着其终结。书院制度走完了近千年的曲折历程之后,最终汇入了中国现代化教育的洪流之中。

第二节　书院的教学与管理

一、书院的教学

（一）书院的教学目的

一般说来，尽管在书院千余年的发展过程中兼有祭祀、藏书、刻书（出版印刷）等功能，但收徒教学与学术研究是其两大基本功能。书院的教学目的可以用"致知、修身、齐家、治国、平天下"来概括。统治者要求士人在书院接受知识教育的同时，也要注重个人修养、笃行礼仪道德，希望书院可以培养"明人伦""进可安邦定国、退可治学守业"、胸怀天下的实用型人才。

[拓展阅读]
张传燧：《古代书院传统及其现代大学借鉴》

北宋范仲淹"先天下之忧而忧，后天下之乐而乐"，以天下太平为己任的思想，即是在应天府书院中求学之际形成的。宋仁宗天圣六年（1028），范仲淹执掌应天府书院期间，在《代人奏乞王洙充南京讲书状》（《范文正公文集·卷八》）中提出："致治天下，必先崇学校，立师资，聚群材，陈正道，使其服礼乐之风，乐名教之地，精治人之术，蕴致君之方……济济多士，咸有一德，列于朝，则有制礼作乐之盛，布于外，则有移风易俗之善。"他指出书院应当培养博学多闻，有道德学问，能够致天下太平的实用人才。范仲淹不主张士人趋附利禄，但也支持有能力的学者通过科举为国出力。理学的创始人周敦颐、张载、程颢、程颐等人，在教学目的方面更是反对存心科举，追名逐利，主张引导学生"研学便以道为志，言人便以圣为志"，不追求举业，而潜心求道，成为有道之士后，方可通过科举入仕，为朝廷出力。

南宋时，张栻比较完整地提出了书院教学的目的。乾道二年（1166），他在《潭州重修岳麓书院记》中说："……为是举也……但为决科利禄计乎？抑岂使子习为言语文词之工而已乎？盖欲成就人才，以传斯道而济斯民也。"（《南轩先生文集》）这一论述明确提出了书院的教育目的是培养"传道济民"的传道继统、经世致用人才。这里所谓"传道"，概括地说就是传承儒家道统，具体地说就是传播理学，使学生具有一定的思想道德文化知识素养；"济民"则是培养学生具有治国安民的实际本领。朱熹继承和发展了张栻的观点，在为《白鹿洞书院揭示》所作的跋中提出："所以教人为学之意，莫非使之讲明义理以修其身，然后推以及人，非徒欲其务记览，为词章，以钓声名，取利禄而已。"朱熹认为"传道"的内容是"讲明义理，以修其身"，"济民"的内容是"推以及人"。他在《白鹿洞书院揭示》正文中又说："先王之道，以明人伦为本。""学者学此而已。"并进一步说明了"义理"的中心内容是"五伦"，即"父子有亲，君臣有义，夫妇有别，长幼有序，朋友有信"。此后，虽历经元、明、清各朝，近千年间凡谈及书院的教育目的者，多以张、朱之说为本。

（二）书院的教学内容

书院的教学目的，不为科举，故教学内容不受其所限，而是比较广泛。教学内容主要是儒家所宣扬的人伦道德之道和治国安民之术，教材主要是儒家经典和理学家的著作。

《诗》《书》《礼》《易》《春秋》五经是各书院通行的必读教材。书院发展初期以儒家经典《论语》《孟子》为基本教材，自张载、程颢、程颐之后，开始重视学习《中庸》《大学》，在朱熹的大力推动下，"四书"逐渐固定下来成为书院的基本课程。书院不同于初等学校性质的私塾，对四书五经一般不系统讲授,而是选择其中重要的篇章或要点加以解说阐发或深入研究。

各名儒大师的著作也是书院教学所使用的教材,以便传播各学派的新思想,发表个人不同的学术观点乃至不同政见。例如,程颐晚年在书院讲授他自己所著的《易传》,二程的再传弟子胡国安在自己创建的碧泉书院讲授自著的《春秋传》;又如张栻在岳麓书院等处,朱熹在白鹿洞书院等处,陆九渊在象山书院,王守仁在江浙两广间,顾宪成在东林书院都曾讲授自己的学术观点。这些对学术思想的发展都起到了极大的促进作用。

各派学术思想虽有差异,但他们都坚持一个共同的教学目的,就是书院生徒应学得修身治国之道,也就是济世实用之学。故而除儒家经典和各派的著作之外,还应学习史书和诸子百家等其他学科,如南宋白鹿洞书院的学习内容还包括《汉书》《管子》等书,元朝历山书院设有医学,博山书院设有数学、书学,郡江书院设有蒙古字学,明朝书院设置制艺(即八股文),清朝更有兼设"文事""武备""经史""艺能"四斋的漳南书院等。

(三)书院的教学组织形式与教学方法

书院具有讲授、会讲、讲会以及自学、讨论等基本教学组织形式和方法,灵活多样。

1. 讲授

书院最经常使用的教学方法是集中讲授法,与官学和一般私学有所区别的是讲授次数较少,而水平较高。书院讲学多由本院教师自讲,对初来的学生也可由研究有得的先进学生代为讲解指导。

2. 会讲

书院的会讲学术活动,一般认为始于南宋张栻、朱熹的岳麓之会。"会讲"就是师生聚在一起进行学术交流和讨论,它对理学和书院的发展有极大的促进作用。会讲的情形一般是,由主讲大师围绕某一议题发表自己的见解,学生们则专心听讲。有时也有争辩。

3. 讲会

到明代中叶,陈白沙、王守仁等人的书院讲学活动带动了书院的复兴,宋代出现的会讲发展成为学术讲会形式,标志着书院教学的制度化。讲会制订会约,对其宗旨、时间、内容、组织、形式、经费等都有明确规定,其组织形式与近代的学会相似。讲会是学人交流学术思想的场所,也是文人骚客定期会友的场所,还是人才培养的主要形式。

无论会讲还是讲会,都相当自由。教师可不局限于固定教材范围,主要讲授个人著作和学术观点。书院广开言路,不存门户之见,广泛邀请不同学派甚至不同学术观点的名师大儒来院讲学。对听讲者也是门户开放,不设门槛。

4. 自学

无论教师的讲授、会讲还是讲会,次数都很少,书院教学还是大量依靠学生的自学。教师对学生进行读书指导,给学生指定书目,制定学习进度,进而指明某书的意义和阅读方法,要求学生反复诵读,认真体会,存养玩味,着实履行。

5. 讨论

若有疑难之处,师生一起共同讨论磋商,即如朱熹所言,"有疑难处,同商量而已。"书院也鼓励学生有疑难之处定要力争。[①] 书院虽以自学为主,但群居时互相质疑辩难,受益更多。

---

① 《岳麓书院学规》要求:"疑误定要力争。"

（四）书院的教育教学特色

1. 教学与学术研究并重

书院既是教学中心又是研究基地，还是著名学者进行学术活动的主要场所。书院的主持人多为名师宿儒，在积极从事培养人才教育教学工作的同时，也致力于学术理论的研究与传播，承担着教学与学术研究的双重职责，教育教学与学术研究二者相得益彰。所以，胡适认为："我国书院的程度，足可以比外国的大学研究院。"（胡适《书院制史略》）

[拓展阅读]
张传燧、邓素文：《自由自主：书院教育精神及其现代启示》

2. 学术氛围自由宽松

书院以研习学问为重，推崇勇于质疑、取长补短的学风，鼓励不同学派共同讲学、平等论学，以探究学术精义或辨析不同学派主张。书院的会讲（讲会）打破门户之见而博采众家之长，学术上出现了百家争鸣的繁荣景象。不仅不同学派间求同存异，即使同一学派内部也允许有不同主张，师生间互为学友，自由切磋，学生被鼓励提出新的学术观点和见解。

3. 人格教育与知识教育并重

书院旨在"学达性天"，在治学的同时，注重道德修养，将传授知识、研究学问与品德修养、完善人格有机地结合起来。白鹿洞书院学规中就明确指出"己所不欲，勿施于人，行有不得，反求诸己"等道德修养的基本信条。岳麓书院学规也要求学生做到"气习各矫偏处，举止整齐严肃""痛戒讦短毁长，损友必须拒绝"的行为规范。（《岳麓书院学规》）

二、书院的管理

虽然书院实际起着传播学术、培养人才、推广教化的重要作用，但书院始终没有被纳入国家正规教育体系中加以管理。然而鉴于书院在教育中的特殊地位，在实际发展过程中，各朝各级官员不仅直接或间接地介入其建设与管理，而且对书院发展还起着非常重要的作用。从这一点上看，书院更像官学。

（一）书院的掌管

书院在初建时，管理组织机构比较简单。其主持人既是书院组织管理的负责人，又是日常教学工作的承担者，一般没有其他管理人员和机构。书院的主持人，多由一些鸿儒或地方上的著名学者来充任，负责书院的组织领导，教学主讲，主持印刻、搜集、整理、贮藏图书和祭祀等管理任务。书院主持人的名称，有山长、洞主、院长、堂长、教授等。其中山长之称使用较早，也最普遍。因书院多设在风景优美的名山，在书院聚徒讲学的多是德高望重的年长学者，被尊为山中长老，故称山长。

南宋书院蓬勃发展，入学生徒日渐增多，教学程序日趋复杂，组织机构也逐渐扩大。于是，有些较大的书院逐渐添设了副山长、副讲、助教等职，如白鹿洞书院管理人员 26 人，但专职管理人员并不多，一般多从学生中遴选，或由学生轮流担任管理职务。学生自理自治并参与书院的管理乃至教学工作，是书院管理制度的一大特色。前述堂长、学长在有的书院即是由学生首领充任，管干、司计、掌祠、掌书、典谒、司录、经长等辅助职务也多在肄业生中择优选拔，这些担任职事的学生被称作"职事生员"。

元代以后，随着书院的逐渐官学化，书院的行政管理也日益复杂化、制度化，并被纳入官方的教育行政体制之中。不仅书院的山长与官学教职一样，须经礼部、行省或宣慰司任命并在朝廷备案,书院的直学、教授、学正、学录等职务的任命和提升,也须经朝廷批准。各级政府还遣员负责书院山长及教职员的考察和稽查,对书院山长授官衔并领取官俸。这就从组织管理的许多环节上加强了对书院的控制。

到了明朝,大部分书院的主持人或主讲人,都是由地方官出面延请,甚至有些书院就是由地方官本人主持。随着书院的发展,教学管理、学生管理等行政事务渐多,于是设立了院总、监院、监斋、总办、掌管、监理、董事、首事、司士、钱粮官、经理等职,以分山长之劳,并逐渐形成行政、财务、勤杂等比较完备的职事系统,书院内部管理日趋完善。

（二）书院的生徒

史册中记载的书院大都没有明确指明学生的来源。不过书院在设立之初就被置于学校教育必要的补充地位上,并且办学区域对书院教育规模有限定,其在学生生源的招收上就大多面向那些已经接受一定教育的士人,主要是地方各级儒学的学生、富裕家庭的子弟、部分现任官员、退职在家的官员、因故在家的国学生以及游学之人等,而不是所有的民众子弟。因而实际参加会讲的听讲者,一般以学校学生为主体。书院的学生也以官学、私学各级学校的学生为主,甚至有些书院还通过考试选拔其中的优秀者进入书院学习。

书院采取什么样的方式对学生进行管理,最终还是与其办理宗旨相挂钩。书院对学生的德行和学业方面的要求,虽然在学术思想和具体教学内容上有所差别,但都是为了让学生获得道德和学业的培养,成为学有所用的济世之才。在当时,能使学生报效国家的主要途径就是科举和岁贡,因此书院的教育,在为科举和岁贡提供优秀的人才上达到了统一,其对学生的管理,最终还是归结到强化或扩充儒学的教育效果上。

考察一些书院管理学生的具体条文,也能更加清楚地意识到这一切。如嘉靖年间高贲亨为白鹿洞书院所订的《洞学十戒》,就要求学生戒除"立志卑下、存心欺妄、侮慢圣贤、凌忽师友、群聚嬉戏、独居安肆、作无益之事、观无益之书、好争、无恒"等不道德行为。郑廷鹄在嘉靖三十一年给洞主崔柏的公函中,不仅重申了在书院内部设立堂长和直学的建议,而且规定主洞官每季必须将书院中的有关情况汇报提学。这种汇报的做法显示了白鹿洞书院在学生管理上并不具有独立性,而是需要接受提学官的统一监督。类似的情形,也出现于白鹭洲、虞山书院中。

（三）书院的学规

书院内部的管理往往是通过学规具体实现的。学规不仅反映了书院的学术宗旨,也反映了书院的管理属性。历代书院普遍订有严格的学规。学规通常是一所书院教育的总纲领以及其从事聚徒讲学活动的基本规范,它规定了书院的培养目标,进德修业的基本要求与原则,有的还包括书院教学生活的基本守则。在这些学规中,有不少都是由现任官员,或由现任官员委托人制定。历代书院留下的大量学规,不仅反映了书院的教育教学活动与办学特色,还是后人研究书院发展的重要史料。

宋代书院学规中最有影响的是朱熹制订的《白鹿洞书院揭示》(又称《白鹿洞书院学规》)。此学规选取了儒家经典中圣贤的格言,用以概括理学教育的基本主张,阐发了对人、为学、修身、处世、接物的大道理,从宏观上揭示了立教的规范。南宋理宗推崇理学,亲书《白鹿洞书院学规》赐太学生,对其推广起了促进作用,使之成为历代书院共同遵循的总学规。这是以程朱理学为指导思想的典型的教育纲领。

（四）书院的教学管理制度

书院的教学管理内容十分丰富,主要形式有教学常式、日记教学、考试等。教学常式,又称常程、课程,受分年读书法影响,一如现在的教学计划,它规定了书院一定时期内的教学内容、讲课时间、考试科目等。日记教学法起源于南宋,其操作方法是:设立日记册、日记簿、日课簿、日程簿等名目的簿册,发给生徒,用以记录、考查诸生每日课业。它于诸生可记录每日所做功课,于山长等则可验学生勤惰,考其学业,是书院广为采用的一种教学方法。考试制度起源于唐代集贤书院的月课岁考制度,是书院用以对肄业生徒进行德行与学业考核,评定优劣,确定升降,给予奖惩的一种制度。它以德行和学业为两大考试内容,以招生入学和平时考课为两大考试形式。

（五）书院的经费制度

书院创建初期以私人创办为主,主持人往往自筹办学经费。其后逐渐出现私办、官办和私办公助等多种形式,其办学经费的筹措也趋向多样化,既有私人捐赠、富家赞助,也有官方划拨学田、赐赠房屋等。大多数的书院都拥有一定数量的学田,来维持日常教育活动和学术活动。书院将学田租给附近的农民进行耕耘,收其租廪为给养。学田制的确立,为书院的发展提供了稳定的物质基础。宋代以后,由于书院日益官学化,其经费来源也有所扩大,除有学田租银外,官府赐拨经费也成为书院经费的重要来源。书院的开支主要有教学、购书、学术研究以及教师的花红(薪酬)和学生的膏火银(助学金)等。

书院经费的管理权,随着书院的兴衰与官学化进程,经历了由民到官,再由官移交于民的变化过程。自宋元时期起书院就已经建立起包括人员、仓储、簿书、收支等内容的经费管理制度。以儒雅自得的士人,对书院经费的管理制度并不重视。但经费问题关乎书院的存亡兴衰,在千余年的实践中,书院也积累了不少值得记述的经费管理经验和教训。书院经费管理的最主要任务可分为两大类:其一是采取措施保障书院名下的田产、钱粮不被外人侵占;其二是争取尽可能多的经费并合理分配,尽量提高经费的利用率。具体可分为款项综核、山长延聘、膏火酌定、账目核实、盈余核出、花红酌给、盘费核定、雇工给值等各种名目。

思 考 练 习

　　1.分析书院产生的原因。

　　2.简述书院发展经历了哪些阶段。

　　3.试论书院教育教学的特点。

　　4.书院最具代表性的指导思想是哪两种？试比较其异同。

　　5.书院的教学组织形式对我们今天的教育教学有哪些借鉴意义？

拓 展 训 练

　　考察本地的书院及其演变情况。

第九章 蒙养教育与社会教化

【学习目标】

1. 了解传统蒙学教育的机构及其教学情形。
2. 掌握传统蒙学教材的种类及其主要内容。
3. 了解传统社会教化的途径和形式。
4. 了解传统社会教化的内容与方法。

【知识列表】

蒙养教育与社会教化	蒙养教育	蒙养机构
		蒙学课程
		蒙养教材
		蒙学教学
	社会教化	社会教化的途径
		社会教化的内容与方法

【导言】 我国古代有重视蒙养教育的传统。汉代以后蒙养教育逐渐呈现普遍化的趋势,出现了专门的蒙养教育机构和童蒙教材。《急就篇》《三字经》《百家姓》《千字文》《蒙求》《小儿语》《弟子规》等都是著名的蒙养教材。中国古代的蒙养教育内容主要是进行初步的道德行为训练和基本的文化知识教学,教育方法以识字、写字、背书和严格的基本规训为主。社会教化是中国古代统治者对人民发布政令、宣传德教、改变风俗、建设文化的重要形式和途径。由于具有特殊的功能,历代统治者往往把它作为维护社会长治久安的统治策略。宋代以后,社会教化逐渐具有多种机构、途径和形式,承担着多种职能。

第一节 蒙养教育

《周易·蒙卦》中说:"蒙以养正,圣功也。"中国古代很早就开始重视蒙养教育。由于始终未能形成严格完整的学校教育制度,因此,中国古代的学校教育有一种特有现象,即儿童入学受教育的年龄界限不严格,儿童文化知识启蒙的年限因家庭、儿童个人条件和社会所创造的教育条件而不同。不少儿童还未到上学年龄就已开始在家庭中接受启蒙教育,有些即使已出外进私塾读书,其实年龄还处在幼儿阶段。这就造成了中国古代儿童启蒙教育阶段性模糊不清的情况,也造成了启蒙教育既包含幼儿家庭教育,也包含学校教育的独特现象。中国古代将这一过渡阶段的儿童教育统称为"蒙学"和"蒙养教育"。下面主要从蒙养机构、蒙养课程、蒙养教材和蒙学教学四个方面对中国古代蒙养教育加以叙述。

一、蒙养机构

唐宋以后,由于科举制以文化考查(经学考试)作为核心内容,"学而优则仕"的价值取向更为明显,极大地调动了人们"读书"的热情,使学塾教育具备了广泛的社会基础。唐代开元、天宝年间,社会价值观已开始以少年儿童不读书识字为耻。《通典》所载"五尺童子,耻不言文墨焉",即为真实写照。一般认为,蒙学普设始于唐代。[①] 到宋代,中原地区几乎村村设学。

蒙学亦称学塾、私塾、塾馆或蒙馆,是指私家办理的启蒙教育设施,属小学或初小性质,也包括学前后段的教育。中国古代的蒙学主要有村塾(村学)和家学(教馆)两类。

(一)村塾

村塾,也称"乡塾""里学""村学"或"村馆",是设于基层乡村的启蒙学校。村塾可追溯至西周"乡校"和汉代"书馆",历史久远。村塾是学塾中最为普遍的形式。一般说来,村塾设于人口较为密集的村庄,由学童的家长出资租借馆舍和延聘师资,学童通常为几人至十几人,蒙师仅一人,规模不大。学馆、义塾、族塾和冬学等也都属于村塾性质。

学馆,也称"家塾""门馆""坐馆""书舍""书馆""书塾""舍馆",为汉代书馆的直接承袭,是村塾的一种。一般的村塾是延聘外来师资、租借本村馆舍,而学馆的塾师多出自本村,利用自家房舍做学馆。

义塾,也称"义学",属于村学一种。通常以地方公款(公田)或豪绅捐款(学田)作为办学资金,专收贫寒子弟,实行免费入学。由于这种捐赠属义举,故此类学校称"义学"。宋代的义学主

---

① 刘海峰.唐代乡村学校与教育的普及[J].教育评论,1990(2):61-63.

要仰赖富绅捐资或宗族公产而立,明清的义学多仰仗官方之力。

族塾,亦为村塾之一种,可视为义塾的分支。即同姓宗族利用族产作为办学资金,免费收录本族子弟入学受教。族塾通常利用祠堂作为施教场所。

冬学,亦为村塾之一种。利用农村冬闲时节开设的季节性蒙学。大体在农历十月开学,次年二月闭馆,学习时间为 3～4 个月。

（二）家学

家学,也称教馆或坐馆,往往是因为富贵人家的家长无暇或无能课教子孙,遂聘塾师来家主教。若自家子孙人数过少或向学不勤,则往往延纳旁亲勤学子弟免费来家"伴读"。

除上述之外,唐代的坊学(商铺作坊区设立的学校)和寺学(利用庙产设立的义学)等,宋代的宗学、内小学(设立在皇宫内的贵胄教育设施)和蕃学(设于藏民聚居区的少数民族教育设施)等,亦属于蒙学性质。社学和庙学是元明清蒙学的特色。社学创制于元代,是将成人教育与儿童教育合于一体的农闲启蒙学校。庙学也出现于金、元之际,其借鉴了佛教寺庙的"俗讲"形式,属社会教育性质,往往吸引较多幼儿随家长参与。

二、蒙学课程

中国古代蒙养教育内容主要是进行初步的道德行为训练和基本的文化知识教学,以识字、写字、背书为主。每日功课一般是背书、授新书、作对、写字、读诗,以及一系列的道德行为规范训练。

蒙养教育特别注重对儿童学习态度的培养和学习习惯的养成。如读书强调勤苦、认真、专一,培养儿童态度认真、专心听讲、及时复习、爱护书籍、珍惜光阴的习惯;写字要求姿势正确、几案洁净、字画端正,学会研墨、执笔、铺纸等基本技能和习惯。朱熹的《童蒙须知》对此有详细而严格的规定。如:"凡为人子弟,当洒扫居处之地。拂拭几案,当令洁净,文字笔砚,凡百器用,皆当严肃整齐,顿放有常处,取用既毕,复置原所""须整顿几案,令洁净端正。将书册整齐顿放,正身体对书册,详缓看字,仔细分明读之,须要读得字字响亮。不可误一字,不可少一字,不可多一字,不可倒一字""凡写字,未问写得工拙如何,且要一笔一画,严正分明,不可潦草。"

蒙养教育重视基本知识的熟读牢记。朱熹在《童蒙须知》中说:"读多自然晓。""古人云:读书千遍,其义自见。"但他反对呆读死记。他说:"余尝谓读书有三到,谓心到、眼到、口到。心不在此,则眼不看仔细,心眼既不专一,却只漫浪诵读,决不能记,记亦不能久也。三到之中,心到最急,心既到矣,眼口岂不到乎?"

生活礼节和行为习惯的训练是蒙养教育的基本要求。例如,朱熹的《童蒙须知》和《训蒙规约》对于衣服冠履、言语步趋、洒扫涓洁、读书写文、杂细事宜等方面都规定了详细的准则,特别强调要对儿童从小进行严格训练,打好基础,使之习惯成自然。

元代程端礼依据朱熹"宽著期限,紧著课程"之说,所作的《读书分年日程》是一部完整的、从蒙学到大学的学校课程计划,其中对蒙学的课程规定如下:"八岁未入学前:读《性理字训》。日读《字训》纲三五段,此乃朱子以孙芝老能言,作性理绝句百首教之之意,以此代世俗《蒙求》、《千字文》最佳。又以朱子《童蒙须知》贴壁,于饭后,行饭时使之记说一段。"

明代王守仁撰写的《训蒙大意示教读刘伯颂等》一文,与《教约》合称为《社学教条》,蒙学课程的设置开始切近儿童的生理和心理发展规律。为使蒙稚乐学,王守仁主张增加习礼、歌诗两门课程。所谓习礼即行为习惯训练,所谓歌诗,属文学艺术教育。在课程开设顺序上,王守仁主张:"每日功夫,先考德,次背书、诵书,次习礼或作课仿,次复诵书、讲书,次歌诗。"(《教约》)明代吕坤则主张:"先读《三字经》以习见闻,《百家姓》以便日用,《千字文》亦有义理。"此外,"《小学》《孝经》及字学反切"皆为"先教"内容。除重视识字、写字、读书、讲书、作文等传统课程外,《蒙养礼》中尤重歌诗、歌舞等活动课程。

清人崔学古所作《幼训》,主张:"教训童子,在六七岁时,不问知愚,皆当用好言劝谕,使知读书之高;勤于教导,使不惮读书之苦。"他对蒙学课程进行了比较详细的表述,包括幼戒(新生遵纪教育),习揖(礼仪训练),习立、习坐、习饮食(行为习惯训练),识字(入学初每日的主课),句读、教书、念书、讲书(阅读教学),探书、带书、理书、默书、背书(复习巩固课程),涸字、临仿本(写字训练),作对(作文基础训练),余课(名物常识教学)等方面。

三、蒙养教材

(一) 蒙养教材的发展阶段

我国古代蒙学教材的编写历史悠久,自周秦至清末绵延数千年,按其自身的发展状况,大体可分为相互联系的三个发展阶段。

1. 第一阶段:周秦至魏晋南北朝时期

此时的蒙学教材多为字书。最早的字书是《史籀篇》,据说它就是为"周时史官教学童"而编写的。秦代的李斯、赵高、胡毋敬分别作《仓颉篇》《爰历篇》和《博学篇》,"文字多取史籀篇"。到了汉代,"闾里书师合《仓颉》《爰历》《博学》三篇,断六十字以为一章,凡五十五章,并为《仓颉篇》"。汉武帝时,司马相如作《凡将篇》,全篇没有一字重复。元帝时,黄门令史游作《急就篇》,成帝时李长作《元尚篇》,都取法于《仓颉篇》。可见,早期蒙学教材基本脱胎于《史籀篇》和《仓颉篇》,是在这两者的基础上演化发展而来的。

对后世影响最大、流传最久远的早期蒙学教材为史游所作的《急就篇》。《急就篇》是一部综合性的识字课本,以识字为主,还包括多方面的知识。《急就篇》共34章,不列名目,内容以类相随,包括陈说姓名、介绍丝织、动物、植物、农产品、自然常识、疾病药物、身体器官、乐舞礼器、官职名称等各种杂物,可谓"包括品类、错综古今"。对于指导学童的学习来说,它犹如一部小百科全书。《急就篇》的历史影响巨大,后世的《三字经》《百家姓》《千字文》等都可以说是在《急就篇》基础上的进一步发展。

魏晋南北朝时期有多种蒙学教材问世。其中最著名,流传久远而广泛的蒙学教材,当推南朝周兴嗣所作的《千字文》。《千字文》以四个字为一句,共250句,1000个字,句句押韵,没有一个重复字。《千字文》以识字为主,包括天文、史地、动植物、农业常识、道德规范等内容,也吸收了不少民间谚语,知识性、趣味性极强。也正由于它融知识性、趣味性于一炉,《千字文》成书后即广泛流传,北宋汪洙在《神童诗》中说:"古有千文义,须知后学通。圣贤俱间出,以此发蒙童。"长期以来,官学、私塾一直把它定为启蒙的必读课本。

2. 第二阶段:隋唐五代时期

这个阶段的蒙学教材在内容上突破了前一阶段以识字为主的单一格局,宣传封建伦理道德和历史知识成为这一时期蒙学教材的主潮,识字教学退居次要地位。在形式上,除了采用韵语体裁之外,还采用了对偶句式,这是蒙学教材发展的继往开来、承上启下的重要时期。

唐中叶之后,在我国北方广泛流传的蒙学教材是《太公家教》。其内容主要以规劝人们接受和践行封建伦理道德为主,文中多载前人嘉言善行,语句长短不一,以四言为主,但又不拘泥于四言。如:"教子之法,常令自慎。言不可失,行不可亏。他篱莫越,他事莫知。他贫莫笑,他病莫欺。他财莫取,他色莫侵。他强莫触,他弱莫欺。"

《太公家教》是唐末到北宋初年最盛行的蒙学教材之一。

唐人李瀚的《蒙求》是对后世影响最大的蒙学教材。《蒙求》选取经书、史传以及诸子百家等书中的历史故事、人物轶事,用四言诗的形式,每句讲述一人一事,两句为一对,对句之间裁对工整,又谐音韵,便于记诵。全书介绍了大约600个历史故事,上至远古传说,下至隋唐,其取材力求挖掘历史人物和历史事件的典型性和教育意义,所以又有很强的可读性。

3. 第三阶段:宋元明清时期

宋代是科举全面强化的时期,为满足社会登科应举的需要,除沿用前代的《千字文》《开蒙要训》《蒙求》等教材外,社会上还编订出一批极具影响力的蒙学教材,如《百家姓》和《三字经》。

(1)《百家姓》

《百家姓》大体成书于宋初,旧本题为"钱唐老儒"作。宋人王明清认为,该书应作于960—978年的吴越,这时吴越未亡国,所以不应该说是宋人所作,而属于五代十国时期。[1] 实际上,从"赵"字打头看,应与宋有关。全书用姓氏堆砌而成,四字一句,共118句,472字,押韵,无文理可言。除篇末"百家姓终"四字外,余468字由408个单姓和30个复姓合构。由于它适合记诵并与历史及现实人物相关联,且用韵语写成,读起来朗朗上口,适合儿童记诵,因而流传极广。

(2)《三字经》

《三字经》相传为南宋王应麟撰(另有宋末区适子作一说),是我国蒙学读物中最有代表性也是影响最大的一种。从某种意义上说,它成了我国蒙学读物的代称。全书1248字,三字一句,共416句。《三字经》虽然篇幅有限,却包含了十分丰富的内容。可分为教学之要、幼学之序、读书次第、勤学典范、为学效果五部分,集中概述了经学、历史、数目、名物等知识,并特别指明了力学有成、显世扬名的人生路向。如它开篇就说到教或学的重要性:"人之初,性本善。性相近,习相远。苟不教,性乃迁。教之道,贵以专。昔孟母,择邻处,子不学,断机杼。窦燕山,有义方,教五子,名俱扬。养不教,父之过;教不严,师之惰。子不学,非所宜。幼不学,老何为?玉不琢,不成器;人不学,不知义。"

接着介绍了儿童须知的伦理道德和所谓的数与方名,包括三才、三光、三纲、四时、四方、五行、五常、六谷、七情、八音、九族和十义的具体内容。另外还说明了为学的次第和学习的内容,并特别介绍了群经和诸子,以介绍儒家经典为主,如《论语》的撰写经过,《孟子》的主要内容,《中庸》的名义,《大学》的修治之道,《周易》的变化,《尚书》的体裁,《三礼》的作者,《四诗》的由来,《春秋》的宗旨,《三传》的名目等。至于诸子,只提到荀子、扬雄、文中子、老子和庄子五家而已。

《三字经》讲述了许多历史上奋发向上、刻苦勤学并最终取得成就的人物故事:博学如孔子尚且以项橐为师;尊贵如赵普尚且苦读《论语》;贫穷如路温舒把书抄写在蒲草上;公孙弘把书抄写在竹简上学习;孙敬把自己的头发吊在屋梁上;苏秦以锥子刺自己的大腿,以防止困倦,昼夜苦读;车胤囊萤,孙康映雪;劳累如朱买臣挑着柴担读书;李密放牛时把书挂在牛角上学习;苏洵27

① 徐梓.蒙学读物的历史透视[M].武汉:湖北教育出版社,1996:75.

岁了才发奋读书；梁灏 82 岁才中状元；祖莹 8 岁、李泌 7 岁已能咏诗；刘晏 7 岁就"举神童，作正字"；等等。

无论是形式还是内容，《三字经》都不愧是当时最佳的蒙学读物，深受幼童喜爱，成为启蒙教材的首选书。元明清广泛流行的《三字经》《百家姓》《千字文》，即是以《三字经》作为端首。

此时期出现的影响较大的童蒙读物还有南宋朱熹与其学生刘子澄合撰的《小学》，南宋方逢辰的《名物蒙求》，明代吕得胜所作的《小儿语》等。《小儿语》的一些语句，有的是作者编创的，有的则选自民间流行的口语。《小儿语》开创了蒙学读物的一种新类型。

（二）蒙养教材的种类

蒙养教材从内容上可分为五类。

1. 以识字为主的综合性读本

这类蒙学教材以《三字经》《百家姓》《千字文》为典型代表。《三字经》三个字为一句，文字简练，概括性极强，它句句成韵，通俗易懂，读起来朗朗上口，便于背诵，许多人儿时读过，终身不忘。《百家姓》四个字为一句，句句押韵，全书共 142 句，568 个字。南宋时期《百家姓》作为"村书"已广为流传。《百家姓》成书之后，不断有改编本和仿制本问世。《千字文》自魏晋南北朝产生以来，一直在蒙学中广泛应用，它与《三字经》《百家姓》共同构成识字教材的三部力作，人们通常将它们合称"三、百、千"。另外，清代的《幼学琼林》也是流传很广的综合性字书。

2. 以伦理道德教育为主的读本

对儿童进行伦理道德教育，一直是传统启蒙教育的核心内容，这种内容除了包含在综合性的教材之中，还有大量专门性的读物。这类读物有朱熹的学生程端蒙所作的《性理字训》，此书共计 30 条，四字为一句，俨然是朱熹理学思想的简明提要，所以深得朱熹的赞赏："小学字训甚佳，言语虽不多，却是一部大《尔雅》。"由于它适应了宣传程朱理学的时代需要，所以很受人们的欣赏，被称为"经学之总要"。

专门进行道德行为规范训诫的伦理类蒙学教材，以《弟子规》为典型代表。《弟子规》原名《训蒙文》，是清初山西人李毓秀所著。采用三字一句、合辙押韵、易诵易记的形式精心铺叙编纂而成。后来又经山西浮山县人贾存仁修改删削，始易名为《弟子规》。《弟子规》全书共计 1080 字，360 句，分《总叙》《入则孝出则弟》《谨而信》《泛爱众而亲仁》《行有余力则以学文》五个部分。除《总叙》提纲挈领、稍事铺陈外，其余 4 个部分皆有所侧重。《弟子规》一书，受到许多士人的褒扬和青睐，人们将其视为"便于诵读讲解而皆切于实行的开蒙养正之最上乘"之作，是童子知识初开之时最适宜用来"使蒙稚之民咸知大义"的教科书。清中叶以后，此书最为流行，一些地方政府还明令所属地区的私塾、义学将它列为必备的教科书。

用近于白话的歌谣形式编写而成的伦理类蒙学教材，以明代吕得胜、吕坤父子二人的《小儿语》和《续小儿语》最为典型。吕氏父子在这两部蒙学教材中，刻意仿效儿童口语，尽力去文就俗，用近于白话的语言写成整齐押韵的训蒙歌诗，既便于儿童背诵记忆，又有利于他们学懂弄通，知识性、趣味性极强。

汇编先贤格言至论和民间谚语而成的伦理类蒙学教材，其典型代表是《增广贤文》。《增广贤文》采用谚语与古代文献佳句选编而成，其内容十分广泛，从礼仪道德、典章制度，到风土民情几乎无所不包，但核心内容是讲述人生哲学、处世之道。其中许多关于社会、人生方面的道德训诫，经过世事的多次验证，已经成为醒世警人的至理名言。比如：画龙画虎难画骨，知人知面不知心。

路遥知马力，日久见人心。当家才知盐米贵，养子方知父母恩。常将有日思无日，莫把无时当有时。君子爱财，取之有道。善有善报，恶有恶报，不是不报，日子未到。等等。

《增广贤文》中，除对学童进行伦理道德教育外，还有对封建社会世态炎凉的讽咏。譬如：有茶有酒多兄弟，急难何曾见一人！人情似纸张张薄，世事如棋局局新。力弱休负重，言轻莫劝人。无钱休入众，遭难莫寻亲。屋漏更遭连夜雨，行船又遭打头风。等等。

3. 以进行历史文化知识教育为主的读本

在中国古代，专门以历史知识为题材编写蒙学教材的传统起源于宋代，在宋元之际达到高潮。这类蒙学教材把中国历代王朝的兴替嬗变编成歌诀，用以教育幼童。从形式上看，它长短不一，简则一二百字，繁则数万字，有的仅仅提及朝代名称，有的则详述历朝历代大事。从内容上看，它们以传授历史知识为主，但也夹杂着浓重的封建意识、正统思想和蛮夷与华夏之分的旧理念。从数量上看，历史类蒙学教材卷帙浩繁，其数量不亚于伦理类，而且从宋代起各代皆有代表作。如宋代王令的《十七史蒙求》、胡寅的《叙古千文》，元代许衡的《编年歌括》，元代翁三山的《史咏》等。

4. 以进行文学艺术教育为主的读本

宋代朱熹最先倡导以诗歌训课童蒙，并亲自写作了《训蒙诗百首》。诗歌类蒙学教材的勃兴则有赖于明朝王守仁、清代陈宏谋的大力提倡和卓有成效的工作。宋元明清之际，最流行的诗歌类蒙学教材是《神童诗》《千家诗》和《唐诗三百首》等。

5. 以进行日常生活常识教育为主的读本

这类蒙学教材以宋代方逢辰的《名物蒙求》最为流行。在《名物蒙求》中，作者主要向儿童介绍了自然和社会的种种事物，如天文、地理、花草树木、鸟兽鱼虫、日用器皿、饮食服饰、耕种操作等等的常识。比如，解释云雨雷电等自然现象的成因："云维何兴，以水之升；雨维何降，以云之蒸。"介绍山川河流："高平为原，窈深为谷。山脊曰岗，山足曰麓。丘言其高，阿言其曲。滔滔者水，涓涓者泉。激为滩濑，深为潭渊。"介绍草木花卉："冬雪瘰梅，秋风老桂。南国山茶，散火雪霜。兰生深林，自遂于荒。濂溪爱莲，陶潜爱菊。莲不受污，菊拔流俗。夏葵向日，乃心太阳。秋蓉拒霜，以质而章。"

在中国古代，许多花卉与人们的行为和理想追求有关，所以往往被赋予人格的魅力。《名物蒙求》中，作者在向儿童介绍花卉知识的同时，也以牡丹的高贵、梅花的坚毅、兰花的幽雅、菊花的隐逸、荷花的圣洁，来熏陶浸染孩子们的稚嫩心灵。

四、蒙学教学

中国古代的童蒙教学，一方面重注入，重背诵，重训练，严学规，甚至还有"打手心"等体罚学生的做法。但另一方面，也积累了一些好的经验或做法。下面主要从识字、写字、读书、作文等环节对蒙学教学加以探讨。

（一）识字教学

识字是读书、写字、作文的基础，古代蒙学对此一直十分重视。古人大多主张先集中识字后进入阅读的办法，如王筠在《教童子法》中说："蒙养之时，识字为先，不必遽读书。……能识二千字，乃可读书。"崔学古在《幼训》中也说："凡训蒙勿轻易教书。……识字至千字外，方用后法教书。"

识字教学的方法大体有如下几种：一是指物识字。指物识字就是通过分析字形来带动识字的方法，亦即以具体事物的形象带动识字的方法。如识"日""月"字，即以天上日、月告之；识"上""下"字，即以在上、在下物告之。二是卡片识字。即使用识字卡片，以熟字带生字。方法是将生字用正楷书写在纸上，纸的背面注同音字，如"闻"注"文"，"实"注"十"之类。然后一个一个地教学童认读，并逐字讲解。三是书上识字。即将课文中的生字用朱笔圈出，或用墨笔写在书头，逐字识认，类似今天结合课文认读生字的方法。四是对比识字。即通过对形似字、音近字的辨认进行识字教学。如"扬"与"杨"，声同而笔画偏旁等不同；"已"与"己"，字同或形似，而读音与用法不同。通过对比，细细辨认，从而加深对字形、字音、字义的认识。唐彪在《父师善诱法》中也罗列了292对形近字，供家长和教师教孩童识字参考之用。

（二）写字教学

中国古代蒙学十分重视写字，甚至把它作为专门的功课进行教学。明清时期的蒙学，不仅有专门的写字教材，而且有一整套的写字教法。写字教学大致分为扶手润字（亦称"把腕"或"把笔"）、描写、描影、跳格（上格为教师所写，仍令其影写，下格为空格，令其依上面之字而写之）、临帖等几个步骤，其中对扶手润字尤为重视。要求通过扶手润字，教以横、直、勾、点及转折、轻重方法，然后再令自书。同时告之握笔四要（虚、圆、正、紧）和作字四法（横轻竖重，少粗多密，勾短点圆，空匀横直）等要领。

（三）读书教学

读书、背书、温书，是蒙学的主要功课。古代读书教法中积累了一些值得注意的经验。一是前面提到的宋代朱熹就非常重视良好读书习惯的培养。二是重视对于朗读的指导。古代书籍中没有断句的标点，故而教会学童"逐字逐句点读分明"是蒙师的首要任务。蒙学读书重视朗读，要求"读得字字响亮""毋高、毋低、毋疾、毋速"；读得准确，"逐字逐句，要见着落""毋增、毋减、毋复"；心思专一，防止"浪漫诵读"；要求"多诵遍数"，使之"自然上口，久远不忘"。三是强调先"明"后"熟"，即先理解后记住。四是提倡"精读"与"博览"相结合。

（四）作文教学

蒙学的作文教学是从学属对开始的。属对的训练一般从"一字对"做起，进而"二字对""三字对""四字对"以至"多字对"。在作文训练中，蒙学大多采取"先放后收"的步骤。开始作文时，"以放为主"，鼓励学童大胆放手地写，不挫伤其兴趣和信心。待有了一定的基础之后，再对其要求精练和严谨，即所谓"收"。对批改学童作文，前人则主张"多留少改"，即使改，也要随学童作文的"立意"而改，切忌大删大改，或离开学童的题意而强改。

第二节　社会教化

教化即教育和感化，从中反映的是政府或官方的意志，对象是广大社会民众。中国古代非常重视教化，早在《学记》中就提出"化民成俗，其必由学"的社会教化策略。历代封建王朝不断对其进行完善，企图以此来实现长治久安。中国古代社会教化有以下特点：一是方法上的正面教育，体现出非粗暴性和非强制性；二是传递的内容和目的带有一定的隐蔽性，从而使接受者不知不觉中获得教化；三是教化的影响除了作用于接受者的外部行为外，更主要的是要融合在其心灵之中。

一、社会教化的途径

中国古代社会教化的途径多种多样，主要有祭祀活动、劝俗活动、节庆活动、文娱活动、宗族活动等。

（一）祭祀活动

中国古代号称"礼仪之邦"，礼仪名目繁多、体系庞大，但其中要属祭祀礼仪最为重要。《礼记·祭统》云："礼有五经，莫重于祭。"中国古代历代王朝统治者正是通过祭天祀地、享祖崇圣、祈雨祭厉等各种祭祀活动，来确立政权的合法性，以维护政治统治秩序，推广社会教化。

祭祀包括国家祭祀与民间祭祀。国家祭祀是指由政府主持举行的一切祭祀活动，其中既包括中央政府举行的一系列国家级祭祀礼仪，也包括地方政府举行的祭祀活动。中国是一个农业国。古代政府的劝农教化，也是同一系列祭祀活动联系在一起的。历代祭享先农的礼仪大体相同：每年春耕前，皇帝率众臣前往先农坛祭神，其祭仪与祭器、供品，与社稷礼大致相同。礼毕，籍田（可称中央的劝农示范之田）行亲耕礼。籍田典礼所体现的机制与意义，在于天子要亲自劝农，为天下示范，使人养成重农与勤俭的道德观念。中国古代王朝往往通过赐额或赐号的方式，把一些影响较大的民间祭祀神祇纳入国家祭祀系统。这在宋朝极为突出，明清延续了这种政策。一方面，地方士绅等希望借朝廷将地方神祇纳入国家祭祀系统而抬高当地的地位；另一方面，国家通过赐额或赐号把民间祭祀连同其信众一并网罗，有利于进行社会教化。

民间祭祀方式最具影响力的是祠祭和墓祭。这两种祭祀礼都具有合族敬祖，加强家族血缘认同的社会控制作用。墓祭是封建家族团结宗族，加强宗族控制的一个重要手段。墓祭起源于春秋战国时期，清明节举行墓祭的礼仪形成于唐代，至宋代，清明节时士庶皆出城上坟，"官员士庶，俱出郊省坟，以尽思时之敬。"[①]此后，清明节墓祭成为风俗。家族祭祀对家族族众的教化意义同样十分明显。程颢、程颐在《二程遗书》中谈到建立家庙，祭祀始祖、先祖和四亲的内容时，总结说："人家能存得此等事数件，虽幼者渐可使知礼义。"[②]又说通过祭祀能够明确尊卑上下，"只有一个尊卑上下之分，然后顺从而不乱也"[③]。可见，通过家庙祭祀加强了对祖先血脉的认同，培养了礼义之心，从而强化了对族众的控制教化。《周礼》说："以饮食之礼亲宗族兄弟。"宗族成员全体聚餐可以培养情感，加强血缘认同。宋代家族祠祭祖先后，大都要合族而食。祭后的合食是严格按照尊卑老幼依次就位的，其一举一动，都有严格的礼仪规定。在这样的场合，族众可以体认到尊严与秩序。

可见，祖宗祭祀的深远意义是要进行伦理和礼仪教化，加强对族众的控制，建构一种宗族成员的秩序关系。

（二）劝俗活动

拥有权力和地位的地方官利用民众对文字和权力的崇拜撰写和颁布劝俗文，是最为常见的劝俗方式。劝俗文描绘了劝说者对地方社会的理想蓝图，其内容涉及社会各个方面，包括重建礼制，调整家庭、家族、邻里等社会关系，打击不法现象等。

---

① 吴自牧.梦粱录：卷2[M].郑州：大象出版社，2019：220.
② 程颢，程颐.二程集：卷18[M].北京：中华书局，2004：241.
③ 朱熹.近思录：卷9[M].北京：中华书局，2017：241.

南宋理学大师朱熹的劝俗文大都对当地社会风气针砭时弊，然后以刑罚威慑，近似地方民事、刑事法令条例。他在知漳期间撰写的一系列劝俗榜文中，对当地存在的犯礼违法现象发出了严厉的警告："禁止斗争，不得贩卖私盐，不得宰杀耕牛，不得赌博财物，不得传习魔教"；禁止民众为蝇头小利而互相诬告，禁止"出于把持告讦之私"而调唆词讼；禁止男女"本非妻妾而公然同室""不待媒聘而潜相奔诱"；禁止"停丧在家及攒寄寺院"；禁止服丧期间身着吉服，饮酒食肉，夫妻同室；禁止"私创庵宇"；禁止寺院民间"以礼佛传经为名，聚集男女，昼夜混杂""以攘灾祈福为名，敛掠钱物"。另外亦有一些"劝说"要求：一是在家孝悌；一是在州里，乡党相恤，族姻睦亲；一是劝官户大家"克己利人"，勿"恃强凌弱"。

朱熹的再传弟子真德秀在泉州则以劝俗文的形式将理学思想转化为伦理纲常、道德准则，借助行政力量灌输给一般民众，以促进儒教仪文节式在日常生活、宗教信仰等层面的复兴。"孝"是真德秀进行社会教化的重心和出发点。儒家的《孝经》是他最常引用的经典。他在《再守泉州劝农文》中引用了《孝经·庶人章》的内容，加以阐释引申，又镂为小本，要求父老颁发给乡民，"劝其朝朝诵念，字字奉行。"从"孝"字出发，他试图向民众指明尽孝的正确方式：长辈在世，要尽力而为地奉养。

（三）节庆活动

传统节日是"活"的民族文化，是传统文化的载体和结晶。每一个传统节日都有其丰富的文化内涵。因而，节日庆典活动也成为社会教化的重要形式。

中国的传统节日源远流长、绚丽多姿，如春节、元宵节、清明节、端午节、中秋节、重阳节等。这些节日是社会发展到一定阶段人类群体在社会生活中约定俗成的产物。在中国漫长的农耕时代，传统节日对人们的社会心理、价值观念、道德标准、审美特征乃至民族精神都产生了重大而深远的影响，在其中发挥着融合民族情感、形成文化共识、积淀社会文化、促进社会交流等不可替代的社会教化作用。

（四）文娱活动

文娱活动总是以人们最喜闻乐见的形式出现在日常生活中，情节生动，十分富有感染力和教化力。

从历史上看，中国传统社会的民间文娱活动可谓"浩如烟海"。唐宋以来，文娱活动的形式越发多样。唐朝的俗讲，宋代的说话，元朝的杂剧，都是当时具有广泛影响的文娱活动。民间也对文娱活动表现出了极大的热忱，无论茶房酒肆、私人府邸，还是寺院庙宇、露天巷口，都可以见到民间文娱活动的踪迹。如《东京梦华录》所评价的那样，"不以风雨寒暑，诸棚看人，日日如是。"

中国传统民间文艺活动的内涵绝不仅仅局限于生存本身，更在于追求美好的精神生活。所谓"明人伦，戒淫奔，分淑匿，化善恶，知盛衰消长之扣，取轮回报应之事"。因此，"凡伦常之际也，有可戒可风者，皆编入戏文，以资观感。"如《醉翁谈录》所记载的"说话"文艺，即是教育人们要明白这些观念，"说国贼怀奸从佞，遣愚夫等辈生嗔；说忠臣负屈衔冤，铁肠心也须落泪……"而将优秀的说唱加工成的文学作品，如《水浒传》《三国演义》《西游记》，等等，产生了更加广泛的社会教化效果。对于此，清代学者钱大昕曾把"小说"视为与儒佛道三教并立的另一种教育形式。他说："小说演义之书，未尝自以为教也，而士大夫农工商贾，无不习闻之，以至儿童不识字者，亦皆闻而如见之。"[①]

---

① 丁钢.历史与现实之间：中国教育传统的理论探索[M].北京：教育科学出版社，2002：134.

（五）宗族活动

宗族活动的组织机构一般是宗族祠堂，内容除祭祀祖先外，主要是宣讲家规族法和乡约民规，形式主要是宗族大会。

二、社会教化的内容与方法

中国古代社会教化的内容以伦常观念、道德规范为核心，多方面地关注民众的社会生活。

（一）道德伦理教化

伦理道德是中国古代教育的内容之一，更是社会教化的主要内容。

古代家规族法的内容首先是强调人生道德的教育，认为德行修养乃是立身之本，规劝家族子弟要恪守儒家的伦理纲常。在宋代的《袁氏世范》中，袁采强调了三纲五常的重要性。他在卷一"睦亲"中针对族人不同的家庭角色提出了各自应该履行的规范，强调："父子贵慈孝；处家贵宽容；父兄不可辨曲直；人贵能容忍；亲戚不可失欢；家长尤当奉承；顺适老人意；孝行贵诚笃；人不可不孝；父母不可妄憎爱；子弟须使有业；子弟不可废学；教子当在幼；父母爱子贵均；父母常念子贫；子孙当爱惜；父母多爱幼子；祖父母多爱长孙；同居贵怀公心；兄弟贵相爱。"[①]

许多家法族规都把日常行为规范放在家族教育的最前面。清代的许多家规族法则以更为严苛的方式给予族人以警告。如《宜兴卢氏宗祠诫约》规定："倘有子孙忤逆父母者，重笞逐出，永不入祠""有妇人不敬公姑者，夫妻并惩，通族议罚""有伦常乖舛、不肖为匪败露者，重惩逐出，永不入祠。"[②]

社会教化进行伦理道德教育的形式之一是劝善书。所谓劝善书，就是宣传伦理道德、劝人为善去恶的通俗教化书籍。劝善书的内容以儒家思想为主导，杂糅释、道二教思想，将儒家的忠孝节义、道德内省和佛家的因果报应及道家的积善消恶之说具体化、世俗化，使民众易于理解和接受。劝善书在中国传统的社会教化中扮演了十分重要的角色。

劝善书的出现，可以追溯到先秦时期屡被《左传》《国语》征引的《语书》。秦汉之际问世的《孝经》以通俗的语言，阐述了儒家所主张的孝道，可以视为儒家善书的鼻祖。[③] 作为一种特殊的、自成一家的道德教化作品，"劝善书"正式形成于宋代，其中以《太上感应篇》的问世为标志。《太上感应篇》被公认为是道教善书的集大成者。明清是善书发展的鼎盛时期，这个时期的善书犹如雨后春笋般纷纷诞生。明末有《迪吉录》《劝戒全书》《文昌帝君阴骘文》《关圣帝君觉世真经》以及《了凡四训》等书。宋代的《太上感应篇》与《文昌帝君阴骘文》《关圣帝君觉世真经》并称为"善书三圣经"。

在明末出现了一种特殊的善书形式——功过格。它通过列举善恶行为来指导人们如何应对日常生活中的具体情景。功过格将人们应该做什么样的事情，做了以后可以得到多少个"功德分"，不应该做什么样的事情，一旦冒犯了以后将会得到多少个"罪过分"都详细地列出来。例如："亲病，始终小心侍奉，获痊，三十功；亲病不小心医治，五十过。"[④]在此，功过格把伦理行为分数化，与其他善书相比，更有切实的指导意义。

善书集中反映了"教以行善立功，以致神仙之旨"的道教宗教伦理，它宣扬"天地有司过之神，

① 黄书光.中国社会教化的传统与变革[M].济南：山东教育出版社，2005：113.
② 黄书光.中国社会教化的传统与变革[M].济南：山东教育出版社，2005：116.
③ 袁啸波.民间劝善书[M].上海：上海古籍出版社，1995：前言2.
④ 袁啸波.民间劝善书[M].上海：上海古籍出版社，1995：206.

依人所犯轻重，以夺人算，算减则贫耗……算尽则死"的精神。对于得善者，"加福增寿，添了益孙，灾消病减，祸患不侵，人物咸宁，吉星照临"。而对于作恶之人，"大则夺纪，小则夺算"，"算减则贫耗，多逢忧患，人皆恶之，刑祸随之，吉庆避之，恶心实之"，"死有余责，乃殃及子孙"。

善书往往通过列举大量行善获福、作恶遭殃的事例来达到劝化世人的目的。应该说明的是，其善恶报应思想不同于佛教，它强调的是现世报、立地报和子孙报。与行善积德思想相应，善书倡导以仁爱恻隐之心来利物济人的慈善行为。它劝导富有者要"矜孤恤寡，敬老怀幼"，"济人之急，救人之危"，"措衣食周道路之饥寒，施棺椁免尸骸之暴露"，施医施药、戒杀放生、代育弃婴、创立义学等。以此积累功德，获致善报。①

（二）诏告圣谕

榜文亦称教民榜文，就是古代口含"天宪"的君主们的"圣旨"经过有关人员的传达后，随时以告示的形式向天下公布，以便民众及时知晓和贯彻。榜文包含了很多教化的内容。发布榜文最多的君主，首推明朝开国皇帝朱元璋。洪武十八年（1385）到二十年（1387），朱元璋连续发布了四编被称为《大诰》的文告，要以"当世事"为例，树立善恶、祸福的标准，使天下臣民"永以为训"。四编《大诰》共 236 条，均系朱元璋自己写成，为了让一般百姓都能读懂，采用近于口语的浅近古文"直直地说着，大的小的都要知道"。《大诰》举行首发式时，朱元璋宣布："朕出是诰，昭示祸福，一切官民诸色人等，户户有此一本。"按规定，这些榜文发至各地官府后，要组织抄写多份，送往乡里悬挂，由乡约里甲集合民众，进行宣讲。

洪武三十年，朝廷下令每乡里各置一木铎（一种木舌的铜铃），由地方官指定的乡民长者或盲人手持铜铃，每月六次，来往巡回于乡里道路之间，宣传太祖的圣谕六言，宣讲朝廷的有关法令，告谕乡民谨守孝悌，安居乐业，和睦邻里。

清朝统治者入主中原后，为了强化社会秩序，建立稳固统治，积极借鉴明朝的治国经验，推行伦理教化，顺治九年（1652）时将朱元璋的"圣谕六言"钦定为《六谕卧碑文》，颁行八旗、直隶各省。《六谕文》曰："孝顺父母，恭敬长上，和睦乡里，教训子孙，各安生理，毋作非为。"康熙九年（1670），《六谕文》扩充为《上谕十六条》予以颁布推行。具体内容是："敦孝悌以重人伦；笃宗族以昭雍睦；和乡党以息争讼；重农桑以足衣食；尚节俭以惜财用；隆学校以端士习；黜异端以崇正学；讲法律以儆愚顽；明礼让以厚风俗；务本业以定民志；训子弟以禁非为；息诬告以全良善；戒窝逃以免株连；完钱粮以省催科；联保甲以弭盗贼；解仇忿以重身命。"

雍正皇帝即位后，将康熙的十六条逐条诠释加以发挥，形成万言《圣谕广训》一书。《圣谕广训》是清代教化策略实施的重要体现，内容非常广博，从家庭伦纪到社会人际关系，从物质生活方式到精神追求，从生活观念到法律意识，都对社会成员提出了要求。它主要涉及家庭孝悌、宗族和睦、重农务本、勤俭节用、讲法明礼、息讼戒逃、交粮纳税等方面的内容。

雍正二年（1724），御制圣谕广训万言命直省督抚、学臣转行该地方文、武教职衙门，晓谕军民、生童人等通行、讲读，礼部题奉钦依刊立卧碑晓示生员。此后的二百年间，《圣谕广训》逐渐成为朝野最熟知之书，是"清朝的圣经，为郡县学训练士子的标准，教化全国人民的法典"。②

---

①　袁啸波.民间劝善书[M].上海：上海古籍出版社，1995：2－9.

②　黄书光.中国社会教化的传统与变革[M].济南：山东教育出版社，2005：203.

（三）训诫息讼与司法调解

中国古代传统观念认为诉讼的发生是社会的弊端，是干扰社会稳定的不良因素。"无讼"历来为一些思想家所提倡。他们从稳定社会、和睦民众的长远利益出发，强调应该运用教化手段来和解息讼。中国古代一般家族不鼓励诉讼。姚舜牧在家规中有言："讼非美事，即有横逆之加，须十分忍耐，莫轻举讼，到必不可已处，然后鸣之官司。然有从旁劝释者，即听其解已之可也。"①故而，许多家族以无讼而自豪。为力求消弭讼事于无形，一般族规乡约对那些犯过的子弟的处罚也非常严厉。如范氏《林塘宗规》规定："风俗美恶系于所习，移风易俗在乎豫教，父兄教之未素而遽绝之，中者才者不忍也。今后但有子弟不遵圣谕经犯过恶，各房长指事詈责之，不改鸣于该门尊长，再三训诫之；又不改于新正谒祖日鸣于宗祀，声罪黜之；罪重者仍行呈治。然只黜其身，弗及其子孙。"②

对于那些作奸犯科的子弟，家族所给予的惩罚通常是"生不得齿于宗间，殁不得附于家庙，其有自悔愤改行迁善者，众仍收录，以开自新之门"。在一个人的身份和自我往往由其家族来确定和认同的宗法社会中，最严重的处罚莫过于被驱逐出族。许多家族之所以有如此的规定，也是希望能以此来约束子弟，消灭纷争，从而达到"无讼"的目的。

为求息讼化民原则的贯彻，中国古代政府还在诉讼制度方面进行配套，在法律实践上尽力限制民间提起诉讼，以求"息讼"。这主要表现在对民间提起诉讼的时间限制上。凡杀人、抢劫、盗窃之类的重大刑事案件的起诉不受限制。而民事诉讼，则采取种种限制措施。唐宋时期，都有对民事案件的诉讼时间限定，对于田宅、债务、婚姻这类状词，一律在农历十月初一到来年三月三日以前受理审结，其余则为农忙时间，不受理诉讼。到了明清时期，这种"务限"制度又改进为定期"放告"，就是每个月规定几天为受理民事诉讼的日期，称"放告日"或"词讼日"，累计计算，受理官司的实际天数比过去更少。另外又普遍推行"乡约""族议"等基层调解制度，把处理民间纠纷的权限下放给村社、乡老、里甲、族长等基层组织或民间公议机构，经过他们调停而仍然无法和解的，才准予在衙门立案受理。即使这样，不少立意学习前辈"循吏"的官员，依然苦口婆心地劝说老百姓不要打官司。

司法调解也是社会教化的方式之一。在中国漫长的历史发展过程中，司法调解对于解决各种民间纠纷，维护社会稳定发挥了不可替代的作用。秦朝基层组织有即秩、啬夫和"三老"的调解，唐代有里正、村正、坊正的调解，明朝则有里长、甲首和里老调解，等等。

古代司法调解具有官府调解、官批民调和民间调解等几种形式。官府调解是在行政长官的主持下对民事案件和轻微刑事案件的调解，属于诉讼内的调解。官批民调则是指官府在审理案件的过程中，如认为情节轻微，不值得传讯，或认为事关亲族关系，不便公开传讯，有时会批令亲族人等加以调处，并将调处结果报告官府的形式。这种调解形式具有半官方性质。民间调解，又分为乡里调解、宗族调解、邻里亲友调解等。民间调解形式多种多样，没有法定的程序，因各地乡情风俗习惯而定。它取代官府的决讼功能，是一种相当和缓、体面的调解息讼方式。在调解过程中，主要不是采用调查取证、开庭审理的程序，而是训导和道德教化的方式。

①　姚舜牧.药言[M].上海：商务印书馆，1939：9.
②　李文江，江太新.中国宗法宗族制和族田义庄[M].北京：社会科学文献出版社，2000：281.

（四）劝课农桑

中国自古以农立国，"农"的地位仅次于"士"。无论朝廷，还是民间，都把农业当作头等大事。中国历代政府的劝农教化，同一系列祭祀活动联系在一起。

政府的劝农教化除祭祀外，主要表现为农作经验的总结与各种农作知识、技术的推广。史料记载，历代多有"农大夫""农官"这类职称，其中一部分是朝廷设置的、管理垦荒造田等事务的官员，还有一部分是各基层官府从富有经验的老农中遴选出来，专门向人传授知识和技术的差使。刊印图书以普及推广农业科技知识，是朝廷开展劝农教化的一个重要方面。北魏贾思勰的农科名著《齐民要术》，就是北宋真宗朝刊印后颁于天下的。元朝司农司组织专家编辑的《农桑辑要》，分别论述了各种农作物的栽培及家畜、家禽、鱼、蚕、蜂的饲养。特别提倡对于棉花和苎麻的栽培，希望广大农民不要受风土说的限制，积极创造条件种植。

历代多有官吏在劝农方面颇有建树。如清代田文镜在任河南布政使时，曾亲制《劝农俚语》，通俗顺口，周到全面，效果良好。下面所录，就是他所写的《劝农俚语》：[①]"要种田，莫偷闲，人勤粪大乐丰年；要吃饭，防天旱，凿井开渠早打算；要满收，通水沟，水来即去涝何愁；要得富，多栽树，本钱不费利无数；要实惠，养畜类，鸡鸭猪羊都好喂；要如意，行善事，忍耐公平真吉利。"

（五）家规族法

家规族法是宗法制度发展的自然产物，有着悠久的历史。家规族法的主要载体大多分布于民间的家谱、族谱等谱牒中。在中国古代历史上，早期的家规族法以各种"家训""家诫""家范""家规"等形式出现，以家规为基本形式，如诸葛亮的《诫子书》、颜之推的《颜氏家训》、司马光的《温公家范》等。这些家训都是前辈对后人的教诲之词，多为做人、处世、为学的经验教训。到宋代，家规开始向族法发展。明清时期，家规族法的教化功能进一步增强。所涉及的内容非常广泛，包括个人行为、家庭事务、宗族事务及其他一些事务。如表 9-1 所示。

表 9-1　家规族法的基本内容 [②]

主题	主要内容	备注
家事	1. 孝悌：百善孝为先 2. 职业：士农为上，工商为下 3. 修身：培养良好的品行、杜绝恶心 4. 门户：首重男女大防，如"男女七岁不同席"，以"中门"为界的三八线等；次禁闲杂人等进门；三禁妇女出门 5. 上下：主奴关系、妻妾关系等 6. 婚姻：门当户对，禁止同姓婚、兄弟转婚等 7. 立继：确定两类立继法（应继与爱继）、防止异姓乱宗 8. 丧葬：入土为安、居丧不婚娶等	处理家务事与个人修养

①　完颜绍元.千秋教化[M].福州：福建人民出版社，2004：76.

②　费成康.中国的家法族规[M].上海：上海社会科学院出版社，1998：56-94.

续表

主题	主要内容	备注
族事	1. 机构：根据宗族大小区分族一级或族、支、房三级 2. 宗祠：保护祠堂、祭祀祖宗等 3. 族产：保护和发展族产、济贫助学等 4. 族谱：创修和保管族谱 5. 祖墓：祭规、保护祖墓、禁止盗葬 6. 族学：开办学塾、设置学规和奖励措施 7. 尊卑：以辈分为尊、确定"字派"取名 8. 族谊：规定"敦族谊"和"和宗族"	处理族内事情
其他	1. 处理外族关系：和睦乡邻、规避词讼、不损他人、防止冲突、捍卫宗族、严惩盗贼、保护环境等 2. 与国家有关的：及时纳税、为官清廉、莫谈国事、禁入会党、抵御外侮等	处理外族、地方、家国关系

（六）乡约民规

乡规民约，亦称民规乡约，是对于本乡本地道德行为的规定，可以依地缘关系也可以依血缘关系组成，并要求在此关系上的每一个人彼此互相监督，共同遵守；在组织形式上则依不同的关系，或与保甲或与宗族结合在一起。其对犯规违约者制定有具体的处罚方法。乡规民约在中国社会的秩序构造中发挥了重要的作用。

乡约民规是儒家以礼来建构社会秩序的社会实践形式，它渊源于周礼的读法之典，滥觞于宋，盛行于明清。无论是官办还是民办，不管倡办人是谁，乡约均以儒学礼教作为指导思想，以劝善惩恶、广教化而谆风俗为目的。乡约的核心人物是士绅阶层，他们凭借自身的文化和政治资本而拥有对底层乡民的教化权力。由宋至清，随着官方权力对乡约的渗透逐渐增强，乡约也由纯粹民间的教化组织演变为官方统治地方基层社会的辅助工具，官方和士绅一起成为教化民众的主导力量。

北宋著名学者吕大钧（字和叔）为了教化乡民，于 11 世纪中叶在其家乡蓝田制定了《乡约》《乡仪》，史称《吕氏乡约》，这是我国历史上第一部成文的村规民俗。为了保证乡约的实施效果，他还建立了严密的乡约组织和乡约执行措施、执行程序等。每个乡约组织设"约正"1～2 人，其主要职责是立公道、决是非、息讼争、定赏罚。乡约还列有"罚式"，目的是对那些犯过之人予以惩罚，劝其弃恶从善。乡约在对乡民进行道德规劝的同时，还制定了一套切实可行的制度以保证乡约的实现。如规定，同约人每月一"聚"，每季一"会"，当众议赏议罚。凡同约人中有明显善恶行为者当众进行赏罚，并一一记录在案。

乡约与保甲相结合的制度是明中后期官办乡约的主要趋势。在这一时期，王阳明在南赣实行的乡约是影响最大的一例。《南赣乡约》亦称《阳明先生乡约法》。约法包括两大部分，一是谕民文告，一是具体规条。王阳明在文告中，坦陈乡里不治，有司与父老子弟都有不可推诿之责，同时指出人之善恶俱在一念之间，为心所驱使，故而乡约的目的就在于通过修身，使心存善念，以善念待人处世。《南赣乡约》的推行，对南赣社会的风俗和治安产生了积极的影响。另一个把乡约和保甲相结合的人是吕坤。其具体办法是,在城以百家、在乡以一里为单位,选公道正直者为约正、约副各一人。另选善书能劝者充当约讲和约史。保甲制方面,"十甲内选九家所推者一人为甲长。每约百家选保正一人,百五十家加选保正副各一人。"其中乡约与保甲都有维护社会秩序的责任。

清代中期以后,各地乡约的举行更加普遍,掀起了一股"立约之风",至清乾隆年间,村规民约已"相当普及,而且涉及的内容更广泛更具体"。

思 考 练 习

1. 说说中国蒙养教材和教学的情况。
2. 试述中国古代教育和社会教化的主要差别。
3. 说说中国古代社会教化的途径和形式。

拓 展 训 练

调查你所在社区进行社会教化的方式。

第十章　宋元明清时期的教育思想

【学习目标】

1. 理解王安石的实学教育思想。
2. 掌握朱熹关于教育阶段的划分及其道德教育思想和教学思想。
3. 掌握陆九渊关于教育目的、教学内容和教学方法的思想。
4. 理解王守仁关于儿童教育的思想。
5. 掌握王夫之关于教育过程、教学方法和教师的思想。
6. 掌握颜元的实学教育内容。

【知识列表】

宋元明清时期的教育思想	王安石的教育思想	"性情一也"的人性论
		"求专门""尚实用""兼文武"的实学教育思想
		"陶冶成才"的教育作用
	朱熹的教育思想	"存天理、灭人欲"与"明人伦"的教育作用思想
		教育阶段的划分及其教育思想
		道德教育思想
		教学思想
	陆九渊的教育思想	"心即理"的心性论与"发明本心"的教育目的
		"六经注我"的教学内容观
		教育方法
	王守仁的教育思想	"心外无物"的心性论与"致良知"的教育目的
		"六经为吾心籍"的教学内容观
		教育方法
		儿童教育思想
	王夫之的教育思想	"习与性成""教本政末"的教育作用思想
		对明代教育的批判和新式教育的构想
		"知行相资"的教育过程
		"学思相济"的教学方法
		"恒其教事"的教师思想
	颜元的教育思想	"引蔽习染"与"人才本原"的教育作用思想
		"实才实德之士"的教育培养目标
		"经世致用"的实学教育内容
		"主动""习行"的教育方法

【导言】 宋元明清时期是中国教育思想发展的繁荣和转折时期。这个时期,教育思想发展的主要特点是理学教育思想居于主流地位,且使中国传统教育思想的发展达到了最高峰。理学是儒学发展的新阶段。在遵循儒家根本宗旨的前提下,理学发展也呈现出不同的派别。有强调经世致用的王安石"荆学",有主张读书明理的程朱"理学",有重在发明本心的陆王"心学",有强调事功效用的陈叶"实学",有坚持理欲统一的王夫之学派,有强调主动习行的颜元"功利"学派。本章着重叙述王安石的事功教育思想、朱熹的致知穷理教育思想、陆九渊和王守仁的致良知教育思想、王夫之的继善成性教育思想、颜元的实学功利教育思想。颜元的教育思想及其实践尽管理论体系不那么严谨缜密,却有诸多创新,远远超越传统教育思想与实践的范畴,而呈现出向现代教育思想及其实践过度转折的趋势。这是这一时期教育思想发展的又一特色。

第一节　王安石的教育思想

王安石(1021—1086),字介甫,号半山,江西临川人。宋仁宗庆历二年(1042)进士及第。神宗熙宁二年(1069),被任为参知政事,后两次拜相,主持旨在改革宋朝积贫积弱的变法革新运动,涉及政治、经济、军事以及文化教育诸多方面。晚年退居金陵,封荆国公,世称王荆公,他所创建的学派亦因之称为荆公学派。王安石擅属文,其文逻辑严谨,辨理深透,语言简练,为唐宋八大家之一。王安石的著作多已散佚,现存的主要有《临川先生文集》(又名《王文公文集》)、《临川集拾遗》《三经新义》中的《周官新义》残卷及《道德经注》辑本。吉林人民出版社于 1996 年点校出版了《王安石全集》。

王安石不仅是一位有远见的政治家,也是一位崇实尚用、富于改革的教育家。早在任鄞县知县时就创办县学,教养本县子弟。后来在熙宁年间进行政治改革的同时在文化教育上也进行了一系列改革(史称"熙宁兴学"),不仅在一定程度上消弭了当时学校教育的陋习,促进了北宋教育的发展,而且对后来元、明、清各朝的教育发展都产生了深远的影响。

王安石的教育思想主要反映在《上仁宗皇帝言事书》《原教》《原性》《伤仲永》等篇章中。

一、"性情一也"的人性论

作为教育的理论基础,人性论关涉的主要是何谓人性、人性的本质是善还是恶以及如何看待善恶诸方面的问题。中国历代的教育家特别是儒家教育家,大多主张唯有根本上揭示人性抑或人性的本质,才能进而确立起相应的理想人格。在这一教育哲学首要前提的人性论上,王安石积极思考,缜密分析,以为自己推行文化教育改革而培养人才提供理论根据。

什么是人性? 王安石认为,人性不仅指人作为生物所具有的感性心理机能,而且包含人作为万物之灵所特有的理性心理机能。他说:"性情一也。世有论者曰'性善情恶',是徒识性情之名而不知性情之实也。喜、怒、哀、乐、好、恶、欲未发于外而存于心,性也;喜、怒、哀、乐、好、恶、欲发于外而见于行,情也。性者情之本,情者性之用,故吾曰性情一也。"①

---

① 王安石.王安石全集[M].长春:吉林人民出版社,1996:724.

喜、怒、哀、乐、好、恶、欲是人的感情表现，而所以有喜、怒、哀、乐、好、恶、欲七情，根源在于外物作用于人体感官后而产生的感性心理机能。聪明视听是人的耳目功能，思虑有的是人的大脑功能，而所以能聪明视听、思虑有得则来源于尽心尽诚，即理性的内在心理机能。很显然，王安石把人性看成人的心理机能抑或本能。用王安石自己的话说，喜、怒、哀、乐、好、恶、欲七情未发于外而存于心，就是性。喜、怒、哀、乐、好、恶、欲七情发于外而见于行，就是情，亦即性的表现。所以，在王安石看来，正是因为人性具有感性和理性两种心理机能，就要通过制礼作乐而把人性与兽性真正区别开来。由此，王安石对人性作了如下的进一步分析："夫狙猿之形非不若人也，欲绳之以尊卑而节之以揖让，则彼有趋于深山大麓而走耳，虽畏之以威而驯之以化，其可服邪？以谓天性无是而可以化之使伪耶，则狙猿亦可使为礼矣。故曰礼始于天而成于人。天而无是，则人欲为之者，举天下之物，吾盖未之见也。"[1]就是说，狙猿与人类的外形虽有相似之处，但是如果绳之以尊卑而节之以揖礼，狙猿自然要逃到深山大麓，其原因主要是狙猿的天性中缺乏为礼的心理依据。这一生动的比喻无疑折射出自然人性论的特点，然而王安石把理性的心理机能自觉地摄入人性的范畴，则与告子所谓"生之谓性""食色，性也"，以人的自然生理本能为性迥然异趣。

性既然是人的心理本能，当然就谈不上是善是恶的问题。因此，王安石反对历史上许多著名的人性论，譬如孟子的性善论、荀子的性恶论和韩愈的性三品说，认为他们几位的人性学说均有偏失。王安石在《原性》一文中这样说道："夫太极者，五行之所由生，而五行非太极也。性者，五常之太极也，而五常不可以谓之性。此吾所以异于韩子。且韩子以仁、义、礼、智、信五者谓之性，而曰天下之性恶焉而已矣。五者之谓性而恶焉者，岂五者之谓哉……孟子以恻隐之心人皆有之，因以谓人之性无不仁。就所谓性者如其说，必也怨毒忿戾之心人皆无之，然后可以言人之性无不善，而人果皆无之乎？孟子以恻隐之心为性者，以其在内也。夫恻隐之心与怨毒忿戾之心，其有感于外而后出乎中者有不同乎？荀子曰：'其为善者伪也。'就所谓性者如其说，必也恻隐之心人皆无之，然后可以言善者伪也，为人果皆无之乎？"[2]这就明确表示他在人性善恶的问题上，既不同意韩愈的性三品说，也不同意孟子的性善论和荀子的性恶论。在王安石看来，韩愈既称仁、义、礼、智、信五常为性，又说五常之性为恶，这种人性思想在理论上是不符合逻辑的。所以他宣称："韩子之言行也，吾不有取焉。"而孟子人性本善学说的失误在于仅以恻隐之心人皆有之为理由，只看到人有恻隐之心的一面，就断言人性善，"人之性无不仁"，却未顾及与恻隐之心并行的还有怨毒忿戾之心。荀子人性本恶说的失误在于仅以善是后天修习的结果为根据，"其善者伪也。"如果主张善都是后天加工的结果，那么必须证明人皆无恻隐之心，性恶论才能在理论上站得住脚。但是人固然全无恻隐之心吗？事实绝非如此。按王安石之见，在现实生活中，人既有怨毒忿戾之心，也有恻隐之心，忽视其中任何一面的人性学说都是片面的。于是，王安石基于"性情一也"的观点，而认定性就其本身来说，是无善无恶的。

人性既然无善无恶，那么人的善与恶从何而来呢？王安石认为人的情感表现为喜、怒、爱、恶、欲，情善为仁、义，情恶为不仁、不义。情之所以为情，乃是因为情出于性，并缘于善恶而成其名。也就是说，善恶是由情派生出来的，情为外物所累，遂为恶；为外物所感，便为善。王安石强调，情同性一样，它本身也无善恶之分，不得废情而论性善，更不能认为情是恶的。

①　王安石.王安石全集[M].长春:吉林人民出版社,1996:712.
②　王安石.王安石全集[M].长春:吉林人民出版社,1996:736.

人性无善无恶，人情有善有恶，所以人可以为善，也可以为恶，在这个意义上讲，王安石赞成扬雄的性善恶混的意见，但反对扬雄离习而言善的观点。在王安石看来，情虽然出于性，但喜、怒、哀、乐、爱、恶、欲有善有不善，这是后天的"习"养成的。也就是说，情之所以有当理而善，有不当理而恶，关键在于修习的不同。据此，在"性习"之辨上，他表示自己完全同意孔子的看法，"孔子曰：'性相近也，习相远也。'吾是以与孔子也"（《性说》），并对孔子所说的"中人以上可以语上，中人以下不可以语上，惟上智与下愚不移"提出了新的解释："习于善而已矣，所谓上智者；习于恶而已矣，所谓下愚者；一习于善，一习于恶，所谓中人者。上智也、下愚也、中人也，其卒也命之而已矣。有人于此，未始为不善也，谓之上智可也；其卒也去而为不善，然后谓之中人可也。有人于此，未始为善也，谓之下愚可也；其卒也去而为善，然后谓之中人可也……惟其不移，然后谓之上智；惟其不移，然后谓之下愚。皆于其座也命之，夫非生而不可移也。"[①]认定人的善恶、智愚并不是不可以改变的，人的善恶和智愚的变化根本上取决于后天的"习"，即学习、锻炼。一以贯之地习于善则为上智，一以贯之地习于恶则为下愚，而一半习于善、一半习于恶则为中人。有人开始为善，可称上智；如果去而为不善，则为中人；有人开始不为善，可称下愚；如果去而为善，则亦为中人。无论上智、下愚还是中人，在王安石看来，都可以通过学习、锻炼而相互转化。由此，王安石在人的德性、知识和才能上，极其强调"习行"的重要作用，这为其理想人格、陶冶成才、五事成性的一整套教育学说提供了理论依据。

二、"求专门""尚实用""兼文武"的实学教育思想

为了使理财富国、整军强兵的社会理想落到实处，王安石始终强调教育必须以"求专门""尚实用""兼文武"为宗旨。

（一）求专门

王安石批评当时的教育内容不但不能把学生培养成才，反而束缚他们，使他们不能成才。王安石认为，人的才能成于专门的培养而毁于杂事的干扰。古代先王对待人才时，把工匠集中在官办作坊，把农民安置在田野之间，把商人分流在市井街巷，而把学者统归在学校，使他们各自专心于自己的事业而不接触其他事物，就是担心其他事物会妨碍他们。在王安石看来，先前的学者从早到晚专心致志地学习治理国家方面的知识，其才能还有高低的差别，当今教育却转移学者的注意力，消耗学者的精力，使他们终日从事于无用的学问，待到让他们任职执事时，一下子突然责成他们做对天下国家有用之事，这就无怪乎能够有所作为的人才少之又少。

（二）尚实用

王安石力倡通经致用，明确指出称为进士的人，可以用成千上万加以计算，践履道义的有之，追逐名利的亦有之。追逐名利的人自然不必多说，而对践履道义的人则须慎言，因为践履道义的人中间，不免有拘于章句名数，断章取义，妄说道德性命而漠视天下国家的安危治乱者。王安石在给姚辟的一封信中说："今衣冠而名进士者，用千万计，蹈道者有焉，蹈利者有焉。蹈利者则否；蹈道者则未免离章绝句，解名释数，遽然自以圣人之术殚此者有焉。夫圣人之术，修其身，治天下国家，在于安危治乱，不在章句名数焉而已。而曰圣人之术殚此，妄也。虽然，离章绝句，解名释数，遽然自以圣人之术殚此者，皆守经而不苟世者也。守经而不苟世，其于道也几，其去蹈利者，

---

① 王安石.王安石全集［M］.长春：吉林人民出版社，1996：737.

则缅然矣。"①认为儒家学术的精髓在于治理国家。他的《三经新义》就是作为指导当时变法的理论依据而编纂的，具有十分明显的实学取向。

（三）兼文武

王安石针对宋初以来学校教育中存在"重文轻武""文武异事"的倾向，明确指出"武事"也应该是学习的重要内容，恢复"文武兼备"的儒教优良传统是当务之急。不单单由于他希望宋仁宗能像唐太宗一样善于纳谏，接受他的意见，更重要的是他企盼根据学以致用的原则来改革当时脱离实际、毫无用处的教学内容，使读书人不但学文，而且习武，真正能担负变法图强、捍卫国家的重任。天下学者两耳不闻武备之事，反而把拿兵器作为耻辱；一旦遇到国家有难，竟然还以为文武是水火不相容的两回事，说懂得治理文事就够了，至于保卫边疆、守卫宫廷的任务，则完全推给军人，甚至推给奸悍无赖之徒，这种状况是王安石所坚决不能容忍的。②

三、"陶冶成才"的教育作用

自古以来，一切统治阶级及其执政者、思想家都知道人才对于治国安邦的重要作用，王安石也是如此。他鉴于历史的教训和现实的需要，对人才问题发表了许多精辟的论述，得出人才是由教育陶冶而成的结论，形成了比较完备的人才培养和教育理论体系。

（一）"受之天"与"受之人"：教育的个体作用

王安石既不赞同天才论，又不简单否认人的先天禀赋。他认为一个人的聪明才智，取决于两大方面因素：一是"受之于天"，即先天的遗传素质；二是"受之于人"，即后天的学习和教育。庆历三年(1043)，王安石在一篇名为《伤仲永》的文章中，通过叙述"神童"方仲永的故事，形象地表明后天的学习和教育对于人才成长的决定性作用。生活在江西金溪农家的方仲永天资聪颖，五岁时就能指物、指事作诗，文采可观，乡里称奇。于是渐渐有人请他父亲带他去做客，甚至花钱购买仲永的诗作。其父认为有利可图，便天天领着仲永四处拜访乡人，而没有让他学习、接受教育。仲永十二三岁时，王安石曾见过一面，叫他作诗，结果却与从前传闻的情形不大相称。又过了七年，仲永则已毫无异于常人之处，完全与普通人无异。王安石深有感触地说道："仲永之通悟，受之天也。其受之天也，贤于材人远矣。卒之为众人，则其受于人者不至也。彼其受之天也，如此其贤也；不受之人，且为众人。今夫不受之天，固众人；又不受之人，得为众人而已耶。"③

仲永的通达智慧，是一种天赋。他的天赋条件，远远超过经过后天的学习和教育而成才的人。但他最终成为普通的人，则是由于他缺乏后天的学习和教育。仲永拥有的天赋那样优越，不接受教育尚且要沦为普通的人；那些缺乏天赋，本来只是个普通的人，如果不接受教育，恐怕要想做个普通人都困难。"受之天""受之人"六个字就把影响个体发展的两个最基本的条件说得清清楚楚。相比之下，王安石更为重视"受之人"。也就是说，如果缺乏后天的学习和教育，像仲永那样的超常儿童尚且会变得平平庸庸，泯然众人；对于天赋一般的人，要发展自己的才能，学习和教育就更加重要，这种强调后天教育作用的思想，显然体现了实事求是的可贵精神。

为了强调教育的重要作用，突出成才的后天条件，王安石又举了陈之光的例子。陈之光儿童

---

① 王安石.王安石全集[M].长春:吉林人民出版社,1996:801.
② 王安石.王安石全集[M].长春:吉林人民出版社,1996:399—412.
③ 王安石.王安石全集[M].长春:吉林人民出版社,1996:763.

时强记捷见,远非常人所及,稍长后又勤奋努力,能写出一手漂亮的文章,慨然慕前人所为,很有可能成为大材。可惜陈之光才 27 岁就因病去世了。王安石慨然叹曰:"人之所难得乎天者,聪明辨智敏给之材。既得之矣,能学问脩为以自称,而不弊于无穷之欲,此亦天之所难得乎人者也。天能以人之所难得者与人,人欲以天之所难得者徇天,而天不少假以年,则其得有不暇乎修为,其为有不至乎成就,此孔子所以叹夫未见其止而惜之者也。"①

所谓"得乎天""得乎人"同前面所说的"受之天""受之人"的含义并无二致。"得乎天"就是指人的先天资质,"得乎人"则是指人的后天努力学习等。与《伤仲永》有所差异的地方是:《伤仲永》描述的是一个天资高却因不学习而泯然众人的事例,《节度推官陈君墓志铭》叙述的则是一个天资高又肯学习,但因早逝而影响其取得更大成就的事例。两者都是基于不同的角度而证明同一个观点,即"得乎天"和"得乎人"是个体发展不可或缺的两个基本条件。

王安石不仅肯定人有先天的遗传素质,而且指出每个人的遗传素质具有差异性,在人的才能发展过程中有一定的作用。他认为:目之能视,耳之能听,心之能思,皆天也,人人均有视、听、思的心理机能,然而这些在每一个体身上常常以不同的智力、不同的才能和不同的个性等表现出来。遗传素质的个体差异性对人的才智发展有一定影响。例如,前文提及的"通悟"和"聪明辨智敏给之材"。但是,遗传素质对人的发展不起决定性的作用。通过教育、学习和实践诸多途径,可以更进一步挖掘遗传素质的潜力,从而更能充分发展人的才能。总之,在王安石看来,一个人要获得充分发展,最重要的就是教育、学习和实践,即在于"受之人""得乎人"。方仲永、陈之光的事例无疑从正反两个方面生动有力地说明了这一点。

(二)"教""养""取""任":教育的社会作用

王安石既然强调"受之人""得之人",自然也就重视教育的人才培养作用。教育问题说到底就是一个人才培养问题。那么,在内忧外患的危局下,如何造就、选拔、任用"为天下国家之用"的人才?王安石从实学教育价值观出发,以一个政治教育家的广阔视野,提出了"教""养""取""任"一贯的人才思想。

1. 教之之道

教之之道即人才培养的起点。所谓"教之之道",即大力广建各级学校,严格教师人选和教学内容。首先,王安石主张从中央到地方普遍设立学校。他指出:"天下不可一日而无政教,故学不可一日而亡于天下。"②只注重科举考试而不注重学校教育,就好比不问播种而只求收获,那是颠倒了本末之间的关系。也就是说,不兴建学校而想得到人才,是不可能的事。其次,王安石高度评价了教师在人才培养中的作用:"君不得师,则不知所以为君;臣不得师,则不知所以为臣。为之师,所以并持之也。"③为此,必须严选教师。王安石主张,要选"宜为人师者为之师",最好是"取士大夫之材行完洁,而其施设已当试于位而去者,以为之师"④,即挑选士大夫中德才兼备,任职期间政绩突出而又卸任的人,作为学校的教师。王安石强调从中央到地方的各级学校要严格物色教师人选,即使一时难以找到合适的教师,宁可暂缺也不可滥补。在其执政时期,规定各州

---

① 王安石.王安石全集[M].长春:吉林人民出版社,1996:962.
② 王安石.王安石全集[M].长春:吉林人民出版社,1996:874.
③ 王安石.王安石全集[M].长春:吉林人民出版社,1996:819.
④ 王安石.王安石全集[M].长春:吉林人民出版社,1996:874.

学的教授选拔必须先由舍人院考试经义,然后择优汰劣。国子监要负责勘察州学教授,发现有不称职者应当马上报请朝廷予以撤换。最后,改革教学内容。教学内容是人才培养的保障。王安石批判学校教学内容围绕科举考试转的弊端,主张突出实学即经世致用的内容,以培养对国家有用的人才。为此,他将其主编的《三经新义》颁布为学校必读教材,主张文武兼习。

2. 养之之道

养之之道即人才待遇和管理问题。王安石认为,人才的待遇好坏、管理的强弱会对人才的成长产生影响。他提出应重视人才的待遇和管理问题,即"养之之道"。所谓"养之之道",包括"饶之以财,约之以礼,裁之以法"。[①] 首先,"饶之以财",重视人才的物质待遇,把高薪厚禄作为养廉耻、离鄙行的一个必要前提。王安石认为,如果各级官吏的俸禄过于微薄,甚至不足以维持生计,那么许多官吏一旦涉及养生、丧死、婚姻诸多问题,则往往不得不兼营农商之利,乃至行贿受贿,这样不仅会大大影响他们的工作效力,而且会造成坏才毁德的严重局面。因此应给予各级官吏充裕的俸禄,满足他们的生理及精神欲望,这样有利于培养人才。其次,"约之以礼",重视人才的制度建设。单靠丰裕的物质待遇而缺乏必要的制度约束,就有可能使官吏奢侈放任,形成一种以奢为荣、以俭为耻的不良价值取向和作风。因此,王安石强调用"礼"即制度来约束官员的行为。第三,"裁之以法",即严厉制裁官员的不良行为。如果说,"饶之以财"与"约之以礼"侧重于积极的角度来管理人才,那么,"裁之以法"侧重于消极的角度来管理人才。什么叫"裁之以法"呢?就是用严厉的法纪来制裁甚至严惩违规犯法的官员,譬如放逐远方、永不录用、坐牢杀头等办法。

3. 取之之道

取之之道即人才选拔问题,亦即学校人才培养的出口问题。人才的出口状况势必影响到人才的培养质量。王安石认为,人才选拔应做到三方面:第一,自下而上推荐人才,即经由乡里推举和学校培养的途径来选拔人才。他说:"必于乡党,必于庠序,使众人推起所谓贤能,出之以告于上而察之。"第二,量材授官。对于推荐上来的人才,应根据"德之大小、才之高下"授予相应的官职。第三,试之以事。"欲审知其德,问以行;欲审知其才,问以言;得其言行,则试之以事。"即选拔人才不能偏听偏信,不仅要察其言观其行,而且应当通过具体事务来详加考察,让各种人才在实际事务中受到考验。

4. 任之之道

任之之道即人才的使用问题。人才使用也与人才培养直接有关。王安石的人才任用思想大致有二:"任所宜"和"久其任"。"任所宜"就是人才使用的关键在于各得其所。"久其任"就是人才的任职要相对稳定。王安石强调对有才能的要大胆使用,用其所长,让他们有职有权且相对稳定,忠于职守,兢兢业业,充分发挥智慧才干,在各自的职位上做出重要的贡献。

王安石所提出的"教""养""取""任"一整套培养、管理、选拔、任用的人才教育思想,虽然在当时不可能完全实施,却具有超前性和科学性,在一定程度上反映了人才成长的规律。

第二节　朱熹的教育思想

朱熹(1130—1200),字元晦,后改为仲晦,号晦庵,60 岁后号晦翁,晚号遁翁,别号考亭、紫

---

① 王安石.王安石全集[M].长春:吉林人民出版社,1996:401.

阳,又号云谷老人、沧州病叟,谥号朱文公。祖籍安徽婺源(今属江西),生于福建尤溪。朱熹少从家学,在父亲直接而严格的教育下,读书识字,学习儒家经典。十岁左右读"圣贤之学",每天学习《大学》《中庸》《论语》《孟子》,从无间断,也因此立下学做"圣人"的宏愿。后跟随父亲好友学习。18 岁中举人,19 岁登进士第,但仍不满足,继续勤奋攻读,常至彻夜不眠。24 岁赴任泉州同安县主簿,拜师其父同学李侗,自此至 30 岁左右,深得理学要旨,学业精进。

朱熹曾先后做官五任,官至焕章阁宁宗侍讲,累计不足 10 年。毕生从事教育活动 40 多年,即使为官也不间断。其教育活动中最突出的有三个方面。首先,积极办学,推进各地教育的恢复和发展。他在各地任地方官吏期间,每到一处,除处理政务外,竭力热心举办州县学,推动地方教育的发展。譬如,24 岁任泉州同安县主簿时即整顿同安县学,设立"志道""据德""依仁""游艺"四斋,训练取感化主义,不重条规;教授取问答方式,内容为圣贤修己治人之道。50 岁知南康军时修复白鹿洞书院,自任山长,制订了著名的"白鹿洞书院揭示"(也称"学规""教条"),成为以后历代书院学规的典范。他以白鹿洞书院为基地,培养了大批弟子,形成了自己的学派。61 岁时知福建漳州,经常到州学训诱诸生。65 岁时知潭州提倡州学县学,修复岳麓书院,扩充校舍,增添生员,并亲自讲学其中。据《朱子年谱》记载,"先生穷日之力,治郡事甚劳,夜则与诸生讲论,随问而答,略无倦色。多训以切己务实,毋厌卑近而慕高远,恳恻至到,闻者感动",前来听讲者极众,至"座不能容"。其次,大力修建学校。他亲自主持修建的学校和书院包括"寒泉精舍"(福建武夷山建阳考亭天湖寒泉坞)、"武夷精舍"(五曲)、"竹林精舍"(后改名"沧州精舍")(福建建阳考亭天湖寒泉坞),这些地方既是他讲学的地方,又是他研究学问、从事著述的场所。他每到一处都广收门徒,传播理学。最后,广泛讲学。与张栻讲学于湖南长沙岳麓、城南两书院(1167 年仲秋至初冬);与吕祖谦、二陆(陆九龄、陆九渊兄弟)于江西上饶铅山"鹅湖之会"(1175)讲学论道;邀请学术趣向与己不同的知名学者心学家陆九渊到白鹿洞书院讲学(1181)切磋学术;与实学家陈亮进行长达 11 年的当面或书面学术论辩。在教学中,朱熹积极倡导"致疑教学法","自学辅导法","师友论辩法"等方法;坚持循循善诱,诲人不倦,学术争鸣,兼收养蓄,闻者感动,座不能容,深受学生欢迎。

他十分重视编著教材,对后世影响最大的莫过于《四书章句集注》(简称《四书集注》或《四书》),包括《大学集注》《中庸集注》《论语集注》《孟子集注》)。元、明、清三代都把它列为官学的必读教科书,规定科举考试必须以朱熹的注解作为标准答案,影响中国封建社会后期的学校教育长达数百年之久。此外,朱熹所编制的《小学》《童蒙须知》和《近思录》(与吕祖谦合编,理学入门书籍)也是两部重要的理学教材。南宋黎靖德编纂的《朱子语类》是朱熹一生在教育学术活动中与弟子对话或论学的记录。朱熹一生著述宏富,据《四库全书》的著录统计,朱熹著作共 25 种,600余卷,计 2000 万字左右。除上面所说的之外,还有《诗集传》《楚辞集注》《通鉴纲目》《晦庵先生朱文公文集》《白鹿洞书院揭示》《学校贡举私议》《读书之要》等。

朱熹属二程四传弟子,主宗程颐洛学,与其合称"程朱理学"。因晚年退居福建建阳,又被称为闽学。理学是宋代的新儒学,是中国传统儒学融合了佛、道思想而形成的系统化哲理化形态的儒学。理学思想主要分为程朱学派和陆王学派两大派别。程朱学派教育思想肇基于程颐及其胞兄程颢,发展于杨时、罗从彦和李侗"南剑三先生"等学者,终由朱熹集大成。朱熹在继承和发展北宋以来理学思想主要成果的基础上,全面系统地阐述和总结了理学思想的主要方面和基本主张,使理学发展达到高峰。理学在中国统治达七百多年,明末清初一些启蒙思想家开始对理学进行批判,但这只标志理学开始受到质疑,仍居官方哲学的正统地位。朱熹的影响极其巨大,据《鉴略要注》称:到南宋朱熹出,当时"四方仰之如泰山北斗,至谓天下第一人"。蔡元培称其"上比孔孟",日本学者三浦藤作把朱熹比作康德,并称其为"中国思想之集大成者,儒教哲学之建设者,世界思想之一大伟人。"朱熹理学还被传到海外,其影响远远超越了国界。

朱熹的教育思想博大、精深、系统,涉及教育作用、教育目的、教育内容、教育过程、教育原则、教育方法等方面,对今天教育理论与教育实践仍具有重要的借鉴价值。

一、"存天理、灭人欲"与"明人伦"的教育作用思想

(一)"理气"人性论与教育的个体作用

1."理气"人性论

"理"与"气"是朱熹思想的核心范畴。他完全继承了程颐的观点。程颐认为,一切事物莫不有其"所以然",事物的"所以然"即事物的"理"。他说:"万物皆只是一个天理。"①由此出发,程颐提出了著名的"性即理"的观点。所谓的"性即理",就是认为社会的道德原则是人类永恒不变的本性。他继承孟子的性善论和张载"天地之性"与"气质之性"的观点,具体区分出两种"性",即"天命之性"和"气质之性"。"天命之性"是人生来就具有的属性,是性之根本,是唯一性、普遍性、纯然至善;"气质之性"是人生来禀受不同的气而形成的,由于"气"有清浊、昏明的差别,所以气质之性亦有善恶贤愚之分,是性之表现,是多样性、特殊性、善恶混杂。二者既相互区别又相互联系。这就是所谓的"理一分殊"。朱熹说:"性只是理,以其在人所禀,故谓之性。"②指出:"伊川说得好,曰:'理一分殊'。合天地万物而言,只是一个理;及在人,则又各自有一个理。"③"仁义礼智,岂不是天理?君臣、父子、兄弟、夫妇、朋友,岂不是天理?"④

朱熹进一步提出"天理"与"人欲"、"道心"与"人心"的划分。他认为,来源于"性命之正"("天命之性")而出乎"天理"的是"道心";来源于"形体之私"("气质之性")而出乎"人欲"的则为"人心",是低级的自私的,是万恶之源,是十分有害的。"道心"与"人心"的对立,归根结底就是"天理"与"人欲"的对立。什么是"天理"、"人欲"? 朱熹认为,"天理"主要是指仁、义、礼、智、信、诚、忠、孝,亦即三纲五常等人伦道德规范。所谓"人欲"是指人们对物质生活的需求,以及一切违反封建礼教规定的思想、言论和行为。因此,"天理"和"人欲"是两相对立、水火不容的。

"理气人性论"成为朱熹主张"存天理、灭人欲"和"明人伦"教育作用观的理论基础。

2."存天理,灭人欲"的教育作用

朱熹根据"理气人性论"及"天命之性"、"气质之性"和"道心"、"人心"的关系,提出了"存道心、消私欲","存天理,灭人欲"的教育作用观。教育就是要让人们恢复天理和消除人欲。朱熹说:"学者须革尽人欲,复尽天理,方始是学;""圣贤千言万语,只是教人明天理,灭人欲。"⑤朱熹认为,教育的根本要求就是使人们牢固树立并保持统治阶级所需要的道德概念和规范,禁止一切违背统治阶级利益的思想和行为。

---

① 程颢,程颐.二程集[M].北京:中华书局,2004:30.
② 朱熹.朱子全书:第 23 册[M].上海:上海古籍出版社,2002:2843.
③ 黎靖德.朱子语类:卷 1[M].北京:中华书局,1986:2.
④ 朱熹.朱子全书:第 23 册[M].上海:上海古籍出版社,2002:2837.
⑤ 黎靖德.朱子语类:卷 12[M].北京:中华书局,1986:207.

　　朱熹认为,既然天理与人欲是对立的,放纵人欲,就必然遮掩天理;要保存天理,就必须去掉人欲。要达到圣人的境界,则必须彻底地去掉人欲,使心中充满天理,这就是所谓"存天理、灭人欲"的基本含义。朱熹继承程颐的教育思想,将人性区分为"天命之性"和"气质之性",指出由于构成不同人的气有清浊等不同,所以每个人所带有的气质之性便有善恶之别。气质之性中,清明至善的即为天理,浑浊不善的便是人欲,而学校教育的目的、作用就是引导学生做遏人欲而存天理的功夫,恢复本然善良的人性,深明人伦道德原理和规范,即所谓"复性""明人伦",最终成就"孔颜乐处"这一道德境界的圣人人格。

　　朱熹具体针对不同人禀受"天理"和蒙受"人欲"(气质)的不同情况认为,教育对不同的人起着不同的作用。朱熹认为,"圣人"先天生来是由"清明之气"形成的,因而没有丝毫浑浊的混杂。他说:"天下至诚,谓圣人之德之实,天下莫能加也。尽其性者德无不实,故无人欲之私,而天命之在我者,察之由之,巨细精粗,无毫发之不尽也。"①因此圣人是不需要教育的。"贤人"则次于"圣人",必须通过教育,才能达到"亦无异于圣人"的地步。他说:"先明乎善,而后能实其善者,贤人之学。由教而入者也,人道也。诚则无不明矣,明则可以至于诚矣。"②至于"中人"的培养,教育则起重要作用。他引荀悦的话说:"教化之行,挽中人而进于君子之域;教化之废,推中人而堕于小人之涂。"③在他看来,"中人"由于"气质"之偏,"物欲"之蔽,因而介乎于"君子"与"小人"之间,是很不稳定的,如果施以教育,"存天理,灭人欲",就可使其成为"君子";如果不加以教育,也可以滑为"恶人"。这既承认了教育的可能性也强调了教育的必要性。

　　朱熹继承儒家把圣人视为理想人格化身的传统,也把圣人作为教育的终极目标。教育的最终目的是要使人通过"存天理,灭人欲"达到至善境界成为理想的圣人。常人和圣人在天命之性上并无本质差异。常人若以追求圣人为目标,通过讲学修德、变化气质,完全可以成圣。朱熹强调:"今读书紧要,是要看圣人教人做功夫处是如何。"④

(二)"明人伦"与教育的社会作用

　　朱熹主张,教育的社会作用在于"明人伦"。他说:"古之圣王,设为学校,以教天下之人。……必皆有以去其气质之偏,物欲之蔽,以复其性,以尽其伦而后已焉。"⑤在朱熹看来,要克服"气质之偏",革尽"物欲之蔽",以恢复人所具有的善性,就必须"尽人伦"。所以,他在《四书章句集注·孟子·滕文公》"滕文公问国章"注说:"父子有亲,君臣有义,夫妇有别,长幼有序,朋友有信,此人之大伦也。庠、序、学、校皆以明此而已。"在《白鹿洞书院揭示》中,也明确把上述五伦列为"教之目"置于首位,指出"学者学此而已"。

　　从教育的目的在于"明人伦"的思想出发,朱熹严厉抨击了当时以科举为目的的学校教育。他认为:"古昔圣贤所以教人为学之意,莫非使之讲明义理,以修其身,然后推以及人,非徒欲其务记览、为词章,以钓声名、取利禄而已。"⑥然而,当时的学校教育却反其道而行之,士人"所以求于书,不越乎记诵、训诂、文辞之间,以钓声名,干利禄而已",完全违背了"先王之学以明人伦为本"

① 朱熹.四书章句集注[M].北京:中华书局,1983:32-33.
② 朱熹.四书章句集注[M].北京:中华书局,1983:32.
③ 黎靖德.朱子语类.卷108[M].北京:中华书局,1986:2685.
④ 黎靖德.朱子语类.卷10[M].北京:中华书局,1986:162.
⑤ 朱熹.朱子全书.第20册[M].上海:上海古籍出版社,2002:692.
⑥ 朱熹.朱子全书.第24册[M].上海:上海古籍出版社,2002:3587.

的本意。他尖锐地指出:这样的学校,其名"虽或不异乎先王之时,然其师之所以教,弟子之所以学,则皆忘本逐末,怀利去义,而无复先王之意,以故学校之名虽在,而其实不举。其效至于风俗日敝,人才日衰。"①因此,他要求改革科举,整顿学校。朱熹针对当时学校教育忽视伦理道德教育而诱使学生争名逐利的现实,以及为了改变风俗日敝和人才日衰的状况,重申和强调"明人伦"的思想,在当时具有一定的积极意义。同时,他对当时学校教育和科举制度的批评也是切中时弊的。

朱熹用理学思想论述教育目的、作用,是为了论证封建社会伦理道德的合理性和永恒性,他把三纲五常为核心的封建伦理道德说成是必须遵守的"天理",又把违背或反抗封建道德的言行统归于"人欲",必须禁止和根除。因此,"存天理、灭人欲"不仅是朱熹教育目的、作用的表述,而且是其道德教育的根本任务。他反复告诫人们不要忘记"国家所以立学教人之本意",那就是:"故圣贤教人为学,非是使人缀辑语言、造作文辞、但为科名爵禄之计,须是格物、致知、诚意、正心、修身,而推之以至于齐家、治国,可以平治天下,方是正当学问。"②

二、教育阶段的划分及其教育思想

中国早在西周就把学校教育划分为"大学"和"小学"不同的阶段。朱熹在总结古代教育经验的基础上,根据人的年龄和心理发展的特征,明确地把学校教育划分为大学与小学,并将其看作统一的教育过程中相互衔接的两个阶段,认为"小学是事,如事君、事父、事兄、处友等事,只是教他依此规矩做去;大学是发明此事之理","小学是学事亲、学事长,且直理会那事。大学是就上面委曲详究那理,其所以事亲是如何,所以事长是如何"③,即"小学"的主要任务是"教事",而"大学"的主要任务是"教理"。他具体规定了小学、大学的入学年龄、教育目标、课程教学内容、修业年限和教学方法。

(一)小学阶段及其教育内容与方法

8—15岁为小学教育阶段。朱熹十分重视这个阶段的教育,认为小学教育对一个人的成长非常重要,必须抓紧抓好。小学教育的任务是培养"圣贤坯璞"。他说:"古者小学已自养得小儿子这里定,已自是圣贤坯璞了。"④同时指出,若儿童时期没有打好基础,长大后再要弥补,就极为困难。

朱熹认为,小学教育是打基础的阶段,教学内容应是"学其事",即须从洒扫应对进退等日常生活事务开始,让他们掌握最基本的伦理道德准则,然后再教给他们礼乐射御书数等方面的知识,为他们以后成就圣贤奠定牢固的根基。他说:"人生八岁,则自王公以下,至于庶人之子弟,皆入小学,而教之以洒扫、应对、进退之节,礼乐射御书数之文。"⑤儿童通过"学其事"而知其然并养成良好的行为习惯和掌握基本生活的知识和技能。教儿童只是教他如何去做,不必教他为什么要这样做。即便是和儿童讲道理,也要求浅显易懂。

他专门编著了《小学》作为这个阶段的教科书,其中引用许多格言故事,力求浅近具体、生动

---

①　朱熹.朱子全书:第 24 册[M].上海:上海古籍出版社,2002:3741 - 3742.
②　朱熹.朱子全书:第 24 册[M].上海:上海古籍出版社,2002:3588.
③　黎靖德.朱子语类:卷 7[M].北京:中华书局,1986:125.
④　黎靖德.朱子语类:卷 7[M].北京:中华书局,1986:124.
⑤　朱熹.四书章句集注[M].北京:中华书局,1983:1.

形象,使儿童即知即行。在《小学》里,他把古人贤人的嘉言懿行汇集起来,分为内外篇,共 385 章,以立教、明伦、修身、稽古为纲,以君臣、父子、夫妇、长幼、朋友、心术、感化、衣服、饮食为目,引用许多格言故事,浅近明了、具体形象地给学生举出榜样,使学生即读、即教、即知、即行,通过行动,学习榜样,达到"习与智长,化与心成"的目的。朱熹的这些主张,是符合儿童心理及其教育规律的。他还亲自制订《童蒙须知》《训蒙斋规》等,按照社会伦理道德的要求,对于儿童日常生活习惯、学习态度和常规训练,都作了极为详细的条文规定。

在小学教育的方法上,朱熹强调了以下三点:首先,主张先入为主,及早施教。在朱熹看来,小学儿童很容易受各种思想的影响,而一旦接受了某种异端邪说,再教以儒家的伦理道德就会遇到抵触。因而,必须先入为主,及早进行教育,"必使其讲而习之于幼稚之时,欲其习与智长,化与心成,而无扞格不胜之患也"[①]。其次,要求形象生动,能激发兴趣。朱熹接受程颐等前辈学者的思想,认为在对小学儿童进行教育时,应力求形象、生动,以激发其兴趣,使之乐于接受。在此思想指导下,他广泛地从经传史籍以及其他论著中采集有关忠君、孝宗、事长、守节、治家等内容的格言、训诫诗、故事等,编成《小学》一书,作为儿童教育用书,广为流传,产生了重要影响。最后,首创以《须知》《学则》的形式来培养儿童道德行为习惯。儿童道德行为习惯的形成有一个从不自觉到逐步自觉的过程,因此要在小学阶段狠下功夫,打好基础。小学教育的方法应尽可能具体、明确;教法应尽量生动形象。朱熹认为,为了养成儿童最基本的道德行为习惯,实行一定的强制性是必要的,只有到了一定时期以后,才能积久成熟,自成方圆。

(二)大学阶段及其教育内容与方法

15 岁以后为大学教育阶段。朱熹说:"十有五年,则自天子之元子、众子,以至公卿、大夫、元士之适子,与凡民俊秀,皆入大学。而教之以穷理、正心、修己、治人之道",[②]即如"致知、格物及所以为忠、信、孝、弟者。"[③]大学教育是在小学已成之功基础上的提高、深化和发展,其任务是在小学教育打好圣贤坯璞的基础上加光润色,进一步精雕细刻,把他们培养成为国家有用的人才。

大学的教育内容重在"教理",即重在探究事物之所以然。换言之,大学的重点是在小学"学其事"的基础上以明其理,即按照格物、致知、正心、诚意、修身、齐家、治国、平天下的步骤,使其"明明德",最后达到"止于至善"的目的。正因为大学阶段教育的重点是使人明其理,朱熹为此精心规划了大学教育的教学内容和学习步骤,并且花费近四十年的时间从浩如烟海的古籍中精选出《论语》《孟子》《大学》《中庸》四书,运用理学的观点对各书进行重新解释,作为大学的基本教材,对于封建社会后期学校的教材建设产生了深远影响。

在大学教育方法方面,朱熹在长期的教育实践中,积累了许多成功经验,其中两点值得注意:其一,重视自学指导。他曾对学生说:"书用你自去读,道理用你自去究索。某只是做得个引路底人,做得个证明底人,有疑难处同商量而已。"[④]在教师指导下重视学生的自学与研究,确是大学教育中一种重要的方法。其二,提倡不同学术观点之间的相互讨论交流。朱熹不囿门户之见,提倡并进行不同学派不同学术观点之间交流,吸收各家之长以融会贯通。他与张栻、陆九渊、陈亮

① 朱熹.朱子全书:第 13 册[M].上海:上海古籍出版社,2002:393.
② 朱熹.四书章句集注[M].北京:中华书局,1983:2.
③ 黎靖德.朱子语类:卷 7[M].北京:中华书局,1986:124.
④ 黎靖德.朱子语类:卷 13[M].北京:中华书局,1986:223.

等人的学术讲论,长期以来一直是学术史和教育史上的佳话。

(三) 小学教育与大学教育的关系

朱熹认为,尽管小学和大学是两个相对独立的教育阶段,具体的任务、内容和方法各不相同,但是这两个阶段又是有内在联系的,它们的根本目标是一致的。它们之间的区别只是因教育对象的不同,具体教育任务不同和教育方法不同,并不是像"薰莸冰炭"那样截然对立。小学是打基础,大学是提高;小学是具体事物的现象与事实教育("事之所当然"),大学是事物的规律及其原理教育("事之所以然");小学是具体做事行为训练,大学重在理性思维能力培养;小学是普通素质教育,大学是专门人才教育。

朱熹关于"小学""大学"教育阶段的划分及其教育内容、方法的主张,尽管是以传授封建伦理道德规范为内容,以培养"君子""圣贤"为目的,但这种由近及远、由事及理、由低到高、由简单到复杂、由具体到抽象,照顾学生年龄特征的观点及其做法,反映了人才成长和培养的某些客观规律,在古代教育理论中为数不多,今天仍值得重视。

朱熹说:"今人不曾做得小学功夫,一旦学大学,是以无下手处。"[1]他强调"小学"教育阶段与"大学"教育阶段两者之间相辅相成,循序渐进,逐步提高。他说:"小学涵养此性,大学则所以实其理也。忠、信、孝、弟之类,须于小学中出,然正心、诚意之类,小学如何知得,须其有训后,以此实之,大抵大学一节一节恢廓展布将去,然必到于此而后进,既到而不进,固不可,未到而求进,亦不可。"[2]虽然"小学"和"大学"是两个相对独立的阶段,具体的任务、内容和方法各不相同,但是它们的教育宗旨是完全一致的,都是围绕"存天理,灭人欲"而展开的。

三、道德教育思想

朱熹十分重视道德教育,主张将道德教育放在教育工作的首位。他说:"德行之于人大矣……士诚知用力于此,则不唯可以修身,而推之可以治人,又可以及夫天下国家。故古之教者,莫不以是为先。"[3]就是说,德行对人有重大意义,不仅可以修身,而且可以推而广之去齐家、安人、治国、平天下。因此,古代的教育者都把道德教育置于优先地位。反之,如果缺乏德行而单纯追求知识,人就会像离群的"游骑",会迷失方向而找不到归宿。

(一) 道德教育内容

纵观朱熹的教育思想,其道德教育内容包括思想灌输与行为训练两方面。思想灌输方面主要是"三纲五常"等儒家宣扬的伦理道德规范。首先,"三纲五常"是"天理"的体现,是绝对的合理的。凡是背离"三纲五常"的东西都是反对和违背"天理"的。其次,"三纲五常"是维系社会秩序的根本,"三纲五常,礼之大体"[4]。基于上述两点原因,进行伦理道德教育就成为朱熹道德教育的基本内容。

但伦理道德规范不是空洞抽象的,而是实实在在地体现在具体的日常社会生活中。因此进行道德教育必须还有具体实在的内容。朱熹说:"立学校以教其民,而其为教,必始于洒扫、应对、

---

① 黎靖德.朱子语类:卷14[M].北京:中华书局,1986:251.
② 黎靖德.朱子语类:卷14[M].北京:中华书局,1986:252.
③ 朱熹.朱子全书:第23册[M].上海:上海古籍出版社,2002:3357.
④ 朱熹.四书章句集注[M].北京:中华书局,1983:59.

进退之间,礼、乐、射、御、书、数之际,使之敬恭朝夕,修其孝弟忠信而无违也。然后从而教之格物致知以尽其道,使知所以自身及家、自家及国而达之天下者。"①可见,朱熹既重道德知识思想观念的学习掌握,也重道德行为训练和习惯养成。

(二)道德教育方法

朱熹关于道德教育的方法,可以概括为以下五点:

1. 立志学圣

朱熹说,"学者大要立志,才学便是要做圣人是也"②,"所谓志者,不道将这些意气去盖他人,只是直截要学尧舜"③,反复强调为学做人首先要做的就是树立远大的人生志向,成就尧舜一样的理想人格。朱熹倡导人们以圣贤为己任,但"世人多以圣贤为高,而自视为卑,故不肯进。抑不知,使圣贤本自高,而己别是一样人,则早夜孜孜,别是分外事,不为亦可,为之亦可。然圣贤禀性与常人一同。既与常人一同,又安得不以圣贤为己任?"④。他指出,在现实社会中,许多人以为圣贤境界十分高远而难以企及,故而自暴自弃、甘于平庸。自暴者不想做圣贤,自弃者不肯做圣贤,这两种人胸无大志,为学不进,了无成就。所以朱熹说:"学者立志,须教勇猛,自当有进。"⑤他认为,只要树立崇高的人生理想,朝向圣贤人格的目标前进,并且狠下一番"困学""勉行"功夫,就会达到圣贤的境界。

2. 主敬专一

朱熹认为主敬包含以下几个意思:第一,严肃的或不放肆的道德态度。朱熹说:"'敬'字工夫,乃圣门第一义。彻头彻尾,不可顷刻间断。"⑥"敬是不放肆底意思。"⑦所谓"不放肆",即是严肃谨守礼法的态度,把放荡的心收敛起来,做一身的主宰,培养自我控制的能力。第二,谨慎小心的道德态度。他说:"敬只是一个'畏'字。"⑧"敬有甚物,只如'畏'字相似。"⑨所谓"畏",是使内心经常处于一种警觉的状态,如居烧屋之下,如坐漏船之中。第三,精神专一或始终一贯的道德态度,他说:"敬者,守于此而不易之谓","敬是始终一事"。⑩

3. 存心养性

朱熹从"性即理"的思想出发,认为每个人都有与生俱来的善性,但同时又有气质之偏和物欲之蔽。因此,需要用"存养"的功夫发扬善性,用"灭欲"的方法泯灭私欲。所谓"存养",一方面是"存"即不使本心丧失,他说:"圣贤千言万语,只要人不失其本心。"⑪另一方面是"养"即使本心弘扬光大,亦即安顿此心在义理上,即"要收拾此心,令有个顿放处。若收敛都在义理上安顿,无许

① 朱熹.朱子全书:第24册[M].上海:上海古籍出版社,2002:3719.
② 黎靖德.朱子语类:卷8[M].北京:中华书局,1986:134.
③ 黎靖德.朱子语类:卷8[M].北京:中华书局,1986:133.
④ 黎靖德.朱子语类:卷8[M].北京:中华书局,1986:133.
⑤ 黎靖德.朱子语类:卷8[M].北京:中华书局,1986:133.
⑥ 黎靖德.朱子语类:卷12[M].北京:中华书局,1986:210.
⑦ 张伯行.续近思录:卷1[M].上海:华东师范大学出版社,2015:24.
⑧ 黎靖德.朱子语类:卷12[M].北京:中华书局,1986:211.
⑨ 黎靖德.朱子语类:卷12[M].北京:中华书局,1986:208.
⑩ 黎靖德.朱子语类:卷12[M].北京:中华书局,1986:211.
⑪ 黎靖德.朱子语类:卷12[M].北京:中华书局,1986:199.

多胡思乱想,则久久自于物欲上轻,于义理上重"①。

4. 省察反思

"省"是反省,"察"是检查。所谓省察即是经常进行自我反省和检查的意思。朱熹主张,存在两种需要省察的情形。一是当不良念头产生之时,将应当反思和检查,将其消灭于"始萌"状态,这就是"省察于将发之际";二是当不良言行已经暴露之后应当及时进行检查和纠正,不使其恣意滋长,这就是"省察于已发之后"。朱熹的这一见解,表明他在道德教育中既强调防微杜渐,同时又重视纠失于后。"省察"的工夫,即是随时清醒、谨慎从事,把违反天理的言行压抑掉,而且更要窒息这种思想在头脑中任何的萌芽。"省察"本心,揭去昏翳,使心中的"理"永远保持通明,这就是朱熹道德教育与修养的重要任务。

5. 力行实践

朱熹十分重视"力行"。"夫学问岂以他求,不过欲明此理,而力行之耳。"②"故圣贤教人,必以穷理为先,而力行以终之。"③他所说的"力行",是要求将学到的伦理道德知识付诸实际行动,转化为道德行为。朱熹的这些见解,已经触及道德认识转化为道德行为、道德行为接受道德认识的指导,并检验道德认识的正确与否等这样一些道德教育的基本问题。

四、教学思想

（一）关于教师教的思想

朱熹在教学实践中积累了相当丰富的经验,并且从理论上概括了先秦儒家的教学思想,提出了一系列的教学原则,其中比较重要的有:居敬穷理、自动启发、因材施教、循序渐进、博学专精、温故知新、学思力行,等等。

1. 居敬穷理

朱熹从"性即理"出发,提出了"居敬穷理"的为学之方,这是其教学原则的总纲。他继承程颐"涵养须用敬,进学则在致知"之说,提出"致知必须穷理,持敬则须主一"的为学原则,而在二者中"持敬又是穷理之本"。所谓"居敬",就是正心、诚意、存养、收敛的工夫即虚静的工夫,也就是注意专注的意思。"居敬"是穷理的心理前提条件。既然"性即理",因此要去掉气质之性中不善的成分,就必须具有这种精神状态,才能"致精之本",体会到"天理"。照朱熹看来,"理"在圣贤的书中,要达到"穷理致知"的目的,读书是主要途径。他说:"天下之物莫不有理,而其精蕴则已具于圣贤之书,故必由是以求之。"所以他说的"格物穷理",实有"读书穷理"之意。"为学之道,莫先于穷理,穷理之要必在于读书;读书之法,莫贵于循序而致精,而致精之本,则又在于居敬而持志。此不易之理也。"

2. 自动启发

首先,朱熹很重视学生的自动学习,同时也重视教师的及时引导作用。他认为学习是自己的事情,是别人不能代替的。他说:"读书是自家读书,为学是自家为学,不干别人一线事,别人助自

---

①　黎靖德.朱子语类:卷12[M].北京:中华书局,1994:210.

②　朱熹.朱子全书:第23册[M].上海:上海古籍出版社,2002:2566.

③　朱熹.朱子全书:第23册[M].上海:上海古籍出版社,2002:2567.

家不得。"①依他的看法,做学问主要靠自己主观努力,以积极主动的态度去掌握知识或寻求真理。他介绍自己的教学经验说:"某此间讲说时少,践履时多。事事都用你自去理会,自去体察,自去涵养。书用你自去读,道理用你自去究索。某只是做得个引路底人,做得个证明底人,有疑难处同商量而已。"②他认为,教师在教学过程中,虽然占有重要地位,但终不能代替学生的作用。教师只是做一个"引路人",在学生开始学习时给予引导指点提示;在一个阶段学习完结时,检查学生学习是否正确,是否有成效,给予适当的评价、证明和裁断;当学生遇到疑难或困惑时,共同商量。

其次,启发诱导。他要求学生带着问题学习,同时教师应当重视学生问题意识和问题能力培养。他说:"读书,始读未知有疑,其次则渐渐有疑,中则节节是疑。过了一番后,疑渐渐解,以致融会贯通,都无所疑,方始是学。"③理想的教学过程应当是充满和解决疑虑问题的过程。教师首先应当使学生具有问题意识,应当重视培养学生提出问题、分析问题和解决问题的能力。他说:"读书无疑者,须教有疑;有疑者,却要无疑。到这里方是长进。"④在教学过程中,教师要适时启发。他在《论语》"不愤不启"一章注说:"愤者,心求通而未得之意;悱者,口欲言而未能之貌。"⑤教师的适时启发对学生学习来说犹如时雨春风:"此正所谓时雨之化。譬如种植之物,人力随分已加。但正当那时节,欲发生未发生之际,却欠了些子雨,忽然得这些子雨来,生意岂可御也。"⑥朱熹认为充分调动学生的积极性和主动性,不是削弱教师的作用,也不是消极等待学生自发地出现主动性,而是靠教师积极主动启发学生,调动学生的积极主动性。

3. 因材施教

这是朱熹对先儒因材施教思想的继承和发展。在后世教育家心中,孔子是实行因材施教的典范。所以二程总结概括说:"孔子教人,各因其材。"⑦朱熹对此作了系统阐发,他在《四书集注》中多处表达了因材施教的主张。他说:"目其所长,分为四科,孔子教人,各因其材,于此可见。"⑧在注《孟子·尽心上》之"君子之所以教者五"的"有成德者,有达材者"句时,朱熹说:"此各因其所长而教之者也。"⑨章末又注曰:"圣贤施教,各因其材,小以小成,大以大成,无弃人也。"⑩他把这种"因材施教"的方法,比喻为草木之生,如得及时之雨,"草木之生,播种封植,人力已至,而未能自化。所少者,雨露之滋耳,及此时而雨之,则其化速矣,教人之妙,亦犹是也"⑪。因材施教原则,经二程和朱熹的总结提倡,为后世教育家所重视,在教学中长期应用,至今仍是一个重要的带有本土特色的教学原则。

①　黎靖德.朱子语类:卷119[M].北京:中华书局,1986:2873.
②　黎靖德.朱子语类:卷12[M].北京:中华书局,1986:223.
③　黄宗羲.宋元学案:卷48[M].北京:中华书局,1986:1549.
④　黎靖德.朱子语类:卷10[M].北京:中华书局,1986:186.
⑤　朱熹.四书章句集注[M].北京:中华书局,1983:95.
⑥　黎靖德.朱子语类:卷34[M].北京:中华书局,1986:872.
⑦　朱熹.四书章句集注[M].北京:中华书局,1983:123.
⑧　朱熹.四书章句集注[M].北京:中华书局,1983:123.
⑨　朱熹.四书章句集注[M].北京:中华书局,1983:361.
⑩　朱熹.四书章句集注[M].北京:中华书局,1983:362.
⑪　朱熹.四书章句集注[M].北京:中华书局,1983:361.

4. 循序渐进

朱熹十分强调教学有序，不可躐等。他很注意由近到远、由易到难、由浅到深、由已知到未知、由具体到抽象。他在《四书集注》中也多处表达了这个观点。在《论语集注·宪问》"不怨天不尤人，下学而上达"句注云："此但自言其反已自修，循序渐进耳。"①在《孟子集注·尽心上》"孔子登东山而小鲁"章注曰："此章言圣人之道，大而有本，学之者必以其渐，乃能至也。"②这里的"以渐而至"，所指就是如孟子所言流水盈科而后进那样，学习要在前一段基础上，才能有新的发展。他又说："譬如登山，人多要至高处，不知自低处不理会，终无至高处之理。"③"于显处平易处见得，则幽微底自在里许。且于切近处加功。"④"据某看，学问之道只在眼前日用底便是，初无深远幽妙。"⑤这就是说，低处、平易处、眼前日用处是基础。学习必须从低处到高处，从平易处到幽微处，从眼前日用处到深远幽妙处，循序渐进，逐步提高。怎样循序渐进？下学是上达的基础，学问要做下学的工夫，打了基础，才有上达的可能。朱熹认为，不先从事于下学而妄想上达，就是躐等，便沦于空幻；专从事于下学而不想上达，虽未躐等，但沉溺于闻见。前者是不循序而进，后者是虽循序而不进，都是不好的，只会浪费精力而不能达到目的。他认为，遵循由易而难、由近而远的阶段，努力学习，则自有进步。

5. 博学专精

朱熹认为，教学应当从博学开始。所谓博学就是要广泛学习各种修己治人的实用知识，打好宽厚坚实的知识基础。他说："博学，谓天地万物之理，修己治人之方，皆所当学。"⑥"为学，治己治人，有多少事。至如天文、地理、礼乐、制度、军旅、刑法，皆是着实有用之事业，无非自己本分内事。"⑦他认为没有广博的基础就难以专精，仅有一般性广博的知识而不专精，那也不能在学术上有所建树，专精才是目的。所以他强调治学贵专而不贵博，"盖惟专为能知其意而得其用，徒博则反苦于杂乱浅略无所得"。⑧

6. 温故知新

首先，温故必须"时习"。朱煮认为，学习如果不复习或练习，就不能巩固其所获得的知识技能；如果复习或练习不做到经常及时，就不能收到良好的功效。所以他说："学贵时习，须是心心念念在上，无一事不学，无一时不学，无一处不学。"⑨所谓"时习"，即随事、随时、随处都复习、练习其已获得的知识的过程，也就是不间断的巩固过程。其次，温故方能知新。他说："温故方能知新，不温故而求新知，则亦不可得而求矣。"⑩"时时温习，觉滋味深长，自有新得。"⑪他认为温故是知新的基础。"温故"能使其所学的知识融会贯通，转化为技能。所以，知新必须温故。再次，

---

① 朱熹.四书章句集注[M].北京:中华书局,1983:157.
② 朱熹.四书章句集注[M].北京:中华书局,1983:356.
③ 黎靖德.朱子语类:卷8[M].北京:中华书局,1986:142.
④ 黎靖德.朱子语类:卷8[M].北京:中华书局,1986:142-143.
⑤ 张伯行.续近思录:卷2[M].上海:华东师范大学出版社,2015:67.
⑥ 黎靖德.朱子语类:卷8[M].北京:中华书局,1994:142.
⑦ 张伯行.续近思录:卷2[M].上海:华东师范大学出版社,2015:53.
⑧ 张伯行.学规类编:卷4[M].上海:商务印书馆,1936:36.
⑨ 张伯行.续近思录:卷2[M].上海:华东师范大学出版社,2015:41.
⑩ 黎靖德.朱子语类:卷24[M].北京:中华书局,1986:575.
⑪ 黎靖德.朱子语类:卷24[M].北京:中华书局,1986:576.

温故又要知新。他认为,如果只知机械地重复旧闻而不能触类旁通是不能当教师的。当然学生如果只知机械地重复旧闻而不能触类旁通也是不能提高的。所以他说:"温故又要知新。唯温故而不知新,故不足以为人师也。"①朱熹这种既强调学习时温故,又不忽视探索新知的思想,对今天仍是有启发意义的。

7. 学思力行

"学思力行",即"知"与"行"。朱熹在《白鹿洞书院揭示》中,将《中庸》的"博学之,审问之,慎思之,明辨之,笃行之"教学五步定为"为学之序"。前四个步骤总的意思是"格物穷理";最后一步则为"笃行",就是要认真地实践。这反映了朱熹的知行观,也是他所主张的一个重要教学原则。朱熹认为,知行二者互相依赖,缺一不可,"如目无足不行,足无目不见"②。关于知与行的关系,他持"知先行后知轻行重"说:"论先后,知为先;论轻重,行为重。"③如果从时间先后顺序来说,理论学习在先,力行实践在后;但从目的和重要性来说,理论学习为轻,力行实践为重。理论上虽呈现矛盾,却比较符合学校教学的特点和规律。第一,知是行的基础。他说:"穷理不深,则安知所行之可否哉?"④"欲行而未明其理,则所践履者又未知其果为何事也。"⑤第二,"徒行不明,则行无所问,冥行而已。"行是知的落实,知是行的指导。第三,行是知的深化和检验。"方其知之而行未及之,则知尚浅。既亲历其域,则知之益明,非前日之意味。"⑥(深化)"欲知知之真不真,意之诚不诚,只看做不做如何。真个如此做底,便是知至、意诚。"⑦(检验)第四,行是知的目的。不行,知有何用? 不如不学。他说:"徒明不行,则明无所用,空明而已。"⑧"为学之实,固在践履。苟徒知而不行,诚与不学无异。"⑨

(二)关于学生学的思想

1. "立志、博学、时习、审问、慎思、明辨、笃行的学习过程思想

教育学语境下的学习过程与心理学、哲学、社会学语境下的学习过程不同,指的是学生在老师的指导下以发展身心为目的的活动过程。朱熹结合自己的学习与教育实践,继承及发展了孔、孟、荀及《中庸》等先秦儒家的学习过程思想,建构起自己独特的学习过程论,即把学习过程进一步细分为立志、博学、时习、审问、慎思、明辨及笃行七个阶段。

(1)立志

正确远大的志向是学习的目标和动力。朱熹认为立志是学习的起点。他反复说:"问为学功夫,以何为先? 曰:亦不过如前所说,专在人自立志。"又说:"人之为事,必先立志以为本;志不立,则不能为得事。"⑩一个人若要铸造圣人那样的理想人格,实现修己安人的社会理想,首先必须明确学习志向与目的,不断地激励自我勤勉学习,以坚忍刻苦的精神去追寻。

---

① 黎靖德.朱子语类:卷24[M].北京:中华书局,1986:575.

② 黎靖德.朱子语类:卷9[M].北京:中华书局,1986:148.

③ 黎靖德.朱子语类:卷9[M].北京:中华书局,1986:148.

④ 朱熹.朱子全书:第22册[M].上海:上海古籍出版社;合肥:安徽教育出版社,2002:1860.

⑤ 朱熹.朱子全书:第23册[M].上海:上海古籍出版社;合肥:安徽教育出版社,2002:2811.

⑥ 黎靖德.朱子语类:卷9[M].北京:中华书局,1986:148.

⑦ 黎靖德.朱子语类:卷15[M].北京:中华书局,1986:302.

⑧ 黎靖德.朱子语类:卷64[M].北京:中华书局,1986:1575.

⑨ 朱熹.朱子全书:第23册[M].上海:上海古籍出版社;合肥:安徽教育出版社,2002:2811.

⑩ 黎靖德.朱子语类:卷18[M].北京:中华书局,1986:419.

（2）博学

朱熹认为，博学是做学问的基础。他说："圣人教人有序，未有不先，于博者。"①他要求学生"无所不学：禅、道、文章、楚辞、诗、兵法，事事要学"②。所以他说："'博学'，谓天地万物之理，修己治人之方，皆所当学"③，要求为学者要开阔视野，不管大到天地运行之理，还是小到修己治人之术，都是博取的内容。

（3）时习

朱熹弘扬孔子"学而时习之"的思想，认为要巩固知识，并且转化为能力，必须通过时时复习和反复练习，进而在学习中体会到快乐。朱熹注《论语·学而》"学而时习之"引程颐的话说："程子曰：'习者，重习也。时复思绎，浃洽其中，则说也。'又曰：'学者，将以行之也；时习之，则所学者在我，故说。'谢氏曰：'时习者，无时而不习。'"④他认为，"学"是未知而求知的工夫，"习"是未能而求能的工夫。学习者在反复的学习和思绎中，加深对所学内容的透彻理解，并将其转化为熟练的技能。

（4）审问

如果说博学是学生依据耳目等感觉器官与外界事物接触，或从书本上习得间接经验，可看作学习的感性认识阶段，那么审问则是在其基础上而展开的理性认识阶段。在朱熹看来，所谓"审问"，就是为学者要有问题意识，善于在学习的过程中学会提问，质疑问难。显然，这是一种更高层次的有效学习过程。朱熹说："会问始得。圣门颜子也是会问。"⑤他强调相互质疑诘难的重要性，指出："人之病，只知他人之说可疑，而不知己说之可疑。试以诘难他人者以自诘难，庶几自见得失。"⑥

（5）慎思

朱熹认为慎思是学习过程的第四个阶段，也应属于理性认识的范围。朱熹对慎思非常关注，他指出："思之粗浅不及，固是不慎；到思之过时，亦是不慎。所以他圣人不说'深思'，不说别样思，却说个'慎思'。"⑦认为遇到困惑时，如果不进行深层次全方位的理性思考，就不会悟出其中的道理。

（6）明辨

朱熹认为，明辨作为学习过程中明辨真假、判明是非的思维阶段，既是慎思的自然发展，也是慎思的必然结果。朱熹强调："学问须严密理会，铢分毫析。"⑧"为学纤毫丝忽，不可不察。若小者分明，大者越分明。"⑨他要求学生必须善于明辨是非，深入分析，达到"觉今是而昨非，日改月变，便是长进"⑩的地步，就可实现脱然贯通的致知境界，从而更好地指导自己的一切言行。

---

①　黎靖德.朱子语类：卷33[M].北京：中华书局，1986：834.

②　黎靖德.朱子语类：卷104[M].北京：中华书局，1986：2620.

③　黎靖德.朱子语类：卷64[M].北京：中华书局，1986：1564.

④　朱熹.四书章句集注[M].北京：中华书局，1983：47.

⑤　黎靖德.朱子语类：卷14[M].北京：中华书局，1986：1054.

⑥　黎靖德.朱子语类：卷11[M].北京：中华书局，1986：187.

⑦　黎靖德.朱子语类：卷64[M].北京：中华书局，1986：1565.

⑧　黎靖德.朱子语类：卷8[M].北京：中华书局，1986：144.

⑨　黎靖德.朱子语类：卷64[M].北京：中华书局，1986：1588.

⑩　黎靖德.朱子语类：卷8[M].北京：中华书局，1986：135.

（7）笃行

朱熹认为,笃行作为学习过程的最后阶段,是学习的目的和归宿,也是检验所学知识真伪的唯一标准。关于行在为学过程中的价值及其作用,前面已详,此不赘述。

朱熹把学习过程分为志学、博学、时习、审问、慎思、明辨、笃行七个阶段的思想有一定的合理性,因为它把学习观、心理学、哲学认识论融于一体,不仅较好地继承了我国先秦以来学、思、习、行相结合的学习思想传统,而且与现代教育心理学将学习过程划分为五个阶段(动机、感知、理解、巩固、应用)的观点基本吻合,这可说是朱熹理学教育思想的一大亮点。

[拓展阅读]
吴邵兰:《从〈朱子读书法〉看朱熹的教学论思想及其借鉴价值》

2.“朱子读书法”——学习方法思想

程朱理学重视读书穷理,总结形成了一套读书学习的方法理论,这是朱熹教学思想中非常重要的组成部分。后学将其归纳为六条:循序渐进、熟读精思、虚心涵泳、切己体察、著紧用力、居敬持志。

（1）循序渐进

所谓循序,就是遵循教材知识的逻辑顺序与学生学习的心理顺序去开展学习。所谓渐进,一是不求速达,二是逐步推进。朱熹主张读书时“当循序而有常”。他说:“此但自言其反己自修,循序渐进耳。”①他认为,如果“以《论语》《孟子》二书言之,则《伦》而后《孟》,通一书而后及一书”,不可凌越。他曾据此排列出各书攻读顺序:先《近思录》,次“四书”,后“六经”。读“四书”的顺序是:先《大学》,再《论语》《孟子》,后《中庸》。南宋后“四书”地位居“五经”之上,也是“朱子读书法”产生影响的表现。如果“以一书言之,则其篇章文句,首尾次第,亦各有序而不可乱也”,要求扎扎实实,稳步前进,“字求其训,句索其旨;未得乎前,则不敢求乎后;未通乎此,则不敢志乎彼”。如果以个人实际的阅读和理解能力而言,则要求“量力所至而谨守之”,反对超越自己的水平,作不切实际的非分之想。

（2）熟读精思

朱熹说:“大抵观书先须熟读,使其言皆若出于吾之口;继以精思,使其意皆出于吾之心,然后可以有得尔。然熟读精思既晓得后,又须疑不止如此,庶几有进。”②所谓熟读,就是要把书本背得烂熟。所谓精思,即是反复寻绎文义。依朱熹的看法,“余尝谓读书有三到:心到、眼到、口到。”“三到之中,心到最急。心既到矣,眼口岂不到乎?”③读书时必须多读、记住、背熟。朱熹强调读书一定要有足够的遍数,百遍自是强过五十遍,二百遍自是强过一百遍。所谓精思,就是读书时要深入思考,能够撮其要旨,产生温故而知新的效果。“诵数已足,而未成诵,必欲成诵。遍数未足,虽已成诵,必满遍数。”读书要通过思考,理解精深。不仅要“读得正文”,而且要“记得注释,成诵精熟,注中训释文意、事物、名件、发明相穿纽处,一一认得,如自己做出来底一般,方能玩味反复,向上有通透处”。但熟读和精思必须相结合,熟读是精思的基础,而精思是熟读的提升。

（3）虚心涵泳

朱熹说:“学者读书,须要敛身正坐,缓视微吟,虚心涵泳。”④所谓“虚心”,是说如果碰到疑

---

① 朱熹.四书集注[M].长沙:岳麓书社,1985:192.

② 黎靖德.朱子语类:卷9[M].北京:中华书局,1986:168.

③ 朱熹.朱子全书:第13册[M].上海:上海古籍出版社,2002:374.

④ 黎靖德.朱子语类:卷11[M].北京:中华书局,1986:179.

惑,众说纷纭,一时难以决定取舍,则应客观静心,谨慎对待。所谓"涵泳",初始意是在水中沉潜优游,引申为品味玩索,思索深远。朱熹反对读书先入己见、主观臆断、好高骛远、穿凿附会,主张采取虚怀若谷、沉潜玩索的态度。

（4）切己体察

朱熹说:"今人读书,多不就切己上体察,但于纸上看,文义上说得去便了。如此,济得甚事!"[1]所谓切己体察,就是主张读书不能理论脱离现实,而应当联系自身实际,设身处地去观察思索,应使书中道理与自己经验或生活结合起来,并以书中道理去指导自己的实践。"从容乎句读文义之间,而体验乎操存践履之实。"[2]

（5）着紧用力

所谓着紧用力,即是要求抓紧时间,以刚毅勇猛、坚持到底而不懈怠的精神去读书。他说:"圣贤千言万语,无非只说此事。须是策励此心,勇猛奋发,拔出心肝与他去做。如两边擂起战鼓,莫问前头如何,只认捲将去,如此,方做得功夫。若半上落下,半沉半浮,济得甚事!"[3]要"如上水船,方平稳处,仅行不妨。及到滩脊急流之中,舟人来这上一篙,不可放缓,直须着力撑上"。[4]

（6）居敬持志

朱熹主张读书要保持心思专一,坚守远大志向,以达到"存天理,灭人欲"的目的。"居敬"一词源出《论语·雍也》:"居敬而行简",基本含义为严肃认真、心思专一。朱熹所谓"居敬",即是收敛心思、严谨认真与精神专一的态度,意指经常保持"身心收敛,如有所畏"[5]。无论读书做事,均须收敛此心,"敬以自持"。"应事时,敬于应事;读书时,敬于读书,便自然该贯动静,心无不在。"所谓"持志",即是锁定预设目标、坚守学习志向。朱熹非常重视学者主体意识的发挥,态度端正、精神专一才能有所收获。而这又与志向密切相关。"持志"是"居敬"的前提,而"居敬"则是"持志"的保障。

"朱子读书法"是朱熹关于读书方法的概括和总结,集中体现了他的读书思想和读书经验,很有见地。后人依据他的读书法,订立读书程序,如元程端礼的《读书分年日程》、明末清初陆世仪的"论读书"等,在封建教育实践中影响很大。"朱子读书法"在一定程度上反映了学校教育条件下学生学习的特点和规律,是我国古代教育家论述读书最充分、最系统的思想,至今仍有重要的参考价值。

第三节　陆九渊的教育思想

陆九渊(1139—1193),字子静,号存斋,江西抚州金溪人。聪颖好学,哥嫂抚育成人。乾道八年(1172)登科进士,次年秋,在家乡金溪开办槐堂书院。淳熙二年(1175)应吕祖谦之约,与其兄陆九龄前往江西信州铅山鹅湖(今江西上饶铅山鹅湖镇)寺会讲,就道德教育旨趣及方法诸问题

---

①　黎靖德.朱子语类:卷11[M].北京:中华书局,1986:181.

②　张伯行.学规类编:卷4[M].上海:商务印书馆,1936:36.

③　黎靖德.朱子语类:卷8[M].北京:中华书局,1986:137.

④　黎靖德.朱子语类:卷8[M].北京:中华书局,1986:137.

⑤　黎靖德.朱子语类:卷12[M].北京:中华书局,1986:211.

同朱熹展开辩论,此即教育学术史上所称的"鹅湖之会"。淳熙八年(1181)访朱熹于南康,讲学于白鹿洞书院。晚年闲居贵溪应天山,见其形似巨象,遂易名为象山并把讲学之所取名为"象山精舍",且自号象山居士。学徒聚集精舍,结庐而居,由陆九渊分别题为居仁斋、由义斋、养正堂、明德、志道、储云、佩玉、愈高、规斋、蕙林、达诚、琼芳、濯缨池、浸月池、封庵、批荆诸多室名。象山精舍朝气蓬勃,莘莘学子乐在其中。陆九渊初任隆兴府靖安(今江西靖安)县主簿,后调建宁府崇安(今福建崇安)县主簿,后被荐为国子监正,迁编修敕令所删定官,出知荆门军,五十四岁卒于任所。他一生除为官讲学之外,精于思索,其著作被后人编为《象山先生全集》36卷,1980年由中华书局点校出版,更名为《陆九渊集》。

宋代理学自二程以降,程颐之学经杨时、罗从彦、李侗而传朱熹,程颢之学由谢良佐、王苹、张九成、林季仲而达陆九渊,由此分成理学与心学两大学派。陆九渊远宗孟子"尽心"说,近承程颢"心是理"观,建构起以"心即理"为核心的心学体系。理学与心学的分歧主要表现为朱陆鹅湖之会、白鹿讲学、朱陈书信论辩三大学术论战,围绕"尊德性与道问学""义利之辩""无极太极之争"展开。陆九渊之学后为明代王守仁所发扬,二人合称"陆王心学"。他槐堂讲学,国学授课,鹅湖论辩,白鹿传经,象山讲学,荆门演讲,形成了完整的教育思想体系,对当时与后世有着极其深远的影响。

一、"心即理"的心性论与"发明本心"的教育目的

陆九渊反对程颐、朱熹"性即理""即物穷理"的思想,提出了"心即理"的心性论和"发明本心"的教育目的论,决定了他心学教育思想的理论走向。

(一)"心即理"的心性论

陆九渊融合孟子"万物皆备于我"和"良知""良能"的观点以及佛教禅宗"心生""心灭"思想,提出"心即理"的哲学命题,断言天理、人理、物理只在人心中,"宇宙便是吾心,吾心即是宇宙"[①],心即理是永恒不变的:"人皆有是心,心皆具是理,心即理也。"[②]"千万世之前,有圣人出焉,同此心同此理也;千万世之后,有圣人出焉,同此心同此理也。"[③]在陆九渊那里,"心"的含义是指人的主观意识和认识能力,"理"的含义是指天地万物存在的法则及社会伦理道德的原则。"心即理"的"即"是表示"心"与"理"水乳交融,合二为一。陆九渊强调,"心,一心也;理,一理也。至当归一,精义无二此心此理,实不容有二"[④],人心之理便是宇宙之理。朱熹尽管承认"理无心,则无着处"[⑤],"心包万理,万理具一心"[⑥],却极力主张"灵处只是心,不是性。性只是理"[⑦]。如果用一句话来概括朱熹的意思,那就是"心不是理"。朱熹所谓的理是先于天地万物乃至人类而独立存在的客观实在,"心包万理"也仅仅是表示"心"认识万事万物之"理"的无限可能性。陆九渊却认为,"理"本来就是一"心",天地万物是"此心"与"此理"的统一和体现。在陆九渊看来,天地万物都有

① 陆九渊.陆九渊集[M].北京:中华书局,1980:273.
② 陆九渊.陆九渊集[M].北京:中华书局,1980:149.
③ 陆九渊.陆九渊集[M].北京:中华书局,1980:273.
④ 陆九渊.陆九渊集[M].北京:中华书局,1980:4-5.
⑤ 黎靖德.朱子语类:卷5[M].北京:中华书局,1986:85.
⑥ 黎靖德.朱子语类:卷9[M].北京:中华书局,1986:155.
⑦ 黎靖德.朱子语类:卷5[M].北京:中华书局,1986:85.

赖于"吾心"之"理"而存在，"万物森然于方寸之间，满心而发，充塞宇宙，无非此理"。①

陆九渊和朱熹一样，把"理"在社会生活中的表现就是具体的现实人伦道德规范，"理"实质上便成了对仁义礼智信等社会伦理道德规范的抽象和总概括，凡是涉及人伦道德的言行举止及其思想意识都是"理"。陆九渊说："仁即此心也此理也。……爱其亲者，此理也；敬其兄者，此理也；见孺子将入井而有怵惕恻隐之心者，此理也；可羞之事则羞之，可恶之事则恶之者，此理也；是知其为是，非知其为非，此理也；宜辞而辞，宜逊而逊者，此理也；敬此理也，义亦此理也；内此理也，外亦此理也。……孟子曰：'所不虑而知者，其良知也；所不学而能者，其良能也。''此天之所与我者'，'我固有之，非由外铄我也。'故曰：'万物皆备于我矣，反身而诚，乐莫大焉。'此吾之本心也。"②

淳熙二年(1175)，应吕祖谦之邀，陆九渊与其兄陆九龄在铅山鹅湖寺与朱熹展开了有关"心"与"理"的大辩论，进一步阐发了他的"心即理"思想。朱熹主张通过博览群书和对外物的观察来启发内心的知识；陆九渊认为应"先发明人之本心然后使之博览"，所谓"心即是理"，无须在读书穷理方面过多地费功夫。陆指责朱"支离"，朱讥讽陆"禅学"，两派学术见解争持不下。但他们友谊极厚，书信往来，论辩不已。后来陆九渊受邀在朱熹主持的白鹿洞书院讲解《论语》"君子小人喻义利"一章，听者泣下。朱熹认为陆九渊的观点切中学术界隐微深痼之弊病。

(二)"发明本心"的教育目的

陆九渊认定这个"理"来自于人的本心，是生而即有的先验之物。"礼者理也，此理岂不在我？使此志不替，则日明日著，如川日增，如木日茂矣。必求外铄，则是自湮其源，自伐其根也。"③人们只要坚持和遵循本心的"理"，就可以认识万事万物，成就理想人格。就是说，我固有的内在心性是认识万事、成就理想人格的依据。因此，陆九渊认为，教育目的的重点不在"穷理"而在"明心"。他倡导"发明本心"说，希望受教育者能够自觉并自愿地体认主观与客观的同一性，不断努力地提高主体意识，进而达到张扬主体性、成就卓然独立的理想人格。"发明本心"的教育旨趣折射出陆九渊的理学教育思想开始从客观实体化思维经由格物致知的理学思维向心学思维转化。历史地看，陆九渊倡导"心即理"的命题及其相应的"发明本心"教育学说只解决了如何发挥主体作用的问题，并未完全处理好心物关系、知行关系、理欲关系以及义利关系等一系列教育现实问题。

和程颐、朱熹一样，陆九渊主张"存天理，去(灭)人欲"这一宋明理学各派共同的教育宗旨。由于"心理""良知"容易受到外物、"私欲"的"昏蔽"，所以为了实现"发明本心"的目的，必须"学以去其昏蔽"。④陆九渊主张，教育的培养目标是"学做人"，他说："学者所以为学，学为人而已。"⑤他告诫学生："人须是闲时大纲思量：宇宙之间，如此广阔，吾身立于其中，须大做一个人。"⑥不论读书做事，陆九渊皆教人以做人为要，要求内修其德，外成其事。光读书，而不知道躬身力行是错误的；人生行事，不能以成就圣贤事业为目的也是错误的。客观学术知识的获得不是学习的终点，唯有圣贤人格的完成才是目的；光读书光修己也是不够的，唯有站在社会国家的工作岗位上，

①　陆九渊.陆九渊集[M].北京：中华书局，1980：423.
②　陆九渊.陆九渊集[M].北京：中华书局，1980：5.
③　陆九渊.陆九渊集[M].北京：中华书局，1980：159.
④　王阳明.王阳明全集[M].新编本.杭州：浙江古籍出版社，2010：68.
⑤　陆九渊.陆九渊集[M].北京：中华书局，1980：470.
⑥　陆九渊.陆九渊集[M].北京：中华书局，1980：439.

实实在在地做事才是应该的。因此象山教人，读的是实书、做的是实事。他也和传统儒家一样主张教育的培养目标是"学做圣人"。圣人之所以为圣人，唯在其心之无蔽，心无蔽障，即心之灵、理之明；唯在其实有此心之灵、此理之明，是即圣人之德性。此圣人之德性，固非自其对事物之知识与技能上见。由是而学者之学圣人，即亦不在求多知多能，要在学圣人之不以不知为知，不以不能为能。

二、"六经注我"的教学内容观

在对待儒学经典及其教学内容上，陆九渊与朱熹之间存在较大的分歧。朱熹主张"读书明理"，强调"道问学"；陆九渊主张"发明本心"，强调"尊德性"，由此形成了陆九渊独具特色的教学内容观。

（一）"六经皆我注脚"

朱熹认为，儒家经典万理具备，世人要穷理非读这些经籍不可。他说："《六经》是三代以上之书，曾经圣人手，全是天理。"[①]"圣贤所以教人之法，具存于经。有志之士，故当熟读深思而问辨之。"[②]所以，"为学之道，莫先于穷理；穷理之要，必在于读书。"[③]以"四书""五经"为代表的儒学经典体系不仅是中国文化精神的源泉，而且也是人们明天理护纲常的本源。因此要想实现修身、齐家、治国、平天下的人生理想，无论哪一个阶段的目标实现都无法离开儒学经典的学习。

陆九渊基于"心即理"的心学立场，认为儒学经典本身不能构成人生价值的终极根源，不过是我心的注脚罢了。陆九渊说："学苟知本，《六经》皆我注脚。"[④]"知本"即知"心"。"或问先生何不著书，对曰：'六经注我，我注六经。'"[⑤]认为学问的根本在于发明本心，不能拘泥于书本章句之学，"若能涵养此心，便是圣贤。读《孟子》须当理会他所以立言之意。血脉不明，沉溺章句何益？"[⑥]他批评说："今之学者，读书只是解字，更不求血脉。"[⑦]

当然，陆九渊并不排斥书本知识学习和研究儒学经典。针对朱熹指责其"尽废讲学"的批评，他反驳道："人谓某不教人读书，……何尝不读书来，只是比他人读得别些子。"[⑧]不是不要读书，而是不要像朱熹一派那样仅在字面上下工夫，读得支离破碎罢了。

由于陆九渊强调"知本"明心而不强调读经明理，主张"六经注我，我注六经"，所以他不像朱熹那样拘泥儒家经典学习，更不像朱熹那样重视教材建设，他对教材建设几无多少贡献。

（二）"以尊德性为宗"

"尊德性"与"道问学"出自《礼记·中庸》，既指教育目的也指教育（治学）方法。南宋时期，朱熹、陆九渊两人各执一端。朱熹主张"读书明理"，强调"道问学"。陆九渊主张"发明本心"，强调"尊德性"。

---

①　张伯行.学规类编：卷6[M].上海：商务印书馆，1936：54.
②　朱熹.朱子全书：第24册[M].上海：上海古籍出版社，2002：3587.
③　黄宗羲.宋元学案：卷87[M].全祖望，补修.北京：中华书局，1986：2914.
④　陆九渊.陆九渊集[M].北京：中华书局，1980：395.
⑤　陆九渊.陆九渊集[M].北京：中华书局，1980：399.
⑥　陆九渊.陆九渊集[M].北京：中华书局，1980：445.
⑦　陆九渊.陆九渊集[M].北京：中华书局，1980：444.
⑧　陆九渊.陆九渊集[M].北京：中华书局，1980：446.

陆九渊说:"既不知尊德性,焉有所谓道问学?"①他认为,"尊德性"是立本,"道问学"是求末,主张"立本",反对"逐末"。他说:"凡物必有本末。且如就树木观之,则其根本必差大。吾之教人,大概使其本常重,不为末所累。然今世论学者却不悦此。"②强调通过躬行践履,达到"发明本心"的目的。

"尊德性而道问学"虽出自《中庸》,却源于孔子的"学思并重"观,至孟、荀而学与思分途。孔子说:"学而不思则罔,思而不学则殆。"(《论语·为政》)不偏不倚,辩证统一。孟子强调"尽心",重"思"不重"学"。他说:"心之官则思,思则得之,不思则不得也。"(《孟子·告子上》)"尽信书,则不如无书。"(《孟子·尽心下》)荀子强调"诵经",重"学"不重"思"。他说:"吾尝终日而思矣,不如须臾之所学也。"(《荀子·劝学》)朱、陆非但没有弥合孟、荀的分歧,反而使裂痕进一步扩大。

三、教育方法

由于陆九渊认为教学的重点不在"穷理"而在"明心",所以在教育方法上主张整体明了、简单易行。具体说,其教育方法主要有:一、整体明了;二、"剥落""减担";三、因材施教;四、启发诱导。

(一) 整体明了

陆九渊说:"一是即皆是,一明即皆明。"③所谓"一"实指心,所谓"皆"即指万物之理。意思是说,对理的认识和把握全在于对心的发明,认识了心就认识了理。心是则理是,心明则理明。这种观点和20世纪西方格式塔心理学的"整体顿悟"说极为相似。他认为,"心"是一个融合心与理、主与客的统一整体,对心的把握不能条分缕析必须整体明了,对理的把握也不能逐个进行必须整体把握。因此应当发挥"灵识"的作用。他说:"人为学甚难。天覆地载,春生夏长,秋敛冬肃,俱此理。人居其间,无灵识,此理如何解得!"④陆九渊认为,"灵识"就是"诚能反而思之,则是非取舍,盖有隐然而遁,判然而明,决然而无疑者矣"⑤。这虽然有些神秘色彩,但其实就是现在所说的"灵感",其实质是现代心理学的"顿悟"即直觉思维。实际上他是把教育学习过程看成一个直接明了事物整体的彻悟(即直觉顿悟)过程,即直觉整体体认过程。他反对朱熹的"博而后约",即先博览群书,然后抽象出简约的一般性结论的读书方法,即从个别到一般的归纳方法,而是主张"约而后博",即先认识本心这个一般性、概括性的宇宙法则,然后再推而广之,体认个别的事事物物,即从一般到个别的演绎方法,从而达到"一是皆是,一明皆明"的认识目标。

(二) 剥落减担

"剥落"是针对"人心之病"而言。陆九渊认为,人心之病主要是由于"物欲"和"邪见"的影响。他说:"愚不肖者之蔽在于物欲,贤者智者之蔽在于意见。高下污洁虽不同,其为蔽理溺心而不得其正,则一也。"⑥一是物欲:"夫所以害吾心者何也? 欲也。欲之多,则心之存者必寡;欲之寡,则心之存者必多。……欲去,则心自存矣。"⑦二是邪见:"有所蒙蔽,有所移夺,有所陷溺,则此心为

---

① 陆九渊.陆九渊集[M].北京:中华书局,1980:494.
② 陆九渊.陆九渊集[M].北京:中华书局,1980:407.
③ 陆九渊.陆九渊集[M].北京:中华书局,1980:469.
④ 陆九渊.象山全集[M].北京:中华书局,1980:450.
⑤ 陆九渊.陆九渊集[M].北京:中华书局,1980:376.
⑥ 陆九渊.陆九渊集[M].北京:中华书局,1980:10.
⑦ 陆九渊.陆九渊集[M].北京:中华书局,1980:380.

之不灵,此理为之不明,是谓不得其正,其见乃邪见,其说乃邪说。一溺于此,不由讲学,无自而复。"①看来,"剥落"就是灭物欲、去邪见。说来说去,仍然是宋代理学家"灭人欲"说的翻版。陆九渊说:"人心有病,须是剥落。剥落得一番,即一番清明,后随起来,又剥落,又清明;须是剥落得净尽方是。"②

陆九渊针对朱熹强调读书穷理,学生终日读书,负担太重的现象,提出应减轻学生学习负担的"减担"法。他说:"某读书只看古注,圣人之言自明白。且如'弟子入则孝出则弟',是分明说与你入便孝出便弟,何须得传注?学者疲精神于此,是以担子越重。到某这里,只是与他减担。"③陆九渊说得很明白,减轻学生在汗牛充栋的典籍中读书学习的沉重负担的办法,就是只读原著、把握圣人著言立教之意即可,诸子百家、后世学者之书大可不读。"所谓学问者,乃转为浮文缘饰之具,甚至于假之以快其遂私纵欲之心,扇之以炽其伤善败类之焰,岂不甚可叹哉!"④

(三)量力度德

"量力度德"实质是因材施教。因材施教被中外教育实践证明是一个符合个体身心发展特点和教育规律的原则。中国自孔子起教育家们都普遍遵循了这一基本原则,陆九渊也不例外。

陆九渊强调,教育应当根据学生不同的兴趣特长采取针对性的措施,量力而行。"人皆可以为尧舜,此性此道与尧舜元不异;若其才则有不同,学者当量力度德。"⑤他认为,人的自然禀赋之中,既有一般的共同因素,也有特殊的个别因素,前者即为性与道,后者即为才与德。此性此道,人所禀赋者大致相同,顺性与道而发展之,则人皆有成为尧舜的可能。所谓"才",即为智力、兴趣、情绪、能力、道德等心理因素之总称。才德则有个别差异,所以必须量力而施。

陆九渊说:"人各有所长,就其所长而成就之,亦是一事。"⑥这就是说,教育应当从个体的个性差异出发,因材施教,促进而不是阻碍学生特长的发展。

(四)启发诱导

陆九渊强调"发明本心",注重启发。他的学生冯元质说:"先生非徒讲经,每启发人之本心也。有欲言而不能自达者,则代为之说,宛如其所欲言,乃从而开发之。至有片言半辞可取,必奖进之。故人皆感激奋砺。"这是对孔子"不愤不启,不悱不发"的启发教学的继承和发展。朱熹解释为"愤""悱"为"心求通而未得之状""口欲言而未能之貌"。陆九渊做到"欲言而不能自达者,则代为之说",深得孔子"愤悱启发"要旨。他及时顺势诱导启发学生。如学生的发言有可取之处,他立马加以奖励以致学生们感激不已,奋发努力。这种及时奖励诱导的教学方法是符合学生学习的兴趣激活、及时强化规律的。

启发教学的关键在于问题。陆九渊强调:"为学患无疑,疑则有进。"⑦"小疑则小进,大疑则大进。"⑧"疑而后释,屯而后解。屯疑之极,必有汲汲皇皇,不敢顷刻自安之意,乃能解释。……

① 陆九渊.陆九渊集[M].北京:中华书局,1980:149.
② 陆九渊.陆九渊集[M].北京:中华书局,1980:458.
③ 陆九渊.陆九渊集[M].北京:中华书局,1980:441.
④ 陆九渊.陆九渊集[M].北京:中华书局,1980:373.
⑤ 陆九渊.陆九渊集[M].北京:中华书局,1980:455.
⑥ 陆九渊.陆九渊集[M].北京:中华书局,1980:475.
⑦ 陆九渊.陆九渊集[M].北京:中华书局,1980:472.
⑧ 陆九渊.陆九渊集[M].北京:中华书局,1980:165.

所谕满腹之疑皆未得吐,若自是之意消,而不自安之意长,则自能尽吐其疑。"①启发教学的目的,是打开学生的心扉,培养学生的问题意识和思维能力。"问题"(即"疑")是教学的起点、关键和目的,主动思考和质疑批判意识养成、问题解决能力培养是启发教学的目的。陆九渊在教学中坚持了这一点。

第四节　王守仁的教育思想

王守仁(1472—1529),字伯安,自号阳明子、阳明山人,学者称阳明先生。祖籍浙江余姚,后迁至山阴(今绍兴)。弘治十二年(1499)进士及第,历任南赣巡抚、江西巡抚、南京兵部尚书等职,封"新建伯",卒谥"文成"。王守仁为官之余,潜心学术,倾心书院并亲自讲学。正德元年(1506),被贬为贵州龙场(今贵州修文县)驿丞,开创龙冈书院,并在贵阳的书院任主讲。其后,在江西修建濂溪书院,在浙江设立稽山书院。从嘉靖元年到六年(1522—1527),曾专门在稽山书院、龙泉寺从事讲学、著述活动。王守仁学宗陆九渊,是继陆九渊之后心学最重要的代表人物。王守仁重视道德教化,提出"破山中贼易,破心中贼难"的思想,总结出"致良知"的教育学说。他所构建的心学,世称"阳明学"或"王学",亦称"姚江之学"。王守仁的著作于明朝隆庆六年(1572)由谢廷杰编刻为《王文成公全书》38卷,1992年由上海古籍出版社点校出版,更名为《王阳明全集》。这是研究王守仁教育思想的主要资料。

一、"心外无物"的心性论与"致良知"的教育目的

王守仁受陆九渊心学思想的影响,在陆"心即理""发明本心"基础上,提出"心外无物"的心性论和"致良知"的教育目的观。

(一)"心外无物"的心性论

王守仁作为"心学"传人,完全继承陆九渊的思想,但他进一步作了发挥。一方面,王守仁认为"理"并不表现在客体上,而是蕴含于作为主体的动机意志之中,"理在心上"及"心即理"。他反对程颐"在物为理"的观点,指出:"'在物为理','在'字上当添一'心'字,此'心'在物则为理。如此'心'在事父则为孝,在事君则为忠之类。"②他以花为例来加以说明据《传习录》载,他与友人游南镇,友人指着岩中花树问道:"天下无心外之物。如此花树,在深山中自开自落,于我心亦何相关?"他答道:"你未看此花时,此花与汝心同归于寂:你来看此花时,则此花颜色一时明白起来:便知此花不在你的心外。"③王守仁有意规避朋友所提花是否在人心之外独立存在的存在论问题,而巧妙地把它变成花离开人心能否被认识这样一个认识论问题。也就是说,"心外无物"说的理论意蕴主要是强调只有当主体意向与客观外物发生关系时,外物才呈现出其为物的价值意义,而不是说心外无客观事物,漠视客观外物的存在性。因此,他将自己的观点概括为:"心外无物,心外无事,心外无理,心外无义,心外无善。"④这样一来,他就在陆九渊"心即理"观的基础上走得

---

①　陆九渊.陆九渊集[M].北京:中华书局,1980:102.

②　王阳明.王阳明全集[M].新编本.杭州:浙江古籍出版社,2010:132-133.

③　王阳明.王阳明全集[M].新编本.杭州:浙江古籍出版社,2010:118.

④　王阳明.王阳明全集[M].新编本.杭州:浙江古籍出版社,2010:168.

更远。

（二）"致良知"的教育目的

王守仁从"心外无物"观出发，在继承陆九渊"发明本心"思想基础上提出了"致良知"的教育目的。"良知"之说源于孟子，但孟子只说"人之所不虑而知"为"良知"，并为具体加以说明，王阳明进一步作了阐发。他认为，"良知"包括两方面的含义。一方面，"良知"与生俱来，不虑而知，不学而能；人所具有，不分贤愚；不会泯灭，"虽妄念之发而良知未尝不在，昏塞之极而良知未尝不明"；易受昏蔽，（良知）"不能不昏蔽于物欲，故须学以去其昏蔽"。① 另一方面，"良知"既是天理也是人性，"就其主宰处说，便谓之心；就其禀赋处说，便谓之性。"②"良知"还是情感，"盖良知虽不滞于喜怒忧惧，而喜怒忧惧亦不外于良知也。"③

从这种"良知"观出发，王守仁推出了"致良知"的教育命题。他说："吾平生讲学，只是'致良知'三字。"④"吾教人致良知，在格物上用功，却是有根本的学问。"⑤"尔那一点良知是尔自家的准则，尔意念着处，他是便知是，非便知非，更瞒他一些不得。尔只不要欺他，实实落落依着他做去，善便存，恶便去。他这里何等稳当快乐！此便是格物的真诀，致知的实功。"⑥他认为教育的根本目的是自家良知的培养和达到，并不是向外追求知识的学习和积累。在王守仁教育思想中，"良知"作为内在的理性原则，始终都被赋予精神本体的意义，而"致良知"更多的是表现为后天的功夫。"致良知"的"致"有两个方面的意思：一是"至"即"到达"，但它并不意味着经验知识尤其是书本知识的学习和增加，而是为学应以培养和增强"良知"的自觉意识为目标；二是"做"或"推行"，强调教育要成于内而形于外，特别是道德教育及修养的最终目的是要见诸行动。这样，以"致"为纽带，"良知"与"致良知"的关系，在教育实践上便自然展开为本体与功夫、目的与方法的统一。

和朱、陆一样，王守仁也主张"存天理，去（灭）人欲"这一宋明理学各派共同的教育宗旨。由于"心理""良知"容易受到外物、"私欲"的"昏蔽"，所以为了实现"致良知"的目的，必须"学以去其昏蔽"⑦，"去其人欲"。王守仁说："圣人述六经，只是要正人心，只是要存天理，去人欲。"⑧"圣人之所以为圣，只是其心纯乎天理，而无人欲之杂……学者学圣人，不过是去人欲而存天理耳。"⑨

二、"六经为吾心籍"的教学内容观

在对待儒学经典及其教学内容上，王守仁与朱熹之间存在较大的分歧。

（一）"六经为吾心籍"

程朱从"性即理"出发，认为儒家经典万理具备，世人要穷理非读这些经典不可。朱熹说：

---

① 王阳明.王阳明全集[M].新编本.杭州:浙江古籍出版社,2010:68.
② 王阳明.王阳明全集[M].新编本.杭州:浙江古籍出版社,2010:37.
③ 王阳明.王阳明全集[M].新编本.杭州:浙江古籍出版社,2010:71.
④ 王阳明.王阳明全集[M].新编本.杭州:浙江古籍出版社,2010:1039.
⑤ 王阳明.王阳明全集[M].新编本.杭州:浙江古籍出版社,2010:109.
⑥ 王阳明.王阳明全集[M].新编本.杭州:浙江古籍出版社,2010:102.
⑦ 王阳明.王阳明全集[M].新编本.杭州:浙江古籍出版社,2010:68.
⑧ 王阳明.王阳明全集[M].新编本.杭州:浙江古籍出版社,2010:9.
⑨ 王阳明.王阳明全集[M].新编本.杭州:浙江古籍出版社,2010:30.

"《六经》是三代以上之书,曾经圣人手,全是天理。"①"圣贤所以教人之法,具存于经。有志之士,故当熟读深思而问辨之。"②所以他强调"读书穷理"。陆九渊、王守仁从"心即理"出发,认为理在心中,无需外求,儒家经典不过是心的注解、记录罢了。王阳明说:"故《六经》者,吾心之记籍也,而《六经》之实,则具于吾心。犹之产业库藏之实积,种种色色,具存于其家,其记籍者,特名状数目而已。而世之学者,不知求六经之实于吾心,而徒考索于影响之间,牵制于文义之末,硁硁然以为是六经矣。"③所谓"《六经》之实,则具于吾心",意思是说,《六经》所表达的理都在吾心之中。在王守仁看来,《六经》只不过像那些专门记录各色货物及其数量的账簿一样,是记录圣人乃至吾辈心之价值宝藏的登记簿而已。六经所承载的基本价值并不只是停留在表面的文字章句上,若想获得其中的真谛就只有发明本心,遵从先天德性,张扬个体的自由意志,并做到学以致用,知行合一。世间学者,不知道发挥自我内在本心去研读《六经》,只考证求索于形影声响之间,在经文的细枝末节上下功夫,浅薄而又固执地以为这样就算得到六经的要义了。如此一来,儒学经典的真正价值及其权威就势必被弱化甚至消解。

(二)"以尊德性为宗"

王守仁从"心即理""《六经》为吾心籍"观出发,认为读书学习重在"明心""致良知",强调"尊德性"而不在"道问学"。在他看来,"良知"即"德性",是"体用一源"的,"致良知"必然要求"尊德性"。他认为,世人只知从知识上着力而不知从"良知"即"德性"上着力,"徒弊精竭力,从册子上钻研,名物上考察,形迹上比拟,知识愈广而人欲愈滋,才力愈多而天理愈蔽。"④"吾教人致良知,在格物上用功,却是有根本的学问。日长进一日,愈久愈觉精明。世儒教人事事物物上去寻讨,却是无根本的学问。"⑤他和陆九渊一样,认为"尊德性"是本而"道问学"始末。"致良知是学问大头脑,是圣人教人第一义。今云专求之见闻之末,则是失却头脑,而已落在第二义矣。"⑥在他这里,"良知""德性"既是治学的出发点和基础,又是治学的方法,更是治学的最终目的。

三、教育方法

由于王守仁认为教学的重点不在"穷理"而在"明心",反对朱熹"知先行后知轻行重"的教学过程观,其教学方法主要是:一、本体明了的思维;二、"剥落""减损"的功夫;三、知行合一的过程。

(一)本体明了

王守仁认为,"心之本体,无所不该"⑦。"本体"即"良知":"明德之本体,而即所谓良知也。"⑧因此他主张教学应使学生"本体明了":"天下事物,如名物度数、草木鸟兽之类,不胜其烦,须是本体明了。"⑨他说:"人若知这良知诀窍,随他多少邪思妄念,这里一觉,都自消融,真个是灵

① 张伯行.学规类编[M].上海:商务印书馆,1936:54.
② 朱熹.朱子全书:第24册[M].上海:上海古籍出版社,2002:3587.
③ 王阳明.王阳明全集[M].新编本.杭州:浙江古籍出版社,2010:271-272.
④ 王阳明.王阳明全集[M].新编本.杭州:浙江古籍出版社,2010:31.
⑤ 王阳明.王阳明全集[M].新编本.杭州:浙江古籍出版社,2010:109.
⑥ 王阳明.王阳明全集[M].新编本.杭州:浙江古籍出版社,2010:77.
⑦ 王阳明.王阳明全集[M].新编本.杭州:浙江古籍出版社,2010:105.
⑧ 王阳明.王阳明全集[M].新编本.杭州:浙江古籍出版社,2010:1016.
⑨ 王阳明.王阳明全集[M].新编本.杭州:浙江古籍出版社,2010:102.

丹一粒,点铁成金。"所以"心明白,书自然融会。"①把教育学习过程看成是一个直接明了事物整体的彻悟(即直觉顿悟)过程,即直觉思维体认过程而不是从局部到整体的渐进过程。

(二)减损功夫

王阳明也说:"吾辈用功,只求日减,不求日增。减得一分人欲,便是复得一分天理。"②通过一番"减损"的功夫,将蒙蔽在心上有害于天理的东去除掉,使其充分展现出来或复现明光,便实现了教育的目的。这就是说,知识、道德、天理、万事万物,都只存在于自我的心中,"心外无理""心外无物",是后天的外物或私欲将其遮蔽或者损害了。教育,关键不在于外在地给予他什么给予他多少,而在于发现他内在有什么并帮助他发掘出来或者帮助他将遮蔽或者损害在心上("良知""天理")的东西去除掉使其得到复现出来。所以,教育的功夫不在于增加,而在于"减损"。

(三)知行合一

王守仁循沿陆九渊的心学思路,明确提出"知行合一"的教育过程观。他说:"我今说个知行合一,正要人晓得一念发动处,便即是行了;发动处有不善,就将这不善的念克倒了,须要彻根彻底,不使那一念不善潜伏在胸中。此是我立言宗旨。"③王守仁反复强调,知与行是教育认识过程的两个方面。知中含行,行中含知,知行两者之间相辅相成,不可分离。他说:"知行原是两个字说一个工夫。"④"知是行的主意,行是知的功夫;知是行之始,行是知之成。若会得时,只说一个知,已自有行在;只说一个行,已自有知在。"⑤知行合一过程并不是一个静态的认知过程而是一个动态的实践过程。"知"从局部的静态来讲是认识活动的意识过程,而从整体的动态过程来看是认识活动的始基阶段,这就是"知是行的主意""知是行之始",这样就可将"知"视为"行"。同理而推之,"行"从局部的静态来讲是认识活动的实践过程,但是这种行为实践活动总是包含着意识观念活动,唯有包含"知"的行为实践才是真正完成的"行"。亦即如王守仁本人所言"行是知的功夫""行是知之成",这样亦可把"行"看作"知"。总之,在王守仁看来,如何把握好知行的转化和互动是能否成就道德理想人格的重要因素。王守仁极力提倡"知行合一"的教育方法,意在教导学生要懂得真正的"知"——"致良知"并不是纯粹观念上的,而必须落实在行为实际当中。

四、儿童教育思想

王守仁不仅深刻地批判了传统儿童教育的弊端,而且较为全面地阐述了自己的儿童教育思想。他在《训蒙大意示教读刘伯颂等》《教约》等文中,比较集中地阐发了他的儿童教育思想。

(一)揭露和批判当时束缚儿童身心发展的教育观念及方法

王守仁身处的明代中叶盛行的是随意责骂和殴打儿童,采取片面的灌输式教育方式,这种做法对儿童身心健康极为不利。对此,王守仁进行了无情的揭露和尖锐的批判。他说:"近世之训蒙稚者,日惟督以句读课仿,责其检束,而不知导之以礼;求其聪明,而不知养之以善。鞭挞绳缚,若待拘囚。彼视学舍如囹狱而不肯入,视师长如寇仇而不欲见,窥避掩覆以遂其嬉

---

① 王阳明.王阳明全集[M].新编本.杭州:浙江古籍出版社,2010:104.

② 王阳明.王阳明全集[M].新编本.杭州:浙江古籍出版社,2010:31.

③ 王阳明.王阳明全集[M].新编本.杭州:浙江古籍出版社,2010:106.

④ 王阳明.王阳明全集[M].新编本.杭州:浙江古籍出版社,2010:223.

⑤ 王阳明.王阳明全集[M].新编本.杭州:浙江古籍出版社,2010:5.

游,设诈饰诡以肆其顽鄙,偷薄庸劣,日趋下流。"①他指出当时从事儿童教育的老师,每天只是督促儿童进行句读和考试作文,责罚他们,却不知道用礼义去引导他们;想使他们聪明,但不知道怎样用善来培养他们,对待他们就如同对待囚犯一样,只知道绑着鞭打。这样,儿童自然就把学校看成监狱而不愿上学,把老师看作仇敌而不愿相见。于是,这些儿童便躲避上课,逃学去游戏玩耍,而为了玩耍嬉戏,他们不惜说谎捣乱。长此以往,这些儿童就会变得庸俗轻薄,低级下流。

透过这段描述,可以看出王守仁对"惟督以句读课仿,责其检束"的教学方式持坚决否定态度,对"鞭挞绳缚,若待拘囚"的体罚手段十分厌恶。可以说,王守仁对当时的严重摧残儿童身心的不良教育思想及做法所展示的揭露和批判,不但入木三分,而且令人深思。

(二)实施"趋向鼓舞,中心喜悦"的快乐儿童教育

王守仁抓住儿童"乐嬉游而惮拘检"的心理特点,主张实行"趋向鼓舞,中心喜悦"的快乐教育。

这种"趋向鼓舞,中心喜悦"的快乐儿童教育,与传统"鞭挞绳缚""训斥检束"等痛苦儿童教育不同的是,不是采用"督""责""罚"的教育方式,而是采用"诱""导""讽""询"的教育方式。"诱"即诱之歌诗,"导"即导之习礼,"讽"即讽之读书,"询"即询之德行。这种教育,能够使儿童如沐春风,心中充满快乐而顺利成长。正如王守仁自己所言:"大抵童子之情,乐嬉游而惮拘检,如草木之始萌芽,舒畅之则条达,摧挠之则衰萎。今教童子,必使其趋向鼓舞,中心喜悦,则其进自不能已。譬之时雨春风,霑被卉木,莫不萌动发越,自然日长月化。若冰霜剥落,则生意萧索,日久枯槁矣。"②在王守仁看来,儿童的性情总是爱好嬉游,而厌恶拘束,就像草木开始萌芽,让它舒畅地生长就能迅速发育,而对它摧残压抑,草木就会萧索衰萎。所以,教育必须"常存童子之心",顺应儿童的身心发展特点,使他们"趋向鼓舞","中心喜悦","乐习不倦",这样儿童自然就能不断长进,就好比时雨春风滋润草木一样,日长月化,春意盎然。

(三)实施情感、礼仪、知识、德行四位一体教育

王守仁为儿童教育设计的课程包括"歌诗"、"习礼"、"读书"和"考德"四类。

一方面,他认为这四类课程分别具有"发其志意"、"肃其威仪"、"开其知觉"和"教以人伦",即陶冶其意志情感、养成其礼仪规范、开启其知识智慧和训练其道德行为的作用。他说:"今教童子……其栽培涵养之方,则宜诱之歌诗以发其志意;导之习礼以肃其威仪;讽之读书以开其知觉。"专设"考德"一门课程,旨在训练并督察儿童在家庭和街坊中的"言行心术",以养成良好的道德行为习惯。四类课程依次循序渐进地进行:"每日工夫,先考德;次背书诵书;次习礼,或作课仿;次复诵书讲书,次歌诗。"

另一方面,他认为这些课程具有德、智、体、美等综合教育功能。他说:"故凡诱之歌诗者,非但发其志意而已,亦以泄其跳号呼啸于咏歌,宣其幽抑结滞于音节也。导之习礼者,非但肃其威仪而已,亦所以周旋揖让而动荡其血脉,拜起屈伸而固束其筋骸也。讽之读书者,非但开其知觉而已,亦所以沉潜反复而存其心,抑扬讽诵以宣其志也。"③就是说,"诱之歌诗"不仅能激发儿童

---

①　王阳明.王阳明全集[M].新编本.杭州:浙江古籍出版社,2010:96.
②　王阳明.王阳明全集[M].新编本.杭州:浙江古籍出版社,2010:95.
③　王阳明.王阳明全集[M].新编本.杭州:浙江古籍出版社,2010:95-96.

的志向,还能使他们有发泄多余精力、宣泄内心的愁闷和烦恼的机会,使他们开朗活泼起来,达到愉悦其情感的目的,实现美育与德育的结合。"导之习礼"不但能使儿童养成一定的礼仪习惯,还能通过"周旋揖让""拜起屈伸"等动作"动荡血脉""固束筋骸",达到锻炼身体、健壮体魄的功效,实现"礼育"与体育的巧妙结合。"讽之读书",不仅能增长儿童的知识,开发儿童的智力,还能通过"沉潜反复""抑扬讽诵"达到"存心宣志"的功效,实现德育与智育的结合。

王守仁认为,凡此这些课程及其教学,都是为了培养儿童的志向,陶冶他们的性情,使其在潜移默化中消除其粗鄙吝、净化其粗顽,时常渐染礼义而不觉其难苦,进入平和状态而不知其原因。一切皆不知不觉,自然而然。"凡此皆所以顺导其志意,调理其性情,潜消其鄙吝,默化其粗顽,日使之渐于礼义而不苦其难,入於中和而不知其故。"[1]

(四)实施"随人分限"与"量其资禀"的教育

王守仁继承了孔孟以来"因材施教"的思想,用他的话说就是"随人分限"。如果说课程设置的主要依据是儿童身心发展的年龄阶段性,那么具体的教学实施就必须考虑儿童的个别差异性。他说:"我辈致知,只是各随分限所及。""与人论学,亦须随人分限所及。"[2]"随人分限所及",就是要求教学应当顾及每个儿童的个性差异,考虑每个儿童的接受能力,量力施教。从"随人分限所及"的观点出发,他提出教学应当给儿童留下阅读和思考的余地,譬如说授书,就应做到"不在徒多,但贵精熟。量其资禀,能二百字者,止可授以一百字。常使精神力量有余,则无厌苦之患,而有自得之美。讽诵之际,务令专心一志,口诵心惟,字字句句,绅绎反复,抑扬其音节,宽虚其心意。久则义礼浃洽,聪明日开矣。"[3]

王守仁的儿童教育思想,虽然旨在"明人伦",侧重培养儿童如何养成孝悌弟忠信、礼义廉耻等传统伦理道德的意识和行为,但他反对粗暴的体罚等不良教育手段,主张顺应儿童身心发展的年龄特征和个别差异,因材施教和量力施教,促使儿童在德育、智育、体育和美育诸方面都能够得到发展等思想主张,至今仍有启发借鉴价值。

第五节 王夫之的教育思想

王夫之(1619—1692),字而农,号糨斋,湖南衡阳人,是明末清初三大启蒙思想家之一,也是一位杰出的教育思想家。14 岁中秀才,24 岁中举人。清顺治五年(1648),在衡阳举兵抗清。失败后,投奔肇庆的南明永历政权。王夫之伴随南明政权的衰败和瓦解,流离转徙,隐姓埋名,直到顺治十四年(1657)才得以返回故里。因晚年隐居于石船山,故被尊称为船山先生。王夫之后半生热心讲学授徒,笔耕不辍。他一生撰写的著作有一百余种,四百多卷,计八百多万字。后人曾将王夫之的作品编为《船山遗书》,有多种版本刊行于世。岳麓书社重新整理,按照经史子集的排序,于 1996 年出齐《船山全书》16 册。王夫之的教育思想主要散见于《读四书大全说》《周易外传》《张子正蒙注》《四书训义》《尚书引义》《思问录》等著作。

王夫之弘扬先秦儒学教育思想,扬弃宋明理学教育思想,提出"性教一贯""知行相资"以及

---

① 王阳明.王阳明全集[M].新编本.杭州:浙江古籍出版社,2010:96.
② 王阳明.王阳明全集[M].新编本.杭州:浙江古籍出版社,2010:16.
③ 王阳明.王阳明全集[M].新编本.杭州:浙江古籍出版社,2010:97.

"学思相济"诸多教育命题,这些命题进一步发展了先秦儒学与宋明理学教育思想,在中国传统教育思想史上起着继往开来的重要影响。

一、"习与性成""教本政末"的教育作用思想

(一)"性教一贯"的人性论与"习与性成"的教育作用

认识人性,才能明白如何育人。因此,人性论就是教育的理论依据。换言之,人性论是儒学教育的逻辑起点。历代儒家学者都把人性论作为教育学说的理论基础,并由此生发出各自的教育思想。他们围绕什么是人性、人性是否可变、人性是先天具有的还是后天形成的、人性与教育的关系如何诸多问题展开争鸣。他们尽管各抒己见,见仁见智,但至少有一点是相同的,那就是对于个体是否能在现实的社会中得到相应的发展,儒家学者对教育的力量始终充满自信。譬如,作为儒家教育学说的奠基人孔子就讲:"性相近也,习相远也。"他认为,人的本性是相近的,差别不大;但在后天的生活中,人性差别就扩大了。正是基于这样一种人性判断,孔子非常重视后天的教育作用,突出"习"的作用,即肯定教育在人性的培养和改造中起着极为重要的作用。人性既是教育作用的基础,又是教育作用的目标,这乃是孔子以后的所有儒学教育思想家的共识,王夫之也不例外。

关于人性与教育作用之间关系的问题,王夫之有很多论述,但颇具理论新意的当推"性教一贯"的教育理念。他说:"性、教原自一贯:才言性则固有其教,凡言教则无不率于性。事之合者固有其分:则'自诚明谓之性',而因性自然者,为功于天;'自明诚谓之教',则待教而成者,为功于人。"①

人性与教育两者相互依存,教育因人性而作功,人性因教育而成善。就人性的发展和教育的旨趣来说,人性与教育在本质上具有高度一致的贯通性,它们是成就理想人格的必不可少的两个基本条件。人性提供了趋善的可能性,教育则使这种可能的善变为现实的善,即所谓"待教而成"。如果缺乏必要的基本教育,一个人要成为德才兼备的社会栋梁是难以想象的。所以,王夫之说:"自非圣人,必以学为成人之道。"②他断定人只有接受教育,并积极修养自我,方可成就理想人格。为此,他还形象地把教育比作一个大熔炉,能够萃取人固有的善性,冶炼人的道德品质,"教是个大炉鑪治,'与其洁而不保其往'者,无不可施"③。在王夫之看来,任何价值取向的教育学说都必须建立在人性这块基石之上。

先秦诸子特别是宋明理学的人性论,大都局限在"天命之性"与"气质之性"的人性二元讨论及性的善恶纷争方面,而王夫之反思宋明理学的人性论,从"性教一贯"的理念出发,提出"日生日成""习与性成""继善成性"的人性论命题,为丰富和发展中国传统教育理论作出了积极贡献。

王夫之认为,人性是人的自然属性与社会属性的统一。王夫之主张人性既是"生理"的,更是"日生则日成"的,"夫性者生理也,日生则日成也。"④在王夫之看来,"生理"的含义有二:一方面是指人的自然生理心理需要和本能欲望。他说:"货色之好,性之情也。"⑤"违生之理,浅者以病,

①　王夫之.船山全书:第 6 册[M].长沙:岳麓书社,1991:538.
②　王夫之.船山全书:第 7 册[M].长沙:岳麓书社,1991:780.
③　王夫之.船山全书:第 6 册[M].长沙:岳麓书社,1991:1015.
④　王夫之.船山全书:第 2 册[M].长沙:岳麓书社,1988:299.
⑤　王夫之.船山全书:第 3 册[M].长沙:岳麓书社,1988:429.

深者以死,人不自知,而自取之,而自昧之。"①可见,王夫之所谓人之"生理",指的就是人的自然属性。另一方面是指人有别于禽兽的道德理性和是非观念。人之所以为人,是因为人具有人之独有的"人道","天道不遗于禽兽,而人道则为人之独"②。具体来说,人道就是人之独有的仁义道德,"仁义自是性"③,"只如明伦察物,恶旨酒,好善言等事,便是禽兽断做不到处。乃一不如此,伦不明,物不察,唯旨是好,善不知好,即便无异于禽兽"④。这是王夫之在社会属性层面对人性的明确而充分的价值规定。王夫之认为人的自然属性是与生俱来并不断变化的,但人的社会属性却是后天随着生活和学习的变化而逐渐形成的,这就是人性的"日生日成"。

王夫之说,"习与性成者,习成而性与成"⑤,认为人性未成可成,已成可革,是一个"习与性成"的发展过程。也就是说,人的自然本性源自先天而生,而人的仁义等方面的道德属性则是人在日常生活中,经过主观的选择、学习、损益而"习成"的,这显然归于"后天之性",用他自己的话说,就是:"先天之性天成之,后天之性习成之也。"⑥在王夫之看来,"习与性成"的"习",并不是"习惯"的"习",不是消极地受环境的影响,他指出:"习者人道。"⑦人道有为,"好学""力行""知耻",发挥主观能动性,进行正确的取用,才能养成善德,"取之纯、用之粹而善;取之驳、用之杂而恶"⑧。因而,"习与性成"既可以"成性之善",也可以"成性之恶",关键在于人在后天的主观努力。正是在天生与人为、主观与客观的对立又统一的过程中,人性"日生日成",更是"习与性成"。

王夫之"习与性成"的人性论一方面承认人的自然属性,另一方面则强调人的社会属性,倡导两者之间的和谐发展,这是对我国传统教育理论的一大发展。他的"习与性成"的观点,十分重视人的主观能动性,要求人们在日常习行中,取纯用粹,以求人性至善。王夫之的"日生日成"以及"习与性成"的人性观,为他的"继善成性"的教育作用论奠定了理论基础。

王夫之肯定"习"在人性的形成与发展中起着重要作用,"人不幸而失教,陷入于恶习,耳所闻者非人之言,目所见者非人之事,日渐月渍于里巷村落之中,而有志者欲挽回于成人之后,非洗髓伐毛,必不能胜"⑨。在这段话里,王夫之不但阐明了"习"对于人性变化的重要性,而且指出了不良教育的危害性。那么,"习"究竟怎样形成"性"呢?王夫之认为要形成良好的个性,必须进行良好的教育,加强自身的学习和修养。否则,人愚昧无知,便无人性可言了。王夫之充分肯定了教育对人性的形成与发展所产生的重要作用,认为通过教育活动,人的"先天之性"与"后天之性"都可以不断地发生变化,而人的感觉器官及其功能的发展变化,就会使人的"后天之性",即思想道德水平和智力不断地得到提高。王夫之基于这样一种人性学说,指出教育的作用,就是一个"继善成性"的工夫和过程。

"继善成性"一词渊源于《周易·系辞上传》的"继人者善也,成之者性也"的表述。王夫之说:"继之为功于天人乎! 天以此显其成能,人以此绍其生理者也。性则因乎成矣,成则因乎继矣。

---

① 王夫之.船山全书:第 10 册[M].长沙:岳麓书社,1996:934.
② 王夫之.船山全书:第 12 册[M].长沙:岳麓书社,1996:405.
③ 王夫之.船山全书:第 6 册[M].长沙:岳麓书社,1991:1091.
④ 王夫之.船山全书:第 6 册[M].长沙:岳麓书社,1991:1024.
⑤ 王夫之.船山全书:第 2 册[M].长沙:岳麓书社,1988:299.
⑥ 王夫之.船山全书:第 6 册[M].长沙:岳麓书社,1991:962.
⑦ 王夫之.船山全书:第 12 册[M].长沙:岳麓书社,1996:494.
⑧ 王夫之.船山全书:第 2 册[M].长沙:岳麓书社,1988:301.
⑨ 王夫之.船山全书:第 12 册[M].长沙:岳麓书社,1996:494.

不成未有性,不继不能成。天人相绍之际,存乎天者莫妙于继。……继之则善矣,不继则不善矣。"①"性可存也,成可守也,善可用也,继可学也,道可合而不据也。至于继,而作圣之功莫以加矣。"②意思就是,"继善成性"是人所持有的能动性。所谓"继",就是"作圣之功",即通过"习""学"来完善自己,锻炼和培养自己的善良品性。在王夫之看来,德性的养成既不是天生的,也不是一蹴而就的。德性的养成不仅需要在后天的生活环境中"习"与"学",而且需要人们在生活实践中"成"与"革"。王夫之指出:"故善来复而无难,未成可成,已成可革。性也者,岂一受成侀,不受损益也哉?"③"成"即培养、形成;"革"即改变、革新。就是说,人的德性教育、修养过程,就是一个不断培养、形成善性,改变革新人性的过程。

总之,王夫之在"性教一贯"的教育理念下所形成的"日生日成""习与性成""继善成性"的人性论及其教育作用论,重视外在诱导、内在培育的双重因素,高扬人的自觉性和主动性,在我国传统教育思想史上具有深刻的理论价值。

(二)"政立教施"与"教本政末"的教育社会作用思想

王夫之关于教育的社会作用思想,最富于务实。他总是从国家的兴亡、社会的治乱和反清复明的民族主义出发来论述教育问题。他提出用教育来"濯愚",造就大批"仁育义植之士";用政治革新来"刷耻",以"固其族而无忧",并把教育作为强国的"财、兵、智"三纲领之一。

中国古人论述教育与社会的关系主要集中于教育与政治的关系,王夫之也不例外。他说:"王者之治天下,不外乎政教之二端。语其本末,则教本也,政末也。语其先后,则政立而后教施焉。"④首先,他认为,从重要性角度看,"教本政末",把教育置于治理国家的根本的地位。这样,就会使社会安定、经济发展;否则就会导致国家衰亡。如秦用商鞅,始皇死后而"秦无人",这不是因为秦"乏才",而是因为"无以养之也";秦之所以灭亡,也不是因为秦"乏才",而主要是因为秦朝统治者根本不以教育为本,忽视道德教化的重要作用。

同时,他认为,从次序角度看,"政先教后"。因为教育固然重要,但必须以政治、经济的发展为基础。政治、经济的发展是教育发展的前提条件。从教育与政治的关系说,政先教后,"语其先后,则政立而后教可施焉"⑤。只有政治清明,人民才能安居乐业,教育才能正常发展。从教育与经济的关系说,人类文化教育的发展,是由于社会物质生活条件的逐步改善,衣食足而天下治。若是人们还处在日争一饱、夜争一宿的情况下,怎能会有文化的繁荣和教育的发展?人们的伦理道德观念及其行为,也要在解决生计的基础上,才能产生和发展,"善恶赖籍于生计"。

王夫之的这种关于教育与政治、经济的辩证关系的论述,是颇有见地的。

二、对明代教育的批判和新式教育的构想

(一)对明代教育的批判

王夫之首先批判了明代教育存在的以下弊端。(1)道学教育盛行了几百年,使一代一代士子的思想"蚀其心思","荒其日用"。人们的心灵被腐蚀,年华被消磨,到明末已是积重难返。(2)"锢蔽

---

①　王夫之.船山全书:第1册[M].长沙:岳麓书社,1988:1007-1008.
②　王夫之.船山全书:第1册[M].长沙:岳麓书社,1988:1008.
③　王夫之.船山全书:第2册[M].长沙:岳麓书社,1988:301.
④　王夫之.船山全书:第4册[M].长沙:岳麓书社,1988:334.
⑤　王夫之.船山全书:第4册[M].长沙:岳麓书社,1988:334.

于腐谇时文中"的取士制度,已"日暮途穷",其"坏人心,乱风俗"已达极点,学者多是为富贵利禄而学,终日只知"揣摩"八股文,不务实际,直是"教以利,学以利",结果是"无心无目"的俗儒遍天下。(3)一部分士子不满意于空谈心性的"虚学",而闭门记诵词章,把自己的眼界陷于寻常之间,虽读书万卷,却"不能启其愚",反而"益其愚",越学对"时政"越糊涂,根本谈不上"适时合用"。

(二) 对新式教育的设想

中国封建社会晚期的教育,同专制主义的封建社会一样,已显现出一片暗淡无光的没落景象,预兆着终究要被新的教育所代替。王夫之"哀其所败,原其所据",隐迹深山,对历史和现实进行了全面而冷静的批判和反思,提出了关于新式教育的宝贵主张。

第一,"壹以文教"。即文化教育大权要和政权、兵权一样不可"旁落",应该在皇帝"以公天下之心"的指导下,统统收归中央管辖。

第二,学用结合。王夫之主张将学与用、理论与实际结合起来,强调"登士于实学",即学习"天人治乱、礼乐、兵刑、农桑、学校、律历、吏治"方面的实用知识,一方面革除"浮辞靡调",使国家得到"可用之士",另一方面,救治"科场之弊"。

第三,文武结合。王夫之主张在创立政权打天下时"不贱诗书",在"守成"治理国家时"不忘武备",把文武结合起来。在学校教育内容上,也应文武兼学,"教之以文",也应"教之以战",既能作士,又能学农、学工、学商,他还主张学习"质测"之学,即西方近代实证性自然科学。

王夫之这些关于新式教育设想的观点隐含着近代教育的因素。

三、"知行相资"的教育过程

知与行是中国教育思想史上十分重要的一对范畴,因为它不仅涉及认识论问题,而且涉及教育过程问题。因此,如何正确处理"知"和"行"的关系问题,一直深受历代教育思想家的关注。儒学最早论及知行关系的表述见《尚书·说命中》:"非知之艰,行之惟艰。"这句话的意思是强调实践行动远比知晓道理更重要。孔子倡言"行有余力,则以学文"[①],"听其言而观其行"[②],孟子则主张"行有不慊于心,则馁矣"[③],后经由汉唐儒学教育思想家的阐发,至宋代程颐、朱熹力主"知先行后"的学说,再发展到南宋陆九渊和明代王守仁形成"知行合一"的学说,这些是中国教育思想史上知行关系历史演进的几个重要阶段。

王夫之总结前人的思维成果并结合时代的现实需要,赞成孔孟的知行观,不同意程朱和陆王的知行观,提出"知行相资""行可兼知"的知行观。王夫之批评程朱和陆王的知行观,认为程朱的"知先行后"的主张割裂了知与行的有机联系。他说:"曰'知先行后',立一划然之次序,以困学者于知见之中,且将荡然以失据,则已异于圣人之道矣。"[④]对于陆九渊、杨简、王守仁的知行观,王夫之也持批评态度,认为他们的知行观混淆了知与行的界限,颠倒了行先知后的顺序。王夫之指出无论"离行以为知",还是"销行以归知",两者都不足取。他说:"若夫陆子静、杨慈湖、王伯安之为言也,吾知之矣。彼非谓知之可后也,其所谓知者非知,而行者非行也。知者非知,然而犹有其

① 朱熹.四书章句集注[M].北京:中华书局,1983:49.
② 朱熹.四书章句集注[M].北京:中华书局,1983:78.
③ 朱熹.四书章句集注[M].北京:中华书局,1983:232.
④ 王夫之.船山全书:第2册[M].长沙:岳麓书社,1988:311.

知也,亦惝然若有所见也。行者非行,则确乎其非行,而以其所知为行也。以知为行,则以不行为行,而人之伦、物之理,若或见之,不以身心尝试焉。"①为此,王夫之提出"行可兼知,而知不可兼行"的学说:"夫知也者,固以行为功者也;行也者,不以知为功者也。行焉可以得知也,知焉未可以收知之效也。……其力行也,得不以为歆,失不以为恤,志壹动气,惟无审虑却顾,而后德可据,是行不以知为功也。冥心而思,观物而辨,时未至,理未协,情未感,力未赡,俟之他日而行乃为功,是知不得有行之效也。行可兼知,而知不可兼行。下学而上达,岂达焉而始学乎? 君子之学,未尝离行以为知也必矣。"②

在王夫之看来,行比知具有更加根本的意义,因为行是知的基础,个体的知识、经验要靠行才能获得;而知则以行为目的,人们求知不是为认识而认识,而是为了更好地行动,所以为学者要想成就君子的教育理想,一刻也不能脱离行而以求知。不仅如此,行还可以验知的真伪。所谓"行焉可以得知之效"的"效",就是征验、效果之意。当然,王夫之提出"行可兼知而知不可兼行",意在强调行对知的决定作用,而不是要否认知的作用,"人必知之,而后能行之;行者皆,行其所知者也。……喻之深,察之广,由是而行,行必安焉"③。显然,王夫之"行可兼知,而知不可兼行"的命题在深刻反思程朱陆王的知行观基础上,继承和拓展了《尚书》的"行之惟艰"与孔孟的知行思想。

王夫之认为,在教育过程中,应该行先知后,知行并进,互相为用。他说:"知行相资以为用,唯其各有致功,而亦各有其效,故相资以互用,则于其相互,益知其必分矣。同者不相为用,资于异者乃合同而起功,此定理也。"④按照王夫之的解释,知与行各有各自的功效。也就是说,知和行是两个内涵和功用不同的范畴,它们相对独立又相互依存,只有相辅相成才可以充分发挥各自的作用。

可以说,王夫之"行可兼知,知不可兼行""知行相资"的知行观,把"知行相资以为用"提到对立统一的"定理"高度,正确地揭示出教育过程中的认识规律,这在中国教育思想发展史上确是一种创见。

四、"学思相济"的教学方法

王夫之在长期的授徒讲学的言传身教活动中,总结自己的教学经验,并且善于继承前人的教育思想成果,提出了许多有价值的教学方法,主要有:自悟自勉、学思相济、因人而进、施之有序。

(一) 勤勉自悟

王夫之主张"勤学""勉学"。"善学者惟日孜孜,不得而愤,得而乐"⑤是对孔子"学而时习之,不亦说乎"的阐发。"学者不自勉,而欲教育者之俯从,终其身于不知不能而已矣"⑥中的"自勉",即学生自觉主动求学之意。的确,学生如果不充分发挥自己的主观能动作用,单靠教师的外在强行灌输式教育是起不到什么效果的。王夫之进一步强调学生"自悟""自得"的重要性。

---

①　王夫之.船山全书:第2册[M].长沙:岳麓书社,1988:312.
②　王夫之.船山全书:第2册[M].长沙:岳麓书社,1988:314.
③　王夫之.船山全书:第7册[M].长沙:岳麓书社,1991:889.
④　王夫之.船山全书:第4册[M].长沙:岳麓书社,1988:1256.
⑤　王夫之.船山全书:第7册[M].长沙:岳麓书社,1991:442.
⑥　王夫之.船山全书:第7册[M].长沙:岳麓书社,1991:521.

他说："善教者必有善学者,而后其教之益大。教者但能示以所进之善,而进之之功,在人之自悟。"①"教在我,而自得在彼。"②在王夫之看来,教育者如果善于教学的话,那么在受教育者中就肯定会出现善于学习的人,这样才可能收到好的教学效果。但是,无论教育者怎么善教,却只能引导善学者踏上如何上进好学的道路,因为走这条路的是受教育者自身,教学收效的程度最终完全取决于受教育者"自悟""自得"的意识和水平。王夫之的这一观点,继承和发展了先秦儒家教学思想,特别是孟子"深造自得"的思想精神,同时表明王夫之高度重视培养学习者主体性的教学价值取向。

(二)学思相济

首先,学是思的基础。王夫之说:"心之情才虽无形无象,而必依所尝见闻者以为影质,见闻所不习者,心不能现其象。"③这里所谓的"心",即表明"心"是一种高级形态的理性思维器官。而"心"之思,是指以耳目等感官所产生的感性认识为基础的理性认识。在王夫之看来,思虽然无形无象,却必须以有形的见闻材料为作功原料。如果没有学与见闻所获得的感性材料,"心"就无法展开思维活动。所以,他又强调:"然废闻见而以私意测理,则为凿为妄,陷于大恶,乃圣人之所深惧。"④如果脱离耳目所得到的感性材料,而凭空臆想,就会妄测凿空,这是十分令人担忧的。

其次,思是学的深化。王夫之深刻体会到耳目闻见的感性认识具有一定局限性,"道体之无涯,以耳目心知测度之,终不能究其所至。故虽曰之明,雷霆之声,耳目所可听睹,而无能穷其高远。"⑤耳闻目见之所以有一定的局限性,是因为一方面世界上的事物无涯,但人们的探究活动总是有限度的。也就是说,客观事物的无限性,决定了人难以穷尽一切事物。另一方面是耳目感官所获取的感性认识只能把握事物的表面现象,而不能透过现象去深入把握事物内部的本质与规律。那么,要想弥补耳目感官的感性认识的缺憾,就必须重视和发挥"思"的作用。王夫之认为,"心"之思可使耳目感官所获取的感性认识得以提升、深化和理性化。对此,王夫之作了比较详尽的阐述:"思乃心官之特用,当其未睹未闻,不假立色立声以致其思;而迫其发用,则思抑行乎所睹所闻而以尽耳目之用。唯本乎思以役耳目,则或有所交,自其所当交;即有所蔽,亦不害乎其通。"⑥"心之官'思则得之'……举一隅则三隅可见。多学而识之者,一以贯之,不显亦入,不闻亦式,物不足以尽之矣。若耳目之官,视尽于色,无色即无所视;听尽于声,无声即无所听;聪明尽于闻见之中,所闻所见之外便无聪明,与心之能彻乎形而上者不同。"⑦

王夫之反复强调耳目感官所获取的感性认识须通过"心"之思去引导和驾驭。"心"之思不仅有由少知多的推理功能,而且在耳目不及的范围里,"心"之思能够发挥其特有的认识作用。来自耳目感官的闻见之"学"的客体是客观事物,而赖于理性认识之"思"的客体是闻见获取的存在于大脑中的思维材料,"思"是在"学"基础上的深化与提升,"思"又使"学"更加理性化。

最后,学与思是互相结合、互相补充、互相依赖的关系。他说:"致知之途有二:曰学曰思。学

---

① 王夫之.船山全书:第 7 册[M].长沙:岳麓书社,1991:275.
② 王夫之.船山全书:第 7 册[M].长沙:岳麓书社,1991:521.
③ 王夫之.船山全书:第 12 册[M].长沙:岳麓书社,1996:134.
④ 王夫之.船山全书:第 12 册[M].长沙:岳麓书社,1996:180.
⑤ 王夫之.船山全书:第 12 册[M].长沙:岳麓书社,1996:146.
⑥ 王夫之.船山全书:第 6 册[M].长沙:岳麓书社,1991:1094.
⑦ 王夫之.船山全书:第 6 册[M].长沙:岳麓书社,1991:1097.

则不恃己之聪明,而一唯先觉之是效;思则不徇于古人之陈迹,而任吾警悟之灵。乃二者不可偏废,而必相资以为功。……学非有碍于思,而学愈博则思愈远;思正有功于学,而思之困则学必勤。"①

就是说,获得知识有两种方法:一是学习,二是思索。学习要尽量吸取过去的成就而不可任凭自己的主观臆测,思索一定要发挥自主性,独立思考,千万不能被过往的经验所局限。学习与思索二者应当兼顾,不可偏向一方而忽视另一方。学习不会有碍于思索,而且学习的知识面愈广博,思索的程度就会越深入;思索得愈加到位则愈有利于学习的贯通。如果思索遇到困难,就会倍感学习的必要,因而学习也就必然越来越勤奋。长此以往,学习和思索就会相得益彰,在求知的道路上取得真正的成功。

(三)因人而进

因材施教是自孔子以降历代教育家们普遍遵循的一个重要教学原则,王夫之也不例外。他说:"君子之教因人而进之,有不齐之训焉。"②他指出,学生之间存在着个别差异,或"质有不齐",或"志量不齐",教师的教学应当根据学生素质的差异、志向的高下、能力的大小,施以针对性的教育,"顺其所易,矫其所难,成其美,变其恶,教非一也,理一也,从人者异也"③。

"因人而进"的前提是了解学生。王夫之说:"必知其人德性之长而利导之,尤必知其人气质之偏而变化之,始则视其质,继则问其志,又进而观其所勉与其所至,而分量殊焉。"这样,教学才能做到因人而异,有的放矢。这是对孔子因材施教思想的继承和发挥。

(四)施之有序

循序渐进也是教育的基本原则和规律,这是由文化知识的逻辑顺序、个体身心发展的阶段顺序和教育展开的时间顺序决定的。教育家都充分地认识到这一点,并遵循了这一原则和规律。

王夫之说:"施之有序者,行之自远。"他强调教学既要循序渐进,既不躐等不速成,又要有恒心不间断。"教之有序"的前提是"知序"。他认为"物皆有天序",如果把握了序,教学就易于进行了。他说:"有初学难而后易者,有初学易而后难者,因其序则皆使之易。"④由此,他根据事理之难易、大小、精粗提出"立教之序"的五个顺序:"始教之以粗小之事,继教之以粗小之理,继教之以精大之事,继教之以精大之理,而终以大小精粗理之合一。"第一步是教学粗小的事,如洒扫应对等;第二步是教粗小的理,如洒扫应对之理;第三步是教学精大的事,如正心、诚意、修身、齐家、治国、平天下等;第四步是教学精大的理,如正心、诚意、修、齐、治、平之理;第五步是教学大小精细之理的综合或统一。⑤ 这五步是不可分割、先后贯通的。他认为,循序渐进的目的是"是修其小且粗者,俾其事之易尽,而以渐得其理;然后授之以大且精者之事,而以用力之熟,扩充有自,则大且精者之理可得而见矣"⑥。

---

① 王夫之.船山全书:第 12 册[M].长沙:岳麓书社,1996:301-302.
② 王夫之.船山全书:第 7 册[M].长沙:岳麓书社,1991:462.
③ 王夫之.船山全书:第 12 册[M].长沙:岳麓书社,1996:187.
④ 王夫之.船山全书:第 12 册[M].长沙:岳麓书社,1996:1185.
⑤ 王夫之.船山全书:第 12 册[M].长沙:岳麓书社,1996:886.
⑥ 王夫之.船山全书:第 12 册[M].长沙:岳麓书社,1996:886.

五、"恒其教事"的教师思想

王夫之从事学术和教学活动数十年,形成了独具特色的教师思想。

(一)"必恒其教事"

在中国教育史上,很多教育家都提出过自己的教师职业观。譬如,孔子的"诲教"、孟子的"乐教"、董子的"圣教"、韩子的"勇教",等等。王夫之提出"恒教",别开生面,独树一帜。教师职业既是伟大神圣的,也是平凡普通的。一个优秀的教师,应当具有长期从事教师职业的恒心和毅力,才能为学生呕心沥血,为教育奉献终身。

(二)"明人者自明"

孟子认为,教育的目的是"明人伦"。《大学》说:大学的目的在于通过"明明德"来培养"新人",以使整个社会"止于至善",臻于完美。的确,教师的责任在于向学生传授知识,讲明道理,传承文化,所以自己必须对知识、道理、文化有着明确清晰的认识和把握,否则就会如孟子所说的"以其昏昏使人昭昭"(《孟子·尽心下》)。所以王夫之说:"欲明人者必先自明。"他论述道:"夫欲使人能悉知之,能决信之,能率行之,必昭昭然知其当然,知其所以然。由来不昧而条理不迷。贤者于此,必先穷理格物以致其知,本末精粗晓然具著于心目,然后垂之为教,随人之深浅而使之率喻于道。所以遵其教,听其言,皆去所疑……欲明人者先自明,博学详论之功,功其可不自勉乎。"①

(三)"正言正行正教"

王夫之认为,教师的言谈举止都会对学生产生潜移默化的作用,因此应当注意自己的言谈举止、道德品行、精神风范,做到"正言、正行、正教"。他说:"立教有本,躬行为起化之原;谨教有术,正道为渐摩之益。"又说:"师弟子者以道相交而为人伦之一……故言必正言,行必正行,教必正教,相扶以正。"②的确,在学生面前,教师就是一面镜子、一个榜样、一种精神。教师应当提供给学生以阳光的、达观的、积极的、向上的、长远的东西,而不是相反的东西,以引领学生朝着良好的方面发展。

第六节 颜元的教育思想

颜元(1635—1704),字易直,又字浑然,号习斋,直隶博野县(今属河北省)人,清初启蒙思想家、实学教育家。颜元出身贫寒,8 岁发蒙,从师于吴持明。吴擅长骑、射、剑、戟,精通医术,又长术数。这对于颜元日后主张兵农工兼习,从事实学产生了影响。19 岁,又受教于以"实"为生活准则的贾珍,同年中秀才,但不久"遗弃举业";20 岁,"究天象、地理等";21 岁,阅览《通鉴》达废寝忘食;22 岁,迫于生活压力学医、行医自给;23 岁,"学兵法、究战守机宜,尝彻夜不寐",并且还学习击技。如此广泛的涉猎,为他后来在思想上的创新打下了坚实的基础。颜元一生从事教育工作,从 24 岁始设家塾到晚年主持漳南书院,从教 40 多年,弟子遍天下,现有记载并可考者不下100 余人,与其高足李塨等形成了名震一时的颜李学派。颜元的主要著作有《四存编》《存学编》

---

① 王夫之.船山全书:第 7 册[M].长沙:岳麓书社,1991:925.
② 王夫之.船山全书:第 7 册[M].长沙:岳麓书社,1991:527.

《存性编》《存治编》《存人编》)、《四书正误》、《朱子语类评》等。中华书局于 1987 年将颜元全部著作点校作为"理学丛书"之一出版,定名为《颜元集》。其中教育著作主要有:《总论诸儒讲学》《上太仓陆桴亭先生书》《性理评》《漳南书院记》等。

　　颜元的学术教育思想有个发展转变过程。最初信奉陆王心学,继对程朱理学"信之甚笃",后转而猛烈抨击程、朱、陆、王学说空疏无用,建立起着眼于社会现实的独特的以"实文、实行、实体、实用"①为旨趣的"实学"教育学说。颜元对理学教育思想的突破主要表现在人性论、教育内容和教育方法诸方面。颜元的实学教育思想与王夫之、戴震等人的经世致用教育思想汇聚成明末清初的实学教育思潮,开中国传统教育向现代教育转向的风气之先。

一、"引蔽习染"与"人才本原"的教育作用思想

(一)"气质之性"的人性观与"引蔽习染"的教育个体作用

　　人性论是中国古代教育思想家最为关注的问题之一,颜元也不例外。颜元本着高度的理论自觉与社会责任,循沿孔孟思路,在批判宋明理学(程朱理学和陆王心学)二元人性论基础上提出了"气质为性"的具有自然人性论特色的一元人性论。颜元批评道:"程子云:'论性论气,二之则不是。'又曰:'有自幼而善,有自幼而恶,是气禀有然也。'朱子曰:'才有天命,便有气质,不能相离。'而又曰:'既是此理,如何恶?所谓恶者,气也。'可惜二先生之高明,隐为佛氏六贼之说浸乱,一口两舌而不自觉!若谓气恶,则理亦恶;若谓理善,则气亦善。盖气即理之气,理即气之理,乌得谓理纯一善而气质偏有恶哉!"②

　　他明确指出,程颐、朱熹的所谓理善气恶的人性论存在悖论,是一种自相矛盾的学说。在颜元看来,既然理气不可分,那么说理是善的,则气也是善的。于是,他从理气、性形统一的一元论立场出发,提出"非气质无以为性"的命题,力斥理学教育思想把理与气、性与形割裂、对立起来的人性二元论。在颜元看来,人性就是人的气质之性,在气质之性以外别无什么天命之性。他认为,性就是"气质之性",人禀气而生,生而有性,根本没有超人生、离人生而存在的先天的"天地之性"。他说,"非气质无以为性,非气质无以见性也",③认为所谓气质,应指人身,如耳目、口鼻、手足、五脏、六腑、筋骨、血肉、毛发等,亦即人性之依托者。如果没有这些具体依托者,就无从谈起什么性不性的问题。基于人之所以为人,不同于禽兽且高于禽兽的视角,颜元认为构成气质的每个部分都是善的。也就是说,理气是统一的,性形也是统一的,"舍形则无性",没有气质(形),就没有性。人的气质、形体正是性的依附处、作用处。同理而推之,"舍性亦无形",失却性而求形,则无以见形,无以求形,唯有通过性,才能体现出形的本质属性。一言以蔽之,在颜元看来,所谓的"性"是指人的生理作用或机能。

　　既然人性是善的,那么"恶"又是如何产生的呢?颜元指出,"恶"是从外部的"引蔽习染"而来的,即主要由于外界的"邪声""邪色"作用于人的耳目等感官诱导而成的。人之所以会染上恶习,既有客观的因素,又有主观的因素:"耳听邪声,目视邪色,非耳目之罪也,亦非视听之罪也,皆误

①　颜元.颜元集[M].北京:中华书局,1987:47.

②　颜元.颜元集[M].北京:中华书局,1987:1.

③　颜元.颜元集[M].北京:中华书局,1987:15.

也,皆误用其情也。误始恶,不误不恶也;引蔽始误,不引蔽不误也;习染始终误,不习染不终误也。"①他认为不能把人的恶习都归诸客观原因,归诸"气质之恶",而是要审视其变化的主观原因,充分发挥教育的作用,"使天下相习于善,而预远其引蔽习染"②,强调教育不仅要能够发挥习善的作用,而且最大限度地预防和远离种种丑恶的"引蔽习染"。

颜元认为人性虽善,但不尽相同,"性之相近如真金,轻重多寡虽不同,其为金俱相若也。惟其有差等,故不曰'同';惟其同一善,故曰'近'"③。他认同"性相近,习相远"的人性论,但又有所发挥,具体表现在对人性差等的看法上。他说:"人之自幼而恶,是本身气质偏驳,易于引蔽习染,人与有责也,人可自力也。"④他指出,人的天生气质虽有差别,有的人易于习染恶习,有的人则不易于习染恶习,但只要通过教育的训练或者自己的努力或师友的提携,都可革除积弊恶习,去过而迁善。颜元以衣服被染为例,说明通过教育去掉"引蔽习染"不仅是必要的,而且是可能的,充分肯定人的可塑性,反复申言教育对人的发展所产生的重要作用。他说:"然则恶何以生也? 则如衣之著尘触污,人见其失本色而厌观也,命之曰污衣,其实乃外染所成。有成衣即被污者,有久而后污者,有染一二分污者,有三四分以至什百全污不可知其本色者;仅只须烦扪涤澣以去其染著之尘污已耳,而乃谓洗去其襟裾也,岂理也哉! 是则不特成衣不可谓之污,虽极垢敝亦不可谓衣本有污。但外染有浅深,则扪澣有难易,若百倍其功,纵积秽可以复洁,如莫为之力,即蝇点不能复素。"⑤

实事求是而论,宋明理学教育思想有所见,也有所蔽。譬如理学基于其人性论所倡导的"存天理、灭人欲"这一教育宗旨,除了"存天理"之语意蕴复杂,有玄深莫测的嫌疑,再添"灭人欲"不乏禁欲主义之流弊。而且,宋明理学末流又刻意在教育理论上强化"天理"和"人欲"的对举乃至对立,特别是在教育方法上往往采取简单而机械的说教,窒息人的意志自由。由此而观,颜元的以"气质为性"的具有自然人性论特色的一元人性论,在反对宋明理学空谈心性、具有唯心色彩的二元人性论及批判"存天理、灭人欲"的教育宗旨上含有一定的思想启蒙意义。

(二)"人才为政事之本"的政治观与"学校乃人才之本"的教育社会作用观

颜元十分重视人才对于治理国家的作用,他希望通过教育培养出能够经世致用、有才有略的实用人才以适用于社会的政治、经济领域,从而实现国富民强安天下的理想蓝图。在他看来,"人才"是治国安邦、清除异端、安国抚民的根本,因而颜元将"举人才"作为安定天下的首要因素,在"九字安天下"方针中把"举人才"列为首位。他说:"如天不废予,将以七字富天下:垦荒,均田,兴水利;以六字强天下:人皆兵,官皆将;以九字安天下:举人材,正大经,兴礼乐。"⑥这一论断充分体现出颜元对人才及其社会意义的重视。

人才重要,培养人才之地更加重要。培养人才的地方虽有很多,但在颜元看来,人才的培养主要依靠学校。"学校,人才之本也。"⑦其中包含了双重含义:其一,学校是培养人才的根本之

---

① 颜元.颜元集[M].北京:中华书局,1987:30.
② 颜元.颜元集[M].北京:中华书局,1987:31.
③ 颜元.颜元集[M].北京:中华书局,1987:7.
④ 颜元.颜元集[M].北京:中华书局,1987:11.
⑤ 颜元.颜元集[M].北京:中华书局,1987:3-4.
⑥ 颜元.颜元集[M].北京:中华书局,1987:763.
⑦ 颜元.颜元集[M].北京:中华书局,1987:403.

地;其二,学校必须以培养人才为根本任务。即培养人才既是学校的权利,也是学校的责任。正是从这一思想出发,他说:"昔人言本原之地在朝廷,吾则认为本原之地在学校。"①以往的人认为人才是朝廷所培养的,而颜元认为人才的培养是学校的权利。因此,作为学校,有权利去培养人才;作为朝廷,不能也不应该侵犯或剥夺学校的权利。从这个角度来说,颜元正确地指出了学校与政府的权责,以期保证人才培养的质量。

由上可见,颜元以"人才为政事之本,而学校尤人才之本也"②的思想正确地揭示了学校、人才、治国三者之间的关系,强调了学校教育的重要地位与作用。这种思想对于当前正确认识学校教育在现代化建设事业中的战略地位与作用,具有重要的启发意义。

二、"实才实德之士"的教育培养目标

颜元反对程朱理学,反对宋儒"以偏为恶"的观念,尤其对现有学校仅为培养考取功名之人士不满。因此,他主张教育应该培养"为天下造实绩"的实用人才,学校应该培养"实才实德之士",即品德高尚有真才实学的经世致用人才。他说"令天下之学校皆实才实德之士,则他日列之朝廷者皆经济臣",若"令天下之学校皆无才无德之士,则他日列之朝廷者皆庸碌臣"。③ 学校只有培养了实用人才,才能让他们有朝一日为朝廷效力,在朝廷中有所作为。总的来说,颜元主张培养实用的人才,但培养人才的最终目的是为朝廷服务,可见他并未能摆脱封建主义的桎梏。与宋明理学培养万事俱通的人才观不同,颜元认为只要学有所长、学有所用就是人才。他把人才分为两种:通儒人才和专门人才。

通儒人才——"上下精粗皆尽力求全"之人。颜元认为,通儒之才就是那些"上下精粗皆尽力求全"的"圣学之极致"之才,也就是那些能够通晓周孔之学中的三物、三事、六府、六德、六行和六艺的人才,用我们今天的观点来说就是德、智、体、美、劳诸方面都得以全面发展的人才。颜元认为这是一种"圣人"或"圣贤",对于社会具有极为重要的意义。为了能够培养这种通儒人才,颜元认为学校教育应以六德、六行、六艺及兵农、钱谷、水火、工虞之类教其门人,成就数十百通儒。而他所培养的这些通儒人才与宋明理学教育主张培养的通儒不同,是指能够担当各种繁难重负的经世之才。

专门人才——"终身精于一艺"之人。与此同时,颜元也认识到了人的质性、心志与才力是各有所异,并不是每个人都能成为"通儒"之才。因此,他认为,遵循个人的天赋,以个人之才力,虽六艺不能兼,但"学须一件做成便有用,便是圣贤一流",同样也称为"圣贤"。这种"圣贤"就是具有一技之长,一专之能的专门人才。这种专门人才在颜元看来就是"终身精于一艺"的人才,虽然不能六艺全兼之,但终身有一精艺也可。因此,在颜元看来,能成为通才当然是最好,是圣学之极致,但能终身精于一艺的专门人才,同样是圣贤一流。

在颜元看来,无论是通才还是专才,都应该是实才实德之士,即为"圣人"或"圣贤"。他认为,成为圣人并非难事,因为圣人本也是人。只要学便能成圣人。学习是一个需要付出努力和功夫并经常练习与运用的过程,能否成为圣人就在于肯不肯下功夫,这也是圣人与庸人的本质区别。

---

① 颜元.颜元集[M].北京:中华书局,1987:403.
② 颜元.颜元集[M].北京:中华书局,1987:768.
③ 颜元.颜元集[M].北京:中华书局,1987:404.

在颜元看来,圣人是肯做功夫的庸人,庸人是不肯做功夫的圣人,两者的区别在于勤奋。这对于我们今天的学子来说有很大的启发意义。

值得指出的是,颜元认为圣贤须能"斡旋乾坤","斡旋"一词可以理解为"服务"之意,即圣贤必须能够服务社会。这体现了他的"实用"思想,但从另一个角度也反映出他的忠君护国的思想。因为当时的社会是一个封建统治的社会,服务社会也即服务封建王朝,使清王朝能够呈现太平盛世。因此,颜元明确地提出"令天下之学校皆实才实德之士,他日列之朝廷者皆经济臣",其目的就是为了治理国家,维护封建统治,以期他们有朝一日能够"佐王治,以辅扶天地"。但对于下层劳动人民,他持有歧视的态度。在他看来,学生应该学为君相,因为百姓是小人,君相才是上等人。可见他对劳动有着消极的态度,他的思想仍然没有越出劳心者治人、劳力者治于人的藩篱。他说:"小人者,百姓也。学农、学圃,百姓事也。上者,君相也。好礼、好义、好信,君相事也。士,学为君相者也。"①虽然他重视对学生进行劳动教育,但认为劳动教育只是一种强身健心的手段。应该说,这种思想局限不能归于他本人,而应该归于他所处的历史时代。

三、"经世致用"的实学教育内容

颜元在批判受宋明理学影响的学校教育空疏无用的同时,提出应当实施经世致用的实学教育内容。

(一) 批判宋明理学教育内容空疏无用

颜元指出,受宋明理学思想影响的学校教育存在"毁坏人才"、"灭绝圣学"和"败坏社会风气"的三大弊病。

所谓"毁坏人才",是指宋明理学教育培养出来的人不病即弱,毫无实学实德。譬如宋儒讲学,教人读书、静坐,这样得来的闻见知识空疏乏用,犹如望梅止渴和画饼充饥。接受宋明理学教育的人自以为知识渊博,实质是"读书愈多愈惑,审事机愈无识,办经济愈无力"。②颜元痛斥理学教育误尽苍生,矛头直指朱熹,批评朱子读书法是"欲办天下事,如缘木而求鱼也"。③

所谓"灭绝圣学",是指孔孟注重的经世致用的学问在当时学校教育中无人问津。颜元指出在科举制度的主宰下,包括书院在内的教育几乎使学者闭塞聪明,培养和选拔出来的都是只会吟诵子曰诗云而根本不懂孔孟之道的无用之徒。颜元不无悲哀地痛言:"学校之废久矣! ……迨于魏、晋,学政不修,唐、宋诗文是尚。其流毒至今日,国家之取士者,文字而已,贤宰师之劝课者,文字而已,父兄之提示,朋友之切磋,亦文字而已,不则曰"诗",已为余事矣。求天下之治,又乌可得哉?"④"率天下人入烂纸堆中,耗胸气心神,而孔子之道全无一人行习。呜呼痛哉!"⑤而对盛行于有明一代的八股取士,颜元更是愤恨不已:"故八股行而天下无学术,无学术则无政事,无政事则无治功,无治功则无升平矣。故八股之害,甚于焚坑。"⑥他认为八股取士的危害远远大于秦始皇的焚书坑儒。

---

① 颜元.颜元集[M].北京:中华书局,1987:214.
② 颜元.颜元集[M].北京:中华书局,1987:252.
③ 颜元.颜元集[M].北京:中华书局,1987:252.
④ 颜元.颜元集[M].北京:中华书局,1987:109.
⑤ 颜元.颜元集[M].北京:中华书局,1987:258.
⑥ 颜元.颜元集[M].北京:中华书局,1987:691.

所谓"败坏社会风气"，是指宋明理学教育造成了社会道德、经济和人才的衰败。颜元认为宋明理学倡导的半日静坐和半日读书的学风不切实际，严重脱离农工商贾的利益诉求，对国计民生的财用增长完全不着边际。颜元总结宋明理学教育的育才选才情况，得出的结论是"渐至今日，旷代不见一帝臣王佐之才，千里不见一礼乐和好之家，数乡不见一孝弟忠信之人；徒闻家家程注、朱注，人人套文、钞策，子、午科也，卯、酉科也，乾坤全坏于无用。"①

（二）主张实施经世致用的实学教育

1. 实行"实学"教育内容

社会、国家需要实用人才，学校要培养"实才实德之士"，用什么样的内容来保障人才的培养自然成为颜元思考的重要问题。针对宋明理学虚浮无用的教学内容，颜元提出并实行实学教育内容。

所谓"实学"，主要是指那些对国计民生有用的知识技能，也就是他所倡导的"六府""三事""三物"。"六府""三事"初见于《尚书·大禹谟》，指"金、木、水、火、土、谷"和"正德、利用、厚生"；"三物"即《周礼·地官》所提的"六德"（知、仁、圣、义、忠、和）、"六行"（孝、友、睦、姻、任、恤）和"六艺"（礼、乐、射、御、书、数）。所有这些项目中，颜元特重"六艺"，主张"以六艺为要""于六艺尤致意"。

"六艺"的内容十分广泛，既包括礼、乐、射、御、书、数，又包括兵、农、钱、谷、水、火、工、虞，几乎囊括了当时所有的实用科学。只有这种偏重实用学科知识技能的"六艺"教育，才能文武兼修、道艺兼备、智能双求，对学生进行德、智、体（包括劳动）、美全面的训练，才能达到"正德、利用、厚生"和利家、利民、利国的目的。颜元的教学内容观具有鲜明的实学特色。

2. 分斋教学之下的实科课程设置

颜元实学教学内容观是其设计分斋教学之下的课程体系的理论依据。他关于漳南书院的教学体制及其课程体系的设计是：第一，将整个书院教学分为六斋，即文事、武备、经史、艺能、理学、帖括。第二，各斋分别设计相应的课程。文事斋课礼、乐、书、数、天文、地理等科；武备斋课《黄帝》《太公》以及孙、吴五子兵法，并攻守、营阵、陆水诸战法、射御、技击等科；经史斋课十三经以及历代史、诰制、章奏、诗文等科；艺能斋课水学、火学、工学、象数等科；理学斋课静坐、编著、程、朱、陆、王之学；帖括斋课八股举业。② 前四斋充分体现了他重在培养实用专门人才的思想。

各斋课程及其教学内容既有人文社会学科的知识内容，又有自然科学技术学科的知识内容，如科学、军事、农业、工程、冶金、水利等学科，而他最重视的是六艺和兵农、钱谷、水火、工虞、天文地理等。这些内容远远超出书本知识和传统知识类型，不仅与宋明理学以及当时的理学教育内容有所关联并呈现出较大差异，而且在广度上抑或在深度上，都大大超越了先秦"六艺"教育，已经蕴含着现代学校课程体系的萌芽。这种课程体系既能兼顾受教育者身心全面发展，又能富国强兵，能培养出德才兼备、文武双全的实才。

3. 实施德智体美劳教育

（1）"唯实"的德育。颜元针对当时社会上充斥着伪德、假德的风气，竭力推崇信、义、孝、悌、

---

①　颜元.颜元集［M］.北京：中华书局，1987：566.

②　颜元.颜元集［M］.北京：中华书局，1987：413.

睦等基本伦常道德和仁、知、勇等三达德。他认为:"仁、智、勇,古今之达德也,立德、立业,俱在于此。"①"上至天子,下至庶人,大而谋王定国,小而庄农商贾,都缺他不得。"②基本伦常道德和仁、知、勇三达德便成为颜元"唯实"德育的重要内容。这些内容不仅应成为培养学生良好道德品质的基础,而且对于任何人都是不可缺少的。颜元认为,"唯实"德育的实施应做到与知识教育和实践活动相结合。第一,德在艺中,进业即修德。在颜元看来,"六艺固事物之功,而德行在事物内。"道德存在于事物中,存在于知识中,学习知识、了解事物、躬身实践即在培养道德。弟子彭好古问及学什么才能达到"学为人子,学为人弟,学为人臣"之时,颜元的回答是"学自六艺之要"。彭好古不解两者如何能联系起来,颜元慨然道,"噫!小子未之思也。人而不能数,事父兄而无以承命,事君长而无以尽职,天不知其度也,地不知其量也,事物不知其分也。"③颜元这种智中有德、增长智慧即修养道德的德育思想蕴含一个道理:那就是要想提高学生乃至社会的道德水平,首要必须实实在在地提高人们"文明开化"的程度。第二,德在行中,实践即修德。这与他强调"习行"相一致。

(2)"实用"的智育。颜元反对理学的"穷理",代之以实际有用的"实学"智育内容,主要表现在两个方面:其一,重视自然科学知识。颜元自34岁时,觉悟到程朱理学"非政务之学",开始寻求能经世致用的学说。他学习了数学,"自九九以及因、乘、归、除,渐学《九章》"④;而后又著《农政要务》一书,"耕耘、收获、辨土、酿粪以及区田、水利,皆有谟画"⑤。这些求学以及他个人的学术经历自然反映到他的教育思想中,他在为习斋所定的教条中,自然科学内容便赫然列于其中。其中写道:"昔周公、孔子,专以艺学教人,近士子惟业八股,殊失学教本旨。凡为吾徒者,当立志学礼、乐、射、御、书、数及兵、农、钱、谷、水、火、工、虞,予虽未能,愿共学焉。"⑥颜元这种对自然科学知识的重视与日俱增,到他晚年主持漳南书院之时,已有很多的经验和感受,在其课程设计中就可窥一斑。从他所设的内容来看,自然科学知识和军事知识已经占据了不少的课程,显示了一定的地位,这是以往传统教育中所没有的。其二,传统经史课程实学化。宋明以来的经史课程只为应付科举考试而设,故学生所学,重点在于记故采词。而颜元的实学教育设经史课程的目的则是为了让学生从中学习经世济民的知识,提高辅国养民的能力,所谓读书不是为了读,而是为了用。因此,颜元认为学习四书五经不是记诵文字,而应是从中学习于治国安邦、齐家修身有用的思想内容,并通过这种学习而提高自己的办事能力。

(3)"习动"的体育。颜元为了改变当时学校教育"重文轻武"的状况,使士人成为文武兼备的有用人才,非常重视军体教育。在他的教学中,无论是文才还是武才,都必须学习舞刀弄枪、骑马射箭的技术,甚至还有类似现在的举重和赛跑,相互间还经常开展比赛。在"习斋教条"所列课程中,每逢每月五、十之日,即为"习射"日。在漳南书院的建设规划中,就有步马射圃,即今天所说的操场;且在书院尚未建成之时就让学生进行"举石"、"举重"、"习行"、"超距"(赛跑、跳跃)、"击拳"等体育训练,而后在设计课程时,将它们都列为弟子必习的课程。除有专门课程之外,颜

① 颜元.颜元集[M].北京:中华书局,1987:649.
② 颜元.颜元集[M].北京:中华书局,1987:202.
③ 颜元.颜元集[M].北京:中华书局,1987:624.
④ 颜元.颜元集[M].北京:中华书局,1987:727.
⑤ 颜元.颜元集[M].北京:中华书局,1987:727.
⑥ 颜元.颜元集[M].北京:中华书局,1987:743.

元还常利用讲习闲暇与弟子远足,锻炼弟子的身体和意志。梁启超曾对此大加赞赏:"中国两千年来,提倡体育的教育,除颜习斋外只怕没有第二人了。"

(4)狭隘的艺术教育。总体上看,颜元对艺术教育存在一定偏见。具体说来,他对诗文棋画比较轻视,而对音乐和舞蹈比较重视。他在给自己的学生题记时写道:"痛戒诗文棋画,须求身世有功"。① 之所以不太重视诗文棋画,主要原因在于他的身世与志趣。颜元一生贫寒,长期生活在农村,在乡野之中劳作。生活的压力使他无暇也无意去吟诗歌赋、行棋作画,倒是民歌、民谣有可能在劳作中吟唱;况且他立志救民,如果醉心于诗棋文画之中,将有碍于济民事功。之所以重视音乐,是因为一方面音乐为六艺之一,另一方面音乐也广泛存在于人们日常的劳作生活之中,如"民歌""民风"等。他重视舞蹈,一方面是为了使音乐教育动起来,在他看来,音乐不能仅仅是静坐吟唱,还应与舞蹈结合,另一方面舞蹈既可强身健体还可配合军事教育。

(5)力行的劳动教育。在颜元看来,"力行近乎仁"。劳动的教育价值表现为两方面:一是劳动可以使人养成勤劳的品质,克服怠惰、疲沓的习性,还能使人"正心""修身",破除邪念。他说:"吾用力农事,不遑食寝,邪妄之念,亦自不起。"②二是劳动可以使人体质精壮,体魄增强。他说:"养身莫善于习动,夙兴夜寐,振起精神,寻事去作,行之有常,并不困疲,日益精壮。"③"一身动则一身强,一家动则一家强,一国动则一国强,天下动则天下强。"④劳动教育对于个人、家庭乃至国家的强大都有益处。

四、"主动""习行"的教育方法

为了实施实学教育培养经世致用的实用人才,颜元主张以注重"实事"的"主动""习行"的方法来代替宋明理学教育家所提倡的"穷理""主静""读书"的方法。

(一)"主动"

他首先批评了"主静"方法的有害性。他认为,这种教育方法远离圣人教人之法,不单单害人害己,而且误家误国。他说:"晋、宋之苟安,佛之空,老之无,周、程、朱、邵之静坐,徒事口笔,总之皆不动也。而人才尽矣,圣道亡矣,乾坤降矣。"⑤"专向静坐、收摄、徐行、缓语处言主敬,乃是以吾儒虚字面做释氏实工夫,去道远矣。"⑥以"主静"的方法培养的都是些弱人、病人、无用之人。而罪魁祸首就是朱熹。他说:"千余年来率天下人故纸堆中,耗尽身心气力,作弱人、病人、无用者,皆晦庵为之。"⑦

他认为,先贤圣人教人只重一个"动"字。他们都是以"动"来教育人的教育家。"三皇、五帝、三王、周、孔,皆教天下以动之圣人也,皆以动造成世道之圣人也。""吾尝言一身动则一身强,一家动则一家强,一国动则一国强,天下动则天下强,益自信其考前圣而不谬矣,后圣而不惑矣。"⑧他

---

① 颜元.颜元集[M].北京:中华书局,1987.588.
② 颜元.颜元集[M].北京:中华书局,1987:624.
③ 颜元.颜元集[M].北京:中华书局,1987:635.
④ 颜元.颜元集[M].北京:中华书局,1987:669.
⑤ 颜元.颜元集[M].北京:中华书局,1987:669.
⑥ 颜元.颜元集[M].北京:中华书局,1987:91.
⑦ 颜元.颜元集[M].北京:中华书局,1987:251.
⑧ 颜元.颜元集[M].北京:中华书局,1987:669.

说：“宋、元来儒者皆习静，今日正可言习动。”①采用“主动”的方法，才能够培养出“实才实德”之士，达到强身、强家、强国、强天下的目的。

所谓“主动”的方法，实际上就是要求通过实际活动，通过具体的事情去学去做，获取真实知识和实际技能的方法。它不仅可以获得丰富的感性经验，还可以增强体质、锻炼体魄、陶冶精神。“主动”的实质就是“习行”。

（二）“习行”

宋儒“主静”就是要求人们静坐“读书”，在书本文字知识上用功。颜元反其道而行之，宣称“读书无他道，只须在‘行’字著力”②，谆谆劝勉读书人不要“只向习行上做功夫，不可向言语、文字上著力”③。

所谓“习行”，就是强调发挥学习者的主观能动性，亲自去观察，亲自去实践，获得真知识。具体到教学上，就是强调理论要联系实际，坚持不断地练习和躬行实践，只有这样，学得的知识才是真正有用的知识。颜元从实学的价值立场出发，认为“但凡从静坐读书中讨来识见议论，便如望梅画饼，靠之饥食渴饮不得”④。他甚至偏激地认为：“读书愈多愈惑，审事机愈无识，办经济愈无力。”⑤他指出，那种静坐读书中得来的学问，一是对解决社会现实问题完全无济；二是终日兀坐书房中，不仅影响读书人的身心健康，长此以往，还会造成天下无不弱之书生，无不病之书生的局面。颜元感觉到“思不如学，而学必以习”的重要性，因此极力提倡一个“习”字，连居所都取名“习斋”，他本人也因此而得名“习斋先生”。

当然，颜元所提倡“习行”的教育方法并非完全否定书本知识的作用，而是主张任何学问都难以脱离并且也不可能脱离实际，强调在学习过程中要把读书和习行紧密相连，结合实际情况进行练习。他列举了不少事例来说明自己的“习行”教育方法，譬如，要知礼，任你读几百遍礼书，讲问几十次，思辨几十层，总不算知晓礼仪活动的实践及其精神；直须跪拜周旋，捧玉爵，执币帛，亲自操作一番，方能明白礼仪活动是怎么一回事。要知乐，任你读乐谱几百遍，讲问思辨几十层，总不能知晓乐理及其表演；直须搏拊击吹，口歌身舞，亲自演练一番，方知乐谱是如何一回事。总之，学礼不能只读礼书，学乐不能只读乐谱，也不能光靠讲问思辨，而要亲自去实践才行。再如，要知衣，只有穿戴在身上，才能知道它是如何取暖的；要知道蔌蔬的味道，就必须亲口尝试，否则就索然不知其味。这同王夫之主张学棋要在与别人对弈中学习一样，都是强调在亲身践履中才能获得真知。

当然，颜元的教育思想也存在许多不足之处。比如他过于强调实践经验的获得而忽视理论知识的系统学习，过于强调实践学习的重要性而忽视理论学习的重要性。这些都是我们在学习和研究中应当加以注意的。

---

① 颜元.颜元集［M］.北京：中华书局，1987：686.
② 颜元.颜元集［M］.北京：中华书局，1987：623.
③ 颜元.颜元集［M］.北京：中华书局，1987：663.
④ 颜元.颜元集［M］.北京：中华书局，1987：66.
⑤ 颜元.颜元集［M］.北京：中华书局，1987：252.

思 考 练 习

1. 如何评价王安石的人才教育思想?
2. 简述朱熹的"小学"与"大学"教育阶段说。
3. 怎样理解朱熹理学教育的学习过程论?
4. 如何评价朱子读书法的历史价值?
5. 简述陆九渊与王守仁的知行观及其教育思想。
6. 试析王守仁的儿童教育思想及其现实意义。
7. 王夫之如何阐释学与思之间的关系?
8. 简述王夫之的教育思想。
9. 颜元人性论及其教育作用主张的基本内容是什么?
10. 简述颜元的教学思想。

拓 展 训 练

1. 结合当前实际,试分析王安石人才观及其教育思想的现实价值。
2. 试分析朱熹学习思想的现代价值。

清末民国篇——中国现代教育的萌生与探索

【本篇导言】 清末民国时期,是中国教育发生急剧变革的时期。以"四书""五经"为主体的教育内容日显陈旧,封建教育培养的士大夫已难以承担时代大任。西方宗教团体挟武力入侵的威势开始在中国各地开展文化教育活动。一些有识有志之士在"师夷长技以制夷"的同时,冲破旧教育的藩篱,开始了创立新教育的艰难探索历程。教会教育、洋务教育、维新教育就是这些探索实践的主要表现。传统教育逐渐走向瓦解和崩溃,现代教育逐渐在这些探索实践中萌生涌动,呈现出蓬勃生机。1901年初,清廷不得已下诏变法,开始推行所谓"新政"。重拾"百日维新"的教育改革措施,逐步废除科举、兴建学校系统,制定了"壬寅·癸卯学制",奠定了现代教育的雏形。辛亥革命爆发,中华民国建立后,1912—1913年,民国政府教育部对清末教育制度进行改革,颁行了"壬子·癸丑学制",现代教育体系基本形成。在新文化运动、五四运动的推动下,壬戌学制被颁行,标志着现代教育制度基本定型。此时,人们高举"民主""科学"的旗帜,一方面对传统教育进行全面的反思与批判,另一方面积极地进行教育实践的改革探索,一时间,我国教育领域里形形色色的教育思潮纷至沓来,各种各样的教育实验纷纷出现,促进了我国现代教育观念的变革和现代教育教学制度的进一步发展,揭开了我国教育的历史新篇章。伴随着教育的除旧布新,这个时期诞生了许许多多杰出的思想家和教育家,形成了许多具有重大理论与实践价值的教育思想流派。譬如,洋务派代表人物张之洞的教育思想,维新派代表人物康有为、梁启超、严复的教育思想,民主革命派蔡元培的教育思想,职业教育派黄炎培的教育思想,生活教育派陶行知的教育思想,平民教育派晏阳初的教育思想,乡村建设派梁漱溟的教育思想,儿童教育派陈鹤琴的教育思想。

第十一章　现代教育的萌生

【学习目标】

1. 了解早期教会学堂的发展情况。
2. 了解洋务运动和维新运动期间举办的著名新式学堂。
3. 了解清末留学教育的基本状况。
4. 理解教会教育、洋务教育、维新教育对中国教育由传统向现代转型的作用和影响。

【知识列表】

现代教育的萌生	教会教育	西方教会教育的传入
		教会教育的发展
		中国政府对教会教育的管理
	洋务教育	洋务学堂的创办
		留学教育的开展
	维新教育	早期改良主义的教育设想
		维新运动中的教育变革
		"百日维新"中的教育改革

【导言】　历史进入19世纪中后期,中国的封建统治在内忧外患的夹击之下已是摇摇欲坠,中国传统教育也呈衰颓之势。以"四书""五经"为主体的教育内容日显陈旧,封建教育培养的士大夫已难以承担时代之大任。西方宗教团体挟武力入侵,开始在中国各地开展文化教育活动。一些有识有志之士在"师夷长技以制夷"的同时,冲破旧教育的藩篱,开始了创立新教育的艰难探索历程。教会教育、洋务教育、维新教育就是这些探索实践的表现。传统教育逐渐走向瓦解和崩溃,现代教育逐渐在探索实践中萌生涌动,呈现出蓬勃生机。

［教学视频］
现代教育的萌生

第一节　教会教育

鸦片战争以后,伴随西方列强武力入侵、殖民掠夺的加深,西方宗教团体也以传教、行医等形式公开在中国各地开展文化教育活动,对中国民众开始进行有组织的文化教育渗透,"西学东渐"的步伐明显加快。最初,移植于西方教育模式的教会学校既是中国教育主权丧失的开始,也是中国现代教育的最初形态。后来,教会教育随着中国现代学制的建立成为中国现代教育的组成部分。

一、西方教会教育的传入

早在16世纪末,西方文化势力即开始向远东渗透,然而清政府的"闭关锁国"政策遏制了渗透的步伐。进入19世纪后,伴随西方列强在中国的大规模扩张,西方传教士便在中国东南沿海一带频繁活动,开办教会学校便是传教士向中国民众传播西方宗教文化和世俗文化的有效形式和途径之一。

（一）早期的教会学校

最早来华的西方传教士是伦敦传道会派遣的英国人马礼逊,他于1807年9月来到广州。因不能公开传教,他只能隐匿于广州的美国商馆,一边学习粤语和中国官话,一边了解中国情况,做传教的准备。鉴于清廷的传教禁令,马礼逊不得已先将传教的对象暂时移向南洋一带的华人。1818年,马礼逊与牧师米怜在马六甲(今马来西亚马六甲市)开设"英华学院"以传播基督教教义,同时教授英文和中文。英华学院是来华基督教传教士在南洋设立的第一所教会学校。

［拓展阅读］
颜宜葳:《马六甲英华
书院寻踪》

1839年,美国传教士布朗在澳门创办了马礼逊学堂(也称"马礼逊学校")。这所学堂是最早设立于中国本土的较为正式的教会学校。学校分别设置中文和英文课程,中文科目有"四书""易经""诗经""书经"等;英文课程有天文学、历史、地理、算术、代数、几何、初等机械学、生理学、化学、音乐、作文等。中文课由华人任教,英文课由美国人任教。1843年,马礼逊学堂迁至香港继续举办。

（二）鸦片战争后教会学校竞相建立

1842年,清政府与英国签订《南京条约》,割让香港给英国,开放广州、福州、厦门、宁波、上海五处为通商口岸。其他西方列强纷纷效法,从中大肆渔利。凭借不平等条约的保护,西方传教士纷纷来华传播宗教、创办医院和学校。

1844 年，英国传教士奥尔德西在宁波创立女子学校，这是外国人在中国建立女子学校的开始。1845 年，美国长老会在宁波设立崇信义塾。1850 年，美国传教士裨治文与其夫人在上海开办裨文女塾。1861 年，美国长老会传教士范约翰及其夫人在上海创办清心书院。此时的教会学校主要集中在五个通商口岸以及香港，大多附设于教堂。截至 1860 年，天主教耶稣会在江南一带有传教士约 50 人，已发展教徒 7.7 万余人，成立天主教小学 90 所；基督教传教士约 100 人，教徒约 2000 人，设于五个通商口岸的基督教小学达 50 所，学生 1000 余人。

教会学校的办学目的是"为传播福音开辟道路"，在中国人中培植一批传教助手，从而扩大在中国传教的范围，扩大西方宗教的社会影响。教会学校在中国设立初期，由于其与侵略同行，并且带来了与中国文化完全不同的异邦文化，因而受到来自于中国民间的强烈抵制。教会学校尽管提供食宿补贴，并将中国儒家文化纳入教学内容以缓解中国人民的抵触情绪，但仍生源匮乏，只能招收一些信徒的子女或来自贫困家庭的学生，学生年龄参差不齐，学校规模很小，学校发展极为艰难。教育层次极低，绝大多数教会学校属于初等教育性质的学塾。

早期的教会学校办学极不规范，并且具有侵略性质，但它们无论是教学内容，还是教学方法和管理手段，都有别于中国的传统教育，成为中国教育史上最早以现代学校形式传播西学的新型教育组织。

二、教会教育的发展

第二次鸦片战争后，西方列强强迫清政府签订了一系列不平等条约。由此，外国传教士获得了在华建造教堂、创设学校的特权，教会学校由沿海向内地迅速扩展开来。其间，基督教教育在学校数量和规模上着紧用力，教育层次不断提升，其影响力远超天主教教育。1865 年，基督教英国传教士戴德生创立基督教内地会，在上海设总办事处。到 19 世纪末，内地会的传教站有 270 个，遍及浙江、江西、安徽、湖南、广西、贵州、云南、四川、陕西、甘肃、新疆、西藏等地。内地会所到之处，都设有教会学校，且中等学校的数量迅速增加。

虽然教会学校的办学数量和规模不断扩大，但学校间各自为政，并没有共同的工作目标，缺乏统一的组织和管理，难以形成合力，在当时的社会影响受到限制。1877 年，基督教在华传教士成立了"学校与教科书委员会"，为当时各教会学校统一编纂教科书。所编教科书除供应教会学校外，也赠送给各传教区的私塾使用。

1890 年，"学校与教科书委员会"改名为"中华教育会"，其宗旨是提高对中国教育之兴趣，促进教学人员友好合作，议定每三年召开一次大会，对整个基督教在华教育进行协调和指导。"中华教育会"后来成为中国基督教教会教育的最高领导机构，在一定程度上促使教会教育在中华大地迅速发展。据 1877 年在华传教士第一次大会的报道，截至 1876 年，在华基督教教会学校总数已达 347 所，学生总数达 5917 人。[①] 截至 1890 年，学生总数增至 16 836 人。

在基督教教育在华扩张的同时，天主教教育也取得了明显发展。到 1926 年，天主教小学约

---

①　Records of the General Conference of the Protestant Missionaries of China [M]. Shanghai: American Presbyterian Mission Press, 1878: 488.

9000 所,中学 200 余所,大学 3 所,学生总数达 50 万人。[①]

传教士们在兴办教会教育的过程中逐渐认识到,只有发展高等教育,培植一批具有西方文化科学知识和基督教精神的"高等华人"以取代崇奉儒学的中国士大夫阶级,掌握社会领导权,才有希望左右中国前途,使中国"基督教化"。因而在 19 世纪末至 20 世纪初,传教士们积极创办教会大学,使教会高等教育出现加速发展的趋势。所有教会学校都由相应的差会设置,按照各自差会的意图行事,并无须向清政府注册登记。这样,以西方教会为背景设立的教会学校就成为中国教育领域的"独立王国"。

截至 20 世纪 20 年代,在华外国教会已建立起一个从初等教育到高等教育连贯而独立的教会教育系统。系统内部各学级之间相互衔接,其招生升学、课程教材、教师培训、考试毕业等自成体系。教会教育的正规化发展,加之现代的教学内容、先进的教学和管理模式,使其在中国教育界产生了越来越大的影响,甚至出现供不应求的状况。教会学校一改以往奉行的福利政策,转而面向社会上层子女招生,并开始收取高额学费。

三、中国政府对教会教育的管理

1919 年五四运动爆发,大大激发了中国人民反对外侮侵略、争取民族独立的强烈爱国意识,在文化界也同时掀起了全国范围内的"非基督教运动"。1922 年 3 月 9 日,上海学生建立"非基督教学生同盟",公开发表了《非基督教学生同盟宣言》。1922 年 3 月,蔡元培在《新教育》杂志上发表《教育独立议》,极力主张教育脱离政党与宗教而独立,率先举起反基督教教育的大旗。1923 年 9 月,余家菊发表《教会教育问题》一文,率先提出了"收回教育权"的口号,要求对教会学校"施行学校注册法"。

1924 年 6 月,"广州学生收回教育权运动委员会"宣告成立,收回教育权运动迅速波及全国。同年 7 月,"广州学生收回教育权运动委员会"吸收各地"收回教育权委员会"提出的具体办法,发表了宣言,提出收回教育权的"最低限度"的办法。

1925 年,收回教育权运动在"五卅运动"中达到高潮。5 月,浙江省教育厅率先发出通令,禁止全省所有学校宣传宗教。11 月 16 日,北洋政府教育部颁布了《外人捐资设立学校请求认可办法》,具体规定如下:(1)凡外人捐资设立各等学校,遵照教育部所颁布之各等学校法令规程办理者,得依照教育部所颁布关于请求认可之各项规则,向教育部行政官厅请求认可。(2)学校名称上应冠以私立字样。(3)学校之校长,须为中国人,如校长原系外国人者,必须以中国人充任副校长,即为请求认可时之代表人。(4)学校设有董事会者,中国人应占董事名额之过半数。(5)学校不得以传道布教为宗旨。(6)学校课程,须遵照部定标准,不得以宗教科目列入必修科。[②]

此文件的颁布和执行,为西方世俗和宗教文化团体在华文化教育活动套上了"金箍"。尽管收回教育权运动并没有彻底收回教会学校的主导权,但在客观上限制了教会学校的权利范围,使教会学校发展处于中国政府的掌控之中。在中国政府和民间爱国人士的共同努力下,收回教育权运动还是取得了实际的成果,西方教会团体开展了基督教本色化运动,开始了基督教教育的中国化历程,如削减了宗教课时比例,淡化了教会学校的宗教色彩,在教学内容的安排上加强了现

---

①　顾长声.传教士与近代中国[M].上海:上海人民出版社,1981:336.

②　朱有瓛,高时良.中国近代学制史料:第 4 辑[M].上海:华东师范大学出版社,1986:784.

代科学课程和中国文化课程,并任用中国教育界人士参与学校管理。此外,西方教会开始调整在华办学策略,努力提升办学质量和办学效率,以追求质量替代追求规模,教会学校数量明显减少。到 1927 年,在华教会学校的数量较 1922 年下降了一半。虽然之后教会学校数量不断增加,但教学质量和办学效率成为教会学校办学的首要目标。

早期教会教育的创办和发展,一方面使中国教育主权受到侵略,另一方面也为中国教育的近代转型提供了直接的新样式,加速了中国教育现代化的进程。后期教会教育则成为中国现代教育体系的一个组成部分。1949 年以后,随着中华人民共和国成立后教育主权的收回,教会教育便消融在中国现代教育体系中。

第二节   洋务教育

面对日益深重的内忧外患,清朝统治集团内部主张改良革新、变法图强的派别极力主张效法西方,引进先进的科学技术和机械生产方式,发展工商业等近代实业,即所谓"洋务"。这一政治派别史称"洋务派",中央以奕䜣为代表,地方则有曾国藩、李鸿章、左宗棠以及张之洞等汉族官员。改良旧式教育、创办新式教育、聘请外国教师、开办留学教育,培养适应近代社会经济和外交发展的新型人才,是其主要内容之一。

一、洋务学堂的创办

洋务派兴办的新式学堂,大致可以分为外国语学校、军事学校和技术实业学校三类。

(一)外国语学校

外国语学校又称"方言"学校。鸦片战争以来,由于语言文字的隔阂,清政府在外事活动中屡屡处于被动地位。为了应付外交的迫切需要,培养本国的外交人员和翻译人员刻不容缓。洋务派认为,"欲悉各国情形,必先谙其语言文字,方不受人欺蒙"。因此,清政府首先决定建立外国语学校。

1. 京师同文馆

1861 年 1 月,恭亲王奕䜣奏请并于 1862 年 8 月 24 日正式开办京师同文馆,目的在于培养清政府所需要的外事专业人才。京师同文馆隶属于清政府新建立的外交机构——总理各国事务衙门,是中国现代由官方设立的最早的外国语言学校。

京师同文馆初办,只设英文馆,之后陆续增设法文馆、俄文馆、德文馆、东文(日文)馆,承担着培养相关外语人才的重任。

京师同文馆又陆续增设了算学馆等,教授天文、算学、西方制造技术等内容。此后又设立了格致馆、化学馆等。自然科学课程的设置、实验教学的开展使京师同文馆由单纯学习外文的专科学校逐渐成为兼习科学技术的综合性学校。

京师同文馆学制八年,教学实行班级授课方式,从八旗子弟中挑选 15 岁上下、略通文墨者入学。教师称为教习,除算学教习和中文教习外,皆为外籍人士。1869—1894 年,由美国基督教传教士丁韪良担任总教习(即校长);办学经费由海关办公费中提取三成,而海关总税务司负责人是英国人赫德,办学实权实际掌握在外国人手中,这使京师同文馆带上了明显的殖民色彩。这是现代教育的最初尝试,由于缺乏办学经验,加上生源科技资质很低,教学实效难达人意。

但是,京师同文馆的设立客观上对晚清的政治、外交、学术、教育等产生了巨大影响。就教育而言,京师同文馆打破了中国旧的教育模式,成为中国新教育的胚胎;科学技术的传播突破了以文为主的传统教育内容,在中国教育史上迈出了关键的一步。

2. 广方言馆

1863 年,江苏巡抚李鸿章奏请仿照京师同文馆,在上海设立"上海同文馆"。1867 年,改名为"广方言馆"。1869 年,广方言馆与江南机器制造总局开设的学堂合并,仍名"广方言馆",但教学内容扩大,加强了自然科学的教学。1899 年,广方言馆中并入了工艺学堂,分机器、化学二馆。1905 年,改名为工业学堂,学校性质已发生改变。

3. 广州同文馆

1864 年,广州同文馆建成开馆,聘请翰林院编修吴嘉善为汉语教习,美国人谭训为英文教习。学制三年,学习的科目包括英语、汉语和算学,学生学成后可以到各衙门当翻译官。

4. 自强学堂

1893 年,湖广总督张之洞奏请在武昌开办自强学堂。初设方言、格致、算学、商务四门,专门培养外语和商务人才。1896 年改为专习泰西方言的外国语学堂,分为英文、法文、俄文、德文四门,每门限招学生 30 名,学制 5 年;1898 年又添设东文(日文)。自强学堂成为专门培养外交和翻译人才的学校。

(二) 军事学校

军事学校又称为武备学堂。洋务派认为,当时的中国内忧外患,要想"靖内患,御外侮,非讲求兵制不可","整顿陆营则内患不作,整顿水师则外寇不兴"[①],故在开办外国语言学堂的同时,着力设置武备学堂。

1. 船政学堂

1866 年,闽浙总督左宗棠与船政大臣沈葆桢奏请附设于福州马尾造船厂开办船政学堂,又名求是堂艺局。学堂分前后两部:前学堂学习法文,又称"法语学堂",训练造船技术;后学堂学习英文,又称"英语学堂",训练驾驶技术。分别聘用法、英两国的师资和技术人员担任教习。学习年限五年,在学校期间,学生享受伙食、医药等优厚待遇;毕业以后,或授水师官职,或出国留学。

2. 水师学堂

水师学堂也称北洋水师学堂。直隶总督李鸿章建议依附天津机器制造局建设水师学堂,1881 年水师学堂落成开学。这是中国最早的海军学堂。内分"驾驶"与"管轮"两科,都用英文教学。挑选 13—17 岁的"良家子弟"入学,学习英语、几何、代数、平弧三角、重学(力学)、天文、舆地、测量等课程,五年毕业。天津水师学堂的办学模式成为以后各水师学堂模仿的"样本"。

3. 江南水师学堂

江南水师学堂,又称南洋水师学堂。由两江总督兼南洋大臣曾国荃奏请设立。设有"驾驶""管轮"两科,并附设"鱼雷"专科。辛亥革命后停办。

4. 天津武备学堂

1885 年,天津武备学堂由李鸿章奏请设立。这是我国现代设立陆军军官学校之始,北洋军阀将领段祺瑞、冯国璋、曹锟、王士珍、段芝贵、吴佩孚等曾在该学堂学习。

---

① 中国史学会.中国近代史资料丛刊:洋务运动:第 1 卷[M].上海:上海人民出版社,1961:11.

（三）技术实业学校

1. 天津西医学堂

天津西医学堂的前身是 1881 年设立的"总督医院附属学校"。总督医院是伦敦传教会医生梅琴兹于 1880 年在李鸿章资助下开办的新式医院。1881 年,梅琴兹建议对撤回国内的一些留学生进行现代医学训练,以充任海陆军医官,因而设立附属学校。1888 年梅琴兹去世后,总督医院被伦敦传教会收买,李鸿章另建天津总医院,并于 1893 年将原来的附属医学校扩充成北洋医学堂,即天津西医学堂,又称天津海军医学校。它是我国近代最早的官办西医学堂。

2. 福州电报学堂

1876 年,丁日昌奏请设立福州电报学堂。它是我国最早的电报学堂。

3. 山海关铁路学堂

山海关铁路学堂,1895 年由津榆铁路公司在山海关创办,1900 年义和团运动后解散。它是我国最早的铁路学堂。

除以上实业技术学堂外,还有 1867 年设立的上海机器学堂、1880 年设立的天津电报学堂和 1892 年设立的湖北矿业学堂等。这些学堂是近代实业教育的开端。

虽然洋务学堂的专业知识范围比较狭窄,教学质量极为低下,且具有强烈的封建色彩和殖民性质,但学堂以学年制和班级授课制为教学组织形式,以外国语言和自然科学为教学内容,打破了中国传统儒学一统天下的藩篱,从内容和形式上为中国新式教育的发展提供了榜样,为中国培养了最早的一批专业技术人才和政治外交人才。

二、留学教育的开展

洋务事业的大规模开展需要大量新式人才,受科举制的影响,旧教育根本不能培养出这样的人才,而刚起步的新教育也不能培养足够多的新式人才,因此必须依靠他国加快新型人才培养。于是在洋务运动期间,清政府向欧美等地派遣留学生,形成了中国留学教育的开端。在洋务留学的早期,清政府主要是向欧洲和美国派遣学生,中日甲午战争后才开始向日本派遣留学生。

（一）幼童留学美国

幼童留学美国是由容闳首先提议,在曾国藩、李鸿章、丁日昌等洋务派官员的赞同和支持下进行的。1871 年 9 月,曾国藩和李鸿章上书清政府奏请选送聪颖子弟出国留学,得到了清廷的批准。后又经各方函商和总理衙门复议,确定了最终方案和有关事宜,拟定《选派幼童赴美肄业办理章程》十二条,详细规定了赴美留学事宜,并在上海设立"出洋局",筹备出洋事务。

1872—1875 年,每年选派 30 名幼童赴美留学,四年共 120 名,学习年限为 15 年。首批 30 名在广东、江苏、浙江、福建、安徽等地区挑选"志趣远大、品质朴实"的聪慧幼童,平均年龄为 12 岁,经考试合格后录取。留学费用从海关洋税(进口关税)中拨付。

留美幼童由陈兰彬、容闳(1828—1912)任监督。学生在外国学校主要学习军政、船政、制造、测算等专业。除学习"西文""西艺"外,须在留学监督领导下,"随时课以中国文义",如《孝经》《五经》《国朝律例》等,遇有节日还要宣读《圣谕广训》,甚至早晚要拜孔子神位,"俾识立身大节,可冀成有用之材"①。

这批幼童在美学习勤奋,成绩优异,获得了美国社会的赞誉。幼童在学习现代自然科学的同时,也潜移默化地受到了西方文化的陶染。1881 年,思想保守顽固的继任监督吴子登上奏朝廷,以学生沾染洋气,"他日纵能学成回国,非特无益于国家,并且有害于社会"为理由,几乎把全部学生召回,留下继续学习的仅少数几人而已。尽管幼童留美计划中途夭折,但这段学习经历对成长中的留学生们产生了难以磨灭的影响。西方文化的学习和陶冶使他们不仅打下了一定的自然科学基础,而且获得了相应的西方资产阶级的人文理念和社会思想,他们逐渐成为中国近代科技、外交、军事、教育等领域的重要力量,为中国社会发展作出了杰出贡献。

（二）留欧学生的派遣

1877 年 1 月,李鸿章等奏请派遣福建船政学堂学生留欧,并将议定的《选派船政生徒出洋肄业章程》附呈。他们认为,法国制造技术最好,英国水师操练最精,因此主张派留学生去法国学制造,去英国学驾驶。按照规划派 30 名学生出国,学习 3 年,期满回国任用。3 月 31 日,中国近代第一批正式派遣的留欧学生在监督李凤苞、日意格(法国工程师,福建船政局正监督)的带领下出发赴欧。1881 年底,第二批留欧学生共 10 名,由香港出发,分赴英、法、德三国,学习营造、枪炮、火药、轮机、驾驶、鱼雷等,年限为 3 年。1886 年 4 月 6 日,第三批留欧学生 33 人由香港出发,在欧洲学习年限与前两期有所不同:学驾驶 3 年,学制造 6 年。

（三）留日学生的派遣

洋务运动时期,中国留日教育仅是个人行为,留日也以自费为主。甲午战争中北洋水师的失败使中国人开始重新认识日本,对日本的强大不得不刮目相看。一时间,留日教育蔚然成风。②

1896 年,清政府派遣 13 名留学生赴日,揭开了官派学生留日的序幕。"维新变法"加速了中国学生留日的进程。康有为明确主张"近采日本",提倡派留学生赴日本留学,认为日本"同文比邻",费用节省,通过留学日本了解欧美及日本的政治、文化和科学技术情况,尽速"以通世界之识,养有用之材"。于是,戊戌新政中又有 11 人东渡扶桑。1901 年,清廷决定给学成回国的留学生奖以进士或举人身份,这使得东渡的学生在 1903 年猛增到 1300 余人。1905 年,科举制度被废除,留日学生直线上升到 8000 余人,堪称当时世界上最大规模的留学运动。

最初,留日教育缺乏管理,学籍混乱,学历层次不清。1906 年学部拟定《管理游学日本学生章程》,规定了学生的入学、退学、转学及改学科乃至请假等事均须经游学监督认可;凡学生毕业,均须有总监督证明书;如有品行不修、学业不进者即勒令其退学。学生所学科目,仍由本人选定。留日教育作为洋务留学教育的进一步延续,加速了中国近代教育的发展进程,在中国留学史上具有重要的地位和作用。

虽然被派遣的留学生和培养的洋务人才是为了巩固清朝的封建统治,但是出乎统治阶级的意料,除极少数外,大多数留学生在接触了西方资产阶级文明、学习现代自然科学和生产技术知识后,将其介绍到中国,促进了中国新思想和新文化的传播。

洋务留学教育虽然规模很小,人数很少,但它对中国教育的推进功不可没,主要表现在以下方面:

---

① 舒新城.中国近代教育史资料:上册[M].北京:人民教育出版社,1961:163.
② 蒋纯焦.近代留美与留日教育之比较[J].江西社会科学,2000(1):46－51.

（1）培养了一批科学技术人才。一些人学习了机械、造船、铁路、邮电、采矿、医学等方面的专业，使我国有了第一批科技人才，如铁路工程师詹天佑、开滦煤矿工程师吴仰曾。其中，留美归国的詹天佑不依靠外国力量，自行设计修建了京张铁路，成为世界闻名的铁路工程师。

（2）培养了一批管理人才。如北洋大学校长蔡绍基、清华学校校长唐国安等为留美学生，北京大学首任校长严复是留英学生。另外，其他知名的在铁路方面的管理人才包括曾任沪宁铁路总经理、粤汉铁路副局长、津浦铁路总经理的黄仲良，曾任津浦铁路财务主任的沈嘉树和运输部主任的林沛泉；电报通信方面的管理人才有担任过上海电报局局长的宋宝奎，曾任交通部主管电报系统官员的袁长坤，以及曾任湖北电报系统负责人的陶廷庚；等等。他们是我国近代第一批掌握管理知识的科技人才。

（3）培养了一批军事人才。不少留学生归国后，担任了水师的管带、帮带等军官职务，也有不少人在造船和兵工厂工作。北洋舰队最大的舰只"镇远号"和"定远号"的管带就是两度出洋的林曾泰和刘步蟾。此外，"靖远号""济远号""超勇号"快速巡洋舰的管带也都是当时留欧归国的学生。

（4）培养了一批外交人才。在留学生中，不少人出任驻外公使、领事、代办等外交官职务，如曾任外交部部长的梁敦彦，曾任民国总理的唐绍仪。在外交频繁、交涉日广的情况下，初步改变了当时中国在外交上受外国人愚弄的尴尬局面。

（5）介绍和传播西方近代资产阶级社会政治学说和哲学思想，促进了中国近代思想解放运动。留英学生严复（1853—1921）第一次系统地翻译了许多西方学者的著作，如赫胥黎的《天演论》、亚当·斯密的《原富》、孟德斯鸠的《法意》、耶芳斯的《名学浅说》，等等，对中国近代社会产生了巨大的思想启蒙作用。

就整体而言，洋务教育培养人才的根本目的是维护清王朝统治，在实施过程中也难免带有明显的移植色彩。洋务学堂在办学上体现着"中体西用"的指导思想，表现为新旧参半的过渡形式，故只能称作"新教育"的萌芽。洋务派创办的新式学堂各自为政、互不关联；没有统一学制，也没有形成从小学、中学到大学的完整学校系统；由于学校规模很小，这些新式学堂多刻意模仿外国，并且管理腐败，难以让学生学到真正的科学技术，培养不出大批适应发展洋务事业需要的人才。

尽管洋务教育受到社会的诟病，但从整个中国教育史的发展过程来看，洋务派的教育改革在传统教育制度上打开了一个缺口。它第一次建立了新型的学校，第一次把"西学"纳入学校教育内容范畴，第一次有计划地派遣官费留学生；改变了以读书做官为主的传统教育目标体系，把培养实用人才纳入培养目标体系，培养了中国近代第一批科学技术人才、管理人才、军事人才和外交人才；改变了以儒经为主的传统教育内容体系，增添了天文、数学、物理、化学等自然科学知识和技术学科；引进了西方近代教学制度和教学方法，建立了班级授课制和实验教学法。所以说，洋务教育促进了中国教育的转型，是中国教育现代化的先声。

第三节　维新教育

随着洋务运动的开展，19世纪60年代至80年代末，改良主义思想在满目疮痍的中华大地萌动和形成。中日甲午战争后，民族危机急剧加深，改良主义思想迅速转变为一场声势浩大的要求变法维新的政治运动,至 1898 年,"百日维新"达到高潮。一批具有初步资产阶级改良思想的知识分子提出了改革教育的设想,形成了早期改良主义教育思潮。在维新变法时期,维新派人士极力推动改良主义的教育改革,史称"维新教育运动"。

一、早期改良主义的教育设想

到 19 世纪 80 年代末,中国社会并没有因洋务运动的开展而缓解其生存发展危机,外国资本主义的大规模涌入加速了中国的半殖民地化和半封建化进程,特别是中国在中日甲午战争中的失败,严重加深了民族危机。一批具有初步资本主义思想的知识分子针对这种状况,提出了改革社会制度、发展资本主义的要求,这就是所谓的"变法维新运动"。相应地,他们提出了改良教育的主张,形成了改良主义教育思潮。

维新变法运动分为前后两个阶段。前期的运动范围仅限于思想文化教育领域,重在思想启蒙;后期的运动范围则从思想文化教育领域扩展到政治经济领域,从思想启蒙延伸到政治与教育实践。一般把前期称为"改良派",把后期称为"维新派"。早期改良派成员所受教育和生活经历各不相同,有的是长期生活在外国,受资本主义文化熏陶的知识分子,如王韬(1828—1897)、容闳等;有的是自小饱读诗书,后来通过书本或其他途径间接了解资本主义文化而逐渐背离传统思想的激进士大夫,如冯桂芬(1809—1874)、陈虬(1851—1903)、汤震(1857—1917)、陈炽(?—1899)等;有的是在思想上相比洋务派有所超越的洋务幕僚,如薛福成(1838—1894)、郑观应(1842—1922)、马建忠(1845—1900)等。这些人从不同的视角和层次阐发了各自改良社会和教育的主张,指出了重教育、育人才的富强之路。

(一)建立学校系统,培育有用真才

早期改良派认为,"一国之才,视乎学校。学校隘,则人才乏,学校广,则人才多",因此要求统治者"宜下令国中各府州县俱立学校"①。他们把办学校、培养人才作为国家富强的根本,在分析了西方国家强盛的原因后指出:"学校者,人才所由出;人才者,国势所由强。故泰西之强,强于学,非强于人也。"②所以,改良派要求打破传统教育的模式,建立新形式的大、中、小学校。郑观应在其《盛世危言·考试》中提出了三级学校体制,将原有学宫和书院加以改造,设于州县的为小学,设于府、省会的为中学,设于京师的为大学。大学分设文、武两科,文科分为文学、政事、言语、格致、艺学、杂学六科,武科分为陆军、海军两科,延聘精通中西之学者,详定课程,三年一试,严加考核;学生各择一科,专习一业,数年后,皆可为国家有用之材。早期改良派撰写著作,较为详细地介绍了西方近代教育的学年制和班级授课制的具体操作程序与管理办法,并提出了系统的"中主西辅"的教育内容。他们赋予教育在改革社会、富国强民中以重大效用。

(二)扩大西学领域,讲求现代实学

早期改良派认为,西方资本主义列强并不强在枪炮战舰,而是强在"西学",即西方近代科学技术。相比洋务派,早期改良派认为"西学"的内容非常丰富,要求扩大向西方学习的规模和领域。冯桂芬认为,学习西学不应局限于"轮船火器",而应首先学习西方的自然科学、工农生产技术和学校教育。马建忠在 1884 年指出,洋务运动热衷讲求的"制造、军旅、水师诸大端,皆其末

---

① 何启,胡礼垣.新政真诠[M].沈阳:辽宁人民出版社,1994:110.
② 璩鑫圭,童富勇.中国近代教育史资料汇编·教育思想[M].上海:上海教育出版社,1997:83.

也"(《适可斋记言·卷二》)。郑观应在《盛世危言·西学》中将西学分为天学、地学、人学三部分，内容包括了西方的自然、工艺和社会科学诸多学科。陈炽更直截了当地批评洋务派学习外国是"弃其精英而取其糟粕，遗其大体而求其皮毛"(《庸书内外篇·自序》)。在一定程度上，早期改良派是用人类整体文化的观念来考虑中学和西学的关系，认为一个国家的政教法度应该择善而从，不应该有古今、中外、华夷的区分，完全突破了民族文化本位观念，并且指出学习西方不是目的，而在于民族自强，"始则师而法之，继则比而齐之，终则驾而上之。自强之道，实在乎是"。

(三) 抨击八股取士，改革科举制度

早期改良派已深刻认识到科举的弊端，称八股取士是"独罹于天地古今至惨之灾"，"适足以困其一世"，使人"读书外并不能见其一长"。[1] 他们清醒地认识到不修学校，则人才不出，不废帖括，则学校虽立，亦徒有虚名。王韬提出"时文不废，人才不生，必去时文尚实学，乃见天下之真才"，主张"以学时文之精神才力，专注于器艺学术"[2]。郑观应于 1884 年提出最好能"选材于学校"，如不能做到，也应改革科举，在经史、时事、例案等传统学问之外另立一科，"挂牌招考西学"[3]之士，以科举考试的晋身正途刺激人们学习西学的热情。但是，我们也应看到，早期改良派虽然猛烈抨击科举制度、抨击八股取士对人才的残害，但并未彻底否定科举，仍主张保留科举制度的形态，甚至在他们设计学制时还考虑到与科举制度接轨。

(四) 反对女子裹足，倡导女子教育

在西方现代男女平等观念的影响下，早期改良派已关注到中国女性的悲惨地位和无知状况，把不重视女子教育作为政治腐朽和教化衰落的重要原因。郑观应撰写《女教》一文，介绍西方国家男女平等的教育观，要求妇女在身体和智力上摆脱封建束缚。郑观应极力反对女子裹足，为中国女子哀怨叹息，"戕贼肢体，迫束筋骸，血肉淋漓，如膚大戮，如负重疾，如钩沉灾"；进而批判"妇女无才便是德"的世俗观念，指出在封建社会"女子独不就学，妇功亦无专司"，古人所称颂的"妇德、妇言、妇容、妇功"，也都是"有其名，无其实"。对于男女平权后的情形，郑观应设想到："苟易裹足之功，改而就学，罄十年之力，率以读书，则天下女子之才力聪明，岂果出男子下哉?"[4]

二、维新运动中的教育变革

如果说前期维新变法运动重在提出改良维新的思想观点，那么，在进入 19 世纪 90 年代后，维新变法运动则重在变法维新的社会实践。所谓维新变法，就是在不改变清朝封建统治的前提下，用和平方式进行自上而下的社会改革，实行君主立宪制，使中国走上资本主义的道路。这一时期的代表人物主要有康有为(1858—1927)、梁启超(1873—1929)、严复、谭嗣同(1865—1898)等人。他们是当时中国"向西方寻找真理的一派人物"[5]。

维新变法运动的领导者认为，中国积贫积弱的原因在于教育不良，学术落后。所以，他们把创办新式教育以培养维新人才、设立报馆以宣传维新变法、建立学会以组织变革力量、译西方书借以介绍"西学"当作救亡图存之道。史称"维新教育运动"。

① 何启，胡礼垣.新政真诠[M].上海：广益书局，光绪二十七年.
② 璩鑫奎，童富勇.中国近代教育史资料汇编·教育思想[M].上海：上海教育出版社，1997：602.
③ 璩鑫奎，童富勇.中国近代教育史资料汇编·教育思想[M].上海：上海教育出版社，1997：75.
④ 陈学恂.中国近代教育文选[M].北京：人民教育出版社，1983：59.
⑤ 毛泽东.毛泽东选集：第 4 卷[M].北京：人民出版社，1991：1469.

（一）创办新式学堂，培养维新人才

维新派把办学堂、开民智作为推动维新运动的重要手段。他们说："故言自强于今日，以开民智为第一义。"又说："国势之强弱，系乎人才；人才之消长，存乎学校。"在维新变法运动中，改良派创办了许多学校，其中最有名的有"万木草堂""时务学堂""北洋西学堂""南洋公学""经正女学"等。

1. 万木草堂

1891 年，康有为在广州长兴里创办，到 1893 年，正式定名为"万木草堂"，学生达 100 余人，以陈千秋、梁启超为学长；1897 年达到极盛时期，1898 年戊戌变法后被清政府查抄。万木草堂以激励气节、发扬精神、广求智慧、培养维新变法人才为办学宗旨，不仅讲解孔学、佛学、周秦诸子学、宋明理学，而且传授西洋哲学、社会学、政治原理学及中外史学、中外语言文字学、地理学、数学、格致学，成为酝酿、研究、宣传维新变法理论的场所，造就了一大批维新人才。

2. 时务学堂

1897 年，按察使黄遵宪、湖南巡抚陈宝箴、湖南学政江标等人，在谭嗣同的推动下，在长沙设时务学堂，湘绅熊希龄任总理（又称提调，即校长），聘请梁启超为中文总教习，唐才常为中文分教习，李维格为西文总教习。学校以使学生成为具有维新变法的坚强意志、通晓中外古今的广博知识和具备治理国家的能力的专门人才为办学目的；教学内容中西并重，中学分经学、子学、史学，西学分西方的政治、法律与格致等。本着经世致用的精神，时务学堂进行教学工作，推动了维新运动在湖南的开展。戊戌变法后时务学堂改为"求是书院"。

3. 北洋西学堂

1895 年，津海关道盛宣怀呈请北洋大臣王文韶奏准在天津开办中西学堂，称"北洋西学堂"。美国副领事丁家立为学堂总教习。学堂分头等（相当于大学专科程度）和二等（相当于中学程度）两部，学制共 8 年，每部修习 4 年，学业合格，就可以正常升级（班）升部。头等学堂分设工程学、电学、矿务学、机器学和律例学五科，并开设数学、物理、化学和英语方面的公共课。学生毕业后，或出洋深造，或从事洋务活动。二等学堂招收 13—15 岁读过"四书"并通一二门儒经的少年入学，以学英语、数学为主，三、四年级兼学各国史鉴、地舆和格物，同时讲读经史之学、《圣谕广训》及作策论。1896 年改名为"北洋大学堂"，1902 年改建成"北洋大学"（即现在天津大学的前身）。

4. 南洋公学

1896 年，盛宣怀又奏请在上海仿照北洋西学堂设立南洋公学。南洋公学先后开设师范院、外院（相当于小学）、中院（相当于中学）、上院（相当于大学）和特班。每院学生按程度分 4 班（级），每年依次升一班（级）；外院结业递升中院，中院结业递升上院，上院四年学成后给予毕业文凭。毕业生成绩优异者，可前往日本、比利时、英国和美国留学或实习。南洋公学曾造就了一批科学技术人才，对中国近现代工业和交通的发展做出了贡献。南洋公学三院相衔接的教育制度的实行成为中国近代大、中、小学三级制的雏形。师范院兼习中西各学，以为中院、上院培养"明体达用，勤学善诲"的教师为目的，此为中国师范教育的开端。上院起初以培养内政、外交、理财三方面的人才为目的，后陆续设置政治、经济、商务、铁路、电机、船政等科，以培养工业交通人才为主。1921 年，南洋公学与其他高校合并，改名为上海交通大学。

5. 经正女学

经正女学又名经氏女学,是国人创办最早的女学之一。1897 年,梁启超、经元善等人倡议在上海设立女学堂。1898 年 5 月,经正女学由上海电报局长、具有资产阶级改良主义思想倾向的民族资本家经元善筹资创办,并得到中外慈善人士的赞助。经正女学开设于上海城南(一说在上海龙华附近),后又在城西设分校一所。戊戌变法失败后被勒令停办。经正女学的课程分中西文两大类,中文课程教授《女孝经》《女论语》《女四书》《女诫》《幼学须知句解》《内则衍义》,还有唐诗、古文字等;西文课程有英文、算术、地理、体操等;学生还要学习女红、绘画、医学等课程。教师和管理人员都由中外女士担任,如英国浸礼会教士李提摩太的妻子被邀请每月访问女学一次,美国监礼会教士林乐知的女儿林梅蕊担任西文总教习并兼授英语、算术、地理、图画等课。经正女学的开设打破了当时教会女学一统天下的局面,起到了开风气之先的作用。但不管是办学思想还是课程设置、管理制度以及教师的延聘等,经正女学都深受传教士和教会女学的影响。

(二)建立学会,广集维新力量

维新派在实践中认识到,个人的力量单薄,必须组织更多的人集合起来才能壮大声势。康有为说:"思开风气、开知识,非合大群不可,且必合大而后力厚也。"①

1895 年 11 月间,康有为、梁启超、文廷式、陈炽、袁世凯、杨锐、江标、张之洞、张謇、陈三立(湖南巡抚陈宝箴之子,国学大师、历史学家陈寅恪之父)、黄遵宪以及张之洞的幕僚黄体芳、黄绍箕、黄绍第、梁鼎芬、汪康年等先后在北京、上海组织成立"强学会"。这是维新运动中维新派第一次组建政治团体。1898 年 4 月,康有为等人在京师再度成立"保国会",康有为起草了《保国会章程》,提出以"保国、保种、保教"即"保国家之政权土地""保人民种类之自立""保圣教之不失"为宗旨,意在集群策、群智、群力,发愤救亡,推动维新运动。一时间,各省维新人士纷纷组织成立各种学会,广泛聚集维新力量。

这时成立的各种学会是寓政治于学会之中的组织,学会的成立为积蓄维新力量、传播变法思想,开辟了一个重要阵地。

(三)设立报馆,宣传维新思想

维新派除开设学校培养人才、成立学会聚集人才外,还通过创办和发行报刊来宣传维新思想。康有为于 1895 年 8 月在北京创办了《万国公报》,同年 11—12 月,《万国公报》更名为《中外纪闻》,这是维新派创办的第一份刊物;后又在上海创办《强学报》,南北呼应,形成了中日甲午战争后维新宣传活动的第一次高潮。1896 年 7 月,梁启超在上海创办《时务报》;1897 年,严复在天津创办《国闻报》。此外,还有《湘学报》《知新报》《求是报》《实学报》,等等,在传播新思想,介绍西方资本主义的政治、文化、教育等方面都起了一定作用。

维新派以学会为阵地,以报刊为媒介,传播西学,议论国是,宣传变法主张,抨击封建势力,进行思想启蒙,为维新变法制造舆论和提供理论依据。

三、"百日维新"中的教育改革

1898 年 6 月 11 日(光绪二十四年,戊戌年四月二十三日),光绪帝下《明定国是诏》,宣布了变法维新,史称"戊戌变法",使维新运动的浪潮达到了顶峰。从 6 月 11 日起到 9 月 21 日发生宫

---

① 中国史学会.中国近代史资料丛刊:戊戌变法 4[M].上海:上海人民出版社,1957:133.

廷政变、光绪帝被囚禁,仅仅一百零三天,故史称"百日维新"。在短短的百日内,光绪帝连续发布了几十条除旧布新的诏令,其中关于教育改革的归纳起来主要有五项内容。

1. 筹办京师大学堂

筹办京师大学堂的倡议首见于1896年刑部左侍郎李端棻的《请推广学校折》,1898年,康有为在《请开学校折》中又重申此议。光绪帝下《明定国是诏》,宣布举办京师大学堂,"以期人才辈出,共济时艰"。总理各国事务衙门委托梁启超草拟《京师大学堂章程》上报,光绪帝当即批准,令孙家鼐为管学大臣,管理京师大学堂。聘请景澄为学堂中学总教习,美国人丁韪良为西学总教习。《京师大学堂章程》计八章五十二节,对办学总纲、课程、入学条件、学成出身、聘用教习、经费等都进行了详细规定。其中总则规定:"各省学堂皆当归大学堂统辖。"京师大学堂不仅成为全国的最高学府,同时也为全国最高教育行政机关,各省大学堂均属京师大学堂管辖。戊戌变法后,各项教育改革措施停废,唯京师大学堂因倡议早而得以继续开办。京师大学堂曾毁于八国联军的战火,1902年恢复开办,1912年改名为北京大学。

2. 改书院为学堂

《明定国是诏》令各省督抚将各省、府、厅、州、县的大小书院一律改为兼习西学的学校。至于学校等级,省会办的大书院为高等学堂,府城办的书院为中等学堂,州县办的书院为小学堂。同时鼓励民间兴办中西兼学的新式学堂。

3. 筹办专门学堂

"百日维新"中,维新派积极筹办农务、矿务、茶务、铁路、医学、编译等专门学堂,培养专业人才。

4. 筹办书局,奖设报馆

"百日维新"的措施还包括筹办书局和译书局,编译、印行中小学教材;奖设报馆,发行报纸,开放言论。

5. 废除八股考试,改革科举制度

1898年6月23日,光绪帝下诏"著自下科为始,乡会试及生童岁科各试,向用四书文者,一律改试策论"[①]。这里所说的"四书文"即"八股文"。7月23日,光绪帝下诏命令开经济特科,此处的"经济"是"经国济世"的意思。"经济特科"就是以特别的形式选拔国家需要的各类实用型人才。经济特科设内政、外交、法律、财政、经武、格物、考工等各专门之科。取士标准以后也改为以实学实政为主,不以楷法优劣为主。

思 考 练 习

1. 早期的教会学堂有哪些?
2. 洋务运动和维新运动期间举办的著名新式学堂有哪些?
3. 试分析近代留学教育的意义及影响。

拓 展 训 练

试分析近代教会教育、洋务教育、维新教育对中国教育由传统向现代转型所起的作用和影响。

---

① 汤志钧,陈祖恩.中国近代教育史资料汇编·戊戌时期教育[M].上海:上海教育出版社,1993:47.

第十二章　现代学制的建构

【学习目标】

1. 了解壬寅·癸卯学制、壬子·癸丑学制、和壬戌学制的制定过程及主要内容。
2. 把握壬寅·癸卯学制、壬子·癸丑学制、和壬戌学制的性质及主要特点。
3. 理解壬戌学制的指导标准。

【知识列表】

现代学制的建构	壬寅·癸卯学制	壬寅学制
		癸卯学制
		清末新学制颁布后的教育改革
	壬子·癸丑学制	壬子·癸丑学制颁布前的教育改革
		壬子·癸丑学制的出台过程
		壬子·癸丑学制的内容
		壬子·癸丑学制的特点
	壬戌学制	壬戌学制的酝酿
		壬戌学制的内容
		壬戌学制的指导标准和特点

【导言】　1901 年初，清廷下诏变法，开始推行所谓"新政"，重拾"百日维新"的教育改革措施，逐步废除科举、兴建学校系统，制订了"壬寅·癸卯学制"，奠定了现代教育制度的雏形。"辛亥革命"爆发后，1912—1913 年，民国政府教育部对清末教育制度进行了大刀阔斧的改革，确立了以"民权"为核心的指导思想，颁行了"壬子·癸丑学制"，现代教育体系基本形成。1922 年在五四新文化运动的推动下，以"民主"和"科学"为导向，颁行了"壬戌学制"，标志着现代教育制度基本定型。这一学制沿用至 1949 年，对我国现在学制的建立和改革都产生了有形无形的影响。

［教学视频］
现代学制的建构

第一节　壬寅·癸卯学制

1900 年，英、法、德、俄、美、日、意、奥组成八国联军，以镇压义和团运动为借口，发动对中国的侵略战争并很快占领北京，慈禧太后下令和谈，中国清政府被迫签订了丧权辱国的《辛丑条约》，对中国打击甚大。在慈禧太后的默许下，朝廷保守派主动进行变法，推行所谓"新政"。其主要内容就是实行教育改革，包括颁布和实施新学制、改革和废除科举制度、确立新的教育宗旨、建立中央及地方教育行政管理机构等。

1902 年，清政府颁布了中国第一个新式学制《钦定学堂章程》，因该年为农历壬寅年，故称"壬寅学制"。未及施行，旋即于第二年年底颁布并实施第二个新式学制《奏定学堂章程》，该年为农历癸卯年，史称"癸卯学制"。教育史上将两个学制合称"壬寅·癸卯学制"。

一、壬寅学制

1902 年（光绪二十八年）8 月 15 日，清政府颁布了在管学大臣张百熙的主持下拟定的一系列学制系统文件，包括《钦定京师大学堂章程》《考选入学章程》《钦定高等学堂章程》《钦定中学堂章程》《钦定小学堂章程》《钦定蒙学堂章程》共六份，统称为《钦定学堂章程》，即壬寅学制。壬寅学制是中国现代第一个以中央政府名义颁定的学制，它规定了一个纵向贯通衔接的较为完整的学制系统。壬寅学制由纵向三段七级、横向三类教育所组成（如图 12-1 所示）。

三段七级是：第一段为初等教育，包括蒙学堂 4 年、寻常小学堂 3 年、高等小学堂 3 年，总计 10 年，小学堂的宗旨是"授以道德知识及一切有益身体之事"；第二段为中等教育，设中学堂 4 年，为"高等专门之始基"；第三段为高等教育，办学宗旨为"激发忠爱、开通智慧、振兴实业"，分为高等学堂或大学预备科 3 年，大学堂（政、文、商、农、格致、工艺、医七科）3 年，以研究为主的大学院年限不定。

横向三类是：普通教育、实业教育和师范教育。与普通高等小学堂平行的有简易实业学堂，与普通中学堂平行的有中等实业学堂和师范学堂，与普通高等学堂平行的有高等实业学堂、师范馆等。

壬寅学制的进步性表现在：强调国民教育，提出了普及义务教育的思想；注重实业教育，提出了建立各级实业学堂的设想；重视师范教育，加强了教师培养。

壬寅学制的不足表现在：女子教育没有受到应有的重视，学制系统中缺失女子教育的地位；修业年限太长，学校教育的总学程共计二十余年，不利于人才成长；规定自高等小学堂开始，各级

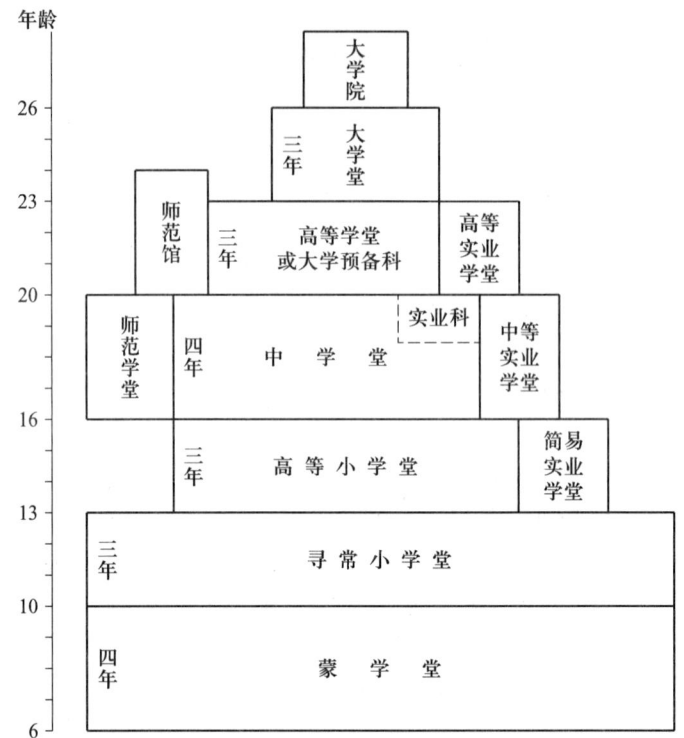

图 12-1 壬寅学制系统图

学堂毕业生对应授予不同的科举出身,使学制依然受到科举制的影响。

壬寅学制虽未实行,但毕竟是中国现代学制的开端,为以后学制建设打下了根基;其本身虽有各种不足,却是中国教育史上第一部由政府明令颁布且较为完备的学制系统,开创了中国教育的新纪元。

二、癸卯学制

1903 年(光绪二十九年)6 月,管学大臣张百熙、荣庆奏请朝廷,提出"学堂为当今第一要务,张之洞为当今第一通晓学务之人"①,请求委派张之洞会同商办学制事宜,上谕照准。1903 年 7 月,清政府命令张百熙、荣庆、张之洞以日本学制为蓝本,重新拟订学堂章程。1904 年 1 月 13 日(光绪二十九年十一月二十六日)公布了《奏定学堂章程》,由于此学制颁布于农历癸卯年,故称"癸卯学制",于 1911 年辛亥革命以后被废止。

1. 癸卯学制的内容

癸卯学制以普通教育为主干,仍分为纵向三段七级、横向三类。纵向三段七级是:第一段为初等教育,包括蒙养院 4 年、初等小学堂 5 年、高等小学堂 4 年,总计 13 年;第二段为中等教育,设中学堂一级 5 年;第三段为高等教育,分为高等学堂或大学预科 3 年、大学堂 3~4 年,通儒院 5 年。横向三类是:普通教育、实业教育、师范教育。与高等小学堂平行的有各类初等实业学堂

---

① 朱有瓛.中国近代学制史料:第 2 辑上册[M].上海:华东师范大学出版社,1986:71.

和师范预科以及实业补习普通学堂和艺徒学堂，与中学堂平行的有中等实业学堂和初级师范学堂，与高等学堂平行的有各类高等实业学堂和优级师范学堂。如图 12-2 所示。

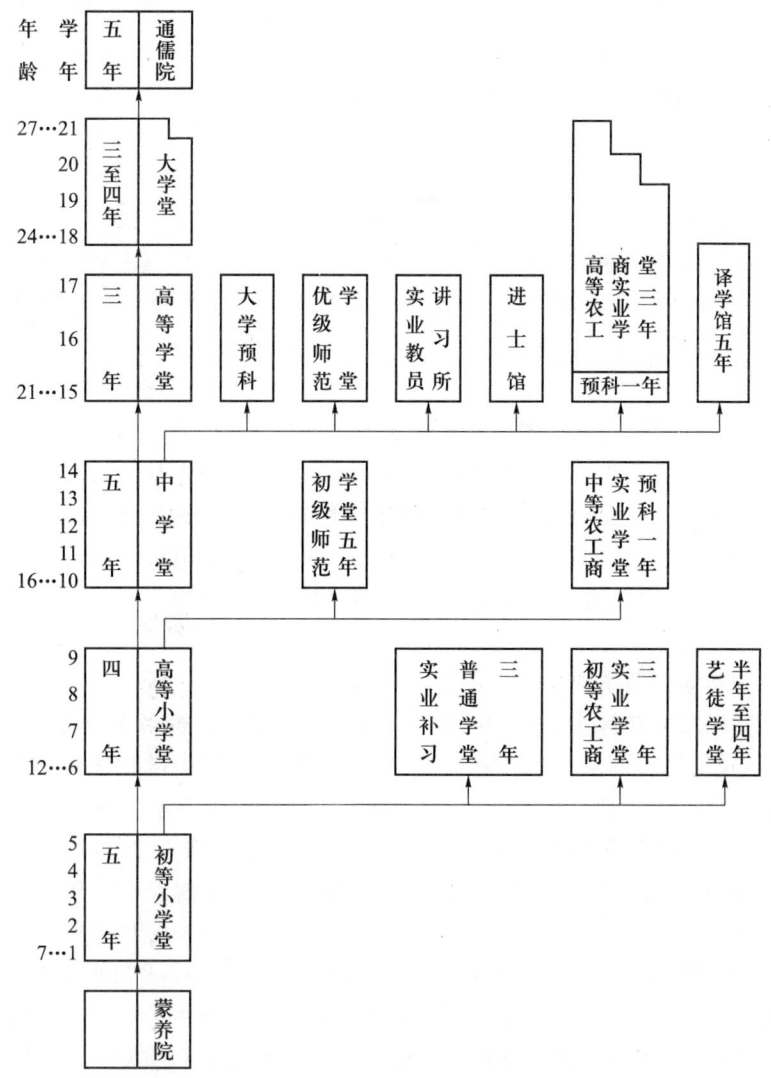

图 12-2　癸卯学制系统图

（1）普通教育

普通教育包括初等教育、中等教育和高等教育三段。

初等教育包括蒙养院、初等小学堂和高等小学堂三级。蒙养院招收 3—6 岁幼儿。初等小学堂为强迫教育性质，章程规定："凡国民 7 岁以上者入焉，以启其人生应有之知识，立其明伦理爱国家之根基，并调护儿童身体，令其发育为宗旨。"章程规定，以识字多少衡量教学成效，每星期教学时数不得超过 30 小时，5 年期满毕业。课程有修身、读经讲经、中国文字、算术、历史、地理、格致、体操等。视地方情形，可增加手工、图画一科或两科。贫瘠地区可设简易科，课程数目视具体情况酌减。高等小学堂的办学宗旨是"培养国民之善性，扩充国民之知识，强壮国民之气体"；课程有修身、读经讲经、中国文字、算术、中国历史、地理、格致、图画、体操等。视地方情形可增设手工、农业、商业等科目。

中等教育设中学堂一级,属普通教育性质,兼有升学和就业双重任务。课程有修身、读经讲经、中国文学、外国语(东语、英语或德语、法语、俄语)、历史、地理、算学、博物、物理及化学、法制及理财、图画、体操等。中学教育实现"以施较深之普通教育,俾毕业后不仕者从事于各项事业,进取者升入各高等专门学堂均有根柢"的办学目的。

高等教育分为三级。第一级为高等学堂,为"普通中学堂毕业愿求深造者入焉;以教大学预备科为宗旨,以各学皆有专长为成效。每日功课六点钟,三年毕业",成绩合格者升入大学本科。第二级为大学本科,亦称为分科大学,分经学、政法、文学、医学、格致、农学、工学、商科8科,每科均规定了明确的课程体系。除政法科及医科之医学门修业4年外,其余均修业3年。第三级为通儒院,招收分科大学毕业生,属研究院性质,修业年限为5年。另设平行于分科大学的译学馆,修业年限为5年,分为英文、法文、俄文、德文、日文等科,培养各类翻译人员。

(2)实业教育

实业学堂分初等、中等、高等三段。初等实业学堂分为农业、商业、商船三类,均招收初等小学堂毕业生和同等学力者。相当于高等小学堂程度,授以农、商、商船各业最浅近的知识和技能。中等实业学堂分农业、工业、商业、商船4类,相当于普通中学程度,教授农、工、商、商船各业所必需的知识和艺能。高等实业学堂分农业、工业、商业、商船4类,相当于高等学堂(大学预科)程度。此外,还设有实业补习普通学堂和艺徒学堂,属于成人教育性质。

(3)师范教育

师范教育分为初级师范学堂和优级师范学堂两段。

初级师范学堂以培养初等小学堂和高等小学堂教员为宗旨,相当于普通中学程度。根据实际需要,设完全科和简易科两类。完全科招收18—25岁的高等小学堂毕业生和同等学力者,5年毕业。省级初级师范学堂除完全科外,还设置简易科,招收25—30岁的学生,1年毕业。另设有预科和小学师范讲习所。预科招收普通学力未达高等小学堂毕业者,小学师范讲习所招收学力不足的在职小学教员,为补习增强学力之性质。规定师范学堂附设小学堂一所,为师范生实习之地。

优级师范学堂培养初级师范学堂与中学堂教员和管理人员,招收初级师范学堂和中学堂毕业生及同等学力者,年龄为18—25岁,学制4年。第一年学习公共科目,分人伦道德、群经源流、中国文学、日语、英语、辨学、算学、体操八科。后三年学习分类科目:第一类为中国语文、外国语文等,第二类为地理、历史等,第三类为算学、物理学、化学等,第四类包括植物、动物、矿物、生理学等。后三年还要学人伦道德、经学大义、教育、心理、体操等科目。此外,有一年的加习科。本科毕业的学生若感到自己的管理法、教授法不足,则可自愿加习,加习内容可从教育学、教育制度、教育政令、学校卫生、儿童研究、美学、实验心理学、教育实习等科目中选修五科。优级师范学堂须附设中学堂和小学堂各一所,为学生教育实习之场所。

2.癸卯学制的意义及影响

癸卯学制的核心思想是"中学为体,西学为用"。张百熙、荣庆、张之洞在《奏定学堂章程折》中明确指出:"立学宗旨,无论何等学堂,均以忠孝为本,以中国经史之学为基。俾学生心术壹归于纯正,而后以西学沦其智识,练其艺能,务期他日成材,各适实用,以仰副国家造就通才、慎防流弊之意。"从课程设置上看,读经科目在各类学校课程中均占很大的比重;对各级学堂的学生参照其考试成绩和平时品行奖励以科举出身；将女子排除在学校教育的大门之外；学制年限过长，不利于人才的成长和培养。

但迫于历史潮流的驱动，癸卯学制开始注重教育与社会生活的联系、关注教育对国计民生的影响，适应了资本主义工商业发展的需要；学制规定的培养目标已不再是传统士大夫，而是实用型人才，对近代中国新型人才的培养起到了积极的推动作用；外国语以及博物、物理学、化学、格致等学科的设置也明显体现了社会价值观念的变化，促进了西方自然科学知识和社会政治思想学说在中国的传播；为了学制的推行而确立的学年制和班级授课制等教学组织形态，也是该学制在教育教学实践中先进之处的体现。

总的来说，尽管癸卯学制存在诸多不足，但它作为废除科举制前确立的第一个颁布且施行的新式学制，加速了旧教育的崩溃，奠定了中国现代教育发展的方向，完成了中国教育由传统向现代的转轨，极大地促进了新式学堂的发展，最终使中国教育步入现代化的轨道。癸卯学制是我国现代学制建立的基石，对于中国教育的现代化具有里程碑意义。

三、清末新学制颁布后的教育改革

癸卯学制颁行后，清政府对教育采取了一系列改革，主要是发展女子教育、废除科举制度、设立从中央到地方的教育行政机构、厘定教育宗旨，等等。

1. 发展女子教育

面对清末以来振兴女学的呼声，1906 年 2 月，慈禧太后面谕学部，制定女学堂章程。1907年，学部颁布《女子小学堂章程》和《女子师范学堂章程》，规定女子可接受初等教育和初级师范教育。尽管女子接受教育的层次和年限均受到严格限制，但女子接受学校教育的权利首次被国家承认，女子学校教育被纳入国家学制系统。

2. 废除科举制度

科举制在历史上曾起过积极的作用，但到近代却越来越成为新教育发展的障碍。癸卯学制颁行后，科举制更加制约着新式学校的发展。清末特别是实行"新政"以后，很多有识之士都提出要改革科举考试甚至废除科举。1903 年，张百熙、荣庆、张之洞上奏《请递减科举注重学堂折》，指出"由科举未停，天下士林谓朝廷之意并未专重学堂也"，他们建议"从下届丙午（1906 年）科起，每年递减中额三分之一，暂行试办"[①]，也就是通过三科（即九年）的时间取消科举。1905 年，张之洞、袁世凯等六名地方督抚联名上奏，"科举一日不停，士人皆有侥幸得第之心……学堂决无大兴之望"。在他们看来，若能停止科举，建立学校，则可以"广学育才，化民成俗，内定国势，外服强邻，转危为安"[②]。清政府采纳建议，规定从 1906 年起，所有乡试、会试一律停止。

至此，自 606 年（隋炀帝大业二年）创立的科举制度，在经历了 1300 年的漫长岁月后，终于走到了尽头。科举制度自确立以来，对中国封建社会的发展起到重要作用，产生了重大影响：它将政治与文化教育、社会结构与儒家意识形态统一和协调起来，创造世界上独一无二的科举文明。但是经历了千余年的历史沧桑，其历史局限性日渐凸显，成为社会现代化发展的羁绊。科举制度的废止，标志着中国传统的"学而优则仕"教育体系的崩溃，是中国社会发展历史上质的飞

---

① 舒新城.中国近代教育史资料：上册［M］.北京：人民教育出版社，1961：60,61.
② 舒新城.中国近代教育史资料：上册［M］.北京：人民教育出版社，1961：63,64.

跃,是中国教育史上的一件大事。从此,中国教育的发展扫清了一大障碍,中国教育揭开了新的历史篇章。

3. 设立从中央到地方的教育行政机构

1905 年,为了保证学制的切实执行,清政府特设专门教育行政机构,建立起从中央到地方的教育行政管理体系。

(1)学部的设立。学制颁布后,清政府根据张之洞等人的建议,设总理学务大臣一职以统领全国教育,下设专门、普通、实业、审订、游学、会计六处。为振兴全国学务,1905 年 12 月 6 日,清廷采纳张百熙的建议,效仿日本文部,设立学部作为中央级教育行政机构。学部的最高长官为尚书,左、右侍郎分工辅佐尚书,左、右参议各一人,为学部顾问。学部成为管理全国教育事业的最高行政机关。荣庆调补首任学部尚书,熙瑛补左侍郎,严修选为右侍郎。学部内设 5 司 12 科:总务司,下设司要、案牍、审定 3 科;专门司,下设教务、庶务 2 科;普通司,下设师范教育、中等教育、小学教育 3 科;实业司,下设实业教务、实业庶务 2 科;会计司,下设度支、建筑 2 科。另设司务厅负责内勤。各司设郎中,各科设员外郎,分别主持司、科事务。学部正式官员的编制为 40 人。此外,学部的直属单位还有编译图书局、京师督学局、学制调查局、教育研究所、高等教育会议所等。原国子监归并学部,教官一并裁撤,监生另行安排,只保留监丞一员负责孔庙管理及祭祀等有关职能。学部是中国近代最早独立设置的中央教育行政管理机关。中央学部的设立结束了教育由礼部掌管、文教不分的历史,使教育的地位得以提升、教育的作用得以进一步确认;结束了中央与地方教育行政各不相干、各自为政的历史,促进了中国教育制度的进一步完善和统一;是中国教育行政现代化发展的重要标志。

(2)地方教育行政机构的设立。新学制颁行后,原各省学政已不能适应教育发展的要求。1906 年(光绪三十二年)4 月,学部与政务处联合建议,"裁撤学政,各省改设提学使司,统辖全省地方学务,归督抚节制"①,并受学部直接指挥与监督。清政府根据学部奏请,决定各省裁撤学政,改设提学使司,统辖全省学务。提学使司的办公机构称学务公所,置议长一人、议绅四人,协助提学使参赞学务,并接受督抚咨询。学务公所下设总务、专门、普通、实业、图书、会计六课,与学部各司职能对应;各课设正副课长各一人,课员一至三人。整个提学使司的编制不过二三十人。同年 5 月,学部奏定在各厅、州、县建立劝学所,管辖本地学务。设视学一人,由省提学使委派曾出洋留学或曾习师范者担任,地方官监督办理学务。采取划分学区的方式,以城关为中区,次第扩展到四方乡镇村坊,约三四千家划为一区。视学兼任学区总董,每区设劝学员一人,由地方官委派品行端正、留心学务者担任。各村推举学董,负责本地筹集款项,按学部规定的程式办学。地方教育行政机构的设置有力地推动了基层教育的发展。至此,从中央到基层的教育行政体制遂告建立。

20 世纪初,自中央学部到地方的各级教育行政管理机关的设立,虽发挥效用时间有限,却有效地沟通了各级各类学校教育间的内在联系,结束了中国历史上各类教育横向不联系、纵向不衔接的状况,保障了学校教育制度的实施,促进了教育的快速发展,为中国教育现代化奠定了基本的制度框架。

4. 厘定教育宗旨

《奏定学堂章程》中明确提出了教育宗旨,不折不扣地体现了"中体西用"的思想。然而,该宗

---

① 陈学恂.中国近代教育史教学参考资料:上册[M].北京:人民教育出版社,1987:584.

旨表述繁琐,不利于传播与贯彻。学部成立之后就着手制定和颁布明确的教育宗旨。1906 年(光绪三十二年)4 月 25 日,清廷颁布上谕:"朝廷锐意兴学,特设专部以董理之,自应明示宗旨,俾定趋向,期于一道同风。兹据该部所陈忠君、尊孔与尚公、尚武、尚实五端,尚为扼要。"①这是中国近代第一个以中央法令形式确定的、具有独立形态的教育宗旨。这个教育宗旨的核心仍是传统的"忠""孝"思想,明显反映了"中学为体,西学为用"的指导思想。学部在《奏请宣示教育宗旨折》中解释说,前两条是"中国政教之所固有,而亟宜发明以距异说者",后三条是"中国民质之所最缺,而亟宜而碱砭以图振起者"②。"忠君""尊孔"可视为"中学为体"的具体体现,是宗旨的核心部分,"尚公""尚武""尚实"则是分析中国当时所存的弊端"私""弱""虚"而提出来的,有"西学为用"的深刻内涵。"尚公"就是爱国如家、视人如己;"尚武"就是"使全国学校隐寓军律,童稚之时已养成刚健耐苦之质地",使学生"守纪律、养威重、以造成完全之人格"并认识到人人"有当兵之义务";"尚实"就是学以致用,培养可农可工可商之才,下益民生、上裨国计。该宗旨简称为"十字五条"宗旨。

宗旨的前两项强调维护君主专制制度和儒家礼教,体现传统教育的根本性质,后三项分别与德育、体育和智育相对应,但出发点都是国家本位。"尚公"强调国家利益和公民道德,"尚武"的目的是强兵,"尚实"的目的是使国家富强。至于对个人品质健全发展及个人生活改善的需求,该教育宗旨根本就没有顾及,这也是中国传统教育的基本特点所在。

总之,"尚公、尚武、尚实"体现了新兴资产阶级要求发展资本主义、转变现实价值观念、学习西方社会科学和自然科学的愿望,为清末数年学校教育的发展提供了国家法制的保证。

第二节　壬子·癸丑学制

清末新政的推行并没能挽救清王朝灭亡的命运。1911 年辛亥革命爆发,封建专制统治被资产阶级民主共和国取代,中国社会又一次经受了历史的洗礼。新政权的建立标志着中国延续近两千年的封建专制制度的终结。伴随着社会历史的转型,中国教育发生了巨大的变革。

一、壬子·癸丑学制颁布前的教育改革

1912 年 1 月 1 日,中华民国成立,孙中山就任南京临时政府大总统。同年 1 月 9 日组建教育部,聘请蔡元培为教育总长。蔡元培上任后,先后两次较大规模地制定和颁布教育法令,对清末学制进行了彻底的改造,构建起现代学制体系。

(一)民国初年教育法令的颁布

中华民国教育部在成立之初,敦促各地尽快恢复教育秩序,于 1912 年 1 月 19 日颁布了第一个改造旧教育的法令——《普通教育暂行办法》和《普通教育暂行课程标准》。《普通教育暂行办法》表明"鉴于学校之急当恢复,发临时学校令以便推行"③,力求改变原有教育制度与中华民国精神不相符合的具体内容和措施。

---

① 舒新城.中国近代教育史资料:上册[M].北京:人民教育出版社,1961:225.
② 舒新城.中国近代教育史资料:上册[M].北京:人民教育出版社,1961:220.
③ 朱有瓛.中国近代学制史料:第 3 辑上册[M].上海:华东师范大学出版社,1990:1.

《普通教育暂行办法》的要点包括：（1）一律废止小学读经科，注重手工科、算术科，加强兵式体操；（2）教科书必须合于民国宗旨，清学部颁行的教科书一律废止；（3）初等小学可以男女同校；（4）废止旧时科举奖励出身；（5）各类学堂一律改称学校，监督、堂长一律改称校长；（6）中学为普通教育，文实不分科。

《普通教育暂行课程标准》具体规定了中学、小学设置科目，各科教学时数及教学计划等，除废除读经科外，其他内容基本沿袭清末新政旧制。这些措施对改造传统教育发挥了重要作用，直接体现了辛亥革命的成果。

（二）民国初年教育方针的制定

1912年4月，教育总长蔡元培在《东方杂志》发表了《对于教育方针之意见》，提出了对教育方针的理解和解释。蔡元培针对清末"十字五条"教育宗旨，认为"忠君"一项与共和政体不合，"尊孔"与信教自由相违背，二者自然必须去除，而"尚公""尚武""尚实"虽内涵有一定偏误，但通过修改，注入时代意义，仍具有借鉴价值。蔡元培提出了"军国民教育""实利教育""道德教育""世界观教育""美感教育"这"五育并举"的教育方针，成为民国初期制定教育方针和教育政策的理论根据。

1912年7月10日—8月10日，全国临时教育会议召开，与会人员50余人，教育总长蔡元培、次长范源濂到会。开幕式上，蔡元培明确指出此次会议的重要地位——"全国教育改革的起点"[1]，阐发了他"五育并举"的思想。会议围绕"五育"展开讨论，"世界观教育"的提法因与中国传统文化观念的差异较大，意见分歧明显，最终拟定和通过了包含除此之外的其他"四育"在内的民国教育方针，并于同年9月2日由教育部正式公布实施。这个方针的具体表述是："注重道德教育，以实利教育、军国民教育辅之，更以美感教育完成其道德。"

民国初年教育方针是中国现代第一个明确制定并实行的资产阶级教育宗旨，它的制定和实行更新了社会的价值观念，调整了教育的根本立足点，明确了教育的培养目标和人才规格，奠定了民国时期教育改革的思想基础，为现代教育的进一步发展指明了方向。

二、壬子·癸丑学制的出台过程

随着社会的发展与变革，旧的教育制度已完全不能适应新的时代对人才的需求，癸卯学制培养"忠臣贤才"的性质显然与民国政府培养"共和国民"的要求大相径庭，改革和制定新学制的任务日渐迫切。事实上，南京临时政府教育部在《普通教育暂行办法》中就曾指出："民国既立，清政府之学制，最必须改革者。""至于完全新学制，当征集各地方教育家意见，折衷厘定，正式宣布。"于是，教育部决定着手制定新教育法令。

为了广泛征求全国教育界意见，南京临时政府教育部于1912年3月发表了《拟议学校系统草案》，教育部召集了一批留学归国人员和国内教育名士，召开临时教育工作会议，分别草拟各级学校规程。最初意向是以欧美学制为蓝本，"拟遍采欧美各国之长，衡以本国情形，成一最完美之学制"[2]。但考虑到欧美学制不适合中国国情，且欧美归国人员中缺少专习教育之人，对欧美学制缺乏深入了解，最终仍在参照日本学制的基础上，结合中国的实际经验，拟成民国新学制

① 朱有瓛.中国近代学制史料：第3辑上册[M].上海：华东师范大学出版社，1990：7.

② 陈学恂.中国近代教育史教学参考资料：中册[M].北京：人民教育出版社，1987：164.

草案。

经过广泛讨论,会议最终制定通过了《学校草案系统》,并于 1912 年 9 月 3 日由教育部以《学校系统令》为名公布。至 1913 年 8 月,教育部将临时教育会议决议通过的《小学校令》《中学校令》《师范学校令》《专门学校令》《实业学校令》进行一定的增删,并陆续向全国颁布,同时配套发布了相应的学校法令和规程。这些法令规程使学制内容进一步具体化。因 1912 年、1913 年分别为农历壬子年、癸丑年,故上述法令章程综合为统一的学校系统,合称为"壬子·癸丑学制",又称为"1912—1913 年学制"。

三、壬子·癸丑学制的内容

壬子·癸丑学制以普通教育为主干,以师范教育和实业教育为两翼,纵向学程为 17 年或 18 年,共分为三段四级:初等教育 7 年,分为初等小学和高等小学两级;中等教育设中学一级 4 年;高等教育 6~7 年,分设预科和本科两级。小学之前有蒙养院,大学之上有大学院,均不计年限。师范教育分师范学校和高等师范学校两级,实业教育分甲乙两种;还有专门学校,相当于大学阶段的教育。如图 12-3 所示。学制对各级各类学校的目的任务、课程设置、学校设备、入学条件、教职员任用、经费及领导管理都进行了具体规定。

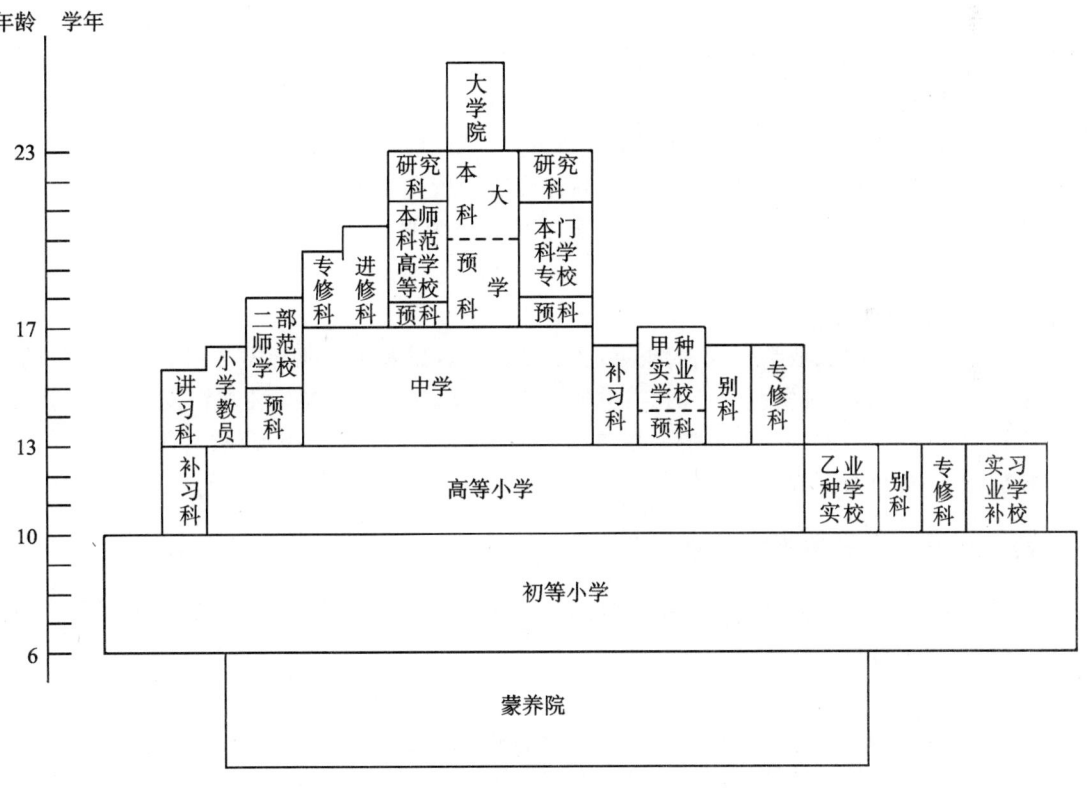

图 12-3 壬子·癸丑学制系统图

(一) 普通教育

普通教育分为三段五级。初等教育分为两级,中等教育一级,高等教育分为两级。

(1) 初等教育。分为初高两级。初等小学 4 年,为义务教育阶段,男女同校,毕业后可进入高等小学或乙种实业学校;高等小学3年,男女分校,毕业后可进入中学、师范学校或甲种实业学校。《小学校令》指出,儿童6—13岁入小学,"小学教育以留心儿童身心之发育,培养国民道德之基础,并授以生活所需之技能为宗旨"[1]。初等小学的课程有修身、国文、算术、手工、图画、唱歌、体操7种,女子增加缝纫。高等小学的课程有修身、国文、算术、本国历史、地理、理科、手工、图画、唱歌、体操10种,男子增加农业,女子增加缝纫。农业课可根据情况改设为商业课,有条件的还可开设外语课。

(2)中等教育。设中学校一级,学制4年,毕业后可进入大学、专门学校或高等师范学校。《中学校令》明确规定:"中学校以完成普通教育,造成健全国民为宗旨。"[2]中学所设课程有修身、国文、外国语、历史、地理、数学、博物、物理、化学、法制经济、图画、手工、乐歌、体操14种,其中外国语以英语为主,也可择法、德、俄语。此外,女子加授家事、园艺、缝纫,但园艺可缺。

(3)高等教育。分为预科和本科两级。大学预科3年,本科3年或4年;专门学校本科3年毕业(医科4年),预科1年。《大学校令》规定:"大学以教授高深学术、养成硕学宏材,应国家需要为宗旨。"[3]大学分文、理、法、商、医、农、工七科,并分预科及本科;大学毕业可进大学院,修业期不限。《大学规程》中详细地规定了各种课程,如文科分为哲学、文学、历史学、地理学4门。在壬子·癸丑学制中,取消了原来癸卯学制中的高等学堂,以专科学校代之,入学资格为中学毕业生。学制规定:"专门学校以教授高等学术、养成专门人才为宗旨。"[4]其种类为法政、医学、药学、农业、工业、商业、美术、音乐、商船、外国语等专门学校等。

(二)师范教育

师范教育分为师范学校和高等师范学校两级。师范学校以培养小学教员为目的,女子师范学校以培养小学教员及蒙养员保姆为目的;高等师范学校以培养中学校、师范学校教员为目的,女子高等师范学校以培养女子学校、女子师范学校教员为目的。[5] 两级学校均设选科、专修科、研究科。

(三)实业教育

《实业学校令》和《实业学校规程》规定:实业学校以教授农工商业必需之知识技能为目的[6],分为甲种实业学校和乙种实业学校两类:甲种实业学校施完之普通实业教育,乙种实业学校施简易之普通实业教育;亦得应地方需要授以特殊之技术。[7]《实业学校规程》具体规定了上述各种学校的种类、分科及课程等。

四、壬子·癸丑学制的特点

壬子·癸丑学制依据民国初年教育宗旨制定,反映了社会发展对人才培养的新要求。概括来说,它具有以下特点:

① 舒新城.中国近代教育史资料:中册[M].北京:人民教育出版社,1979:449.
② 舒新城.中国近代教育史资料:中册[M].北京:人民教育出版社,1979:526.
③ 舒新城.中国近代教育史资料:中册[M].北京:人民教育出版社,1979:647.
④ 舒新城.中国近代教育史资料:中册[M].北京:人民教育出版社,1979:646.
⑤ 舒新城.中国近代教育史资料:中册[M].北京:人民教育出版社,1979:708－709.
⑥ 舒新城.中国近代教育史资料:中册[M].北京:人民教育出版社,1979:785.
⑦ 舒新城.中国近代教育史资料:中册[M].北京:人民教育出版社,1979:785.

（一）贯彻教育平等精神

（1）在教育中禁止体罚，主张尊重学生人格；要求教育联系儿童实际，适合儿童身心发展的特点。（2）新学制基本废除了在受教育权上对女性的歧视。规定初等小学可以男女同校，除大学不设女校不招女生外，普通中学、师范学校、高等师范学校和实业学校都可以设立女校，反映了男女平等的精神。（3）取缔了清政府专门为贵族开设的贵胄学校，废除了封建教育特权。

（二）体现反封建精神

（1）以"养成独立之人格""培植克尽国民责任之能力"[①]为学制制定的初衷，取代了传统教育"忠臣顺民"的教育办学宗旨。（2）加强了中小学的实业教育，增加了自然科学课程和生产技能的训练，使以教授农工商等实用知识技能为目的的实业教育得到了加强。（3）根据民国教育精神对课程进行重大改革，取消了"尊孔"仪式，并在小学废止了读经课，在大学取消了经学科。特别值得注意的是，美术与音乐两门艺术学科首次被列入中国高等教育的体系之中。

（三）突出强烈的现代精神

壬子·癸丑学制改称各级学堂为学校，废除了清政府对大学的行政管理与教务管理，各科设学长，大学教师分为教授、助理教授、讲师三级，使高等教育管理系统与西方高教管理体制逐渐接轨。通过分科，高等学校进行了根本性变革。壬子·癸丑学制对人类知识的学科分类与大学的学科设置，已基本接近现代的学科分类。从更深的层次来说，壬子·癸丑学制放弃了"中学为体，西学为用"的保守思想，取消了经学为独立学科的独尊地位，改变了视技术学科为"雕虫小技"的旧观念，在中国文化思想史和教育史上具有重大的进步意义。

壬子·癸丑学制仍存在种种不足。譬如，初等教育修业年限为 7 年，仍然偏长；中学修业年限为 4 年，相对于其教育内容而言明显偏短；学制实行"全国一刀切"，整体缺乏弹性。然而，壬子·癸丑学制是中华民国颁布的第一个学制，是一个承上启下的新学制，它直接推动了民国初期学校教育的变革和发展，在中国教育的现代化过程中，起到了除旧布新、继往开来的历史作用。

第三节　壬戌学制

一、壬戌学制的酝酿

（一）民族工业发展对人才培养提出了新的要求

在第一次世界大战期间，欧美各主要资本主义国家由于忙于战争，暂时放松了对中国的经济侵略，使中国民族工业获得了一个千载难逢的发展机会，让民族资产阶级的力量得以壮大。民族资产阶级出于发展生产、创造更多利润的愿望，迫切需要各类专业技术人才和管理人才，并急需大量的受过一定教育的劳动者成为机器生产的熟练工人。为了民族资本主义的顺畅发展，民族资产阶级强烈要求在中国推行民主政治，获得更多的政治权利，以更好地发展资本主义，这就需要教育传播民主思想，培养参政人才。然而壬子-癸丑学制的制定和出台相对仓促，加之其主要参考了日本教育体系，不能真正适应中国国情，与民族资产阶级的要求相距甚远，学制本身的不足和弊端逐渐呈现。此时，大批留美学生陆续归国，对中国教育现状极为忧虑，学习美国教育理

---

①　朱有瓛.中国近代学制史料：第 3 辑上册[M].上海：华东师范大学出版社，1990：7.

论、借鉴美国学校制度的呼声不断高涨。在一批教育家和民间教育社团的倡导推动下,新学制的酝酿和制定被提上教育发展的议事日程。

(二)新文化运动促进社会观念更新

1915年,陈独秀创办《青年》杂志(后改名为《新青年》),并在创刊号上明确举起了"民主"和"科学"的旗帜,吹响了新文化运动的号角,同封建势力及其意识形态展开坚决的斗争;1919年五四运动爆发,标志着新文化运动达到高潮。五四运动前后,一批知识分子总结了"辛亥革命"的经验教训,认为革命成败与国民性有直接的关系;他们以"进化论"观点和个性解放思想为武器,猛烈抨击儒学,自觉利用西方的理论武器向封建礼教挑战,促进了民族现代意识的觉醒和空前的思想解放。

在教育领域,继洋务运动在技艺层面、维新运动在制度层面接受了西方教育后,新文化运动时期的中国在思想观念层面上开始接受西方教育观念,追求教育的个性化、平民化、实用化和科学化。

(三)文化教育自身发展的必然趋势

1.提出新的培养目标

1919年,教育部组织的由范源濂、蔡元培、陈宝泉、蒋梦麟等参加的教育调查会提出了新的教育宗旨:"养成健全人格,发展共和精神。"①健全人格包括:私德为立身之本;公德为服役社会国家之本;人生所必需之知识、技能;强健活泼之体格;优美和乐之感情。共和精神的内涵为:发挥平民主义,俾人人知民治为立国之本;养成公民自治习惯,俾人人能负国家社会之责任。人才规格的进一步明确势必反映在学制形态上。

2.学校采用国语和白话文教学

国语运动从清末就开始了。民国初期,国语研究会成立,胡适、鲁迅等人都是白话文的积极开拓者。1917年10月,全国教育会联合会决议请教育部速定国语标准,并设法将"注音字母"推行至各省区,为将来小学改国语之预备。1918年,教育部正式公布注音字母,但仅在江苏等少数地区实行国语教学,国语的推行尚达不到全国范围。1920年,教育部正式规定全国从一、二年级开始使用白话文教材,到1922年止,除语文课本中的文言文课文外,所有的文言文教科书停止使用。白话文的推行不仅掀起了一场文学革命,使文学更接近人民生活,而且使口语和书面语相一致,从而大大减轻了学习、阅读和写作的负担,国语和白话文在学校教育中推行,为普及教育创造了条件。

3.男女平等教育权的确立

新文化运动促使女子受教育的权利不断增强。1917年,全国教育会联合会第三届会议向教育部提出推广女子教育案,力求改变女子教育的现状。五四运动中王兰、邓春兰等几位女士提出申请,到北京大学求学。时任北京大学校长的蔡元培慨然应允:只要考试达入学标准,就没有拒绝女生的理由。1920年,北京大学和南京高师首次招收女生。以后各高校纷纷效仿,一些进步的中学和专科学校也开始男女合校,甚至男女同班。女子进入最高学府的措施彻底打破了"女子无才便是德"的传统观念,给男女教育不平等的封建传统以巨大冲击。

---

① 教育调查会第一次会议报告:教育宗旨研究案[J].教育杂志,1919(5):20-21.

（四）新教育思潮的涌现使教育界思想空前活跃

新文化运动反对封建思想，宣传进步思想，促使教育领域涌现出职业主义、科学主义、平民主义、工读主义、实用主义等教育思潮。其中，实用主义教育思潮对新学制的制定产生了重要影响。实用主义教育思想于 19 世纪末在美国出现，创立者是美国教育家杜威。1919 年 5 月，杜威应北京大学、新学会、尚志学会、中国公学四个单位的联名邀请来华讲学，在中国停留了两年零两个月之久，宣传他的哲学和教育学说。师从杜威的胡适、陶行知、蒋梦麟等在此期间也大力宣传杜威的主张，传播实用主义教育思想的出版物随处可见。实用主义教育思想一时成为全国范围内重要的教育思潮，给当时的学制改革带来深刻影响。

（五）各民间教育社团的建立对学制改革的推动

新文化运动前后，中国大地上涌现出一批民间教育社团，社团组织者们关注民族前途命运，积极参与和推进教育的各项改革，尤其在学制改革中发挥了不可替代的作用。重要的教育社团有：中国科学社、全国教育会联合会、中华职业教育社、新教育共进社、中华教育改进社、平民教育社、实际教育调查社、中华平民教育促进会等。其中，全国教育会联合会对新学制的制定发挥了核心推动作用。该联合会是由各省教育会及特别行政区教育会代表组成的全国性民间教育团体，发起人为沈恩孚、黄炎培、经亨颐等。他们组织各省教育会深入社会进行调查走访，提出了学制改革的具体提案。在学制改革中，民间教育社团的作用功不可没。

总之，在中国现代教育发展史上，在 1911 年以后 10 年左右的时间里，我国教育界进行了一场前所未有的教育改革运动。这场教育改革运动的重要成果之一就是壬戌学制的颁布实施。壬戌学制一方面是我国教育界的志士仁人在吸收和借鉴欧美先进经验和理论的基础上，结合我国社会实际，经过长时期酝酿集思广益而成；另一方面，它诞生在杜威实用主义教育思想在中国广泛传播并盛极一时的时代，因此不可避免地受到该理论的深刻影响。杜威和孟禄相继来中国讲学，对推动教育改革起了很大的作用。胡适作为新文化运动的弄潮儿，成为教育改革的最大支持者。在新学制的酝酿、制定过程中，胡适始终予以极大关注，凭借其在教育界的地位和影响，指导新学制课程标准起草委员会起草了壬戌学制。

二、壬戌学制的内容

早在全国教育会联合会第一届年会上，湖南省教育会就提出了改革学制系统案，1921 年，在第七届年会上广州提出"学制系统草案"，后经 1922 年召开的学制会议以及全国教育会联合会第八届年会的讨论、修改，于 1922 年 11 月 1 日（民国十一年，农历壬戌年），以大总统令向全国颁布，此即"壬戌学制"，亦称"新学制"。因该学制将中小学阶段分为小学 6 年，初级中学 3 年，高级中学 3 年，所以又被称为"六三三学制"。

壬戌学制以儿童身心发展和社会经济发展需要为根据，纵向分为三段五级，儿童自 6 岁入小学，直到大学毕业，总计 16～18 年；横向以普通教育为基干，辅以师范教育、职业教育和成人教育，与高级小学对应的有职业预备教育和为年长失学者设立的补习学校，与普通中学对应的有职业学校和视各地情况需要设立的中等程度的补习学校或补习科，与普通高中对应的有师范学校。如图 12 - 4 所示。

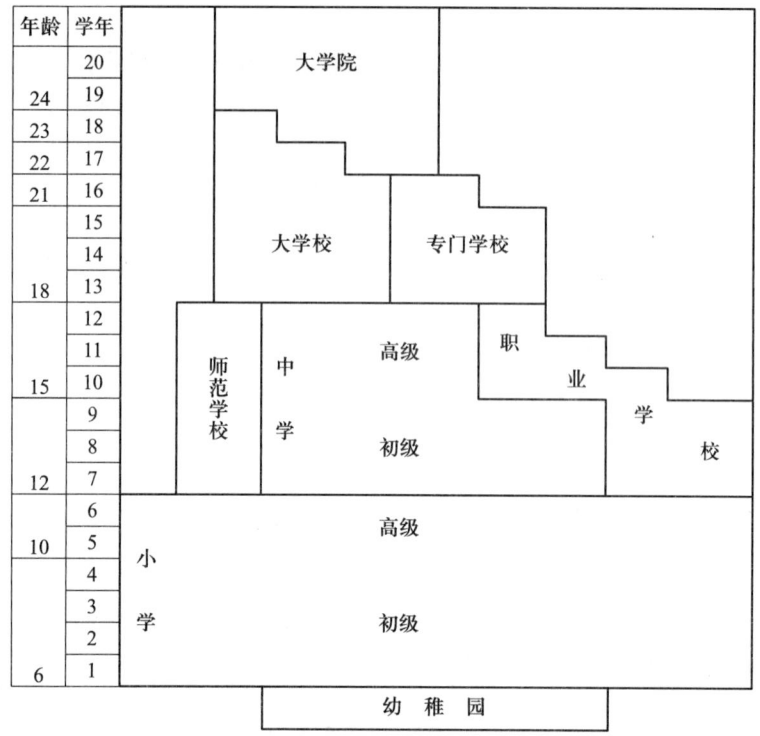

图 12-4　壬戌学制系统图

（一）初等教育

初等教育包括幼稚园和小学校。幼稚园收 6 岁以下幼儿。小学分为初、高两级，初级小学 4 年，为义务教育；高级小学 2 年。各地根据需要可设职业预备教育和为年长失学者设立补习学校。

（二）中等教育

中等教育包括中学校、职业学校、师范学校和补习学校。中学分初、高两级，共 6 年。初级中学为普通教育，可单设，并视地方需要兼设各种职业科。高级中学实行选科制，设普通、农、工、商、师范、家事等科，既可单设一科，也可兼设数科。

中学校一般采用初中 3 年、高中 3 年的"三三制"，但亦可变通，依设科的性质也可定为初中 4 年、高中 2 年的"四二制"，或初中 2 年、高中 4 年的"二四制"。

取消甲种实业学校和乙种实业学校，设立职业学校。职业学校的修业年限及课程设置无统一规定，需视各地实际情况而定，也可在一定的学校内设职业教育养成科。

师范学校 6 年，后 2 年或 3 年采取分科选修制，还可设立一定年限的师范学校或师范讲习所。各地可视情况需要设中等程度的补习学校或补习科。

（三）高等教育

高等教育共分两级。第一级包括大学及专门学校。大学废除预科制，实行选科制，可单设一科或兼设数科，修业年限为 4～6 年，医科和法科大学至少修业 5 年，师范大学修业 4 年。专门学校根据学科及地方情况设立。大学及专门学校可附设专修科，修业年限不定。第二级为大学院。

此外，附则强调，对于精神上或身体上有缺陷者施以相当的特种教育。

三、壬戌学制的指导标准和特点

（一）壬戌学制的指导标准

壬戌学制提出了以下 7 条指导学制改革的标准：(1) 适应社会进化之需要；(2) 发挥平民教育之精神；(3) 谋个性之发展；(4) 注意国民经济力；(5) 注意生活教育；(6) 使教育易于普及；(7) 多留各地方伸缩余地。

以上 7 条标准反映出新学制的制定依据了三方面的考虑。其一，立足对壬子·癸丑学制的深刻反思和认真总结，注重学制与实际生活的联系，立足中国当时的现实，以社会经济力为前提条件，注重不同社会条件下政府对学制的实施能力等；其二，注重吸纳民主与科学的社会观念，并结合平民教育、生活教育等教育思潮，将社会意识形态的新动向及时转化为学制的具体策略；其三，注重学习欧美教育思想及最新实践，尤其将杜威的实用主义教育思想和裴斯泰洛齐的平民教育思想实验融入新学制，成为新学制的精髓。这些标准直接指导着学制的酝酿、制定和具体实施。

（二）壬戌学制的特点

壬戌学制是在中国民族工业迅速发展、"五四"新文化运动的影响、各种外国教育思想涌入、众多教育团体纷纷涌现的历史条件下产生的。它具有以下特点：

1. 关注儿童发展特点

壬戌学制改变了以往学制向日本借鉴的做法，转而借鉴美国教育思想，吸收美国学制的精华，结合中国社会实际制定而成。它吸收了杜威的"学生中心论"思想，关注儿童身心发展，注重儿童内在需要，是我国第一部明确依据学生身心发展的特点划分教育阶段的学制。

2. 凝聚了教育界智慧

壬戌学制从酝酿到正式颁布，前后历时 7 年。学制制定不再局限于政府教育部门和少数教育家，而变成民间行为与政府行为的结合、普通教育工作者和教育专家结合、广泛讨论草案和试行实验结合，集中了当时教育界的智慧，这在中国学制制定中是绝无仅有的。审慎和科学的态度使学制制定更适合中国社会的状况，适应中国民众的需要。

3. 突出了重点和特色

一是初等教育修业年限缩短为 6 年且"四二"分段，有利于普及义务教育的推行。二是中等教育修业年限延长为 6 年且"三三"分段，既加强了中等教育，又给地方政府留有伸缩的余地；设立分科制综合高中，实行分科制和选科制，既增加了学生选择的余地，又兼顾了人才教育和就业培训的需要。三是完善了师范教育制度，适应了教育发展对教师培养的需求。四是职业教育更加受到重视。不仅用职业教育替代了清末民初的实业教育，而且建立起了从初级到高级的职业教育体系，提升了职业教育在学制中的地位。

尽管壬戌学制本身存在着不可避免的不足，譬如，对实用主义教育思想缺乏深入分析，中学普遍实行选科制，流于形式，仍有抄袭美国学制的痕迹，等等，但是壬戌学制仍具有相当的科学性。壬戌学制是中国现代教育史上第三部正式实施的学制，也是采用时间最长、影响最大、最为成熟的学制。它的产生表明中国教育制度的现代化发展到了一个重要阶段，壬戌学制是中国教育史的一座里程碑。

思 考 练 习

1. 清末新政中教育改革的基本内容有哪些？如何评价其历史地位？
2. 如何认识壬寅·癸卯学制的性质和特点？
3. 评述壬子·癸丑学制的性质、内容和特点。
4. 南京临时政府进行了哪些教育改革？请分析改革的基本指导思想。
5. 评述 1922 年的"新学制"。

拓 展 训 练

1. 请结合中国教育史上的三次学制改革，谈谈你对当前学制改革的设想。
2. 参观考察当地历史最悠久的学校，写出该校简史。

第十三章　现代教育的改革与实验

【学习目标】

1. 了解新文化运动时期的新教育观念。
2. 了解 20 世纪二三十年代中国流行的教育思潮。
3. 把握 20 世纪二三十年代教育新观念、新思潮对中国教育改革的影响。
4. 了解 20 世纪二三十年代的教学组织形式与教学方法实验。
5. 了解新民主主义教育方针的内涵和意义。
6. 了解革命根据地的著名干部学校。
7. 把握中国共产党领导的根据地教育的基本经验。

【知识列表】

现代教育的改革与实验	新文化运动时期的教育改革	对传统教育思想的批判与教育观念的革新
		新文化运动推动下的教育革新
	20 世纪二三十年代的教育思潮与教育改革	20 世纪二三十年代的教育思潮
		20 世纪二三十年代的教育改革
	中国共产党领导的革命根据地教育	新民主主义教育方针的形成和确立
		革命根据地的教育
		革命根据地教育的经验

【导言】 中国现代教育自清末萌生以来,由于传统思想文化根深蒂固,发展受到严重的阻碍。为巩固和发展教育改革的成果,在新文化运动的背景下,人们高举"民主""科学"旗帜,一方面对传统教育进行全面的反思与批判,一方面积极地进行教育实践的改革探索,一时间在我国教育领域出现了形形色色的教育思潮,如各种各样的教育实验,促进了我国现代教育观念的变革和现代教育教学制度的发展,揭开了我国教育的新篇章。

本章主要包括新文化运动时期教育观念和教育制度的革新,20世纪二三十年代的教育思潮与教育改革活动,中国共产党领导的革命根据地的教育实践等内容,通过对从新文化运动到中华人民共和国成立前教育改革与实验的叙述,较为全面地反映本阶段我国教育走向现代化的历程。

第一节   新文化运动时期的教育改革

新文化运动时期是我国新旧思想文化生死搏斗的一个关键时期,我国教育在积极反思传统思想文化的过程中基本上完成了思想观念的变革。与此同时,教育实践领域也开展了一系列的改革实验探索,将教育向前推进了一大步。

一、对传统教育思想的批判与教育观念的革新

(一)对传统教育思想的批判

经过洋务运动、维新变法和辛亥革命,我国教育虽然在内容和形式上有所改变,但教育观念却没有什么大的改变。袁世凯上台后,出于复辟帝制的需要,竭力推崇孔孟之道。袁世凯1912年9月下令提倡"孔教",1913年6月颁布了《大总统复学校祀孔令》,1915年2月又颁布了《特定教育纲要》,规定"中小学均加读经一科",企图利用新的教育形式来为其复辟帝制服务。袁世凯的倒行逆施受到了民主主义者们的猛烈反击。1915年,以陈独秀、李大钊、胡适、鲁迅等人为核心阵营,以《新青年》为主要阵地,以民主和科学为武器,发起了一场轰轰烈烈的新文化运动,对传统思想和教育进行了全面的批判。

在新文化运动期间,鲁迅连续发表了《狂人日记》《我之节烈观》等小说或文章,深刻揭露了以"三纲五常"为核心的封建制度和道德的"吃人"本质。对于传统思想和传统教育,陈独秀明确指出三纲学说是一切封建道德和政治的大原,认为"中国历史上、现社会上种种悲惨不安的状态,也都是这三样道德在那里作怪"[①],指出封建礼教已成为社会发展的障碍。李大钊则在《由经济上解释中国近代思想变动的原因》中说:"凡一时代,经济上若发生了变动,思想上也必发生变动。""一代圣贤的经训格言,断断不是万世不变的法则。什么圣道,什么王法,什么纲常,什么名教,都可以随着生活的变动,社会的要求,而有所变革,且是必然的变革。"[②]他们从理论上论证了民主和科学的思想战胜和代替旧思想是不可抗拒的历史必然。

在对传统思想、道德进行批判的同时,新文化运动的代表者们还从教育的目的、内容、方法等

---

①   陈独秀.调和论与旧道德[J].新青年,1919,7(1):116-118.
②   李大钊.李大钊文集:下[M].北京:人民教育出版社,1984:151.

方面对当时中国的教育现状进行了深刻的分析与批判,指出我国自洋务运动以来,教育改革虽然经历了 50 多年,"中学为体,西学为用"的指导思想使中国的教育从表面上来看有了较大改变:废除了科举制度,建立了现代学制,设置了比较完备的现代课程体系,但从本质上来看,新教育在目的、内容、方法上并没有实现由传统向现代的根本改变。蔡元培指出:吾国教育界,乃尚牢守几本教科书,以强迫全班之学生,其实与往日之《三字经》和"四书""五经"等,不过五十步与百步之相差。①

陈独秀指出:"我们中国,模仿西洋创办学校已经数十年,而成效毫无。"②他总结了当时中国学习西方教育存在的三大缺陷:其一,远离西方近代教育的"真精神",即远离民主与科学;其二,实行的新教育依旧严重脱离社会发展的实际,与传统的"养士"教育相去不远;其三,简单模仿,食洋不化。据此,他提出:中国教育必须取法于西洋教育,推行共和国民教育,即在"法律上之平等人权,伦理上之独立人格,学术上之破除迷信,思想自由","弃神圣的经典与幻想,而重自然科学的知识和日常生活的技能"。

(二) 教育观念的革新

新文化运动对传统思想的批判,对民主与科学思想的宣传,极大地推进了教育观念转变的过程。这主要表现在以下几个方面:

1. 教育的个性化

在对传统教育的反思和将其与西方先进教育的比较中,人们认识到"个性主义"不发达是中国落后的重要原因之一。蒋梦麟在《个性主义与个人主义》③一文中指出:吾国文化较诸先进之国相形见绌,原因就在于"个性主义"不发达。他认为,中国的传统教育是造就顺民的教育,而西方先进国家是合你、我、他各个个人为群体,以"强健之个人"造就社会的强健,以个性的发达促成社会的进化的教育。由此他高声疾呼,中国求强之道不在强兵,而在强民、强个性,主张"个性解放",大力倡导个性化教育,要求教育要尊重个人,尊重人的个性。

对于教育的个性化如何实现,人们认为,首先,应"使个人享自由平等之教育机会而不为政府、社会、家庭所抑制"④。其次,教育应尊重学生,甚至应"以儿童为中心"。再次,尊重个性意味着不抹杀每个人的特性。最后,学校教育尤忌"随便教育",教师必须"深知儿童身心发展之程序,而择种种适当之方法以助之"⑤。由此可见,教育个性化观念的产生,使人们开始从教育对象的方面来重新认识和考虑教育问题。

2. 教育的平民化

教育的平民化是民主思想在教育中的反映。在第一次世界大战期间,西方的"互助论""泛劳动主义""社会主义"等思想传入我国,使人们的教育关注点下移,主张教育要打破高低贵贱、劳心与劳力等种种差别,沟通知识与民众的联系,求得男女之间、社会阶级和阶层之间的平等,认为民众中蕴含无限的智慧,国家要富强,必须开发蕴藏于广大民众之中的巨大智能。怎样开发?"惟

① 蔡元培.蔡元培教育文选[M].北京:人民教育出版社,1980:50.
② 陈独秀.近代西洋教育[J].新青年,1919,3(5):1-4.
③ 蒋梦麟.个性主义与个人主义[J].教育杂志,1919,11(2):27-29.
④ 蒋梦麟.个性主义与个人主义[J].教育杂志,1919,11(2):27-29.
⑤ 蔡元培.蔡元培教育文选[M].北京:人民教育出版社,1980:48.

有努力于教育机会平等,使人所蕴藏的无限能力都有发展的机会。"①

教育平民化的要点包括以下几个方面。(1)教育必须坚持"庶民"方向,以平民为教育对象。(2)教育不应局限于学校,而应扩大到整个社会。(3)教育内容应满足社会生产和生活的需要。(4)教育应真心实意地帮助民众获得获取知识和提高自我的能力。总之,教育的平民化观念主张教育的重心要下移至广大民众,改变数千年来由尊贵者、富有者独占教育的不合理状况。

3. 教育的实用化

中国传统教育以培养封建士大夫为目的,学校教育与社会生产和生活相脱离。现代教育自产生以来,一方面由于人们"学而优则仕"的观念根深蒂固,另一方面由于学校教育的内容和方法没有得到根本的改变,所以,虽然新式学校建了不少,却没能培养出现代社会所需要的人才。胡适尖锐地批评了当时的学校教育。他说:"社会所需要的是做事的人才,学堂所造成的是不会做事又不肯做事的人才。"②这就造成了"学生毕业于学校而失业于社会者比比"③的现象。在新文化运动中,人们在反思传统教育和借鉴西方教育的过程中认识到必须提倡务实的教育。

在新文化运动期间,提倡实用主义的教育成为人们的共识。教育实用化的主要内容包括以下几个方面:(1)重视对个人生活能力的培养,解决"教育与生计的关系"。(2)改革教育结构,发展职业教育。(3)改革教育的内容和教学方法,沟通学校与社会生活的联系,摆脱传统教育的束缚。

4. 教育的科学化

在新文化运动中,在"科学"大旗的指引下,我国民主战士们展开了新一轮提倡科学的思想启蒙。他们指出,中国传统思想的特征是"有假定而无实证""有想象而无科学",认为科学与民主是推动社会进步的两个轮子,中国要进步,必须树立起"以科学说明真理,事事求诸实证"的科学思想观念。④

在用科学的精神分析中国的教育现状时,人们认识到自洋务运动以来,学校教育虽然引进了数理化生等自然学科,但实际上并没有进行真正的科学教育。在教育中没有真正地渗透科学精神、运用科学方法,也就不可能传授科学的知识。对于科学知识、科学方法、科学精神三者,人们认为科学方法的运用重于科学知识的获得,而科学方法运用的目的又在于养成科学精神。因此,中国教育要想培养出真正为社会所需要的人才,就必须树立科学的教育观念,建立起科学的"真教育"以取代传统的"伪教育"。教育科学化的要点可以概括为:以科学的和现实生活的教育取代迷信的和想当然的教育,用现代科学的方法从事教育工作和进行研究教育。

新文化运动对中国教育观念转变所起的作用和意义是巨大的,它标志着中国人对教育传统与现状的反思和对西方教育的学习进入到思想文化层面和主动自觉的阶段。教育观念的转变不仅直接推动了新文化运动时期的教育改革,而且为20世纪二三十年代中国教育的繁荣奠定了坚实的基础。

---

① 晏阳初. 平民教育[J],新教育,1923(7):2-3.
② 胡适.胡适文存:4[M].上海:上海亚东图书馆,1921:10.
③ 黄炎培.黄炎培教育论著选[M].北京:人民教育出版社,1995:80.
④ 陈独秀.陈独秀教育论著选[M].北京:人民教育出版社,1995:19-25.

二、新文化运动推动下的教育革新

教育观念的转变有力地推动了教育革新活动的开展。新文化运动推动下的教育革新,概括来说主要有以下几个方面:

(一)修订教育宗旨,确立新的国民教育宗旨

对于民国初年的教育宗旨,教育界普遍认为存在没有以儿童为本位的问题,因而主张改革。到"五四"前夕,由范源濂、蔡元培、陈宝泉等人组成的教育部教育调查会做出决议,以"养成健全人格,发展共和精神"为新的国民教育宗旨,并经教育部公布。所谓健全人格,应当具备下列条件:(1)私德为立身之本,公德为服务社会国家之本。(2)人生所必需之知识技能。(3)强健活泼之体格。(4)优美和乐之情感。所谓共和精神,应当具备下列条件。(1)发挥平民主义,俾人人知民治为立国之本。(2)养成公民自治习惯,俾人人能负社会国家之责任。[①] 非常明显,这一教育宗旨的进步性在于它吸收了新文化运动以来教育思想观念上的新成果,强调以儿童为本位,主张人的德、智、体、美协调发展,重视个性的发展,因而更好地体现了民主教育的新精神,能更好地满足当时社会对教育的新要求,使教育宗旨具有了符合新时代的新性质。

(二)改革教育行政机构,建立现代教育管理的新体制

我国的教育行政管理机构因现代教育的产生而发生变化。1905 年,清政府建立学部后,随即撤销"学政",设"提学使"为管理各省教育的行政长官,建立学务公所为省级教育行政管理机构。1906 年 5 月颁布《劝学所章程》,立劝学所为厅州县的教育行政管理机构,设"总董"为长官,形成了现代教育管理体制的雏形。

辛亥革命后,清末的专制主义教育行政进行了改革,建立教育部,下设三司:普通、专门、社会;二室:视学、参事;一厅:总务。改革后的教育部较之清末的学部更加重视成人教育和初等教育,体现了现代教育的民主精神。然而这一时期的地方教育行政机构由于各省处于军政时期而没有被统一,教育部曾试图统一,但没有成功。

在新文化运动中,教育界人士要求对这种地方教育行政紊乱、妨碍教育事业发展的状况进行改革。1917 年,北洋政府公布了《教育厅暂行条例》,规定各省设立教育厅。教育厅下设三科:第一科主管会计、庶务、文牍、统计;第二科主管普通教育、师范教育;第三科主管社会教育、留学教育、专门教育。1921 年的第七届全国教育会联合会又提出了《改革地方教育行政制度案》,提出设立县教育局为一县的教育行政机构,揭开了县教育行政体制改革的序幕,各地纷纷研究改革的方案。1923 年,教育部以大总统教育令的形式公布了《县教育局规程》及《特别市教育局规程》。至此,我国教育行政体制完成了从旧到新的改革,形成了中央教育部、省教育厅、县教育局这样一个完整的新教育行政系统。

(三)推行义务教育,调整教育结构和探讨新学制

受新文化运动中民主思想的影响,平民教育的呼声高涨。1917 年 10 月,第三届全国教育会联合会通过《请促进义务教育案》,次年 10 月又提出《推行义务教育案》,要求政府切实实施义务教育,各地也纷纷落实推进。1919 年 3 月,教育部制定《全国教育计划书》,提出"义务教育,急应分年计划进行,以期十年以后渐图普及"。虽然后来由于政治、经济形势的发展使这一计划不可

---

① 朱有瓛.中国近代学制史料:第 3 辑上册[M].上海:华东师范大学出版社,1990:106 - 107.

能实现,但它对普及教育还是产生了十分重要的影响,对于提高人们对义务教育重要性的认识有着积极的意义。

在新文化运动期间,中等教育在规模上有了一定的发展。当时中等教育由于存在学制过短和结构过于单一的问题,不能适应社会的需要,于是改革中等教育、提高中等教育的质量成为全社会重点关注的问题,改革的重点落在中等教育的目标、结构和学制等问题上。1916 年 10 月,第二届全国教育会联合会通过讨论明确提出了"以完成普通教育为主,而以职业教育和预备教育辅之",明确了中等教育兼顾升学与就业的双重教育目标。这一提议被教育部采纳,1917 年教育部开始对中学的结构进行调整,在中学设立第二部,即将修完二年级课程的学生而"志愿于中学毕业后从事职业者",集中到"第二部",从第三学年起减少普通科目,增加农、工、商等职业科目,以便于学生毕业后的就业。

壬子·癸丑学制规定了中学学制为四年,但在实践中暴露出明显的问题。一是中学的修业年限过短,不能保证升学者受到升入高等学校所必需的基础教育,还得经过大学预科来弥补,这对中等教育和高等教育的发展都不利。二是中学阶段的教育从教育宗旨到课程设置,都偏重为升学做准备,不能满足就业的要求。因此,改革中等教育、延长中学学制的要求越来越强烈,许多教育团体和学校开始进行学制改革的研究。例如,全国教育会联合会在 1919—1921 年连续三年的年会上对修改学制的问题进行了讨论研究。另外,一些著名中学也开始进行学制改革实验,如北京高师附中进行的三三分段的六年制实验,上海中国公学中学部进行的三二分段的五年制实验。这些研究和实验为 1922 年新学制的产生做了思想和实践上的准备。

(四)中小学教材与课程的革新

在教育宗旨、学制和结构改革的同时,中小学教材与课程的革新也在积极地进行。

一是编写白话文教材。中国传统教育是用文言文进行教学的。现代教育产生后,与生产和生活严重脱离的文言文已不能适应新教育的需要,并成为新教育普及和发展的重大障碍。在新文化运动中产生了一大批优秀的白话文文学作品,为编写白话文教材创造了条件。1917 年 10 月,第三届全国教育会联合会决议通过了《推行注音字母以期语言统一案》。1918 年 11 月,教育部正式公布了注音字母,向全国各地推广。一时间,推广白话文的运动形成高潮,许多个人和学校开始用白话文编写教材,一些著名的出版单位,如商务印书馆、中华书局也开始出版白话文教科书,形成了白话文替代文言文的趋势。1920 年,教育部通令规定"凡国民学校都废止所用文言文教材,代之以现代语体文",并明确规定"至 1922 年止,停止使用一切文言文教科书"。至此,完全实现了白话文替代文言文、"国语"替代"国文"的教育改革,对我国以后的教育普及、科学文化知识的传授与现代思想的传播产生了深刻影响。

二是改革课程的结构与内容。为了兼顾学生的升学和就业,1919 年 4 月,教育部发布通令:中学可以根据各地情形增减教育部规定的各种科目和教学时间。于是全国各地的学校纷纷进行课程的结构与内容的改革,根据社会和学生的需要,增设农、工、医、商等实用学科,并在学校中开始实行选科制。选修课程分为两种,一种是为满足升学需要而进行的文、理分科;另一种是为满足就业需要而进行的农、工、医、商等职业分科。学生在完成必修课程的基础上,可根据个人的兴趣、特长与需要,自主选修某一科目。为了发展学生的个性,提高教学的质量,许多学校开始重视实验室和科学馆的建设,加强学生实际操作能力的训练和技能的培养。选修制带来的课程的结构和内容上的变革,改变了课程结构单一、课程内容严重脱离社会生产和生活、学生个体差异较大的弊端。

新文化运动中的教育革新对我国教育从传统向现代转变具有关键意义。如果没有新文化运动对传统教育复辟的抗击和批判,没有新文化运动对新的教育思想观念的宣扬,没有新文化运动对教育制度、内容、方法等的革新,是不可能实现我国教育从旧到新的蜕变的。

第二节　20 世纪二三十年代的教育思潮与教育改革

新文化运动对传统教育的改革,极大地促进了人们思想观念的转变。教育领域围绕着教育如何救国、兴国展开了一场轰轰烈烈的思想争鸣。一时间,各种教育思潮、运动、实验异彩纷呈,将我国的教育改革推向了又一个新的高潮。

一、20 世纪二三十年代的教育思潮

(一) 平民教育思潮

平民教育思潮是新文化运动中最主要的教育思潮之一。在高扬的"民主"旗帜的召唤下,人们认识到中国要再次崛起,必须提高广大民众的文化,唤醒广大民众的觉悟,平民教育开始受到社会的重视。1916 年 10 月,第二届全国教育会联合会通过了《注意贫民教育案》,1919 年 10 月又通过了《失学人民补习法》,广大知识分子和教育工作者积极宣传平民教育思想,投身平民教育活动,形成了平民教育的热潮。

平民教育思潮的基本内涵是:要实现自由、民主、平等的社会,必须打破等级制度和阶级差别,因此平民教育主张破除千百年来封建统治者独占教育的局面,使所有的人都享有受教育的权利,都能获得文化知识,改变生存的状态,成为社会的平等公民。进行平民教育运动的人,根据其政治立场、思想倾向的不同和其在教育目标、内容、方法、途径等方面表现出来的差异可分为三大派别。

一派是由陈独秀、李大钊、邓中夏、毛泽东等为代表的受苏联"十月革命"胜利影响而初步具有共产主义思想的知识分子所组成的。他们站在劳苦大众的立场上,为"引车卖浆之徒,瓮牖绳枢之子"争取受教育的权利。他们认为,学校应当坚持"庶民"方向。要解决平民的教育问题,必须先解决经济和政治制度问题。他们出版刊物,撰写文章,创办工人夜校和劳动补习学校,一面大力宣传马克思主义思想,一面积极地进行平民教育。1920 年 9 月,陈独秀在《新青年》(第 8 卷第 1 号)上发表的《再答知耻(劳动问题)》中指出:"在现在贪狠的资本家生产制度之下,工银如此之少,时间如此之多,先生有何神通可以使一般工人得着平等的教育?"他认为只有先通过无产阶级革命,实现民主的社会制度,才可能使劳苦大众真正获得教育的机会和权利。随后,李大钊发表《庶民的胜利》,宣传俄国"十月革命"的胜利,主张走俄国人的路。1917 年 11 月,毛泽东、蔡和森在湖南第一师范学校创办工人夜校,对工人进行识字教育,认为这是帮助劳工大众从困苦中摆脱出来的有效方法。1919 年 3 月,"平民教育讲演团"成立,它以"增进平民知识,唤起平民之自觉心"为目的。此后,早期共产主义者开始认识到仅用教育的方法来实现社会的改造是不可能的。毛泽东在给留法新民学会会员的信中明确地说:教育之所以落在资本家的手里,是因为他们

有议会、政府、法律、军队和警察,所以,无产阶级不夺得政权"安能握得其教育权"[①]? 1921 年 8 月,毛泽东、何叔衡在长沙创办了湖南自修大学,是这一派别的平民教育逐渐发展成为共产党领导下的工农教育的重要标志。

一派是由一些受西方平民思想(主要是受杜威民主主义教育思想)影响的资产阶级和小资产阶级分子所组成的。他们把平民教育视为救国和改良社会的主要手段,主张"教育救国",坚持"不先有了平民教育,哪能行平民政治"的观点。在杜威思想的影响下,1919 年 10 月,北京高等师范学校的教师和学生联合组织了平民教育社,创办了《平民教育》专刊,进行教育调查,并在 1922 年成立了平民教育演讲部,邀请社会名流到平民教育社进行专题讲演,对什么是平民教育、平民教育与平民政治的关系、平民教育实施的途径与方法进行了全面和深入的探讨,建立起一个较为完整的平民教育理论体系。

还有一派是以晏阳初为首的中华平民教育促进总会。这一派在 20 世纪 20 年代中期以前不愿意把教育的改革更多地与政治的改革联系在一起,主张就教育谈教育,把更多的时间和精力投入平民教育的实际活动中。在第一次世界大战期间,晏阳初就在国外从事华工补习教育,回国后在上海、长沙、烟台、杭州等地兴办平民学校。1922 年,他主编出版了平民教育的识字教材《平民千字课》。1923 年 8 月,晏阳初发起成立中华平民教育促进总会,自任总干事,朱其慧任董事长,陶行知任书记。中华平民教育促进总会以"除文盲,作新民"为宗旨,大规模地推行平民教育,在不到 9 个月的时间里,就在全国 20 个省区范围内办起了"平民学校"、"平民读书处"和"平民问字处",成立了 50 多个平民教育分会,有 50 多万人读《平民千字课》。由于他们的努力,平民教育达到了高潮。到 1927 年,全国的平民教育促进会达到 150 多个。此后,平民教育的主流地位逐渐被乡村教育运动所取代,最终汇集成 20 世纪 30 年代流行一时的乡村教育运动。[②]

平民教育思潮作为我国 20 世纪 20 年代最有影响的教育思潮之一,其对当时的教育实践以及整个社会都产生了深刻的影响:传播了新知识、新思想,是教育思想的一次重要启蒙;影响了当时教育宗旨和政策的制定;推动了平民教育实践活动的展开;推动了义务教育的发展;促进了男女教育机会的平等。

(二) 乡村教育思潮

乡村教育思潮是在平民教育思潮催生下勃兴于 20 世纪二三十年代的一个影响极大的教育思潮,它掀起了我国教育史上发展农村教育的一个高潮。黄炎培是最早认识到乡村教育重要性的教育家,1921 年,他就在《〈农村教育〉弁言》一文中指出:"今吾国学校,十之八九其所施皆城市教育也。"他认为,"吾国方盛倡普及教育,苟诚欲普及也,学校十之八九当属于乡村"[③],发出了欲改变中国教育必须先改变农村教育的呐喊。这种观点到 1923 年以后成为教育界的共识,许多教育家和教育团体纷纷将自己的教育活动重心由城市转向农村,形成了一场声势浩大的乡村教育运动。

乡村教育思潮的基本内容是:要改变中国的落后面貌,必须先改变中国农村"愚、贫、弱、私"的问题,而解决这一问题的根本途径在于改变乡村教育,改变乡村教育最有效的方法是通过对一

---

①　湖南省博物馆历史部.新民学会文献汇编[M].长沙:湖南人民出版社,1980:103.

②　孙培青.中国教育史[M].2 版.上海:华东师范大学出版社,2000:384.

③　黄炎培.黄炎培教育文集[M].上海:上海教育出版社,1985:93.

村一县的改革实验,将成功经验推广到各地,最后实现改变全国乡村的目的。乡村教育运动,根据参加者的思想和实施教育活动的侧重点不同,大致可以分为四个不同的流派。

1. 以晏阳初为代表的中华平民教育促进总会

1920 年 8 月,晏阳初回国后,积极从事平民教育活动。在平民教育的实践中他逐步认识到:"农村是中国 85％以上人民的着落地,要想普及中国平民教育,应当到农村去。"[①]在 1924 年后,他开始将平民教育的活动转向农村,在河北定县创办乡村平民学校,以保定、宛平、获鹿等地作为乡村平民教育的实验区。通过三年的乡村平民教育实验,晏阳初进一步认识到,仅靠乡村教育是不可能实现改造中国社会的目标的,他在《中华平民教育促进会定县工作大概》中说:"在农村办教育,固然是重要的,可是破产的农村,非同时谋整个的建设不可。"[②]于是,从 1927 年冬季开始,他又将乡村教育实验扩大为乡村建设实验。

晏阳初在定县进行了长达 10 年的乡村教育和建设实验,取得了非常大的成绩,形成了一套较为完整的乡村教育理论,即通过文艺、生计、卫生、公民这"四大教育"和运用学校式、社会式、家庭式这"三大方式"来解决乡村的"愚、贫、弱、私"的问题。晏阳初的乡村教育实验在当时产生了非常大的影响,受到国内外的高度重视和赞扬,1936 年起开始在湖南、四川、广西等地推广,后由于抗日战争全面爆发而被迫停止。

2. 以黄炎培为代表的中华职业教育社

在长期的职业教育实践活动中,黄炎培认识到,要想普及中国的职业教育,必须重视乡村教育。1925 年,他开始计划开展乡村职业教育,并做了一个《山西职业教育计划书》,准备在晋南北各县开展乡村职业教育,但由于战争的缘故没能实施。1926 年,黄炎培提出大职业教育主义主张,认为只从职业学校做功夫,不能发展职业教育;只从教育界做功夫,不能发展职业教育;只从农、工、商职业界做功夫,不能发展职业教育。[③] 于是,他将职业教育的重点转向乡村建设。1928 年 4 月,江苏昆山徐公桥实验区为期 6 年的实验正式启动。随后江苏的镇江、苏州、泰县,浙江的余杭、宁波、长兴等地又建立了实验区。

3. 以陶行知为代表的中华教育改进社

陶行知于 1917 年留美归国后,便积极地投身于改造中国教育的活动。在进行平民教育活动的实践中,他深刻地认识到,"中国以农立国,十之八九住在乡下。平民教育是到民间去的运动,就是到乡下去的运动"[④]。1924 年 8 月,他在《申报·平民周刊》上发表《同到乡下去》一文,发出"同去改旧村,同去造新村"的号召。1926 年,他又以中华教育改进社的名义发表了《改造全国乡村教育宣传书》,提出"筹募一百万元基金,征集一百万位同志,提倡一百万所学校,改造一百万个乡村"的改革蓝图,成为我国乡村教育运动最早发起人之一。

陶行知认为要改造乡村必须先改造乡村教育,改造乡村教育的关键又在于培养能实施"生活教育"的校长和教师。1927 年 3 月,他在南京郊区创办了晓庄师范学校,目的在于培养具有农夫的身手、科学的头脑、改造社会的精神的新教师。在晓庄的乡村教育实验中,陶行知创造性地提

---

① 晏阳初.晏阳初文集[M].北京:教育科学出版社,1989:53.

② 晏阳初.晏阳初文集[M].北京:教育科学出版社,1989:53.

③ 黄炎培.黄炎培教育文选[M].北京:教育科学出版社,1989:154.

④ 陶行知.陶行知全集:第 1 卷[M].长沙:湖南教育出版社,1985:494.

出了他的"生活教育理论"。为实践他的生活教育理论,他还设立了中心茶园、剧社、商店、实验民众学校等教育实践机构和民众教育研究会、《乡教丛讯》编辑部等研究机构。陶行知在晓庄的实验在当时产生了巨大的影响,各地前来参观访问者络绎不绝,许多地方纷纷效仿,并请求陶行知给予实验干部上的支援,陶行知派出了许多师生到其他地方指导乡村教育实验,对当时的乡村教育实验运动的勃兴发挥了重要的作用。1930年,晓庄师范学校因遭国民党政府查禁、陶行知被通缉被迫流亡日本而停办。1931年后陶行知回到上海,继续坚持乡村教育改造实验,创办了著名的山海工学团,提出了"工以养生,学以明生,团以保生"的普及乡村教育新构想,提倡用"小先生制"作为普及乡村教育的方法。这一改革很快得到人们的赞赏,被迅速推广到国内20多个省市及东南亚的一些国家。

4. 以梁漱溟为代表的新儒家乡农教育派

梁漱溟从中国传统儒家思想出发,认为中国是一个"伦理本位"的社会,维持社会秩序靠的是"礼俗",而不是法律,近代社会由于西洋文化的输入,传统的礼俗秩序被破坏,造成了社会的混乱。梁漱溟将中国的社会问题的根源归结为"文化失调"。他说:"中国的问题并不是什么旁的问题,就是文化失调——严重的文化失调。"[①]他认为救治的最根本办法是通过教育,希望通过乡村教育和乡村建设重新恢复伦理本位的社会秩序。

梁漱溟的乡村教育活动大致可分为两个阶段。第一个阶段是1928—1930年,主要在广东、河南辉县进行"乡治"活动,这是他"乡农"思想的形成时期。他认为,要改造中国,必须从地方自治入手。于是,他在广州开办了一期"乡治讲习所"并拟定了一个创办"乡治讲习所"的方案。第二个阶段是在1931年后受山东省主席韩复榘的邀请到山东邹平县、菏泽县开展"乡村建设"试验。他在试验区建起了村学、乡学、乡农学校,作为推行乡村建设的组织机构,用以代替原来的区公所、镇公所,实行"以教统政""政教合一",将学校教育与社会教化融合起来。他的乡村学校分为成人、妇女、儿童三个教育部,以成人教育为主,兼顾妇女、儿童教育,对不同对象分别施以不同内容的教育。其课程设置的最大特点是各地乡农学校不求统一,各自根据自己的特点和需要因时因地设置课程,力求解决当地的实际问题。梁漱溟的试验在当时产生了较大的影响,试验区很快扩大到了14个县,后因抗日战争的全面爆发而被迫停止。

在20世纪二三十年代的乡村教育运动中,我国教育先辈们以其卓越智慧和创造才能,对乡村教育进行了多方面、多层次的探索,为我们留下了宝贵的农村教育的理论财富和实践经验。他们为振兴国家、民族而无私无畏的牺牲精神,值得我们学习。

(三)工读主义教育思潮

工读主义教育思潮的渊源可以追溯到清末。1907年,在吴稚晖、蔡元培、李石曾等人的倡导下形成了一股"俭学风",但影响不大。五四运动爆发后,青年学生为新思潮所鼓舞,受"劳工神圣"口号所启迪,萌生了用工读主义来改造社会、改造自己的想法。他们发起成立了工读互助团、工学会等新团体,出版发行理论刊物,进行工读尝试。他们的设想和试验得到全国许多进步青年的热烈响应,越来越多的人投身其中,使工读运动在各地蓬勃开展起来,形成了一个声势浩大的工读主义教育思潮。

工读主义教育思潮的基本内涵是:尚俭乐学、以工兼学、勤工俭学、工人求学、学生做工、工学

---

① 梁漱溟.乡村建设理论[M].滨州:邹平乡村书店,1937:199.

结合,培养朴素工作与艰苦求学的精神以及工学兼营、工学并进、消灭体脑差别。[①] 新文化运动中的工读主义教育思潮,根据提倡和参加者的思想立场与主张的不同,大致可将其分为四个派别。

1. 北京高等师范学校的工学会

北京高等师范学校的工学会由匡互生、周予同等人于1919年2月成立。他们以提倡"工学主义"为目的,认为"工便是学,学便是工",主张把工和学并立,做工的人一定要读书,读书的人一定要做工。工学会成员接受"劳工神圣"的口号,要求打破中国千百年来"贵学贱工"的谬见。为了试验这种思想,会员们不仅对清洁卫生及各种力所能及的事都自己动手,而且利用学余时间分组从事石印、木版印刷雕刻、打字、照相和书报文具销售等工作,还出版了《工学》月刊,宣传和研究工学主义理论。这个组织存在了约四年的时间。

2. 北京工读互助团

北京工读互助团是在蔡元培、陈独秀、李大钊、胡适等社会名流的支持下,1919年年底由"少年中国学会"会员王光祈发起组织的工读互助团体。他们受无政府主义和空想社会主义的影响,希望通过工读互助这一途径建立一个没有阶级、没有剥削、没有贫穷的"少年中国"。工读互助团以"本互助精神,实行半工半读"为宗旨,主张以互助为原则,以工养学为途径,以"新组织""新生活""新社会"的试验为手段来开展工读活动。当时参加的青年达四百多人,并在北京试行半工半读、人人做工、人人读书、各尽所能、各取所需的"共产"新生活。北京工读互助团一度在全国引起极大的反响,上海、天津、南京、广州、武昌、扬州等地也先后成立了类似的组织。但后来由于遇到经济困难,同时工读互助团内部发生意见分歧,很快就自行解散了。

3. "纯粹"工读主义者

"纯粹"工读主义者以胡适和张东荪为代表,他们将工读仅仅看成以工作换学费,解决青年失学问题的好方法,并不承认其具有改造社会的功能。胡适极力提倡美国式的半工半读,将工读主义看作"不过是靠自己的工作去换点教育经费而已",要求青年学生老老实实地去"研究怎样才可以做到靠自己和工作去换一点教育经费的方法,不必去理会别人的问题和别的主义"[②]。张东荪纯粹从经济角度出发,提倡工读活动,主张把省立学校和工厂合二为一,或者是"学校的工厂化"。这样的好处是学校可以不收费,工厂有了徒工,而徒工又有了读书的学校。如此一来,既可解决穷苦学生的学费和发展教育的经费问题,又可以开发实业,增强国力。

4. 初步具有共产主义思想的知识分子

以李大钊为代表的初步具有共产主义思想的知识分子,从改造中国社会的目的出发也倡导工读。1919年2月,李大钊在《晨报》上发表的《劳动教育问题》中指出:资本家对劳工社会精神上修养功夫剥夺比物质上的剥夺更为可怕、更为可恶,是造成社会黑暗和罪恶的根源。他认为,"要想把现代的新文明,从根底输入到社会里面,非把知识阶级与劳工阶级打成一气不可"[③]。为此,他提出了工人和农民的工读问题,主张为工人"多设补助教育机关",同时,他也支持青年学生的工读互助试验,号召知识青年到工农中去成为"现代文明的导线"。在他看来,只要劳工的文化

① 王炳照,阎国华.中国教育思想通史:第6卷[M].长沙:湖南教育出版社,1994:215.
② 胡适.胡适教育论著选[M].北京:人民教育出版社,1994:119.
③ 李大钊.李大钊文集:上[M].北京:人民教育出版社,1984:625.

知识、社会觉悟提高了，社会改造就有了希望。李大钊初步提出了知识分子与工农相结合的思想。

另外，蔡元培也一直是工读主义教育的倡导者、支持者、参加者，并从理论上对工读主义教育多有阐发。北京工读互助团成立以后，作为赞助者之一，他专门撰写了《工学互助团的大希望》一文，称"工读互助团大有希望"，认为实行工学并进的生活有益于人类的生存、文化的进步，盛赞工读互助团"可以尽工作的责任，达求学的志愿，实行互助的主义"。蔡元培的工读主义教育观受西方民主主义教育家的以劳动教育促进身心和谐发展思想的影响，主张"劳工神圣""工学兼营""工学并进"，劳心和劳力结合，手脑并用，促进德育、智育、体育的发展，养成健全的人格。

工读教育思潮到 20 世纪 20 年代中期后便沉寂了，但它对中国现代教育有较大影响。首先，工读教育思潮具有鲜明的民主精神，给予旧教育有力的冲击。它猛烈抨击了数千年来"劳心者治人，劳力者治于人"的传统观念，对新教育进行了有益的探索。其次，工读教育思潮在中国教育史上首次提出了教育与生产劳动相结合的命题，并对此进行了可贵的探索。最后，工读教育思潮主张劳心与劳力结合，有利于青年学生德智体的和谐发展。

（四）实用主义教育思潮

以杜威为代表的实用主义教育思想是 19 世纪末 20 世纪初风靡世界的一种教育思想，它以反传统、求进步为口号，力图对以赫尔巴特为代表的传统教育进行变革。其主要思想内涵是：反对传统教育将教育看作生活的准备，认为"教育即生活"；反对传统教育脱离社会生产和生活，过于重视书本知识的灌输，主张教育要与社会生产和生活相结合，与学生的学习生活相结合；反对传统教育束缚和压抑学生的个性，反对教学以教师、课堂和教材为中心，主张教育要尊重儿童的个性，注重发挥学生的主动性和创造性，教学应以学生、活动为中心，要从"做中学"。

最早将实用主义教育思想介绍到中国的是留日学生张东荪和兰公武等人，早在 1906 年，他们就发表了一些介绍实用主义观点的文章。使中国教育界对"实用主义"产生浓厚兴趣的则是 1913 年 10 月黄炎培在《教育杂志》5 卷 7 号上发表的《学校教育采用实用主义之商榷》一文。黄炎培认为，自兴学以来，学校普及，入学人数大增，但是质量让人担忧。于是他大声疾呼，不改变这种情况，将会"学校普而百业废，社会生计绝矣"，明确地提出教育的目标在于使人"于己具有自立之能力，于人能为适宜之应付"。而要达到这一目标，教育应该与个人生活和社会现实密切联系起来。由此，他提出了学校教学改革的主张：各科教学应与儿童的日常生活联系起来，不强调学科本身的系统性，重在具体应用；要因科制宜地采取不同的教学方法；重视实物教学。他把上述思想概括为"实用主义教育"，并将其作为医治当时我国"教育病"的唯一良药。黄炎培的文章如巨石投湖，引起了教育界的强烈反响。率先响应的庄俞随即在《教育杂志》上发表《采用实用主义》，高声呼喊："欲救今日教育之弊，非厉行实用主义不可。"随后，许多教育刊物不断介绍杜威的教育思想。

实用主义教育思想形成一种声势浩大的教育思潮则是在五四运动时期。推动这一思潮形成的原因，从本质上来说是因为从新文化运动到五四运动期间，中国人民对旧思想、旧道德展开了激烈的批判。思想界广泛宣传的民主、科学、天赋人权和进化论等新思想、新观念，为实用主义教育思潮的形成提供了思想上的条件。在教育界，实用主义教育理论正好为批判传统教育提供了理论武器。

实用主义教育思潮对中国教育的影响，无论是理论还是实践都十分深刻和巨大。从宏观层面来说,它影响了我国 20 世纪二三十年代整个教育领域的思想变革,当时的许多教育思潮,如平民教育、职业教育、乡村教育、生活教育、教育救国、教育独立等都受其影响。具体来说,实用主义教育思潮的影响可以概括为以下四个方面:(1)影响了当时教育观念的转变。我国现代教育自产生以来,主要是受以赫尔巴特为代表的传统教育学理论的影响。因此,在目的观、教学观、教师观、学生观上占主导地位的是传统教育观念。杜威的实用主义教育思想传入后,他的"儿童中心论""教育即生活""学校即社会"观点被广泛地宣传和接受,在很大程度上改变了人们的教育观念。(2)直接影响了 1922 年"新学制"的制定。不论是在指导思想上,还是在形式和具体内容上,新学制都受到实用主义教育思想的影响,如:新学制的框架结构是模仿美国的学制结构;学制中明确规定儿童是教育的中心;新学制以 7 项标准代替了教育宗旨,明显是受"教育即生长""教育无目的"的影响。(3)对课程和教材的影响。新学制制定后,中学采用学分制,开设大量选修课,增设大量实际生活所需的课程,力求实现职业教育与普通教育的沟通。在教材的编写上,以"儿童本位""生活教育"为指导思想,以形式、内容贴近儿童的生活为编写原则,教材的编写体例也由"直线式"改变为"圆周式"。(4)对教学方法改革的影响。随着杜威实用主义教育思想的传播,学校教学方法的改革亦掀起高潮。许多以儿童活动为中心的教学方法相继传入我国,如设计教学法、道尔顿制等,就是这一时期被介绍到我国并被用于教育改革实验的。

(五) 职业教育思潮

职业教育思潮是 20 世纪 20 年代最有影响的教育思潮之一,由清末民初的实利主义和实业主义教育思想发展演变而形成。著名学者舒新城在其《近代中国教育思想史》中认为:"中国近代各种教育思想在实际上之影响,无有出于职业教育思想之外者。"他的这一论断得到许多教育史学者的认同,认为是"符合实际情况"[①]的。职业教育思潮萌发于民国初年,在新文化运动以后得到广泛传播,20 年代中期形成高潮。最主要的倡导者是近代著名教育家黄炎培。

职业教育产生的历史背景是我国民族工业在第一次世界大战时期获得了较大的发展,需要大量的各级各类技术和管理人才,而学校却培养不出社会所需要的人才。正如胡适先生所言:"社会所需要的是做事的人才,学堂所造就的是不会做事又不肯做事的人才。"[②]学校教育与社会需要形成了尖锐的矛盾。

职业教育思潮的基本内涵是:主张沟通教育与实际生活、学校与社会百业的联系;强调学校教育应授予学生从事某种职业所必需的知识、技能和职业道德,对个人,可以解决生计问题,对国家,可以增进社会生产力。

对职业教育思潮兴起影响和贡献最大的是黄炎培。他不仅直接参加和领导了职业教育运动的开展,并对职业教育理论进行了全面的探讨,形成了一个系统的、具有中国特色的职业教育理论。1917 年黄炎培发起组织创立了中国近代第一个研究、倡导、实验和推行职业教育的专门机构——中华职业教育社,并被推举为办事部主任。7 月,《东方杂志》和《教育杂志》上同时发表了由黄炎培起草,蔡元培、马良、伍廷芳、张元济等 48 位全国教育界、文化界、实业界、政界著名人士署名的《中华职业教育社宣言书》。《宣言书》在指出我国教育的弊端与介绍欧美国家实施职业教育盛况的基础上论述了实施职业教育的必要性,并具体地提出了实施职业教育的方法、内容和途

① 王炳照,阎国华.中国教育思想通史:第 6 卷[M].长沙:湖南教育出版社,1994:82.
② 胡适.胡适文存:4[M].上海:上海亚东图书馆,1921:10.

径。在中华职业教育社的推动下,全国很快形成了职业教育运动高潮。

职业教育思潮从其产生发展的历程来说大致可分为三个阶段。1917—1919 年为第一阶段,以解决个人生计问题为重点,讨论的中心问题是职业教育的内涵,最后得出了职业教育的"三要旨":为个人谋生之准备;为个人服务社会之准备;为世界增进生产力之准备。1920—1925 年为第二阶段,职业教育的重点出现泛化,不仅强调解决个人生计问题,还强调职业教育要为社会服务,要在人的发展方面发挥作用。1926—1937 年为第三阶段,提出了"大职业教育主义",其基本特点是职业教育突破了办正规职业学校的单一格局,开始试办各种类型的职业补习学校、星期日学校、晨校、夜校、函授学校等,使职业教育走出学校、城市,走向社会、农村。抗日战争全面爆发后,作为职业教育思潮和职业教育运动主体的中华职业教育社的主要领导人都积极投身到抗日救亡运动中,到 30 年代中期以后,职业教育思潮便陷入低潮了。

职业教育思潮对我国教育产生了非常重大和深远的影响。从观念层面上来看,它促进了我国教育从传统观念向现代观念的转变,提高了人们对职业教育的认识。从实践层面来看,它影响了现代学校教育结构的改变,推动了学校教育制度、内容的改革。其意义可以具体概括为以下三点:(1) 推动了当时我国职业教育的大发展。据孙祖基的《十年来中国之职业教育》一文,1917 年中华职业教育社成立之初,社员数为 786 人,到 1926 年发展到 6758 人;1918 年全国职业教育机构为 513 个,到 1926 年增加到 1695 个,增长速度高于其他各类教育。另外,职业教育在实施范围和形式、内容上都得到了很大的发展。(2) 对 1922 年的学制改革产生了重大影响。壬寅·癸卯学制和壬子·癸丑学制中没有职业教育的地位。由于职业教育思潮的影响,职业教育在壬戌学制中取代了壬寅·癸卯学制和壬子·癸丑学制中实业教育的地位,并与普通教育相沟通,改变了整个教育的结构。(3) 形成了系统的具有中国特色的职业教育理论。职业教育思潮对职业教育的作用、地位、目标,办学方针,教学原则、方法和职业道德教育等方面进行了全面深入的理论研究,形成了以黄炎培为代表的具有中国特色的职业教育理论。

(六) 科学教育思潮

20 世纪 20 年代前后兴起的科学教育思潮源于清末西艺教育,并在资产阶级改良派的思想中萌发了现代科学教育思想的火花。当时热心提倡科学教育的有识之士首推严复。他抨击经学无用,主张把科学知识的传授和学习作为学校教育的主要内容,而且提倡以西方求实的科学方法指导学校的教学。虽然他并未明确提出"科学教育"一词,但他对于科学教育的见解和主张,已具有后来科学教育思潮主要内容的雏形。

真正意义上的科学教育思潮的形成,与中国科学社的创立及《科学》杂志的创刊有着十分密切的关系。1914 年 6 月 10 日,任鸿隽与赵元任、胡明复等留美学者在美国发起组织"中国科学社",任鸿隽任社长。该组织提倡以"传播科学知识,促进实业发展"为宗旨。1915 年 1 月,《科学》杂志首期出版,"专以阐发科学精义及其效用为主"。1918 年,中国科学社迁回国内,并在上海、南京设立事务所,蔡元培被选为中国科学社的董事长。

科学教育思潮的基本内涵是"科学的教育化"与"教育的科学化"。所谓"科学的教育化"是指学校设置科学课程,扩大、加深科学内容,吸收最新的科学成果,在教学中尤其重视科学方法、科学态度及科学精神的培养与训练。所谓"教育的科学化"是指要将教育作为一门科学,应该用科学的方法,加强教育的科学研究,努力提高教育自身的科学性。[①]

科学教育思潮经过 1923 年的"科学与玄学"的论战,开始由观念的传播进入具体的实施阶段,即由以往重在理论上的宣传向着重在教育实践中落实的方向发展。在科学教育思潮的影响下,中国教育领域发生了下列变化:教育统计、教育测量、智力测验等科学方法在教育界得到广泛试行和推广;新的教学方法,如设计教学法、道尔顿制等,在各级学校中进行了广泛的实验;学校教育开始注重培养教育科学人才。

作为一种将西方的科学精神、态度、方法和内容运用于教育过程以及把教育作为一门科学来进行研究的教育思潮,科学教育思潮对我国当时的教育产生了深刻的影响,它的发展逐步改变了人们的认识观念,不仅使人们的思想从传统中解放出来,同时还促使学校教育内容加重了"科学"的成分,推动了教育、教学方法的改进。这些影响在中国教育现代化进程中,一直发挥着积极作用。

(七) 国家主义教育思潮

国家主义是一种民族主义思潮,产生于 18 世纪末的德国,其最主要的思想内涵是反对专制制度,对外宣扬"民族至上",对内宣扬"国家至上",在德国抗击拿破仑入侵的斗争中发挥过积极作用。随后,法国、日本相继建立基于国家主义的教育制度。19 世纪末至 20 世纪初,国家主义教育思想传入我国,为当时的国家主义派所接受。清末教育宗旨的"尚公""尚武"、民初教育宗旨的"军国民教育"可以看作这种思想的萌芽。德国在第一次世界大战战败后,国家主义在国际实践中受挫,此时正值我国新文化运动大力宣传民主、自由和个性发展,故国家主义教育思想在当时并没有形成大的声势。

1922 年以后,以曾琦、左舜生、李璜、余家菊、陈启天等一批从欧美回国的留学生为代表,赋予了国家主义教育思想新的内涵:教育是国家的工具,其目的在于对内保持国家的安宁、谋求国家的进步,对外在于抵抗侵略、延存国脉;教育是国家的任务,应完全由国家负责经营、办理,国家不能对教育采取放任的态度。[②] 国家主义教育思潮的主要目标在于反对社会革命,主张以国家为中心,通过加强国家观念的教育来实现国家的统一与独立。

1923 年 12 月,曾琦、李璜在法国成立了中国青年党,即"中国国家主义青年团"。同年,余家菊、李璜出版《国家主义的教育》一书,标志着国家主义教育思想的重新兴起。1924 年 9 月,在上海创办的《醒狮》周报进行着国家主义教育思想的宣传。1925 年 7 月,国家主义教育思想的骨干联合发起组织了国家主义教育协会,出版《国家与教育》周刊,在全国形成了极大的反响,成为盛极一时的思想潮流。

国家主义者认为,"五四"时期强调个性解放及各种思潮的争辩,客观上造成了当时中国教育在指导思想上混乱、无序和散漫的局面,致使许多青年只顾个人不顾国家,这对于当时处于列强压境的中国来说是极其不利的。因此,必须强调国家主义教育。他们批评平民主义教育"为谋个性发展,则学校之规矩可废,教育之宗旨可无。而教育遂成为混乱之局,不仅无以救国,亦且无以自救也"[③],批评职业教育"多以个人为立论之出发点",忽视了国家实业的发展和政治的进步,有

---

① 王炳照,阎国华.中国教育思想通史:第 6 卷[M].长沙:湖南教育出版社,2000:261－262.
② 孙培青.中国教育史[M].3 版.上海:华东师范大学出版社,2008:394.
③ 陈启天.中国教育宗旨问题[J].中华教育界,1925,14(7):1－3.

舍本逐末之弊,无助于国家的独立与统一。他们强调在当时内忧外患的情况下,教育的目标不在于培养人的个性,也不在于谋求个人的生计,而是必须从国家的高度来阐述教育的目的,认为要实现这一教育目标,必须抓住四个要点:培养自尊精神以确立国格;发展国华以阐扬国光;陶铸国魂以确定国基;拥护国权以维系国脉"[1]。总之,国家主义教育强调,教育的根本作用就是要形成国民一致的立国精神和民族的凝聚力,达到对外能抵抗侵略、对内能讨伐国贼的目标。正因如此,国家主义者要求国家必须从对中国有侵略野心的外国教会手中收回教育权,提倡义务教育以培养出良好的公民,倡导加强军事教育、蒙藏教育、侨民教育以维护国家和民族的统一。

国家主义教育思潮在当时来说,具有非常积极的意义,有些思想对我们今天的教育亦有一定的借鉴意义。然而其不足和错误也是非常明显的。首先,国家主义教育思潮本质上是一种彻头彻尾的"教育救国论",其核心概念"国家"过于抽象、含糊,理论上存在严重的不足。其次,国家主义教育思潮所要爱护的国家,其实质是"封建军阀官僚的国家",它所要保留的立国之根本是"中国古代文化中的封建糟粕,是封建文人所迷恋的东西",[2]而这些正是新文化运动所要批判的。最后,国家主义教育思潮对当时的许多其他教育思潮做了理论上的反思,虽不乏有益之见,但其中许多观点自相矛盾。在教育目标、教学管理、师生关系等方面偏向赫尔巴特的传统教育理论,反对改革,在当时来说具有严重的保守性。总之,国家主义教育思潮总体上与新文化运动、五四运动所形成的教育民主观念相抵触,与20世纪20年代已经形成的民主发展潮流相背驰,所以一开始就受到当时进步的民主主义者的批判。随着北伐战争的胜利,国民党明令禁止国家主义,国家主义教育思潮随之消亡。

二、20 世纪二三十年代的教育改革

[拓展阅读]
张传燧:《课程改革在路
上:历史、现状与未来》

我国现代教育产生后,最早传入的教学法是赫尔巴特的"五段教学法"。五段教学法因具有以学生的心理过程为依据、便于发挥教师的主导作用、有利于集体教学组织和进行规范的教学等优点,而被广泛应用。但在实践中,人们很快地发现"五段教学法"存在不利于因材施教,不利于充分发展学生的个性和发挥学生的主动性等问题。新文化运动加大了中西文化的交流,此时西方国家正在开展一场以学生为中心的反传统教育革命,教学改革正如火如荼地进行,产生了如自学辅导法、分团教学法、设计教学法、道尔顿制、文纳特卡制、葛雷制、德克乐利教学法等多种多样的教学组织形式和教学法。这些新的教育思想和教学方法被介绍到中国来,激发了我国教育工作者的教育观念变革和教学方法改革的热情,人们纷纷将其引入教学,进行教学改革探索。其中,对我国中小学教学影响最大的是设计教学法和道尔顿制。

（一）设计教学法

设计教学法是美国的克伯屈等人依据杜威的实用主义教育思想和桑代克的机能主义心理学理论而建立的一种教学制度。设计教学法强调按照学生的"志愿"来组织教学,认为"志愿"是儿童学习活动的关键,"当志愿消失,学习过程也就不存在了"。因此,设计教学法主张打破教学科

---

① 余家菊.国家主义教育学[M].上海:中华书局,1925:32.
② 王炳照,阎国华.中国教育思想通史:第 6 卷[M].长沙:湖南教育出版社,2000:341.

目的界限,摒弃教科书,让学生从自己的生活中获取学习材料,在自己设计和实行的活动中获得知识和能力。教师的责任在于创设环境以引发学生的学习动机和给予必需的帮助。设计教学法根据活动的目的不同将设计活动分为生产者的设计、消费者的设计、问题设计、特殊学习设计或熟练设计四种类型。将其程序分为自愿(确立目的,引起动机)、计划、实行、评判四个步骤。[①]

与传统的教学法相比,设计教学法因重视学生的自主性和学习动机与兴趣,强调教学与学生的实际生活相联系而受到当时人们的高度重视,自 1917 年被介绍到国内后,引起强烈反响。1919 年秋,俞子夷首先在南京高师附小进行实验。1920 年,"江苏省立师范学校附属小学联合会"号召各地小学试行设计教学法。1921 年,第七届全国教育会联合会发布了《小学推行设计教学法案》,于是设计教学法在中国不少地方盛行起来。但是由于设计教学法在自身理论上存在难以使学生掌握系统学科知识和易形成学生放任自流局面的缺陷,而且当时我国在师资和设施上也存在较大的困难,再加上时局动荡不安,所以在 1924 年以后,设计教学法便逐渐沉寂了。

(二) 道尔顿制

道尔顿制是美国教育家柏克赫斯特于 1920 年在马萨诸塞州道尔顿中学创立的一种个别教学制度。其理论主要依据三个原则:自由、合作、时间预算。"自由",即使学生在身心方面"能自己计划处理自己的事情,自己克制自己的活动"[②],借助自由的手段养成学生自我支配的能力。"合作",即认为学校是"社会学上的实验室",学生是其中的实验者,学生在这里过的是团体生活,而这种"真的社会生活,不仅在于互相接近,并且在于合作和交互作用"[③]。合作产生的原因是学生有着相同问题和兴趣。"时间预算",即打破班级授课制,学生在规定的时间里自主完成自己制订的学习计划。

道尔顿制的优点在于能克服班级教学制不利于因材施教和有碍学生学习主动性的缺点,注重学生独立工作能力的培养,能较好地适应不同学生的个性需要,因而受到当时教育界的普遍欢迎。1922 年 10 月,舒新城首先在上海中国公学中学部进行实验。同年 11 月,《教育杂志》出专号宣传道尔顿制。随后,一些教育家纷纷著文,许多学校参与实验。1923 年第九届全国教育会联合会会议做出《新制中学及师范学校宜研究试行道尔顿制案》决议,很快形成了一个改革实验的热潮。1925 年 7 月,柏克赫斯特访问中国,将实验推向了高潮。随后热潮迅速退去,1926 年后,实验基本停止。

道尔顿制在中国的失败有着多方面的原因:首先,这一理论本身存在较大的缺陷,过分强调学生的自由,过于看重书本;其次,在物资设备上有更高的要求,据当时的调查,施行道尔顿制花去的经费比施行班级授课制的经费平均多 15%[④];最后,当时的实验启动过于仓促,实验者对设施道尔顿制必需的理论和操作技能都还缺乏充分准备。

现代教育产生后,新式学校追求整齐划一,造成了学校教学的呆板性。出于改革这种弊病的愿望,学习外国的经验,设计教学法、道尔顿制等新的教学法的引进和实验是非常必要的,它拓宽了我们的理论视野,为我国教育改革提供了参考资料。但是,盲目冲动、不加分析地照搬别人的

---

①　瞿葆奎,丁证霖."设计教学法"在中国[J].教育研究与实验,1985(3):72 - 84.

②　舒新城.现代教育方法[M].北京:商务印书馆,1930:223.

③　柏克赫斯特.道尔顿制教育[M].曾作忠,赵廷为,译.上海:商务印书馆,1924:19.

④　瞿葆奎,丁证霖."道尔顿制"在中国[J].教育研究与实验,1985(2):77 - 90.

理论是不能解决我们自己的问题的,这是我们应从这些改革实验中吸取的最大教训。

第三节　中国共产党领导的革命根据地教育

早在新文化运动时期,早期共产主义者就积极投入教育改革运动中,开展平民教育和工读主义教育,进行教育改革的探索。中国共产党成立后,开始独立自主地进行新民主主义教育的建设。在第一次国共合作期间,中国共产党卓有成效地进行了工人教育、农民教育和革命干部教育的实践,初步形成了新民主主义的教育纲领。1927年,第一次国共合作破裂,中国共产党开始走上武装夺取政权的道路,建立了中央革命根据地——中央苏区,为了夺取革命的胜利和实现教育理想,确立了与南京政府根本不同的教育方针和教育制度。抗日战争全面爆发后,中国共产党在非常艰苦的战争环境中,坚持进行教育活动,干部教育、群众教育取得了显著成绩,创造了非制度化教育的典范。解放战争时期,随着解放区的不断扩大,解放区的教育也开始由战时教育向正规教育转变,新民主主义教育发展到成熟期,为即将到来的中华人民共和国教育奠定了基础。

一、新民主主义教育方针的形成和确立

新民主主义教育是在新民主主义革命阶段,由中国共产党领导的,以马克思主义为理论指导的,人民大众反帝、反封建和反官僚资本主义的教育,即民族的、科学的、大众的教育。新民主主义教育方针的形成和确立,经历了一个较长的发展阶段。

(一)新民主主义教育纲领的初步提出

中国共产党成立后,便以马克思主义教育思想为指导,积极创办教育机构,大力进行工农教育和干部教育,努力进行教育、教学内容与方法的改革探索,在这一系列的教育实践基础上,逐步形成了新民主主义教育的纲领,制定了一系列教育方针、政策和措施,为后来革命根据地教育的发展打下了良好的基础。

1922年,中国社会主义青年团的第一次全国代表大会通过了《关于教育运动的决议案》,围绕社会教育、政治教育和学校教育三个方面,要求开展青年工人和农民的教育运动,尽可能地争取劳动群众受教育的权利和机会,唤醒工农群众的斗争觉悟。这些有关教育的基本精神,成为中共"二大"提出的新民主主义教育纲领的先导。

1922年7月,中国共产党第二次全国代表大会召开并在教育方面提出了女子享有平等的教育权利和"改良教育制度,实行教育普及"的纲领性主张。这个教育纲领是新民主主义革命纲领的组成部分,它体现了中国共产党在教育上的奋斗目标。大革命时期,中国共产党所开展的工人教育、农民教育和干部教育就是在这一教育纲领指导下进行的。

(二)苏维埃文化教育总方针的提出

第一次国共合作破裂后,中国共产党组织发动了南昌起义和秋收起义,走上了武装夺取政权的道路,在全国广大农村建立了红色革命政权——苏维埃政府。由于处于艰苦的战争环境,苏维埃政府工作的总方针是"一切工作服从革命战争的需要"。因此,为革命战争服务,为工农大众服务,为建立和巩固苏维埃政权服务,成为指导苏区教育工作的宗旨。随着苏区的发展,1931年11月中华苏维埃共和国成立。《中华苏维埃共和国宪法大纲》是中华苏维埃共和国的根本大法。据此,苏维埃政权明确提出的教育方针是"工农劳苦群众,不论男子与女子,在社会、经济、政治和教

育上,完全享有同等的权利和义务""取消一切麻痹人民的封建的、宗教的和国民党的三民主义教育"①。

1934年1月,毛泽东总结和概括了井冈山革命根据地文化教育建设方面的经验,在第二次全国苏维埃代表大会上更加明确具体地提出苏维埃文化教育的总方针:"在于以共产主义的精神来教育广大劳苦民众,在于使文化教育为革命战争与阶级斗争服务,在于使教育与劳动联系起来,在于使广大中国民众都成为享受文明幸福的人。"②毛泽东对苏维埃文化教育总方针的阐述,以共产主义思想为教育的指导思想,强调教育为革命战争和阶级斗争服务,与生产劳动相结合,为广大民众谋幸福,已具有了新民主主义教育的民族的、科学的、大众的等基本特征。这一教育方针的提出,不仅为苏区政府制定具体的文教政策、推动苏区文化教育事业的发展发挥了巨大的作用,而且为后来抗日战争、解放战争时期革命根据地教育事业的发展奠定了理论基础。

(三) 全面抗战时期党的教育方针政策

"七七事变"后,中国进入全面抗战时期。中国共产党根据形势的变化,调整了党的方针政策,提出了"一切为着前线,一切为着打倒日本侵略者和解放中国人民"的总方针,并依据此总方针制定出教育的方针政策:教育为抗战服务,建立抗日文化教育的统一战线,教育与生产劳动相结合,坚持干部教育第一,采取多种形式办学。这些教育方针政策很好地适应和指导了抗日根据地的教育发展,为取得抗日战争的胜利发挥了积极的作用。

教育与生产劳动相结合是中国共产党在苏区时期教育工作的重要经验。在抗日战争中,党中央和毛泽东反复强调要落实坚持教育与生产劳动相结合的政策,一是为了使"教育为抗战服务"的教育方针落到实处,使抗日根据地的教育工作能够更加切合抗战中的生产生活实际;二是为了培养革命的新型知识分子,对青年学生进行意志磨炼和政治思想教育;三是通过学生在校生产劳动,减轻根据地政府和群众的经济负担,为根据地的教育发展打下更坚实的物质基础。

重视干部教育是中国共产党的教育传统,早在大革命和苏区时期就积极地开展了干部教育的实践。进入全面抗战后,党对这一问题认识得更清楚更深刻,毛泽东在党的六届六中全会上明确指出:"政治路线确定之后,干部就是决定的因素。因此,有计划地培养大批的新干部,就是我们的战斗任务。"1941年,林伯渠在陕甘宁边区政府委员会第四次会议的报告中明确提出"干部教育第一"的政策。1942年2月,《中共中央关于在职干部教育的决定》中指出,"在目前条件下,干部教育工作,在全部教育工作中的比重,应该是第一位的。而在职干部教育工作,在全部干部教育工作中的比重,又应该是第一位的。这是因为一切工作,包括国民教育工作在内,都须经过干部去做"③。这一正确的教育政策,不仅保证了当时抗日根据地的抗日斗争对干部的需要,同时还为后来解放战争的胜利打下了干部队伍的基础。

(四) 新民主主义教育方针的确立

关于教育方针问题,中国共产党在不同的历史时期有不同的提法。虽然各时期的教育方针对当时的教育工作发挥了很好的指导作用,但都不能充分反映整个中国革命和教育改革的历史

① 中央教育科学研究所.老解放区教育资料:1[M].北京:教育科学出版社,1981:27.
② 中共中央文献研究室.建国以来重要文献选编:第11册[M].北京:中央文献出版社,1995:418.
③ 中共中央文献研究室,中央档案馆.建党以来重要文献选编(1921—1949):第19册[M].北京:中央文献出版社,2011:146.

内容与特点。自五四运动到 1940 年,新民主主义革命虽经历了 20 多年,但人们对于五四运动以后的革命属于新民主主义革命,五四以后的文化运动属于新文化运动这一情况并不清楚。理论和思想认识上的混乱,造成了实践中的盲目。针对这一情况,毛泽东在 1940 年 1 月发表了《新民主主义论》,创造性地提出了"新民主主义"的概念,并明确指出了新文化与旧文化、新民主主义文化与旧民主主义文化的区别,以及新民主主义文化与社会主义文化的联系与区别。毛泽东第一次明确提出了既符合抗战实际需要,又适合整个新民主主义革命时期历史特点的教育方针——民族的、科学的和大众的文化教育。对于新民主主义教育方针的内涵,毛泽东不仅明确指出"民族的科学的大众的文化,就是人民大众反帝反封建的文化,就是新民主主义的文化,就是中华民族的新文化"①,而且进行了具体的阐释:"民族的"是指教育要维护民族尊严和独立,反对帝国主义的压迫,在借鉴的基础上学习外国的教育经验;"科学的"是指教育要反对一切封建主义的思想,坚持辩证唯物主义,坚持理论联系实际,正确地对待古代文化教育的精华与糟粕;"大众的"是指教育要为全民族百分之九十以上的工农劳苦大众服务,使教育普及与提高、干部教育与群众教育既相互区别又相互联系起来。

新民主主义教育方针的确立,是中国共产党自大革命时期提出新民主主义教育纲领以来,在教育思想上的重大收获,是中国革命和教育实践改革探索的结果。它的提出不仅对当时抗日根据地的教育产生了深刻的影响,也对以后解放区的教育产生了深远的影响。解放战争时期,解放区的一系列行之有效的教育方针政策,都是在新民主主义教育总方针的指导下制定出来的。

(五) 解放战争时期的教育方针政策

解放战争时期,中国共产党在新民主主义教育总方针指导下,除了继续坚持抗战时期正确的方针政策,坚持教育为革命战争服务、教育与生产劳动相结合外,为了适应新形势的需要,又制定了团结广大知识分子、扩大教育界的统一战线,接管与改造旧学校,进行教育工作重心的转变,实施"新型正规化"中小学教育等新的教育政策。

1948 年 1 月,毛泽东针对解放区土地改革中出现排挤、迫害地主、富农家庭出身的教师的情况,在《关于目前党的政策中的几个重要问题》中指出:"中国学生运动和革命斗争的经验证明,学生、教员、教授、科学工作者、艺术工作者和一般知识分子的绝大多数,是可以参加革命或者保持中立的,坚决的反革命分子只占极少数。因此,我党对于学生、教员、教授、科学工作者、艺术工作者和一般知识分子,必须采取慎重态度。必须分别情况,加以团结、教育和任用,只对其中极少数坚决的反革命分子,才经过群众路线予以适当的处置。"②,及时地制止了教育上的"左"倾错误。

随着一个个城市的解放,学校的接管成为解放区文教工作的重要任务,为了使旧的学校能为中国的解放事业服务,中国共产党对新解放区的文教机关采取了全面接管和认真改造的政策,并制定了两项具体措施:一是对所有教育设施进行保护,使其不受到破坏;二是进行必要的和可能的改造。

在全国解放即将来临之时,中国共产党高瞻远瞩地预见到,革命胜利后的主要任务是发展生产和文化教育事业,因此,必须进行教育工作重心的转移。在 1948 年 8 月的华北中等教育会议和 9 月的东北解放区第三次教育会议上正式提出了实施"新型正规化"教育的口号。1949 年 6

---

① 毛泽东.毛泽东选集:第 2 卷[M].北京:人民出版社,1991:708 - 709.

② 毛泽东.毛泽东选集:第 4 卷[M].北京:人民出版社,1991:1269 - 1270.

月,在华北解放区召开的小学教育会议讨论和部署小学实行"新型正规化"的问题。这一重心的转变对解放后教育的发展产生了积极的影响。

中国共产党能取得中国革命的胜利,主要因为它是人民利益和先进生产力的代表,而在各个不同的历史阶段制定的正确的教育方针政策,无疑对革命胜利的实现起了重要的保证作用。

二、革命根据地的教育

中国共产党自 1927 年走上武装夺取政权的道路后,便创建了红色革命根据地,建立起为红色政权服务的教育系统,展开了一系列的教育实践活动。革命根据地的教育从时间上可分为苏区时期(1927—1937)、全面抗战时期(1937—1945)、解放战争时期(1945—1949)三个大的历史阶段。从形式上来分,主要有干部学校、专门学校、业余学校、普通中小学校四种。从类别上分,主要有干部教育、社会教育、儿童教育三类。

(一) 干部教育

干部教育在整个根据地的教育中始终被摆在首位,这与当时革命根据地的斗争需要及条件有关。根据地建立后,地方政府需要大量的干部,军队需要大量的指挥员。根据地的干部教育从培养目标上可分为地方干部教育和军队干部教育两大系统。从办学形式上可分为短期在职培训和学校教育两种类型。在根据地建立之初,以短期在职培训为主。最早的在职培训是 1927 年毛泽东在宁冈砻市龙江书院创办的红军军官教导队。随着根据地的发展,一个分级分类的较为完善的干部教育网络系统逐步建立起来,即县级干部培训由中央和省主办,区级干部培训由县主办。培训的类别主要有党政、商业、税务及教育等。苏区第一所较为正规的干部学校是 1931 年在瑞金创办的"红色通讯学校",随后各种学校相继产生。

1. 苏区时期根据地著名的干部学校

(1) 中级干部学校

中央农业学校。1932 年,中央农业学校由苏区教育和土地人民委员部联合举办,徐特立任校长,主要目标是培养苏区农业建设的中下层干部。学校分设本科班和预科班,学习期限分别为 1 年和 2 个月。

中央列宁师范学校。1932 年 10 月创办了中央列宁师范学校,主要培养苏区列宁小学的教师,学习期限为 3~6 个月,首任校长是徐特立。

高尔基戏剧学校。1934 年 2 月创办了高尔基戏剧学校,主要培养苏区的文艺人才和俱乐部、剧社、剧团的干部。学习期限为 4 个月,校长是教育人民委员部艺术局局长李伯钊。

(2) 高级干部学校

马克思共产主义大学。1933 年 3 月,马克思共产主义大学创办于瑞金沙洲坝,是直属苏区中央局的苏维埃党校,主要培养能领导前方和后方政治工作的高级干部。学校内设高级训练班,新苏区工作人员和党、团、苏维埃、工会工作者训练班,学习期限为 4~9 个月。首任校长为任弼时,副校长为杨尚昆。

苏维埃大学。苏维埃大学是 1933 年 8 月创办的培养各类干部的综合性大学。学校设特别班和普通班。特别班主要有国民经济、土地、财政、内务、劳动、司法、外交、粮食和工农检查等专业,修业年限不少于 6 个月。普通班是为文化程度不高的学员开设的补习班,学习期限不定。首任校长为毛泽东,副校长为沙可夫。1934 年 4 月改名为"国立沈泽民苏维埃大学",校长为瞿秋白,副校长为徐特立。同年 7 月并入马克思共产主义大学。

红军大学。1933 年 11 月,原来的红军学校与苏维埃大学的军事政治部合并为红军大学,指挥、政治、参谋三科培养营团以上的军政干部,高级科培养军以上的干部,教导、高射、测绘三个大队培养专业技术干部。何长工任校长兼政委。学习期限为 8 个月。

2. 全面抗战时期根据地的干部教育

(1)中级干部学校

全面抗战时期根据地的中级干部培养主要由师范学校和中学承担。1937 年和 1938 年创办的鲁迅师范学校和边区中学是边区最早的中等教育学校,主要培养陕甘宁边区的小学教师,开设政治、军事、教育、文化四类课程。1939 年,两所学校合并为边区"第一师范学校"。1941 年,林伯渠在边区第二届参议会上强调加强中等教育,提高师资和干部的培养水平,边区的中等教育得到了较大的发展。较为正规的师范学校有:边区第一、二、三师范学校,绥德师范学校,鄜县师范学校,陇东中学,米脂中学,延安中学,三边中学,子长中学。学制为 2～3 年。

1944 年 5 月,针对教育中出现的"旧型正规化"的问题,陕甘宁边区教育厅拟定了将中学和师范课程统一起来的中等教育新课程。新课程本着从实际出发、理论联系实际的原则,对课程进行了精简,三年仅开设边区建设、国文、数学、史地、自然、政治常识、生产知识、医药知识等 8 门课程。改革后的课程内容更加集中,单科的周课时量大大增加,总课时量大大减少,学生有更多的课外活动和自主学习的时间,对提高教育质量起到了积极的作用。

在全面抗战时期,其他根据地的中等教育也有了较大发展,如苏皖根据地到了抗战后期有中学 80 多所,晋察冀根据地在 1940 年时有中学 9 所,培养中层干部 7000 多人。

(2)高级干部学校

在全面抗战时期,根据地的高级干部学校教育较为发达,仅仅在延安,由党中央直接领导的学校就有 17 所,学员达数万之众。其中最著名的高级干部学校包括以下几所。

中国人民抗日军政大学(抗大)。1936 年 6 月,中国人民抗日军政大学成立于陕北瓦窑堡,开始名为"西北抗日红军大学",1937 年 1 月迁往延安,改名为"中国人民抗日军政大学"。抗大主要培养抗日军政干部,首任校长为林彪,教育长为罗瑞卿,政治部主任为杨尚昆。抗大自建立到 1945 年,总校共办 8 期,培养学生 27 000 多人。抗大从 1939 年 7 月开始在各抗日根据地建立分校,先后共建分校 12 所,培养学生 20 多万人。抗大自创办起就受到党中央和毛泽东的高度重视,毛泽东不仅多次亲赴抗大演讲、作报告、传达中央会议精神,还亲自为抗大制定了"坚定正确的政治方向,艰苦朴素的工作作风,灵活机动的战略战术"三大教育方针和"团结、紧张、严肃、活泼"八字校训,即"三八作风",成为对所有革命战士的基本要求。

中共中央党校。中共中央党校的前身是马克思共产主义大学。1935 年 11 月,红军长征到达陕北后在瓦窑堡复校,改名为"中共中央党校",董必武任校长。1937 年,学校迁往延安,属中央组织部领导,培养地委和团级以上的军政干部。1941 年 12 月进行了改组。学校改组后分为 6 个部:第一部,培训中央和各省的领导干部;第二部,培训抗日前线的领导干部;第三部,培训党的理论工作者;第四部,提高工农干部的文化水平;第五部,培训陕甘宁边区的地方干部;第六部,培训新来边区的干部。改组后在校学员达 3000 多人,学制延长为两年,改归中央书记处领导,校长为邓发,副校长为彭真、林彪。1943 年 3 月,毛泽东亲任校长。1947 年,学校在中共中央撤离延安时停办。

　　陕北公学。1937 年 9 月，陕北公学成立于延安，主要招收来自全国各地及南洋、朝鲜、越南等地投奔延安参加抗日的进步青年，对他们进行短期的革命理论教育后，派往各抗日前线。学校设普通班和高级研修班，学习期限分别为 4 个月和 1 年。首任校长为成仿吾。陕北公学成立后发展很快，半年内学生数便达到 2000 多人，一时成为与抗大齐名的学校。1938 年 5 月，陕北公学在关中设立分校，学生达 3000 多人。1939 年和 1941 年，陕北公学分校和总校分别并入华北联合大学和延安大学。

　　鲁迅艺术学院(鲁艺)。1938 年 4 月，鲁迅艺术学院成立，旨在研究革命的艺术理论，培养艺术干部。首任院长为毛泽东，吴玉章、周扬先后继任。学校最初设戏剧、音乐、美术三个系，后增设文学系。学习期限为 9 个月，采用"三三三"分段，即入校学习 3 个月基础知识后，分赴各根据地实习 3 个月，再回校进行理论提高 3 个月。1941 年，鲁迅艺术学院以"专门化"为目标进行了改制，建立正规化的学制，设戏剧、音乐、美术、文学四部。鲁迅艺术学院共办学 4 期，培养学生 500 多人，其中许多人成为新中国的文艺骨干。1943 年 4 月，鲁迅艺术学院并入延安大学。

　　延安大学。1941 年 9 月，由陕北公学、中国女子大学和泽东青年干部学校合并而成了一所学制正规、规模较大的综合性大学——延安大学。首任校长为吴玉章。学校成立之初设社会科学、教育、法学 3 个学院和俄文与英文 2 个专修科。1943 年后，鲁迅艺术学院、自然科学院、民族学院、行政学院相继并入，周扬继任校长。延安大学以培养与提高适应抗战与边区建设需要的革命干部为教育目标和办学方针，坚持"学以致用""自学为主、教授为辅""发扬教学民主精神"的教学原则，为当时的革命战争培养了大量的干部。1949 年，以延安大学为基础成立西北人民大学，校址迁往西安。

　　3. 解放战争时期解放区的干部教育

　　(1) 中级干部学校

　　在解放战争时期，解放区仍然坚持以"干部教育第一"的教育政策，把中等学校作为干部学校办理。1946 年 11 月 1 日，《东北日报》发表的《中等教育的改造问题》社论中指出必须把中等教育的重心从预备教育转移到干部教育上来，号召多办师范学校、职业学校和地方干部训练班，注意发展初级和中级干部教育。因此，解放区的中学大多是以干部教育为主、普通教育为辅的新型混合中学，学校一般设地方干部训练班、师范班或职业班、普通中学班三个部分。[①] 这一时期的中学发展很快，如晋察冀边区在 1946 年上半年的中学为 42 所，下半年发展到 56 所。东北解放区的中学由 1947 年的 105 所发展到 1948 年的 145 所。

　　(2) 高级干部学校

　　在解放战争中，随着解放区不断扩大，党对干部的需要量也不断增加。中国共产党除了对原有的高级干部学校进行整顿提高外，又创办了许多新的高级干部学校。如 1945 年 11 月在晋冀鲁豫边区创办的北方大学，1948 年在苏皖边区创办的华中大学和建设大学。到全国解放前夕，各大行政区都设立了人民革命大学。这些干部学校的建立，有效地保证了解放战争胜利果实的巩固，为中华人民共和国的建立作出了重大贡献。这一时期著名的学校有东北军政大学和华北大学。

　　东北军政大学。东北军政大学的前身是中国人民抗日军政大学。抗战胜利后，抗大迁到东

---

　　①　陈元晖. 中国现代教育史[M]. 北京：人民教育出版社，1979：258.

北,1946 年 2 月在吉林通化改称为东北军政大学。林彪兼任校长,彭真兼任政治委员。同年 5 月迁到黑龙江省北安市,继续开办并建立了 4 个分校,其中两个分校专门培养蒙古族和朝鲜族干部。学校分设本科、预科和入伍生队,修业年限从 4 个月到 1 年不等。1948 年春,校址迁到黑龙江省齐齐哈尔市。1948 年末,学校随中国人民解放军南下,先后建立了锦州步兵学校和武汉步兵学校。1949 年 7 月,东北军政大学迁至湖北省武汉市,改名中国人民解放军中南军事政治大学。

华北大学。1948 年 8 月,华北联合大学和北方大学合并成为华北大学。首任校长为吴玉章,副校长为范文澜、成仿吾。学校设四部两院。四部包括:政治学部,主要培训干部,学员经 3～6 个月的学习后即分配到解放区工作;教育学部,主要培养中等学校的教师和教育行政干部;文艺学部,主要培养文艺干部;研究部,主要培养高级研究人才和大学教师。两院包括:农学院,主要培养农业方面的高级专门人才;工学院,主要培养工业技术人才。华北大学在当时是一所规模大、门类全、大师云集的综合性大学。1949 年从张家口迁入北京。1950 年 10 月 3 日,以华北大学为基础成立中国人民大学。

(二) 社会教育

革命根据地的教育多是以工农群众为教育对象的社会教育,其占有十分重要的地位。根据地的社会教育不仅对于扫除文盲、提高民族的素质产生了积极的意义,而且为根据地的巩固发展、为中国革命取得胜利发挥了重要的作用。

1. 苏区时期的社会教育

苏区时期,为了动员广大人民群众参与到革命斗争中来,中国共产党有效地开展了一场以人民群众为教育对象的社会教育运动。苏区社会教育的形式丰富多彩,不仅有较正规的夜校、补习学校、半日学校、星期学校、俱乐部,还有较灵活的识字组(班)、识字牌、识字站、问字所等。其中影响最大的主要是夜校、识字组(班)和俱乐部。

夜校。夜校是苏区开展社会教育的主要形式之一,是在固定的时间、地点,按照一定的编制设立的一种成人教育机构。夜校的主要任务是识字,结合进行政治思想和生产生活知识教育。夜校的教师一般由识字的工农群众担任,或由学校的教师兼任,夜校的校长多由热心教育工作的人担任。教学采取简便灵活、联系实际、学以致用的原则,学习内容以实用的写标语口号,做会议记录、写信和报告等为主。教学按照一定的规划进行,以学生能写信,能看《红色中华报》为毕业标准。夜校在形式上适合广大民众学习的特点,内容贴近生产和生活,因而深受欢迎。苏区几乎每个乡村、机关都设有夜校,其数量和入学人数的比例远远超过小学。1934 年,第二次全国苏维埃代表大会根据对江西、福建等地的调查,统计出在 2932 个乡中,共有夜校 6462 所,学生 94517 人。[①]

识字组(班)。识字组(班)是苏区社会教育的又一基本形式。它的任务和夜校基本相同,但与夜校的区别在于识字组(班)不像夜校那样有比较固定的教学时间和地点,学生人数也较少,往往是根据具体情况,对三五人或十来人进行分组编班,乘隙进行教学或学习。识字组设组长一人,一般由夜校学员担任,负责识字教学及练习作业的检查、批改。识字组的教学更加灵活多样,既有个别教学,又有小组教学,既有集中教学,又随时随地利用田头、灶旁和乘凉、喝茶的机会进

---

① 中央教育科学研究所.老解放区教育资料:1[M].北京:教育科学出版社,1981:263.

行教学。识字组还采用识字卡片的方法,帮助因为忙于生产而不能参加学习的人,在他们闲时多教几个字,然后利用识字卡片自己进行复习、练习。识字组(班)因以最灵活的方式满足了不能参加夜校学习的人的学习要求而深受工农群众的欢迎。在苏区参加识字组(班)的人比参加夜校的人还要多。仅粤赣两省就有识字组 32388 个,组员 155371 人。①

俱乐部。俱乐部是苏区社会教育的一种普遍组织。与夜校、识字组(班)不同的是,俱乐部是融学习、娱乐、政治教育为一体,通过游艺、演戏、唱歌、体育、出墙报等多种活动方式,开展群众教育活动的教育机构。1934 年 4 月,苏维埃教育人民委员部制定的"俱乐部纲要"中指出:俱乐部是广大工农群众的自我教育组织,是苏维埃社会教育的重要组织之一。俱乐部因形式活泼,内容丰富多彩,为人民群众所喜爱,在苏区的成人教育中发挥了巨大的作用。

2. 全面抗战时期的社会教育

抗日根据地的社会教育,除延续了苏区时期的那些组织形式外,最主要的形式是冬学和民众学校。冬学是利用冬闲对农民群众进行教育的组织形式,主要以 15—45 岁识字个数不满 1000 的人为教育对象,主要目的在于扫除文盲和对人民群众进行政治教育和抗战教育。教学时间延长到一年的则为民众学校。

1937 年,陕甘宁边区首创冬学。1937 年 10 月,陕甘宁边区政府教育厅在《关于冬学的通知》中指出:冬学是国防教育总任务中的具体任务。其后在1941 年和 1942 年多次号召抗日根据地大力开展冬学运动,不仅对冬学的意义进行了强调,而且对冬学的课程、时间安排进行了具体的规划。冬学对抗日根据地的革命斗争发挥了重大的积极作用,主要原因有三点:

第一,政府的重视。在抗日根据地,从中共中央到各级边区政府都十分重视冬学运动的开展,中共中央曾多次动员和发出号召,将冬学作为一件大事来抓。边区的党政部门和群众团体共同组成了冬学运动委员会,实施对冬学的领导工作,进行师资的培养和教学的组织,使冬学得到了有力的组织保证。

第二,内容符合农民群众的需要。各根据地政府都积极组织编印冬学教材,如陕甘宁边区教育厅组织编写了《识字课本》《日用杂字》《庄稼杂字》《卫生课本》等冬学的教材。这些教材贴近农民和农村的生产和生活的实际,可使农民学到实际有用的知识,因而受到农民群众的欢迎,激发了他们的学习热情。

第三,方式得当。边区的冬学之所以能蓬勃地开展,除了以上原因外,还得益于"小先生制"的采用。1942 年,徐特立在《解放日报》上连续发表文章,提倡"小先生制",极大地促进了冬学的发展。例如,延安的许多小学生带识字卡片回家教家里人识字。各地利用"小先生制"不仅解决了师资缺乏的困难,而且激发了更多人参加冬学的兴趣与创办冬学的激情,形成了良好的社会兴学风气。

3. 解放战争时期的社会教育

解放战争初期的社会教育仍然是以农民群众为主要对象,在组织形式上亦无新的变化,在内容上则在扫盲的基础上根据时事的变化,以支援前线和土地改革为主。一方面大力开展参军支前、拥军优属、建立地方武装的宣传动员,另一方面把宣传土地改革政策、组织农业合作社、进行农业生产知识教育作为重点。

---

① 中央教育科学研究所.老解放区教育资料:1[M].北京:教育科学出版社,1981:268.

随着解放战争的不断胜利,许多城市被解放,工厂被接收。如何使被接收的工厂很好地为巩固革命成果服务,为恢复国民经济发挥重要的作用成为新形势下的中心工作。因此,工人教育成为社会教育的重要任务。1949 年 2 月 20 日,中共中央东北局和东北行政委员会联合公布《关于加强工人群众中政治文化教育工作的指示》,指出:"由于东北解放战争的伟大胜利,全东北一切工业城市的解放,经济建设,首先是工业的恢复和建设是今后压倒一切的中心任务。"[①]该文件号召大力举办工人业余教育,设立工人学校。随后,华北、山东人民政府也相继做出文化教育建设规划,强调通过多种形式加强工人的政治文化教育。这一时期工人教育的主要组织形式有:以进行文化知识教育为主的工人补习学校;以进行专业技术教育为主的技工补习学校;以提高政治思想觉悟、培养工人干部为主的干部训练班。另外,一些较大的工厂成立了工人俱乐部和工人政治大学。这些教育组织不仅在当时对工人的教育发挥了很好的作用,而且为中华人民共和国成立后的工人教育积累了宝贵的经验,打下了良好的基础。

(三) 儿童教育

革命根据地的儿童教育受到当时条件的限制,主要是小学教育。革命根据地虽然条件艰苦,但是为了培养革命的新后代,中国共产党和根据地政府都非常重视儿童教育,使革命根据地的儿童教育得到了很大的发展。

1. 苏区时期的儿童教育

中国共产党在根据地建立之初,就开始办小学,努力使劳苦人民的子弟能受到学校教育。但由于当时红军经常流动作战,因此早期的小学教育发展有限。1931 年,中华苏维埃共和国成立后,苏区有了较为巩固的后方,开始重视小学教育。《中华苏维埃共和国宪法大纲》中明确规定中国苏维埃政权"厉行全部的义务教育","在进行国内革命战争所能做到的范围内,应开始施行完全免费的普及教育"。

1934 年 2 月以前,苏区的小学在名称上有劳动小学、红色小学、列宁小学。1934 年 2 月以后,一律称为列宁小学。列宁小学修业年限为 5 年,实行"三二"分段,前三年为初级列宁小学,后两年为高级列宁小学。1934 年 2 月,中华苏维埃共和国中央政府人民委员会发布第八号命令,颁布了《小学校制度暂行条例》,对小学教育的目标、任务,小学校的设置、编制、科目、设备,职员、教员的待遇等问题进行了具体的规定。1934 年 4 月,苏区教育人民委员部又颁布了《小学课程教材大纲》,规定初级列宁小学每周课堂教学 18 课时,课外教学(劳作实习和社会工作)至少 12 课时;高级列宁小学第一学年每周课堂教学 24 课时,第二学年 26 课时,课外教学 12~18 课时。同时,这份大纲还规定了小学教育教学必须坚持的三个原则:教育必须与政治斗争联系起来,必须与生产劳动相结合,必须发展儿童的创造性。

在苏区政府的重视下,小学教育得到了很大的发展,当时几乎每乡都有两三所小学,有些地区是村村有小学。根据 1932 年江西省的胜利、会昌等 14 个县的统计,共有小学 2 227 所,学生82 342 人。苏区中大部分学龄儿童都进入了学校读书,例如,兴国县有学龄儿童 20 969 人,入学儿童达 12 806 人,入学率达到 61%,远远高于当时国民党统治区教育最发达的江苏省。[②]

---

① 顾明远.20 世纪中国教育:3[M].武汉:湖北教育出版社,2004:2021.
② 陈元晖.中国现代教育史[M].北京:人民教育出版社,1979:124.

2. 全面抗战时期的儿童教育

抗日根据地的小学教育基本沿袭了苏区时期的学制,一般为五年,"三二"分段。1939 年颁布的《边区小学教育实施纲要》规定了课程设置。在教学内容上,各抗日根据地依据抗战的要求,编写了相关学科的教材。这些教材的共同点,一是突出抗战道理和民族精神的教育,二是注意联系边区的生产和生活实际。

在抗战时期,为了在艰苦的环境下坚持发展教育,根据地的教育工作者们创造了许多适合于当时特定条件的办学类型。(1)米脂高家沟式,由当时的变工队创办。主要做法是变工队帮教员耕种土地,教员则根据变工队的群众对教学内容和教学方法的要求组织教学,以学生达到能写会算为毕业标准,是一种纯粹的民办学校。(2)延安杨家湾式,是由群众中的积极分子组织发起,由政府委派教师,在政府的帮助下建立起来的学校,属于"民办公助"型学校。(3)米脂杨家沟式,这是减租减息后,在群众办的识字组(班)的基础上建立起来的民办学校。其特点是学生包括儿童和成人,全部不脱离生产劳动,根据群众的要求决定教学内容,依照具体情况分为早班、午班和晚班组织教学。由于其教育对象多样,因而又被称为"一揽子小学"。(4)巡回学校,是一个教师担任两个或两个以上的村校教师,学生不离本村,教师在各村巡回进行教学的学校。这种方式主要是为了解决教员不足的困难。(5)旧式轮学,是指几个村共请一个教员轮流在每家上课10 天或半个月,然后再全体搬到另一家,轮到谁家,教师和学生就都在谁家吃饭上课的办学类型。(6)流动学校,即教学没有固定的地点,每次都由教师和学生临时约定,或由教师临时通知上课地点。这种学校主要是在反扫荡中环境非常恶劣的情况下采用的一种办学形式。

在抗日战争时期,根据地的小学教育得到了较大的发展。例如,陕甘宁边区在 1936 年春,只有小学 120 所,学生不到 560 人。边区政府建立后,小学教育发展很快,到 1940 年秋,小学发展到 1741 所,入学儿童达到 43 625 人。但 1940 年后,由于不切实际地提出实行强迫义务教育,盲目地追求"正规化",边区的小学教育发展受到较大的影响,"学校数量减少了一半,学生人数减少了约三分之一"[①]。延安整风运动后,中国共产党对这一错误进行了纠正,根据边区的实际情况和特点,实施"民办公助"政策,小学教育又得到了迅速的发展。到 1945 年,陕甘宁总共有小学2297 所,学生 34 000 多人。其中公办小学 340 所,学生 17 200 多人;民办小学1957所,学生16 800 多人。[②]

虽然处于非常艰苦的抗战环境之中,其他抗日根据地仍然坚持发展小学教育,并取得了很大的成绩。例如,1938 年初,晋察冀根据地遭到侵华日军的疯狂蹂躏,学校大部分被破坏。经过恢复和发展,到 1939 年上半年,晋察冀和冀中共有小学 7000 多所,学生 40 多万人。华中抗日根据地屡遭敌伪"扫荡",学校和学生数均显著减少。例如在江苏省的盐城市,小学数从 500 多所减少到 200 所,后经盐阜民主政府的恢复和发展,很快增加到 700 多所,到抗战结束时达到 2300多所。

抗日战争时期根据地的小学教育不仅适应了当时抗日战争的需要,而且这一时期教育上的许多探索和创造成为以后办教育的宝贵经验和优良传统。

---

① 江隆基.江隆基教育论文选[M].西安:陕西人民出版社,1981:32.

② 孙培青.中国教育史[M].2 版.上海:华东师范大学出版社,2000:496.

3. 解放战争时期的儿童教育

在解放战争中，解放区的小学教育随着解放区的不断扩大和办学条件的不断改善得到迅速发展。为了适应教育发展的新形势，1949 年 5 月，华北人民政府在北平召开了华北小学教育会议，对小学教育实行新型正规化问题进行研究和部署，拟定了《小学教育暂行实施办法》和《小学教师暂行服务规程》等重要文件。华北小学教育会议的精神得到了中共中央的肯定，1949 年 6 月 15 日，《人民日报》发表了《贯彻华北小学会议精神，把小学教育从现在的基础上提高一步》的社论，将小学教育新型正规化推向了全国。

华北小学教育会议对小学教育的学制、办学形式、课程、教师等问题进行了规定。小学学制为"四二制"，初级小学 4 年，可以单独设立；高级小学 2 年，以与初级小学合设为原则。同时，会议还根据新老解放区和城市与农村情况的区别，规定各地区可以因时因地制宜地办学，即初级小学可视具体情况采用二部制、半日制、巡回小学、季节性小学等办法；修业年限可根据需要决定，学完国语、算术、常识等主要科目，考试合格即可毕业。另外，会议还提出要整顿、发展县立师范学校，加强新教师的培养，举办教师轮训班，提高在职教师的教学水平。

华北小学教育会议是我国小学教育史上一个具有重大历史意义的会议，它不仅对当时小学教育向正规化方向发展发挥了重要的作用，而且对中华人民共和国成立后的小学教育建设起了奠基性的作用。

三、革命根据地教育的经验

中国共产党领导的革命根据地的教育实践与教育改革探索，为发展教育积累了许多宝贵的经验。这些经验不仅是我国现代教育史上有价值的遗产，而且对于当今教育的发展仍然具有直接的借鉴意义。

（一）重视教育在社会变革中的作用

中国共产党领导的革命根据地能够不断地由小到大，由弱到强，最后战胜国民党，夺取全国政权，虽然有着众多的原因，而始终重视教育在革命斗争中的作用是其重要原因之一。正是由于在革命的各个不同历史阶段，中国共产党都把教育工作作为党的重要工作予以重视，才使党的思想主张、方针政策为广大民众所认识和接受，获得民众的支持与拥护，才使党的革命队伍源源不断地获得前赴后继的干部和战士，才使一代又一代的新人成为革命的接班人。这一经验给我们的启示是：在今天，必须重视教育的作用，将教育事业置于优先发展的战略位置上，培养德智体全面发展的社会主义建设者和接班人。

（二）教育为政治服务

在革命根据地时期，最大的政治是通过武装斗争夺取民主和民族革命的胜利。因此，如何最大限度地动员广大民众支持和投入革命战争，如何最大程度地培养和造就领导革命战争的干部队伍，如何提高广大战士和人民群众对敌斗争的思想觉悟和斗争水平是中国共产党当时最主要的政治任务，中国共产党这一时期的教育都是围绕着这一主要任务来展开的。如在各个时期的教育方针、政策的制定，学制、课程的设置，办学方式和教材内容及教学方法的选择，都具体体现了教育为政治服务原则。这一经验给我们的启示是：在我们今天的现代化建设中，教育必须为现代化建设这一当前最大的政治任务服务，培养具有现代社会意识，科学思想观念和知识技能的人才。

（三）教育与生产劳动相结合

革命根据地的政治理想是要消灭一切剥削制度，使劳动人民获得政治、经济和文化上的解放。因此，教育必须以劳动人民为对象，必须以培养劳动者为目标。所以，根据地始终坚持教育同生产劳动相结合的原则，在课程设置上重视劳动和实践课程的地位，在内容上密切联系当时的生产和生活实际，进行劳动知识、技能和习惯的教育，在教育教学的组织形式和时间安排上注意适应生产的需要，因而培养了大量愿意做事、能够做事、肯做实事的实用型人才，为取得中国革命的胜利打下了坚实的基础。这一经验给我们的启示是：在今天的现代化建设中，教育必须联系现代社会的生产和生活实际，教给学生有用、能用的知识和技能，为现代化建设培养出大量愿意做事、能够做事、肯做实事的实用型人才。

（四）发挥群众的力量，采用灵活多样的方式办教育

革命根据地的教育之所以能在经济基础差、办学师资和设施缺乏、环境极为恶劣的情况下办得生气勃勃，很好地满足了革命根据地的建设和发展需要，主要是坚持了群众路线，坚持按照群众的需要在群众自愿的基础上办学。根据地大量的夜校、识字组（班）、冬学和民校，都是在依靠群众的基础上创办起来的。这些不拘一格的办学方式，适应了情况和条件不同的人对教育的需要，激起了广大民众的学习激情和办教育热情。充分发挥人民群众的力量，采用灵活多样的方式办教育是根据地教育的一条宝贵经验。这一经验给我们的启示是：我们今天仍然要将教育看作人民群众自己的事情，教育要能满足他们的需要，要能激发他们的学习激情和办学热情，没有人民群众热情参与的教育是不会有生命力的。然而人民群众的需要是多层次、多方面的，任何一种统一的、呆板的办学方式都是不可能满足这一需要的。所以，我们仍然要设法发挥群众的力量，采用灵活多样的方式来办教育。

思考练习

1. 新文化运动促使教育观念发生了哪些变化？
2. 20世纪二三十年代出现的教育思潮有哪些？
3. 简述和评价实用主义教育思潮和职业教育思潮。
4. 简述新民主主义教育方针的内涵和意义。
5. 革命根据地著名的干部学校有哪些？
6. 中国共产党领导的根据地教育有哪些基本经验？

拓展训练

1. 五四新文化运动时期出现的新教育观念在当今有何借鉴价值？
2. 试结合当今教育改革实际分析教育思潮与教育改革实践的关系。

第十四章　清末时期的教育思想

【学习目标】

1. 了解张之洞《劝学篇》的教育思想。
2. 理解张之洞"中体西用"的教育思想及其历史价值。
3. 了解康有为《大同书》中的教育思想。
4. 把握梁启超的师范教育思想及其价值。
5. 理解严复"鼓民力,开民智,新民德"(体智德)三育的教育思想。

【知识列表】

清末时期的教育思想	张之洞的教育思想	"中学为体,西学为用"的文教指导思想
		学校教育制度改革思想及其实践
		借鉴国外教育经验的思想
	康有为的教育思想	重视教育,开办新学
		变科举,废八股
		中西兼学,派遣留学
		《大同书》的教育理想
	梁启超的教育思想	教育作用与教育目标
		改革科举,兴办学校
		儿童教育、女子教育、师范教育
	严复的教育思想	救亡图存的三育论
		体用一致的教育内容观
		建立新学制的构想

【导言】　清末时期是我国教育史上除旧布新的重大转折时期。这个时期诞生了许许多多杰出的思想家和教育家。他们以救亡图存为目的，以教育为挽救危局之良方，在激烈抨击科举制度、批判传统教育的过程中，如饥似渴地借鉴与吸收国外先进的教育思想，和成功的教育改革经验，以救火治病般的紧迫感对我国教育进行了积极而富有创造性的研究与探索，形成了许多具有重大理论与实践价值的教育思想流派。本章分别叙述洋务派代表人物张之洞的教育思想，维新派代表人物康有为、梁启超、严复的教育思想。

［教学视频］
清末时期的教育思想

第一节　张之洞的教育思想

张之洞(1837—1909)，字孝达，又字香涛，号壶公，晚年自号抱冰老人，直隶南皮(今河北交河县境内)人。出身官宦世家，14 岁中秀才，16 岁中举人，27 岁中进士，授翰林院编修。1867 年起，先后任浙江乡试副考官、湖北学政、四川学政、山西巡抚、两广总督、湖广总督、两江总督等职。1907 年 8 月，升任军机大臣，兼管学部，总揽全国教育大权。1909 年 10 月病卒于京师，享年 73 岁，谥号文襄。

在张之洞生活的时代，中国封建社会已穷途末路，西方列强不断入侵，东西方文化的碰撞日趋激烈，传统封建教育的弊端也越发显露。作为一个始终关心中国命运的朝廷官员，张之洞时时忧国忧民，思虑中国何以富强图存。他认为，中国弱于西洋的不仅仅是"坚船利炮"，缺少的也不全是被顽固派指责的"奇技淫巧"，即使引进了洋枪洋炮，国人低下的知识水平和缺乏的进取意志还是中国发展的桎梏。为了提高国人的整体素质与文化水平，张之洞始终重视教育，重视对人才的培养，把兴学育才作为立国强本的重大举措。他强调教育、呼吁教育、兴办教育、策划教育、发展教育，在四十余年的仕宦生涯中，几乎一直没有中断过举办教育。

他创办的新式学堂的数量之多，种类之广，层次之全，使他成为同时代教育实绩的佼佼者，被称为晚清精通学务的第一人。

作为洋务派后期的主要代表人物，清末著名的政治家、实业家、教育改革家，张之洞为我国现代教育制度的建立作出了重要贡献。张之洞作为清朝忠臣，其本意是期望通过改良教育来加强和巩固封建统治，却因积极倡导改革传统教育和大力举办新式教育，成为我国封建教育制度的终结者和掘墓人、现代教育制度的开拓者和奠基人。

一、"中学为体，西学为用"的文教指导思想

"中学为体，西学为用"简称"中体西用"，是张之洞教育思想及其实践的基本特点。但这一主张并不是张之洞最早提出来的，而是当时重要的社会思潮和教育思潮。这一教育思潮发轫于 19 世纪 40 年代，明朗化于 60 年代洋务运动兴起之时，盛行于 19 世纪八九十年代至 20 世纪初。

1898 年，张之洞著《劝学篇》并进呈光绪皇帝，被大加赞赏。该书还流传海外，被译成英、法等版本。《劝学篇》共 24 篇，分内篇和外篇。"内篇务本，以正人心；外篇务通，以开风气。"内篇讲中学，外篇讲西学，系统阐述了"中学为体，西学为用"的理论体系，成为清末文化教育的总的指导方针思想。

（一）"中体西用"思想的渊源

早在鸦片战争时期，魏源在《海国图志》中就提出"师夷之长技以制夷""尽转外国之长技为中国之长技"的主张，可视为"西学为用"思想的萌芽。1861 年，冯桂芬在《校邠庐抗议·采西学议》中发展魏源的思想，提出"以中国之伦常名教为原本，辅以诸国富强之术"，初步勾勒出"中体西用"思想的基本框架。其后，发表类似观点的人越来越多，观点也更加明确。1892 年，郑观应在《盛世危言·西学》中提出："中学，其体也；西学，为末也。主以中学，辅以西学。"

洋务派面对中国"五千年未有之大变局"，明确认识到不学习西方科学技术和近代西方工商业之"末"，就难保中国伦理纲常之"本"，故竭力推行"中体西用"的基本政策。明确使用"中学为体，西学为用"概念的是沈寿康。1895 年 4 月，他在《万国公报》上发表《匡时策》一文，提出"中西学问，本自互有得失。为华人计，宜以中学为体，西学为用"。在该刊同一期上，吴之榛发表《上张香帅请设中西学堂书》，指出拟办学堂之所以命名为"中西学堂"，就是为"创'中学为体，西学为用'，冀开海内风气"，也明确了"中体西用"的表述。同年 8 月，管理书局大臣孙家鼐在《议复开办京师大学堂折》中明确主张应把"中体西用"作为京师大学堂的"立学宗旨"，这表示"中体西用"思想正式形成并趋于系统化。

这些思想观点不仅深深影响了张之洞"中体西用"思想的形成，而且直接成为"中体西用"思想的渊源和原始素材。

（二）"中体西用"思想的形成与发展过程

张之洞致力于教育事业几十年，其办学指导思想不断改进，经历了由"通经致用"走向"中体西用"，进而以"变通政治人才为先"的发展过程。

1. "通经致用"阶段

早期，张之洞主要针对传统教育的弊端，提出学习经典要"通"，讲求"致用"效果。这样，培养的人才能够脱离陈腐旧习，为社会所用。张之洞认为，兴学育人是立国强国之本，而培养人才就必须建学校。他认为办什么样的学校、培养什么样的人才，在不同的历史时期有不同的办学宗旨。张之洞在湖北学政、四川学政、山西巡抚、两广总督、湖广总督任内，先后建立了著名的湖北经心书院（1867）、成都尊经书院（1874）、山西令德书院（亦称"令德堂"，1883）、广州广雅书院（1887）、武汉两湖书院（1890）、存古学堂（1890）。这些教育机构在当时都是张之洞实现其办学思想的实践尝试，对书院及传统教育改革具有一定的示范作用。为了挽救武力软弱、内外交困、处于岌岌可危境地的清朝国势，张之洞非常希望教育能够培养出"砥砺名节""步趋贤圣"的人才，因此改造旧书院的目的是以"造真才济时用为要归"，培养"体用兼备，令守道之儒兼为识时之俊"的人才，使书院不再像以往那样成为培养旧式封建官吏和士大夫的温床，而成为培养能够掌握广博传统之学并将其运用于社会实践、在中国经史中走向致用的知识的社会型人才的摇篮。

可以看出，当时张之洞还没有脱离传统办学思想的框架，仍然是传统教育中经世致用那一套。但是在当时的背景下，他提出的大胆改革旧教育的办学思想，已经显示出非同一般的胆识，为后来提出新的办学思想、创办新式教育创造了条件。

2. "中体西用"阶段

随着时代的发展，张之洞的办学思想发生了重大变化。中法战争和中日甲午战争使张之洞深深感到传统的经世之学不足以挽救中国之危亡，欲富国强兵，非效法西方不可。他不再像以往那样强调"通经"，而是把更多的精力用于倡导西学，力图使西学与经史等传统文化相提并重，并驾齐驱,互相补益,进而培植国力。

在教育实践上,他大力创建新式学堂,以适应社会发展需要。他规定办学宗旨应当是"讲求时务,融贯中西,研精器数,以期教育成材,上备国家任使"。在这一思想指导下,张之洞创办了大量外语学堂、军事学堂、技术学堂以及培养师资的师范学堂等各类新式学堂,以期培养出更多的具有相当外语水平,掌握军事知识、西方先进工农业知识的"西学""西艺"人才。由此可见,张之洞的新教育宗旨的重点是学习科学知识,掌握西方先进的各种技能。在戊戌变法期间,他著有《劝学篇》,调和了中学与西学的矛盾,从理论上全面系统地概括并阐述了"中学为体,西学为用"的教育思想,至此,"中体西用"思想已经完全定型成熟,并成为清末兴办文教事业的指导方针。

3."变通政治人才为先"阶段

社会的急剧变化使张之洞认识到,无论"通经致用"还是"中体西用",仅有技艺远远不能适应中国社会发展的需要。于是在1901年,张之洞上奏《变通政治人才为先遵旨筹议折》,指出人才培养原则有三点,即道艺兼通、文武兼通、中西兼通,对人才素质的要求更加全面。他认为中国之所以跌到任人宰割的悲惨地步,原因是"贫于人才""弱于志气","无履危救亡之远谋""无发愤好学之果力"。中国在很多方面不行,不能仅责难于外,而应反躬自省,有民族整体的责任感,有坚定不移的决心和意志。为把新式教育向前再推进一步,张之洞不满足于洋务派办教育的"急功近利"做法,而提倡举办留学教育,在全国普及基础教育。张之洞主张办学应有定制、循序渐进,教科书官定颁发,学制全国一律;将学校分为蒙学(学前)、小学、中学、高等学堂与京师大学堂五级,对各级入学年龄与修业年限、学习内容都有明确规定;所涉内容形成了一个较完整较系统的学制构想,为随后学制的制定和实施奠定了蓝图。

(三)"中体西用"思想的内涵及其相互关系

张之洞"中学为体,西学为用"的基本思想是教育首先要传授经史之学,这是一切学问的基础,要放在优先的、基础的地位,然后再学习西学中有用的东西,以补中学的不足。

1."中体西用"思想的内涵

何谓"中学"? "中学"又称"旧学",指中国固有的传统文化教育思想(主要指经史之学和纲常名教理论)及其文教礼法制度。在张之洞看来,"四书""五经"、中国史事、政书、地图为旧学。他认为,"中学"乃一切学问之根本,应当放在教育学习的首位,学生应当以传统经史之学屹立起根基,然后学习应对世事的实用"学问",即"西学"。他特别强调"明纲",注重纲常名教教育。他针对维新派提倡的民权、抑制君权、倡导男女平等等反对"三纲"的改良主张针锋相对地指出:"知君臣之纲,则民权之说不可行也;知父子之纲,则父子同罪免丧废祀之说不可行也;知夫妇之纲,则男女平权之说不可行也。"(《劝学篇·明纲》)为了"明纲",他特别强调读经的重要性,把学校诵读经典比作西方学校诵读宗教经典。

何谓"西学"? "西学"又称"新学",指西方近代学术文化思想及其文教制度(包括西政、西艺和西史等重要内容),西政、西艺、西史为新学。其中,"西政"指学校、地理、度支、赋税、武备、律例、劝工、通商等;"西艺"指算绘矿医、声光电化等。很明显,"西政"并非指西方的社会政治制度,而是指学校制度、工商财政、赋税管理、通商办法、军队建制、法律行政等具体管理层面的制度文化;"西艺"则有别于洋务运动初期的"坚船利炮",而是指西方生产技术等器物文化及其理论基础、自然科学知识。对于"西史",张之洞未作任何解释,根据上下文,应是指与"中学"中的"中国史事"相对应的"西国史事"之类的内容，与"西政""西艺"比起来，"西史"无关紧要，所以存而不论。张之洞看重的是"西学"的实用功利价值。在他看来，"中学"只解决民族的根基和做人的问题，不切实用，随着社会的发展，日益表现出其内在先天的不足，更不能适应发展洋务事业的需要，亦即救亡图存、富国强兵、发展社会经济的需要。对于这些需要来说，"西学"才是最有使用价值的。不仅如此，他一方面强调"讲西学必先通中学"，另一方面却认为甚至在传存"中学"时也必须讲习"西学"。

2."中体西用"的相互关系

如何处理"中学"与"西学"的关系？他撰写《劝学篇》的总原则，就是"会通中西，权衡新旧"。他一方面认为应当坚持"中学为体，西学为用"的根本原则，另一方面主张"新旧兼学，不使偏废"。"体用"是中国古代哲学的一对基本范畴，"体"指根本或原则，"用"指形式或应用。"中体西用"是指以中国传统的儒家文化为根本，以学习西学为中国所实用。他把"体用"解释为"务本"与"务通"的关系。针对当时革新派与顽固派围绕救亡图存各执己见、争论不休的情形，他批评"旧者不知通"而"新者不知本"。按照这种思路，在人才培养上，他对新型人才的知识结构、整体素养等都提出了新的要求，强调："夫政刑兵食，国势邦交，士之智也；种宜土化，农具粪料，农之智也；机器之用，物化之学，工之智也；访新地，创新货，察人国之好恶，较各国之息耗，商之智也；船械营垒，测绘工程，兵之智也。此教养富强之实政也，非所谓奇技淫巧也。"（《劝学篇·益智》）他强调人才应突破只讲修身、齐家、治国、平天下的旧有范畴，而以"新旧兼学""政艺兼学"为标志，既要学习四书五经、中国史事政书等"旧学"，又要学习西政、西艺、西史等新学，最终成为既忠君爱国又具有专门学识和技能的人才。

在教育的社会功能上，他主张将保国保教保种正人心与求智求勇应世开风气结合起来："中学治身心，西学应世事。……如其心圣人之心，行圣人之行，以孝悌忠信为德，以遵主庇民为政，虽朝运汽轮夕驰铁路，无害为圣人之徒也。"（《劝学篇·会通》）因此应当做到"新旧兼学，不使偏废"。他反复强调这种观点。后来，在他与张百熙、荣庆共同上奏的《重订学堂章程折》中则将这种思想定为"立学宗旨"："至于立学宗旨，无论何等学堂，均以忠孝为本，以中国经史之学为基。俾学生心术壹归于纯正，而后以西学沦其智识，练其艺能，务期他日成材，各适实用，以仰副国家造就通才、慎防流弊之意。"

如何处理"政学"与"艺学"二者之间的关系？张之洞认为，从学校教育的总体上说，应当"政艺兼学"。但对于不同的教育层次、不同的个人及不同的社会需要，情形有所不同。对不同层次的学校来说，"小学堂先艺而后政，大中学堂先政而后艺"。对不同年龄的学习者来说，"才识远大而年长者宜西政；心思精敏而年少者宜西艺"。对于不同的社会发展需要尤其在救亡图存富国强兵的当时情形来说，"西艺非要，西政为要"。"大抵救时之计，谋国之方，政尤急于艺。"但这样的区分也只是大概，不可绝对，总体上还是"政艺兼学"，因为西艺难学且难救急，需着眼于长远，从少年儿童抓起，西政相对易学且切合实用，救时应世，因此必须将其置于相对突出的优先位置。张之洞的这种思想无疑是受维新派的影响，而与早期洋务派有所不同。

(四)"中体西用"思想的影响及其价值

张之洞的"中体西用"思想不仅是洋务教育的主旨，而且在后来的《奏定学堂章程》中得到了具体和全面的发挥，成为中国半殖民地半封建制度的教育纲领，对清末教育在宏观管理上起着极其重要的指导作用。

"中体西用"思想,一方面既符合封建统治阶级维护和巩固封建统治的需要,又迎合了当时国民普遍守旧、难以承受剧变的心理,坚持以固有传统文化为本,未能从根本上触及封建统治及传统教育制度,从而对中国教育现代化起着一定的阻碍作用;另一方面,作为清末教育改革的指导思想,起到了保护新式学校的作用,推动了教育的改革,促进了现代教育制度在中国的建立和发展,清末颁布的"壬寅·癸卯学制"就是以"中体西用"为指导制定出来的。

"中体西用"从表面上看是一种折中的思想,其实质是为了富国强兵从而抵御外侮入侵,维护清王朝的封建专制统治。一方面,它企图以此来反对维新派提倡民权、反对君权、提倡男女平权等主张,维护封建专制统治和纲常名教制度;另一方面,它企图以此为指导,利用"西学"来发展工商业和文教事业,达到"强中国、存中学"即救亡图存、富国强兵的目的。保守派可以借它来维护传统纲常名教,从而维护封建专制的统治。维新派也可以借它来传播西方学说,从而使西方新学以不可抗拒之势在中国流行,培养出一大批"学贯中西"的杰出人才,并最终敲响了清王朝的丧钟。对于后一点,却是"中体西用"的倡导者们始料未及的。

二、学校教育制度改革思想及其实践

(一) 改革传统教育的思想

张之洞针对当时学校教育与科举制度的腐朽积弊,提出了整顿、改革传统教育的主张。

首先,他主张改革乃至废除科举制度。早在他担任四川学政时,就奏陈整顿科场积弊共八条。1898年,他在《劝学篇·变科举》中指出,八股取士"自明至今,行之已五百余年。文胜而实衰,法久而弊起",认为"救时必自变法始,变法必自变科举始",对科举制度的态度是"宜存其大体而斟酌修改之"。1903年,张之洞又与袁世凯联名上书《奏请递减科举折》,第一次提出递减科举中额,并已有废科举的思路。1905年9月2日,他同袁世凯等联合上呈《请立停科举以广学校折》。清政府为大势所迫,乃下诏自丙午科起"立停科举以广学校"。在从变科举到废科举的过程中,张之洞都发挥了重大的促进作用。

其次,张之洞针对传统教育的弊端,主张改革书院教育制度。他先后颁布《两湖书院各分教规程》及《两湖书院学规课程》,对书院的教学制度、课程设置、教学方法、学生管理等方面都进行了详细的规定。在书院教学制度上,他主张依照西方学校班级授课制的形式教学。在课程设置上,除了开设原有的经史之学外,增加地理、天文、格致、制造、体操、兵法等新学的内容。1898年,张之洞又提出将书院比照学堂办法,要求两湖书院、经心书院"均酌照学堂办法,严立学规,改定课程"。1902年,他正式将两湖书院改为两湖高等学堂,1904年又将两湖高等学堂改为两湖师范学堂。

(二) 建立现代学制系统的思想

首先,他主张全国遍设各级各类学校,提倡因陋就简,利用各地书院、善堂、祠堂、庙宇等场所及其经费兴学,并鼓励地方官绅捐资办学。同时主张设立工业、农业、军事、商业、采矿、铁路、师范、方言(外语)等各类专门实业学堂。

［拓展阅读］

张传燧、袁浪华:《张之洞近代学科知识体系构建思想及其影响》

其次,他主张建立完备的学制系统。如果说上述设立学堂的思想还显得零散粗糙的话,那么到后来他就逐渐认识到建立完备的教育学制系统的重要性了。张之洞在《劝学篇》中提出了建立由公共学和专门学构成的三级纵横学堂制度的构想。1901 年 5 月,他和刘坤一在《变通政治人才为先折》中系统提出设立包括蒙学、初等小学、高等小学、中学、高等学校、大学的新学制设想。1904 年 1 月,张之洞奉旨与张百熙、荣庆一起主持制定了《奏定学堂章程》。《奏定学堂章程》包括 20 个文件,其中一些最重要的文件,如《学务纲要》等,均为张之洞自己撰写。他在修订学制的过程中,注重健全各级各类学堂的教育管理措施。他专门制定的《各学堂管理通则》共 13 章,比较详密地立规条申禁令,对各学堂实施规范管理。该学制是张之洞学制思想的法规化、具体化和现实化。在学制系统中,他尤重实业教育。在由他主持制定的《学务纲要》中,规定速设各类实业学堂,"意在使全国人民具有各种谋生之才智技艺,以为富民之本","以学成后各得治生之计"为目标。[①] 在《奏定实业学堂通则》中规定:"实业学堂所以振兴农工商各项实业,为富国裕民之本计。"[②]实业学堂"意在使全国人民具有各种谋生之才智技艺,以为富民富国之本。"[③]在这种"振兴实业、为国储才"思想的驱动指导下,张之洞除了积极兴办各类实业教育机构外,还借鉴国外设计了三等各类纵向衔接、横向联系的完备的实业教育体系,为我国实业教育体系的建立和发展作出了特殊贡献。

最后,他还提倡留学教育。他认为,学生到国外培养能收到事半功倍的效果,并把留学教育作为培养各种专门人才、富民强国的重要途径。据考证,他在湖北任内,仅派遣到日本留学的学生就有数百名之多。[④] 后来的资产阶级革命党人黄兴、宋教仁、吴禄贞等人都是出自两湖师范学堂的留学生。闻一多、李四光也是湖北派出的留学生。留学教育成为张之洞设计的教育制度框架中的重要组成部分。

(三) 建立现代师范教育体系的思想

张之洞认为,图强宜兴学,"学堂必须有师"[⑤]。"办理教育,首重师范。"[⑥]随着各级各类新式学堂的大批兴办,尤其是州县小学堂及外埠中学堂的普遍创设,急需大量新型教师。当时师资严重匮乏,培养师资成为当务之急。张之洞于 1904 年在《学务纲要》中指出,"师范学堂,意在使全国中小学堂各有师资,此为各项学堂之本源,兴学入手之第一义",应"宜首先急办师范学堂"。[⑦]

普及教育应先从小学抓起,张之洞对小学师范教育当然极为重视。他认为,小学不兴,不但普通实业学堂、中学堂永无合格学生,而且国民教育亦终无普及之日。如果小学教员非师范学堂毕业出身,那么对于教育学、管理法等必然茫然无措,因此兴办初级师范尤为普及小学之先务。教育的质量取决于教师的质量,合格的教员非经正规师范训练不可。为尽快培养适于小学教育的大量师资,张之洞将各府中学堂一律改为初级、优级师范学堂或速成师范、师范讲习所,加快对小学教员的培训。这些学堂讲习教育学、管理法及初等小学堂各科教学知识,使学生粗习师范规程,从而使未来的教师具备必要的师资素质。

基于这种认识,张之洞先后创办了湖北师范学堂、三江师范学堂、两湖师范学堂,计划改武汉高等学堂为武汉师范学堂,并开设了武昌、汉阳道府及支郡各师范学堂。在很短时间内,张之洞

---

① 舒新城.中国近代教育史资料:上册[M].北京:人民教育出版社,1961:200,202.
② 舒新城.中国近代教育史资料:中册[M].北京:人民教育出版社,1981:742.
③ 舒新城.中国近代教育史资料:上册[M].北京:人民教育出版社,1961:200.
④ 黄新宪.张之洞与中国近代教育[M].福州:福建教育出版社,1991:88.
⑤ 朱有瓛.中国近代学制史料:第 2 辑上册[M].上海:华东师范大学出版社,1987:80.
⑥ 舒新城.中国近代教育史资料:上册.北京:人民教育出版社,1961:198.
⑦ 朱有瓛.中国近代学制史料:第 2 辑上册[M].上海:华东师范大学出版社,1987:80.

下令和督导开办的师范学堂达到了 14 所,成为当时全国最密集的师范学堂区。这些措施培养了一支适应时代需要的教师队伍,有利于师范教育的发展,对新教育的推进具有重要意义。

张之洞强调师范教育的独立地位。他设计和规划的师范教育学校系统,已经不像当时南洋公学和京师大学堂那样仅在大学堂内附属一个师范科,而是将师范教育置于与其他各级各类教育并列的地位,使之在癸卯学制中形成了三级师范系统,第一次将师范教育独立出来。1907 年,张之洞掌管学部后奏准颁发了《女子师范学堂章程》,是我国女子师范教育正式列入学制的开端。

在当时的情形下,仅靠国内培养还远远不能满足学校发展的师资需要,因此张之洞主张在外国造就师资。为了培养更多的教育师资,吸收国外教育知识、技能和经验,张之洞还向日本派遣大量留学生学习师范,曾从经心、两湖、江汉 3 所书院选派优等学生"赴日本习师范,以为速成师范之预备"。1902 年、1904 年,他曾多次遣员赴日本学习师范。这些留日师范生回国后,多在各学堂任教。"辛亥革命后,……各校仍以争聘他们到校任教为荣。他们是实掌湖北教育用人之大权的。可说经心书院这些人在湖北教育界自清末以至北洋军阀统治告终的二十年间,是产生了一定的影响的。"[①]

张之洞认为,师范教育必须突出以下特点:(1)重视教育类和教师技能类课程,突出师范性。如,癸卯学制规定各级师范学堂都应开设教育学、心理学、教育史、教授法、管理学、教育制度、教育法令、教育实习等课程。(2)附设小学堂,以利师范生实习。(3)规定师范生享受免费待遇,以使人羡慕。(4)规定师范生毕业后最低服务教育年限为 6 年,否则,酌令退还在学时的全部学费。张之洞的师范教育思想与实践对我国现代师范体系的确立和师范教育的发展影响极大。

(四)建立现代教育行政机构的思想

张之洞在革新传统教育、制定新学制的过程中,深切感到加强教育管理的重要性。他于1902 年 4 月设立湖北学务处,专管本省学务,从而诞生了中国现代第一个专管地方学务的教育行政组织。学务处设有审计、普通、专门、实业、游学和会计等 6 个科,是中国后来的省级教育厅局的雏形。1904 年,他在《学务纲要》中要求在各省设学务处一所,"由督抚选派通晓教育之员总理全省学务"。张之洞认为,管理全国的学务更为重要,不仅地方上要有管学的统一机构,全国也要有专门管学的机构和人员。他鉴于"各国设有文部大臣,专事其事",认为中国也要专设管理学务的大臣。他于 1904 年 1 月特奏呈《请专设学务大臣片》,针对当时管学大臣既管大学堂事务,又管各省学务的情况,主张二者分离,专设总理学务大臣"以统辖全国学务";而为京师大学堂"另设总监督一员,专管大学堂事务"。他还提出了学务大臣下设属官、分为六处的组织建设方案,并得到清政府的采纳。

在张之洞等人的倡导下,清政府终于于 1905 年在中央设立统辖全国教育事务的最高行政机构——学部,在省设置统辖全省教育事务的行政机构——提学使司,在府厅州县设置统辖地方各级教育事务的行政机构——劝学所。至此,我国现代各级教育行政机构体系已见雏形。这就使中国出现了比较健全的中央和地方教育行政机构,从而适应了清末兴办学校以来应有专门管学人员的需要。

---

① 朱峙山.张之洞与两湖总师范学堂·文史资料选辑:第 99 辑[J].北京:文史资料出版社,1984:104.

三、借鉴国外教育经验的思想

(一)以"外洋"为"法式"

中国教育的现代化在外力的不断冲击下伴随着洋务运动而产生并发展,始终涉及如何学习和借鉴外国先进教育经验的问题。张之洞很早就重视对外国教育经验的借鉴。他在《吁请修备储材折》中提出:"人皆知外洋各国之强由于兵,而不知外洋之强由于学。夫立国由于人才,人才出于立学,此古今中外不易之理。"他在《劝学篇·学制》中也说:"西国之强,强以学校。"正因为西洋由于人才教育而不仅仅是"船坚炮利",才使其仍然强于中国,中国始终瞠乎其后,紧赶不及。张之洞认为,西方之所以强,是西方国家教育使人达到"道艺兼通""文武兼通""内外兼通"。中国办学也应该积极仿效,以便"德行道艺,兼教并学"。他说,东西洋各国学制有公共学、有专门学,周详完备,应当"以为法式",因此提出仿效西方学制设置自小学至大学的教育体系,并在两湖地区和全国投入实践。

(二)"西洋"不如"东洋"

尽管张之洞在中日甲午战争刚结束时对日本怨恨很大,要求清廷"联俄制日",但他不得不承认在亚洲"同文同种"的邻邦中,日本是学习西方成效最明显的一国。由于日本留学国外的上层人士多,国家使命感强,从赴外留学中得到的教益能很快转为时效。因此,留学不在人多,所学不在声名,为己学不如为国学。为此,张之洞推崇留学于日本。他摆出了留学日本的许多有利条件:"游学之国,西洋不如东洋:一路近省费,可多遣;一去华近,易考察;一东文近中文,易通晓;一西书甚繁,凡西学不切要者,东人已删节而酌改之。中东情势风俗相近,易仿行。事半功倍,无过于此。"不仅如此,张之洞更明白日本人多忠君爱国,日本之所以能"政事一变,雄视东方",不仅仅是学了西学,而且还有学西学外的责任感、使命感。中国人留学日本,不仅应当学习日本对"西学不切要者"进行"删节而酌改"的改革精神和讲求实效的精神,更重要的是应学习一种发愤图强、奋起直追精神。可惜很多人没有意识到这一点。

第二节 康有为的教育思想

康有为(1858—1927),字广厦,号长素,广东南海人。他出生在一个教育世家,自幼接受严格的传统教育,奠定了坚实的中学基础。1874 年,他读到《瀛环志略》和从日本传入的《地球图》等书,第一次接触西学,"知万国之故,地球之理"。1879 年后,先后出游香港、上海等地,看到"西人宫室之瑰丽,道路之整洁,巡捕之严密,乃始知西人治国有法度,不得以古旧之夷狄视之"。[①] 自此以后,康有为开始系统接触西方国家的历史、地理、文化、科学,对西学优越性的认识不断加深,同时对中国传统的思想、学术乃至于中国传统的政治制度产生了怀疑和不满。

随着民族危机的加深,各种社会矛盾激化,要求变法革新的呼声日益高涨。1888 年,康有为再次到北京参加顺天乡试,借机上书光绪帝请求变法受阻。1891 年,他在广州长兴里创办了万木草堂,并亲手制订了《长兴学记》作为学规,开始聚徒讲学,研究维新理论,培养维新人才。在此期间,他写下了《新学伪经考》《孔子改制考》,成为他变法运动理论体系中的重要组成部分。在兴

---

①　康有为. 康南海自编年谱[M]. 北京:中华书局,1992:9 - 10.

办学堂的同时,他创办了《强学报》《万国公报》《广仁报》《时务报》,组织了强学会,宣传西学。1895 年,中国在中日甲午战争中战败,清政府与日本签订了丧权辱国的《马关条约》,此时正赴京会试的康有为联合各省在京应试的 1300 多名举人请愿,发动"公车上书",力陈"迁都、拒和、变法"之主张,确立了维新变法领袖的地位,此后多次上书力陈变法。康有为等人的变法思想主张终于得到了光绪皇帝的支持,1898 年 6 月 11 日,光绪皇帝下《定国是诏》,宣布变法,9 月 21 日,慈禧太后发动政变,"维新变法"运动失败,共历时 103 天,史称"百日维新"。变法失败后,康有为逃亡日本,后周游欧美各国。1913 年回国,晚年尊孔保皇,反对共和。1927 年病逝于青岛。

康有为是现代中国向西方寻求真理的先进代表之一,维新变法运动的杰出领袖,伟大的启蒙思想家、杰出的教育家。他充分意识到人才、教育和唤醒民众的重要性,在变法过程中,他一方面激烈地抨击中国传统教育的弊端,历数科举制度之危害,同时积极主张改革科举,竭力提倡举办报馆,组织学社和创办新学,力主通过兴学育才,以达御侮图强之效。

一、重视教育,开办新学

康有为重视教育作用,把教育作为救亡图存的重要途径与手段。他强调:"欲任天下之事,开中国之新世界,莫亟于教育。"[1]他认为,中国之所以贫弱,之所以被动挨打,主要是因为教育不良。康有为通过考察、比较中国与西方国家国民受教育程度、教育经费等的巨大差异后得出结论:"夫才智之民多则国强,才智之士少则国弱。"[2]他在《日本变政考》中明确指出日本教育发展对明治维新的巨大推动作用,在《请开学校折》中更将日本在中日甲午战争中的胜利归结为其教育的成功。因此,他主张:"故今日之教,宜先开其智。"康有为把教育当作振兴中国和政治改良的手段。在他看来,一个国家的强弱,关键在于国民智慧的高低,而智慧又依赖教育的发展。中国之弱,即弱于教育之不发达,民智不开,因此发展教育、开办新学是当务之急。

基于上述对教育作用的深刻体认,康有为建议光绪皇帝学习德国、日本等国家的学制,由国家设立各级各类学校,力图在中国建立类似于西方的学制系统。他主张:在乡设立小学,7 岁以上儿童必须入学,学习文史、算术、地理、物理、歌乐,学业年限为 8 年;在县设立中学,儿童 14 岁入学,除了设置小学阶段的科目外,还学习外国语,重视实用学科;在省、府设立专门高等学校或大学,如设立海、陆、医、律、师范各专门学校;在京师设立大学堂。

他建议朝廷成立"学部",以统一管理全国的教育事务。为使学校能够顺利兴办,他结合中国实际提出了"兴学至速之法",[3]主张将原有的公私书院、社学等一律改为"兼习中西之学校";国家和地方都要增加教育经费;鼓励绅民开办学校;国家统一颁发中小学的教科书。他认为,如果能按此"至速之法"办学,就能实现"人人知学,学堂遍地……人才大成,而国势日强"的目的。他对兴办学校充满了无限信心和希望。

二、变科举,废八股

康有为认为,欲发展教育、开办新学,必须从变科举,废八股开始。改革科举,废除八股是兴

① 梁启超. 戊戌变法:四[M]. 上海:上海人民出版社,1957:9.
② 舒新城. 中国近代教育史资料:下册[M]. 北京:人民教育出版社,1961:909.
③ 中国历史学会.戊戌变法:二[M].上海:上海人民出版社,1957:220.

学育才的基础和前提。只有把青年从"惟事八股,只读四书"的桎梏中解放出来,才能使他们关注国家的命运和学术的发展,成为经邦治国、扶危定倾的有用之材。

康有为视科举制度为中国社会发展的一大障碍,它不仅阻碍学术发展,束缚人们的思想,而且扼杀人才,败坏风气,影响国家的发展和进步。八股取士使人不读秦汉以后的书籍,不研究世界各国的情形,"闭聪而黜明","谬种辗转以相传",庸才辈出,使管理不能应变,导致中国在中日甲午战争中战败。为此,他疾呼改革科举,力陈废除禁锢人才的八股取士,培养和选拔经世致用的人才是当务之急。

经过不懈的努力,康有为在"百日维新"期间拟订了许多奏折,完整地提出了变科举、废八股的改革建议。就如何改革科举制度,康有为建议:文试要"立废八股""罢试帖",以中国文学、策论,外国科学代之;武试要停止弓刀步石,用武备学校培养人才。由于"百日维新"的夭折,这些建议并没有得到真正的实施,但这毕竟是清政府第一次正式宣布进行科举改革,在一定程度上为新教育制度在中国的最终确立做了思想舆论上的准备,扫清了制度性的障碍。

三、中西兼学,派遣留学

为达到御侮图强的目的,在教育内容上,康有为主张中西兼学。他号召学生向西方学习,"以通世界之识,养有用之才"。在万木草堂的课程中,除了规定中国传统的文学、义理、考据等教学内容外,还包括大量的西学内容,要求学生对世界各国的政治、文化、科学技术有广泛的了解。他认为,西方各国科学技术之发达,交通运输之便利,已经远远超出中国,所以才能使其"破吾数千年久闭之重关,警吾久睡之大梦,入吾之门,登吾之堂,处吾之室"[①]。在康有为所著的《万木草堂丛书目录》中,有一半以上是有关西学的内容,足见他对西学的重视。他曾多次向光绪皇帝介绍西方国家的自然科学、社会政治学说,并以此作为教学内容,以代替不切实际的旧学。他以万木草堂为阵地翻译了许多西学书籍,为国民打开了向西方学习的窗户。

为了更好地学习西学,他极力主张派遣优秀子弟留学外国,"分学诸科,则归来执政,人才不可胜用矣"[②],认为派遣留学生是学习西方、培育新人的最便捷有效的途径与方法。他期望通过仿效日本和俄国,派遣留学,"以学欧美之政治工艺文学知识,大译其书以善其治"[③],培养一批具有新思想、新知识、新作风的王公大臣,使维新运动得以实施。他的留学思想有力地推动了清末留学运动的发展。

四、《大同书》的教育理想

"大同"一词最早源自《礼记·礼运》,寄托了中国古代对美好社会的向往。康有为继承了中国古代的大同思想,在万木草堂讲学期间,向弟子系统陈述了"大同"学说。在《大同书》中,康有为设想的理想社会是一个没有私有制和等级制,"人人平等,天下为公"的大同社会。在这个社会里,教育是一个前后相衔接的完整的学校体系,包括人本院、育婴院、小学院、中学院、大学院。其中,人本院和育婴院属学前教育,以养为主,以教为辅;小学院、中学院和大学院属学校教育,以教

① 中国历史学会.戊戌变法:二[M].上海:上海人民出版社,1957:222.
② 康有为.日本政变考:卷2[M].北京:紫禁城出版社,1998:51.
③ 中国史学会.中国近代史资料丛刊.戊戌变法:第2卷[M].上海:上海人民出版社,1953:222.

为主,以养为辅。五个阶段彼此相连,相辅相成。

(一) 人本院

人本院主要负责胎教工作,它是大同教育模式的基础。康有为认为胎儿时期是人生的关键期:"生人之本,皆在胚胎,人道之始,万化之原也。"[①]因此,人本院必须具备良好的环境,最宜设置在温带,尽量选择那些地势平坦、风景秀丽、空气清新的地方,避开那些高山峻岭、山谷盆地和泥沼水泽,只有这样,才有利于胎儿生长发育。另外,他认为人本院中的医生、护士都要精挑细选,使"德性慈祥、身体强健、资禀聪敏、有恒心而无倦性者为之"。[②] 医护人员与孕妇同吃同住,并对孕妇进行指导和教育。

孕妇一旦入院就必须脱离原来的工作,全身心投入以迎接小生命的降临。孕妇平时照旧读书、看书和听音乐。这些活动都必须经过严格选择,只留那些健康向上的、博爱仁慈的内容。康有为之所以十分重视胎教,原因有三。其一,大同社会的每个成员都应具备良好的品德修养和广博的知识,这种品德和知识必须通过教育获得。良好的教育需及早进行,良好的胎教可以为儿童今后的发展打下坚实的基础。其二,大同社会里实行"公养""公教",每个社会成员,不分男女,都有权在公费的条件下接受教育,然后为社会服务。这样可以使女子获得真正的解放。其三,人本院的胎教是逐步消除种族差异的重要途径。

(二) 育婴院(慈幼院)

婴儿断乳后,即由人本院转入育婴院;育婴院主要承担学前教育。婴幼儿身体稚嫩,心灵纯洁,易受到外界细菌的侵蚀和不良环境的影响,所以育婴院应设在地势平坦、风景秀丽、空气清新的地方,远离工厂、市场、戏院等喧闹场所,最好能与人本院相邻,以便婴儿的移送。育婴院在设计上必须符合婴幼儿的身心特点,周围有大片的草坪、各式的游戏设施,让孩子们在阳光中嬉戏玩耍,享受大自然的乐趣。

婴儿由人本院转入育婴院的第一件事就是举行"定名礼",由人口官来取。名字既不从父亲又不从母亲,完全消除了家庭特征和亲子关系。从此以后,孩子的教育就是国家的事而不是个人或家庭的事了。该院的教育目标是"养儿体,乐儿魂,开儿知识"[③],使儿童的身体和品德都得到健康的成长。育婴院应抓住儿童成长的时机,发展其语言表达能力,用歌曲陶冶其心灵,利用玩具、图画等直观教具向孩子传授知识。待儿童有了一定的知识基础后,便"将世界有形各物,自国家至农工商务,皆为雏形,教之制作,则习惯若性"。[④]

(三) 小学院

儿童6岁入小学院,在此接受初等教育,一直学到10岁为止。小学院是学龄教育的开始,是中学院和大学院的基础。这个阶段的教育"以德为先","养体为主而开民智次之",所以校址选在爽垲广原之地,远离戏院、酒馆和市场,校园要环境优美,多设置秋千、跳木、沿竿供学生游戏;教室应宽敞明亮,光线充足,空气通畅。小学院教师皆由女子担任,兼有母亲的职责。教师的言行举止都应善良规范,让儿童从小模仿。

---

① 康有为. 大同书[M]. 北京:团结出版社,2004:200.

② 康有为. 大同书[M]. 北京:团结出版社,2004:218.

③ 舒新城. 中国近代教育史资料:下册[M]. 北京:人民教育出版社,1961:900.

④ 舒新城. 中国近代教育史资料:下册[M]. 北京:人民教育出版社,1961:900.

（四）中学院

儿童 11—15 岁入中学院，开始接受中等教育。这个阶段是人生的关键期，"人生学问之通否，德性之成否，皆视此学龄"。中学院对人的学术发展、品德形成具有重要意义。学校的设施应该适合少年的身心特点，学校应设有食堂、体操场、藏书楼、游步园等。在教师方面，"不论男女皆得为师，惟才德是视"[①]，其标准是"行谊方正，德性仁明，文学广博，思悟通妙，而又诲人不倦，慈幼有恒者，方当此任"[②]。这个阶段的教育应致力于学生的道德发展和知识增长，以便为将来大学院的学习打下坚实的基础。除了重视体育和德育外，中学院更强调系统知识的传授，并且学校应设置农工商矿等各类实验场所，还应设立图书馆，为学生提供各类图书、文物和模型等。

（五）大学院

学生 16—20 岁入大学院。大学院是学龄教育的最高阶段，是专门之学、实验之学。大学分成许多专门学科，每科有专业教师从事教育教学，主要对学生进行专业训练。大学院是研究高深学问的地方，需根据学校性质的不同选择学校的位置。例如，农业大学应建在田野中，商业大学应建在市井之中，工业大学应建在工厂中，医科大学应建在医院中。每所大学都在万人以上，所以除了教学设施以外，还应有足够的娱乐休闲的场地和设施。教师必须具备渊博的知识和丰富的实践经验。

康有为认为，大学院应注重学生德、智、体的全面发展，更应强调发展学生的智力，"专以开智为主"，这是大学院的首要任务。在大学院里，学生可以根据自己的兴趣选择科目，优秀者可以兼通数科，即使最差者也能掌握一门专业技术作为谋生手段。他强调大学院不仅重视理论知识的传授，还应重视实验科学。

大同教育模式中各级依次递升，学生只有在大学院结束学习后，才是真正的毕业。毕业生被授发毕业文凭，没有完成学业者不能授发文凭，必须离校，不再继续享有公养公教的社会福利。教师则根据学生的专业和学习情况向社会各行各业推荐，任其择优录取。

总之，康有为在《大同书》中对教育制度进行的构想，反映了发展新教育体系，建构完善教育制度的愿望和理想。他倡导教育平等，强调女子教育，对冲破传统教育的藩篱具有进步意义。

第三节　梁启超的教育思想

梁启超（1873—1929），字卓如，号任公，又号饮冰室主人，广东新会人。4 岁起在家读"四书"、"五经"和中国略史，8 岁时学作八股文，9 岁能缀千言，12 岁中秀才，自述为"十二岁应试学院，补博士弟子员，日治帖括，虽心不慊之，然不知天地间于帖括外，更有所谓学也，辄埋头钻研"[③]。此后渐萌抛弃八股之志，而对训诂之学发生兴趣，决定今后治学方面从事于此。1885年，进广州学海堂读书。17 岁中举人，18 岁入京会试落第，返程途中经过上海，开始接触西学。1891 年拜康有为为师，就读于万木草堂，深得康有为的赏识，曾经帮助康有为编写《新学伪经考》和《孔子改制考》，深受康有为的影响。1895 年，随康有为入京参加会试组织"公车上书"，参加

---

①　舒新城.中国近代教育史资料:下册[M].北京:人民教育出版社,1961:904.
②　舒新城.中国近代教育史资料:下册[M].北京:人民教育出版社,1961:905.
③　梁启超.饮冰室合集[M].北京:中华书局,1989:15,16.

"强学会",积极介绍西学,推进维新变法运动。1896年担任上海《时务报》主笔,发表《变法通议》《论君政民政相嬗之理》等重要政论文章。1897年秋,赴长沙担任湖南时务学堂中文总教习,制订《湖南时务学堂学约》,在课内课外宣讲维新变法,倡导民权学说。1898年参加戊戌变法运动,受命起草《京师大学堂章程》,竭力倡导教育改革。戊戌变法失败之后,与康有为逃亡日本,继又远游美、澳、印度。1912年10月回国后,先后出任袁世凯政府司法总长、段祺瑞政府财政总长等职。五四运动前后,反对尊孔复古,讴歌民主与科学。1920年以后,先后任教于北京大学、北京师范大学、南开大学、清华大学,还担任过北京图书馆馆长。1929年病逝于北京。

梁启超著作等身,论说宏富,主要著作是《饮冰室合集》,其中就收录了《变法通议》《湖南时务学堂学约》《论教育当定宗旨》《教育政策私议》等教育代表作。

一、教育作用与教育目标

与康有为一样,梁启超从救亡图存的角度出发,高度肯定教育的作用。他认为国家的强弱是以教育为转移的,变法维新要靠教育来实现。他认为中国落后的最根本原因是"缺乏人才",是"教之未善",是"民智未开"。他将"开民智"与"兴民权"联系起来,为"兴民权"而"开民智"。他认为"权"生于"智",揭示了专制与愚民、民主与科学的内在联系。他的"开民智"具有科学与民主启蒙的丰富内涵。他认为:"今日中国之大患,苦于人才之不足,而人才不足由学校不兴也。"[1]因此,他把兴学校,办教育作为关系国家强弱、民族盛衰的头等大事来看。除提倡"开学""立教"之外,梁启超还做了大量的启蒙宣传工作。他把兴学校、育人才、启民智,同开展广泛的社会教育、开创和发展中华民族新文化事业联系在一起,通过办报刊、建学会、讲演等方式进行广泛的启蒙宣传。其宣传重点主要是"西学",是新法新理、新器新制、新学新政。他以西学为武器,激烈抨击传统的纲常伦理。梁启超的启蒙宣传对于开启民智、推动维新变法运动起到了巨大作用。

基于对教育作用的深刻认识,针对中国传统教育目标的模糊性,1902年,梁启超在《论教育当定宗旨》中提出教育必须有明确的宗旨或目标:"他事无宗旨尤可以迁就,教育无宗旨则寸毫不能有成。"为明确教育宗旨,梁启超强调应首先了解教育的意义,从实际出发。他强调教育为铸造国民的工具,而铸造什么样的国民,则要依据"五洲各国之趋势",结合"民族之特性"来确定,这也就是教育宗旨"所由立"的依据。对此,梁启超在《学校总论》里做了明确的阐发。他主张教育必须以培养"新民"为目标,"新民"包括民力、民智、民德三个方面。他所要培养的"新民"与旧时代的人迥然不同,梁启超所强调的"新民"是具有新思想、新精神、新品格,具有发展资本主义工商业知识和技能的人。他认为只有培养出这样的"新民",再由他们去改良社会,国家才能走向独立富强。

二、改革科举,兴办学校

梁启超认为兴学校是开民智、提高国民素质的最有效手段,科举制度是"兴学校"、开民智的最大障碍。他批判八股取士,学非所用,用非所学,于"内政外交,治兵理财,无一能举者",造成人才乏绝。科举以八股文、试帖楷法等取士,所选多是庸才,是学非所用、用非所学之才,是滥竽充数之才。八股取士造成"生童无专门之学,故农不知植物,工不知制物,商不知万国物产,兵不知

---

① 梁启超.饮冰室合集[M].北京:中华书局,1989:11.

测绘算数"。更可怕的是,那些接受八股教育、不知专门之学的生童,散为人师,造成官不能治国、农不会种田、工不知生产、兵不能御敌、妇女不能理家的局面。科举不仅使人愚昧无知,压制人才、埋没人才,而且严重地摧残人才,束缚人们的思想。因为"科举不变,荣途不出,士夫之家,聪颖子弟皆以入学为耻,能得高才乎?如是即使有学堂如无学堂"。如果不废除科举,那些虽在新式学堂学习但却想通过科举考取功名的人,一旦遇到科举考试,就会放弃新式学堂的学习去参加考试,这样新式学堂不仅得不到巩固和发展,而且还不可能培养出优秀的人才来;对新式学堂毕业的人才不能合理地任用,一些人才甚至流亡到海外,造成人才流失和浪费。

梁启超在《变法通议·论科举》中,提出了改革科举制的具体方案,并主张以新的学校体系取代科举制度。他说:"欲兴学校,养人才,以强中国,惟变科举为第一义。大变则大效,小变则小效。"基于这样的思想基础,他提出了改革科举的上、中、下三策。所谓"上策",即"远法三代,近采泰西,合科举于学校",就是对各级学校的毕业生与科举录取的士子同等看待,都给予相当于科举出身和职务,鼓励学生不断进取。所谓"中策",即"多设诸科,与今日帖括一科并行"。他建议开设明经科、明算科(通中外语言文字)、明字科、绝域科(通各国公法、条约章程)、通礼科、技艺科等,分别选取理论、数学、中外语言文字、法律、外事、礼仪、制造技术等各方面人才,鼓励人们学习"为天下用"的实际学问。他认为,与"上策"相比,"中策"是一种其事甚顺,其效亦甚捷的做法。所谓"下策",即"一仍今日取士之法,而略变其取士之具",就是在童子试、乡会试、殿试各级考试中,加试政治、时事要事、中外史学、算术、自然科学、农、工商、兵等实学,并且"不拘格式,不论楷法",打破八股格式的限制。对于以上三种变革科举制度的措施,他申明"由上策者强,由中策者安,由下策者存"[①]。他发出警告,如果仍固守科举旧制,中国则将走上灭亡之路。

在力陈变革科举的同时,梁启超积极提倡兴办学校。他主张模仿日本的教育制度,设计一个适合当时中国社会发展的国民教育体系。梁启超把变科举、兴学校作为开民智、救亡图存的重要途径,提倡在全国范围内建立完整的各级各类学校系统,并力图使各级教育符合受教育者的身心发展规律,使整个教育系统建立在科学的基础上。为此,他对儿童教育、女子教育、师范教育皆提出了卓有见地的主张。

三、儿童教育、女子教育、师范教育

(一)论儿童教育

梁启超在《论幼学》里明确提出"人生百年,立于幼学"的主张。他着重阐发了儿童教育的重要性,严厉地揭露和批评了传统教育对儿童的摧残,倡导改革儿童教育。

梁启超认为,旧教育体罚盛行,严重摧残了儿童的身心健康;进退逆行,违背了儿童身心发展的规律;过分强迫记忆,扼杀了儿童的天赋悟性。他提倡创办新式学校。在新式学校里,教育内容要丰富多彩,教育方法要适合儿童的年龄特征,教师教学应循序渐进,不可先后倒置;应培养学生的理解力,不应过分强迫学生死记硬背;应教之有方,对学习安排要有张有弛;应循循善诱,不应乱用体罚。他强调趣味教育,强调培养及调动儿童学习的积极性、主动性。

他建议应从编辑蒙学书籍入手对儿童教育进行改革,主张把蒙学教材分为识字书、文法书、歌诀书、问答书、说部书、门径书、名物书几类。识字书,将两千个常用字按照汉字的特点分为形、

---

① 梁启超.饮冰室合集[M].北京:中华书局,1989:29.

声、义三类，使儿童尽快识得常用字；文法书，注重语言与文字的结合，教授儿童联字成句、联句成篇的方法；歌诀书，将当前各种知识学问，选择重点，编成韵语，教会学生；问答书，配合歌诀书使用，歌诀书帮助记忆，问答书引导学生理解，将记忆和理解相结合；说部书，注重语言与文字合一，专用俚语，广著群书，内容包括圣经史事等；门径书，讲入门方法之类的工具书；名物书，即字典、辞海。

他吸收西方心理学的研究成果，根据儿童年龄与身心发展的关系理论拟定了教学程序表（学校制度）。按学生年龄，根据各年龄段学生在身体、知、情、意、自观力（自我意识）等方面的特点，他将学程分为四个时期：5 岁以下为"幼儿期——家庭教育与幼稚园期"，6—13 岁为"儿童期——小学校期"，14—21 岁为"少年期——中学校期"，22—25 岁为"成人期——大学校期"。

（二）论女子教育

重视女子教育也是梁启超维新教育思想的重要特点。他从"男女平权"的立场出发，积极提倡兴办女学。1896 年，他在《时务报》上发表《论女学》一文，阐发了发展女子教育的重要性。

他认为女子教育的落后是导致中国贫弱的重要原因之一，"女学愈盛，国家愈强"。另外，考虑到女子自身具有心细、耐心、喜静等特点，与男子相比，各有所长，中国应充分利用女性这一巨大人力资源。他极力主张废缠足，提倡妇女解放。

1898 年，梁启超在上海积极参与了国人自办的第一所女学——经正女学的筹办，并写下了《倡设女学堂启》，并附《女学堂试办略章》。在文中，他首先论述了兴办女学的必要性和可能性，明确规定了女学堂的办学宗旨、教育内容和方法等。如女学的办学宗旨为："欲复三代妇学宏观，为大开民智张本；必使妇人各得其自有之权，然后风气可开，名实相副。"教育内容包括"中文西文各半；皆先识字，次文法，次读各门学问启蒙粗浅之书，次读史志艺术治法性理之书"。为了适应社会需要，他将专门课程分为三科，一是算学，二是医学，三是法学，学生每人任选一科。习医学、法学者，亦必须通晓粗浅算理。另外，还设师范科，专讲教育童蒙之法，学成之后可分任其职。

梁启超是中国现代教育史上较早提倡女学的教育家，他关于女子教育的主张，反映了他男女平等、提倡妇女解放的思想，是极为可贵的。

（三）论师范教育

梁启超亦是中国现代教育史上较早提出开展师范教育的教育家。1896 年，他在《论师范》一文中专门论述了师范教育的问题。文章对学堂教师的状况进行了分析，指出由于教师的来源和出身不同，旧式学堂主要是以科举出身的学究为师，他们既不通六艺、不读四史，更不了解西学，让这些人做教习，"是欲开民智而适以愚之，欲使民强而适以弱之也"。而新式学堂主要聘请外国教习，导致师生之间语言不通、聘金昂贵等弊端。因此，应建中、西学兼习的新式学堂，要慎重选择教师。选择优秀教师的根本办法就是设立师范学校，办好新式学堂的关键是解决师资的问题。

梁启超从日本明治维新后的教育发展中认识到了师范教育的重要性，有"师范学堂不立，教习非人"的感慨，因此他竭力提倡师范教育，把师范教育当作"群学之基"，强调师范教育是整个教育质量提高的基础与保证。基于此，他力倡师范教育，在设计教育体制的时候，增加了师范教育。他主张参照日本并结合中国的国情设置师范学堂和安排课程。他建议：应在办理大学堂之前，自京师以及省府州县，同时设立小学堂和师范学堂，由师范学堂的学生担任小学堂的教习。三年之后，聚集那些可以为教习的人选进行"大试"，"择其优异者为大学堂总教习，其稍次者为分教习，或小学堂教习"。① 师范学堂的课程应包括"六经"大义、历朝掌故、文字源流、列国情状、格致之门、诸国文字,"以深知其意,能以授人为主义"。

梁启超积极提倡师范教育,后来致力于师范教育,培养出了一大批符合维新要求和新教育发展需要的新型教师,为中国现代师范教育的发展作出了巨大贡献。

第四节 严复的教育思想

严复(1854—1921),初名传初,改名宗光,字又陵,后名复,字幾道,晚号野老人,福建侯官(今福建闽侯县,属福州市)人。中国现代著名翻译家、启蒙思想家和教育家,中国现代向西方寻求真理的"先进中国人之一"。

严复幼时聪颖,7岁开始求学,14岁考入福建船政学堂,学习英语和自然科学知识,1871年以最优等成绩毕业。1877年,作为福建船政学堂第一批留欧学生被派往英国海军学校学习海军,在留学期间有机会接触西方国家的社会制度和思想文化,并深受进化论思想的影响。1879年,严复毕业回国,任福建船政学堂教习。1880年,李鸿章创办天津水师学堂,调任严复为总教习,后升任为总办,直到1900年离开该校,任职达20年之久。1905年,严复协助马相伯创办复旦公学,曾任复旦公学监督。1912年出任京师大学堂监督,同年5月,京师大学堂改名为北京大学,严复为北京大学首任校长兼文科学长。

严复生活在民族危机日趋严重的时代,他笃信西方资本主义的政治和文化可以救中国,以极大的热情翻译介绍了西方学术著作,自1898年始,先后翻译了赫胥黎的《天演论》、亚当·斯密的《原富》、斯宾塞的《群学肄言》、孟德斯鸠的《法意》等名著。在《天演论》中,严复首次把"物竞天择""适者生存""优胜劣汰"的思想传播到中国,在思想界起到了振聋发聩的警示与启蒙作用。他在所加的按语中指出,中国衰败的原因就是民力、民智、民德皆不如人,如果不能从根本上改进的话,亡国灭种是难免的。为挽救国家民族于危亡,他与朋友合作创办进步刊物,积极宣传"教育救国""科学救国"等主张。严复是中国现代向西方寻求真理的杰出的启蒙思想家、教育家,是中国现代史上第一个比较系统地介绍和传播西方自然科学和社会科学的知识分子。他的译文和著述,曾经影响了无以计数的青年知识分子。

严复在长期从事教育实践与宣传西学的过程中,形成了丰富的教育思想。

一、救亡图存的三育论

面对当时中国国弊民穷、内忧外患之危局,许多有识之士开始寻求救国救民之路,严复提倡教育救国,与康有为、梁启超等人皆把教育作为"救亡图存"的重要手段。他认为一个国家的强弱取决于国家的民力强弱、民智的高下、民德的好坏,而当时中国积弱积贫的根源就在于"民力已苶,民智已卑,民德已薄"②。基于此,严复期望通过和缓的教育方法挽救中国和民族的命运,以教育为政治经济变革的基础,使中国走上富强之路。他主张"三育"救国,即"一曰鼓民力,二曰开

---

① 梁启超.饮冰室合集[M].北京:中华书局,1989:34,37.

② 陈学恂.中国近代教育文选[M].北京:人民教育出版社,1983:173.

民智，三曰新民德"，①强调三育是统一的、相互联系，不可偏废的。

所谓"鼓民力"，就是要发展体育，使国民有健康的身体。严复认为，一个人若没有健康的身体，就不可能有旺盛的精神和斗志，也就不会有聪明智慧。要使国家富强，就必以国民的身体健康为基础。健康的国民是国家强盛和民族发达的基础。他认为吸食鸦片和女子缠足的陋习戕害着国民的身体，是中国国贫民弱的根源。若不禁止吸食鸦片和革除缠足陋习，使国民有强健的身体，那么变法不过是空谈罢了。因此"鼓民力"是变法维新过程中亟待解决的首要问题。

所谓"开民智"，即智育，就是要改变以八股取士为核心的旧教育，学习西学，使国民具有实际的知识和从事实业的本领。严复将民智的开发作为国家富强的根源，认为西方社会之所以强盛，是因为其民智已开，国民的文化教育素养好、水平高，科学技术发达，百业进步。因此，变法维新、强国富民必始于开民智。

所谓"新民德"，即德育，其实质是以民主、自由、平等等道德观念代替传统的以"三纲五常"为核心的伦理道德，进行道德更新和重建，全面提高国民的道德水准。严复主张学习西方国家的政治制度，改革本国封建专制制度，使人民自由，给予人民权力，进而培养人们的民主思想和爱国主义情感。他强调要学习西方的议会制度，认为这是富强之路，是教化国民必备的条件。

严复所强调的"三育"就是要用新的体、智、德三育来武装国民，取代以儒学为中心的封建教育。严复同时也是中国现代从体、智、德三要素出发构建教育目标模式的第一人，他提出的体、智、德三育兼备的教育目标体系，无论就其结构要素，还是各育的内容关系而言，都基本确立了中国教育目标体系的现代模式。

二、体用一致的教育内容观

面临被列强瓜分的危局，严复激烈抨击顽固派墨守成规、不思变革，主张向西方学习，不仅学习西学之用，而且要学习西学之体，强调体用一致的教育内容。他积极提倡学习西方的自然科学和社会科学，认为这是救亡图存的根本。在严复看来，要变法求强，就离不开科学，尤其是自然科学。为此，他对"中学"与"西学"进行了比较分析，认为中国人因循旧章，不思改变，西方人追求未来，改变现实，即"中学"尚古，"西学"崇今；中国人听天由命，顺其自然，西方人自强竞存，即"中学"恃天命，"西学"重人力。严复通过分析比较得出结论：中国必须改变尚古、因循旧章、依恃天命的旧念与陋习，以一种全新的态度对待自然、社会和人生。这对于破除封建意识形态，蔑视传统权威，无疑是一种巨大的力量。尤为可贵的是，严复不仅提倡学习西学的科学知识，而且主张效法西方科学家的研究方法，特别提倡实验的方法。他认为西方人做学问的基本精神是根据客观事实探求真理，学以致用。严复积极提倡学习这种崇实精神以改造中国社会。他批判中国传统的做学问的方法是读死书认死理，认为这样的方法只会使人们把精力全消耗在训诂注疏上，从而败坏人才。

严复主张全面学习西方的自然科学和社会政治学说，认为洋务派所讲的西学，诸如天文、算学、格致、枪炮、机器等，不过是抄袭了西方资本主义的皮毛，而并非西学的命脉，真正的"西学"应包括西方的"民主""政体""科学"，因此"中学为体，西学为用"的提法是不恰当的。他认为"体"和"用"根本不可分，在学习西学的过程中应该"体用"一致。

---

① 陈学恂.中国近代教育文选[M].北京：人民教育出版社，1983：174.

严复是中国现代科学教育思想的最早倡导者,他主张全面学习西方文化,并指出引进科学刻不容缓。学校中所开设的课程必须包括数学、物理、化学、动植物学等学科。他强调科学思维的教育对学生"陶炼凡能"的重要性。在教学内容的安排上,严复主张先从最基本的自然科学,如逻辑学、数学、化学、物理等学科学起,然后治专门之学,最后学习社会科学,而后终之以群学。为此,他规定了一个层次结构分明、完整的科学教育内容体系。不仅如此,严复还努力将西方的科学方法论导入教育教学和治学的过程中,以"物理科学"教授学生,而且教授的方法不同于传统方法,使学生自觉地培养起重实际轻偏言的习惯。作为现代科学教育的倡导者,严复既重视科学知识的传授与学习,又重视科学方法的运用,让人耳目一新。

三、建立新学制的构想

严复构想的学制分为蒙养教育(相当于初等教育)、中等教育和高等教育。

为全面向西方学习,严复主张改革中国旧教育,建立新的教育制度。他在 1902 年《与〈外交报〉主人论教育书》中提出了关于教育制度的设想。这是一个新的教育体系,包括五个方面:(1) 小学堂,儿童在 16 岁以前进入小学堂接受教育。严复重视儿童教育,认为民之好坏,取决于这一时期的教育。他主张这个阶段的教育应以中国传统的旧学为主,约占总课程的 90%,此时的教育任务便是打好求学的根底。(2) 中学堂,16—20 岁的青少年进入中学接受中等教育,此时"一切皆用洋文授课",课程的重点为"西学",其比例占全部课程的 70%。(3) 大学堂,分为高等学堂和专门学堂,学生在高等学堂学习三四年后就可以升入专门学堂,接受专门教育。在大学堂阶段,学生主要学习西学课程,不设中文课。换言之,高等教育的教育内容是"西学",至于"中学"的内容则完全依靠学生自学来获得。在高等学堂和专门学堂,皆任用洋教习,不聘用中国教习,只是在班级大、学生多的情况下,才聘请中国人当助教。(4) 留学,高等学校毕业并精通留学国家语言的优秀者,派出留学,培养国家所需要的人才。(5) 师范学堂,先在各省设立师范学堂,以后再设高等师范学堂,以培养师资。

严复主张培养人才应重视"中学",打好根底。自中学堂开始则以西学为主,至高等学校及留学教育时,学生主要研习西学,以西学逐渐替代中学。严复希望通过建立这样的教育体制达到以新学代替旧学的目的。严复提出的学制构想对中国现代学制改革的建立产生了重要影响。

严复追求国家的繁荣富强和民族的独立,并把这一希望寄托在人民的文明与进步的基础上。与此相适应,严复以开民智为取向,积极倡导教育维新,视开民智为国家富强的关键。严复把科学教育输入中国,使教育与科学紧密相连,崇尚自然科学,重视科学教育,强调学用一致。严复的教育思想是中西文明对话的产物,是中西文化贯通的结果。严复积极吸取外来文化,极大地开阔了人们的视野,解放了人们的思想,在中国现代教育史上具有开风气的作用。

思考练习

1. 简要叙述分析张之洞《劝学篇》的教育思想。
2. 简要叙述康有为《大同书》中的教育思想。
3. 简要叙述梁启超的师范教育思想。
4. 简要叙述严复《与〈外交报〉主人论教育书》中关于建立新教育制度的思想。

拓 展 训 练

1. 试评张之洞"中体西用"教育思想及其历史价值。

2. 试分析梁启超"兴学校、育新民"教育作用与教育目的思想。

3. 试分析严复"鼓民力、开民智、新民德"的三育论思想。

第十五章　中华民国时期的教育思想

【学习目标】

1. 了解蔡元培"五育并举"教育方针的具体内容。
2. 掌握蔡元培"思想自由，兼容并包"高等教育思想的具体观点及其实施措施。
3. 理解蔡元培"尚自然，展个性"的教育思想及其价值。
4. 掌握黄炎培职业教育思想的具体内容及其现代价值。
5. 理解黄炎培"大职业主义"教育思想的内容及其意义。
6. 掌握陶行知生活教育思想的具体内容及其价值。
7. 掌握陶行知"六大解放"的创造教育思想及其价值。
8. 理解晏阳初的平民教育地位与使命思想。
9. 了解晏阳初平民教育思想的内容及其方式。
10. 理解梁漱溟乡村教育思想的功能、目的。
11. 了解梁漱溟乡村教育思想的内容、方式。
12. 理解陈鹤琴"活教育"思想的本质和目的。
13. 了解陈鹤琴"活教育"的课程与教学思想。

【知识列表】

		"五育并举"的教育思想
	蔡元培的教育思想	"思想自由，兼容并包"的高等教育思想
		"尚自然、展个性"的个性教育思想
中华民国时期的教育思想	黄炎培的教育思想	职业教育的目的——使无业者有业，使有业者乐业
		职业教育的制度体系——大职业教育
		职业教育的办学方针——"社会化""科学化"
		职业教育的教学原则——手脑并用
		职业道德教育的基本规范——敬业乐群

中华民国时期的教育思想	陶行知的教育思想	生活教育思想
		普及教育思想
		幼稚教育思想
		师范教育思想
		创造教育思想
	晏阳初的教育思想	平民教育的性质与地位
		平民教育的宗旨与使命
		平民教育的内容——四大教育
		平民教育的途径——三大方式
	梁漱溟的教育思想	伦理本位,职业分途——乡村教育的社会文化基础
		创造新文化,建设新乡村——乡村教育的作用
		改变农村现状,建设新文明——乡村教育的目标
		精神陶炼——乡村教育的核心内容
		乡农学校——乡村教育的主要形式
	陈鹤琴的教育思想	儿童心理发展特点与教育
		家庭教育思想
		"活教育"理论

【导言】　民国时期是我国现代教育制度与现代教育思想的建立时期。这个时期的教育家们在探索建立现代教育制度的同时,在继承传统教育思想和借鉴吸收国外先进教育思想基础上,提出并形成了许多具有现代性质的教育思想流派。本章分别叙述民主革命派蔡元培的教育思想,职业教育派黄炎培的教育思想,生活教育派陶行知的教育思想,平民教育派晏阳初的教育思想,乡村建设派梁漱溟的教育思想,儿童教育派陈鹤琴的教育思想。

第一节　蔡元培的教育思想

蔡元培(1868—1940),字鹤卿,号子民,浙江绍兴人,著名的民主革命家、社会活动家、教育家。早年曾从事推翻清朝政府的民主革命活动,毕生致力于改革传统教育、创建新教育的事业,对我国现代教育制度的建立和发展作出了杰出贡献。自幼饱读经史,17岁考中秀才,18岁在家乡设馆教书,21岁中举人,24岁中进士,26岁赴京参加殿试,取得第二甲第34名,被点翰林院庶吉士,后被授翰林院编修。在翰林院供职期间,除阅读经史子集之外,大量涉猎西学。1895年《马关条约》的签订极大激发了他御侮图强的爱国主义精神,自此更加努力地学习西方文化,并开始学习日语,探求救国救民的真理。

1898年9月戊戌变法失败后,蔡元培深感清廷已经"无可希望",断然弃官南下,返回绍兴,任绍兴中西学堂监督,嵊县剡山书院院长。因与学校督办和旧派教员见解不同而被排斥,于1900年秋辞职。1901年夏到上海,任澄衷学堂(现上海市澄衷高级中学)首任校长。同年9月被聘为南洋公学经济特科班总教习。在此期间,他宣传革新,提倡民主教育,鼓励学生自由读书。1902年,与章太炎等在上海发起组织中国教育会,出任会长。同年,创办爱国女学和爱国学社并被推为总理。1904年"光复会"在上海成立,出任会长。1905年,"光复会"并入"同盟会",并任上海分部负责人。1907年远赴德国留学,先在柏林学习德语,第二年进莱比锡大学学习哲学、文学、美学、心理学,并在世界文明史研究所研究世界文明史,深受尼采哲学思想的影响。

1911年辛亥革命爆发,蔡元培年底自德归国,1912年出任南京临时政府教育总长。在任职期间除旧布新,蔡元培对传统教育进行了一系列的改造,颁布教育改革法令,建立新的教育秩序,对中国现代教育的发展产生了巨大影响。此时,他发表了《对于教育方针之意见》一文,明确提出"五育并举"的教育方针,对全国的教育改革起到了指导作用。1912年7月,因不满袁世凯的独裁统治,蔡元培愤然辞职,1913年再度赴德法留学。1916年底应邀回国,受命担任北京大学校长。在北京大学任职期间,蔡元培以"思想自由,兼容并包"为方针,对北京大学进行了卓有成效的改革,使北京大学的精神面貌焕然一新。1927年,蔡元培正式辞去北京大学校长职务。"九一八事变"后,积极鼓动抗日,促成国共两党合作。1932年,同宋庆龄、杨杏佛、鲁迅等在上海发起组织中国民权保障同盟,被推为副主席。1937年"七七事变"后,因病移居香港,1940年病逝于香港。

蔡元培一生的教育实践活动主要表现在教授新学、创办新学和改革教育三个方面。在中国现代教育制度的创立与发展、现代教育方针的厘定,尤其是北京大学的改革等方面都作出了不朽的贡献。此外,蔡元培很重视劳动教育、平民教育和女子教育,在北京大学创办校役班和平民夜校。他还是中华职业教育社、中华教育改进社、中国科学社等教育社团的主要发起人和领导者,又是全国教育会联合会的主要领导成员,是我国最早提议建立教育工会的人。蔡元培著述颇丰,教育思想博大,堪称"学界泰斗、人世楷模"。

一、"五育并举"的教育思想

在中国现代教育史上,蔡元培是最早提出"五育并举"教育思想的教育家。1912年4月,身为教育总长的蔡元培针对清末"忠君、尊孔、尚公、尚武、尚实"的教育宗旨发表了《对于教育方针之意见》,提出军国民教育、实利主义教育、公民道德教育、世界观教育和美感教育"皆今日之教育所不可偏废"的"五育并举"的教育思想,成为民国元年教育方针制定的理论基础,并影响到我国后来教育方针的制定。

(一) 军国民教育(即体育)

蔡元培认为,军国民教育并不是理想社会的教育,"在他国已有遁消之兆",但是在中国当时的情形下仍强调推行军国民教育的原因有二。其一,从国际环境看,当时"强邻交逼,亟图自卫,而历年丧失之国权,非凭借武力势难恢复"。也就是说,在强权政治之下,只有用强权才能战胜强权,用实力伸张正义,用武力来捍卫真理,军国民教育的目的就是为了强兵自卫,恢复丧失的国权。其二,从国内的情形看,由于"军人革命以后,难保无军人执政之一时期,非行举国皆兵之制,将使军人社会永为全国中特别之阶级,而无以平均其势力",所以,必须推行军国民教育,实行举国皆兵之制,以利于打破少数军人拥兵自重,形成专制统治的不利局面。同时,蔡元培认为,就个体的发展而言,先有健全的身体,然后才会有健全的思想和事业。学生体力的增进实在是办教育的生死关键,只有对学生进行军事体育训练,学生才会有"狮子样的体力",从而改变文人羸弱的形象,也才能使"今日的学生成为明日的社会中坚、国家的柱石"。

(二) 实利主义教育(即智育)

蔡元培认为,当时世界各国的竞争不仅在于武力,更在于财力,"我国地宝不发,实业界之组织尚幼稚,失业者至多,国甚贫",所以推行实利主义教育是当务之急。他强调的实利主义教育既包括智育,又包括职业技术教育,而且主要指后者。实利主义教育的目的在于国富民强。他主张实利主义教育应该向学生传授与生计密切相关的普通文化科学知识和职业技能,使学生着重掌握发展实业的知识与技能,培养学生创业的能力、生存的本领。只有如此,才能达到国富民强,使我国在国际竞争中立于不败之地。因此,他主张将普通文化科学知识的教育寓于树艺、烹饪、裁缝等实用知识与技能的教学之中。

(三) 公民道德教育(即德育)

蔡元培认为,实施军国民教育、实利主义教育固然可以富国强兵,但也会造成"强欺弱,智欺愚","贫富悬绝",甚至还会酿成"资本家与劳动家血战之惨剧"。所以仅有军国民教育和实利主义教育是不够的,必须"教之以公民道德","军国民教育及实利主义,则必以道德为根本"。蔡元培所提倡的道德教育是自由、平等、博爱的道德观念,这在当时对于冲破传统道德的束缚、调整社会关系、平衡社会利益起到了积极的作用。需要指出的是,蔡元培在提倡自由、民主、博爱的新道德的同时,并没有全盘否定中国的传统道德,而是主张二者之间的相互融合,主张人们对东西方优秀道德教育思想、理念的兼收并蓄、融会贯通。在蔡元培看来,自由、平等、博爱与儒家提倡的"义""恕""仁"的道德精神是相通的,具有共同的价值取向和人文关怀,在道德教育的过程中应该是中西兼容、相互吸收、互为借鉴。

（四）世界观教育

世界观教育是蔡元培教育思想中最独到之处，是其首创。蔡元培把世界划分为现象世界和实体世界两部分，前者是相对的，后者是绝对的，进行世界观教育的目的就在于培养人们对现象世界持超然态度，对实体世界则抱积极进取态度。他主张"循思想自由言论自由之公例，不以一流派之哲学一宗门之教义梏其心"。世界观教育是一种哲理的教育，旨在培养学生具有远大的目光和高深的见解，具有兼收并蓄的胸襟和融通百家的学术视野，其根本目的是"兼采周秦诸子、印度哲学及欧洲哲学，以打破二千年来墨守孔学的旧习"。

（五）美感教育（即美育）

美感教育是蔡元培"愿出全力以提倡"的。他第一次把美育纳入教育方针，确立了美育在教育中的应有地位。美育是与体育、智育、德育和世界观教育紧密结合的完全人格教育的重要组成部分。美育与智育相辅相成，并以塑造高尚道德为旨归，是实现世界观教育的桥梁，是实现和谐、完美人格的重要途径。蔡元培认为，人类美感具有普遍性和超然性。进行美感教育可以陶冶性情，使人具有高尚的情操、美好的情感；还可以"泯营求，忘人我"，化掉利害感和偏私欲，从而达到世界观教育的最高境界——意志的自由：乐观、高超和进取。1930年，蔡元培在《教育大辞书·美育》条目中给美育下了一个明确的定义："美育者，应用美学之理论于教育，以陶养感情为目的者也。"蔡元培不仅在理论上系统阐发美育，而且在教育实践中积极实践美育，在学校的课程中设置美育课程，提倡美化家庭、学校、社会环境，建立美育设施。作为中华民国第一任教育总长，在创建新教育体制的过程中，他大力宣传和提倡美感教育，并逐步贯彻实施，最终使其成为教育宗旨的重要组成部分。

以上这五育，尽管各自的作用和内容不同，但均是"养成共和国民健全之人格"所必需的，是统一整体中不可分割的有机部分。但同时他又指出五育并不是平分秋色，没有重点的，而必须"以公民道德为中坚，盖世界观及美育皆所以完成道德，而军国民教育及实利主义，则必以道德为根本"。总之，蔡元培五育并举的思想，是以公民道德教育为中心的德、智、体、美和谐发展的思想，在中国现代教育史上是首创，它适应了辛亥革命之后改造传统教育的需要，顺应了当时社会发展的进步潮流，对后世产生了深远影响。

蔡元培的"五育并举"教育思想在1912年7—8月召开的全国临时教育会议上，因"世界观教育"与中国传统文化观念差异较大，与会人员对此存在明显意见分歧，最终只讨论通过了其他四育作为民国教育方针并于9月由教育部正式公布实施，即"注重道德教育，以实利教育、军国民教育辅之，更以美感教育完成其道德"。对此，蔡元培也不再坚持。后来，他在新加坡进行题为"普通教育与职业教育"的讲演中就只提"体智德美"四育：所谓健全的人格（教育），内分四育，即体育、智育、德育、美育。这四育是一样重要，一样都不可放松。尽管如此，也丝毫不能贬低"五育并举"教育思想的理论与实践价值。

二、"思想自由，兼容并包"的高等教育思想

蔡元培认为，欲发展中国的教育事业，办好高等教育是关键。他说："我的观察，一地方若是没有一个大学把有学问的人团聚在一处，一面研究高等学术，一面推行教育事业，永没有发展教

育的希望。"①"没有好大学,中学师资哪里来? 没有好中学,小学师资哪里来? 所以我们第一步,当先把大学整顿。"②基于此,加之他的兴趣"偏于高等教育"③和长期的高等教育实践,形成了颇具特色的高等教育思想。

(一)大学性质——研究高深学问之学府

1917年,蔡元培出任北京大学校长,对北京大学进行了一系列卓有成效的改革,使北京大学的面貌焕然一新。蔡元培的高等教育思想体现在他对北京大学改革的理论探索和实践过程之中。

北京大学的前身是京师大学堂,学校制度腐败,官僚积习很深,教员上课陈陈相因,其中许多教员是兼职的不学无术的政客,缺少学术研究的气氛;课程设置也以封建传统文化为主导;学生或为八品以上五品以下的官员,或为科举落第的秀才、举人,还保留着科举时代的身份,被称为"老爷"。他们到大学来,不是为了学习知识、砥砺品行、获得任事的本领,而是"以大学为升官发财之阶梯"。蔡元培任职于北京大学之前,就与友人共同商议如何对北京大学进行富有成效的改革,使得改革之后的北京大学不仅脱胎换骨、生机无限,而且能够在全国的大学改革中发挥龙头作用,使全国的高等教育适时而变,然后以大学为前哨,吹响举国皆变的号角。出于此,蔡元培对大学教育的性质、功能进行了明确的阐发。

关于大学的性质,在1917年1月9日,他在北京大学的就职演说中向学生明确提出:"大学者,研究高深学问者也。"④1918年,他在北京大学的开学演说中又一次申明:"大学为纯粹研究学问之机关,不可视为养成资格之所,亦不可视为贩卖知识之所。学者当有研究学问之兴趣,尤当养成学问家之人格"。⑤ 此后,蔡元培在主持北京大学校务的若干年里,每年开学时都要再说一遍大学教育的性质。

由于大学的性质在于研究高深学问,所以大学不能只从事教学,还必须开展科学研究。蔡元培汲取借鉴德国大学既注重教学又重视科研的优良传统,重视大学教学与科研双重职能的发挥。他要求大学教师不仅要传授知识予学生,其自身还必须有浓厚的研究学问之兴趣,并能引导学生的兴趣,使大学成为集教学、科研双重优势于一身的高等学府。于1917年底,北京大学成立了文、理、法三科研究所,开国内大学设立研究所之先河,对推动我国高等教育学术水平的提高,对于发挥大学的教学、科研双重职能起到了极为重要的作用。

(二)大学办学方针——思想自由,兼容并包

关于大学办学方针,蔡元培提出要"思想自由,兼容并包"。他在《致〈公言报〉函并附答林琴南君函》中说:对于各家学说,"依世界各国大学通例,循'思想自由'原则,取'兼容并包'主义。无论为何种学派,苟其言之成理,持之有故,尚不达自然淘汰之运命者,虽彼此相反,也悉听其自由发展"。当时北京大学确实形成了不同学派云集荟萃的学术争鸣景象。对于教员的聘请,蔡元培主张以学诣为主。由于教员是以研究学问为主的,所以思想自由、兼容并包的原则实际体现在对教员的聘请上,即以其学术造诣为选聘的标准。为此,他改革北京大学,首先从聘请积学而热心

---

① 蔡元培.蔡元培全集:第4卷[M].北京:中华书局,1984:177.
② 蔡元培.蔡元培教育文选[M].北京:人民教育出版社,1980:242.
③ 蔡元培.蔡元培教育文选[M].北京:人民教育出版社,1980:242.
④ 蔡元培.蔡元培全集:第3卷[M].杭州:浙江教育出版社,1997:8.
⑤ 蔡元培.蔡元培全集:第3卷[M].杭州:浙江教育出版社,1997:382.

的教员着手,对于教师的政治见解,只要不妨碍授课,则不作为取舍标准。因此,在北京大学的教师队伍里,既有提倡新文化运动的新派人物李大钊、陈独秀、鲁迅、胡适、钱玄同、刘半农、周作人等,也有在政治上保守,但在学术上有造诣的旧派人物辜鸿铭、刘师培、黄侃、陈介石、陈汉章等。新旧学派共处一校,各讲其学,形成新旧学派对峙、争鸣的形势,极大地活跃了北京大学的思想,推动了学术发展,提高了教学质量。

当然,蔡元培思想自由、兼容并包的办学方针并不是对新旧两派采取不偏不倚的中庸态度,而是借此打破长期以来对学术文化的束缚,发展新文化,达到开风气的作用。蔡元培倡导的思想自由、兼容并包的办学方针具有巨大的进步意义。它使北京大学引进了一大批具有新思想的学者,有力地支持了新文化、新思潮的发展,开创了思想自由、学术自由的新风,使北京大学不仅很快成为闻名全国的名副其实的高等学府,而且成为新文化的发祥地和五四运动的摇篮。

(三)学科设置——沟通文理,废科设系

根据对大学性质及其职能的认识,为提高大学的学术水平,蔡元培对大学的学科设置进行了深入的研究与探索,最终形成沟通文理、废科设系的思想。

在大学教育实践中,蔡元培认识到文理分科造成的缺陷与弊端,明确提出"沟通文理"的主张。学校中文理分科造成文科学生"因与理科隔绝之故,直视自然科学为无用,遂不免流于空疏",理科学生"以与文科隔绝之故,遂视哲学为无用,而陷于机械的世界观"。[1] 这样就造成"治文学者,恒蔑视科学,而不知近世文学,全以科学为基础;治一国文学者,恒不肯兼涉他国,不知文学之进步,亦有资于比较;治自然科学者,局守一门,而不肯稍涉哲学,而不知哲学即科学之归宿,其中如自然哲学一部,尤为科学家所需要;治哲学者,以能读古书为足用,不耐烦于科学之实验,而不知哲学之基础不外科学,即最超然之玄学,亦不能与科学全无关系"。[2] 因此,必须"沟通文理,合为一科"。1918 年 10 月,蔡元培正式提出"习文科各门者,不可不兼习理科中之某种(如习史学者,兼习地质学;习哲学者,兼习生物学之类);习理科者,不可不兼习文科之某种(如哲学史、文明史之类)"。[3] 1919 年,蔡元培撤销北京大学文、理、法三科界限,全校设立 14 个系,废学长,设系主任,完成了废科设系的改革。

(四)教学管理——发展个性,实行选科

在强调沟通文理的同时,蔡元培汲取美国大学实施学分制的教学管理经验,基于发展学生个性的办学理念,在教学管理上,废止年级制(即学年制),提倡采用选科制。学生除学习规定的必修课程,获得必要的必修学分之外,还可自由地选择占一定比例的选修课程,获得规定的选修课程学分。选修课程既可以是本系开设的,也可以是其他系开设的。学生可以根据自己的兴趣和知识基础选修相关的课程以调整自己的知识结构,弥补知识能力缺陷,发展个人的兴趣与特长。

在蔡元培的倡议和推动下,1917 年 10 月,教育部召集在京各高等学校代表修改大学规程。自 1919 年始,北京大学实行选科制,此后全国高等学校争相仿效。

为了防止选科制在实施过程中可能出现盲目性等弊端,蔡元培要求加强对学生选课的指导。一是强调"学生只有相对的选择,无绝对的选择,除必修课以外的学科,才有选择权。二是加强教

师对学生选课的指导,为防止学生纯粹从兴趣出发,忽视对基本理论、基本知识的学习,他强调"学生所选的学科必须经教员审定。"

北京大学在借鉴美国高校等学分制的基础上建立的选科制在中国现代高等教育发展史上具有划时代的历史意义。它不仅体现为学生学习选择上的自由,更是思想精神上的巨大解放,极大地推动了中国的思想解放运动,对中国高等教育的发展产生了极为深远的影响。

(五)行政管理——民主管理,教授治校

蔡元培是我国最早提倡教授治校的教育家。早在1912年任教育总长时,蔡元培就在其起草的《大学令》中对教授治校的学校管理体制做了具体而明确的规定。具体步骤是:第一步,组织评议会,给多数教授的代表决议立法方面的事,恢复学长(学院之长)的权限,给他们分任行政方面的事;第二步,组织各门(相当于系)教授会,由各教授与所公举的教授会主任分任教务;第三步,将来更组织行政会议,把教务以外的事务均取合议制,并按事务的性质组织各种委员会,研究各种事务。[①] 在任职北京大学期间,他进一步建立完善了这一管理制度。

蔡元培留学德国,深受德国大学民主管理、专家治校管理体制的影响,推崇德国大学校长和各科学长均由教授会选举产生、每年更换一次的做法。他在北京大学提倡教授治校,旨在建立我国大学的民主管理制度,防止校长专权、教育腐败,同时在大学形成崇尚学术之风。让教授参与学校事务管理,既体现了民主、自由精神,也反映了现代大学的办学理念和特色。

三、"尚自然、展个性"的个性教育思想

蔡元培"尚自然、展个性"思想的形成和提出,与其对传统教育的批判有关,是培养"共和国民健全人格"的客观要求。

(一)"尚自然、展个性"是对传统教育的批判

"尚自然、展个性"是蔡元培针对传统封建教育无视学生特点,违反学生身心发展的自然法则,束缚学生个性发展的情况而提出的教育主张。他说:"旧教育以养成科名仕宦之材为目的",并将这种预设的成人世界的目的强加于儿童,强迫儿童接受。传统教育的要求整齐划一,教育方法呆板单一,毫不顾及学生的性质之动静,资禀之锐钝,这些做法严重戕害了儿童的个性,摧残了儿童的人格,阻碍了儿童健康、正常、自由发展。

(二)"尚自然、展个性"是"健全人格"教育的要求

"尚自然、展个性"是蔡元培培养"健全人格"的教育的要求,具有以下特点:

第一,"教育者非以吾人教育儿童,而吾人受教于儿童也"[②]。即"尚自然、展个性"是从学生的地位和个性特长出发施行教育。

第二,教育者"深知儿童身心发达之程序,而择种种适当之方法以助之"。即培养儿童就像农民对待农作物那样,顺应其自身发展的规律,帮助其自然、自由地生长。

第三,新教育"必以实验教育学为根柢"。[③] 为了实现"尚自然、展个性"的教育思想,蔡元培提倡以"试验"而不是"纯凭臆测"的方法研究儿童的心理及其教育,也就是要以教育科学特别是

① 蔡元培.蔡元培教育文选[M].北京:人民教育出版社,1980:86.
② 陈学恂.中国近代教育文选[M].北京:人民教育出版社,1983:348.
③ 陈学恂.中国近代教育文选[M].北京:人民教育出版社,1983:349.

教育心理学、儿童心理学和各科教材教法为基础开展教学，了解和把握儿童身心发展的规律和教育自身活动的规律，掌握和运用科学、正确的教育方法和手段，从而使教育活动符合儿童身心发展的特点和规律。

（三）"尚自然、展个性"教育的具体方法

启发式。蔡元培反对注入式教学，提倡启发式教学。他说：教书并不是像注水入瓶一样，……要想引起学生的兴味，做教员的不可一句一句或一字一字地都讲给学生听。最好是让学生自己去研究，教员竟不讲也可以，等到学生实在不能用自己的力量了解功课时才去帮助他。[①]这种观点与孔子"悱愤启发"的启发式教学思想极为相似。

自动式。蔡元培反复强调，要使学生"自觉、自学、自助"，反对教师将自己的意愿强加在学生身上，应当"看各人（学生）的个性，去帮助他们"[②]。蔡元培主张充分发挥学生的个性，鼓励学生自主、自动、自助、自学。

其他新式教育方法。蔡元培特别推崇欧美各国一些新教育派别的教育思想、教育做法和新式学校，如建立在卢梭、裴斯泰洛齐、福禄贝尔等人的思想之上的托尔斯泰的自由学校、杜威的芝加哥实验学校、蒙台梭利的儿童室以及流行于欧美的劳作学校等。

第二节　黄炎培的教育思想

黄炎培是我国现代杰出的教育家，职业教育的奠基人。在中国现代教育史上，他第一个提倡、推广职业教育，创办了职业教育团体——中华职业教育社，为发展中国的职业教育作出了巨大贡献。

黄炎培（1878—1965），字任之，号楚南，笔名抱一。江苏川沙县（今上海浦东）人。生于塾师家庭，从小受到严格的家庭教育。从 6 岁起，即由母亲和叔叔教读"四书""五经"。1901 年考入上海南洋公学，师从蔡元培，深受其爱国主义、民主主义和教育救国思想的影响。1905 年秋加入"同盟会"。辛亥革命后，任江苏省教育科科长。1912 年，任江苏省教育司司长，在任职期间积极致力于地方教育改革，曾拟定"江苏省五年教育行政计划"。1913 年，发表《学校教育采用实用主义之商榷》一文，提倡教育与学生生活、学校与社会实际相联系。1917 年，联络蔡元培、马良等教育界、实业界人士在上海发起中华职业教育社。1917—1931 年，黄炎培在倾力从事职业教育的同时，积极参与许多学校的筹建工作，如南京高等师范学校、东南大学、南京河海工程学校、暨南大学、上海商科大学、厦门大学等。"九一八事变"后，黄炎培从办学转入抗日救亡运动。中华人民共和国成立后，历任中央人民政府政务院副总理兼轻工业部部长等职。1965 年 12 月在北京逝世。

黄炎培在长期从事职业教育的过程中，总结我国清末以来兴办实业教育的经验教训，力主合理借鉴欧美、日本等有关职业教育的理论与实践，形成了颇具特色的职业教育理论。

---

① 华东师范大学教育系.中国现代教育文选[M].北京:人民教育出版社,1989:7.
② 华东师范大学教育系.中国现代教育文选[M].北京:人民教育出版社,1989:7.

一、职业教育的目的——使无业者有业,使有业者乐业

黄炎培认为,职业教育是社会生存所必需的分工的产物,教育是保持和发展各行各业的条件。黄炎培认为职业的教育目标是:"为个人谋生之准备;为个人服务社会之准备;为国家世界增进生产力之准备。"[①]此后,随着社会问题的日趋严重,黄炎培把"谋个性之发展"作为职业教育目的之一,并将职业教育的目的概括为"使无业者有业,使有业者乐业"。所谓"使无业者有业",是指通过职业教育为资本主义工商业发展造就实用人才,解决社会失业问题,使人民生计得以保障;"使有业者乐业",是指通过职业教育使从业者胜任所职,热爱所职,进而造福于人类。

黄炎培之所以倡导职业教育,是因为他有感于各种学校毕业生因失业所产生的生计恐慌状态,试图通过推广职业教育来解决当时国家和社会民众所面临的严重生计问题。从创办职业学校、职业指导机构、职业补习学校到试办农业改进区,在不同的历史时期,他的职业教育活动的侧重点有所不同,但其教育目标却是始终不变的。他强调办职业教育,须下决心为大多数平民谋幸福。

黄炎培认为职业教育目标虽在不同历史时期有不同的表述,但都是从当时社会发展需要出发,符合时代要求的,是不同历史时期社会发展的产物。他强调,职业教育始终以服务社会为宗旨。这一观念与时俱进,他的职业教育思想也在中国现代教育史上占有重要地位。

二、职业教育的制度体系——大职业教育

1925年,黄炎培提出了建设"大职业教育主义"的设想,包括以下几个观点。

第一,职业教育应与社会特别是实业界沟通联络。黄炎培在《中华职业教育社宣言书》中指出:中国现在最重要、最困难的问题就是生计问题,要从根本上解决生计问题,就只有依靠教育。他坚持相信教育是救国救民的唯一方法。要改革社会就必须改革教育,要改革教育就只有兴办职业教育,沟通教育与职业,使二者协调一致,才能矫正传统教育的错误观念,救治民众的贫弱。

第二,职业教育应与普通教育沟通衔接。黄炎培认为,从广义而言,"凡教育皆含职业之意味",职业教育在教育制度上应具有一贯的、正统的和整个的地位。那种以普通教育为正统、以职业教育为偏系的陈旧观念应该从根本上被打破。关于如何沟通普通教育与职业教育,黄炎培提出三点主张,即"推广教育""改良职业教育""改良普通教育,为适于职业做准备"。这三点主张一方面确定了职业教育的重要地位,提倡大力推广和改良职业教育;另一方面推进了普通教育的改革,使其适应职业的需求。

第三,大职业教育主义体系。黄炎培认为,职业教育不仅要有一个完整系统,而且也要与其他各级各类教育相互沟通衔接。黄炎培提出要建立一个包括职业陶冶—职业指导—职业训练—职业补习—再补习在内的小学—初中—高中—专门学校—职后补习贯通的职业教育系统,使职业教育贯穿教育全过程和全部职业生涯。其中,小学重在职业陶冶,为职业教育打基础;初中应进行职业指导,高中应设职业分科或专门职业学校进行系统的职业训练,就业后还要接受职业补习教育。

大职业教育主义的提出表明黄炎培已经意识到仅仅在职业教育的小天地内打转是很难解决

---

① 黄炎培. 职业教育谈:一[M]. 教育与职业,1918(3):6.

中国社会的生计问题的。这一新的认识是黄炎培职业教育思想的发展和进步，他将职业教育向人民靠拢，与社会现实紧密相连；也使他逐渐摆脱了教育救国论的束缚，意识到仅仅解决教育问题于整个社会问题的解决无济于事，必须把教育放在整个社会的大系统中才能使其真正发挥改造社会、影响社会的作用。大职业教育主义思想成为抗日战争时期和解放战争时期中华职业教育社积极推动职业教育的思想基础。

三、职业教育的办学方针——"社会化""科学化"

黄炎培在长期的职业教育办学实践中不断探索，随时总结，根据时代的要求，确定了"社会化"和"科学化"的职业教育办学方针。这两大方针一直指导着黄炎培和中华职业教育社的职业教育实践活动，是其职业教育理论的重要组成部分。

（一）职业教育社会化

"社会化"具有两层含义。一是指办职业教育时，应顺应时代的发展，注重社会的需要。黄炎培提倡职业教育，乃是有感于当时中国社会百业不良、民众生计恐慌和广大青年失学失业的现实状况，试图通过推行职业教育来解决国家和人民所面临的上述问题。数十年间，他曾提倡和创办过各种各样的职业教育，如职业学校、职业补习学校、职业指导机构、农村职业教育实验区，乃至裁兵后职业教育、伤兵职业教育、灾民职业教育、清室旗人职业教育、战后伤残职业教育，等等。抗日战争期间，他深深感到大后方中等技术人才满足不了社会生产发展需要，注意到社会需要高级科技人员和管理人才，就决心创办一所高等职业学校。于是重庆中华工商专科学校应运而生。

二是指办职业教育时不能关起门来进行，需要向社会开放，需要全社会关心、参与和支持。黄炎培认为单靠学校、教育界、职业界三者中任何一方的力量，都不能发展职业教育，而应该"同时和一切教育界、职业界努力沟通和联络"，需分一部分精神，参加全社会的运动，除了内部努力外，对外需有"最高的热忱，参与一切；有最大的度量，容纳一切"。现实让黄炎培意识到教育不能脱离社会，职业学校不能仅从发展资本主义工商业着眼，而是要顾及广大劳动人民的利益、需要和可能。根据这一思想，黄炎培提出职业教育的"平民化"，使职业教育面向平民，下决心为大多数人谋幸福。因此，黄炎培调整了办学重点，在城市兴办各类职业补习学校，对提高平民的文化素养、掌握专业技能作出了重大贡献。

职业教育社会化的内容非常丰富，包括办学宗旨社会化——以教育为方法，而以职业为目的；培养目标社会化——培养在知识技能和道德方面适合社会生产和社会合作的各行业人才；办学组织的社会化——学校的专业、程度、年限、课时、教学安排均需根据社会需要、学员的志愿与实际条件；办学方式的社会化——充分依靠教育界、职业界的各种力量，尤其是校长要擅长联络、发挥社会各方面力量。

黄炎培强调职业教育的社会化是因为他意识到职业教育比普通教育与社会生活有着更紧密的联系，更严格地受社会经济发展的制约。为此，他在办学实践中，对学校专业、课程等的设置都是建立在周密的社会调查基础之上的。在黄炎培的带领下，中华职业教育社形成一种制度：定期邀请农、工、商、金融、教育各界专家集会，征求各界对学生的反馈，随时了解社会发展对学校的要求，并根据社会需要改革学校工作。

（二）职业教育科学化

黄炎培职业教育的另一个基本方针是"科学化"。所谓"科学化"是指"用科学来解决职业教育问题"。[①] 他把职业教育的工作归纳为两大类。一类是物质方面,各专业课程的设置、教学训练原则的确定、教材的选择编写等都需要力求因地制宜、因时制宜,通过调查试验,取得经验逐步推广。另一类是人事方面,采用科学管理的方法组织职业教育机构的自身建设。黄炎培力求把职业教育建立在社会心理和职业心理的基础上,提出要根据职业、人的性格、环境等进行分类。中华职业教育社于 1921 年参照德国方法,制成七种职业心理测验器,在职业教育上应用科学方法,在中国算第一次。黄炎培极力让中华职业教育社在科学化的轨道上运行,注重调查、试验,勤于总结,逐步推广,在长期的实践基础上,通过合理借鉴国外经验,逐渐形成了一套从职业陶冶、职业训练到职业指导、职业补习教育的系统理论和灵活多样的制度。

黄炎培提出的职业教育"社会化""科学化"的教育方针,对中华职业教育社的职业教育实践具有重大指导意义,为中国职业教育的发展积累了丰富的经验,在中国教育史上具有开创性意义。

四、职业教育的教学原则——手脑并用

黄炎培认真总结了清末以来开办实业学堂的经验教训,反对实业教育中"重读书,轻实习"的做法,认为过去的所谓的实业教育,不是教以农、工、商,就是教其读农、工、商之书罢了。虽名为实业教育,但课程与教学设置却仍是重理论轻实践。他认为,职业教育的目标在于养成实际的、有效的生产能力。欲达到此境地,须手脑并用。为此,他提出"手脑并用""做学合一""理论与实习并行""知识与技能并重"的主张,作为职业教育最基本的教学原则。

黄炎培反对职业学校生搬硬套地模仿、照搬他人,他认为职业教育应该更富于时间性和空间性。在实施上,更要通过周密科学的调查研究,灵活地根据当时当地情况选择最佳方案。黄炎培认为办职业教育就要注意社会实际的需要,而且职业教育要面向社会,根据农工商各业需要的人才办学,这样就可以满足社会对不同层次、不同类型人才的需要。

在教学实践中,黄炎培力图通过各种制度保证"手脑并用""做学合一""理论与实习并行""知识与技能并重"原则的贯彻实施。中华职业教育社在章程中明确规定:本校特重实习,生徒半日授课、半日工作,务期各种技能达于熟练。在招生方面,黄炎培主张尽量招收有某方面职业经历的学生。中华职业学校特别规定:学生修业期满仅发修业证书,必须在工作单位实习一年,证明能胜任所担任工作后,再发给毕业证书。这是为了尽可能从教育的各个方面来清除脑力劳动和体力劳动分家、理论与实际脱节的封建教育影响。

五、职业道德教育的基本规范——敬业乐群

注重职业道德的培养与训练是黄炎培职业教育理论的重点。他认为,职业教育的概念从内涵上讲,应该包括职业技能的教授学习和职业道德的培养训练,两者是缺一不可的。离开职业道德的培养训练,职业教育也就失去了真义。因此黄炎培反复强调:职业教育训练,第一要义即"为群服务"。他把职业道德教育的基本规范概括为"敬业乐群"四个字。所谓"敬业",是指"对所习之职业具嗜好心,所任之事业具责任心";所谓"乐群",是指"具优美和乐之情操及共同协作之精

[①]　黄炎培. 我来整理整理职业教育的理论和方法[M].教育与职业,1929(100):829－834.

神"。①

　　黄炎培重视职业道德的培养训练，是与他对职业教育社会职能的认识紧密联系在一起的。他认为，职业教育是增加社会物质财富，调整人们相互关系的重要手段。人们对自己职业的理解、热爱和强烈的兴趣，是激发其事业心、创造力和积极性的重要动力；个人道德情操的健全发展，人们之间相互关系的和谐一致，不仅是个人生存发展的需要，也是消除人类社会"惨变"的先决条件。

　　黄炎培强调职业道德教育的重要性，还有着深刻的社会历史原因。职业教育是培养直接从事农、工、商各业的人才的。而当时的社会舆论则以"读书做官"为荣，"以读书谋事"为耻。在当时，持有这种重仕而轻农工商的心态的人尚有很多。黄炎培将这种社会观念喻为"职业教育之礁"，意欲扫除之。他告诫青年："诸君须知，人生必须服务，求学非以自娱。无论受教育至若何程度，总以其所学能应用于社会，造福人群为贵"，"以实地功夫求学，以科学方法习事，互相印证，其乐无穷"。②

　　"敬业乐群"是黄炎培为中华职业学校制订的校训，此校训不仅为中华职业学校的师生们所共同遵守，也成为各行各业共同持守的职业信条。

　　随着社会实践活动领域的扩大和政治思想的转变，黄炎培不断赋予职业道德教育以新的内容。1933 年，在中华职业学校成立十五周年纪念会上，他号召学生人人须勉为一个复兴国家的新公民，人格好，体格好，人人有一种专长，为社会国家效用。1935 年 3 月，在黄炎培倡议下，中华职业教育社邀集专家拟定了《复兴民族的行为标准》，并将其作为对职业学校学生进行道德教育的新要求。其后，中华职业教育社根据黄炎培的意见，制订和完善了职业道德教育标准，把敬业乐群具体化。

　　黄炎培一生致力于职业教育，锐意改革学用脱节、轻视劳动的旧传统教育。他不仅从宏观上把握了教育与社会的关系，而且站在社会生产和经济发展的角度来看待问题，密切关注欧美等各国职业教育的最新发展趋势，进而提出了符合中国实际、反映中国国情的职业教育理论。黄炎培在长期的教育实践中，不拘泥于成法，力求有所创新与突破，并且坚持与时俱进，不断丰富其理论内容，这种不断探索的品质及其献身国家教育事业的精神是难能可贵的。他的职业教育思想不仅开创和推进了我国的职业教育事业，并对 20 世纪二三十年代我国的教育改革产生了巨大的影响。

第三节　陶行知的教育思想

　　陶行知（1891—1946）是我国现代教育史上伟大的教育家，他深受杜威的影响，创造和发展了生活教育的理论与实践。他从深厚的爱国主义思想和鲜明的民主主义思想出发，把教育作为救国救民、改造社会的武器。他的一生不断为争取民族独立和人民的解放而奋斗，为改造旧教育、创造新教育而不懈开拓探索，给后人留下了一份弥足珍贵的教育遗产。

　　陶行知原名文濬，安徽省歙县人。1914 年获美国纽约州立大学文科学士学位。1915 年获伊

---

①　风波. 最近之中华职业学校[J]. 教育与职业，1930(4)：9-15.

②　黄炎培. 职业教育之礁[J]. 教育与职业，1923(1)：1-3.

利诺伊大学政治学硕士学位后转入哥伦比亚大学教育学院研究教育,受业于杜威和孟禄门下,深受他们的教育思想的影响。1917 年秋回国,任南京高等师范学校教授、教务主任等职。1927 年 3 月,创办中国第一个乡村幼稚园——燕子矶幼稚园。1934 年主编《生活教育》半月刊,并任《普及教育》周刊主编。同时,正式宣布将自己的名字由"知行"改为"行知"。1938 年参加国民参政会,致力于抗战教育活动,成立了中国战时教育协会。1939 年 7 月创办育才学校。1945 年,加入中国民主同盟,任中央常委兼教育委员会主任委员。1946 年 1 月,在重庆创办社会大学并任校长。同年 4 月,返回上海,为社会大学和育才学校迁址多方奔波。1946 年 7 月 25 日上午,因长期劳累过度,突发脑溢血经抢救无效逝世,享年 55 岁。

陶行知的一生,是在生灵涂炭、国家多难、民族危急之秋度过的,他以"捧着一颗心来,不带半根草去"的赤子之忱,与劳苦大众休戚与共,为人民教育事业,为中国的民族解放和民主事业鞠躬尽瘁,奋斗终身。陶行知著作宏富,教育思想非常丰硕,涉及生活教育、普及教育、儿童教育、师范教育和创造教育等方面。

一、生活教育思想

生活教育思想是陶行知教育思想的核心。生活教育理论是他提倡平民教育、乡村教育时逐渐形成的系统教育理论,贯穿于陶行知新教育、普及教育、平民教育和乡村教育实践的全过程。陶行知生活教育理论的核心观点是:"生活即教育""社会即学校""教学做合一"。

(一)"生活即教育"

"生活即教育"是陶行知生活教育的本质论,是其吸收杜威"教育即生活"观点并结合中国教育实际加以改造而提出的,是对教育本质、教育起源问题的概括和对教育内容的规定,其内涵十分丰富。"生活即教育"主要包括以下几层意思:(1) 生活含有教育的意义。陶行知指出:"教育的根本意义是生活之变化。生活无时不变,即生活无时不含有教育的意义。"[①]"过什么生活便是受什么教育","过好的生活,便是受好的教育;过坏的生活,便是受坏的教育"[②]。(2) 实际生活是教育的中心。"生活教育是生活所原有,生活所自营,生活所必须的教育。"[③](3) 生活决定教育,教育改造生活。自有人类社会以来,便有生活教育,生活教育随着人类生活的变化而变化。"从定义上说,生活教育是给生活以教育,用生活来教育,为生活向前向上的需要而教育。从生活与教育的关系上说,是生活决定教育。从效力上说,教育要通过生活才能发生力量而成为真正的教育。"[④]

陶行知认为,"生活教育"具有六大特质:其一是"生活的","要从生活的斗争里钻出真理来";其二是"行动的","为行动而读书,在行动上读书";其三是"大众的","大众都是先生,大众都是同学,大众都是学生";其四是"前进的","要用前进的生活来引导落后的生活""教人真正的向前去";其五是"世界的","冲开校门,冲开村门,冲开城门,冲开国门,冲开无论什么自私自利的人所造的铁门""使整个世界都成为我们真正的学校";其六是"有历史联系的",一方面"我们必须用选

① 陶行知. 陶行知全集:第 2 卷[M]. 长沙:湖南教育出版社,1985:633.
② 陶行知. 陶行知全集:第 2 卷[M]. 长沙:湖南教育出版社,1985:634.
③ 陶行知. 陶行知全集:第 2 卷[M]. 长沙:湖南教育出版社,1985:633.
④ 陶行知. 陶行知全集:第 2 卷[M]. 长沙:湖南教育出版社,1985:633.

择的态度来接受人类从几千年生活斗争中所得到而留下来的宝贵的历史教训",将它"从现生活中滤下来"再用以"指导生活",另一方面将"争取大众解放""争取中华民族的解放"作为"每一个生活教育同志当前所不可推卸的天职"。①

陶行知主张"生活即教育",是想借用教育的力量来达到"达民之情,遂民之意,把天理与人欲打成一片"的目的。在陶行知看来,在中国的旧教育中,生活与教育之间是脱节的,旧教育"教人教死书,死教书,教书死。学生是读死书,死读书,读书死"。这种教育是为少数人服务的,而不是为劳苦大众谋福利的。生活即教育就是要把儿童从成人的桎梏中解放出来,因此,生活即教育所强调的是教育必须以生活为中心。反对教育以书本为中心。他认为,不以生活为中心的教育是死教育。尽管它在生活与教育的区别和系统知识传授方面有所忽视,但在破除传统教育脱离民众、脱离社会生活的弊端方面有十分重要的意义。

(二)"社会即学校"

"社会即学校"是陶行知生活教育的范围论。陶行知吸收杜威的学校即社会的观点,提出"社会即学校"的教育主张。"社会即学校"是陶行知生活教育理论的重要组成部分。统治阶级、士大夫之所以不承认这一点,是因为他们有特殊的学校给他们的子弟授以特殊的教育。"从大众的立场上看,社会是大众唯一的学校,生活是大众唯一的教育。"他认为,在"学校即社会"的主张下,学校里学的东西太少了,"一切都减少了,校外有经验的农夫,就没人愿意去领教;校内有价值的活动,外人也不能受益"。② 因此,他批评"学校即社会"是鸟笼,就好像把一只活泼的小鸟关在鸟笼子里一样,而"社会即学校"则不然,是要把鸟笼子里的小鸟放到天空中使它任意翱翔,是要把学校的一切伸张到大自然里去,把整个社会作为教育的范围。他认为,"不运用社会的力量,便是无能的教育;不了解社会的需要,便是盲目的教育"。③ 传统的教育把学校与社会隔绝,学校与社会之间有一道高墙。"社会即学校"就是为了冲破这道高墙,从而在社会这所大学校里,人人可以做先生,人人可以做学生,"随手抓来都是活书,都是学问,都是本领"。

需要指出的是,陶行知强调的"社会即学校"是广义的教育,指的是与传统教育相对立的大众教育,并不是取消学校教育。

"社会即学校"扩大了学校教育的内涵和作用,极大地改变了传统的学校观、教育观。传统学校与社会生活脱节,学生孤陋寡闻。而以社会为学校,使得教育的材料、教育的方法、教育的工具、教育的环境,都有利于学生知识的扩展,学生能力的增强。陶行知提出"社会即学校"的主张,其目的在于打破传统教育与现实生活、学校与社会相隔绝的落后封闭状况,并非主张取消学校。但他将社会等同于学校,没有注意到学校与社会的区别,未免把学校概念泛化了,难免有"取消学校"之嫌。从这种意义上讲,批评者的观点是有一定道理的。

(三)"教学做合一"

"教学做合一"是陶行知生活教育的方法论。陶行知基于"生活即教育""社会即学校"的教育目的观、教育本质观、教育内容观和教育范围观,受杜威活动课程、主动作业思想的影响,明确地提出了"教学做合一"的教育方法论。他反对教师"教死书,死教书,教书死",学生"死读书,读死

① 华东师范大学教育系.中国现代教育文选[M].北京:人民教育出版社,1989:295 - 297.
② 陶行知.陶行知教育文选[M].北京:教育科学出版社,1981:116.
③ 陶行知.陶行知全集:第2卷[M].长沙:湖南教育出版社,1985:712.

书,读书死"这种陈腐的教学方法,主张"教学做合一"。

陶行知的"教学做合一"思想,是有很强的针对性的,它是针对注入式的"教授法"只注意教师的教和理论脱离实际的弊端而提出来的,要求在教育过程中,不仅要注意教师的教,而且要注意学生的学,要把教与学和实际的做紧密地联系在一起。这在教学方法的改革中具有巨大意义。

具体说来,"教学做合一"要求"做"是教与学的中心;在做上教,在做上学。但不等于盲目莽撞地行动,而是要"在劳力上劳心"。它不但要求"手到心到",而且要求头脑当"总司令","用心以制力",由此才能获得真理,并进而"征服自然实力,创建大同社会"①。什么是"做"呢?按照他的话说就是"在劳力上劳心"。这就是说,"我们做一件事便要想如何可以把这件事做好,如何运用书本,如何运用别人的经验,如何改造用得着的一切工具,使这件事做得最好"。② 看来,"教学做合一"并不排斥书本知识学习。书只是用来学习和生活的一种工具,"一种生活的工具,一种'做'的工具"③。他还强调"教人者先教己",即做先生必先做学生以获得可为人师的知识能力,同时人人都应有"即知即传"、敢为人师的志向和勇气。

为什么要提倡"教学做合一"的教学方法,陶行知提出了三个理由。第一,先生的责任不在于教而在于教学,在于教学生学。陶行知认为,好的先生不是教书,不是教学生,乃是教学生学。第二,教的法子必须根据学的法子,教师教得快慢多少都根据学生学习的兴趣、能力和速度来定,其实质就是因材施教、教学相长。第三,先生不但要拿他教的法子和学生学的法子联络,还需和他自己的学问联络起来。他以种田为例指出:"种田这件事要在田里做,就要在田里学,也要在田里教。"④这就叫"做",是"种田的教学做"。在陶行知看来,教而不做,不能算教;学而不做,不能算学。

"教学做合一"的思想在陶行知生活教育理论中的地位至关重要。据他所述,正是"教学做合一"的形成,才使他的思想从"教育即生活"转变成了"生活即教育"。这是由于"教学做合一"是生活教育理论的方法论,所以"生活即教育""社会即学校"都需借助它才能得到落实。当然也必须指出,陶行知过分夸大了社会生产生活实践的教育价值,忽视了社会实践活动与学校教育活动之间的区别。

二、普及教育思想

陶行知一生最大的心愿就是在中国实现普及教育,把文化科学知识从少数人手里解放出来,下放到劳苦大众手里,使整个民族现代化。他说:"这十几年来,我有时提倡平民教育,有时提倡乡村教育,有时提倡劳苦大众的教育,不知道的人以为我见异思迁,欢喜翻新花样,其实我心中有一个中心问题,这问题便是如何使教育普及,如何使没机会受到教育的人可以得到他们所需要的教育。"⑤为此,他不怕艰辛困苦,历尽坎坷,为在中国实现普及教育奋斗了一生。

自 1920 年执教南京高等师范学校始,陶行知即开始了普及教育的努力,发动暑期留校的学生教学校附近的居民读书识字,并亲自与车夫、小贩等交流,教他们识字。在推行平民教育、乡村

---

①　陶行知. 陶行知教育论著选[M]. 北京:人民教育出版社,1991:391.

②　陶行知. 陶行知全集:第 5 卷[M]. 长沙:湖南教育出版社,1985:204.

③　陶行知. 陶行知教育论著选[M]. 北京:人民教育出版社,1991:350.

④　陶行知. 陶行知教育文选[M]. 北京:教育科学出版社,1981:53.

⑤　陶行知. 陶行知文集[M]. 南京:江苏人民出版社,1981:422.

教育,提倡生活教育的过程中,他亲自编写《平民千字课》,举办平民读书处和平民学校;亲自到机关、工厂、商店、寺庙、监狱推行平民教育。1926 年后,陶行知致力于乡村教育运动,号召从事乡村教育的同志向农民"烧心香",真诚地为农民服务。1931—1935 年,陶行知发起了普及教育运动,他主张普及教育就是把文化科学知识变成空气一样,普及于众生,使人人都得呼吸,人人不可缺少。

关于普及教育的方法,他主张:一要城里与乡下同时进行,成人教育要与儿童教育"打成一片";二要从劳苦大众的生活实际出发,用"小先生"把知识输送到不能上学的穷孩子的队伍中去;三要实行教育立法,把教育与教育立法联系起来,"劝导与强迫并行",立妨碍进步罪,使一切妨碍别人求学的人都受到法律的制裁,对"侵犯别人上学或自修权利者,要处以一年以下有期徒刑或一千元以下罚金";四要把普及教育的目的与保卫祖国领土主权的完整,争取中华民族之自由平等联系起来,实现教育机会平等;五要一致奋斗,要求教育有确定的经费;六要控制人口,把普及教育与控制人口结合起来,否则"一万年教育也不会普及"。[①]

陶行知所提倡的普及教育是从中国的实际出发的,他主张用穷办法普及穷人所需要的"粗茶淡饭的教育",指出只依靠学校进行普及教育是不够的,要在校外创造出一种较为自然的组织来补救。同时,他又提出,普及教育必须要有三个条件:一要省钱,二要省时,三要通俗。他推动了"科学下嫁运动",创办"空中学校",实行"小先生制"等推行普及教育的途径与方法,特别是把普及教育与控制人口结合起来的思想具有超前性。

三、幼稚教育思想

陶行知十分重视幼稚教育,从事过幼稚教育实践,先后参与创办过多所幼稚园,撰写过《创造乡村幼稚园宣言书》《幼稚园之新大陆》《如何使幼稚教育普及》等多篇幼稚园论文,具有丰富的儿童教育思想。

(一) 幼稚教育为根本之根本

陶行知认为:"教人要从小教起。幼儿比如幼苗,必须培养得宜,方能发荣滋长。否则,幼年受了损伤,即不夭折也难成才。所以,小学教育是建国之根本,幼稚教育尤为根本之根本。"[②]针对中国社会一般都忽视幼稚教育的状况,他认为,"必须唤醒国人明白幼年的生活是最重要的生活,幼年的教育是最重要的教育"。由此他提出,不仅"小学教育应当普及,幼稚教育也应当普及"[③]。

当时,他亲自参与创办乡村幼稚园,期望在乡村普及幼稚教育。应当说,这种思想在当时的条件下是很难实现的,却是超前的。

(二) 创造"中国的""省钱的""平民的"幼稚园

陶行知认为,当时我国幼稚教育的模式是从西方引进的,存在着"外国病""花钱病""贵族病"等三大病症,即:盲目模仿,一味抄袭外国幼稚教育模式;费用太高,难以推广;幼稚园大多招收贵族人家儿童,与平民家庭儿童无缘。于是,幼稚园成了富贵人家和伪知识阶层人家儿童在国内享

① 陶行知. 陶行知文集[M]. 南京:江苏人民出版社,1981:414.
② 陶行知. 陶行知全集:第 1 卷[M]. 长沙:湖南教育出版社,1984:136.
③ 陶行知. 陶行知全集:第 1 卷[M]. 长沙:湖南教育出版社,1984:136.

受洋化幼稚教育的专利品，失去了造就新型共和国民的价值。

陶行知强调，必须根除这三大病症，办"中国的""省钱的""平民的"幼儿教育。因此，必须下决心把"外国的"幼稚园化成"中国的"幼稚园，把"费钱的"幼稚园化成"省钱的"幼稚园，把"富贵的"幼稚园化成"平民的"幼稚园。也就是说，幼稚教育应当力求适合中国国情，因地制宜，充分运用眼前的或中国已有的音乐、诗歌、故事、玩具以及自然事物来开展幼儿教育；依据周围社会和家庭所能提供的经济条件，尽量少花钱多办事、办好事，以利于在平民社会中普及幼稚教育；坚持教育平等原则，把幼稚教育变成国家全体儿童的共享品，让平民阶层特别是劳苦大众的孩子有接受幼稚教育的机会和权利。基于这些认识，陶行知强调幼稚园必须下乡、下厂，向工农子女普及。

陶行知的这些思想不只在当时而且在今天也非常宝贵。陶行知关于创办中国的、省钱的、平民的幼儿教育的思想值得借鉴。

（三）幼稚教育的原则

陶行知认为，实施幼稚教育时，一要尊重儿童，二要解放儿童，三要重视儿童的作用。

尊重儿童，不仅是指不压抑他们的兴趣、个性、才能，而且要帮助儿童成长。尊重儿童的前提是了解儿童。首先，幼教工作者应当"以赤子之心"去了解儿童身心发展的特点，了解儿童的兴趣、愿望和要求，了解儿童的生理和心理，认识和发现儿童的生活、力量和创造力，充分认识儿童的发展潜力。其次，幼教工作者要尊重儿童的人权，把儿童作为有人格尊严、独立个性的人来看待，要与儿童交朋友。

解放儿童是指把儿童从成人的束缚中解放出来。为此，陶行知提出了"六大解放"，即解放儿童的头脑、双手、眼睛、嘴、空间、时间。让儿童独立思考、亲手去做、亲眼观察、大胆说话、广泛接触、自由发挥，发掘儿童的潜力，发展他们的创造力。

重视儿童的作用，就是要真正视儿童为一种重要的教育力量，发挥其作为教育主体的创造作用。对儿童在教育中的角色，陶行知提出了自己全新的认识。他认为，儿童不仅是老师的学生，在某种意义上也是老师的先生。这种思想既是现代教育平等民主思想的体现，也是对中国传统教学相长思想的继承。

四、师范教育思想

陶行知非常重视师范教育，他不仅注意到师范教育对发展教育事业本身的作用，而且从中国的实际情况出发，把师范教育放到挽救贫穷落后的民族，改造旧的社会，创立新的国家的高度上去认识，把师范教育同国家命运和民族前途紧密联系起来。他认为师范教育关系着国家的前途与命运，是"国家所托命"，"可以兴邦，也可以促国之亡"。

陶行知为了给人民大众办教育，宁可不当大学教授，到乡下去办晓庄师范学校，为发展农村教育培养乡村教师，他号召从事乡村教育的同志要向农民"烧心香"，把心献给农民大众，解放劳苦大众，担负起改造旧社会的使命。创造一个独立、富强、民主的新国家，既是陶行知对教师作用的高度概括，也是他生活的信条。正是这颗赤诚心，召唤陶行知用自己的信念、行为唤起千万个教师的心，点燃改造社会的火种，让他们一起实践人生的信条，成为"改造乡村生活的灵魂"。陶行知针对当时中国师范教育脱离实际等弊端提出了"活的师范教育"的主旨精神。他认为，"中国今日教育最急切的问题,是旧师范教育之如何改造,新师范教育之如何建设"①。他怀着一种责任感和使命感,为民造福、为国造福,一生为改造旧的师范教育而辛勤耕耘,艰苦探索。如他所述:"从前曾经为师范教育努力,现在正是为师范教育努力,以后仍是继续为师范教育努力。"②

在教育制度上,陶行知主张师范教育要从实际出发,适合中国的国情。要按照教育界的需要培养人才,建立我国特有的师范教育体制。他认为:"教育界所需要的人才可分四种:一是教育行政人员,二是各种指导员,三是各种学校校长和职员,四是各种教员。"③正是因为"教育行政办学指导人员之不得相当的培养",才造成了"中国学务不发达"。为了解决这个问题,陶行知提出了"广义师范教育"的主张。"广义师范教育"的基本内容是:"凡是教育界需要的人才都应受相当的培养。"1922年,他在《新学制与师范教育》一文中提出了师范教育的三条原则,可视为"广义师范教育"的注释:一是教育界要什么人才就该培养什么人才;二是教育界各种人才要什么,就该教他什么;三是谁在那里就谁教。④

陶行知对旧师范学校在培养目标上的弊端进行了揭露,他认为,旧师范学校的弊端都是脱离师范教育实际、脱离社会生活、无视师范特点、抹杀师范学校本质特征的。他强调,师范大学学生与普通大学或综合大学学生在要求德智体全面发展、培养生活能力上是相同的,这是共性、普遍性;但在突出"师范性"方面又与普通大学或综合大学不同,这是师范学校在培养目标上的个性、特殊性。因此,陶行知指出,在师范学校培养目标上,首先要全面发展,其次要突出"师范性"。

陶行知探索了乡村师范教育的新模式——晓庄师范学校,无论在培养目标、课程设置、教学方法、学生管理等方面都是崭新的,其中如"艺友制师范教育"的创见,乃是鉴于一般师范教育中学理论与实习的分离和各行各业师徒制的实效而提出的教师培养的有效模式。他主张通过与有经验的教师交朋友、当助手,在观摩、体验、实践中加快农村教师的培养。这些见解都是有启发意义的。

五、创造教育思想

陶行知是中国教育史上为数不多的明确提倡开展创造教育的教育家。他十分重视创造教育,不仅撰写了《创造宣言》《创造的儿童教育》和《创造的社会教育论纲》等创造教育专论,而且其大多数教育论著都涉及创造教育尤其是儿童的创造能力培养问题。他在《育才三方针》中规定以"向着创造生活前进"为核心,⑤在致育才学校全体师生的《最后一封信》中又以"为科学创造而学习"与大家共勉;⑥他创办重庆社会大学,强调创造新世界是其"主要的功课","社会大学之道"首先要使学生知道人的四大品德:觉悟、联合、解放和创造。⑦ 由此可见,创造教育思想在陶行知的教育思想中占据非常重要的地位。

① 陶行知.陶行知全集:第1卷[M].长沙:湖南教育出版社,1984:651.
② 王凌皓.中国教育史纲要[M].北京:人民教育出版社,2005:320.
③ 陶行知.陶行知全集:第1卷[M].长沙:湖南教育出版社,1984:215.
④ 陶行知.新学制与师范教育[J].新教育,1922:70-78.
⑤ 陶行知.陶行知教育论著选[M].北京:人民教育出版社,1991:588.
⑥ 陶行知.陶行知教育论著选[M].北京:人民教育出版社,1991:649.
⑦ 陶行知.陶行知教育论著选[M].北京:人民教育出版社,1991:630.

（一）创造教育的目标

陶行知认为,创造教育就是以生活为教育、以社会为学校、学校和社会打成一片的教育。他指出:"行动是老子,思想是儿子,创造是孙子。"[1]"做的最高境界就是创造。"[2]创造的目的是建设新中国、新世界。延伸到教育上就是,"'行动'是中国教育的开始,'创造'是中国教育的完成"[3]。就创造教育方法而言,"手和脑一块儿干是创造教育的开始,手脑双全是创造教育的目的。"[4]陶行知认为,创造教育的理想和目标有二。第一,创造教育的社会目标是要为"老百姓造福利",为"整个国家民族谋幸福",为"整个人类谋利益"。[5]第二,创造教育的个体目标是要培养出具有真善美人格和创造力的人,陶行知称这种人为"活人"。

为了实现创造教育这种崇高远大的理想和目标,陶行知强调必须培养学生的创造能力。他认为,人的创造能力由以下几种能力组成:"治学"能力,即自动、自学和自得的学习能力;思维能力或认识能力,即观察、分析、综合、推理和判断能力;"治事"能力,即手脑并用、能言能行、善待他人、办实事的能力。他特别强调治事能力的培养。他认为,改造社会和改造自然都需要集中团体、民众的创造能力。这就要求必须善于待人办事,因而治事能力是更好地发挥个体创造能力的前提。旧式书生往往缺乏治事能力,而这种能力应当成为新型人才的核心素质。所以,他认为创造教育必须以"做"即实践为基础。

（二）创造教育的"六大解放"

陶行知认为,"儿童是新时代的创造者",应当解放和培养而不是压抑甚至摧残儿童的创造力,因此创造教育必须从儿童抓起。为了培养儿童的创造能力,他专门撰写了《创造的儿童教育》和《民主教育》等文章,提出儿童创造教育需要做到"六大解放"。（1）解放儿童的眼睛,就是让学生多观察现实社会,多了解社会现实生活,才能发现新情况、新问题。（2）解放儿童的头脑,"撕掉精神的裹头布,使大家想得通",使学生的头脑从迷信、盲从、成见、曲解、幻想中摆脱出来,大胆想象,大胆思考,大胆探索,独立思考,让创造性思想"突围出来"。（3）解放儿童的双手,即让儿童亲自动手操作,参与实践,而不像传统教育那样不许儿童动手,动手就打手心。他主张家长和教师都应向爱迪生的母亲学习,让孩子有动手的机会。（4）解放儿童的嘴巴,即鼓励儿童大胆开口说话。他批评中国的家长和教师一般不喜欢孩子提问题,不允许小孩子多说话,压抑了孩子的问题意识,阻碍了孩子创造力的发展。儿童有了言论自由特别是问的自由,才能自由地"对宇宙发问"、对万物发问,才能充分培养他的表达和思维能力。（5）解放儿童的空间,即让儿童接触大自然和社会现实,拓展学习范围。在陶行知看来,从前的学校完全是一个鸟笼,改良的学校也是一个放大的鸟笼,孩子就像困在笼中的小鸟,被束缚在狭窄的空间里不能自由地飞翔。他主张"打开鸟笼让鸟飞",把儿童从封闭的学校范围亦即鸟笼中解放出来,"与万物为友",因为"创造需要广博的基础",打破传统校园封闭状况,解放了学习活动空间,才能搜集丰富的资料,扩大认识的视野,也才能发挥出个体内在无限的创造力。（6）解放儿童的时间,即要求成人尽可能把时间留给儿童,使其有时间玩、想、说和做。他坚决反对传统教育一味地让学生"作业""督课""赶考"

---

① 陶行知.陶行知教育论著选[M].北京:人民教育出版社,1991:383.
② 陶行知.陶行知教育论著选[M].北京:人民教育出版社,1991:385.
③ 陶行知.陶行知教育论著选[M].北京:人民教育出版社 1991:389.
④ 陶行知.陶行知教育论著选[M].北京:人民教育出版社 1991:383.
⑤ 陶行知.陶行知教育论著选[M].北京:人民教育出版社 1991:592.

等,使学生没有时间去玩、去想、去说和去做,从而失去了学习人生、做事和创造的欲望和机会,同时也失去了身心的健康乃至忘记了对国家、民族和人类的责任。

陶行知认为,有了这六大解放,创造力才可以尽量发挥出来。陶行知的创造教育思想及其实践至今仍不失其宝贵价值。当今社会,迫切需要教育培养创造型人才,陶行知的创造教育思想无疑值得借鉴。

第四节 晏阳初的教育思想

晏阳初是中国现代著名的教育家,世界平民教育运动与乡村改造运动的倡导者。他毕生从事平民教育运动,在 70 年的教育实践中,逐步形成了一套完整的平民教育理论,在海内外产生了重大影响,被誉为"世界平民教育运动之父"。

晏阳初(1890—1990),本名兴复,字阳初,取旭日东升之意,出生于四川省的一个书香世家,其父为塾师兼乡医。5 岁入塾馆习读"四书""五经"等传统科目,接受系统的儒家文化熏陶。10 岁入保宁府(今近四川省阆中市)教会学堂学习数学、物理、地理、英语等新学,同时接触到基督教文化并接受洗礼加入基督教。17 岁升入成都华美高等学堂,并与英国传教士史梯瓦特合创"辅仁学社"。

1916 年夏考入美国耶鲁大学政治经济系。1918 年毕业后赴法国为在欧洲战场上做苦工的华工服务,目睹华工不识字之苦,搜集常用汉字编成《千字课本》,开办华工识字班,创办《华工周报》。晏阳初的识字教育运动在华工中产生了很大的影响,各地的中国留学生纷纷仿效推行。他领导的平民教育运动就这样在异国的土地上发轫了,这也是晏阳初一生从事教育事业的开端。

1920 年 7 月,获普林斯顿大学历史学硕士学位。1923 年 8 月,中华平民教育促进总会成立,晏阳初任总干事,从此积极致力于平民教育运动。从 1924 年起,晏阳初在直隶保定道、宛平县、获鹿县、京兆区开展乡村平民教育的实验,取得了较大成绩并获得了宝贵的经验。

1943 年 5 月,晏阳初应邀出席在美国纽约举行的哥白尼逝世四百周年纪念大会,并与爱因斯坦、杜威等十名学者一同被授予"现代世界具革命性贡献的伟人"称号。他是获得这一称号的唯一东方人。

1949 年 11 月,晏阳初离开重庆,后定居美国,致力于国际平民教育运动。他先后到菲律宾、印度、墨西哥、泰国、巴基斯坦等国家访问,指导各国平民教育运动,将他在中国定县开展平民教育和乡村建设的经验介绍、推广、应用到这些国家,受到有关国家和人民的欢迎。

改革开放以后,晏阳初应我国政府之邀于 1985 年、1987 年两次回国访问,受到党和国家领导人的热情接待。1990 年晏阳初辞世于纽约,享年 100 岁。

一、平民教育的性质与地位

晏阳初认为,平民教育是中国社会独创的一种教育体系,它不是以慈善为怀、施米施粥的"贫民教育";不是为少数人所专有的"阶级教育";不是欧美式的"成人补习教育";也不是"社会教育"的别称;而是培养国民元气,改进国民生活,巩固国家基础,为全民所有的一种新兴教育。它既不仿古,也不仿欧美,而是一种空前的具有中国特色的教育运动与教育革命。

1924 年以前,晏阳初与中华平民教育促进总会的工作重点是城市平民、士兵、妇女的识字教育。后来他们认识到中国是个以农业立国的国家,85％以上的人口居住在农村,平民的绝大多数是农民,不顾及农民的平民教育算不上是完整的平民教育。为此,平民教育运动由以城市为重点转向以农村为重点。以后,经过 1924—1929 年的实验与社会调查,晏阳初对中国社会问题与平民教育的性质、地位有了进一步的认识。1929 年,中华平民教育促进总会迁往河北省定县,开始了在定县开展实验的新时期。平民教育运动也完成了由识字运动到乡村建设的战略转移。晏阳初在《十年来的中国乡村建设》中总结说:由于外来势力的入侵与封建传统的压迫,中国整个国家陷入不宁和纷乱的状态,而受祸最烈的莫若乡村。乡村社会的破产与广大农民的衰老、钝滞、麻木和种种退化现象,就使社会面临着一个"人"及其生活基础的改造问题。中国"人"的基础是农民,中国人生活的基础在乡村,所以结果也就逼上了乡村建设的一条路。[①] 在这种情况下,平民教育如果还仅仅停留在教农民认识文字,而不去提高他们的觉悟,不激发他们改造社会、改造生活的信心,不给予他们使用工具的机会,那么平民教育对于农民与农村是毫无意义的。

晏阳初高度评价教育的作用,认为在社会不良制度未改变之前,教育能够负起支配国家前途、改造社会的责任。这种观点反映了关心国家命运的爱国知识分子救亡图存的一种社会理想。他认识到中国农村问题的严重性,无私地献身于规模空前的平民教育与乡村建设运动,为中国教育的现代化进程进行了可贵的探索。他倡导知识分子走出象牙塔,回到民间与贫苦农民生活在一起的做法,是对中国传统教育的一种革命。

二、平民教育的宗旨与使命

1923 年,中华平民教育促进总会成立,宣布以"除文盲,做新民"为其根本宗旨。晏阳初认识到,20 世纪的世界是民族知识的战场。中国虽号称有四万万人民,但其中三万万以上是文盲。以这样目不识丁的民族与那饱受教育的民族相竞争,自然是盲人斗不过明眼人。为了使民族能生存于知识竞争的世界,并对世界文化做出新的贡献,只有本着愚公移山的精神,尽心竭力于平民教育为天职。

"除文盲"是整个平民教育的基础工作,它以人人识字,人人取得基本教育为目标。"做新民"则是平民教育的最高目标,旨在培养适应 20 世纪中国所需要的具有知识力、生产力、公德心及健康体魄的"完整的人"。

当平民教育转入乡村建设新阶段之后,晏阳初强调:"中国的农村运动的使命,就是耸着巨大的铁肩,担着'民族再造'的重大使命。"它"对于民族的衰老,要培养他的新生命;对于民族的堕落,要振拔他的新人格;对于民族的涣散,要促成他的新团结新组织。"[②]

实现"民族再造"的使命要依靠教育来完成。那么什么样的教育能承担这一重任呢? 中国式的古董教育、西洋式的舶来教育,只能促成民族自杀、民族速死的悲惨结果。只有"实验的改造民族生活的教育",才能肩负民族再造的历史使命。这种教育以"教育即生命""教育即生活"为原则,要求教者与学者都到实际生活中历练,要去创造生活,改造生活。在改造生活的实验中培养民族的新生命,振拔民族的新人格。要深入乡间,在农民实际的生活里去找问题、找材料、求方法来研究实验,而不能待在大都市里、蹲在图书馆里讲农村教育。他指出,脱离了农村实际的农村

---

① 晏阳初. 晏阳初教育论著选[M]. 北京:人民教育出版社,1993:188.

② 晏阳初. 晏阳初教育论著选[M]. 北京:人民教育出版社,1993:60.

教育等于闭门造车,隔靴搔痒。

晏阳初认为,"今日中国,危亡已迫于眉睫,今日所应施之教育为最低限度最基本必不可少者之救亡图存之教育"[①]。他认为最急需最迫切的教育有三个方面。第一,培养知识力,最低限度培养农民的民族意识与国家观念。第二,培养科学的生产力,更换那些老农、老圃的旧习惯、旧技术,使他们明白人定胜天、一切均可自己创造的道理,养成自给自养的能力。第三,培养组织力,克服自私散漫,养成纪律生活,做到自卫自保。[②] 为了培养以上三种能力,要周密规划目标、计划与策略。农村教育的方式应有别于儿童教育:儿童教育是国家的基础教育,宜采用培养的方式;农村教育则应采用开导的方式,从旁给予一种助力,以此达到开发他们自身蕴藏的无穷创造力的目的。

1934 年 10 月,全国乡村工作第二次讨论会在河北定县召开。在会上,晏阳初发表了《农村运动的使命及其实现的方法与步骤》,又作了题为"乡村运动成功的基本条件"的报告。他强调了以下几个方面的内容:(1)乡村建设运动的目标是"选人"。人的"原料"在农村,青年农民是推动乡村工作的中心力量。锻炼改造他们,唤起他们的自觉与自强,任何困难都不足畏。(2)要从学术研究上解决工作方法,要在实际生活中用血汗去体验认识,一点一滴地由实地去创造,解决中国问题的方法要从"干"中得来。(3)"民族再造"的运动包含着改造民族文化和民族生活两个方面,其使命之大,不是少数人能干得了的。改造乡村固然要以农村人民特别是农村青年为主力,同时也需要大批有知识、有眼光、有新方法、有新技术的专家、知识分子与他们结合起来。各地从事农村工作的人应当联合起来,有计划地进行研究实验,训练人才,表证推广。只有这样,乡村建设才能取得成功。

三、平民教育的内容——四大教育

晏阳初认为,农村建设的工作必须有具体的方案,具体的方案必须以事实为根据,必须依靠系统地精确调查。所以,当 1926 年中华平民教育促进总会在定县开始实验时,他首先把社会调查作为一项重要工作,希望站在平民教育运动的立场上,通过有系统的合乎科学方法的实地调查,摸清县内的历史、地理、交通、经济、政治、教育、民俗、户籍、人口、农业等一切情况。根据发现的问题,研究制订出一套以县为单位的教育与建设结合的原则、方法、技术与制度。1929 年,晏阳初与中华平民教育促进总会将全部力量投入定县,开始了一场引人注目的以整个县为单位的、以全面的乡村建设为目标的教育实验运动。1933 年中华平民教育促进总会出版了《定县社会概况调查》。

通过调查研究,晏阳初认为,农村的问题千头万绪,但最基本的问题可以用"愚""穷""弱""私"这四个字概括。所谓"愚",是指中国大多数人民缺乏知识,有 80% 的人是目不识丁的文盲;所谓"穷",是指大多数的人民生活极端贫困,人们在生与死的夹缝里挣扎;所谓"弱",是指大多数人民身患疾病,根本谈不到科学治疗与公共卫生;所谓"私",是指大多数人民不能团结,不能合作,缺乏道德陶冶与公民训练。晏阳初认为要从根本上解决这个基本问题,必须进行四种教育,即文艺教育、生计教育、卫生教育、公民教育。以文艺教育救愚,以生计教育救穷,以卫生教育救

---

① 晏阳初. 中国农村教育与农村建设问题[J]. 民间,1935(23),19-20.
② 晏阳初. 中国农村教育与农村建设问题[J]. 民间,1935(23),19-20.

弱,以公民教育救私,使中国人特别是绝大多数的农民成为富有知识力、生产力、强健力与团结力的创建新中国的新民。他认为,推行具有"四大教育"的平民教育是"救国救民的唯一办法"。[①]

(一) 文艺教育

文艺教育包括平民文字和艺术教育两个方面,从文字和艺术教育着手,使人民认识基本文字,得到求知识的工具,获得基础知识。文艺教育的范围包括研究文字、开办学校、编写教材、讨论教学方法、确立乡村教育制度等。其目的和意义在于使平民运用传递知识的工具,促进平民文化生活,使平民对于自然环境和社会生活有相当的了解和欣赏,形成知识力,适应复杂的现代社会生活。文艺教育就是以文字和艺术为工具,培养农民的文化兴趣,使他们能在欣赏文艺时看到民族精神的伟大与无限的前途。更重要的是使之能获得现代科学技术知识,适应现代社会生活。文艺教育的首要工作是除净青年文盲,将农村优秀青年组成同志会,使他们成为农村建设的中坚分子。

文字方面,他们研究编制了通用字表(3200 字)、基本字表(1320 字)、词表(包括平民用词、新民用词);编辑出版了三种千字课本(分别供市民、农民、士兵用);推行简化字,编辑出版发行了《平民读物》《农民报》;还采集选编了秧歌、鼓词、歌谣、谚语、谜语等民间文艺。艺术方面,采取图画、挂图、音乐、幻灯片、无线电广播和戏剧等形式,利用传统艺术对农民进行宣传教育,他们还自制了各种乐器。无线电广播是普及社会教育的有效工具,但在当时却只是都市人的玩物,与乡村农民无缘。晏阳初及其同仁痛感中国广播事业的落后,决心开辟无线电广播教育研究,使之走入农村。他们在建立广播电台,广播内容主要为日用常识、科学小常识及时事新闻等,切合农村实际,通俗易懂,深受农民欢迎。晏阳初还聘请哈佛大学文学硕士熊佛西主持农村戏剧工作,组织农民剧团,编写农村剧本,兴建了两座露天圆形剧场。农民自编自演,丰富了文化生活,取得了良好的社会文化教育效果。

(二) 生计教育

生计教育旨在攻"穷",培养农民的生产力。晏阳初认为,中国绝大多数人尤其是农民普遍依靠经验而不是科学技术进行生产活动,普遍缺乏从事现代生产活动所需的知识和技术,从而生产力低下、经济落后、生活贫困,挣扎在生与死的夹缝中。要使人民消除贫困过上富足的生活,必须提高生产效率,也就必须提高人民的"生产力"。要提高人民的"生产力",必然依靠教育。生计教育的目的,就是要使"人人具备生产的技能,造就能自立的国民"[②]。就农民而言,就是要从农业生产、农村经济、农村工艺等方面入手,向农民普及科学生产的知识和技术,改善其生计状态,提高其经济生活。在农业生产方面,训练农民能接受最低限度的现代农业知识与技术,如选种、园艺、畜牧等,使他们应用农业科学提高生产。在农村经济方面,利用合作方式教育农民,组织自助社、合作社、联合会等,使农民在"破产"的情况下能得到相当的补助。在农村工艺方面,除改良农民手工业之外,提倡其他副业,增加经济收入。

生计教育的具体做法有三点,一是加强农业科学的研究,二是组织生计巡回训练实验学校,推广农业科学,三是建立农村合作组织制度。生计训练分为生计巡回训练、表证农家和推广训练三个程序。尤为值得一提的是表证农家。"表证"就是由受过培训的农民即"农民学人"公开表

① 晏阳初.晏阳初全集:第 1 卷[M].长沙:湖南教育出版社,1989:175.
② 华东师范大学教育系.中国现代教育文选[M].北京:人民教育出版社,1989:369.

演,证明某一成功的实际效应,让更多的农民从中看到科学技术的力量,从而自行要求效仿。由于表证农家是"试验场和农民间的车轨",是"农业改进的干部领袖",因此,挑选表证农家的条件非常严格,规定要生计训练学校毕业,在乡村有相当地位,热爱农事改良,具有领导能力,家境富裕的农民才可以胜任。经过表证,取得确实可靠的成绩,经鉴定有推广之必要,才向一般农民推广。这对于普及和运用农业科学技术,提高农业生产起到了积极的推动作用。晏阳初认为这是农业推广的新发现,是中国农业改进的康庄大道。

(三)卫生教育

卫生教育旨在攻"弱",培养人民的强健力,即普及卫生知识,重视预防疾病,注重妇婴工作,提倡节制生育,养成卫生习惯,培养农民"强健力",提高农民健康水平,使人人成为强健的国民。晏阳初及其同仁根据现代农村医药卫生条件及农民经济状况,将卫生教育分为实施卫生教育和创建卫生保健制度两个方面来开展。

实施卫生教育分为三个方面:预防、治疗、训练。预防注重环境卫生、防止疾病、增进营养,提倡体育及增进健康的娱乐;治疗包括医院治疗、分区治疗、巡回治疗、农村急救等;训练包括开设卫生视导员、卫生调查员、临床护士、接生婆等训练班,培养农村急需的卫生人才。晏阳初认为,培养农民的"强健力"要根据不同年龄的人的体质情况进行:对老年人,主要培养他们的自我保健能力、环境管理能力;对中壮年,主要培养他们的"健康力",让他们掌握生理卫生和救护的相关知识,培养他们对环境的再生产能力;对青少年,主要培养他们坚持体育锻炼和增强体质的精神,使他们热爱劳动、保护环境、掌握体育卫生的基本知识。

创建卫生保健制度的具体做法是:村设保健员,区设保健所,县设保健院,形成一个自下而上的适合农民需要的保健体系。保健员由受过专门训练的平民学校毕业生同学会会员担任,他们带着保健思想到农民家里巡诊,使农民有病能够及时得到科学的医治,保证最低限度的健康。这是中国第一个以县为单位的保健制度,有利于农村缺医少药、农民有病得不到医治等问题的解决。这一制度的实施,在国内外都产生了深远影响,后来得到大力推广。定县也被认为是一个理想的公共卫生实验研究中心。

(四)公民教育

公民教育旨在攻"私",培养人民的团结力,即使一定范围内受过国民教育的青年和成人,授之以必要的社会知识、道德、技能,养成平民的公共心与合作精神,从根本上训练其团结力,以提高其道德生活和团体生活水平。

公民教育的内容包括国族精神研究、农村自治研究和公民知识教育。所谓"国族精神"是"国族各个人的大生命的活动影响于国家成仁取义的不朽精神",是"国家与社会一切破坏与建设的原动力"。晏阳初说,国族精神研究就是"以发扬国族精神,选择志士仁人之事迹,作系统的研究为目标"[①]。在陈筑山的主持下,公民教育部编辑了一套弘扬国族精神读物《历史图说》以对平民学校的学生进行爱国主义教育。农村自治研究"以研究村自治之内容与组织,并训练村自治基本人才为目标"。公民知识教育一为公民道德,重合群爱祖国,继承发扬中华民族的优良传统;二为公民知识,即作为民主国家的公民应有的政治常识以及在人类普遍共有的良心的基础上的判断力和正义心。公民教育最终目的是使农民具有最低限度的公民常识,发展团结力量,启发民族觉

① 晏阳初. 晏阳初教育论著选[M]. 北京:人民教育出版社,1993:92.

悟,训练自治能力,培养法治精神。

(五)"四大教育"的关系

晏阳初强调,"四大教育"是"连锁的,不是孤立的。要培养人民的知识力,就不能不培养其生产力、健康力和团结力。这四种东西是相依为命的,不是单调植入所能达到目的的。"[①]其中,文艺教育是基础,必须是人人认识最低限度的中国文字,然后才可以接受生活所需的其他方面必不可少的知识教育;生计教育是关键,它通过科技知识、增强农民的生产能力发展经济,逐步摆脱贫困;公民教育是根本,它使每个人了解个人与社会的关系,发扬公共心和团结力,唤醒人民的公民意识。

在晏阳初的"四大教育"中,处处贯穿着科学教育思想。他认定科学是解决中国农民"愚""穷""弱""私"的有力武器。文艺教育以宣传科学知识为主,《平民读物》的内容为自然科学、社会科学和应用科学各占三分之一;生计教育和卫生教育就是要传授给农民科学知识;公民教育也是在科学思想的指导下进行的。晏阳初注重运用现代教育手段开展四大教育,如无线电广播、电影等,激发了农民的兴趣,取得了显著效果。他认为,向农民普及科学知识,必须贯彻"科学简化"原则,只有将科学技术知识简明扼要地传授给农民,才能使他们在文化知识储备不足的情况下,接受并付诸实践。只有这样,才能实现"农民科学化"。

另一方面,唤醒民族的新生命,振拔民族的新人格,必须促进科学与农民结合,实行"科学下乡"。在他的倡导和带动下,大批的知识分子抛弃在城市的优厚条件来到定县农村,与农民一起生活工作,向他们传授科学技术知识,形成了一场轰轰烈烈的"博士下乡运动"。当时,晏阳初与清华大学、燕京大学、协和医学院等合作,这些学校的学生经常到定县实习,开创了中国大学生在毕业前到农村基层实习的先例,在中国现代教育史上产生了重大影响。

四、平民教育的途径——三大方式

晏阳初提出,"四大教育"应当以学校式、社会式和家庭式三种途径进行。

(一)学校式

学校式教育是指平民学校和"统一的村学"所实施的教育,以青年为主要对象,是"四大教育"的总枢纽。

平民学校分为初级与高级两种。初级平民学校是以识字为主,主要是为青年掌握读、写、说的基本能力而设的。教学内容主要是"四大教育",采用导生传习制,利用业余时间进行教学,课本为《农民千字文》。高级平民学校是为初级平民学校毕业生提高而非升学所设,课程设置以提高"四大教育"的知识能力为旨趣,目的是培养执行建设计划的村长,特别是同学会会长。

"统一学校"是对初级小学年龄阶段的儿童进行的教育。小学课程按照文化、经济、卫生和政治四方面的建设计划来设置。还设有生计巡回学校以便训练农民获得农业生产的知识和技艺。按一年的节令为序分别进行植物生产、动物生产、农村工艺及合作训练,以成绩优良的农家为榜样,进行示范引导。

学校式教育采用导生制,是一种学生教学生,学生领导学生的教育方法,它脱胎于陶行知的"小先生制",目的是要以最经济、最迅速、有计划、有组织的方法来普及大众教育。这在师资缺乏

---

① 　晏阳初. 晏阳初文集[M]. 北京:教育科学出版社,1989:223.

的条件下,是一种颇为有效的教育方法。

(二) 社会式

社会式教育是向一般群众及有组织的农民团体实施教育的一种方式。因为成人年龄已长,事务较多,记忆薄弱,只能施以社会式教育。社会式教育是青年农民在平民学校毕业后继续接受教育的一种形式。因为对平民学校毕业的学生,如果置之不理,其所学本来不多,日久定会荒废,以致前功尽弃。

民校毕业生同学会是社会式教育的中心组织,"四大教育"仍然是社会式教育的主要内容,以讲演、表演及其他直观教育方法为主,注重团体的共同教学,同时发行《农民报》,举办图书担下乡,展出巡回文库,举行村民联欢会,组织读书会、演讲比赛等各种文体竞赛活动,方法灵活、形式多样。

(三) 家庭式

家庭式教育是将各个家庭中不同地位的成员用横向联系的方法组织起来进行教育的一种方式。在平民教育会看来,家庭在中国社会尤其在农村社会里,占有极其重要的地位,农村青少年在家庭中活动的时间最长。家庭式教育多与社会式教育、学校式教育联合进行。家庭式教育可以帮助解决家庭与学校之间的矛盾,减少年长妇女对青年妇女和儿童参加教育时的阻挠或反对。

家庭式教育主要通过家主会、主妇会、少年会、闺女会、幼童会等组织形式进行,内容仍是"四大教育",教育内容多为儿童教育、经济合作教育、家庭卫生及家庭道德教育等,强调每个家庭对其成员进行公民道德训练、卫生习惯、儿童保护、家庭预算、家庭管理、妇女保健、生育节制等方面的教育。目的是使家庭中的男女老幼都能得到相应的教育,从而成为有知识、有文化的"新民"。

晏阳初的"四大教育"及"三大方式"实现了平民教育的立体化和网络化。它不仅使平民教育内容与农民生活需要融为一体,而且突破了学校的观念,将平民教育的课堂延伸到整个社会,使理论与实践紧密结合起来。科学知识开始走进农村千家万户,逐渐为农民所掌握,成为他们生产的有力工具。

在中国教育史上,晏阳初领导了一场影响广泛的平民教育运动,进行了一场企图使中国农村汇入现代文明的有益尝试。他试图从教育的立场出发实现农村的现代化,进而达到"民族再造"的目的,其精神可钦可佩。

今天中国的农村教育已经远不是当年晏阳初等人所从事的平民教育。但是晏阳初的教育观对我们仍有一定启发,"四大教育""三大方式"对于深化农村教育改革,推进农村教育发展仍具有借鉴价值。

第五节　梁漱溟的教育思想

梁漱溟是我国 20 世纪二三十年代乡村教育思潮及其实践运动的又一重要代表人物,中国现代著名的思想家、教育家和社会活动家,爱国民主人士。他博学多识,对东西方传统文化有深入研究,特别是在儒、佛两家文化的研究上可谓"泰斗"级的人物,现代新儒学的早期代表人物之一,被称为"中国最后的儒家"。

梁漱溟(1893—1988),原名焕鼎,字寿铭,后改为漱溟。蒙古族,原籍广西桂林,生于北京的官宦家庭。自幼接受中国传统文化教育,1906 年考入顺天中学堂,1911 年毕业并加入同盟会京津支部。随后在《民国报》任编辑及记者，开始以"漱溟"为笔名。1917—1924 年，应蔡元培之聘，到北京大学讲授印度哲学。1937 年，抗日战争全面爆发后，梁漱溟奔走各地，商议抗战及防务问题。1938 年访问延安，与毛泽东彻夜长谈。1946 年，任中国民主同盟秘书长，再访延安，和毛泽东等中国共产党的领袖商谈国是。1946 年 9 月，在重庆北碚成立勉仁国学专科学校。1947 年，辞去中国民主同盟秘书长的职务，退出中国民主同盟，专注于讲学和著述。

中华人民共和国成立后，梁漱溟历任中国人民政治协商会议全国委员会委员、常委、宪法修改委员会委员、中国孔子研究会顾问、中国文化书院院务委员会主席等职。1988 年，梁漱溟病逝于北京。

梁漱溟还是一位社会改造实践家和乡村教育改革家，对推动乡村建设与乡村教育不遗余力。由于乡农学校是其乡村建设和乡村教育的核心和基础，"乡农教育"是其突出特色，所以他的教育思想又被认为是乡村教育运动中的"乡农教育"。他在 20 世纪上半期的中国思想史、哲学史和教育史上有着重要的地位。

一、伦理本位，职业分途——乡村教育的社会文化基础

梁漱溟参加乡村建设运动并不算早，但他的乡村建设理论却颇有特色，这与他对中国社会的独特认识有关。这种认识建立在他从社会、人生的视角对教育的文化改造功能的审视以及中国传统文化的认识之上。梁漱溟认为，中国是一个"理性早启、文化早熟"的社会，自周朝始即有着不同于西方"个人本位、阶级对立"而是以家庭为核心的"伦理本位，职业分途"的社会构造，这种社会文化观成为他进行乡村建设及其教育改革试验的理论基础。

（一）伦理本位

所谓"伦理本位"，就是指整个社会各种关系都一概家庭化、伦理化，人与人之间一切都在伦理关系中相互联系起来，阶级的色彩不浓厚。与西方人无论在法制上、礼俗上处处体本位主义、一切从权利观念出发不同，中国社会中的各种关系一概都在伦理关系中，彼此互以对方为重，一个人似乎不为自己而存在，仿佛为他人而存在。这就使中国传统社会成了一种伦理本位的社会。

梁漱溟从社会、经济、政治三个方面具体分析了这种情况。（1）在社会方面，家庭在中国伦理本位的社会构造中具有重要意义。人生之美满非他，即此家庭关系之无缺憾；反之，人生之大不幸非他，也即于此种关系有缺憾。这与西方人不孤而孤、不独而独的风气形成鲜明对照。由家庭关系推广而成的家族、亲戚、乡党、师徒、朋友、同僚甚至君臣、官民，则比之于父子兄弟。所以中国社会秩序的维持，不像西方靠法律，而是靠伦理关系。（2）在经济方面，中国社会经济结构隐然有一种共产，但却视其伦理亲疏厚薄为准，愈亲厚愈要共，以次递减。同时亦要看财产的大小，财产愈大，将愈为多数人所共。具体表现为：夫妇父子乃至祖孙兄弟等有共财之义；兄弟乃至宗族间有分财之义；亲戚朋友间有通财之义。由于共财、分财、通财，人们在经济上皆彼此顾恤，互相负责，从而使生计问题在无形中得到许多保障。中国这种共财、分财、通财的伦理本位的经济，与西方那种父子夫妇异财的个人本位的经济大有区别。（3）在政治方面，中国人只知有君臣、官民相互的伦理关系，而不识国家团体关系。没有公法与私法、刑法与民法的区分，又比国家为大宗子，称地方官为父母官，举国家政治而亦家庭情谊化之。这和西方讲法治不讲人治的政治迥然不同。

然而，梁漱溟认为，伦理本位的中国也存在诸多不足之处。政治上，外无国际竞争，内以消极

为治,老百姓都很散漫;经济上,自己关门过日子,小农小工小商各自经营,也很零散;中国人没有宗教的团体生活,更使社会散漫。中国在这三个方面都缺乏集体生活,于是凸显出家庭关系,发达了伦理,并且中国人不是以伦理补救散漫,乃是有伦理所以成就了散漫。伦理关系虽然把人联系起来互相负责,却只是消极地有所保障,而非积极地有所进取,不同于多人联合向一共同目标积极进取的团体,故谓之散漫。因此要以西方的团体组织方式来补充。

梁漱溟对封建宗法关系对中国人生活的影响及家庭伦理道德的社会化均分析得入木三分,并且认识到建造新的团体组织的重要性。不过,他也认为,当时存在的问题是因旧的社会构造被破坏,新的结构尚未建立,中国古代以理性为核心的伦理本位的文化仍需恢复,只是得学习西方先进的科学技术和团体组织方式来补中国的不足。他主张,应当"以中国固有精神为主吸收西洋人的长处"来解决中西文化的冲突,特别是中国社会面临的许多政治、经济、文化问题。具体方法就是运用教育的文化改造功能来促进中西文化的结合,运用教育的社会改造功能来实现社会的改造。

(二)职业分途

所谓"职业分途",就是指社会上的士、农、工、商只是一行一行的职业。梁漱溟认为,在这种社会中,虽有贫富的差别,却不存在阶级的差别。西方文化的入侵使得中国的传统文化受到了极大冲击。在这种中西文化的交汇中,"伦理本位、职业分途"的传统文化受到新环境的影响失去原有的稳定和谐,从而导致中国社会组织的崩溃、政治的失能、民俗的衰变、经济的破产和学术思想的嬗变。所以他断言:"中国问题不是旁的问题,就是文化失调。"[①]

职业分途针对阶级对立而言。梁漱溟认为,西方中世纪时便有贵族与农奴的阶级对立,之后又出现了资本家与劳工的对立,中国却始终没有产生明显的阶级分野。在他看来,这是因为中国很早就土地自由买卖,人人得而有之;遗产均分,而非长子继承制;蒸汽机、电机未被发明,乃至较大机械亦无,于是经济上垄断不成,政治上的垄断也不能有;生产工作者各做各的工,各吃各的饭,只有一行一行不同的职业,没有两面对立的阶级。再从政治上说,中国不似西方中世纪政权垄断于贵族,而是很早就发明了官吏制度,并且官吏大抵是士人经考试而来。其职务既不世袭,又有年限规定,无论什么人只要读书都有机会考试为官。士人则与农工商并列为四民,禄以代耕,也不过是一项职业。故只有士农工商之分途,而无两阶级之对立。不过,这种情况仍使社会中人趋于分散而不团结,与阶级对抗使人趋于团结者恰好相反,士人念书做官固为一身一家之事,其为工为农为商者,亦无非靠一家大小来经营。一身一家各自奔前程,兴衰都是一身一家,由此辗转相传,总不出乎身家范围。国家观念无从而有。

(三)伦理本位、职业分途的相互关系及其影响

梁漱溟进而指出,中国伦理本位和职业分途的社会结构,存在着一种相互作用、相得益彰的关系。就职业分途影响伦理本位而言,主要表现于两个层面。第一层面,无土地、无资本垄断,而且从生产技术上看,小规模有其方便,大规模经济经营无甚必要,所以让社会上这些小农小工小商零零散散地各为生业,各自关门过日子。以家为生产单位,一家人天然地相依为命,其伦理关系也因此而益加巩固密切。第二层面,由于职业分途,士农工商各有前途所求,贫富贵贱升沉无定,因此有家世门祚盛衰等观念,或追念祖先,或期望儿孙,父诏其子,兄勉其弟,使人倍笃于益勤

---

① 梁漱溟. 梁漱溟全集:第 2 卷[M]. 济南:山东人民出版社,1989:164.

于业。

再从伦理本位影响职业分途而言,因伦理本位的经济、财产不属个人所有,而视其财产大小,为其伦理关系亲疏远近所得而共享之。这样,财产不易集中,阶级不易形成。同时,政权相对公开,许多人有机会参与其事,就更加减弱了经济上的垄断趋势,从而稳固了社会的职业分途。阶级统治不成,中国政治不能不伦理化。由政治伦理化,更使社会职业化,职业又有助于伦理。职业与伦理辗转相成,彼此扣合,其理无穷。

在梁漱溟看来,中国社会就不可能形成阶级,没有很强的外力推动也不可能再进入资本主义社会。资本主义是西洋路向的极致,到 20 世纪初即已走上末路,充分暴露了其弊害。中国文化虽遭破坏,但必将在不久的将来复兴并成为一种世界文化。梁漱溟认为,若要复兴中国文化并使之成为世界文化,一是应保存和建设中国古代以理性为核心的文化,二是要充分借用西方的科学技术和团体组织来补中国的不足,而这些只能从乡村建设以及乡村教育做起。

二、创造新文化,建设新乡村——乡村教育的作用

(一)解决中国社会问题的关键是创造新文化

梁漱溟早年曾参加同盟会投身辛亥革命。出于爱国之心,在寻找救国之路的过程中,为解决当时的社会问题他开始转向民众教育。这也影响到他对教育目标、作用及其途径的看法。梁漱溟认为,乡村建设即乡村民众教育,强调乡村建设最终须从乡村民众教育入手,特别注重乡村民众的教育及其内在精神品质的提升,强调文化的传承、延续与创造。

如前所言,梁漱溟偏重文化伦理的延续和改造,以教育包办社会进步,认为乡村是中国文化的根。梁漱溟指出,乡村所受的破坏尤其严重,所以乡村建设的第一层意义是救济乡村,但乡村建设的真正意义则是创造新文化。梁漱溟对教育的重视主要地落实在民众教育上,也即他所理解的乡村建设或社会教育。

梁漱溟认为,文化与教育都有广义狭义之分。狭义的文化单指社会意识形态,广义的文化则将一个社会的经济、宗教、政治、法律,乃至言语、衣食、家庭生活等都包括在内。换言之,广义的文化是一个民族生活的样法,一个社会过日子的方法。"所谓文化者,一切文物制度,礼俗习惯莫不属之。"①创造新文化即换一种新的生活的样法或过日子的方法。狭义的教育指学校教育,乃是把受教育者"从社会里面抽出来送进学校这一特别环境中,一面减少或避免许多不必要的刺激或坏的刺激,而集中许多必需的给他"。广义的教育是除学校教育外还包括家庭、社会生活。广义的教育是要培养"明人生而敦伦理"的能"自爱爱人、自新新民"的儒者和具有"平静通晓而有情"的心理、能担负"文化改造""民族复兴"重任的贤智之士,以及具有"深心大愿"能致力于乡村建设运动的志士仁人,从而推动政治、经济改革,求得理想社会的实现。这成为他民众教育的出发点。梁漱溟一生都在深刻地反思人生问题与中国社会问题,所以他非常重视教育的作用。

关于教育对个体发展的作用,梁漱溟主张学校教育应重视学生的全面发展、培养其实际能力,在具体要求上则强调身心健全和伦理崇善的精神,由德育入手。不过,梁漱溟的教育思想又是以生命哲学为基础而形成和发展的,他认为宇宙即生命,即生活的相续。生活既不是目的,也不是手段,而是生活自身,即是生命的自然流畅通达。所以也可说"教育是人类个体生命与社会

---

① 梁漱溟.梁漱溟教育论著选[M].北京:人民教育出版社,1994:189.

生命的贯串",使人人能本着自己的志愿、兴趣发挥优美的个性及神奇的创造力,促使个体生命与社会生命中的聪明、德性充分表现。

相对于个体作用,梁漱溟更看重教育的社会作用。他认为,教育的社会功用就在于"绵续文化而求其进步","变时要在能减少暴力至可能最小限度于其前,能完成改造达可能最大限度于其后"①,即"着意在改造文化、创造文化,而不仅是绵续文化"②。所谓"绵续文化",就是一般而言平常教育的功用就是"不使文化失传,不使文化停滞不进"③。但在"变时",即在社会改造时期,教育就应"着重成人教育,应以全力办民众教育,办社会教育"④。

(二) 解决中国社会问题的最佳途径是乡村建设

梁漱溟认为,旧的伦理本位、职业分途的社会结构已遭破坏,新的尚未建立起来,中国当时正处于社会改造期。解决中国社会的问题应从乡村做起,中国的命运取决于乡村建设。

乡村建设的意义在于:第一,救济农村,通过改良农业推动经济进步,使农村摆脱破产贫困的状况;第二,创造一种新文化,从中国旧文化里转变出一种新文化来,使中国恢复伦理本位的社会秩序。乡村建设从何着手? 梁漱溟主张把乡村教育作为乡村建设的基本手段,以乡村教育去解决农村社会问题。他认为,乡村建设和乡村教育完全是一回事,两者可以合而为一。乡村教育与乡村建设的关系,就是道路、方法与目标的关系。开展乡村建设,就应该发展乡村教育,以教育促进乡村建设和文化改造。他的乡村建设思想体现出了他的教育救国论主张和农村立国论观点。

梁漱溟把乡村建设以及乡村教育作为拯救中国的唯一正确道路,比如,他将所创办的村学、乡学分为学董会、学长、教员、学众,企图用村学代替村公所、乡学代替乡公所,实行政教合一制度,使教育机构行政化、行政机关教育化。这种不触动旧的生产关系和政治关系而单凭发展乡村教育去实现乡村改造的做法,在不合理的社会经济政治制度安排下是一种不切实际的幻想。

三、改变农村现状,建设新文明——乡村教育的目标

(一) 乡村教育的目标是建设新文明

梁漱溟认为,乡村教育的目标首先应该是改变农村现状,建设新文明。只有"农村兴盛,全个社会才能兴盛;农村得到安定,全个社会才能真安定"⑤。"只有农产增加,才可以增加国富;只有乡村自治当真树立,中国政治才算有基础。只有乡村一般的文化能提高,才算中国社会有进步。总之,只有乡村有办法,中国才有办法,无论在经济上、政治上、教育上,都是如此。"⑥

梁漱溟主张开辟、塑造正常形态的人类文明。正常形态的人类文明包括以下几个方面。(1)农业工业结合,均宜发展。引进科学技术,发挥人的智慧,驾驭自然、利用自然、控制自然。(2)乡村为本,都市为末。二者不相矛盾而相互沟通调和;都市只是政治经济文化的中心,而社会的重心则应普遍地放在都市以外的乡村。(3)社会以人为主体,是人支配物而不是物支配人。这和西方资本主义社会以"钱"为本、让钱驱使人的现象是大不相同的。(4)整个社会人与人之

---

① 梁漱溟. 梁漱溟教育论著选[M]. 北京:人民教育出版社,1994:103－104.
② 梁漱溟. 梁漱溟教育论著选[M]. 北京:人民教育出版社,1994:191.
③ 梁漱溟. 梁漱溟教育论著选[M]. 北京:人民教育出版社,1994:189.
④ 梁漱溟. 梁漱溟教育论著选[M]. 北京:人民教育出版社,1994:191.
⑤ 梁漱溟. 梁漱溟教育文集[M]. 南京:江苏教育出版社,1987:17.
⑥ 梁漱溟. 梁漱溟教育文集[M]. 南京:江苏教育出版社,1987:244.

间互以对方为重,团体与分子之间得以均衡,不落于个人本位或社会本位的两个极端。(5)整个社会的政治、经济、教育三者是合一而不相离的。(6)整个社会秩序的维持,靠人们的自觉、自励和相互敦励,即是靠理性而不是靠武力的。他所设想的正常形态的人类文明实质上是西方工业文明、科学技术与中国传统伦理本位文化的有机结合,是想使中国由落后的农业国逐步过渡到先进的工业国,建立新的东方文明。梁漱溟主张:教育应该"站在社会的第一位,以学术指导社会的一切"[①],进而推动政治、经济改革和发展。乡村教育的目的在于"推动社会,组织乡村",辟造正常形态的人类文明,建设现代工业文明的新中国。

(二)建设新组织,推进乡村教育

梁漱溟认为,从事乡村建设时需建设一种新的社会组织,使乡村社会组织起来并引进科学技术,只靠政府或乡村居民是不能办到的,需要"推动(或推进)社会,组织乡村",且"非组不能推,非推不能组"。社会上有专门学问、大眼光、大志愿、大勇气的人可以进行尝试,纳社会运动于教育之中,形成一种教育家的社会运动,即由社会运动者运用教育功夫,培养新的礼俗或建立新的社会组织构造,整个社会才可焕发新的生机。

乡村建设运动需以乡村居民为主体,需充分发挥他们的主动性,知识分子不能越俎代庖,只能先用一些传统道理鼓起他们的自信心,然后在和他们的日常接触中发现问题,适时商量并提出解决办法,从而逐步解决问题并提高他们的觉悟,逐渐输入一些适合新时代的道理和一些乡村居民需要的现代科学技术。这样的知识分子即乡村建设运动者,需要经过培养以具有乡村建设的觉悟和技能。

四、精神陶炼——乡村教育的核心内容

(一)乡村教育的核心内容是精神陶炼

由于梁漱溟把中国的问题归结为文化失调,所以他把文化改造和精神教育作为乡村教育的核心。在梁漱溟看来,伦理精神陶炼比知识技能训练更为重要。

梁漱溟认为,精神陶炼的核心是灌输民族精神,中华民族精神的核心就是"人类的理性",即儒家伦理思想。他认为,中华民族之所以伟大,就因为"理性的伟大"。[②] 精神陶炼包括三部分:一是"合理的人生态度与修养方法的指点";二是"人生实际问题的讨论";三是"中国历史文化的分析"。[③] 第一点是正面讲明民族精神,第二点是如何运用民族精神,第三点则是指出中国文化的长处和短处,从而领会民族精神。这三点都很重要,皆以中华民族精神为核心。[④] 他提出,为适应农村环境,先用一些传统道德去鼓励乡民的自信心,然后再输入适合新时代的道理,使他们逐步接受并逐渐适应新的时代潮流。

他在乡村民众教育中很重视精神陶炼。在村学、乡学中均设有精神陶炼科目,在普通学校中也有类似科目。他以为,中国近百年的乡村处于物质和精神双重破产状态,所以他所从事的乡村建设不是一般的乡村建设,要谋文化改造、民族复兴,非使乡村的人活起来不可。他试图通过精

① 梁漱溟.乡村建设理论[M].上海:乡村书店,1939:451.
② 梁漱溟.乡村建设理论[M].上海:乡村书店,1939:43.
③ 梁漱溟.梁漱溟教育论文集[M].上海:开明书店,1945:75.
④ 梁漱溟.梁漱溟教育论文集[M].上海:开明书店,1945:95.

神陶炼来救济乡村精神的破产,动员农民自己想办法,依靠农村组织齐心协力改进农村。他强调促进农民的团体生活,要求农民奉行合作哲学,不去"贪图近利",而是应当"引发一种自然活泼之温情",养成一种"艺术味道的人生",①以便使农村保持中国传统乡村的固有风气和静穆气氛,避免走西方资本主义自由竞争之路。

(二)乡村教育的具体内容

乡村教育的具体内容包括以下 5 项:(1)知识教育。梁漱溟认为,人类生活各个方面都需要有知识或学问,所以知识的授受占据教育最重要的一端。西方教育从苏格拉底到杜威都是重知识教育的,不重知识而偏重伦理是中国传统教育的优点也是其不足。自西方教育传入后,中国已经在留意知识的授受和智慧的启牖。(2)人生行谊教育,即关于人生态度、品性和道德的教育。梁漱溟说:"德育直奔在启发自觉向上,比自觉向上乃为道德之真。""道德者,人生向上之谓也。"②(3)体育。梁漱溟认为:"教育原是长养人发达人的智力体力各种能力的。"③他批判传统教育对个体身体的戕害,大力提倡体育。(4)美育。梁漱溟很少论及美育,但他十分重视广义的美育,如传统的"乐教"和文学艺术教育,认为"乐"可以启发人的美善之心,陶冶人的高尚情操,塑造良好的社会风尚,以达社会人生艺术化的境界。梁漱溟在晚年时则明确肯定美育为社会文化发展之趋向所在。④(5)综合教育,即"一切革命建国所需"的知识内容。

上述各项内容并非平等并列的关系,而是要以"人生行谊教育为极点"。梁漱溟认为,如果没有极深的信仰、绝强的意志和对人生的领悟,无论识字运动还是农业改良推行起来都很困难,收不到什么好的效果。只有以伦理道德教育为基点,使广大民众和青年心理有所振奋,其他一切知识技能教育才能迅速发展。这种思想仍受到"伦理本位"思想的影响。

五、乡农学校——乡村教育的主要形式

(一)乡村教育的主要形式是乡农学校

由于梁漱溟把乡村教育看作改造乡村进而改造中国社会的基础,因而他主张通过乡农学校的形式组织乡村自救,以乡学、村学为途径实施教育,让整个社会制度,无论是政治、经济还是教育制度,都从乡村中逐渐培养、发展和充实起来。他在邹平实验县创办乡农学校,用"政教合一""以教统政"的原则来组织乡村,把地方公务当成学务来办,把行政的事情用教育功夫来办,让学校成为乡村政权组织,以此来推动乡村改良。

梁漱溟在山东邹平等地进行乡村建设实验时,也主要是在进行成人教育。他在乡农学校所实行的教育,大体上以成年农民为主要教育对象,兼及儿童、青年。村学中有男子部、妇女部供成人学习,其基本课程为识字、唱歌。冬春时节成立"共学处",进行青壮年的义务教育。还设有高级部,供受过四五年以上教育的青年学习,把他们培养成乡村事业的干部,其功课着重史地和农村问题研究。此外还有因时因地制宜的功课,包括职业教育、自卫训练及风俗改良等。在邹平,他另办有各种针对成年人的训练班,如师训、蚕桑、植棉、自卫等。成人教育的内容,除识字教

① 梁漱溟. 乡村建设理论[M]. 上海:乡村书店,1939:182.
② 梁漱溟. 人心与人生[M]. 上海:学林出版社,1986:220.
③ 梁漱溟. 梁漱溟教育论文集[M]. 上海:开明书店,1946:120.
④ 梁漱溟. 人心与人生[M]. 上海:学林出版社,1986:250.

育之外,尤其抓精神陶炼和生产技能教育等,取得了一定成效。

(二)社会本位的教育设计

在进行乡村建设实验的同时,梁漱溟还推出了《社会本位的教育系统草案》,明确提出学校教育与社会教育不可分、教育宜放长及于成年乃至终身、教育应尽其推进文化改造社会之功 3 项宗旨。他依据自己对教育和中国社会文化的体认,具体落实到社会本位的教育系统设计上,主张按行政区划设学,分国学、省学、县学、区学、乡学等。在教育方式上,区学、乡学以社会教育为主,国学、省学以学校教育为主。在区学、乡学中,除儿童教育外也重视对成人的教育,除知识教育外也重视精神陶冶和生产技能的教育、社会改良事业和社会建设事业的进行。如此可使农村教育与农村社会并进、职业教育与职业社会并进。

梁漱溟出于对中国社会性质的独特认识,把乡村民众教育作为改造中国社会的重要途径。梁漱溟的乡村建设理论的出发点是爱国救国,是为寻找更好的强国之路。他将当时社会的落后归结为封建宗法伦理导致团体生活的缺乏妨碍了民族进步和国家发展,进而得出教育救国的主张。同时,为实践教育救国理想,面对纷乱的社会现实,梁漱溟注重教育对社会发展的能动作用,主张教育和社会紧密联系、学校教育和社会教育紧密结合。他选择了乡村建设和民众教育一途,在乡村进行他的文化改造和复兴工作,企图以文化教育包办社会进步。他想要改良现有体制,采取政府机关与教育机关一体化的方式,从改变人心做起,注重精神陶炼。他有着儒家圣人风范,虽无强有力的经济支柱,仍期望能以教育促使社会文明进步,改变社会国家。这些思想,对我们当前的新农村建设和文化教育不无启示。他在探寻救国之路的历程中,对教育特别是民众教育曾抱有十足的信心,并忘我地投身于乡村建设运动,自觉承担起改造落后中国面貌的使命,其拳拳爱国之心可嘉,为老百姓办实事的勇气可钦。

第六节 陈鹤琴的教育思想

陈鹤琴(1892—1982)是我国现代教育史上著名的儿童心理学家和儿童教育家,是我国学前教育理论与实践的奠基人。他是我国现代学习、引进和运用西方教育与心理思想与方法,进行中国化和科学化的幼儿教育实验和理论建树的代表人物,其幼儿教育理论与实践对于传统幼儿教育的改造产生了重要影响,引领了 20 世纪 20—40 年代我国幼儿教育的发展与变革。

陈鹤琴出生于浙江上虞,6 岁丧父,家境困厄,在家乡读了 6 年私塾后,于 1906 年进入教会办理的蕙兰中学。1911 年 2 月,考入上海圣约翰大学。同年秋,转考入北京清华学堂高等科。1914 年夏,结束清华学业,与陶行知同船赴美留学。1917 年夏获霍普金斯大学文学学士学位后,旋入哥伦比亚大学师范学院专攻教育学和心理学,就学于克伯屈、孟禄、桑代克、罗格等知名教授。

1919 年夏,受南京高师校长郭炳文之聘,归国任南京高师教授、教育科主任等职,主讲儿童心理学和儿童教育学,并开始从事儿童实验和智力测验工作,参与创设南京高师心理实验室。1927 年 6 月,出任南京特别市教育局学校教育课课长,发起组织了幼稚教育研究会,创办《幼稚教育》月刊。1929 年,主持拟定了《幼稚园暂行课程标准(草案)》,主持创设中华儿童教育社,出任主席。抗日战争全面爆发后,发起成立儿童保育会,创设儿童保育院,开展难童救助工作。1940 年 10 月,陈鹤琴在江西泰和创设我国第一所幼稚师范学校——江西省立实验幼稚师范学校，明确提出"活教育"的理论主张。1943年，深入开展"活教育"实验。中华人民共和国成立后，历任政务院文教委员会委员、南京中央大学师范学院院长、南京师范学院院长、江苏省心理学会名誉理事长、中国教育学会名誉会长、全国幼儿教育研究会名誉理事长等。陈鹤琴一生发表约400万字的论著，主要著作有《儿童心理之研究》(1925)、《家庭教育》(1925)、《活教育的教学原则》等，合著《智力测验法》《测验概要》等，后人辑有《陈鹤琴教育文集》上下两卷、《陈鹤琴全集》(6卷)。

一、儿童心理发展特点与教育

陈鹤琴从1920年冬开始，坚持808天，以其长子陈一鸣为对象，从其出生时起就动作、能力、情绪、言语、游戏、学习、美感等发展变化和各种刺激反应进行周密的观察和实验，做出详细的文字记录和摄影记录，写成《儿童心理之研究》一书。他在书中阐述了儿童心理发展的一般规律与年龄特征，揭示了儿童形成心理特征和道德品质、掌握知识与技能、发展智力与体力的心理过程。同时，他结合教学完成了《儿童心理学》讲稿，进一步系统地论述了儿童从新生到成长的发展变化。他对儿童身心发展进行的缜密研究，为我国儿童教育的科学化提供了坚实的心理学基础，揭示了儿童期教育的意义。

通过揭示幼儿的心理特点，陈鹤琴提出了相应的教育教学原则。他认为儿童不是"小人"，"儿童的心理与成人的心理不同，儿童时期不仅作为成人之预备，亦具有他本身的价值，我们应当尊敬儿童的人格，爱护他的烂漫天真"。[①]　他认为幼儿具有以下几个主要特点：

（一）好动

陈鹤琴认为"儿童生来好动的，他喜欢听这样，看那样；推这样，攫那样；忽而玩这样，忽而弄那样；忽而立，忽而坐；忽而跳，忽而跑；忽而哭，忽而笑。没有一刻的工夫能像成人坐而默思的。"[②]针对儿童的这个特点，家长及教师不仅要正确对待，而且应当给他们充分的机会、适当的刺激，使儿童多与万物接触，儿童就是通过"玩这样弄那样，就渐渐从无知无能的地步到有知有能的地步"。[③]

（二）好模仿

对于儿童来说，模仿他人的行为是他们在这一年龄阶段具有的一个重要心理特征。幼儿学习言语、风俗、技能，大多要依赖模仿，如常有儿童学父母讲话、学父母做家务、学父母的行为。因此，环境对于儿童的成长有很大的影响。如果孩子处于一个气氛良好、他人言行有礼、做事井然有序的环境中，孩子的行为自然会趋于有礼和有序；相反，如果孩子处于一个气氛不良，他人言行无礼、行事混乱的环境中，孩子的行为就会不自觉地趋于无礼和无序。因此，父母应该注意自己的言行，给孩子良好的榜样作用；教师更应该以身作则，做到为人师表；学校应该致力于纯美校风的营造，使学生在畅饮知识甘泉的同时形成良好的行为习惯。

（三）易受暗示

陈鹤琴通过实验得出存在积极暗示和消极暗示。积极暗示：儿童常常随着人末了的一句话

---

① 陈鹤琴.陈鹤琴全集：第1卷[M].南京：江苏教育出版社，1987：9.
② 陈鹤琴.陈鹤琴全集：第1卷[M].南京：江苏教育出版社，1987：1-2.
③ 陈鹤琴.陈鹤琴全集：第1卷[M].南京：江苏教育出版社，1987：2.

或者一个字说，但到了 2 岁半，这种暗示性就没有了。消极暗示：儿童原本不觉得怎样，父母暗示他后，他反倒按这个意思去做了。如儿童跌跤后，母亲把他抱起来说"不要哭！不要哭！"，结果他反而哭起来了。因此儿童教育，一是要利用积极的暗示来养成儿童良好的举动、习惯、风俗等，如成人的以身作则、讲故事及提出暗示性的问句等。但要注意培养儿童的独立思想，不可多用暗示性提问。二是不要用消极的暗示，以免增加儿童的痛苦，如上文孩子跌跤的例子。三是要注意戏剧的暗示给儿童的影响，影戏中各种欺诈抢掠的事情对儿童会起到恶劣的暗示作用，这必须被禁止。

（四）好奇

陈鹤琴指出："儿童凡对于一切新的东西就生出好奇心。"[1]他说："好奇心是儿童学问之门径"，[2]是父母和教师"施教的钥匙"。[3] 根据自己的观察和研究，陈鹤琴认为儿童好奇心的表现为：凝视观察、自动观察、试验、问句、破坏的好奇。陈鹤琴认为，好奇对于儿童的发展有着巨大的作用。儿童对于新的东西都会生出好奇心，一好奇就会接近它，一接近他就想知晓它的一些性质。正是出于这种好奇心，儿童会在不知不觉中学习到很多的知识和技能。特别是对于两三岁以上的儿童来说，他们对于好奇的事物常常会习惯于问很多"为什么"，然后通过自己的观察或者向他人请教等方式努力寻求答案。因此，教师应当善于利用儿童的好奇心，用新的经历、新的事物来吸引他、激发他并引导他。

（五）好游戏

陈鹤琴认为，对于儿童来说，喜好游戏是其天然的活泼的本能，是儿童生存的重要内容。对于教育者来说，游戏是一种极具价值的教育方式，对于儿童的发展有着巨大的价值。其一，发展身体。游戏是儿童自然的、感兴趣的活动。在游戏的时候，儿童不自觉地把他的全部精神用于游戏之中，锻炼了筋骨，促进消化、呼吸、循环等内部机能健康发展。其二，培养各种高尚的道德。各种高尚的道德几乎都可以从游戏中得来。因为游戏中包含着许多做人的道理，能使儿童养成高尚的品德。要玩游戏就必须遵守游戏规则，而对规则的遵循，实际上就是对理性的服从，这需要克己、诚实、公平、自治、尊重他人、团结合作等多种优良品质的维系。因此游戏是"一种发展公民道德之利器"，千万不可忽略它。其三，发展智力。游戏能使脑筋锐敏，有利于智力的发展。在游戏的过程中，儿童有仔细的观察、丰富的想象、敏锐的思维、准确的判断、迅捷的动作，这对于儿童观察能力、想象能力、思维能力、判断能力和运动能力的发展都具有重要的意义。其四，休息的"灵丹"。游戏可以使儿童精神得到休息和放松，消除大脑疲劳。游戏有简单与复杂之分。简单的游戏如四五个月孩子的摇铃作戏或敲棒作声。他指出，这种游戏必须有游戏的力量、有反射的动作、有联合动作及有好动的天性。复杂游戏如各种球戏、比赛，这种游戏与简单游戏的最大的区别是前者必定有智慧，因为它靠的是记忆和想象而不是靠反射动作。游戏能使儿童获得快感，从游戏中所得的快感愈多，对游戏的兴趣也愈浓厚；快感少，兴趣也少。这种快感包括生理上的、心理上的和社交上的。

（六）喜欢成功和赞许

陈鹤琴认为，儿童喜欢做事情，而且喜欢成功。因为做事成功后，可以得到父母和老师的赞

---

① 陈鹤琴.陈鹤琴全集：第 1 卷[M].南京：江苏教育出版社,1987：4 - 5.

② 陈鹤琴.陈鹤琴全集：第 1 卷[M].南京：江苏教育出版社,1987：5.

③ 陈鹤琴.陈鹤琴全集：第 1 卷[M].南京：江苏教育出版社,1987：263.

许。成人应当利用这种心理去鼓励儿童做各种事情。但让儿童做的事情不要太难,若太难就不能有所成就;若没有成就,儿童容易灰心。无论教师还是家长,都应该倾向于赞扬而非惩罚孩子,应常常用鼓励性和表扬的话语去激励孩子的行为;对于孩子不恰当的行为也不应该打骂,而应引导他加以改正。

(七)喜欢合群

陈鹤琴认为:"凡人都是喜欢群居的。幼小婴儿,离群独居,就要哭喊。2岁时就要与同伴游玩,到了五六岁,这个乐群心更加强了。"[①]为此,陈鹤琴告诫人们,要利用合群的心理教育孩子:应给他驯良的小动物,如猫、狗、兔等做他的伴侣;应给他玩具以聊解他的寂寞。孩子是愿意与同伴一起玩耍的,如果家里没有玩伴,就愿意到外面去找,外面找不到,有时还会出现想象中的同伴。他甚至能与他所想象的同伴一同游戏,一同起居饮食,但这些同伴到底是幻想的、虚幻的。因此,父母应尽量为孩子找到同龄或差不多同龄的玩伴。

(八)喜欢野外生活

陈鹤琴说:"小孩子都喜欢野外生活,到门外去就欢喜,终日在家里就不十分高兴。"[②]儿童天性向往广阔的自然界。父母应该让儿童常有机会亲近大自然,走进大自然;老师可以根据儿童的不同年龄分别组织他们到野外去玩。陈鹤琴认为让儿童到旷野里跑来跑去,这对儿童的身体、知识、行为都有很好的影响。对于年龄较小的儿童,可教他种树、短距离地远足。对于年龄较大的儿童,则应带他们采集标本、旅行等以增长他们的知识,强健他们的身体,愉快他们的精神。他告诫父母应放心让孩子到外面去,不要怕身体疲劳,不要怕弄脏衣服,不要怕感冒风寒;老师也不应嫌麻烦而使学生失去与自然界相接触的机会。

二、家庭教育思想

1925年,陈鹤琴的著作《家庭教育》出版。该书不同于一般枯燥的理论研究,而是直接源于真实的生活。陈鹤琴在该书中提出的家庭教育的基本原则蕴藏着十分深刻的教育道理,比较充分地反映了家庭教育的日常实际,体现了陈鹤琴独具特色的家庭教育思想,对今天开展家庭教育仍有借鉴意义。

(一)家庭教育应遵循儿童心理发展特点

陈鹤琴在《家庭教育》一书中要求:"家庭教育必须根据儿童的心理始能行之得当。若不明儿童的心理而妄施以教育,那教育必定没有成效可言的。"[③]如根据儿童喜欢称赞的心理特点,教育原则是"积极的鼓励比消极的刺激好得多"。同理,根据儿童好游戏的心理特点,小孩子应当有适宜的伴侣,有玩水的机会、画图的机会、浇花的机会、玩沙的机会等。以此类推,陈鹤琴所提出的一系列家庭教育主张都可以找到相应的心理科学依据。

(二)家庭教育要民主化

陈鹤琴对旧式家长制的教育作风进行了严厉批评。他批评某些家长完全以命令的口吻指使子女,就如同"专制时代的主人们对待他们的奴隶一样",完全无视儿童的人格存在。这些家长动

① 陈鹤琴.陈鹤琴全集:第2卷[M].南京:江苏教育出版社,1989:692.
② 陈鹤琴.陈鹤琴全集:第2卷[M].南京:江苏教育出版社,1989:690.
③ 陈鹤琴.陈鹤琴全集:第2卷[M].南京:江苏教育出版社,1989:686.

辄限制子女的言行举止,结果导致子女以父母的意志为意志,把"一个活泼的小孩子竟变成一个萎靡不振,具体而微的小成人"①。对此,陈鹤琴坚决反对这种家长式的专制教育,提出了民主化的家庭教育原则。如提出"待小孩子不要姑息也不要严厉","不要骤然命令小孩子停止游戏或停止工作","做父亲的应当同小孩子做伴侣","诱导比恐吓、哄骗、打骂都来得好","不应在别人面前责罚小孩子","做父母的不要常常去骂他们的小孩子","凡小孩子能够自己做的事情,你千万不要替他代做",等等。这些观点强调尊重儿童自尊心、自主性和独立人格,体现了陈鹤琴的家庭教育民主化思想。

（三）家庭教育应潜移默化

陈鹤琴认为家庭教育应融入和渗透于日常生活,家长应通过言传身教、亲子间的交往和家庭生活,随机地、个别地、面对面地进行家庭教育。在品德教育方面,陈鹤琴非常重视教会孩子待人接物,特别强调要从小教育孩子心中有他人,学会考虑别人的安宁和幸福,鼓励孩子每天做件好事让自己快乐;尊敬长者,对人有礼貌;敬爱父母,父母回家时会热情相迎;亲人有病时,能表示同情;乐意帮助父母做事,养成爱劳动和爱惜物品的习惯;等等。父母应注重创造温暖、宽松、愉快的家庭精神环境和良好的情感气氛。在智育方面,陈鹤琴强调父母应通过多种途径让儿童获得并积累早期经验,如经常带孩子外出观察和参观,以丰富他们的知识,增进他们的经验。他赞成让孩子自己去试探物质,在弄雪、玩沙、敲钉、剪纸等探索活动中,增长知识经验。他强调要为孩子创造良好的环境,包括游戏的、艺术的、阅读的环境,以开拓儿童的视野,增强其适应能力。

（四）提高父母教育素养

陈鹤琴认为,父母的素质和教育能力是保证家庭教育质量的前提条件。陈鹤琴再三强调做父母不是一桩容易的事情,要求父母必须要"研究儿童的身体如何发育,儿童的心理如何发展,儿童的知识如何获得,儿童的人格如何培养,这种种问题要在未做父母之前应当有初步的研究;既做父母之后,应当继续不断的注意"。20 世纪 70 年代末,陈鹤琴还建议把幼儿的家庭教育作为一门科学来研究和推广,强调应当向家长广泛宣传科学的育儿知识,使广大家长都能对自己的子女有正确的培养目标和教育方法。

三、"活教育"理论

"活教育"理论是陈鹤琴独创的儿童教育理论。"活教育"萌芽于 20 世纪 20 年代,1940 年,陈鹤琴在江西省立实验幼稚师范学校时正式提出,后来得到了进一步发展,形成了"活教育"的理论体系。

（一）"活教育"的本质

陈鹤琴的"活教育"无疑是针对中国传统的"死教育"而提出来的。他引证陶行知描写当时教育情形的两句警语:教死书,死教书,教书死;读死书,死读书,读书死。决心使这种腐朽的死教育变为前进的、自动的、有生气的教育,即活教育。他将"活教育"表述为:"教活书,活教书,教书活;读活书,活读书,读书活。"②

"活教育"的理论基础是杜威的实用主义哲学,同时又是对德克乐利"活的教育"和陶行知"生

---

① 陈鹤琴.陈鹤琴全集:第 2 卷[M].南京:江苏教育出版社,1989:717.

② 陈鹤琴.陈鹤琴全集:第 5 卷[M]. 南京:江苏教育出版社,1991:1.

活即教育"的借鉴。同时,他特别指出了"活教育"的创造性特质是接受世界新教育的思潮,并和杜威一样在创造理论,也创造方法①。

陈鹤琴的"活教育"理论体系主要包括三大部分:目的论、课程论、教学论。

(二)"活教育"的目的论

1."活教育"的目的

陈鹤琴认为,"活教育"的目的是教育儿童"做人、做中国人、做现代中国人、做世界人"。②

做人。教育的本质就是培养"人"。"活教育"的目的是教人"做人"。中外古今的教育家,都是非常注重教人做人的。后来,教育本身变了质,以为读书就是"受教育",反倒把做人忘记了。所以,陈鹤琴说他特别提出教育的目的是使受教育者学会"做人"以唤起人们对教育这一本质目标的注意。在陈鹤琴看来,这种人既不是奴婢,也不是君主;既不是文官,也不是武将;既不是专门"劳心者",也不是专门"劳力者"。他要求,做一个一般意义上的真正的人,必须热爱人类、热爱真理,具有独立的人格。他认为人之所以异于其他动物,就因为人是一种社会的存在。人不能离开社会而独立生存下去,而必定在人与人之间相互发生关系。怎么使这个关系正确而完好地建立起来,参与共同生活,通力合作改造自然,建设社会,使个人及全人类得到幸福,便是一个做人的问题。所以活教育要讲做人,应当努力来学习如何做人,如何求得社会的进步、人类的发展。所以教育必须从人的基本形态,人的活动范围,人与人、人与自然及人与社会的关系出发。教人"做人"是"活教育"的基本目标。

做中国人。中国教育的对象是中国儿童。因此,对中国儿童实施教育时应立足于中国国情。他强调,我们生活在中国,是一个中国人,就应当学习做一个与其他国家的人有所不同的中国人。"做中国人"标明了"活教育"目的的民族遗传限制。陈鹤琴说,中国儿童生在中国,是一个中国人,做一个中国人与做一个别的国家的人不同。因为中国社会发展有自己的特质,中国人生活的内容及其意向必然为该特质所规定。尤其重要的是,要教儿童明了中国当前的生活内容与奋斗目标,做一个有骨气的中国人,即"每一个人都要负荷一个历史任务,那便是对外反对帝国主义的干涉,争取民族独立;对内肃清封建残余,建树科学民主"。③

做现代中国人。"现代"是一个时间概念,在当时指的是 20 世纪,是科学民主的时代。陈鹤琴认为,我们每个人都生活在现代社会的中国,就应当做现代中国人。因此教育既不能脱离中国的实际,也不能脱离现实,它一方面应以中国的历史传统和人文结晶为基础,一方面应紧跟时代发展的步伐。所培养的人,应当是既承继民族传统文化又具有科学头脑、民主思想的现代中国人。

做世界人。陈鹤琴认为,中国是世界的一环,不能脱离世界而孤立自存;生为世界的一个中国人,除了过国家民族的生活外,同时还要过世界的生活。基于这样的认识,从 1945 年起,陈鹤琴就提出不仅要使儿童学会做人、做中国人、做现代中国人,还要学会做世界人。首先要有世界眼光,即要对世界有正确的看法,必须了解世界的事事物物,如大自然怎样在运动,社会怎样在发展。只有具有世界眼光的人才能做一个世界人。同时,做世界人还要学会爱自己的国家,爱国家就是爱我们国家的光荣历史、国家的前途和人民,从而担负起历史任务,使国家进步繁荣。更重

---

①　陈鹤琴.陈鹤琴全集:第 4 卷[M].南京:江苏教育出版社,1991:350.

②　陈鹤琴.陈鹤琴全集:第 4 卷[M].南京:江苏教育出版社,1991:365.

③　陈鹤琴.陈鹤琴全集:第 5 卷[M].南京:江苏教育出版社,1991:62.

要的是要学会爱全世界所有追求真理的人,因为真理是客观的,它是我们做人、做中国人、做世界人的最高准则。因此他主张我们应该了解他们,与他们联合一起共同为世界的光明前途而献出我们的力量,以实现"世界大同"的理想。[①]

2. 应具备的条件

陈鹤琴认为,做一个具有世界眼光的现代中国人必须具备健全的身体、建设的能力、创造的能力、合作的态度和为大众服务的精神五个条件。

第一,健全的身体,需将单纯重心的教育转变为身心并重的教育。唯有健康的身体,才能担负起现代中国与世界给予我们的任务。

第二,建设的能力,需将侧重知识的教育转变为知识、技能并重的教育。长期的外侮与内乱造成中国"破坏多于建设",而中国急切需要的是各种建设。过去学生的建设能力太弱,因此,学校应该让学生去从事种种建设工作,培养学生的建设能力以适应国家建设与发展的需要。

第三,创造的能力,需将侧重传承的教育转变为兼顾创新的教育。中国长期的专制制度和封建文化束缚了民族的创造力,并且导致文化落后、科学不举。培养创造力要从儿童开始。陈鹤琴认为应培养学生有劳动的身手、科学的头脑,手脑并用,才有创造。

第四,合作的态度,需将侧重慎独的教育转变为兼顾合群的教育。缺乏团结,不善合作,即为一盘散沙,是现代中国国民的严重缺陷。团结才有力量,对于学生,应培养他们牺牲小我、成全大我的合作精神和态度,训练他们团结的意识和善于合作的能力。

第五,服务的精神,需将"人人为我"的教育转变为"我为人人"的教育。只让儿童熟悉各种知识技能而不知如何去帮助人的教育是无意义的。应该培养儿童的服务精神,指导儿童去帮助别人,了解大我的意义,肯为大众服务。

(三)"活教育"的课程论

1. "活教育"的课程形式

"活教育"的课程论旨在打破传统的分科教学模式,采用综合编制、单元编制或活动中心编制来组织教学内容。为此,陈鹤琴提出了以"五指活动"作为课程的组织形式。

陈鹤琴以人的五个手指作比喻,以活动为主线,把幼儿园课程归结为五类——儿童健康活动、儿童社会活动、儿童科学活动、儿童艺术活动、儿童文学活动,他形象地称之为"五指活动"。陈鹤琴认为,这五个方面是相互联系的,就像人的五个手指,共同构成了具有整体功能的手掌。"依据儿童身心的发展,五指活动在儿童生活中结成一个教育的网。"[②]

儿童健康活动包括饮食、睡眠、做早操、游戏、户外运动、散步等,旨在通过身体活动、个人健康、公共卫生、安全教育等,发展儿童心理、保障生理健康、培养健全的身心。

儿童社会活动包括朝夕会、周会、纪念日集会、每天的谈话(单元研讨)以及政治常识等,旨在通过公民、历史、地理、时事等活动,使儿童明了个人与社会的关系,要求儿童有兴趣、有能力参加社会服务活动,以此激发其合作精神和爱国之心。

儿童科学活动包括植物之培植、动物之饲养、自然现象的研讨、当地自然环境的认识等,旨在通过生物、数学、物理及生产劳动,增加儿童的科学知识,激发科学兴趣,培养创造能力。

---

① 陈鹤琴.陈鹤琴教育文集:下卷[M].北京:北京出版社,1985:638.
② 陈鹤琴.陈鹤琴教育文集:下卷[M].北京:北京出版社,1985:613.

儿童艺术活动包括音乐、图画、手工等，旨在通过音乐、美术、工艺、戏剧等，陶冶儿童的情感，启迪审美感，发展艺术欣赏力和创造力。

儿童文学活动包括故事、儿歌、寓言、诗歌、谜语、演讲、辩论等，旨在培养儿童对文学的欣赏能力，尤其是对中国文学的认同与应用。

陈鹤琴在《五指活动实施大纲》中指出，"五指活动"课程的目的是"从儿童生活出发完成儿童的完整生活"。① 在《幼儿园课程》中指出，五指"是生长在儿童手掌上的"，"就是一切活动要在儿童生活上、智力上、身体上互相联系、连续的发展"，"是活的，可以伸缩，互相联系。……课程是整个的，连贯的。依据儿童心身的发展，五指活动在儿童生活中结成一个教育的网，有组织、有系统，合理地编制在儿童的生活上"。②

2."活教育"的教材观

关于教育资源，"活教育"的基本主张是"大自然、大社会都是活教材"③。陈鹤琴认为，传统教育是书本主义的教育，是有违儿童心理特征、有损其身体健康的。他主张，必须使教育者和被教育者都认识到书本知识是间接的，大自然、大社会才是活的书、直接的书，符合儿童的学习心理特征。因此，"活教育"主张抛弃"书本万能"的传统观念，让儿童直接向自然、社会这种生动具体的"知识宝库"学习，使儿童在与自然、社会的直接接触和对自然、社会的亲自观察中，获取第一手经验和知识。

值得注意的是，陈鹤琴虽然强调以大自然、大社会作为教材知识的活水源头，但他并未完全否定教科书的作用。他强调的是大自然、大社会作为知识的本原地位，强调的是书本必须符合幼儿生活的实际经验。他强调，"活教育"的课程尽可能地依循两项原则：一为依据部颁的课程标准，二为根据当地实际环境的情形。

3."活教育"课程的特点

陈鹤琴将"活教育"课程的特点概括为以下几个方面：④（1）以大自然、大社会为主要教材，以课本为参考资料，这是直接的活知识，是直接的经验。（2）各科混合或互相关联。（3）不受时间的限制，没有分节的时间表，时间为功课所支配。（4）内容丰富。（5）生气勃勃。（6）儿童自己做的。（7）完整、有目标。（8）有意义。（9）儿童了解的。

（四）"活教育"的教学观

[拓展阅读]

张传燧、戴文静：《陈鹤琴教学法特色研究》

陈鹤琴认为，"活教育"的教学观包括教学组织形式、教学过程、教学方法等方面。

1."活教育"的教学组织形式

陈鹤琴认为，"活教育"的教学组织形式有：整个教学法、暗示教学法、分团教学法、生活教学法、活的教学法。

（1）整个教学法。所谓整个教学法就是把儿童所应该学的内容整个地、有系统地教给他们，即以某科为主线进行综合教学。这种方法适应了

---

① 陈鹤琴.陈鹤琴全集：第4卷[M].南京：江苏教育出版社，1991：374.
② 陈鹤琴.陈鹤琴全集：第2卷[M].南京：江苏教育出版社，1989：613.
③ 陈鹤琴.陈鹤琴全集：第4卷[M].南京：江苏教育出版社，1991：371.
④ 陈鹤琴.陈鹤琴全集：第5卷[M].南京：江苏教育出版社，1991：32.

儿童整体生活的特点，因而使儿童学起来不会觉得枯燥无味，增强了教学的主动性和趣味性，使儿童在不知不觉中学到各种整体融合的知识。陈鹤琴认为，儿童的生活本来是连成一体的，过去按学科形式来设置课程，四分五裂，既不合教学原理、违反儿童生活，也违反儿童心理。整个教学法的核心便是改变分科教学形式，以自然和社会为中心，以幼儿日常生活所见、所闻、所感、所经历的事物或事件为主题，以幼儿活动为主线进行课程教学。

（2）暗示教学法。陈鹤琴主张应当采用暗示性、小团体式教学法。他认为，儿童是好模仿的，易受成人的暗示，而且易于在潜移默化中接受教育，所以幼儿园的课程应采用暗示性教学法，教育者要通过语言、文字、图片、动作等方式进行暗示，在无形中把知识传授给儿童，同时注意环境的影响。暗示不仅是一种教育原则，也是一门教育艺术。暗示教学法的使用不仅可以扩大教育渠道，充分发挥儿童的潜在力量，而且可以在教育过程中达到事半功倍的效果。

（3）分团教学法。即分组教学法。陈鹤琴针对当时幼儿园单一集体教学的情况提出了分团教学法。他认为，儿童存在着个体间的差异性，如年龄不齐、智力不同、兴趣不一，应当区别对待、分组施教。这种"分组学习，共同探究"的分团教学法可以使儿童互相学习、互相帮助、互相激励，不但促进学习质量的提升，而且使他们形成"相互合作"的良好品质，使处于不同发展水平的儿童都能有所长进，又使儿童学习的兴趣格外浓厚。分组教学既可以是一条教学原则，也可以是一种具体的教学方法。由于儿童存在着个体间的差异性，所以要因材施教、分组教学，教育者只需从旁照顾和指导即可。这样，不同层次的儿童才会有所进步、有所长进。

（4）生活教学法。陈鹤琴强调教学要注重直接经验，所以要采用生活教学法。他认为儿童的知识和能力是从生活经验而来的，儿童所体验的生活越广泛，获得的经验越丰富，那么他所得到的知识就越多，他的能力也就越强。例如，要了解蚕的发展变化，最好是亲自养蚕，以便观察其生长过程，从而获得怎样养蚕的知识，使儿童自身的动手能力在养蚕的生活过程中得到发展。陈鹤琴说："亲身阅历的经验，印象最深刻。"[①]教育者要创造各种生活化的条件，让儿童运用自己的感官和双手去获得丰富的直接经验。他说："凡是儿童自己能够做的，应当让他自己做。"[②]教育者应当尽量满足他们的愿望，让儿童多做一些力所能及的、有益于身心发展的事情，如自己吃饭、穿衣，和小伙伴一同玩游戏，等等。儿童做事的过程就是和客观事物接触的过程，并在该过程中不断加深对事物的认识。陈鹤琴认为儿童教育的重特点应当是：生活过程与教育过程相统一、寓教育于生活之中。他要求教育者在儿童生活的每一个细节中都要自觉地利用其中的教育因素，对儿童生活的种种表现进行敏锐的观察和精心的思考，从平凡的生活中发掘出不平凡的教育价值。

（5）活的教学法。陈鹤琴通过对儿童的观察得出结论：喜欢野外生活是儿童心理的特点，大自然、大社会是活的知识宝库，"活教育"的主要任务就是要让儿童从这个知识宝库中汲取营养，因此他主张幼儿园的课程要以"大自然大社会做出发点，让儿童直接对它们去学习"。[③] 教学要做到"教活书"，使儿童"读活书"。这样，"儿童与环境和社会接触的机会愈多，他的能力也愈充

---

① 陈鹤琴.陈鹤琴教育论著选[M].北京:人民教育出版社,1994:508.
② 陈鹤琴.陈鹤琴教育论著选[M].北京:人民教育出版社,1994:461.
③ 陈鹤琴.陈鹤琴教育文集:下卷[M].北京:北京出版社,1985:16.

分"，①也才能"增加儿童的快乐，活泼儿童的精神，强健儿童的身体"。② 这种方法就是"活的教学法"。

儿童的生活是一种活动，儿童是以活动的形式与自然、社会交往的，所以，"活教育"的教材应采用活动的形式编写，课程以中心活动的形式进行组织，这就打破了习惯上按学科安排科目的课程体系，从而使儿童活动代替课堂教学成为教学的基本形式。儿童活动室没有课内和课外之别，所以"活教育""只分室内和室外，不分课内和课外"。为保证儿童活动的连续性，"活教育"课程没有分节的时间表，而是以儿童活动本身的需要来决定时间的长短。这样的教学必然更具有灵活性和弹性。

2. "活教育"的教学过程

陈鹤琴将"活教育"的教学过程总结、归纳为四大环节，即实验观察，阅读思考，创作发表，批评检讨。

（1）实验观察。这是教学的第一步骤，也是陈鹤琴最为强调的一个步骤，这是由"活教育"注重直接经验决定的。陈鹤琴认为"观察是获得知识的基本方法"，③是接近科学真理、开启真理宝藏的钥匙。如果在教学中采用这个方法，一方面教学效果必会增进，另一方面还可以从中培养儿童学习的兴趣与求真的态度。该阶段主要是让儿童自由、自主地活动，"从做中学"，以获得感性认识和积累直接经验。

（2）阅读思考。这是教学的第二步骤。该阶段要求在实验观察的基础上，由教师安排儿童阅读各种图片及粗浅文字或观看影像资料等，使儿童获取间接知识。同时，教师还应启发儿童思考，使展现在儿童眼前的知识或经验与脑中已有的知识或经验挂钩，从而增进其对大自然、大社会的了解。

（3）发表创作。这是教学的第三步骤，这一阶段由教师启发、指导儿童来完成。由于教育的最高境界在于创造，所以教师应鼓励儿童将学习中的困惑或心得用语言表达出来，同时还要通过表演、绘画、编故事等多种活动，使儿童在模仿中有所创造，从而完成知识的整合并获取创新求变的乐趣。

（4）批评检讨。这是教学的第四步骤，这一阶段的中心工作即教学评估。它一方面要求儿童在教师的指导下总结学习经验，开展批评或自我批评以获得评价客观事物和深化自我认识的能力。另一方面，它要求教师对整个教学过程进行冷静、客观的评估，总结成败的经验或教训，以便在下一轮教学中加以改进。

3. "活教育"的教学方法

"活教育"的方法既是生活法，也是学习法，还是教学法。陈鹤琴将其概括为："做中教，做中学，做中求进步。"④这与杜威的"做中学"和陶行知的"教学做合一"有着密切的关联。具体说来，"活教育"的教学方法就是以"做"为中心的教学方法。

"活教育"强调直接经验，强调以"做"为中心，"凡儿童自己能做的，应当让他自己做"。"做"

① 陈鹤琴.活教育：理论与实践[M].上海：上海华华书店，1950：50.
② 陈鹤琴.陈鹤琴教育文集：下卷[M].北京：北京出版社，1985：17.
③ 陈鹤琴.陈鹤琴全集：第5卷[M].南京：江苏教育出版社，1991：127.
④ 陈鹤琴.陈鹤琴全集：第4卷[M].南京：江苏教育出版社，1991：371.

不仅仅是一种身体上的、动手的活动,它也包括了理性的心智活动:"一切的学习,不论是肌肉的,不论是感觉的,不论是神经的,都要靠'做'的。"[①]从这种意义上来说,"做"是一种让儿童动手动脑、主动探索的过程。陈鹤琴认为教师越俎代庖乃教学的大忌,儿童自己求来的知识才是真知识,自己发现的世界才是他的真世界。因此,教师应鼓励儿童自己去做、去思考、去发现。陈鹤琴说:"学校里面各种的活动,各种的教学,你都不应该直接去告诉他种种的结果,应当让儿童自己去试验,去思想,去求结果。"[②]

思 考 练 习

1. 简述蔡元培五育并举的教育方针。
2. 评述蔡元培的高等教育思想及对当代高等教育改革的启示。
3. 评述黄炎培的职业教育思想及其现代价值。
4. 比较陶行知的生活教育思想与杜威进步主义教育思想的异同。
5. 评述陶行知的师范教育思想。
6. 试论晏阳初的平民教育思想。
7. 分析陈鹤琴"活教育"理论的历史意义和现实意义。

拓 展 训 练

1. 调查一所大学,分析其办学思想及课程设置。
2. 调查你所在城市职业教育发展的状况,以黄炎培的职业教育思想为指导,指出其存在的问题,并提出改进意见。
3. 做一个区域性的农村教育调查,分析农村教育存在的问题,并尝试提出改进意见。
4. 比较"五指活动"课程与《幼儿园指导纲要》的异同。

---

① 陈鹤琴.陈鹤琴全集:第5卷[M].南京:江苏教育出版社,1991:76.
② 陈鹤琴.陈鹤琴全集:第5卷[M].南京:江苏教育出版社,1991:78.

中华人民共和国篇——中国现代教育的改革与发展

【本篇导言】 自 1949 年中华人民共和国成立以来,中国现代教育进入了改革与发展新的历史时期。70 多年来,我国重新制定了教育方针,建立起了完备的现代教育制度,各级各类教育发生了翻天覆地的变化,取得了举世瞩目的成就。

第十六章　中华人民共和国的教育方针政策

【学习目标】

1. 了解中华人民共和国时期教育方针政策的发展演变。

2. 把握各个时期教育方针具体内容的异同及其意义。

3. 把握中华人民共和国不同时期教育方针政策对其教育内容、课程设置及教育方式的影响。

【知识列表】

中华人民共和国的教育方针政策	中华人民共和国成立初期的教育方针政策	1949 年的教育方针政策
		20 世纪 50 年代初的教育方针政策
		20 世纪 50 年代中期的教育方针政策
	20 世纪 50 年代后期至 70 年代的教育方针政策	1957 年的教育方针政策
		1958 年的教育方针政策
		1966 年的教育方针政策
	改革开放新时期的教育方针政策	1978 年的教育方针政策
		20 世纪 80 年代的教育方针政策
		20 世纪 90 年代的教育方针政策
	21 世纪初期的教育方针政策	21 世纪初年的教育方针政策
		新时代的教育方针政策

【导言】　本章主要叙述了中华人民共和国成立以来各个时期的教育方针政策。中华人民共和国成立以来的教育方针政策比较充分地反映了各个时期发展对于人才培养的要求，并根据社会发展不断作出相应的调整与变革。

第一节　中华人民共和国成立初期的教育方针政策

一、1949 年的教育方针政策

1949 年 9 月 29 日，中国人民政治协商会议第一届全体会议通过的《中国人民政治协商会议共同纲领》（以下简称《共同纲领》）第五章"文化教育政策"规定："中华人民共和国的文化教育为新民主主义的，即民族的、科学的、大众的文化教育。人民政府的文化教育工作，应以提高人民文化水平，培养国家建设人才，肃清封建的、买办的、法西斯主义的思想，发展为人民服务的思想为主要任务。""提倡爱祖国、爱人民、爱劳动、爱科学、爱护公共财物为中华人民共和国全体国民的公德。""有计划有步骤地实施普及教育，加强中等教育和高等教育，注重技术教育，加强劳动者的业余教育和在职干部教育，给青年知识分子和旧知识分子以革命的政治教育，以应革命工作和国家建设工作的广泛需要。"这个方针规定了中华人民共和国教育的性质、办学方向、教育目标和建设任务，是针对我国当时所面临的形势所提出来的。经过长期艰苦的战争，在经济上，当时的中国千疮百孔——生产萎缩、交通梗阻、民生困苦、失业众多；在文化上，人民群众受封建思想压迫比较严重，思想落后，科学文化水平不高。这就要求我们大力发展教育事业，一方面是为了提高人民群众的科学文化水平，另一方面也是发展我国经济的需要。

此外，《共同纲领》还提出："人民政府还应该帮助各少数民族的人民大众发展其政治、经济、文化、教育的建设事业。"这说明我国政府十分重视少数民族地区各项事业的发展。

同年 12 月，第一次全国教育工作会议重申了《共同纲领》制定的文教政策，提出中国教育的目的是"为人民服务，首先为工农兵服务，为当前的革命斗争与建设服务""为国家建设服务""学校必须为工农开门"。此次会议也明确了建设新教育的工作方针是：对旧教育坚决改造，逐步实现吸收旧教育某些有用的经验；以老解放区新教育经验为基础；借助苏联教育经验。"教育工作的发展方针是普及与提高相结合。"这些方针政策明确了当时教育工作的性质、任务、方向和工作方法、步骤，对于肃清国民党政府的文教政策和传统封建教育的不良影响，对于新中国成立初期中国教育的改造与建设起着重要的指导作用。

[拓展阅读]
中国教育科学研究院：《中国特色社会主义教育理论新发展》

二、20 世纪 50 年代初的教育方针政策

1951 年 3 月，第一次全国中等教育会议提出："普通中学的宗旨和培养目标是使青年一代在智育、德育、体育、美育各方面获得全面发展，使之成为新民主主义社会自觉的积极的成员。"①
1952 年 3 月 18 日，教育部颁发《中小学暂行规程》（草案），提出"实施智育、德育、体育、美育全面

---

①　中央教育科学研究所.中华人民共和国教育大事记：1949—1982[M].北京：教育科学出版社，1984：38.

发展的教育"。

　　1953 年,我国进入社会主义改造时期。中共中央公布了过渡时期的总路线,教育工作的中心转移到为社会主义工业化和"三大改造"服务的轨道上来。教育方针的提法随之发生了变化。同时,教育部正式编制颁发了中华人民共和国成立以来第一个比较系统、完整的教育事业发展计划——《1953 年度教育事业计划》。该计划指出,"必须认真贯彻整顿巩固、重点发展、保证质量、稳步前进的方针",采取坚决切实的步骤,有准备、有重点、实事求是地继续进行教学改革,学习苏联的先进科学和先进的教育建设经验,提高教学质量。1953 年,学校教育发展的重点首先是高等教育与中等工业教育,其次是高等师范、卫生教育、高级中学和师范学校。初中适当发展,初师开始紧缩,小学要大力进行整顿巩固与提高的工作。除了规定教育方针以外,国家还对教育事业发展的任务做出了规划。1953 年是"一五计划"的第一年,所以《1953 年度教育事业计划》内容丰富,对不同阶段的教育、不同地区的教育都提出了具体要求,对整个"一五计划"中的教育事业做出了全面部署。在此后的几年里,教育领域继续贯彻"整顿巩固、重点发展、提高质量、稳步前进"的方针,使得我国的教育事业得到飞速发展,培养了一大批国家建设所需要的各类人才,保障了国家各类建设事业的顺利进行。

三、20 世纪 50 年代中期的教育方针政策

　　1954 年 1 月,全国中学教育会议提出:当前中学教育的任务,是以国家总路线的精神教育学生,把他们培养成积极参加社会主义建设和保卫祖国的全面发展的新人。① 同年 5 月,政务院公布的《关于改进和发展中学教育的指示》提出:"中学教育的目的,是以社会主义思想教育学生,培养他们成为社会主义社会全面发展的成员。""中学必须贯彻全面发展的教育。"②

　　1955 年 8 月,中华全国学生会第 16 次代表大会提出,全国青年学生要在中国共产党领导下,贯彻毛主席"身体好、学习好、工作好"的指示,把自己培养成为具有高度的社会主义觉悟、能够掌握现代科学知识、身体健康的全面发展的社会主义建设者。③

　　以上政策或会议精神明确了培养社会主义社会的新人、建设者的目标和德(高度的社会主义觉悟)、智(掌握现代科学知识)、体(身体健康)几方面全面发展的标准,反映了整个教育事业的社会主义方向和全面发展的目标要求。

第二节　20 世纪 50 年代后期至 70 年代的教育方针政策

一、1957 年的教育方针政策

　　1956 年 9 月,中国共产党第八次全国代表大会正确分析了社会主义改造基本完成后国家在阶级关系和主要矛盾方面出现的新情况,指出国内的主要矛盾是人民对于经济文化迅速发展的需要同当前经济文化不能满足人民需要的状况之间的矛盾。时代的变化及任务的转换对教育发

---

　　① 中央教育科学研究所.中华人民共和国教育大事记:1949—1982[M]. 北京:教育科学出版社,1984:97.
　　② 中央教育科学研究所.中华人民共和国教育大事记:1949—1982[M]. 北京:教育科学出版社,1984:105.
　　③ 中央教育科学研究所.中华人民共和国教育大事记:1949—1982[M]. 北京:教育科学出版社,1984:138.

展及其培养的人才的规格提出了新的要求。

1957年2月,毛泽东针对教育界与教育方针有关的"全面发展教育"的讨论,提出:"我们的教育方针,应该使受教育者在德育、智育、体育几方面都得到发展,成为有社会主义觉悟的有文化的劳动者。"①这个提法与前几种提法的区别在于:一是正式使用了"教育方针"的概念,二是把"德育"放到了首位,三是未提"美育",四是用"几方面发展"取代了"全面发展",五是明确提出了培养"劳动者"的目标。

毛泽东提出的这一教育方针强调把德育放在培养目标的首位,这是为了纠正在学习苏联的过程中出现的过分强调智育而在一定程度上忽视德育的偏差,同时还将马克思主义关于人的全面发展的思想贯穿于社会主义培养目标之中。这个方针尽管还不甚完善,但仍不失为比较科学和准确的提法,它明确了我国教育的性质、方向、培养目标及其规格。

这是一个以马克思主义教育思想为理论依据、以我国的基本国情及其教育活动为实践基础、以中国共产党在特定历史时期的基本路线为政策依据而制定的具有中国特色的社会主义教育方针。就其性质而言,它继承了中国共产党在民主革命时期关于新民主主义文化教育的总方针,为中国社会主义的教育事业指明了道路和方向,成为长期指导我国教育的方针,对我国教育的发展影响深远。

二、1958年的教育方针政策

1958年3月,教育部召开了第四次全国教育行政会议。会议提出了五大任务:(1)大力开展识字运动,扫除青壮年文盲,积极发展工农业余中小学;(2)大力普及小学教育;(3)大力举办农业中学、工业中学和手工业中学;(4)积极发展和改进各级师范学校;(5)改革教育制度、教学内容和教育方法。同年9月,中共中央、国务院发布了《关于教育工作的指示》。该指示使用了"教育工作方针"和"教育目的"的提法,提出:"党的教育工作方针,是教育为无产阶级的政治服务,教育与生产劳动相结合。""教育的目的,是培养有社会主义觉悟的有文化的劳动者。"并指出这种主张"正确地解释了'全面发展'的含义"。② 此外,《关于教育工作的指示》还提出教育发展必须坚持"两个积极性""三个结合""六个并举"的原则:"两个积极性"是既要有中央的积极性,又要有地方的积极性;"三个结合"是统一性与多样性相结合,普及与提高相结合,全面规划与地方分权相结合;"六个并举"是国家办学与厂矿、企业、农业合作社办学并举,普通教育与职业(技术)教育并举,成人教育与儿童教育并举,全日制学校与半工半读、业余学校并举,学校教育与自学(包括函授学校、广播学校)并举,免费教育与不免费教育并举。

1958年的教育方针是当时我国政治、经济、文化、教育形势的产物,尽管在某些方面是正确的,但在指导思想上却反映了明显"左"倾的观点和错误,在"以阶级斗争为纲"、片面突出政治的年代,这些方针政策在长期执行过程中产生了不良的影响,甚至给教育工作造成了损失。

三、1966年的教育方针政策

1966年8月8日,中共八届十一中全会通过《中共中央关于无产阶级文化大革命的决定》,

---

① 中央教育科学研究所.中华人民共和国教育大事记:1949—1982[M]. 北京:教育科学出版社,1984:190.

② 《中国教育年鉴》编辑部.中国教育年鉴:1949—1981[M].北京:中国大百科全书出版社,1984:688-689.

提出:"在这场文化大革命中,必须彻底改变资产阶级知识分子统治我们学校的现象。在各类学校中,必须贯彻执行毛泽东同志提出的教育为无产阶级政治服务、教育与生产劳动相结合的方针,使受教育者在德育、智育、体育几方面都得到发展,成为有社会主义觉悟的有文化的劳动者。"①此外还提出:"学制要缩短。课程设置要精简。教材要彻底改革,有的首先删繁就简。学生以学为主,兼学别样。也就是不但要学文,也要学工、学农、学军,也要随时参加批判资产阶级的文化革命的斗争。"这就对教育内容、教材以及课程改革都提出了要求。此后十年,我国进入了"文化大革命"时期。在此期间,党的教育方针没有表述上的变化,也没有在新的文件当中出现教育方针的表述。这个阶段的教育主要是以毛泽东关于教育的指示作为指导方针的。

整个"文化大革命"期间,教育战线是重灾区,不仅教育方针受到歪曲篡改,未能得到正确理解和贯彻执行,甚至林彪、"四人帮"一伙还提出"宁要没有文化的劳动者,而不要有文化的剥削者、精神贵族"②,提倡"白卷英雄",鼓吹要培养"头上长角、身上长刺"的"反潮流"战士。学校出现了学生把教师当成对立面,贬低教师的情况,给以后学风、教风的重建带来困难。整个"文化大革命"期间,教育事业遭受到严重摧残。

第三节 改革开放新时期的教育方针政策

一、1978 年的教育方针政策

1976 年 10 月,"四人帮"被粉碎,宣告了"文化大革命"的结束。1978 年 12 月,中国共产党第十一届三中全会召开,重新确立了"解放思想、实事求是"的马克思主义思想路线,实现了思想路线的拨乱反正,果断地停止了"以阶级斗争为纲"的错误方针,做出了把党和国家的工作重心转移到社会主义现代化建设上来的战略决策,提出了以经济建设为中心,坚持改革开放和四项基本原则的基本路线,实现了政治路线的拨乱反正,中国社会发展进入了一个新的历史时期,教育方针也相应地发生了一些变化。

1978 年 4 月 22 日,邓小平在全国教育工作大会上指出:"我们的学校是为社会主义建设培养人才的地方。培养人才有没有质量标准呢?有的。这就是毛泽东同志说的,应该使受教育者在德育、智育、体育几方面都得到发展,成为有社会主义觉悟的有文化的劳动者。"③要"把毛泽东同志提出的培养德智体全面发展、有社会主义觉悟的有文化的劳动者的方针贯彻到底,贯彻到整个新社会的各个方面"④。"为了培养社会主义建设需要的合格的人才,我们必须认真研究在新的条件下,如何更好地贯彻教育与生产劳动相结合的方针。"⑤后来他提出教育要"三个面向"("教育要面向现代化,面向世界,面向未来"),要培养"四有新人"("有理想、有道德、有文化、有纪律")。这些都被写进了党和国家的有关文件,具有教育方针的性质,对新时期教育的改革和发展起着十分重要的指导作用。

---

① 中央教育科学研究所.中华人民共和国教育大事记:1949—1982[M].北京:教育科学出版社,1984:405.
② 中央教育科学研究所.中华人民共和国教育大事记:1949—1982[M].北京:教育科学出版社,1984:480.
③ 邓小平.邓小平文选:1975—1982[M].北京:人民出版社,1983:104.
④ 邓小平.邓小平文选:1975—1982[M].北京:人民出版社,1983:104.
⑤ 邓小平.邓小平文选:1975—1982[M].北京:人民出版社,1983:104.

二、20 世纪 80 年代的教育方针政策

进入新时期以来,党和国家的有关文件、法规对教育方针进行了多次表述。1981 年 6 月,中共中央十一届六中全会通过的《关于建国以来党的若干历史问题的决议》提出:"坚持德智体全面发展、又红又专、知识分子与工人农民相结合、脑力劳动与体力劳动相结合的教育方针。"[①]1982 年 12 月,第五届全国人民代表大会第五次会议通过的《中华人民共和国宪法》规定:"国家培养青年、少年、儿童在品德、智力、体质等方面全面发展。"

[拓展阅读]
何光全、廖其发:《20世纪 80 年代我国教育方针变革的成就与失误》

1985 年 5 月,中共中央颁发的《关于教育体制改革的决定》提出:"教育必须为社会主义建设服务,社会主义建设必须依靠教育。社会主义现代化建设的宏伟任务,要求我们不但必须放手使用和努力提高现有人才,而且必须极大地提高全党对教育工作的认识,面向现代化、面向世界、面向未来,为 90 年代以至下世纪初叶我国经济和社会的发展,大规模地准备新的能够坚持社会主义方向的各级各类合格人才。""所有这些人才,都应该有理想、有道德、有文化、有纪律,热爱社会主义祖国和社会主义事业,具有为国家富强和人民富裕而艰苦奋斗的献身精神,都应该不断追求新知,具有实事求是、独立思考、勇于创造的科学精神。"这段话规定了教育的战略地位、性质和任务,明确了"三个面向""四有新人"等具体要求及其具体规范,具有教育方针的性质。

1986 年 4 月,第六届全国人民代表大会第四次会议通过的《中华人民共和国义务教育法》规定:"义务教育必须贯彻国家的教育方针,努力提高教育质量,使儿童、少年在品德、智力、体质等方面全面发展,为提高全民族的素质,培养有理想、有道德、有文化、有纪律的社会主义人才奠定基础。"这是我国第一次以法律的形式规定了教育方针,其内容既包括德、智、体等方面全面发展,又包括"四有新人"的要求,体现了教育方针的法定性、继承性和发展性。

三、20 世纪 90 年代的教育方针政策

进入 20 世纪 90 年代,改革开放和现代化建设的步伐加快,党和国家又及时制定了新的教育方针政策。1992 年,党的十四大报告指出:"我们必须把教育摆在优先发展的战略地位,努力提高全民族的思想道德素质和科学文化水平,这是实现我国现代化的根本大计。""各级各类学校都要全面贯彻党的教育方针,全面提高教育质量。"报告中没有明确表述党的教育方针,提出了"把教育摆在优先发展的战略地位"。

1993 年 2 月,中共中央、国务院印发的《中国教育改革和发展纲要》规定:"各级各类学校要认真贯彻'教育必须为社会主义现代化建设服务,必须与生产劳动相结合,培养德、智、体全面发展的建设者和接班人'的方针。""培养有理想、有道德、有文化、有纪律的社会主义新人。"《中国教育改革和发展纲要》提出了我国教育事业发展的任务、目标、政策措施和指导方针。(1)教育工作的任务是:遵照党的十四大精神,以建设有中国特色的社会主义理论为指导,坚持党的基本路线,全面贯彻教育方针,面向现代化,面向世界,面向未来,加快教育的改革和发展,进一步提高劳动者素质,培养大批人才,建立适应社会主义市场经济体制和政治、科技体制改革需要的教育体

---

① 中央教育科学研究所.中华人民共和国教育大事记:1949—1982[M].北京:教育科学出版社,1984:621.

制,更好地为社会主义现代化建设服务。(2)我国教育发展的总目标是:全民受教育水平有明显提高,城乡劳动者的职前职后教育有较大发展,各类专门人才的拥有量基本满足现代化建设的需要,形成具有中国特色的、面向 21 世纪的社会主义教育体系的基本框架,实现教育的现代化。具体目标包括四个方面,其中核心是"两基"——"全国基本普及九年义务教育,基本扫除青壮年文盲。"(3)应采取的政策措施是:深化教育改革,坚持协调发展,增加教育投入,提高教师素质,提高教育质量,注意办学效益,实行分区规划,加强社会参与。(4)指导方针是:"在教育事业发展上,不仅教育的规模要有较大发展,而且要把教育质量和办学效益提高到一个新的水平;在结构选择上,以九年义务教育为基础,大力加强基础教育,积极发展职业技术教育、成人教育和高等教育,把提高劳动者素质和培养初、中级人才列为重点;在地区发展格局上,从各地经济、文化发展不平衡的实际出发,因地制宜,分类指导。鼓励经济、文化发达地区率先达到中等发达国家 80 年代末的教育发展水平,积极支持贫困地区和民族地区发展教育。"

1995 年 3 月 18 日,第八届全国人民代表大会第三次会议通过的《中华人民共和国教育法》规定:"教育必须为社会主义现代化建设服务,必须与生产劳动相结合,培养德、智、体等方面全面发展的社会主义事业的建设者和接班人。"这与 1986 年的《中华人民共和国义务教育法》所提出的教育方针相比,内容更加全面,提法更加新颖,用法律形式明确规定了我国未来教育的性质、方向、途径、目标及其规格。为落实教育优先发展的战略地位,促进教育的改革与发展,建立具有中国特色的社会主义现代化教育制度,维护教育关系主体的合法权益,加速教育法制建设,提供了根本的法律保障,对我国教育发展产生了重大而深远的影响。

1998 年,国务院批转教育部的《面向 21 世纪教育振兴行动计划》(以下简称《行动计划》)提出,到 2000 年,全国基本普及九年义务教育,基本扫除青壮年文盲,大力推进素质教育;完善职业教育培训和继续教育制度;积极稳步发展高等教育,瞄准国家创新体系的目标,培养造就一批高水平的具有创新能力的人才,加强科学研究并使高校高新技术产业为培育经济发展新的增长点作贡献;深化改革,建立起教育新体制的基本框架,主动适应经济社会发展。到 2010 年,在全面实现"两基"目标的基础上,城市和经济发达地区有步骤地普及高中阶段教育,全国人口受教育年限达到发展中国家先进水平;高等教育规模有较大扩展,若干所高校和一批重点学科进入或接近世界一流水平;基本建立起终身学习体系,为国家知识创新体系以及现代化建设提供充足的人才支持和知识贡献。可以说,"三个面向"是《行动计划》的指导思想,科教兴国战略是贯穿《行动计划》的一条主线,具体表现在之后几年建设的若干项工程和开展的多项重点工作,包括启动"跨世纪素质教育工程""跨世纪园丁工程""高层次创造性人才工程""现代远程教育工程""高校高新技术产业化工程""211 工程"。《行动计划》描绘了新世纪教育发展的蓝图。

1999 年,国务院颁发了《关于深化教育改革全面推进素质教育的决定》(以下简称《决定》)。《决定》指出了深化教育改革全面推进素质教育的迫切性,认为在当今世界科学技术突飞猛进,知识经济已见端倪,国力竞争日趋激烈,教育在综合国力的形成中处于基础地位,国力的强弱越来越取决于劳动者的素质,取决于各类人才的质量和数量,这对于培养和造就我国 21 世纪的一代新人提出了更加迫切的要求。而当时我国的教育观念、教育体制、教育结构、人才培养模式、教育内容和教学方法相对滞后,影响了青少年的全面发展,不能适应提高国民素质的需要。这就要求我们必须深化教育改革,全面推进素质教育。

第四节　21 世纪初期的教育方针政策

一、21 世纪初年的教育方针政策

21 世纪伊始,党和国家为了落实《面向 21 世纪教育振兴行动计划》和《中共中央、国务院关于深化教育改革全面推进素质教育的决定》,掀起了中华人民共和国第八次基础教育课程改革。2001 年,国务院作出《关于基础教育改革与发展的决定》,提出"全面贯彻党的教育方针","实施素质教育,促进学生德智体美等全面发展","坚持教育必须为社会主义现代化建设服务,为人民服务,必须与生产劳动和社会实践相结合,培养德智体美等全面发展的社会主义事业建设者和接班人"。同年,教育部印发《基础教育课程改革纲要(试行)》,提出"全面贯彻党的教育方针,全面推进素质教育",强调国家课程标准"应体现国家对不同阶段的学生在知识与技能、过程与方法、情感态度与价值观等方面的基本要求"。这些文件在坚持我国教育方针总体精神的同时,表现出以下四点变化:一是提出了教育必须为人民服务,明确了我国教育的办学方向;二是提出了"素质教育",这既是我国教育方针的落实和具体体现,也是作为人的学生个体发展的内在要求,更是教育改革发展的客观需要;三是强调"德智体美等全面发展",第一次将"美育"列入教育方针;四是明确提出了"知识与技能、过程与方法、情感态度与价值观"的三维课程目标观。这些规定和要求,坚持了正确的发展方向,体现了先进的教育理念,对 21 世纪初年我国基础教育改革与发展起到了积极的指导作用。

与此同时,党和国家根据当时基础教育普及率不断提高和高等教育大众化的发展形势,把提高质量摆在了教育发展的重要日程。2007 年初,教育部、财政部决定实施"高等学校本科教学质量与教学改革工程"(以下简称"质量工程"),指出提高高等教育质量,既是高等教育自身发展规律的需要,也是办好让人民满意的高等教育、提高学生就业能力和创业能力的需要,更是建设创新型国家、构建社会主义和谐社会的需要。质量工程坚持"巩固、深化、提高、发展"的方针,遵循高等教育的基本规律,牢固树立人才培养是高校的根本任务、质量是高校的生命线、教学是高校的中心工作的理念。质量工程的建设目标是:"高等学校教学质量得到提高,高等教育规模、结构、质量、效益协调发展和可持续发展的机制基本形成;人才培养模式改革取得突破,学生的实践能力和创新精神显著增强;教师队伍整体素质进一步提高,科技创新和人才培养的结合更加紧密;高等学校管理制度更加健全;高等教育在落实科教兴国和人才强国战略,建设创新型国家、构建社会主义和谐社会中的作用得到更好的发挥,基本适应我国经济社会发展的需要。"建设内容是:第一,专业结构调整与专业认证。包括大力加强本科专业建设,择优选择和重点建设 3 000 个左右特色专业点;积极探索专业评估制度改革,逐步建立适应职业制度需要的专业认证体系。第二,课程、教材建设与资源共享。包括推进国家精品课程建设,遴选 3 000 门左右课程;启动"万种新教材建设项目"建成一批具有示范作用和服务功能的数字化学习中心。第三,实践教学与人才培养模式改革创新。包括重点建设 500 个左右实验教学示范中心;开展基于企业的大学生实践基地建设试点;实施大学生创新性实验计划,支持 15 000 个由优秀学生进行的创新性试验;择优选择 500 个左右人才培养模式创新实验区。第四,教学团队与高水平教师队伍建设。包括重点遴选和建设一批教学质量高、结构合理的教学团队;每年评选 100 名高等学校教学名师。质量

工程由中央财政专项支持,各地方、各部门和高校积极筹措资金支持质量工程项目的实施,形成学校、地方和中央三级立项建设的体系。质量工程的实施,有利于扩大优质教育资源受益面,形成重视教学、重视质量的良好环境和管理机制,实现高等教育规模、结构、质量和效益协调发展。

二、新时代的教育方针政策

2012 年以来,党的十八大、十九大胜利召开。2020 年,随着脱贫攻坚目标任务的完成,我国全面建成小康社会,社会主要矛盾已经转化为人民日益增长的美好生活需要和不平衡不充分的发展之间的矛盾,中国特色社会主义进入优质而均衡发展的新时代。随着我国教育普及化水平不断提高,社会主义现代化强国建设步伐加快,中华民族伟大复兴事业日益紧迫,科学技术变革突飞猛进,教育、生活和工作环境发生了深刻变革,只有不断调整变革教育方针特别是人才培养目标及其具体要求,才能主动适应外在变化的需要。

(一) 关于教育方针

党的十八大以来,随着义务教育全面普及和高等教育大众化,人们的教育需求从"有学上"向"上好学"转变。同时,网络新媒体迅速普及所引发的教育学习、职业工作、社会生活环境及其方式深刻变化,人才培养面临着新的挑战,党和国家及时制定并颁发了一系列教育方针。习近平总书记多次强调,"培养什么人、怎样培养人、为谁培养人"始终是教育的根本问题,在党的十九大报告中明确提出:"青年一代有理想、有本领、有担当,国家就有前途,民族就有希望。"[①]这是对新时代我国教育"培养什么人"的精准回答。2018 年 9 月 10 日,习近平总书记出席全国教育大会并发表讲话强调,全面贯彻党的教育方针,培养德智体美劳全面发展的社会主义建设者和接班人;高度重视劳动教育,提出"把劳动教育纳入社会主义建设者和接班人的要求之中"。在习近平新时代中国特色社会主义思想的指导下,2021 年修正的《中华人民共和国教育法》规定教育方针为:"教育必须为社会主义现代化建设服务、为人民服务,必须与生产劳动和社会实践相结合,培养德智体美劳全面发展的社会主义建设者和接班人。""劳动教育"第一次被写入教育法,并重新回到各级各类学校课程体系中,具有了与德智体美四育(课程)同等的法律地位。

(二) 关于培养目标

培养目标是教育方针的主要内容,直接回答"培养什么人"的问题。党的十八大以来,我国多次调整改革人才培养目标规格。2014 年 3 月,教育部印发《关于全面深化课程改革　落实立德树人根本任务的意见》,提出"立德树人是发展中国特色社会主义教育事业的核心所在,是培养德智体美全面发展的社会主义建设者和接班人的本质要求",要求"研究制订学生发展核心素养体系和学业质量标准。要根据学生的成长规律和社会对人才的需求,把对学生德智体美全面发展总体要求和社会主义核心价值观的有关内容具体化、细化"。从此我国教育走向核心素养培育时代。之后,北京师范大学等单位受教育部委托历时两年研究,于 2016 年 9 月发布《中国学生发展核心素养》总体框架。该框架以培养"全面发展的人"为核心,包括"文化基础、自主发展、社会参与"三个方面和"人文底蕴、科学精神、学会学习、健康生活、责任担当、实践创新"六大素养,具体细化为"国家认同"等 18 个基本要点。2017 年 9 月,中共中央办公厅、国务院办公厅印发《关于深化教育体制机制改革的意见》,明确提出要注重培养学生支撑终身发展、适应时代要求的认知

---

① 习近平. 决胜全面建成小康社会　夺取新时代中国特色社会主义伟大胜利[M]. 北京:人民出版社,2017:70.

能力、合作能力、创新能力、职业能力,使核心素养的内容更加具体明确。2022 年 3 月,教育部公布的《义务教育课程方案(2022 年版)》中"全面落实习近平总书记关于培养担当民族复兴大任时代新人的要求,结合义务教育性质及课程定位,从有理想、有本领、有担当三个方面,明确义务教育阶段时代新人培养"和"学生适应未来发展的正确价值观、必备品格和关键能力"等核心素养培育的具体内容要求①,明确把"培养德智体美劳全面发展的社会主义建设者和接班人"作为义务教育培养目标和新时代基础教育的总育人目标。

(三) 关于"双一流"高校建设

2015 年 10 月,在多年实施"211 工程"、"985 工程"、"优势学科创新平台"和"特色重点学科项目"等的基础上,为统筹推进世界一流大学和一流学科(简称"双一流"建设)建设,实现我国从高等教育大国到高等教育强国的历史性跨越,国务院印发《统筹推进世界一流大学和一流学科建设总体方案》。2017 年 1 月,为贯彻落实党中央、国务院关于建设世界一流大学和一流学科的重大战略决策,根据国务院《统筹推进世界一流大学和一流学科建设总体方案》,教育部、财政部、国家发展改革委印发《统筹推进世界一流大学和一流学科建设实施办法(暂行)》,对"双一流"高校建设作了具体部署。两份文件精神的主要内容是:

(1)"双一流"建设的总体目标:到 2020 年,若干所大学和一批学科进入世界一流行列,若干学科进入世界一流学科前列;到 2030 年,更多的大学和学科进入世界一流行列,若干所大学进入世界一流大学前列,一批学科进入世界一流学科前列,高等教育整体实力显著提升;到本世纪中叶,一流大学和一流学科的数量和实力进入世界前列,基本建成高等教育强国。

(2)"双一流"建设的任务:建设一流师资队伍、培养拔尖创新人才、提升科学研究水平、传承创新优秀文化、着力推进成果转化。

(3)"双一流"支持措施:中央高校开展世界一流大学和一流学科建设所需经费由中央财政支持;纳入世界一流大学和一流学科建设范围的地方高校,所需资金由地方财政统筹安排,中央财政予以引导支持。建设高校要积极争取社会各方资源,形成多元支持的长效机制。

(四) 关于全国教育大会

2018 年 9 月 10 日,新时代第一次全国教育大会在北京召开。习近平总书记出席会议并发表重要讲话,论述了教育的定位、教育的首要问题和根本任务、教育发展的宝贵经验以及教师队伍建设等重大教育理论与实践问题,指导着我国新时代教育发展。

1. 关于教育的定位

习近平总书记强调,教育是民族振兴、社会进步的重要基石,是功在当代、利在千秋的德政工程,对提高人民综合素质、促进人的全面发展、增强中华民族创新创造活力、实现中华民族伟大复兴具有决定性意义。教育是国之大计、党之大计。

2. 关于教育的首要问题和根本任务

习近平总书记指出,培养什么人,是教育的首要问题。我国是中国共产党领导的社会主义国家,这就决定了我们的教育必须把培养社会主义建设者和接班人作为根本任务,培养一代又一代拥护中国共产党领导和我国社会主义制度、立志为中国特色社会主义奋斗终身的有用人才。这是教育工作的根本任务,也是教育现代化的方向目标。

---

① 中华人民共和国教育部. 义务教育课程方案:2022 年版[M]. 北京:北京师范大学出版社,2022:2-3。

3. 关于教育发展的宝贵经验

关于教育发展的宝贵经验,习近平总书记总结为"9个坚持":坚持党对教育事业的全面领导,坚持把立德树人作为根本任务,坚持优先发展教育事业,坚持社会主义办学方向,坚持扎根中国大地办教育,坚持以人民为中心发展教育,坚持深化教育改革创新,坚持把服务中华民族伟大复兴作为教育的重要使命,坚持把教师队伍建设作为基础工作。

4. 关于教师队伍建设

习近平总书记指出,教师是人类灵魂的工程师,是人类文明的传承者,承载着传播知识、传播思想、传播真理,塑造灵魂、塑造生命、塑造新人的时代重任。人民教师无上光荣,每个教师都要珍惜这份光荣,爱惜这份职业,严格要求自己,不断完善自己。做老师就要执着于教书育人,有热爱教育的定力、淡泊名利的坚守。全党全社会要弘扬尊师重教的社会风尚,努力提高教师政治地位、社会地位、职业地位,让广大教师享有应有的社会声望,在教书育人岗位上为党和人民事业作出新的更大的贡献。

(五)关于教育现代化

进入21世纪,随着义务教育全面普及和高等教育大众化,加快推进教育现代化变得越来越迫切和必要,越来越可能实现。2019年2月,中共中央、国务院印发了《中国教育现代化2035》,其主要内容包括:

1. 指导思想、基本理念和基本原则

(1)指导思想。以习近平新时代中国特色社会主义思想为指导,全面贯彻党的十九大和十九届二中、三中全会精神,坚定实施科教兴国战略、人才强国战略,紧紧围绕统筹推进"五位一体"总体布局和协调推进"四个全面"战略布局,坚定"四个自信",在党的坚强领导下,全面贯彻党的教育方针,坚持马克思主义指导地位,坚持中国特色社会主义教育发展道路,坚持社会主义办学方向,立足基本国情,遵循教育规律,坚持改革创新,以凝聚人心、完善人格、开发人力、培育人才、造福人民为工作目标,培养德智体美劳全面发展的社会主义建设者和接班人,加快推进教育现代化、建设教育强国、办好人民满意的教育。将服务中华民族伟大复兴作为教育的重要使命,坚持教育为人民服务、为中国共产党治国理政服务、为巩固和发展中国特色社会主义制度服务、为改革开放和社会主义现代化建设服务,优先发展教育,大力推进教育理念、体系、制度、内容、方法、治理现代化,着力提高教育质量,促进教育公平,优化教育结构,为决胜全面建成小康社会、实现新时代中国特色社会主义发展的奋斗目标提供有力支撑。

(2)基本理念。更加注重以德为先,更加注重全面发展,更加注重面向人人,更加注重终身学习,更加注重因材施教,更加注重知行合一,更加注重融合发展,更加注重共建共享。

(3)基本原则。坚持党的领导、坚持中国特色、坚持优先发展、坚持服务人民、坚持改革创新、坚持依法治教、坚持统筹推进。

2. 总体目标和主要发展目标

(1)总体目标。到2035年,总体实现教育现代化,迈入教育强国行列,推动我国成为学习大国、人力资源强国和人才强国,为到本世纪中叶建成富强民主文明和谐美丽的社会主义现代化强国奠定坚实基础。

(2)主要发展目标。建成服务全民终身学习的现代教育体系、普及有质量的学前教育、实现优质均衡的义务教育、全面普及高中阶段教育、职业教育服务能力显著提升、高等教育竞争力明

显提升、残疾儿童少年享有适合的教育、形成全社会共同参与的教育治理新格局。

3. 战略任务

（1）学习习近平新时代中国特色社会主义思想。

（2）发展中国特色世界先进水平的优质教育。

（3）推动各级教育高水平高质量普及。

（4）实现基本公共教育服务均等化。

（5）构建服务全民的终身学习体系。

（6）提升一流人才培养与创新能力。

（7）建设高素质专业化创新型教师队伍。

（8）加快信息化时代教育变革。

（9）开创教育对外开放新格局。

（10）推进教育治理体系和治理能力现代化。

4. 实施路径

（1）总体规划，分区推进。

（2）细化目标，分步推进。

（3）精准施策，统筹推进。

（4）改革先行，系统推进。

5. 保障措施

（1）加强党对教育工作的全面领导。

（2）完善教育现代化投入支撑体制。

（3）完善落实机制。

思考练习

1. 试述中华人民共和国成立以来教育方针政策的发展演变。

2. 以基础教育为例，说说中华人民共和国不同时期教育方针政策对其教育内容、课程设置及教育方式的影响。

拓展训练

深入中小学校，做一次关于基础教育新课程改革的社会调查。

第十七章　中华人民共和国的教育制度

【学习目标】

1. 把握中华人民共和国两个学制的内容及其特点。
2. 了解中华人民共和国几次学制改革的具体情形。
3. 了解中华人民共和国教育行政制度演变的过程及其特点。

【知识列表】

中华人民共和国的教育制度	学制沿革	中华人民共和国成立初期的教育制度
		20 世纪 50 年代后期至 70 年代的学制
		改革开放新时期的学制改革
		21 世纪初期的学制改革
	教育行政制度	中央教育行政制度
		地方教育行政制度

【导言】　本章主要叙述了自 1949 年中华人民共和国成立以来各个时期的学制和教育行政制度。我国学制经过从 20 世纪 50 年代以来几个时期的发展变革而成为现行状况,中央和地方教育行政制度也在不断探索中进行调整变革和完善。

第一节　学制沿革

一、中华人民共和国成立初期的教育制度

(一) 1951 年学制

1949 年 9 月 29 日中国人民政治协商会议第一届全体会议通过的《共同纲领》提出应有计划、有步骤地改革旧的教育制度,1951 年,中央人民政府政务院第 97 次政务会议通过了《关于改革学制的决定》。该文件将教育阶段划分为幼儿教育、初等教育、中等教育和高等教育。

1. 幼儿教育

实施幼儿教育的组织为幼儿园,接收 3—7 周岁的幼儿。幼儿教育的目标是使幼儿的身心在进入小学前获得健全的发育。幼儿园应在有条件的城市中首先设立,然后逐步推广。

2. 初等教育

初等教育包括儿童的初等教育和青年、成人的初等教育。对儿童实施初等教育的组织为小学,应给儿童以全面的基础教育。对自幼失学的青年和成人实施初等教育的学校为工农速成初等学校、业余初等学校和识字学校(冬学、识字班)。

小学的修业年限为 5 年,实行一贯制,取消初、高两级的分段制。入学年龄以 7 周岁为标准。毕业后,需经过考试升入中学或其他中等学校。为使不能升学的小学毕业生继续受到适当的教育,小学应附设各种补习班或专业训练班。受过这种补习班或专业训练班教育的学生需经过考试插入中等学校的适当班次。

工农速成初等学校的修业年限为 2~3 年,招收工农干部和其他失学劳动者,施以相当于小学程度的教育;毕业后需经过考试升入工农速成中学或其他中等学校。业余初等学校招收工农劳动者和其他青年和成人,施以相当于小学程度的业务教育,修业年限暂不规定,学完规定的课程后毕业;毕业后需经过考试升入业余中学或其他中等学校。识字学校以扫除文盲为目的,修业年限不定。

此外,为使不能升学的小学毕业生能继续受到适当的教育,小学将附设各种补习班或专业训练班,受过这种补习班或训练班教育的学生得经过考试插入中等学校的适当班次学习。

《关于改革学制的决定》颁布后,1951 年 10 月,马叙伦指出小学教育是本次学制改革的重点,"对于小学五年制的实施,应在 1952 年开始,从小学一年级改起,以后按照各年级程序,逐年改革,最迟需在五年内全部完成"①。1952 年 3 月,教育部颁发了《小学暂行规程(草案)》和《中学暂行规程(草案)》。《小学暂行规程(草案)》在小学学制方面规定:"小学修业年限定为五年,小学儿童入学年龄以七足岁为标准。如有特殊情况,得酌予变通处理。"为了普及小学教育,各地为适应特殊需要,可以采取灵活多样的方法,如"二部制小学、季节性小学或举办半日制和巡回制的等

---

① 中小学教育政策法令选编(1949—1966)上册,北京师范大学教育科学研究所 1979 年内部发行,第 26 页.

形式的小学"。《中学暂行规程（草案）》在中学学制方面规定,初级中学的入学年龄为十二足岁,各地得根据具体情况予以变通。初级中学的入学条件是"凡小学毕业或具有同等学力者,得报考初级中学,经入学试验取者,均得入学"。1952年11月,教育部根据政务院《关于改革学制的决定》和北京师范大学第一附属小学等6所学校进行的五年一贯制的试验情况,发出《关于小学实施五年一贯制的指示》,规定"除了一部分少数民族地区、游牧区及个别经济文化特别落后的地区,可以推迟实施外,其他地区,不分城乡,争取到1957年秋季,小学全部改为五年一贯制"①。

1953年11月,政务院会议通过的《政务院关于整顿和改进小学教育的指示》指出:"关于小学五年一贯制,从执行情况看来,由于师资、教材等条件准备不足,不宜继续推行。因此已从本学年起,一律暂行停止推行。小学学制仍沿用四二制,分初、高两级。初级修业期限四年,高级修业期限二年。"至此,小学五年一贯制推行仅一年,就因师资、教材等条件准备工作不充分而宣告结束。

3. 中等教育

实施中等教育的学校为各种中等学校,即中学、工农速成中学、业余中学和中等专业学校。中学、工农速成中学和业余中学应给学生以全面的普通文化知识教育;中等专业学校按照国家建设需要,实施各类中等专业教育。

中学。修业年限为6年,分初、高两级,三三分段,均单独设立。教学内容采取一贯制的精神设置,同时照顾到分段的需要。初级中学招收小学毕业生或同等学力者,入学年龄以12周岁为标准;毕业后需经过考试升入高级中学或其他同等中等专业学校。高级中学招收初级中学毕业生或具有同等学力者,入学年龄以15周岁为标准;毕业后需经过考试升入各种高等学校。初级中学和高级中学的不升学的毕业生应在政府指导下就业。

工农速成中学。修业年限为3～4年,招收参加革命斗争和生产工作达规定年限并具有相当于小学毕业程度的工农干部和产业工人,施以相当于中学程度的教育,毕业后需经过考试升入各种高等学校。

业余中学。分初、高两级,修业年限各为3～4年,均单独设立,分别招收业余初等学校或业余初级中学的毕业生或具有同等学力者,施以相当于初级中学或高级中学程度的教育,入学年龄不作统一规定。业余初级中学的毕业生需经过考试升入高级中学、业余高级中学或同等的中等专业学校;业余高级中学的毕业生需经过考试升入各种高等学校。

中等专业学校。包括中等技术学校、中等师范学校和中等医药及其他学校。技术学校(工业、农业、交通、运输等)分中级和初级两类。中级技术学校的修业年限为2～4年,招收初级中学毕业生或具有同等学力者;入学年龄不作统一规定。初级技术学校的修业年限为2～4年,招收小学毕业生或具有同等学力者;入学年龄不作统一规定。初级技术学校和技术学校的毕业生应在生产部门服务;在服务期满规定年限后,需经过考试,分别升入技术学校、高级中学或各种高等学校。各类技术学校应附设短期技术训练班或技术补习班。师范学校包括中等师范学校、初级师范学校和幼儿师范学校。中等师范学校的修业年限为3年,招收初级中学毕业生或具有同等学力者;入学年龄不作统一规定。初级师范学校的修业年限为3～4年,招收小学毕业生或具有同等学力者;入学年龄不作统一规定。师范学校和初级师范学校均应附设师范速成班,修业1年,招收初级中学毕业生或具有同等学力者,并应附设小学教师进修班吸收在职小学教师加以训

① 苏渭昌,雷克啸,章炳良.中国教育制度通史:第8卷[M].济南:山东教育出版社,2000:92.

练。幼儿师范学校的修业年限和招生条件相当于中等师范学校。中等幼儿师范学校和初级幼儿师范学校均应附设幼儿师范科。初级师范学校、师范学校和幼儿师范学校的毕业生,应在小学或幼儿园服务;在服务期满规定年限后需经过考试分别升入师范学校、高级中学、师范学院或其他高等学校。医药及其他中等专业学校(贸易、银行、合作、艺术等)的修业年限、招生条件等,参照技术学校的规定。

4. 高等教育

实施高等教育的学校为各种高等学校,即大学、专门学院和专科学校。高等学校应在全面的普通文化知识教育的基础上给学生以高级的专门教育,为国家培养具有高级专门知识的建设人才。大学和专门学院的修业年限为3~5年(师范学院的修业年限为4年),招收高级中学及同等学校毕业生或具有同等学力者,入学年龄不作统一规定。专科学校的修业年限为2~3年,招收高级中学及同等学校毕业生或具有同等学力者,入学年龄不作统一规定。各种高等学校应附设专修科,修业年限为1~2年,招收高级中学及同等学校毕业生或具有同等学力者,入学年龄不作统一规定。大学和专门学院应设研究部,修业年限为2年以上,招收大学及旁门学院毕业生或具有同等学力者,与中国科学院及其他研究机构配合,培养高等学校的师资和科学研究人才。各种高等学校应附设先修班或补习班以便利工农干部、少数民族学生及华侨子女等入学。高等学校毕业生由政府统一分配工作。

《关于改革学制的决定》还规定设立各级政治学校、政治训练班,各级各类补习学校和函授学校以及聋校、盲校等学校,以适应青年知识分子和旧知识分子革命的政治教育,工农干部及广大人民群众广泛的政治学习和业务学习,生理上有缺陷的儿童、青年和成人的教育需要。中华人民共和国1951年学制系统图如图17-1所示。

(二) 1951年学制的特点与问题

1951年学制体现出的特点主要有以下几点:(1) 人民性和平等性。"它明确地和充分地保障了全国人民,尤其是工农劳动人民和工农干部受教育的机会,使城乡人民群众的子女能够平等地受到完全的基础教育",使失学的工农劳动者、工农干部、其他青年和成人能够接受各种形式和层次的教育,反映了"学校向工农开门"的方针,反映广大工农大众的教育要求。(2) 革命性。1951年学制考虑到革命干部受教育的要求和对广大知识分子与人民群众革命政治教育的需要,确立了各种形式的干部学校和政治学校在学校系统中的地位。(3) 灵活性。在初等教育和中等教育阶段,学校类型、修业年限、入学年龄等方面都有各种不同的规定,适应了我国各地区文化教育发展状况和不同年龄、不同文化程度的人的教育需求。(4) 专业性。以专业教育代替职业教育,确立各种技术学校在学制系统中的突出地位,反映了教育要适应国家各项建设工作的广泛需要。

1951年学制在实施中也存在一些问题:(1) 缩短了小学修业年限,实行五年一贯制,不分段。这明显受苏联学制的影响,但由于我国经济和文化基础与苏联不同,再加上师资、教材、校舍等条件准备不足,五年一贯制在绝大部分地区很难推行。对此,《政务院关于整顿和改进小学教育的指示》实际上恢复了壬戌学制的规定。(2) 加强工农教育是必要的,但速成化被证明是不妥当的。经过几年的努力,工农干部和产业工人的文化水平有所提高,1955年7月,教育部、高等教育部联合发出通知,指示工农速成中学于1955年秋季起停止招生。

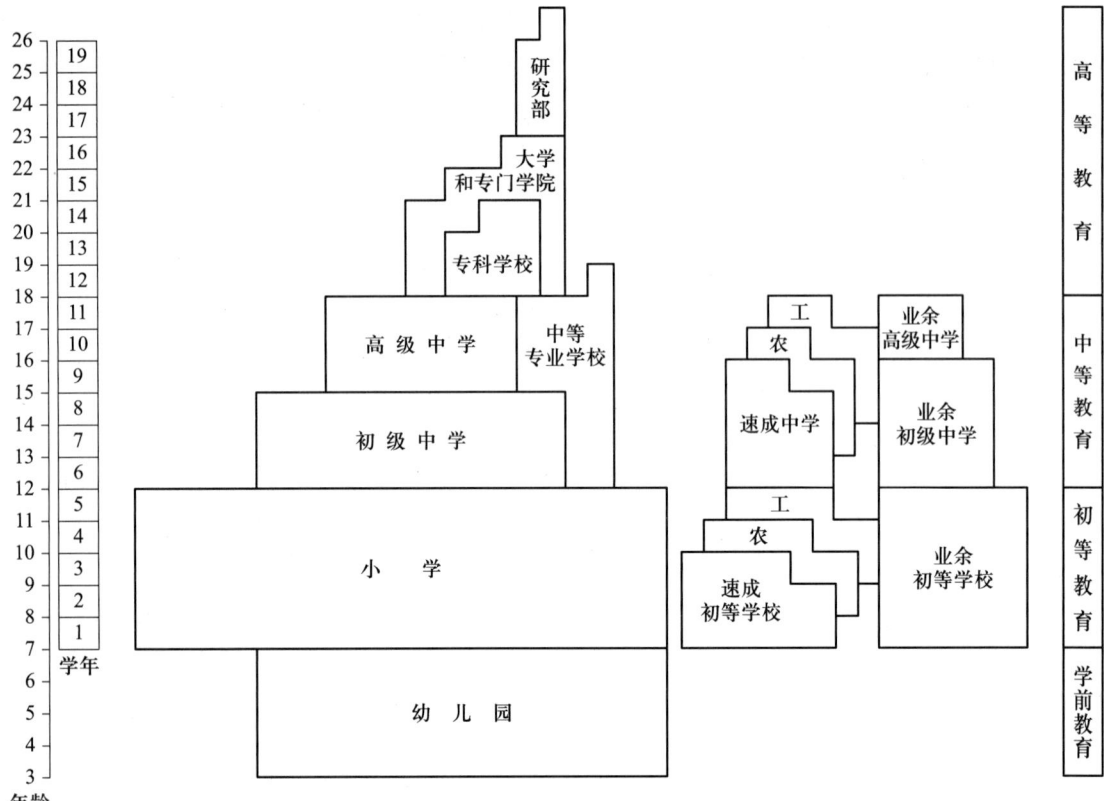

图 17 - 1   中华人民共和国 1951 年学制系统图①

二、20 世纪 50 年代后期至 70 年代的学制

(一)"大跃进"期间的学制改革试验

1957 年 3—4 月,高等教育部、教育部为研究学制改革问题联合邀请北京 60 多位专家、学者和教师举行座谈会。此后,《文汇报》《教师报》《人民教育》等报刊发表有关文章,开展关于学制改革的讨论。② 这些活动对当时的学制改革具有推动作用。

1959 年 5 月 24 日,中共中央、国务院颁发《关于试验改革学制的规定》,指出"学制试验必须有组织、有领导地进行"③,并作出如下规定:(1) 各省、市、自治区党委和教育行政部门应当有领导、有计划地指定个别(不是大量的)小学、普通中学进行改革学制的试验。未经批准的学校不得进行试验。(2) 高等学校和中等专业学校如改变修业年限,须经中央教育部等中央有关部门和省、市、自治区批准。凡未经批准的都不许改变修业年限。(3) 中央教育部在 1961 年年底前向中共中央和国务院提出改革学制的初步方案。(4) 在中共中央和国务院规定新的学制以前,各级各类全日制学校一般应当执行现行学制和修业年限。1958 年 9 月,中共中央、国务院在《关于

---

① 《中国教育地图集》编纂委员会. 中国教育地图集[M]. 上海:上海科学技术出版社,1995:15.

② 金铁宽. 中华人民共和国教育大事记[M]. 济南:山东教育出版社,1995:389.

③ 《中国教育年鉴》编辑部. 中国教育年鉴:1949—1981[M]. 北京:中国大百科全书出版社,1984:690.

教育工作的指示》中提出："现行的学制是需要积极地和妥当地加以改革的,各省、市、自治区的党委和政府有权对学制积极进行典型试验,并报告中央教育部。经过典型试验取得充分的经验之后,应当规定全国通行的新学制。"1960 年 2 月,教育部先后召开座谈会,研究改革中小学学制等问题,向中央提出了改革学制的意见:中小学学习年限由 12 年缩短为 10 年;小学实行五年一贯制,6 岁入学;课程逐级下放和合并,提高主要学科的知识水平。同年 4 月,第二届全国人民代表大会第二次会议提出要进行大规模的学制改革试验,适当缩短年限,适当提高程度。在此期间,各地进行了较大规模的中小学学制改革试验。据 27 个省、市、自治区的统计,各地进行学制改革试验的学校中,小学总计 92 341 所,占这些地区小学总数的 14.77%;中学总计 3 495 所,占这些地区中学总数的 18.67%。各地试验的学制有:小学五年一贯制;中学四年一贯制、五年一贯制、三二制、二二制;初中二年制,高中二年分科制,高中三年分科制;中小学五四二制、九二制、七年一贯制、九年一贯制、十年一贯制;等等。

　　这个时期学制改革的一个重大事件是"两种教育制度"的提出和实施。1958 年 5 月,刘少奇在中共中央政治局扩大会议上正式提出建立全日制和半工(农)半读制并列的"两种教育制度、两种劳动制度"的主张,得到中共中央和毛泽东的赞同与支持。半工(农)半读教育制度被作为尽快扫除文盲、普及教育、培养工农知识分子的有效途径,同时被作为贯彻党的教育方针和"两条腿走路"的办学方针的有力措施。在这一年里,全国各地在办好全日制学校的同时,相继创办了各种类型的半工(农)半读学校和业余学校,出现了两种教育制度并存的新局面。1958 年 9 月,中共中央、国务院在《关于教育工作的指示》中提出办学形式多样化,建立三类主要学校:全日制学校、半工半读学校和业余学校。[①] 由于受 1958 年教育革命和"大跃进"的影响,半工(农)半读教育出现了不顾客观条件、急躁冒进的情况,在三年经济困难时期,各种类型的半工(农)半读学校大多停办。1964 年 5 月,半工(农)半读教育制度被再次提出,成为"反修防修""防止资本主义复辟"的措施。此后,全国半工(农)半读学校迅猛发展,形成高潮。据不完全统计,到 1965 年,初步形成从小学到大学的半工(农)半读教育体系。[②] 全国半工半读学校已达 4 000 余所,在读学生 80 多万人。

(二)调整和整顿时期的学制

　　面对"大跃进"给教育事业带来的不良影响,1960 年冬,中共中央开始纠正农村工作中的"左"倾错误,并决定对国民经济实施"调整、巩固、充实、提高"的八字方针。1961 年 2 月,教育部召开新学制试验学校座谈会,提出缩小试验规模,减小试验程度,停止中小学九年一贯制试验。

　　1963 年 3 月 23 日,中共中央印发《全日制小学暂行工作条例(草案)》(简称"小学四十条")和《全日制中学暂行工作条例(草案)》(简称"中学五十条"),适用于全日制中小学,要求中小学必须根据教育部统一规定的教学计划、教学大纲和教科书进行教学。[③] 教育部在 1963 年 4 月颁发试行《高等学校培养研究生工作暂行条例(草案)》,规定研究生分脱产学习和在职学习两种,学习期限一般分别为 3 年和 4 年。[④] 1961—1963 年的调整和反思虽然基本扭转了课程编写与实施中

---

① 《中国教育年鉴》编辑部.中国教育年鉴:1949—1981[M].北京:中国大百科全书出版社,1984:689.
② 方晓东,滕纯.刘少奇"两种教育制度、两种劳动制度"思想研究述评[J].教育研究,1997(7):11-17.
③ 顾明远.教育大辞典[M].上海:上海教育出版社,1998:1704.
④ 顾明远.教育大辞典[M].上海:上海教育出版社,1998:970.

的混乱局面,但仍存在一些问题,如某些地区反映的教材内容深、分量重、教材难等问题。

1961年2月,教育部召开新学制试验学校座谈会,提出缩小试验规模,减小试验程度,停止中小学九年一贯制试验。到1965年,23个省、自治区、直辖市中共有试验五年制的中学约100所,都是城市完全中学,绝大多数试验三二分段,个别试验五年一贯制。从22个省、自治区、直辖市中选定43所中小学,大胆进行包括学制改革在内的"大改"试验。各地相继举办了许多半工半读中小学和农业中学、工业中学、手工业中学等新型学校。据不完全统计,到1965年,全国半工半读学校已达4000余所,学生80多万人,农业中学及其他职业中学61 626所。

在全面建设社会主义时期的10年中,我国各地对学制做了许多改革尝试,获得了一些值得重视的经验:中央对学制改革非常重视,这有利于推动学制改革的进行;重视对学制改革中的某些问题进行研究,特别是中央教育行政部门每年都组织关于学制改革的讨论或工作总结,成立专门的学制研究组织来研究学制,对学制改革采取较为慎重的态度;关于两种教育制度的探索有利于文化教育的普及。在这一时期的学制探索中表现出的问题是:初期存在学制改革试验规模过大、盲目、无序、科学性不足的现象;后期出现行政控制过严的情况;没有发挥好专家和一线教育工作者探索的积极性和创造性。[1]

(三)"文化大革命"时期的学制变革

早在1964年,毛泽东就提出了"学制可以缩短"的要求。1966年5月7日,他又提出:"学制要缩短,教育要革命。"[2]1968年7月21日,毛泽东再次强调了这种观点。[3] 这些谈话成为"文化大革命"时期我国大中小学学制改革的指导思想。1970年6月27日,中共中央批转《北京大学、清华大学关于招生(试点)的请示报告》。该文件提出,学制,根据各专业具体要求,分别为2~3年,招收"政治思想好、身体健康、具有三年以上实践经验,年龄在20岁左右、有相当于初中以上文化程度的工人、贫下中农,解放军战士和青年干部。有丰富实践经验的工人、贫下中农,不受年龄和文化程度的限制。还要注意招收上山下乡和回乡知识青年。""实行群众推荐、领导批准和学校复审的办法。"[4]10月15日,国务院通知各地高等学校照此意见执行。这些意见后来反映在1971年8月13日中共中央批转的《全国教育工作会议纪要》中。

"文化大革命"期间,全国学制改革的情况是:高等学校实行二至三年制;在中小学学制中,有14个省、自治区实行九年制(小学5年,初中2年,高中2年),7个省、市、自治区实行十年制(小学5年,初中3年,高中2年,或小学6年,中学4年),9个省、自治区农村学校实行九年制、城市学校实行十年制,西藏自治区实行小学5年和6年并存、初中3年制[5];中等专业学校实行2~3年制,招收具有2年以上实践经验、年龄在20岁以内、具有初中毕业文化程度的工农知识青年;技工学校实行2年制,招收相当于初中文化程度的经过一两年劳动锻炼的知识青年或应届初中毕业生。[6] 各级各类学校招生都采取推荐免试入学的办法。

1969年1月27日,《红旗》第2期发表调查报告,介绍甘肃省兰州市第五中学教育改革的经

---

① 廖其发.当代中国学制改革的发展历程与经验教训[J].南京晓庄学院学报,2004(2):9-16,35.
② 中央教育科学研究所.中华人民共和国教育大事记:1949—1982[M].北京:教育科学出版社,1984:399.
③ 中央教育科学研究所.中华人民共和国教育大事记:1949—1982[M].北京:教育科学出版社,1984:419.
④ 中央教育科学研究所.中华人民共和国教育大事记:1949—1982[M].北京:教育科学出版社,1984:433.
⑤ 中央教育科学研究所.中华人民共和国教育大事记:1949—1982[M].北京:教育科学出版社,1984:454.
⑥ 中央教育科学研究所.中华人民共和国教育大事记:1949—1982[M].北京:教育科学出版社,1984:451.

验。同年 5 月 12 日，《人民日报》发表了吉林省梨树县《农村中小学大纲》。这两份材料提出把中小学下放到工厂、社队办，实行九年一贯制，小学开设政治语文、算术、革命文艺、军事体育、劳动五门课程；中学开设毛泽东思想、工(农)业基础、革命文艺、军事体育、劳动五门课程。

这一时期学制改革的事件还有"五七中学"和"七二一大学"的创办。"文化大革命"爆发后，一方面把刘少奇提出的"两种教育制度"说成资本主义国家"双轨制"教育的翻版，把半工半读学校说成资产阶级的职业学校；另一方面遵照"五七指示"和"七二一指示"，办起了具有职业教育性质的"五七中学"(或"五七大学""五七农校"等)和"七二一大学"。据统计，到 1976 年上半年，全国共有"七二一大学"15 000 多所，学生 780 000 余人。①

自 1958 年以来，特别是"文化大革命"时期的学制改革具有如下特点：(1)受极"左"路线影响，似乎修业年限越短越革命越好，课程越少越浅越好，甚至用领袖语录、阶级斗争、生产劳动取代了正常的文化科学技术课程。(2)搞群众运动，缺乏科学、严肃的态度和方法，导致学制呈现出混乱状态。(3)实行推荐免试入学，降低入学条件和标准，不仅给教学带来极大困难，而且极大地降低了各级学校的教育质量和学生的文化水平。

三、改革开放新时期的学制改革

1977 年，邓小平就学制改革提出了以下意见：一是"先恢复小学五年中学五年，以后再进一步研究"②；二是"大学学制本科一般定为四年"，医科以及其他个别专业可以长一些③；三是停止群众推荐，恢复高等学校通过考试择优录取，从高中毕业生中直接招生的办法④；四是"要办重点小学、重点中学、重点大学"⑤；五是"扩大农业中学、各种中等专业学校、技工学校的比例"，大力发展中等职业教育⑥。这些意见对于改革开放新时期学制改革发挥了重要的指导作用。

(一) 中小学教育以"六三三"制为主，其他学制并存

1978 年 1 月，教育部颁布《全日制十年制中小学教学计划(试行草案)》，拉开了新时期学制改革的序幕。这个计划统一规定中小学学制为十年，其中，小学五年，中学五年，三二分段；否定了自 1958 年以来实行的中学四年制。1980 年 12 月，中共中央、国务院在《关于普及小学教育若干问题的决定》中指出："中小学学制，准备逐步改为十二年。今后一段时期，小学学制可以五年制与六年制并存，城市小学可以先试行六年制，农村小学学制暂时不动。教育部应当尽快提出学制改革方案，确定统一的基本学制。"这是中央关于学制改革的一个重大决策，否定了过去那种学制越短越革命的极"左"思想，完成了学制改革指导思想上的拨乱反正任务。1981 年 3 月，教育部发出通知，要求各地从实际条件出发，有计划、有准备、有步骤地将五年制中学过渡为六年制中学。小学学制也准备逐步改为六年制。1981 年 4 月 7 日，教育部发布的《〈全日制六年制重点中学教学计划试行草案、全日制五年制中学教学计划试行草案的修订意见〉的通知》中规定："中学学制定为六年。由五年制向六年制过渡……多数地区可争取在 1985 年前，把中学学制改为六

①　中央教育科学研究所.中华人民共和国教育大事记：1949—1982[M].北京：教育科学出版社，1984：475.
②　邓小平.邓小平文选：1975—1982[M].北京：人民出版社，1983：52.
③　邓小平.邓小平文选：1975—1982[M].北京：人民出版社，1983：66.
④　邓小平.邓小平文选：1975—1982[M].北京：人民出版社，1983：52.
⑤　邓小平.邓小平文选：1975—1982[M].北京：人民出版社，1983：37.
⑥　邓小平.邓小平文选：1975—1982[M].北京：人民出版社，1983：105.

年。"1981年10月31日,教育部颁发《幼儿园教育纲要》,提出幼儿教育是社会主义教育的组成部分。此后,各地大多恢复了壬戌学制所规定的"六三三"分段的中小学学制。1986年《义务教育法》规定:"国家实行九年制义务教育。""义务教育可以分为初等教育和初级中等教育两个阶段。""初等教育和初级中学教育的学制,由国务院教育主管部门制定。"之后,各地纷纷进行了学制改革试验。

1995年3月18日,第八届全国人民代表大会第三次会议通过的《中华人民共和国教育法》提出:"国家实行学前教育、初等教育、中等教育、高等教育的学校教育制度。""国家建立科学的学制系统。""国家实行九年制义务教育制度。""国家实行职业教育制度和成人教育制度。""国家建立和完善终身教育体系。"这从法律上明确规定了我国的学制及其系统构成。1996年3月9日,国家教委颁发《幼儿园工作规程》对幼儿园的性质进行了新的阐释,一改幼儿园是"学校教育的预备阶段""为入小学打好基础"的提法,明确指出幼儿园是对3周岁以上学龄前幼儿实施保育和教育的机构,是"基础教育的有机组成部分,是学校教育制度的基础阶段"。同日,国家教委颁发《小学管理规程》,规定小学实施初等义务教育,小学的修业年限为6年或5年;省、自治区、直辖市可根据实际情况确定本行政区域内的小学修业年限;要求小学教育要同学前教育和初中阶段的教育相互衔接。教育部2001年颁布的《幼儿园教育指导纲要(试行)》规定,幼儿园招收3—6周岁(或7周岁)适龄幼儿,一般为3年制,亦可设1年制或2年制。可分为全日制、半日制、定时制、季节制和寄宿制等。幼儿园每班人数为:小班(3—4岁)25人,中班(4—5岁)30人,大班(5—6或7岁)35人,混合班30人。

目前,我国小学和初中的学制年限有"六三"制、"五四"制、"五三"制和九年一贯制等多种形式;小学一般为六年,中学一般为初中三年、高中三年。但小学五年、初中四年、高中三年的五四三制也有一定影响。

(二)中等专业教育学制多样化

1977年恢复了中等专业学校招生考试制度,学制等其他具体制度由各地自行制定,但其修业年限仍实行两年制。1978年6月,国务院批转的教育部《关于1978年中等专业学校招生工作的意见》指出,在学习年限方面,规定工科3~4年,其他专业3年;具有高中文化程度者,学习年限可以适当缩短。

1980年4月,全国中等专业教育工作会议提出中等专业教育学制可以多样化,招收初中毕业生的一般为4年,个别为5年,有的专业仍保持3年;招收高中毕业生的一般为2年,医科和工科有些专业可为2.5年或3年。8月,教育部下发《关于办好中等师范教育的意见》,确定中等师范学校的学制为两年制、三年制和四年制三种形式,其中三年制和四年制招收初中毕业生和具有同等学力者,两年制招收民办教师。1980年9月,教育部、国家劳动总局在《关于中等教育结构改革的报告》中提出将一部分普通中学改办为职业(技术)学校、职业中学、农业中学。在此精神指导下,全国创办了大量修业年限为2~3年的职业中学、农业中学,改变了中等教育结构不合理的状况。国务院1980年10月8日批转的《全国中等专业教育工作会议纪要》提出:"中专学制可以多样化:招收初中毕业生,一般为四年,个别五年,有的专业仍保持三年;招收高中毕业生,一般为二年,医科和工科等有些专业可为二年半或三年。少数民族地区可以从实际出发,提出不同的招生对象和学制。"

1984年4月9日,教育部发布的《1984年普通中等专业学校招生规定》提出,"中等专业学校

(不含中师)的招生对象逐步过渡到招收初中毕业生为主",此后也有类似规定。可以说,中等专业学校的招生条件和办法较之前有了极大的改变,修业年限长短不一。

1996 年 5 月 15 日,《中华人民共和国职业教育法》规定职业教育分为初等、中等、高等职业学校教育,职业培训包括从业前培训、转业培训、学徒培训、在岗培训、转岗培训及其他职业性培训。普通中学可以因地制宜地开设职业教育的课程。

（三）高等教育多种学制并存

本专科教育以本科四年制、专科三年制为主,其他学制并存。国务院于 1977 年 10 月 12 日批转《关于 1977 年高等学校招生工作的意见》。该文件对学习年限未做规定,但实际上在当时,本科一般为 4 年,专科为 3 年。教育部 1978 年 9 月发布的《高等学校文科教学工作座谈会纪要》和 1980 年 4 月发布的《关于修订部属综合大学理科专业（四年制）教学计划的意见》都规定本科的修业年限为 4 年。而在 1980 年 1 月教育部颁布的

［拓展阅读］
葛新斌、付新琴：《新中国高考制度变革 70 年：回顾与前瞻》

《关于直属高等工业学校修订本科教学计划的规定（草案）》规定,学制为四年、五年两种;高等师范和农业、林业学校本科都恢复为四年制,医科学校的学制一般为五年,少数六年,个别八年。1984 年 4 月 10 日,教育部发布的《关于高等工程教育层次、规格和学习年限调整改革问题的几点意见》提出,"工科本科在学习年限上实行四、五年制并存。大多数学校实行四年制,一部分基础好的全国重点高等工业学校的学习年限改为五年",同时规定"高等工程专科教育……学习年限二至三年",并可试办招收初中毕业生的五年制专科和短期职业大学。《中华人民共和国高等教育法》规定,专科教育的基本修业年限为 2～3 年,本科教育的基本修业年限为 4～5 年。

研究生教育分为硕士、博士两个层次,学制以"三三制"为主。国务院 1977 年 10 月 12 日批转了教育部《关于 1977 年高等学校招收研究生的意见》,正式恢复了研究生教育制度。该文件规定,研究生一般为三年学制。1986 年 12 月,国家教委《关于改进和加强研究生工作的通知》提出:"硕士生的学习年限,现阶段为二至三年……逐步缩短为二年至二年半;博士生的学习年限以三年左右为宜;研究生班的学习年限定为一年半。"但在实践中,除少数提前毕业者和延迟毕业者及在职研究生外,硕士研究生和博士研究生都是修业三年。《中华人民共和国高等教育法》规定,硕士研究生教育的基本修业年限为 2～3 年,博士研究生的基本修业年限为 3～4 年。

（四）成人教育与特殊教育学制

成人教育非常复杂,既有学历教育,也有非学历教育。成人教育学制主要是指成人学历教育。成人学历教育在修业年限上长短不一,一般中等专科为二至三年学制,大学专科为二至三年学制,大学本科为四至五年学制,有些高等工科学校本科为六年学制。非全日制高等学历教育的修业年限则会适当延长。本科学分制则是修完规定课程、通过考试、获得规定学分后即可毕业。

1998 年 12 月 2 日,教育部颁布的《特殊教育学校暂行规程》规定:特殊教育学校的学制一般为九年一贯制,学校应对入学的残疾儿童、少年的残疾类别、原因、程度和身心发展状况等进行必要的了解和测评。

四、21 世纪初期的学制改革

1999 年的高校扩招、2001 年的基础教育课程改革以及 20 世纪末开始的中升专、专升本,拉

开了 21 世纪教育改革的序幕。学制改革是一个复杂漫长的过程,发展到一定时期后必须以稳定为主,不能频繁变动。

中华人民共和国现行学制系统图如图 17-2 所示。

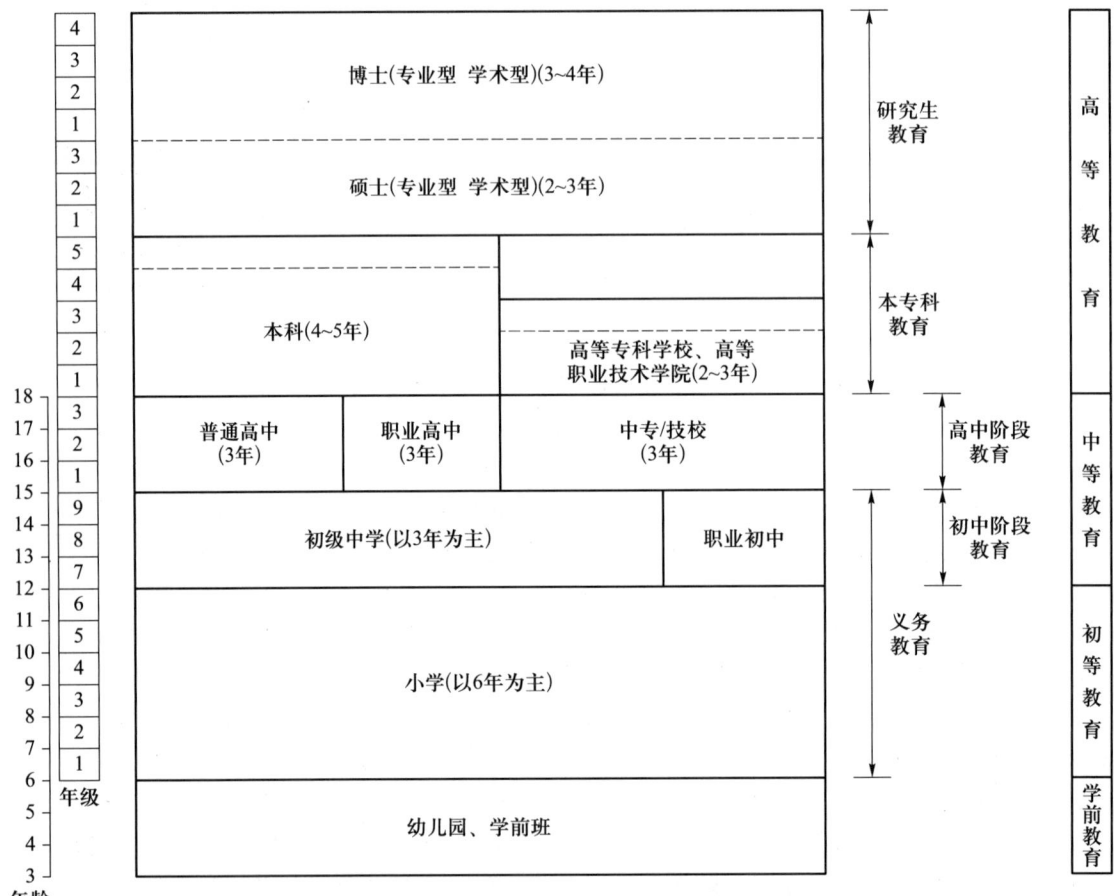

图 17-2　我国现行学制系统图①

(一) 义务教育阶段学制"六三"制与"五四"制并存

教育部 2001 年印发了《基础教育课程改革纲要(试行)》,虽然主要任务是"大力推进基础教育课程改革,调整和改革基础教育的课程体系、结构、内容,构建符合素质教育要求的新的基础教育课程体系",但其内容多处涉及学制问题。其中明确指出:"新的课程体系涵盖幼儿教育、义务教育和普通高中教育。""整体设置九年一贯的义务教育课程。"

2019 年 2 月,中共中央、国务院印发的《中国教育现代化 2035》提出:以农村为重点提升学前教育普及水平,建立更为完善的学前教育管理体制、办园体制和投入体制,大力发展公办园,加快发展普惠性民办幼儿园。提升义务教育均等化水平,建立学校标准化建设长效机制,推进城乡义务教育均衡发展。在实现县域内义务教育基本均衡基础上,进一步推进优质均衡。

---

①　《教育学原理》编写组. 教育学原理[M]. 北京:高等教育出版社,2019:209.

2021 年 4 月 29 日,经第十三届全国人民代表大会常务委员会第二十八次会议修正通过公布,并于 2021 年 4 月 30 日起施行的《中华人民共和国教育法》坚持了此前关于学制的规定:"国家实行学前教育、初等教育、中等教育、高等教育的学校教育制度。""国家建立科学的学制系统。学制系统内的学校和其他教育机构的设置、教育形式、修业年限、招生对象、培养目标等,由国务院或者由国务院授权教育行政部门规定。""国家制定学前教育标准,加快普及学前教育,构建覆盖城乡,特别是农村的学前教育公共服务体系。"

《义务教育课程方案(2022 年版)》提出:课程须"加强一体化设置,促进学段衔接";"九年一贯设置课程";"注重幼儿园、小学、初中、高中各学段之间的衔接";"义务教育课程九年一贯设置,按'六三'学制或'五四'学制安排";"课程标准编制要适应'六三'学制、'五四'学制的相关要求","按'六三'学制、'五四'学制分别编写教材"。①

根据以上法律政策文件的规定,现阶段义务教育学制的内容为:一是包括幼儿园、小学、初中三个学段;二是修业年限为 3 年(幼儿园)+9 年(小学初中);三是义务教育阶段主要是九年一贯制;四是小学初中的划分,"六三"学制、"五四"学制并存;五是幼儿教育普及化发展,大力发展公办园,加快发展普惠性民办幼儿园;六是义务教育城乡优质均衡发展。

(二)高中阶段教育学制多样化

高中阶段教育包括普通高中教育和中等职业教育。

21 世纪以来,中等教育结构发生了很大变化。原属于中等职业教育学校的中等专业学校和中等技术学校通过合并、重组升格为高等专科学校(高等职业技术学院),进入高等教育行列。现有的中等职业(技术)学校均是在原职业(专业、技术)教育体制之外新办的。2019 年,《中国教育现代化 2035》提出,要"全面普及高中阶段教育","提高高中阶段教育普及水平,推进中等职业教育和普通高中教育协调发展,鼓励普通高中多样化有特色发展"。2022 年 4 月 20 日,第十三届全国人民代表大会常务委员会第三十四次会议修订通过的《中华人民共和国职业教育法》规定:"中等职业学校教育由高级中等教育层次的中等职业学校(含技工学校)实施。"2022 年 12 月,中共中央办公厅、国务院办公厅印发《关于深化现代职业教育体系建设改革的意见》,支持优质中等职业学校与高等职业学校联合开展五年一贯制办学,开展中等职业教育与职业本科教育衔接培养。制定职业教育贯通培养指导意见,支持各省开展中职与高职(3+2)五年贯通、中职与职业本科或应用型本科(3+4)七年贯通、高职专科与职业本科或应用型本科(3+2)五年贯通培养。

现阶段高中阶段教育的学校主要有:普通高级中学,修业年限为 3 年;中等职业学校、中等技工学校,修业年限为 2~3 年。

(三)高等教育多种学制并存

《中华人民共和国高等教育法》自 1998 年颁行以来,为适应 21 世纪高等教育高速发展的形势,分别于 2015 年 12 月 27 日、2018 年 12 月 29 日经全国人民代表大会常务委员会两次修正发布并实施。该法第二章"高等教育基本制度"规定了高等教育现行学制:

高等教育包括学历教育和非学历教育,采用全日制和非全日制教育形式实施。

高等学历教育分为专科教育、本科教育和研究生教育,分别由高等专科学校、独立设置的学院和综合性大学实施。研究生教育分为硕士、博士两个层次。

---

① 中华人民共和国教育部.义务教育课程方案:2022 年版[M].北京:北京师范大学出版社,2022:2,4,6,12.

专科教育的基本修业年限为 2～3 年,本科教育的基本修业年限为 4～5 年,硕士研究生教育的基本修业年限为 2～3 年,博士研究生教育的基本修业年限为 3～4 年。非全日制高等学历教育的修业年限应适当延长。

国家实行学位制度。学位分为学士、硕士和博士。

(四) 成人教育与特殊教育学制

1. 成人教育学制

成人教育学制主要是针对成人学历教育而言的。进入 21 世纪,成人教育随着义务教育普及和高等教育大众化的深入推进出现了新的变化,向继续教育、终身教育方向发展。《中华人民共和国教育法》规定,国家鼓励发展多种形式的继续教育,使公民接受适当形式的政治、经济、文化、科学、技术、业务等方面的教育,促进不同类型学习成果的互认和衔接,推动全民终身学习。《中国教育现代化 2035》提出,要构建服务全民的终身学习体系,形成更加开放畅通的人才成长通道,完善招生入学、弹性学习及继续教育制度,畅通转换渠道;建立全民终身学习的制度环境,建立国家资历框架,建立跨部门跨行业的工作机制和专业化支持体系;建立健全国家学分银行制度和学习成果认证制度;强化职业学校和高等学校的继续教育与社会培训服务功能。《中华人民共和国高等教育法》规定,高等教育的非学历教育属于成人教育性质。接受非学历高等教育的学生,由所在高等学校或者其他高等教育机构发给相应的结业证书。结业证书应当载明修业年限和学业内容。

成人教育非常复杂,既有学历教育,也有非学历教育。成人学历教育修业年限长短不一。专科层次的修业年限一般为 2～3 年,本科层次一般为 4～5 年。非全日制高等学历教育的修业年限应适当延长。

2. 特殊教育学制

进入 21 世纪,特殊教育在巩固义务教育阶段特殊教育普及成果的基础上,正向非义务教育阶段推进,其学制也逐渐延长。

2009 年 5 月,国务院办公厅转发教育部等部门《关于进一步加快特殊教育事业发展的意见》,提出:全面实施残疾学生免费义务教育;加快发展以职业教育为主的残疾人高中阶段教育;加快推进残疾人高等教育发展。2022 年 1 月,国务院办公厅转发教育部等部门《"十四五"特殊教育发展提升行动计划》,提出:到 2025 年,要初步建立高质量的特殊教育体系;适龄残疾儿童义务教育入学率达到 97%;义务教育阶段特殊教育生均公用经费补助标准提高至每生每年 7 000元以上;加强特殊教育教师队伍建设。

关于特殊教育学校的修业年限,义务教育阶段仍然实行 1998 年 12 月教育部颁布的《特殊教育学校暂行规程》中规定的九年一贯制。非义务教育阶段则以职业教育为主,与高中教育和高等教育融合进行,按照高中和大学的相应学制施行。

这一时期我国学制的主要特点包括:一是体现了"教育必须为社会主义现代化建设服务"和"三个面向"的指导思想和要求;二是灵活多样,富有弹性,适应我国城市和农村以及各地区发展水平不同的现状;三是体系完备,各级各类教育在学制系统中都占据了一定位置。这一时期学制存在的主要问题是修业年限过长,不利于"早出""快出"人才。

第二节　教育行政制度

教育行政是政府的职能,指国家通过政府教育行政部门对教育事业进行的组织、领导和管理。教育行政体制又称教育行政管理体制,是国家管理教育事业的组织体系和相关制度的总称,主要包括国家管理教育事业的各级教育行政机构的组织形式,国家教育行政权力结构及有关教育行政制度,可划分为中央教育行政制度和地方教育行政制度。

一、中央教育行政制度

《共同纲领》提出改革旧的教育制度,包括改革旧的教育行政制度。1949 年 10 月 19 日,中央人民政府政务院文化教育委员会成立(1954 年改为国务院第二办公室),郭沫若任主任,马叙伦等人任副主任。文化教育委员会的职责是"指导文化部、教育部、卫生部、科学院、新闻总署和出版总署的工作"。同日,马叙伦被任命为中华人民共和国教育部第一任部长。中共中央负责教育管理的机构是宣传部。1949 年 11 月 1 日,中央人民政府教育部宣告成立,设办公厅、高等教育司、中等教育司、初等教育司、社会教育司、视导司、高等教育委员会与识字运动委员会,1952年又增设民族教育司。这样就形成了政务院文化教育委员会、中共中央宣传部直接指导教育,中央人民政府教育部具体管理教育的我国初期的中央教育行政体制。

1952 年成立高等教育部和扫除文盲工作委员会,分别任命马叙伦、楚图南为部长、主任。高等教育部设办公厅、综合大学教育司、工业教育第一司、工业教育第二司、农业卫生教育司、中等技术教育司、留学生管理司、教学指导司、计划财务司、学校人事司、政治教育处、工农速成中学教育处、基本建设处、翻译室、学生实习指导委员会、俄文教学指导委员会。扫除文盲工作委员会设办公厅、城市扫盲工作司、农村扫盲工作司、编审司。扫除文盲工作委员会 1954 年 11 月合并于教育部。

1958 年 2 月 11 日,第一届全国人民代表大会第五次会议通过《关于调整国务院所属组织机构的决定》,高等教育部和教育部合并,杨秀峰被任命为教育部部长。同年 6 月 10 日,中共中央决定成立文教小组,直属中央政治局和书记处。1960 年 1 月 16 日,中共中央、国务院决定成立业余教育委员会,作为国务院指导全国业余教育工作的机关。

1963 年 12 月 16 日,国务院决定将教育部分为高等教育部和教育部,杨秀峰、何伟分别担任部长。1966 年 7 月 23 日,中共中央同意中央宣传部建议,将两部合并,何伟任部长。1970—1975 年,全国教育行政工作受"中央文革小组"指导,由国务院科教组管理。

1975 年 1 月,第四届全国人民代表大会第一次会议任命周荣鑫为教育部部长,撤销国务院科教组,恢复教育部,下设政治部、办公厅、计划司、高等教育司、普通教育司、业余教育司和外事局。1977 年 10 月,国务院调整和加强教育部的组织机构,下设办公厅,政治部,计划司,高等教育一司(主管文、理、师范、外语院校),高等教育二司(主管工、农、医科院校),中等教育司,普通教育司,工农教育司,体育司,学生管理司,科技司,外事局,生产供应管理局等机构。

1985 年 5 月 27 日,中共中央《关于教育体制改革的决定》指出:"为了加强党和政府对教育工作的领导,成立国家教育委员会。"同年 6 月,第六届全国人大常委会十一次会议决定,成立国家教育委员会同时撤销教育部。1998 年国务院机构调整,第九届全国人民代表大会第一次会议决定撤销国家教育委员会,恢复教育部,陈至立任部长。同时成立国务院科教领导小组,朱镕基总理兼任组长。

进入 21 世纪以来,根据国家基础教育的普及、高等教育大众化的推进、教育均衡优质发展以及教育强国与现代化建设的要求和高质量教育体系建设的需要,教育行政体制经过多次改革,制度不断完善,职能逐步优化。

2008 年 7 月,根据《国务院办公厅关于印发教育部主要职责内设机构和人员编制规定的通知》要求,教育部增设政策法规司、社会科学司、直属高校工作司、学位管理与研究生教育司(国务院学位委员会办公室),并将基础教育司分设为基础教育一司和基础教育二司,职责分别是:"承担义务教育的宏观管理工作,会同有关方面提出加强农村义务教育的政策措施,拟订推进义务教育均衡发展的政策,提出保障各类学生平等接受义务教育的政策措施;会同有关方面拟订义务教育办学标准,规范义务教育学校办学行为,推进教学改革;指导中小学校的德育、校外教育和安全管理。""承担普通高中教育、幼儿教育和特殊教育的宏观管理工作;拟订普通高中教育、幼儿教育、特殊教育的发展政策和基础教育的基本教学文件;组织审定基础教育国家课程教科书,推进课程改革;指导中小学教学信息化、图书馆和实验设备配备工作。"

2012 年 7 月,教育部师范教育司更名为教师工作司,将人事司、职业教育与成人教育司有关教师工作职责划转到教师工作司;同年 10 月,成立综合改革司、巡视工作办公室,撤销直属高校工作司,同时设立学前教育办公室、特殊教育办公室、继续教育办公室。2016 年 2 月,将教育督导团办公室更名为教育督导局,加挂国务院教育督导委员会办公室牌子。2017 年 7 月,国务院为贯彻落实《关于加强和改进新形势下大中小学教材建设的意见》,进一步做好教材管理有关工作,决定成立国家教材委员会。相应地,教育部设立教材局,职责是:承担国家教材委员会办公室工作,拟订全国教材建设规划和年度工作计划,负责组织专家研制课程设置方案和课程标准,制定完善教材建设基本制度规范,指导管理教材建设,加强教材管理信息化建设。同时,基础教育一司、基础教育二司合并为基础教育司。

2021 年 6 月,经中央编委批准,教育部成立校外教育培训监管司,承担面向中小学生(含幼儿园儿童)的校外教育培训管理工作,指导校外教育培训机构党的建设,拟订校外教育培训规范管理政策。会同有关方面拟订校外教育培训(含线上线下)机构设置、培训内容、培训时间、人员资质、收费监管等相关标准和制度并监督执行,组织实施校外教育培训综合治理,指导校外教育培训综合执法。指导规范面向中小学生的社会竞赛等活动。及时反映和处理校外教育培训重大问题。

二、地方教育行政制度

中华人民共和国成立之初实行大行政区制。1949 年 12 月 18 日,政务院公布《大行政区人民政府委员会组织通则》,规定大行政区设置文教委员会和文教部(局)。1950 年 1 月,政务院公布省、市、县三个组织通则,分别规定:省人民政府设文教厅或处,直辖市人民政府设文教局,县人民政府设教育科或局。1954 年 8 月 3 日,教育部为了适应大区行政机构撤销后的新情况,充分发挥省、市教育厅(局)的职能,提高工作效率,制定并颁行了《中央教育部与省(市)教育厅(局)之间职权范围的规定》和《省(市)教育厅(局)向中央教育部请示报告问题的几项规定》。同年 9 月 20 日,毛泽东公布《地方各级人民代表大会和地方各级人民委员会组织法》,规定:省、自治区设教育厅、局或处;直辖市和设区的市设教育局、处;不设区的市设文化教育科或局;市辖区设文化教育科或股;乡、民族乡、镇设文化教育工作委员会,人口和商业较多的镇经县人民委员会批准可参照市辖区设工作部门。同年 12 月 15 日,国务院在有关省人民委员会机构的决定中规定,省人民委员会设文教办公室,负责文化、教育、卫生等工作。1956 年,国务院批准省、自治区、直辖市人民委员会逐步设立专门管理高等教育的行政机构,湖北、江苏、四川、陕西首先设立高等教育局(或处)。这种体制在以后几年未做大的改动。

在"文化大革命"期间,各级教育行政部门陷于瘫痪状态。县级教育局一度被撤销,代之以县革命委员会下设的文卫办公室或学校组管理教育行政事务。农村社队,则根据 1968 年毛泽东"贫下中农管理学校"的指示,成立贫下中农管理学校委员会(组)(简称"贫管会")或教育革命委员会(组)。整个地方教育行政制度呈现混乱状态。"文化大革命"结束后,地方各级教育行政制度得到恢复。

1985 年,中共中央颁发《关于教育体制改革的决定》后,省、市、县教育行政部门相继改为教育委员会。有的地方县级仍设教育局或文教局,但权限有所扩大。乡级教育行政机构设置不一,有的设专职教育助理,有的设文教干事,有的设教育委员会,大多数设文教办公室。随着国家新的机构调整,地方各级教育行政机构也处于调整中。

2001 年 5 月,国务院颁布《关于基础教育改革与发展的决定》,明确农村义务教育"实行在国务院领导下,由地方政府负责、分级管理、以县为主的体制"。2004 年,教育部下发《2003—2007 年教育振兴行动计划》,提出进一步落实"在国务院领导下,由地方政府负责、分级管理、以县为主"的农村义务教育管理体制。2006 年 6 月,修订后的《中华人民共和国义务教育法》在第七条规定:"义务教育实行国务院领导,省、自治区、直辖市人民政府统筹规划实施,县级人民政府为主管理的体制。"

2021 年 4 月 29 日,第十三届全国人民代表大会常务委员会第二十八次会议审议通过了《中华人民共和国教育法》。修订后的《中华人民共和国教育法》在第十四条规定:"国务院和地方各级人民政府根据分级管理、分工负责的原则,领导和管理教育工作。中等及中等以下教育在国务院领导下,由地方人民政府管理。高等教育由国务院和省、自治区、直辖市人民政府管理。"第十五条规定:"国务院教育行政部门主管全国教育工作,统筹规划、协调管理全国的教育事业。县级以上地方各级人民政府教育行政部门主管本行政区域内的教育工作。县级以上各级人民政府其他有关部门在各自的职责范围内,负责有关的教育工作。"

经过 21 世纪以来的系列改革,我国地方教育行政制度机构更加完善、职责更加明确、功能更加优化。目前,我国地方教育行政制度由省(自治区、直辖市)教育厅(委员会)—市(自治州)教育局—县(市辖区、县级市)教育局—乡镇文教办四级管理体制构成。

思 考 练 习

比较中华人民共和国 1951 年学制和现行学制系统的内容及其特点。

拓 展 训 练

1. 深入中小学校,做一次关于基础教育新课程改革的社会调查。

2. 有人说,高等教育大众化降低了大学培养学生的质量,你怎么看?

第十八章　中华人民共和国各级各类教育的发展

【学习目标】

1. 了解各级各类教育的发展成就。
2. 比较分析改革开放前后两个阶段的教育发展状况。
3. 实地调查某类教育改革开放的发展过程、特点及其经验及存在的问题。

【知识列表】

中华人民共和国各级各类教育的发展	幼儿教育	中华人民共和国成立初期至"文化大革命"前幼儿教育的发展
		"文化大革命"时期的幼儿教育
		改革开放新时期幼儿教育的新发展
		21世纪初期学前教育的大发展
	初等教育	中华人民共和国成立初期至"文化大革命"前初等教育的发展
		"文化大革命"时期的初等教育
		改革开放新时期初等教育的新发展
		21世纪初期初等(义务)教育的巩固性发展
	中等教育	中学教育
		中等师范教育
		中等专业教育
	高等教育	中华人民共和国成立初期至"文化大革命"前高等教育的发展
		"文化大革命"时期高等教育遭受严重破坏
		改革开放新时期高等教育的新发展
		21世纪初期高等教育的大发展
	成人教育	中华人民共和国成立初期至"文化大革命"前成人教育的发展
		"文化大革命"时期的成人教育
		改革开放新时期成人教育的新发展
		21世纪初期成人教育的转型发展

【导言】　中华人民共和国自成立以来,各级各类教育快速发展,尽管在"文化大革命"时期遭到挫折和破坏,仍然取得了很大成就,确立了由幼儿教育、初等教育、中等教育、高等教育、成人教育等有机构成的纵向衔接、横向沟通的社会主义教育制度并不断完善、发展。

第一节　幼儿教育

一、中华人民共和国成立初期至"文化大革命"前幼儿教育的发展

1949 年年底,中华人民共和国教育部初等教育司下设学前教育处,张逸园为第一任处长,这是中国首次建立专门管理学前教育的中央级机构。1950 年,政务院批准教育部建议,幼儿园归教育部领导。从此,幼儿教育有了全国统一领导的管理体系。1951 年 10 月,政务院《关于学制改革的决定》规定,"实施幼儿教育的组织为幼儿园。幼儿园收 3—7 岁足岁的幼儿,使他们身心在入小学前获得健全发展",这明确规定了幼儿教育是社会主义教育事业的组成部分。1952 年 3月,教育部颁发《幼儿园暂行规程》,共分 8 章,包括幼儿园的性质、任务、目标、学制、课程、教学、设置、组织等共计 43 条内容。但由于中国人口众多,经济落后,幼儿教育事业发展要全部依靠国家投资不大可能。因此,幼儿教育采取了"两条腿走路"即公办和民办并举的发展方针,依靠群众,动员社会各方面的力量,采取多种形式兴办幼儿园,逐步解决广大人民群众的需要。到 1952年,幼儿园数达到 6531 所[1],是 1946 年国内幼儿园数的 5 倍[2]。

1954 年,教育部召开了北京、天津两市幼儿园教养员工作经验交流会,这项工作在全国各地逐渐形成制度,对保障幼儿教育的工作质量具有一定的作用。1956 年 11 月,教育部发布《关于组织幼儿教育义务视导员进行视导工作的办法》,要求各地广泛组织有经验的幼儿园园长和教师担任义务视导员,同时教育部还组织部分幼儿教育理论工作者和实际工作者起草了《幼儿园教育工作指南》。1949—1956 年是我国幼儿教育事业蓬勃发展的时期,为促进我国幼儿教育事业的发展,提高幼儿园教育质量和管理水平打下了良好的基础。到 1957 年,幼儿园数与在园幼儿数分别增加到 16 420 所和 108.8 万人。

[拓展阅读]
蒋纯焦:《新中国 70
年教育的发展历程》

1958 年 9 月,中共中央、国务院发布《关于教育工作的指示》,提出了全国在 3～5 年内使大多数学龄前儿童都能入托儿所和幼儿园的目标。在"大跃进"背景下,1960 年,幼儿园数、在园幼儿数达到了 784 905 所、2933.1 万人。[3] 这种盲目发展严重脱离了我国经济发展水平,大批新建幼儿园设施简陋,缺乏经费,师资水平低,保教质量差。从 1961 年起,国家对幼儿园进行整顿,到1965 年,幼儿园数、在园幼儿数分别减少到 19 226 所、56.3 万人。[4]

---

① 《中国教育年鉴》编辑部.中国教育年鉴:1949—1981[M].北京:中国大百科全书出版社,1984:1031.
② 《中国教育年鉴》编辑部.中国教育年鉴:1949—1981[M].北京:中国大百科全书出版社,1984:115.
③ 《中国教育年鉴》编辑部.中国教育年鉴:1949—1981[M].北京:中国大百科全书出版社,1984:117.
④ 《中国教育年鉴》编辑部.中国教育年鉴:1949—1981[M].北京:中国大百科全书出版社,1984:1031.

二、"文化大革命"时期的幼儿教育

在"文化大革命"之初,由于各级幼儿教育领导机构被撤销、被削弱或处于瘫痪状态,学前教育机构大多处于关停或撤占毁状态,坚持下来的幼儿园也面临无人过问、自生自灭的局面。直到70年代初,随着"工业学大庆"和"农业学大寨"运动以及计划生育工作的开展,全国各地的幼儿园才逐渐恢复并有所发展,但增长速度比较缓慢。比如,1973年的幼儿园数为4.55万所,是1965年的2.37倍,但有9个省、市、自治区的幼儿园数比1965年减少。到1976年,全国幼儿园数、在园幼儿数分别达到442 650所、1395.5万人。[①]

在"文化大革命"期间,全国幼儿师范学校大多数被关闭,仅剩下浙江师范学校举办短期培训班。这样,正规的学前教育师资的培养中断了10年之久。同时,受"左"倾思想的影响,学前教育界从50年代开始进行了一系列的思想批判,这种情况在"文化大革命"期间愈演愈烈,许多幼儿教育理论与实践都无法展开。在"文化大革命"后期,一些学前教育工作者在重重困难中仍然本着对学前教育事业的热忱,努力维持着幼儿园的正常工作制度和教育秩序,并抓住各种机会发展学前教育事业。在1975年,幼儿园的发展出现了一个小高潮,全国有幼儿园17.17万所,是1974年的4.27倍。1976年的幼儿园总数为442 650所,是1975年的2.58倍。

三、改革开放新时期幼儿教育的新发展

1978年12月18日,党的十一届三中全会召开,教育工作走上了健康发展的轨道,幼儿教育也进入了振兴和发展的新阶段。

第一,积极恢复和健全各级幼教领导机构。1979年7月,全国托幼工作会议在北京召开,确定恢复、发展、整顿、提高各级托幼组织,建议成立全国托幼工作领导小组。1979年10月,中共中央、国务院转发了《全国托幼工作会议纪要》。1982年,中共中央书记处两次召开儿童和少年工作座谈会,成立了儿童少年工作协调委员会,以全国妇联为首,协调各部门的工作。1983年9月21日,教育部印发《关于发展农村幼儿教育的几点意见》的通知,要求各地参照执行。

第二,制定了一系列幼儿教育法规,包括《城市幼儿园工作条例》(试行草案,教育部1979年11月颁发)、《幼儿园教育纲要》(试行草案,教育部1981年10月颁发)、《幼儿园工作规程》(试行,国家教育委员会1989年6月发布)、《幼儿园管理条例》(国家教育委员会1989年9月发布),对幼儿园的性质、目标、办园方针、保教原则、保教内容与课程设置、组织、编制、机构、队伍建设以及管理等方面进行了明确规定。1983年12月,教育部在北京召开了25个省、自治区、直辖市贯彻《幼儿园教育纲要》的经验交流会。

第三,编写出版了幼儿园教材,包括体育、游戏、常识、音乐、语言、计算、美术等科目。

第四,恢复并发展了各级幼儿教育师资培养机构,采取多种形式提高在职幼儿园教师水平。

第五,幼儿教育科研获得很大发展。国家教育委员会与联合国儿童基金会于1990—1994年合作开展了"幼儿园与小学衔接试验"项目研究,于1994年合作开展了"家庭、社区、教育机构共同促进学前儿童发展"项目研究。

第六,农村幼儿教育,特别是学前一年教育发展迅速。

---

① 《中国教育年鉴》编辑部.中国教育年鉴:1949—1981[M].北京:中国大百科全书出版社,1984:1031.

这一时期是幼儿教育事业蓬勃发展的时期,幼儿园数、在园幼儿数从 1979 年的 16.6 万所、879.2 万人[1]发展到 1990 年的 17.2 万所、1972 万人。[2] 同时,各地教育行政部门重视教师队伍建设,坚持多渠道、多形式、多规格培养幼儿师资。据 1992 年的数据统计,在全国 81 万的幼儿教师中,高中及以上学历的占 69.2%,受过学前教育专业培训者占 38.5%。[3] 据 1995 年的数据统计,全国有幼儿园 18.04 万所,在园幼儿(包括学前班)2711 万人。其中,学前班幼儿 1606 万人,占总数的 59.2%,农村学前班幼儿已占农村在园幼儿总数的 72.2%。[4] 2000 年,全国学前三年幼儿毛入园率达到 45%,幼儿园总数为 17.58 万所,在园幼儿数为 2244.18 万人,大中城市基本解决适龄幼儿入园问题,农村学前一年幼儿入园(班)率达到 60% 以上。

四、21 世纪初期学前教育的大发展

进入 21 世纪,在教育快速发展的背景下,学前教育在党和国家的高度重视下进入大发展的快车道。国家先后制定颁发了《中国儿童发展纲要(2001—2010 年)》《幼儿园教育指导纲要(试行)》《关于幼儿教育改革与发展的指导意见》《国务院关于当前发展学前教育的若干意见》《3—6 岁儿童学习与发展指南》《幼儿园工作规程》《关于学前教育深化改革规范发展的若干意见》等文件,明确提出了 21 世纪初期学前教育发展的方针、目标和策略措施。

(一)关于学前教育发展的方针

2010 年 7 月,中共中央、国务院印发《国家中长期教育改革和发展规划纲要(2010—2020 年)》,从我国现代化建设的总体战略出发,规划了我国十年教育改革发展的宏伟蓝图,确定了"基本普及学前教育"的发展任务。同年 10 月,党的十七届五中全会通过的《关于制定国民经济和社会发展第十二个五年规划的建议》提出"积极发展学前教育"的方针。2018 年 11 月,中共中央、国务院《关于学前教育深化改革规范发展的若干意见》提出:"推进学前教育普及普惠安全优质发展。"2021 年,《中华人民共和国教育法》提出要"加快普及学前教育"。从"基本普及"到"积极发展"再到"加快普及",这是 21 世纪我国学前教育发展方针的重大飞跃。

(二)关于学前教育发展的目标

2001 年 5 月,国务院颁布《中国儿童发展纲要(2001—2010 年)》,提出学前教育发展的目标是"适龄儿童基本能接受学前教育"。具体内容是:大中城市和经济发达地区适龄儿童基本能接受学前 3 年教育,农村儿童学前 1 年受教育率有较大提高。2003 年 3 月,国务院办公厅转发教育部等 10 部门《关于幼儿教育改革与发展的指导意见》,提出今后五年幼儿教育改革的总目标是:形成以公办幼儿园为骨干和示范,以社会力量兴办幼儿园为主体,公办与民办、正规与非正规教育相结合的发展格局。

2010 年 7 月,中共中央、国务院印发《国家中长期教育改革和发展规划纲要(2010—2020 年)》提出了"基本普及学前教育"的目标,重点发展农村学前教育,努力提高农村学前教育普及程度,着力保证留守儿童入园。具体内容是:到 2020 年,普及学前一年教育,基本普及学前两年教

① 《中国教育年鉴》编辑部.中国教育年鉴:1982—1984[M].长沙:湖南教育出版社,1986:73.
② 《中国教育年鉴》编辑部.中国教育年鉴:1991[M].北京:人民教育出版社,1992:160.
③ 《中国教育年鉴》编辑部.中国教育年鉴:1993[M].北京:人民教育出版社,1994:134.
④ 《中国教育年鉴》编辑部.中国教育年鉴:1996[M].北京:人民教育出版社,1997:143.

育,有条件的地区普及学前三年教育。即在园幼儿数达到 4000 万,学前一年毛入园率为 95%,学前两年毛入园率为 80%,学前三年毛入园率为 70%。

2018 年 11 月,中共中央、国务院《关于学前教育深化改革规范发展的若干意见》提出的主要目标是:到 2020 年,全国学前三年毛入园率达到 85%,普惠性幼儿园覆盖率(公办园和普惠性民办园在园幼儿占比)达到 80%;广覆盖、保基本、有质量的学前教育公共服务体系基本建成,学前教育管理体制、办园体制和政策保障体系基本完善。投入水平显著提高,成本分担机制普遍建立。幼儿园办园行为普遍规范,保教质量明显提升。不同区域、不同类型城市分类解决学前教育发展问题,大型、特大型城市率先实现发展目标。到 2035 年,全面普及学前三年教育,建成覆盖城乡、布局合理的学前教育公共服务体系,形成完善的学前教育管理体制、办园体制和政策保障体系,为幼儿提供更加充裕、更加普惠、更加优质的学前教育。

2019 年 2 月,中共中央、国务院印发《中国教育现代化 2035》,提出了"普及有质量的学前教育"的目标,具体内容是:到 2035 年,学前教育毛入园率高于 95%,全面普及学前三年教育;建成覆盖城乡布局合理的学前教育体系和科学保教体系;使适龄幼儿通过有质量的学前教育,养成良好行为习惯,促进健康快乐成长。

(三)关于学前教育发展的策略措施

1. 建立完善学前教育机构

2001 年 5 月,国务院颁布《中国儿童发展纲要(2001—2010 年)》,提出:合理规划并办好教育部门举办的示范性幼儿园;鼓励社会多渠道、多形式发展幼儿教育;积极探索非正规教育形式。

2010 年,《国家中长期教育改革和发展规划纲要(2010—2020 年)》提出:采取多种形式扩大农村学前教育资源,改扩建、新建幼儿园;充分利用中小学布局调整富余的校舍和教师举办幼儿园(班);发挥乡镇中心幼儿园对村幼儿园的示范指导作用;大力发展公办幼儿园,积极扶持民办幼儿园。同年 11 月,温家宝主持召开国务院常务会议,要求以县为单位编制学前教育三年行动计划。此后连续启动了三个"三年行动计划",支持发展农村学前教育。主要内容是:提高公办幼儿园和普惠性民办幼儿园的覆盖率,着力破解公办园少、民办园贵问题;到 2020 年,基本建成广覆盖、保基本、有质量的学前教育公共服务体系。

2016 年 6 月,国务院办公厅发布《加快中西部教育发展的指导意见》,提出:要积极发展农村学前教育,尤其是中西部革命老区、民族地区、边疆地区、贫困地区农村的学前教育;中西部要构建农村学前教育体系,逐步提高农村入园率,实现每个乡镇至少有一所公办中心幼儿园。

2018 年 11 月,中共中央、国务院发布的《关于学前教育深化改革规范发展的若干意见》提出:(1)科学规划布局。每个乡镇原则上至少办好一所公办中心园,大村独立建园或设分园,小村联合办园,人口分散地区根据实际情况可举办流动幼儿园、季节班等,配备专职巡回指导教师,完善县乡村三级学前教育公共服务网络。(2)调整办园结构。把发展普惠性学前教育作为重点任务,大力发展公办园,到 2020 年全国原则上达到 50%。(3)拓宽途径扩大资源供给。实施学前教育专项;积极挖潜扩大增量;规范小区配套幼儿园建设使用;鼓励社会力量办园。

《中国教育现代化 2035》提出:要以农村为重点提升学前教育普及水平;大力发展公办园;加快发展普惠性民办幼儿园。

2. 建立健全学前教育机制

2010 年,《国家中长期教育改革和发展规划纲要(2010—2020 年)》提出:明确政府职责,把发展学前教育纳入城镇、社会主义新农村建设规划；建立政府主导、社会参与、公办民办并举的办园体制；加大政府投入，完善成本合理分担机制，对家庭经济困难幼儿入园给予补助；加强学前教育管理，规范办园行为，制定学前教育办园标准，建立幼儿园准入制度，完善幼儿园收费管理办法；教育行政部门加强对学前教育的宏观指导和管理，相关部门履行各自职责，充分调动各方面力量发展学前教育。2010 年 11 月，温家宝主持召开国务院常务会议，确定学前教育发展五条政策措施之一是完善法律法规，规范学前教育管理。

2018 年，中共中央、国务院发布的《关于学前教育深化改革规范发展的若干意见》提出：认真落实国务院领导、省市统筹、以县为主的学前教育管理体制；坚持政府主导、公办民办并举；积极推动各地理顺机关、企事业单位办幼儿园的办园体制，实行属地化管理；加快推进学前教育立法，进一步明确学前教育在国民教育体系中的地位和公益普惠属性，强化政府和各有关部门以及举办者的学前教育责任。

3. 制定学前教育规范

2001 年 7 月，教育部印发《幼儿园教育指导纲要（试行）》，内容包括总则、教育内容与要求、组织与实施、教育评价等方面，将教育内容相对划分为健康、语言、社会、科学、艺术五大领域，强调要有机结合、相互渗透。

2012 年 10 月，教育部印发《3—6 岁儿童学习与发展指南》，帮助广大幼儿园教师和家长了解幼儿学习与发展的基本规律和特点，建立对幼儿发展的合理期望，实施科学保育和教育。

2016 年 3 月，教育部颁布《幼儿园工作规程》，主要对坚持立德树人、规范办园行为、强化安全管理、注重与法律法规和有关政策的衔接、完善幼儿园内部管理机制等方面作出了修订。

4. 加大学前教育投入

2010 年，《国家中长期教育改革和发展规划纲要（2010—2020 年）》提出：加大政府投入，完善成本合理分担机制，对家庭经济困难幼儿入园给予补助。2011 年 9 月，财政部会同教育部印发《关于加大财政投入支持学前教育发展的通知》。2011—2013 年，中央财政学前教育项目经费投入 500 亿元，带动地方各级财政投入 1600 多亿元。全国财政性教育经费中学前教育占比从 2010 年的 1.7% 提高到 2012 年的 3.4%。

2016 年 9 月，中央财政下达 2016 年相关教育专项转移支付资金 927 亿元，支持学前教育发展资金 149 亿元，支持各地通过多种渠道扩大普惠性学前教育资源，并将幼儿资助类奖补助资金由 10 亿元扩大到 15 亿元，支持各地进一步健全学前教育资助制度，优先确保家庭经济困难幼儿获得资助。中小学及幼儿园教师国家级培训计划补助资金 20 亿元。

2018 年 11 月，中共中央、国务院发布的《关于学前教育深化改革规范发展的若干意见》提出，要"健全经费投入长效机制"；优化经费投入结构；健全学前教育成本分担机制；完善学前教育资助制度。

5. 加强学前教师队伍建设

2012 年 9 月，教育部、中央编办、财政部、人力资源社会保障部等部门联合发布《关于加强幼儿园教师队伍建设的意见》，规定要补足配齐幼儿园教师，完善幼儿园教师资格制度，建立幼儿园园长任职资格制度，完善幼儿园教师职务（职称）评聘制度，提高幼儿园教师培养培训质量，建立幼儿园教师待遇保障机制等。教育部为此先后出台了《幼儿园教师专业标准（试行）》《幼儿园教职工配备标准（暂行）》《幼儿园园长专业标准》，对上述问题作了具体规定。

2018 年 11 月,中共中央、国务院印发《关于学前教育深化改革规范发展的若干意见》,提出大力加强幼儿园教师队伍建设的主要策略包括:完善教师培养体系;健全教师培训制度;依法保障幼儿园教师地位和待遇;严格教师队伍管理。

这一时期是中华人民共和国成立以来学前教育事业发展最快、最好的时期。2005 年,幼儿园总数为 12.44 万所,在园幼儿数为 2179.03 万人。其中,农村幼儿园数为 6.02 万所,农村在园幼儿数为 1016.92 万人。2010 年,学前教育毛入园率达到 56.6%,幼儿园总数为 15.04 万所,在园幼儿数为 2976.67 万人。其中,农村幼儿园数为 7.16 万所,农村幼儿园在园幼儿数为 1214.03 万人。2020 年,全国学前教育毛入学率为 85.2%,幼儿园总数为 29.17 万所,在园幼儿数为 4818.26 万人,幼儿园数和在园幼儿数分别为 2005 年的 1.66 倍和 2.21 倍。其中,普惠性幼儿园在园幼儿数为 4082.83 万人,普惠性幼儿园覆盖率达到 84.7%,入园难问题得到极大缓解。

第二节　初等教育

一、中华人民共和国成立初期至"文化大革命"前初等教育的发展

[拓展阅读]
王蓓、彭泽平:《新中国基础教育课程改革60年:历程与经验》

1949 年 9 月,中国人民政治协商会议第一届全体会议通过的《中国人民政治协商会议共同纲领》规定,要有计划有步骤地实行普及教育。1951 年 8 月,教育部召开第一次全国初等教育及师范教育会议,讨论通过了《小学暂行规程》,明确提出 1952—1957 年,争取全国平均有 80% 的学龄儿童入学。从 1952 年开始,争取 10 年内基本普及小学教育,并提出 5 年内培养百万名小学教师。1952 年,小学总数、在校生数分别达到 52.70 万所、5110.0 万人,分别为 1949 年的 1.8 倍、2.1 倍;学龄儿童入学率为 49.2%。1957 年,小学总数为 54.73 万所,在校生数为 6428.3 万人,学龄儿童入学率为 61.7%,分别比 1952 年提高 3.9%、25.8% 和 25.4%。

1956 年,最高国务会议通过的《1956—1957 年全国农业发展纲要(草案)》中规定:"从 1956 年开始,按照各地情况,分别在 7 年或者 12 年内普及小学义务教育。1958—1965 年,小学教育出现大起大落的情况。1958 年,中共中央、国务院《关于教育工作的指示》提出全国应在 3～5 年内基本完成扫除文盲、普及小学的任务,并要求动员一切积极因素,多快好省地发展教育事业。全国各地在这个精神的指导下,掀起了大办教育的群众运动。据 1958 年 10 月 1 日《光明日报》报道,全国学龄儿童入学率达到 93.9%,87% 的县、市已基本普及小学教育。这些数字实际上是不真实的。从 1959 年开始,国家进行整顿巩固工作,初等教育发展的速度减缓。

1961 年 2 月,中共中央批转中央文教小组《关于 1961 年和今后一个时期文教工作安排的报告》,仍坚持提出:要区别城乡和根据各地区的不同情况,有计划、积极地普及适龄儿童的小学教育。1963 年,教育部相继颁发《全日制小学暂行工作条例(草案)》和《全日制小学教学计划(草案)》,使小学教育教学工作走上正轨。之后,由于国民经济调整取得明显成效和贯彻"两条腿走路"的办学方针,推行了"两种教育制度",小学教育又获得较快发展。到 1965 年,小学总数、在校

学生数和学龄儿童入学率分别达到 168.19 万所、11 620.9 万人和 84.7％。[①]

二、"文化大革命"时期的初等教育

"文化大革命"开始后,各地学校出现了停课闹革命的情况,严重影响了学校正常教育教学秩序。1967 年 3 月 7 日,《人民日报》发表《中小学复课闹革命》的社论,明确号召中小学师生要响应党中央的号召复课闹革命。之后,各地小学的教学秩序有所恢复。但是,复课以后的教学内容主要是政治形势和领袖指示。1968 年 11 月 14 日,《人民日报》发表山东省嘉祥县马集公社教育组两名干部的一封信,建议所有农村公办小学下放到大队,国家不再投资或少投资小学教育经费。此后,大批农村公办小学教师被强迫下放回原籍教书,由国家发工资改为生产队记工分,教师本人及子女被转为农村户口。在城镇,许多中小学由工厂或街道接办。

1974 年 5 月,国务院科教组发出《关于 1974 年教育事业计划(草案)的通知》,提出城乡小学下放到工厂、街道和大队来办,实行民办公助,并提出在农村尽快普及五年小学教育,有条件的地区普及七年教育,在大中城市普及十年教育的要求。在"文化大革命"期间,由于盲目发展中学,大量小学教师被抽调到中学任教,严重削弱了小学教育的师资力量。尽管小学数量有所发展,但学校教育教学质量低下。

三、改革开放新时期初等教育的新发展

"文化大革命"结束后,小学教育结束了混乱状况,逐步走上了正轨。党和国家十分重视普及小学教育的工作,《关于普及小学教育若干问题的决定》(1980)、《关于加强和改革农村学校教育若干问题通知》(1983)、《关于教育体制改革的决定》(1985)、《中华人民共和国义务教育法》(1986)、《中国教育改革和发展纲要》(1993)、《中华人民共和国教育法》(1995)等一系列文件、法规提出了实行基础教育地方负责、分级办学、分级管理体制,实施普及九年义务教育的目标,采取分区规划、分类指导、分步推进、分阶段实施的措施,使普及义务教育走上了有法可依、有章可循的轨道,小学教育发展很快。1981 年,全国除台湾地区以外,有小学 89.4 万所,在校小学生数已达 14 332.8 万人。[②] 其中,农村小学总数为 85.8 万所,约占小学总数的 96％;农村小学生数为 12 467.4 万人,约占小学在校生总数的 87％。与此同时,小学教师的文化业务水平明显提高。

1986 年 4 月 12 日,第六届全国人民代表大会第四次会议通过了《中华人民共和国义务教育法》,这是中国教育史上的一件大事。1987 年 6 月 24 日,国家教育委员会和司法部联合发出《关于进一步宣传贯彻〈义务教育法〉的通知》,针对《中华人民共和国义务教育法》颁布与施行一年来存在的困难和问题,要求各地必须进一步做好宣传教育工作。由于在 1987—1988 学年,全国城乡小学在校生流失了 428 万多名,平均流失率为 3.3％,国家教委于 1989 年 1 月 30 日发出《关于严格控制中小学生流失问题的若干意见》。1990 年,初等教育适龄儿童入学率达到 97.8％,其中适龄女童入学率达到 96.3％[③],小学生流失现象初步得到控制。1991 年,城乡基本普及初等教

---

①　《中国教育年鉴》编辑部.中国教育年鉴:1949—1981[M].北京:中国大百科全书出版社,1984:126.

②　《中国教育年鉴》编辑部.中国教育年鉴:1949—1981[M].北京:中国大百科全书出版社,1984:126.

③　《中国教育年鉴》编辑部.中国教育年鉴:1991[M].北京:人民教育出版社,1992:91.

育的人口数占全国人口总数的 91％,小学在校生辍学率下降到 2.35％[①]。

1992 年 3 月 14 日,国家教育委员会发布了《〈中华人民共和国义务教育法〉实施细则》,具体规定了义务教育的实施步骤、就学、教育教学、实施保障、管理与监督、罚则。1994 年,全国教育工作会议确立了 20 世纪末在全国 85％的人口覆盖地区普及九年义务教育的战略目标和任务,并确定了实施"普九"步骤的"五、四、三"方针。到 1995 年底,小学总数、在校生数、学龄儿童入学率分别为 66.87 万所、13 195.15 万人、98.5％,普及小学阶段义务教育的县(市、区)达 1025个。[②] 2000 年,全国有小学 55.36 万所,在校生 13 013.25 万人,小学儿童入学率为 99.11％。

四、21 世纪初期初等(义务)教育的巩固性发展

进入 21 世纪,党和国家高度重视并采取了许多积极有效的策略措施,初等(义务)教育获得了巩固性发展和提高。

(一)进行基础教育课程改革

2001 年 5 月,国务院颁布《关于基础教育改革与发展的决定》。同年 6 月,教育部发布《基础教育课程改革纲要(试行)》,21 世纪基础教育课程改革正式启动。同年,基础教育阶段各层次各科课程标准公布。2011 年,教育部公布了新的各科课程标准,21 世纪基础教育课程改革进入第二阶段。2014 年 3 月,教育部印发《关于全面深化课程改革落实立德树人根本任务的意见》,21 世纪基础教育课程改革进入全面深化阶段,即以培养学生发展核心素养为核心、以立德树人为根本任务的阶段。2019 年 6 月,中共中央、国务院印发《关于深化教育教学改革全面提高义务教育质量的意见》。2022 年 3 月,教育部印发义务教育课程方案和各科课程标准(2022 年版)。21 世纪基础教育课程改革进入第三阶段,即以育人为本位、以素养为导向、以课堂为主阵地、以"五育融合"为指向、以全面提高质量为目标任务的新阶段。

与此同时,2018 年 2 月,教育部办公厅等四部门联合印发《关于切实减轻中小学生课外负担开展校外培训机构专项治理行动的通知》,2018 年 8 月,国务院办公厅发布《关于规范校外培训机构发展的意见》,2021 年 7 月,中共中央办公厅、国务院办公厅印发《关于进一步减轻义务教育阶段学生作业负担和校外培训负担的意见》(简称"双减"政策),要求切实减轻义务教育阶段学生作业负担和校外培训负担,全面规范校外培训行为,以保障课程改革的正常顺利进行。

(二)推进义务教育均衡发展

2005 年 5 月,教育部印发《关于进一步推进义务教育均衡发展的若干意见》。2012 年 9 月,国务院印发《关于深入推进义务教育均衡发展的意见》。推进义务教育均衡发展、促进教育公平公正成为义务教育发展的重要指导思想。

1. 逐步取消"重点校、重点班"

2002 年,《教育部关于加强基础教育办学管理若干问题的通知》正式提出"积极推进义务教育阶段学校均衡发展"的目标,此后"重点校、重点班"逐步取消。

2. 实施"两免一补"政策

"两免一补"是指对农村义务教育阶段家庭经济困难学生免学杂费、免教科书费、逐步补助寄

① 《中国教育年鉴》编辑部.中国教育年鉴:1992[M].北京:人民教育出版社,1993:53.

② 《中国教育年鉴》编辑部.中国教育年鉴:1996[M].北京:人民教育出版社,1997:113-122.

宿生生活费。2005 年伊始,我国从春季学期开始对 592 个国家扶贫开发工作重点县约 1400 万名农村义务教育阶段家庭贫困的中小学生全部免费提供教科书和免收学杂费。2005 年 12 月,国务院发出《关于深化农村义务教育经费保障机制改革的通知》,提出全部免除农村义务教育阶段学生学杂费。2007 年,中东部地区义务教育经费保障机制改革顺利实施,中央财政预拨免学杂费、补助公用经费的资金 92 亿元,免费教科书专项资金 14 亿元。全国农村义务教育阶段中小学生全部免除学杂费,实现了免费上学。2008 年 7 月,国务院常务会议决定从 2008 年 9 月 1 日开始,在全国范围内全部免除城市义务教育阶段学生学杂费。至此,全国城乡义务教育实现全免费。

3. 改善农村学校办学条件

按照《国家中长期教育改革和发展规划纲要(2010—2020 年)》的部署,2011 年财政部、教育部印发《关于实施农村义务教育薄弱学校改造计划的通知》,计划主要包括教学装备类项目(2010—2013 年)和校舍建设类项目(2010—2015 年)。2013 年,国务院审议通过《关于全面改善贫困地区义务教育薄弱学校基本办学条件的意见》。经过各级政府和有关部门的共同努力,2010—2013 年共投入中央专项资金 218.6 亿元,其中教学仪器设备 142.2 亿元,图书 31.2 亿元,多媒体设备 45.2 亿元,教学装备类项目任务目标于 2013 年底圆满完成。校舍建设类力争经过 3～5 年,使贫困地区义务教育薄弱学校校舍等基本办学条件得到显著改善,满足基本教学和生活需求。

4. 加强农村学校教师队伍

一是实行“特岗教师计划”。2006 年 5 月,教育部等四部门下发《关于实施农村义务教育阶段学校教师特设岗位计划的通知》,联合启动实施“特岗教师计划”。二是实施“乡村教师支持计划”。2015 年 6 月,国务院办公厅印发《乡村教师支持计划(2015—2020 年)》。三是实施“基础教育强师计划”。2018 年 1 月,中共中央、国务院印发《关于全面深化新时代教师队伍建设改革的意见》,提出要造就党和人民满意的高素质专业化创新型教师队伍,逐步将幼儿园教师学历提升至专科,小学教师学历提升至师范专业专科和非师范专业本科,初中教师学历提升至本科,有条件的地方将普通高中教师学历提升至研究生。2022 年,教育部等八部门印发《新时代基础教育强师计划》,提出培养硕士层次中小学教师和教育领军人才。

5. 县域内城乡义务教育一体化发展

2016 年 7 月,国务院印发《关于统筹推进县域内城乡义务教育一体化改革发展的若干意见》,目标是加快推进县域内义务教育学校建设标准统一、教师编制标准统一、生均公用经费基准定额统一、基本装备配置标准统一和“两免一补”政策城乡全覆盖。县域义务教育均衡发展和城乡基本公共教育服务均等化基本实现。主要措施包括:同步建设城镇学校;努力办好乡村教育;科学推进学校标准化建设;实施消除大班额计划;统筹城乡师资配置;改革乡村教师待遇保障机制;改革教育治理体系;改革控辍保学机制;改革随迁子女就学机制;加强留守儿童关爱保护。

(三) 完善城乡义务教育经费保障机制

2005 年 12 月,国务院发布《关于深化农村义务教育经费保障机制改革的通知》,主要内容是:全部免除农村义务教育阶段学生学杂费;提高农村义务教育阶段中小学公用经费保障水平;建立农村义务教育阶段中小学校舍维修改造长效机制;巩固和完善农村中小学教师工资保障机制。2015 年 11 月,国务院印发《关于进一步完善城乡义务教育经费保障机制的通知》,决定自2016 年起进一步完善城乡义务教育经费保障机制,整合农村义务教育经费保障机制和城市义务教育奖补政策,建立统一的中央和地方分项目、按比例分担的城乡义务教育经费保障机制;统一城乡义务教育"两免一补"政策;统一城乡义务教育学校生均公用经费基准定额;巩固完善农村地区义务教育学校校舍安全保障长效机制;巩固落实城乡义务教育教师工资政策。

第三节　中等教育

一、中学教育

1949年,《共同纲领》提出要"加强中等教育"。同年12月,第一次全国教育工作会议规定:中小学以巩固提高为主;创办工农速成中学。随后开始了旧有公私立中学、教会中学和外国津贴中学的接管、维持、整顿、改造工作。1950年8月,教育部颁发《中学暂行教学计划(草案)》,规定了普通中学的课程和教学。1951年3月,第一次全国中等教育会议召开,提出普通中学应以整顿、巩固和提高为主;必须坚决贯彻为工农开门的方针。会议修正通过了《中学暂行规程》,讨论了中学的课程标准,以及课程、教材改革的原则等问题。

1949年,普通中学4045所,在校生为103.90万人。1952年,普通中学4298所,在校生为249.01万人,[1]分别比1949年增长6.3％、139.7％。其中,初中3117所,在校生为222.99万人,分别比1949年增长27.3％、168％,发展较快;高中1181所,为1949年的74％,在校生为26.02万人,比1949年增长26％,发展速度放慢[2]。

1953年6月,毛泽东在接见青年团第二次全国代表大会主席团时的讲话中提出"要使青年身体好、学习好、工作好"。同时,国家提出要着重发展高中、适当发展初中,将中学教育纳入发展国民经济计划的轨道。1955年12月,教育部召开普通教育和师范教育计划座谈会,为适应农业合作化高潮的要求,提出大量发展中学。到1957年,普通中学为11 096所,在校生为628.13万人[3],分别比1952年增长158.17％、152.25％。

1958年9月,中共中央、国务院发布《关于教育工作的指示》,提出:"党的教育工作方针,是教育为无产阶级的政治服务,教育与生产劳动相结合。"普通中学在1956年、1957年大发展的基础上,受"大跃进"的影响,提出了"乡乡有中学"的更高要求,采取走群众路线和群众运动的方式。当年,普通中学数、在校生数分别达到28 931所、852.02万人[4]。大多数新建中学经费不足、校舍简陋、师资缺乏、质量低下。从1959年起国家对中学进行巩固整顿提高,使中学教育稳步发展。由于教育事业发展速度超过了以农业为基础的国民经济发展水平,不仅多占用了劳动力,而且在一定程度上影响了农业生产,对教育事业本身的提高与发展也产生了不利的影响。1963年3月,中共中央和教育部相继颁发了《全日制中学暂行工作条例(草案)》和《全日制中学教学计划(草案)》,对普通中学的办学方针、办学指导思想、培养目标、教学工作、思想政治工作、生产劳动、体育卫生、教师工作、领导管理等方面进行了明确规定。

---

①　《中国教育年鉴》编辑部.中国教育年鉴:1949—1981[M].北京:中国大百科全书出版社,1984:1000.
②　《中国教育年鉴》编辑部.中国教育年鉴:1949—1981[M].北京:中国大百科全书出版社,1984:1000.
③　《中国教育年鉴》编辑部.中国教育年鉴:1949—1981[M].北京:中国大百科全书出版社,1984:1000.
④　《中国教育年鉴》编辑部.中国教育年鉴:1949—1981[M].北京:中国大百科全书出版社,1984:1000.

　　"文化大革命"开始后,普通中学的教育教学秩序遭到了严重破坏。1967 年,中共中央发出《关于中学无产阶级文化大革命的意见(供讨论和试行用)》,规定停止外出串联,返校复课闹革命。1969 年 1 月和 5 月,《红旗》《人民日报》先后发表兰州五中的调查报告和吉林省梨树县《农村中小学大纲(草案)》,提出城市中学由工厂办、农村中学由社队办。中学停止招生达 4 年之久,直到 1970 年才恢复招生。"文化大革命"时期,普通中学的数量和规模急剧膨胀,但教育质量很低。

　　"文化大革命"结束以后,中学进入了发展的最好时期。第一,恢复高考制度极大地激发和提高了中学生学习文化科学知识的积极性,促进了中学教育教学质量和水平的提高。第二,对普通中学进行了调整。1978 年 1 月,教育部在颁发《全日制十年制中小学教学计划试行草案》的通知中提出,将部分农村中学办成农业中学。同年 4 月,全国教育工作会议提出新时期教育战线的"中心环节是提高教育质量","要认真从中小学抓起,切实打好基础"。1980 年 10 月,国务院批转教育部和国家劳动总局《关于中等教育结构改革的报告》,提出将部分农村普通中学办成职业中学,推动了普通中学的调整改革工作。期间,教育部提出"整顿提高初中,调整改革高中,大力发展职业教育,努力办好重点中学"。据统计,1981 年,全国普通中学已达 10.67 万所,在校生 4859.56 万人(其中高中学生 714.98 万人,初中学生 4144.58 万人)。[①] 同 1977 年相比,在 1981 年,全国普通中学学校减少了 94 550 所,降幅为 47%,其中高中减少了 40 456 所,降幅为 62%,初中减少 54 094 所,降幅为 39.7%;学生减少了 1920.34 万人,降幅为 28.3%,其中高中生减少了 1085.02 万人,降幅为 60.3%,初中生减少了 835.32 万人,降幅为 16.8%。[②] 1983 年,中共中央、国务院《关于加强和改革农村学校教育若干问题的通知》进一步要求把部分普通中学改为农职中学。第三,普及初级中学教育。1986 年出台的《中华人民共和国义务教育法》把初中纳入义务教育体系,争取到 2000 年底基本普及初中阶段(包括职业初中)的教育,推动了初中教育的发展。

　　高中则通过加强劳动技术课、开设职业选修课和职业指导课来进行改革,以完成中学为高等学校输送合格新生和为社会输送劳动后备力量的双重任务。2000 年,全国有普通中学 77 268 所,其中,初级中学 62704 所,高级中学 14564 所;在校初中生 6167.65 万人,在校高中生1201.26 万人。

　　进入 21 世纪,2001 年 5 月,国务院颁布《关于基础教育改革与发展的决定》,提出:"大力发展高中阶段教育,促进高中阶段教育协调发展。有步骤地在大中城市和经济发达地区普及高中阶段教育。挖掘现有学校潜力并鼓励有条件的地区实行完全中学的高、初中分离,扩大高中规模。鼓励社会力量采取多种形式发展高中阶段教育。保持普通高中与中等职业学校的合理比例,促进协调发展。鼓励发展普通教育和职业教育沟通的高级中学。支持已经普及九年义务教育的中西部农村地区发展高中阶段教育。"该文件明确提出了"普及高中阶段教育"的目标。2002 年,教育部为贯彻《关于基础教育改革与发展的决定》,落实《基础教育课程改革纲要(试行)》,印发了《全日制普通高级中学课程计划(试验修订稿)》。

　　2010 年,《国家中长期教育改革和发展规划纲要(2010—2020)》明确提出"加快普及高中阶

　　① 《中国教育年鉴》编辑部.中国教育年鉴:1949—1981[M].北京:中国大百科全书出版社,1984:154.

　　② 《中国教育年鉴》编辑部.中国教育年鉴:1949—1981[M].北京:中国大百科全书出版社,1984:153.

段教育","推动普通高中多样化发展",探索综合高中发展模式,到 2020 年,普及高中阶段教育,在校生达到 4700 万人,毛入学率达到 90%,满足初中毕业生接受高中阶段教育需求。2017 年 3 月,教育部等四部委联合印发《高中阶段教育普及攻坚计划(2017—2020 年)》。2019 年 6 月,国务院办公厅印发《关于新时代推进普通高中育人方式改革的指导意见》,提出六项重点任务:一是构建全面培养体系;二是优化课程实施;三是创新教学组织管理;四是加强学生发展指导;五是完善考试和招生制度;六是强化师资和条件保障。2020 年 5 月,教育部印发普通高中课程方案和语文等学科课程标准(2017 年版 2020 年修订)。

二、中等师范教育

新中国成立初期,中等师范教育最主要的任务是改造和重建。1951 年 8 月,第一次全国初等教育和师范教育会议就师范教育提出了采取正规规范教育与大量短期训练相结合的工作方针;办好正规师范教育,调整、整顿和发展各级师范学校,讨论通过了《师范学校暂行规程》(教育部 1952 年 7 月正式颁布),规定师范学校由省、市、县人民政府设立。

由于受到高度重视,1952 年,中等师范学校数、在校生数分别达到 916 所、345 163 人,比 1949 年增长 50%、127.4%。[①] 从 1953 年开始,为适应初等教育发展要求和提高教师质量的需要,国家对师范教育做出调整,减少初级师范学校。1954 年 6 月,教育部颁布了《四年制初级师范学校教学计划(修订草案)》。1956 年,教育部先后制定和颁发了《师范学校规程》《师范学校教学计划》《幼儿师范学校教学计划》,编写出版了师范学校各科教学大纲和教材。1953—1956 年,中华人民共和国成立以后第一套较完整的师范学校课本逐步出版。1957 年,师范学校数为 592 所,在校生数为 295 784 人。[②]

1958—1960 年,在"大跃进"的影响下,师范学校数量猛增。由于受到学校分布不合理、规模小、办学条件差、师资水平低等因素的影响,教育质量有所下降。经过几年的调整、整顿,到 1965 年,师范学校的数量由 1960 年的 1964 所减为 394 所,学生数由 1960 年的 83 万人减为 15 万人。其中,初级师范学校的比例大大降低,仅占所有师范学校的 8%,学生数仅占师范生总数的 2%。[③] 全国中等师范教育基本上恢复到 1958 年以前的水平。

在"文化大革命"初期,中等师范学校停止招生达 6 年之久,大部分学校被迫停办、合并、搬迁,校舍被占,仪器、图书失散被毁,很多教师改行。1971 年后,师范学校虽然开始逐步恢复,但同小学教育和幼儿教育事业的发展严重不匹配。1972 年起,中等师范教育开始逐步恢复。但由于实行推荐免试入学、招收工农兵学员、开门办学、社来社去等办法,再加上频繁的政治运动,正常的教育教学难以开展,教育质量很低。

粉碎"四人帮"后,中等师范教育恢复了招生考试制度,恢复并新建了一批中等师范学校,学校数和在校生数猛增。到 1979 年,全国中等师范学校数、在校生数分别达到 1053 所、48.4 万人,比 1965 年增长了 2.1 倍,比 1976 年增长了 60%。[④] 1980 年 6 月,教育部召开全国师范教育

① 《中国教育年鉴》编辑部.中国教育年鉴:1949—1981[M].北京:中国大百科全书出版社,1984:192-194.
② 《中国教育年鉴》编辑部.中国教育年鉴:1949—1981[M].北京:中国大百科全书出版社,1984:194.
③ 《中国教育年鉴》编辑部.中国教育年鉴:1949—1981[M].北京:中国大百科全书出版社,1984:192-194.
④ 《中国教育年鉴》编辑部.中国教育年鉴:1949—1981[M].北京:中国大百科全书出版社,1984:193.

工作会议,研究如何办好中等师范教育等问题。同年8月,《关于办好中等师范教育的意见》《中等师范学校规程(试行草案)》《中等师范学校教学计划(试行草案)》颁布,中等师范学校的教育教学和管理走上正轨,教育质量有了很大提高。1983年2月23日,教育部发布《关于颁发〈中等师范学校学生守则〉(试行草案)的通知》。经过十几年的调整改革,到2000年,中等师范学校数683所,在校生数76.98万人。进入21世纪后,随着学校的升格、合并以及师范教育的调整,中等师范学校或升为师范专科学校(院)或并入职业技术学院,独立设置的中等师范学校已不复存在。

三、中等专业教育

中等专业教育是实施普通教育与职业技术教育相结合的中等教育。在我国,中等专业教育分成三类学校展开:中等专业学校、中等技术学校和中等职业学校。前两类为计划体制内(公办)的学校,后一类为计划体制外(民办)的学校。下面将前两类一起叙述,简称中等专业(技术)教育;后一类另行介绍,简称中等职业教育。

(一)中等专业(技术)教育

1951年6月,教育部召开全国中等技术教育会议,确定中等技术教育采取以调整、整顿为主,有条件发展的方针,培养大批具有一般文化科学基本知识,掌握现代技术,体格健康、全心全意为人民服务的初、中级技术人才。1952年,政务院和教育部先后发布《关于整顿和发展中等技术教育的指示》《中等技术教育暂行实施办法》等文件,就中等技术学校的办学方针、培养目标、组织管理等进行了原则性规定,各地根据文件精神停办了一批条件差的学校,兴办了一批新学校,把接管的高级职业中学改组为新型中等专业学校。这一年,中等技术学校数、在校生数分别为794所、290 446人,比1949年增长41.5%、276.7%。1954年11月,高教部颁发《中等专业学校章程》,用"培养具有马列主义基本知识、普通教育的文化水平和基础技术的知识并能掌握一定专业,身体健康,全心全意为社会主义建设服务的中等专业干部"取代了之前的培养目标;规定学生毕业后由主管业务部门统一分配工作。中等专业学校经过调整、整顿之后,虽学校数有所下降,但在校生人数基本保持不变。1954年,共有中等专业学校557所,在校学生30万人;1957年学校发展到728所,在校学生达到48.2万人。[1] 1956年5月,高教部召开全国中等专业教育工作会议,提出加速发展中等专业(技术)教育的方针。

1958年,在"大跃进"的背景下,中等专业学校数和学生数猛增至2085所和108.4万人,1960年进一步增加到4261所和137.7万人。[2] 由于发展过快,规模过大,招生过多,中等专业学校大大超过国民经济发展水平和教育发展条件,教育质量很低。1961年,国家开始进行压缩调整,1963年8月,教育部在报送周恩来《关于职业教育问题的汇报》中提出:职业学校是培养劳动和技术后备力量的中等学校,要为各项生产事业和服务行业,特别是农业,培养有社会主义觉悟的有文化的劳动者和技术后备力量。1965年,中等专业学校数、学生数分别为871所、39.2万人[3],降到1957年的水平。

① 《中国教育年鉴》编辑部.中国教育年鉴:1949—1981[M].北京:中国大百科全书出版社,1984:206.
② 《中国教育年鉴》编辑部.中国教育年鉴:1949—1981[M].北京:中国大百科全书出版社,1984:207.
③ 《中国教育年鉴》编辑部.中国教育年鉴:1949—1981[M].北京:中国大百科全书出版社,1984:207.

"文化大革命"初期,中等专业(技术)教育遭到极大摧残,大批基础较好的学校停办或改办成工厂,校舍被占用,教师被调走或改行;很多学校名存实亡,并停止招生数年。在校学生数曾降到2.3万人。1972年,学校恢复招生。1973年7月,国务院批转国家计委、国务院科教组《关于中等专业学校、技工学校办学几个问题的意见》提出,中等专业与技术学校要抓紧调整、规划、布局等工作,根据需要和可能适当发展;对中等专业学校和技工学校的学制、招生、分配以及开办、调整、专业设置等进行了具体规定。此后,中等专业(技术)教育有所发展,到1976年,学校数、在校生数分别达到1461所、38.6万人。但由于实行推荐免试入学的办法,生源质量参差不齐,再加上频繁的政治运动等影响,正常的教育教学秩序得不到基本保障,人才培养质量很差。

随着国家学校招生考试制度的恢复,中等专业(技术)教育的招生考试制度在拨乱反正中也得到恢复和发展。1980年4月,教育部召开全国中等专业教育工作会议,提出要多办、办好中等专业学校,培养德智体全面发展、又红又专的中等专业人才。同年7月,教育部转发北京市人民政府批转市文教办公室《关于当前中等教育结构改革的几点意见》中提出:"这类学校招收初中毕业生,学制一般为3年"。10月,国务院批准教育部、国家劳动总局《关于中等教育结构改革的报告》中提出:"农业中学、职业中学是普通教育与职业技术教育相结合的中等学校"。到1981年,中等专业(技术)教育有了较大的发展。全国中等专业(技术)学校数、在校生数分别达到2170所、63.2万人,比1965年分别增加149%、61%。[①]

1985年5月,中共中央《关于教育体制改革的决定》指出:"发展职业技术教育要以中等职业技术教育为重点,发挥中等专业学校的骨干作用。"1986年7月,全国职业技术教育工作会议召开。会后,国家教育委员会颁发《关于中等专业学校设置暂行办法》,劳动人事部、国家教委颁布《技工学校工作条例》。这些措施大大促进了中等专业教育的发展。1985年,中等专业学校(不含中师)数、在校生数分别为3557所、157.11万人,比1980年增长44%、105.8%。[②] 到1995年,中等专业学校数(含中师)为4099所,在校生数为422.78万人。[③] 1996年5月,第八届全国人大常委会第十九次会议通过了《中华人民共和国职业教育法》,职业教育走上了正轨。2000年,全国有中等专业(技术)学校2963所,在校学生412.54万人。中等专业(技术)教育的发展达到了历史最高峰。

进入21世纪,随着学校的升格、合并和调整,原有的中等专业技术学校或升为高等专科学校(高职院校),或并入职业技术学院。

(二)中等职业教育

长期以来,中等职业教育未纳入中等专业教育的范畴。在改革开放前,中等职业教育是以半工半读职业学校和农业、职业中学的形式存在的。进入改革开放新时期以来,随着教育性质和教育管理体制的规范,二者才合并为统一的中等职业教育。

中华人民共和国成立之初,国家一方面按"专业化""单一化"原则将原有综合性职业学校改造为单科性中等专业与技术学校,同时提出举办各种业余技术教育。1958年3月,教育部提出"大力举办农业中学、工业中学和手工业中学,把高小毕业生培养成为有社会主义觉悟有文化又

---

① 《中国教育年鉴》编辑部.中国教育年鉴:1949—1981[M].北京:中国大百科全书出版社,1984:207.

② 《中国教育年鉴》编辑部.中国教育年鉴:1985—1986[M].长沙:湖南教育出版社,1988:3.

③ 国家教委计划建设司.中国教育事业统计年鉴 1996[M].北京:人民教育出版社,1997:44.

有一定生产技能的劳动者"。同年 9 月,中共中央、国务院《关于教育工作的指示》提出"普通教育与职业(技术)教育并举"的方针。此后,各种全日制、半工半读制职业中学被大量创建起来。农业中学及其他职业中学达 2 万所,在校生 200 万人。到 1960 年,同类学校更增至 22 597 所,在校生 230.2 万人。① 1961 年经过调整、压缩后,中等职业教育的规模一度减少。1963 年 10 月,周恩来在《关于中小学和职业教育问题的讲话》中指出:职业教育十分重要,必须努力办好。1964年,中共中央和国务院批转了由教育部拟定的《中小学教育和职业教育七年(1964~1970)规划要点(初步草案)》。

"文化大革命"中,各类职业学校被撤销或改为普通中学。同时,有些普通中学也办起了红医、机电、农机、种养等专(职)业技术班,面向工厂、农村,培养实用技术人员。

"文化大革命"结束后,中等职业教育进入了新的历史发展时期。1978 年,邓小平在全国教育工作会议上提出要扩大职业技术学校的比例。之后,一些地区开始试办农(职)业中学。1979年,第五届全国人民代表大会第二次会议政府工作报告提出:"中等教育要有计划地多举办各种门类的中等职业教育,这是社会主义建设的多方面的迫切需要,同时也有利于解决大量中学毕业生的就业问题。"1980 年,国家先后颁布《关于中等教育结构改革的报告》《关于加强和改革农村学校教育若干问题的决定》《关于改革城市中等教育结构、发展职业技术教育的意见》《关于教育体制改革的决定》《职业教育法》等政策法规,各种各类中等职业技术学校得到迅速发展。1990年,中等职业技术学校 9164 所,在校生 295 万人,②分别比 1980 年增长 176.5%、550%。到 1995年,中等职业技术学校达到 17168 所,在校生 939 万人,占高中阶段学生总数的 56.84%。③2000 年,技工学校 3792 所,在校学生 140.10 万人;职业中学 8849 所,在校学生 503.21 万人;工读学校 74 所,在校学生 0.77 万人。

进入 21 世纪,国家更加重视职业教育,采取很多有效措施促进其发展。2004 年 9 月,教育部等七部门下发《关于进一步加强职业教育工作的若干意见》,提出"多渠道增加投入","通过奖学金、助学金、贷学金和培训费补贴等多种形式,对家庭经济困难群体及其子女接受职业教育和培训提供帮助"。2005 年 10 月,国务院《关于大力发展职业教育的决定》提出,职业教育改革发展目标是:到 2010 年,中等职业教育招生规模达到 800 万人,与普通高中招生规模大体相当;多渠道增加经费投入,建立职业教育学生资助制度。2006 年 5 月,财政部、教育部印发《关于中等职业教育国家助学金管理暂行办法》,提出从 2006 年起,中央财政设立中等职业教育国家助学金。2007 年 6 月,财政部、教育部联合下发《中等职业学校国家助学金暂行管理办法》,从 2007年秋季学期开始,每年资助 1.5 万所中等职业学校的 1600 万学生,每年用于家庭经济困难学生资助的经费,中央财政、地方财政和学校支出超过 500 亿元。新的中等职业学校国家助学金政策,覆盖了经政府有关部门根据国家有关规定批准设立并备案实施中等学历教育的各类职业学校,包括公办和民办的普通中专、成人中专、职业高中、技工学校、职业技术学院附属的中专部和中等职业学校等。资助对象覆盖所有在校一、二年级农村户籍的学生、县镇非农户口的学生和城市家庭经济困难学生。受资助的学生将占中等职业学校在校生总数的 90%,资助标准为每生每

---

① 《中国教育年鉴》编辑部.中国教育年鉴:1949—1981[M].北京:中国大百科全书出版社,1984:182.

② 《中国教育年鉴》编辑部.中国教育年鉴:1991[M].北京:人民教育出版社,1992:247.

③ 《中国教育年鉴》编辑部.中国教育年鉴:1996[M].北京:人民教育出版社,1997:160.

年 1500 元,连续资助两年。2009 年 12 月,国务院总理温家宝主持召开国务院常务会议,决定从 2009 年秋季学期起,对公办中等职业学校全日制在校学生中农村家庭经济困难学生和涉农专业学生逐步免除学费,对因此导致学校收入减少的部分,通过财政给予补助和学校开展校企合作及顶岗实习解决。

2010 年 7 月,《国家中长期教育改革和发展规划纲要(2010—2020 年)》提出:要大力发展职业教育;健全多渠道投入机制;逐步实行中等职业教育免费制度,完善家庭经济困难学生资助政策;完善职业学校毕业生直接升学制度。2014 年,国务院颁布的《关于加快发展现代职业教育的决定》提出,到 2020 年,形成现代职业教育体系;总体保持中等职业学校与普通高中招生规模大体相当;完善资助政策体系,健全职业教育国家资助政策;逐步建立职业院校助学金覆盖面和补助标准动态调整机制,加大对农林水地矿油核等专业学生的助学力度;中等职业教育在校生达到 2 350 万人。

第四节　高等教育

一、中华人民共和国成立初期至"文化大革命"前高等教育的发展

中华人民共和国成立初期,人民政府一方面对民国时期的高等学校进行了有计划、有步骤的接管、整顿、恢复和改造工作,另一方面以老解放区高等学校为基础并借鉴苏联经验,创办了革命大学、干部学校、中国人民大学、哈尔滨工业大学等新大学。同时,为了加强对高等教育的领导管理工作和业务指导,国家颁布了《高等学校暂行规程》,成立了高等教育部。1951 年 10 月 1 日,政务院《关于改革学制的决定》中规定:高等教育,即大学、专门学院和专门学校,修业年限以 3～5 年为原则。1952 年,高等学校数、在校学生数分别为 201 所、19.11 万人。[①] 同年,教育部根据"以培养工业建设人才和师资为重点,发展专门学院,整顿和加强综合性大学"的方针,以华北、东北、华东为重点全面进行高等学校院系调整,重新组建了许多专门学院,将私立大学全部改为公立;调整高等学校的布局,在内地迁建或新建了一批高等学校。此时,全国共有高等学校 184 所。与 1949 年相比,学校数有所减少,但学生数增加了 64%,学校规模有所扩大。1955 年,为了改变高等学校过于集中在少数大城市尤其是沿海大城市的状况,国家决定将沿海地区一些高等学校的同类专业、系迁至内地组建新校或加强内地原有学校。到 1957 年,高等学校数为 229 所,设置专业 323 种,在校生数为 44.11 万人。[②]

1958 年,中共中央、国务院《关于教育工作的指示》提出了"以十五年左右的时间来普及高等教育"的要求,高等教育出现了盲目冒进的混乱状态。教育部根据相关规定,会同有关部门将原中央领导的 229 所高等学校中的 187 所下放归地方领导。

1961 年,高等教育进行调整整顿,缩短战线,压缩规模,调整布局,提高质量。同年 9 月,中共中央印发《教育部直属高等学校暂行工作条例(草案)》(简称"高校十六条")并在全国高等学校中试行。同时,教育部召开全国重点高等学校工作会议,对全国重点高等学校试行"四定":定规

---

①　《中国教育年鉴》编辑部.中国教育年鉴:1949—1981[M].北京:中国大百科全书出版社,1984:965-966.

②　《中国教育年鉴》编辑部.中国教育年鉴:1949—1981[M].北京:中国大百科全书出版社,1984:234.

模、定任务、定方向、定专业。1962 年 3 月,周恩来在第二届人民代表大会第三次会议的报告中宣布,这个条例可以在全国高等学校中试行。经过此次调整,全国高等学校数压缩到 407 所①。到1965 年,高等学校数、在校生数分别为 434 所、67.44 万人,分别为 1957 年的 1.90 倍、1.53 倍。②

二、"文化大革命"时期高等教育遭受严重破坏

"文化大革命"使高等教育受到了极大的摧残。

1966 年 7 月,中共中央、国务院发布《关于改革高等学校招生工作的通知》,提出取消招生考试,采取推荐与选拔相结合的办法;毕业生不实行由国家统一分配的制度。当年,因"文化大革命"爆发而未能招生,从此高等学校停止全面招生达 6 年之久;停止派出和接收留学生六七年之久;停止招收研究生达 12 年之久。

1971 年,全国教育工作会议确定了《关于高等院校的调整方案》,要求将原有 417 所高校保留 309 所,合并 43 所,改为中专的有 17 所,改为工厂的有 3 所,撤销中国人民大学等 45 所,共用搬、并、迁、散等办法砍掉了 108 所高等学校。③ 同时,由于"教育革命",实行推荐免试入学,因此生源质量得不到基本保障;由于"工农兵上管改",创办"五七公社""七二一大学",学"朝农经验",搞"开门办学",高等学校的教育教学和管理制度受到严重破坏,教育教学质量很低,人才培养质量很差。1976 年,高等学校有 392 所,在校生数为 56.47 万人。④ 在"文化大革命"期间,高等学校毕业人数仅为 103.3 万人,而其中 67 万人为 1965 年之前入学的学生,造成了各条战线青黄不接、后继乏人的严重状况。

三、改革开放新时期高等教育的新发展

"文化大革命"结束后,特别是党的十一届三中全会以来,我国社会进入了改革开放和社会主义现代化建设新时期,高等教育迅速恢复并获得巨大发展。

从 1977 年起,邓小平亲自抓科学、抓教育。在他的直接关怀下,1977 年年底我国恢复了高等学校全国统一招生考试制度,被拆并的高等学校逐步恢复并新建了大批高等学校,改革和完善了高等教育办学和管理体制,恢复了研究生教育制度,专科教育得到迅速发展,调整了科类与专业结构,进行招生、培养与就业制度改革,我国高等学校的数量、规模、层次、类型、专业以及教育教学和管理体制等方面都发生了显著变化。

1978 年 5 月,邓小平在全国教育工作会议上做了重要讲话,要求提高教育质量,提高科学文化的教学水平;要求学校大力加强革命秩序和革命纪律,造就具有社会主义觉悟的一代新人。1979 年 3 月 19 日,中共中央做出撤销 1971 年 8 月 13 日转发的《全国教育工作会议纪要》的决定,推倒了"两个估计",调动了广大教育工作者的积极性。1981 年,全国共有高等学校 704 所,其中有 312 所是 5 年内恢复和增加的,在校学生总数达 127.9 万人⑤,比 1976 年翻了一番有余,比 1965 年增加了 70%。1977—1981 年,全日制大学在校学生人数的平均年增长率为 18%。据

① 《中国教育年鉴》编辑部.中国教育年鉴:1949—1981[M].北京:中国大百科全书出版社,1984:235.
② 《中国教育年鉴》编辑部.中国教育年鉴:1949—1981[M].北京:中国大百科全书出版社,1984:235.
③ 《中国教育年鉴》编辑部.中国教育年鉴:1949—1981[M].北京:中国大百科全书出版社,1984:235.
④ 《中国教育年鉴》编辑部.中国教育年鉴:1949—1981[M].北京:中国大百科全书出版社,1984:965-966.
⑤ 《中国教育年鉴》编辑部.中国教育年鉴:1949—1981[M].北京:中国大百科全书出版社,1984:235.

1986 年的相关统计,我国普通高等学校已发展到 1 054 所,高等学校专任教师已达 37.24 万人。

1988 年,国家教育委员会正式下发《关于加强普通高等学校本科教育工作的意见》。1991 年,国家教育委员会发布《国家教委直属高等学校教育事业发展十年规划和"八五"计划纲要》。到 1995 年,高等学校数、在校生数分别为 1054 所、305.18 万人,其中本、专科生为 290.64 万人[①],本、专科生人数比为 1∶1.07。

1997 年,高等教育管理体制改革继续以"共建、合并、划转、协作、合作"形式进行。自 1992 年以来,全国共有 162 所高校经合并调整为 74 所,净减 88 所。到 2000 年,全国有普通高等学校本专科 1041 所,在校学生 556.09 万人。其中,本科 599 所,在校生人数为 414.24 万人。培养研究生的高等学校和科研机构共有 738 个,在校研究生 30.12 万人。

四、21 世纪初期高等教育的大发展

进入 21 世纪,高等教育在 20 世纪末实施"211 工程"、"985 工程"、大扩招以及合并升格基础上,实施了质量工程、"2011 计划"、"双创"教育、"双一流"建设、新时代振兴中西部高等教育等,实现了高效、优质发展。

(一)高等教育大众化、普及化

20 世纪末开始的高校扩招使中国高等教育改变了长期以来实行的精英模式,逐步走上了大众化进而普及化的发展道路。经过数年的连续扩招,到 2005 年,高等教育毛入学率达到 21%,进入了大众化发展阶段。后经过 15 年高速发展,高等教育规模进一步扩大,到 2020 年,高等教育毛入学率达到 54.4%,进入了普及化发展阶段。

(二)提升高等教育质量

1. 质量工程

2007 年 1 月,教育部、财政部下发《关于实施高等学校本科教学质量与教学改革工程的意见》,决定实施"高等学校本科教学质量与教学改革工程"(简称"质量工程"),这是教育部把我国高等教育发展的战略重点从外延扩张规模的数量型转移到内涵提高的质量型重大举措。质量工程以提高高等学校本科教学质量为目标,以推进改革和实现优质资源共享为手段,按照"分类指导、鼓励特色、重在改革"的原则,加强内涵建设,提升我国高等教育的质量和整体实力。建设内容包括:专业结构调整与专业认证;课程、教材建设与资源共享;实践教学与人才培养模式改革创新;教学团队与高水平教师队伍建设;教学评估与教学状态基本数据公布;对口支援西部地区高等学校。具体任务包括:择优选择和重点建设 3000 个左右特色专业点;遴选 3000 门左右课程,启动"万种新教材建设项目";重点建设 500 个左右实验教学示范中心,支持 15 000 个由优秀学生进行的创新性试验,择优选择 500 个左右人才培养模式创新实验区;每年评选 100 名高等学校教学名师奖获得者。

2012 年 3 月,教育部印发《关于全面提高高等教育质量的若干意见》,提出了提高质量的 30 条政策措施,主要涉及:坚持稳定规模、优化结构、强化特色、注重创新,走以质量提升为核心的内涵式发展道路;巩固本科教学基础地位、改革研究生培养机制、强化实践育人环节、加强创新创业教育和就业指导服务、加强和改进思想政治教育、健全教育质量评估制度等人才培养体系;推进

---

① 《中国教育年鉴》编辑部.中国教育年鉴:1996[M].北京:人民教育出版社,1997:115.

协同创新、提升高校科技创新能力、繁荣发展高校哲学社会科学、改革高校科研管理机制、增强高校社会服务能力等科学研究、服务经济社会发展、推进文化传承创新;改革考试招生制度、完善研究生资助体系、完善中国特色现代大学制度、推进试点学院改革、建设优质教育资源共享体系、加强省级政府统筹、提升国际交流与合作水平等体制机制改革;加强师德师风建设、提高教师业务水平和教学能力、完善教师分类管理等高素质教师队伍建设;加强高校基础条件建设、加强高校经费保障;等等。

2."四个回归"

2018年6月,教育部在四川省成都市召开新时代全国高等学校本科教育工作会议。会议强调,坚持"以本为本",推进"四个回归",加快建设高水平本科教育,全面提高人才培养能力,造就堪当民族复兴大任的时代新人。同年9月,教育部印发《关于加快建设高水平本科教育 全面提高人才培养能力的意见》,主要内容包括:把思想政治教育贯穿高水平本科教育全过程;围绕激发学生学习兴趣和潜能深化教学改革;全面提高教师教书育人能力;大力推进一流专业建设;推进现代信息技术与教育教学深度融合;构建全方位全过程深融合的协同育人新机制;加强大学质量文化建设;等等。具体任务是:建成一批立德树人标杆学校;实施一流专业建设"双万计划",即建设1万个国家级一流专业点和1万个省级一流专业点;推出3000门国家精品在线开放课程;建设1000项左右国家虚拟仿真实验教学项目;制定实施"六卓越一拔尖"计划2.0等重大项目。到2035年,形成中国特色、世界一流的高水平本科教育,为建设高等教育强国、加快实现教育现代化提供有力支撑。

3. 在线教学

2020年12月,教育部新闻发布会公布,新型冠状病毒感染期间我国高校全部实施在线教学,108万教师开出课程合计1719万门次,在线学习学生共计35亿人次,改变了高等学校教师的"教"、学生的"学"、学校的"管"和教育的"形态",形成了时时、处处、人人皆可学的教育新形态。

(三)推进高校创新创业

1."2011计划"

2012年3月,教育部、财政部印发《关于实施高等学校创新能力提升计划的意见》(以下简称《意见》),决定实施高等学校创新能力提升计划,即"2011计划"。"2011计划"是继"211工程"、"985工程"、"质量工程"后,高等教育又一项体现国家意志的重大战略举措。《意见》提出,引导高校围绕国家急需的重大问题,组织和集聚一流团队,创造一流的成果,培养一流的人才,形成一流的创新氛围,推动世界一流大学建设;以人才、学科、科研三位一体创新能力提升为核心任务,围绕重大科学问题和国家重大需求,增强三者之间的协同与互动,增强创新要素的有效集成,增强高校创新能力发展的导向性,增强投入与产出的效益;以协同创新中心为载体,构建四类协同创新模式;以创新发展方式转变为主线,深化高校机制体制改革。《意见》要求,通过大力推进高校协同创新组织管理、人事制度、人才培养、人员考评、科研模式、资源配置方式、国际合作以及文化建设等八个方面的改革,推动实现高校科学研究、人才培养等工作由学科导向向需求导向转变;创新组织管理要改革个体、封闭、分割方式,逐步向流动、开放、协同的机制转变;创新要素与资源要突破孤立、分散的制约,逐步向汇聚、融合的方向转变。

2."双创"教育

2015年5月,国务院办公厅出台了《关于深化高等学校创新创业教育改革的实施意见》,明确从 2015 年起,全面深化高校创新创业——"双创"教育改革。到 2020 年建立健全课堂教学、自主学习、结合实践、指导帮扶、文化引领融为一体的高校创新创业教育体系。通过瞄准 9 项任务,推出 30 余条具体举措,推进"双创"教育。

(四)推进高校"双一流"建设

2015 年 10 月,国务院印发了《统筹推进世界一流大学和一流学科建设总体方案》。2017 年 1 月,教育部、财政部、国家发展改革委印发了《统筹推进世界一流大学和一流学科建设实施办法(暂行)》。同年 9 月下旬,"双一流"建设高校及建设学科名单公布。2018 年 8 月,教育部、财政部、国家发展改革委制定了《关于高等学校加快"双一流"建设的指导意见》。

高等学校"双一流"建设坚持以中国特色世界一流为核心,落实立德树人根本任务,以支撑创新驱动发展战略、服务经济社会发展为导向,坚持"以一流为目标、以学科为基础、以绩效为杠杆、以改革为动力"基本原则。建设目标是:到 2020 年,若干所大学和一批学科进入世界一流行列,若干学科进入世界一流学科前列;到 2030 年,更多的大学和学科进入世界一流行列,若干所大学进入世界一流大学前列,一批学科进入世界一流学科前列,高等教育整体实力显著提升;到本世纪中叶,一流大学和一流学科的数量和实力进入世界前列,基本建成高等教育强国。建设任务是:建设一流师资队伍、培养拔尖创新人才、提升科学研究水平、传承创新优秀文化、着力推进成果转化等五项建设任务。改革任务是:加强和改进党的领导、完善内部治理结构、突破关键环节、构建社会参与机制、推进国际交流合作。

(五)新时代振兴中西部高等教育

2020 年 9 月,中共中央全面深化改革委员会审议通过了《关于新时代振兴中西部高等教育的若干意见》,强调全面贯彻党的教育方针,落实立德树人根本任务,推动中西部高校实现内涵式发展,主动对接重大区域发展战略,扎根中国大地办大学,突出优势特色、汇聚办学资源、促进要素流动,有效激发中西部高等教育内生动力和发展活力,形成同中西部开发开放格局相匹配的高等教育体系。

第五节　成人教育

一、中华人民共和国成立初期至"文化大革命"前成人教育的发展

1949 年《共同纲领》提出:"要加强劳动者的业余教育和在职干部教育。"同年 12 月召开的第一次全国教育工作会议提出:"学校要为工农子女和工农青年开门。创办人民大学、工农速成中学,培养建设人才。大办工人补习教育。争取在 1951 年开始进行全国规模的识字运动。"1950 年 9 月,第一次全国工农教育会议召开,明确了工农教育的实施方针、政策和措施。1951 年 10 月,政务院公布的《关于改革学制的决定》进一步以法令形式确立了工农教育的地位。到 1951 年,参加业余学校学习的职工达 200 万人以上,农民业余学校入学人数达到 1400 万人,农村冬学入学人数达到 4200 万人。①

从 1953 年起,在开展识字扫盲教育基础上,业余初等学校的高级班不断增加,并出现了业余

---

① 《中国教育年鉴》编辑部.中国教育年鉴:1949—1981[M].北京:中国大百科全书出版社,1984:576.

中学班。同年,国家对推行速成识字中的急躁冒进偏向进行了纠正,使扫盲工作步入正轨。1954年 7 月 22 日,教育部、扫除文盲工作委员会联合发布《关于城市劳动人民业余文化教育工作的通知》,指出:"除工矿和农村的工农业余教育之外,对于城市劳动人民业余文化教育工作,也必须给予应有的重视并加强领导,使它纳入轨道切实为国家建设和群众服务。"1955 年开始举办业余高等教育。同时,国家制定颁发了工农教育法规,各级政府建立了工农教育管理机构,促进了各种形式和层次的工农业余教育的发展。1956 年,据不完全统计,全国农民入学人数达到 6200 多万人,占全国 14 岁以上青壮年农民总数的 30%。[1] 到 1957 年,业余高等学校学生 7.6 万人;业余中等学校学生 330.2 万人,其中,业余中等专业学校学生 58.8 万人(业余中等技术学校学生 3 万人,业余中等师范学校学生 55.8 万人),业余中学学生 271.4 万人;业余小学学生 626.7 万人。[2]

工农教育发展规模最大的时期是 1958—1960 年。1958 年 9 月,中共中央、国务院《关于教育工作的指示》提出了成人教育与儿童教育并举、全日制学校与半工半读、业余学校并举、学校教育与自学(包括函授学校、广播学校)并举的方针,将各种形式的业余学校纳入学校体系中,大量发展业余文化技术学校。在历年工作的基础上,各级各类业余学校有了进一步的发展。1959年,业余高等学校学生 30 万人;业余中等学校学生 1116.2 万人,其中,业余中等专业学校学生156 万人(业余中等技术学校学生 35 万人,业余中等师范学校学生 121 万人),业余中学学生960.2 万人;业余小学学生 5500 万人。[3] 农村青壮年参加学习的人数达到了 11 530 万,职工业余学校学生人数也增加到 1700 余万。[4] 当然,这些数字是不切实际的。

此后,在三年经济困难时期,除职工教育仍有所发展以外,农民教育基本停了下来。1962—1966 年,国家经济状况好转,农民教育有所恢复和发展。1965 年,业余高等学校学生 41.3 万人;业余中等学校学生 854 万人,其中,业余中等专业学校学生 351.8 万人(业余中等技术学校学生242.2 万人,业余中等师范学校学生 109.6 万人),业余中学学生 502.2 万人;业余小学学生823.7 万人。[5]

二、"文化大革命"时期的成人教育

在"文化大革命"初期,成人教育陷于停顿。

1972 年以后,一些工矿企业从加强对青年工人的技术培训开始,逐步恢复和发展职工业余教育,举办各种形式的培训班、业余学校或"七二一"工人大学。农村县、社办的"五七学校""五七大学"进一步发展,以政治夜校为主要形式的农民业余教育恢复较快。同时,一些高等学校也举办了各种成人教育性质的培训班和函授教育。到 1976 年,职工、农民高等院校(包括业余高等学校和"七二一"大学)在校生为 262.86 万人;成人中等教育在校生 325.19 万人,其中,农民中等技术学校("五七大学""五七学校")在校生 98.87 万人,业余中学在校生 226.32 万人;业余小学班在校生 12 730.24 万人,扫盲班在校生 3052.13 万人。[6]

---

① 《中国教育年鉴》编辑部.中国教育年鉴:1949—1981[M].北京:中国大百科全书出版社,1984:576.
② 《中国教育年鉴》编辑部.中国教育年鉴:1949—1981[M].北京:中国大百科全书出版社,1984:1036.
③ 《中国教育年鉴》编辑部.中国教育年鉴:1949—1981[M].北京:中国大百科全书出版社,1984:1036.
④ 《中国教育年鉴》编辑部.中国教育年鉴:1949—1981[M].北京:中国大百科全书出版社,1984:1036.
⑤ 《中国教育年鉴》编辑部.中国教育年鉴:1949—1981[M].北京:中国大百科全书出版社,1984:1037.
⑥ 《中国教育年鉴》编辑部.中国教育年鉴:1949—1981[M].北京:中国大百科全书出版社,1984:1037.

三、改革开放新时期成人教育的新发展

"文化大革命"结束后,党和国家采取各种有力措施,相继颁发了多项成人教育政策法规,重建并完善各级成人教育管理机构,恢复和建立了各级各类成人教育学校,促进了新时期成人教育的发展。据1981年年底的相关统计,各级各类职工、农民学校在校人数为2528万余人。其中,工农高等教育在校生135万余人,中等教育在校生820万余人,初等教育在校生976万余人;扫盲班600万余人。[①]

1982年6月9日,教育部颁发《县办农民技术学校暂行办法》,规定县农民技术学校的任务是为农村人民公社、生产大队、生产队培养具有相当于中等农业科学技术水平的人才。同年12月31日,教育部颁发了职工业余中等学校初中语文、数学、物理、化学四科教学大纲(草案)。1983年,教育部审定通过了300多所高等学校举办函授部和夜大学。1987年1月23日,国家教育委员会发出了《关于成人中等专业学校招生工作有关问题的通知》。同年6月23日,国务院批转《国家教育委员会关于改革和发展成人教育的决定》,首次把继续教育正式列入国家教育文件,作为成人教育的五大任务之一。1988年2月5日,国务院发布了《扫除文盲工作条例》,这是为了加强我国扫除文盲工作,尽快完成扫盲历史任务而制定的行政法规。1989年是我国扫盲历史上很有意义的一年,全国有395万人参加扫盲学习,其中200万人脱盲,扭转了1985年以来扫盲入学和脱盲人数连年下降的趋势,标志着我国扫盲教育开始进入新的发展阶段。1990年,农村成人教育办学效益显著。独立设置的成人高等学校1 321所,成人高等学校在校生为166.67万人;成人中等专业学校4942所,在校生为158.79万人;成人中学6968所、在校生为88.47万人;成人技术培训学校93 182所、在校生2564.36万人。全国教育部门举办的县级成人教育培训中心1605所,乡(镇)农民文化技术学校36 960所。[②]

1990年6月—1991年7月,国家教育委员会直属高校对成人教育进行了治理整顿。1992年8月11日—14日,国家教育委员会在北京召开了全国第一次成人高等教育工作会议。1993年《中国教育改革和发展纲要》提出了"积极发展成人教育"的指导方针。1994年,全国成人教育继续深化改革,全国共有独立设置的成人高等学校1172所,比上一年减少11所,836所普通高等学校举办了函授部、夜大,成人高级中学233所、在校生35万人,成人中等专业学校4811所,在校生263.81万人。[③] 1995年,《中华人民共和国教育法》规定"国家实行成人教育制度","鼓励发展多种形式的成人教育","建立和完善终身教育体系"。1995年,独立设置的成人高等学校有1156所,成人高校在校生达257万人;成人中等专业学校有4904所,在校生达290.79万人;成人中学有6020所,在校生达74.23万人;成人技术培训学校有39.88万所,培训结业7698.10万人;成人初等学校有168 151所,在校生达778.25万人。[④] 2000年,全国有成人高等学校772所,在校生353.64万人;成人中等学校494 111所,在校生6677.66万人。

---

① 《中国教育年鉴》编辑部.中国教育年鉴:1949—1981[M].北京:中国大百科全书出版社,1984:576.

② 《中国教育年鉴》编辑部.中国教育年鉴:1991[M].北京:人民教育出版社,1992:92-95.

③ 《中国教育年鉴》编辑部.中国教育年鉴:1995[M].北京:中国大百科全书出版社,1996:120-125.

④ 《中国教育年鉴》编辑部.中国教育年鉴:1996[M].北京:中国大百科全书出版社,1997:117.

四、21世纪初期成人教育的转型发展

进入21世纪,在基础教育全面普及、高等教育大众化的背景下,成人教育进入了新的发展时期。

2002年11月,教育部发布的《关于进一步加强农村成人教育的若干意见》推进了农村成人教育的改革和发展,文件提出"十五"期间,(1)农村成人教育发展的目标是力争年培训农村劳动力达到1.5亿人次,使全国农村劳动力的年培训率提高到35％以上,其中乡镇企业职工年培训率提高到40％以上,每年为进入非农产业就业的800万农村劳动力提供转移前培训,对农村新增劳动力普遍进行就业前培训。(2)进一步加强农村成人文化技术学校建设。乡镇要普遍建立成人文化技术学校,村级成人文化技术学校的办学面要达到85％以上。国家级和省级示范性乡镇成人文化技术学校的比例应达到当地乡镇成人文化技术学校总数的10％以上。(3)加强农村成人教育师资队伍建设。(4)努力增加对农村成人教育的经费投入。

2007年,党的十七大报告提出:"发展远程教育和继续教育,建设全民学习、终身学习的学习型社会。"2012年,党的十八大报告提出:"积极发展继续教育,完善终身教育体系,建设学习型社会。"2017年,党的十九大报告明确提出:"办好继续教育,加快建设学习型社会。"自2018年起,我国现行成人教育(包括函授、远程、电大)进行改革,原来每年一次参加10月份成人高考的成人高等教育学历和电大、远程网络教育进行合并整合,形成新的成人教育模式,随即成人教育改称"继续教育"。原来的成人教育、远程教育和电大不复存在。此后的继续教育,无论是报考专科还是本科,除需要参加每年10月的成人高考以外,学员还需要参加每年两次的期末考试,并且完成网上学习课程、作业等,只有修满学分才可以毕业,拿到毕业证的难度加大。

思 考 练 习

1. 从各级各类教育的发展看中华人民共和国教育的巨大成就。
2. 选一两类教育,比较分析其改革开放前后两个时期的发展情况。

拓 展 训 练

1. 有人说,质量是高等教育应当坚持的永恒主题。对此,你怎么看?
2. 深入一个县(市、区),对该区域改革开放以来各级各类教育发展状况做调查研究。

主要参考文献

[1] 杨荣春.先秦教育论著选[M].北京:人民教育出版社,1997.

[2] 熊承涤.秦汉教育论著选[M].北京:人民教育出版社,1986.

[3] 马秋帆.魏晋南北朝教育论著选[M].北京:人民教育出版社,1988.

[4] 孙培青.隋唐五代教育论著选[M].北京:人民教育出版社,1993.

[5] 周德昌.北宋教育论著选[M].北京:人民教育出版社,1998.

[6] 邱汉生,熊承涤.南宋教育论著选[M].北京:人民教育出版社,1992.

[7] 张鸣岐.辽金元教育论著选[M].北京:人民教育出版社,1991.

[8] 高时良.明代教育论著选[M].北京:人民教育出版社,1990.

[9] 李国钧.清代前期教育论著选[M].北京:人民教育出版社,1990.

[10] 陈景磐,陈学恂.清代后期教育论著选[M].北京:人民教育出版社,1997.

[11] 孟宪承.中国古代教育史资料[M].北京:人民教育出版社,1961.

[12] 孟宪承.中国古代教育文选[M].北京:人民教育出版社,1979.

[13] 陈学恂.中国近代教育文选[M].北京:人民教育出版社,1983.

[14] 陈学恂.中国近代教育大事记[M].上海:上海教育出版社,1981.

[15] 顾树森.中国历代教育制度[M].南京:江苏人民出版社,1981.

[16] 中国教育大系编撰委员会.历代教育制度考[M].武汉:湖北教育出版社,1994.

[17] 王炳照,郭齐家,刘德华,等.简明中国教育史[M].4版.北京:北京师范大学出版社,2008.

[18] 孙培青.中国教育史[M].4版.上海:华东师范大学出版社,2019.

[19] 张惠芬,金忠明.中国教育简史[M].上海:华东师范大学出版社,2001.

[20] 黄明喜,于述胜.中国教育哲学史:第2卷[M].济南:山东教育出版社,2000.

[21] 杨荣春.中国封建社会教育史[M].广州:广东人民出版社,1985.

[22] 王炳照,张传燧.中国传统教育[M].长沙:中南工业大学出版社,1999.

[23] 周德昌,等.中国教育史纲[M].广州:广东高等教育出版社,1998.

[24] 高时良.中国教育史纲:古代之部[M].2版.北京:人民教育出版社,1993.

[25] 张传燧.解读中国古代教育思想[M].广州:广东教育出版社,2009.

[26] 张传燧.解读中国近现代教育思想[M].广州:广东教育出版社,2009.

[27] 张传燧.中国教学论史纲[M].长沙:湖南教育出版社,1999.

[28] 刘虹.中国选士制度史[M].长沙:湖南教育出版社,1992.

[29] 王炳照,徐勇.中国科举制度研究[M].石家庄:河北人民出版社,2002.

[30] 章柳泉.中国书院史话[M].北京:教育科学出版社,1981.

[31] 邓洪波.中国书院制度研究[M].长沙:湖南大学出版社,1992.

［32］丁钢,刘琪.书院与中国文化［M］.上海:上海教育出版社,1992.

［33］杨布生,彭定国.中国书院与传统文化［M］.长沙:湖南教育出版社,1992.

［34］李国均.中国书院史［M］.长沙:湖南教育出版社,1994.

［35］白新良.中国古代书院发展史［M］.天津:天津大学出版社,1995.

［36］季啸风.中国书院辞典［M］.杭州:浙江教育出版社,1996.

［37］陈谷嘉,邓洪波.中国书院史资料［M］.杭州:浙江教育出版社,1997.

［38］王炳照.古代书院［M］.北京:商务印书馆,1998.

［39］邓洪波.中国书院学规［M］.长沙:湖南大学出版社,2000.

［40］邓洪波.中国书院章程［M］.长沙:湖南大学出版社,2000.

［41］邓洪波.中国书院史［M］.2版.上海:东方出版中心,2004.

［42］黄书光.理学教育思想与中国文化［M］.上海:上海教育出版社,1993.

［43］李国钧.颜元教育思想简论［M］.北京:人民教育出版社,1984.

［44］陈山榜.颜元评传［M］.北京:人民教育出版社,2004.

［45］黄书光.中国社会教化的传统与变革［M］.济南:山东教育出版社,2005.